운터덴린덴Unter-den-Linden, 베를린, 1945년 6월 3일,
제국전쟁박물관(Imperial War Museum) 제공

베를린 재건, 베를린대성당(Berlin Cathedral) 제공

새로운 도시, 1960년대 아이젠휘텐슈타트Eisenhüttenstadt,
아이젠휘텐슈타트시 행정부 제공/ AKG images

오비타플라스트Orbitaplast(최대 플라스틱 생산 업체), 1964년,
연방독재청산재단(Bundesstiftung Aufarbeitung) 제공/ ©Peter Leske

퀼룽스보른Kühlungsborn 해변, 발트해, 1956년 7월,
동독아카이브(ddrbildarchiv.de) 제공/ Siegfried Gebser

프라이부르크Freyburg 자갈 채취장, 1960년, 동독아카이브 제공 / Klaus Morgenstern

튀링겐 지역의 마을 축제, 1965년경, 연방독재청산재단 제공 / ©Peter Leske

어머니들, 베를린, 1964년 6월, 동독아카이브 제공/ Klaus Morgenstern

노동절, 1963년, 악셀 슈프링어Axel Springer 제공/ Ullstein Bild

기차에서, 1960년대, 연방독재청산재단 제공/ ©Peter Leske

우주비행사 발렌티나 테레시코바Valentina Tereshkova에게 환영 인사를
건네는 아이들, 1963년, 연방독재청산재단 제공/ ©Peter Leske

엘비스 프레슬리Elvis Presley의 팬들, 동베를린, 1960년,
로베르트 레베크Robert Lebeck 아카이브 제공

발터 울브리히트Walter Ulbricht, 1955년,
헐턴Hulton 아카이브 제공/ Getty Images

에리히 호네커Erich Hoenecker, 1976년, 독일
연방기록보관소(Das Bundesarchiv) 제공

로스토크Rostock 조선소의 용접공, IMAGO 제공

인민소유기업(VEB) 카를리프크네히트Karl Liebknecht중공업에서,
마그데부르크Magdeburg, IMAGO 제공

인민소유기업 엘렉트로콜레Elektrokohle 공장의 휴식시간, 동베를린,
독일기술박물관(Stiftung Deutsches Technikmuseum Berlin) 제공

자유독일청년단, 1973년, 동독아카이브 제공

10회 세계청년학생축전, 1973년, 동베를린, Alamy 제공

여름방학 시작, 베를린, 1972년, 동독아카이브 제공/ Klaus Morgenstern

장난감, 1982년, 동독아카이브 제공/ Manfred Uhlenhut

공화국 궁전, 1976년, AKG images 제공/ Straube

드레스덴의 사회주의적 재건, 1979년, 유한책임회사 BEBUG 제공/ Bild und Heimat, 베를린

국경경비대, 1980년대

신문 판매점(Kiosk), 동베를린, 1971년, 동독아카이브 제공/ Klaus Fischer

할레Halle 거리에서 지하실로 석탄을 나르는 남자, 1990년 2월, IMAGO 제공/ Rainer Unkel

베를린장벽 25주년을 기념하는 소년소녀개척단, Alamy 제공

세차하는 소년, 1975년, 동독아카이브 제공/ Manfred Uhlenhut

모잠비크 출신 계약직 이주 노동자, 1984년, 독일 연방기록보관소 제공

오데르브루흐Oderbruch 지역의 부부, OSTKREUZ 제공/ Harald Hauswald

장벽 너머

지은이 **카트야 호이어**Katja Hoyer

독일계 영국인 역사학자이자 저널리스트. 세계적으로 호평을 받은 《피와 철(Blood and Iron)》을 썼다. 킹스칼리지 런던King's College London 객원 연구원이자 왕립역사학회(Royal Historical Society) 정회원이다. 《워싱턴포스트》의 칼럼니스트를 맡고 있으며 팟캐스트 〈새로운 독일(The New Germany)〉의 진행자로도 활동하고 있다. 바이마르공화국 역사를 집필 중이다. 동독에서 태어나 지금은 영국에 살고 있다.

옮긴이 **송예슬**

대학에서 영문학과 국제정치학을 공부했고 대학원에서 비교문학을 전공했다. 바른번역 소속 번역가로 활동하며 의미 있는 책들을 우리말로 옮기고 있다. 옮긴 책으로는 《눈에 보이지 않는 지도책》, 《서울 레이터 더 가까이》, 《GEN Z(Z세대)》, 《3시에 멈춘 8개의 시계》 등이 있다.

장벽 너머

사라진 나라, 동독 1949-1990

초판 1쇄 발행 2024년 2월 25일

지은이   카트야 호이어
옮긴이   송예슬
펴낸이   이영선
책임편집 김종훈

편집   이일규 김선정 김문정 김종훈 이민재 김영아 이현정
디자인   김회량 위수연
독자본부 김일신 손미경 정혜영 김연수 김민수 박정래 김인환

펴낸곳 서해문집 | 출판등록 1989년 3월 16일(제406-2005-000047호)
주소 경기도 파주시 광인사길 217(파주출판도시)
전화 (031)955-7470 | 팩스 (031)955-7469
홈페이지 www.booksea.co.kr | 이메일 shmj21@hanmail.net

ISBN 979-11-92988-43-6 03920

장벽 너머

사라진 나라, 동독
1949-1990

카트야 호이어 지음

송예슬 옮김

서해문집

누구보다 든든한 동반자이자 믿음직한 친구였으며
폭풍의 시간에 평온한 피난처가 되어 준 해리를 추억하며

냉전 시대 유럽(1989)

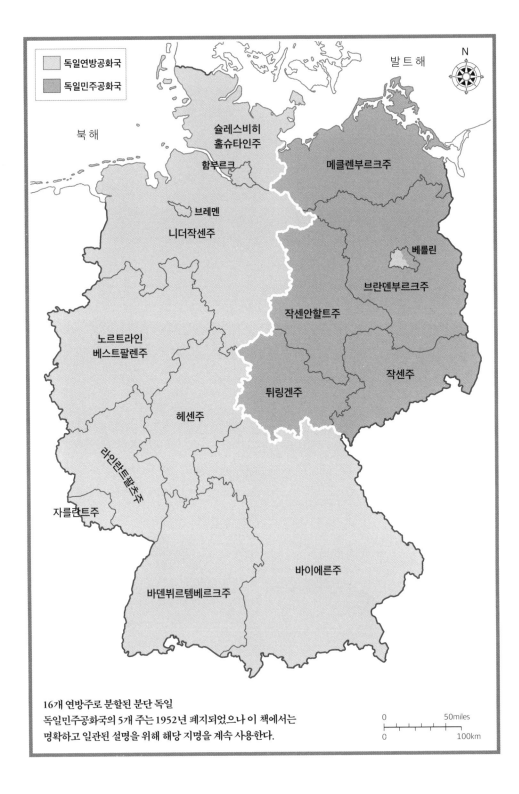

독일연방공화국
독일민주공화국

발트 해

N

북 해

슐레스비히
홀슈타인주

함부르크

메클렌부르크주

브레멘

니더작센주

베를린

브란덴부르크주

노르트라인
베스트팔렌주

작센안할트주

작센주

헤센주

튀링겐주

라인란트팔츠주

자를란트주

바이에른주

바덴뷔르템베르크주

16개 연방주로 분할된 분단 독일
독일민주공화국의 5개 주는 1952년 폐지되었으나 이 책에서는
명확하고 일관된 설명을 위해 해당 지명을 계속 사용한다.

0   50miles

0   100km

덴마크

발트해

N

루스토크

노이브란덴부르크

슈베린

서독

폴란드

베를린
서베를린
포츠담   프랑크푸르트

마그데부르크

콧부스

할레

라이프치히

드레스덴

에르푸르트

게라

카를마르크스슈타트

줄

체코슬로바키아

독일민주공화국의 행정구역(1952~1990)

0   40miles
0   50km

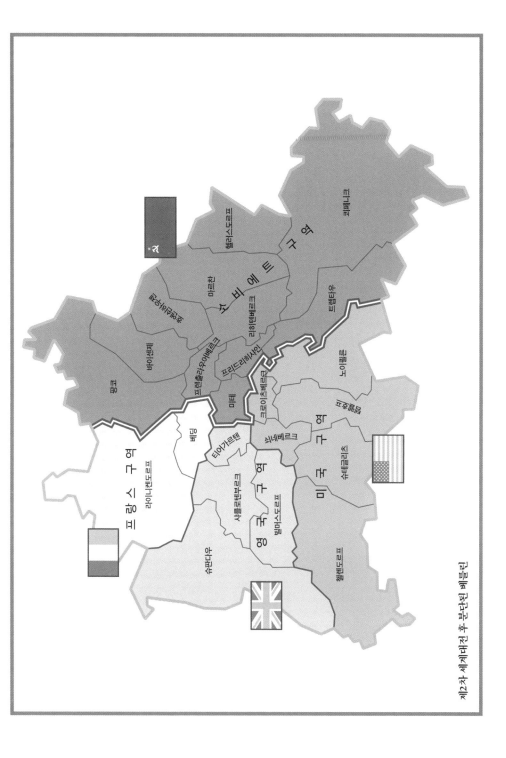

제2차 세계대전 후 분단된 베를린

일러두기

- 각주는 모두 옮긴이의 주다.
- 인명, 지명 등 외래어 표기는 국립국어원 외래어표기법을 따랐으나, 일부는 관례에 따라 그대로 두었다.

차
례

프롤로그 • 014

프롤로그

2021년 10월 3일 작센안할트주 할레. 크림색 웃옷에 검은색 바지를 입은 64살 여성이 무대에 올랐다. 어쩌면 지상에서 가장 강력한 여성의 모습은 쉽게 분간이 갔다. 바지 정장, 금발 단발, 차분한 태도는 그의 상징이었다. 그가 독일 국기와 유럽기 앞에 자리를 잡고 연단 마이크를 조정하는 순간, 지켜보던 사람들은 역사적인 장면을 목도하고 있음을 실감했다. 유럽 최대 민주주의 국가를 16년간 이끌다 퇴임을 앞둔 독일 총리 앙겔라 메르켈Angela Merkel이 국가 통일에 관해 이야기할 차례였다.

10월 3일은 독일에서 가장 국경일다운 날이다. 독일 통일의 날로 알려진 이날은 41년간 서쪽의 독일연방공화국(Bundesrepublik Deutschland, BRD)과 동쪽의 독일민주공화국(Deutsche Demokratische Republik, DDR), 두 나라로 존재했던 독일이 1990년 통일된 사건을 기념한다. 이후로 31년이 흘렀다. 독일 분단의 시대가 역사 속으로 묻히기에는 충분치 않은 세월이었다. 오히려 반대였다. 퇴임을 앞둔 독일 총리는 연설을 시작하면서 "대부분이 의식적으로 경험했으며 우리의 일상을 바꾸어 놓은"¹ 사건으로 통일을 정의했다.

　1990년은 독일뿐 아니라 메르켈 자신에게도 분수령이 된 해였다. 그해를 기점으로 메르켈은 독일 정치의 꼭대기까지 가파르게 상승했다. 1954년, 메르켈이 태어난 지 석 달이 되었을 때, 그의 아버지는 가족을 데리고 서독에서 동독으로 건너갔다. 그렇게 메르켈은 동서독 국경의 동쪽에서 35년을 살았다. 동독은 메르켈이 목사의 딸에서 자부심 강한 과학자로 성장하는 것을 지켜보았고, 1990년부터 족히 30년 동안 그에게 결정적인 영향을 미쳤다.

　독일 정치의 정점에서 장기 집권한 앙겔라 메르켈은 통일 후 성공한 사람들의 표본이다. 고향 동독이 갑자기 해체되어 오랜 적이던 서독 체제에 흡수되었을 때, 메르켈은 뒤돌아보지 않고 달려 나갔다. 적어도 겉으로 망설이는 티를 내지 않았다. 통일 국가가 되었음을 보이고 싶어 하는 나라에서 동독 출신이라는 배경이 명목상 정치 자산이 된다는 것을 메르켈은 잘 알았다. 그러나 현실에서 그것이 배경에만 머물지 않고 정체성이 되는 순간 곤란해졌다. 기득권층은 동독과 서독을 가로막는 마음의 장벽을 허물려면 물리적 장벽보다 더 오랜 세월이 걸릴 것임을 자꾸만 상기하는 존재를 원치 않았다.

　메르켈이 독일민주공화국 시절을 언급한 적은 드물기도 하지만, 여전히 서독 출신이 다수인 기득권 세력은 그때마다 번번이 반감을 드러냈다. 1991년에 메르켈이 1978년 박사학위 논문을 준비하면서 〈사회주의적 삶의 방식은 무엇인가?〉라는 글을 써야 했다고 말하자 기자들은 그 글을 백방으로 수소문했다. 훗날 메르켈은 "기자들이 어떤 스캔들을 바랐는지 모르겠다"² 라고 회고했다. 정치적 글쓰기는 독일민주공화국 대학에서 빼놓을 수 없는 요소였으며 다들 성가신 일로 여겼다. 학문적 성취가 대단했던 메르켈은 유일하게 그 글로 낮은 성적을 받았다. 독일민주공화국 삶의 여러 면면이 그러하듯 이 일화 역시, 메르켈이 2005년 총리 취임 직전에 언급한 바대로 "당시 우리가 어떤 삶을 살았는지 이해하고 이해하게 하는 것은 분명 매우 어려움."[3]을 보여 준다.

메르켈은 동독에서의 과거에 굳게 입을 다물었으나 자신의 일부를 형성한 그 시절을 아예 떨쳐 낼 수는 없었다. 2021년 10월 정계 은퇴를 코앞에 두고 임기 마지막으로 독일 통일의 날을 맞이했을 때, 메르켈은 자신처럼 동독에서 살았던 자들의 이야기가 쉬쉬할 거리로 다뤄지고 있음을 모처럼 수면 위로 끌어올렸다. 메르켈이 속한 정당과 밀접한 콘라트 아데나워 재단Konrad Adenauer Stiftung은 발간물에서 "동독 시절이라는 바닥짐(ballast)"[4]을 고려했을 때 메르켈이 정치적으로 얼마나 적응력이 뛰어난가를 상찬한 적이 있다. 총리는 이 유감스러운 표현이 거슬렸다. "바닥짐이라니?" 메르켈은 자신의 과거가 그렇게 명명되는 것에 발끈했다. "그냥 털어 내면 되는 짐이라는 소리인가?"[5] 그가 공식 석상에서 사적인 생각을 드러내는 것은 이례적이었다. 이 순간에 그는 총리가 아니라 "동독의 한 시민으로서, 과거 독일민주공화국에 살았으며 … 한 사람이 어떤 희로애락을 겪었든지 간에 … 독일 통일 이전의 삶이란 보잘것없다는 듯한 … 편견을 계속해서 겪고 있는 1600만 명 중 한 사람으로서"[6] 말하는 것임을 분명히 했다.

동독에서의 과거가 무의미한 나날로 치부되는 것에 대한 메르켈의 불만은 옛 독일민주공화국 시민 대다수가 공감하는 바이다. 1990년 이후에 진행된 설문조사들을 보면, 통일된 독일에서 그들은 계속해서 '이등 시민'으로 대우받는다고 느꼈다. 3명 중 2명은 지금도 그렇게 느끼고 있다.[7] 적지 않은 사람이 동독이라는 '바닥짐'을 내다 버리고 낯선 문화에 말끔히 적응하라는 압박을 직간접적으로 경험했다. 메르켈이라고 예외가 아니었다. 통일 이후의 세계에 누구보다 성공적으로 적응했으며 가파른 사다리를 타고 정치인으로서 최정점에 올라섰음에도, 이따금 언론은 그가 "처음부터 연방 독일인이자 유럽인으로 태어나지 않았음"을 구태여 "조명"하고는 했다.[8] 마치 그가 자신을 지도자로 선출한 나라의 '원주민', '태생적' 시민은 아니라는 듯이. 16년간 독일 땅에서 최고 공직을 맡았던 동독인조차 여전히 과거를 부정하며 충성심을 증명해야만 했다.

1990년 이전의 흔적을 되도록 감추라는 압박이 동독인 개개인에게 가해지는 것과 마찬가지로, 국가적 차원에서도 독일민주공화국을 역사의 한 장으로 보는 것을 극도로 꺼리는 듯하다. 여러 방식으로 독일민주공화국을 국가 서사에서 지우려는 작업은 동독이 최종적인 소멸에 이르기 이전부터 시작되었다. 서독 총리를 지낸 빌리 브란트Willy Brandt는 1989년 베를린장벽이 붕괴된 후에 "함께 속한 것이 이제 함께 성장할 것"이라는 유명한 선언을 했다. 많은 독일인에게 동서로 분단된 국가는 냉전의 불가피한 현실이었으나, 어느덧 부자연스러운 현상이자 제2차 세계대전의 산물, 어쩌면 형벌이 되어 있었다. 1990년이면 독일이 과거의 어두운 장을 극복할 만큼의 세월이 흐른 게 아닐까? 자꾸만 과거를 들추는 존재 없이 산뜻이 출발해도 되지 않을까? 냉전의 종식을 '역사의 종말'로 규정한 프랜시스 후쿠야마Francis Fukuyama의 진단은 독일에 특히나 적확해 보였다. 독일은 격동했던 20세기를 통일이라는 행복한 결말로 마무리 짓길 원했고, 또 그래야만 했다. 이 안온한 환상은 수십 년간의 독일 분단이 끈질기게 미치는 영향을 머나먼 역사로 넘겨야만 보전되었다. 독일민주공화국이 기억되어야 한다면, 그 모습은 나치주의만큼이나 이례적이고 사악하며 구제할 길이 없는 독일 독재정권의 일례여야만 했다.

두 개의 독일을 지나간 일로 넘기고 1990년을 모든 독일인을 위한 새로운 출발의 해로 삼는 데에도 반론의 여지는 없었다. 서독인들은 1945년을 '제로 아워zero hour'로 인식하는 것에 너무나도 익숙해져 있었다. 그해를 기점으로 제2차 세계대전의 잿더미 위에 여린 민주주의의 싹이 돋아났다. 갓 태어난 연방공화국이 어떤 좌충우돌을 겪건 간에, 그 나라가 이룩한 번영과 안정은 1914년 이후로 줄곧 격동에 시달렸던 사람들에게 포근한 담요와도 같았다. 자랑스러운 독일의 나라. 서독은 자신을 계승 국가로 선언했고, 동독을 변수로 보았다. 따라서 1990년의 통일은 강제 분리에 대한 만족스러운 결말처럼 보였다. 동독인들에게도 크게 다르지 않았다. 1989년과 1990년에 동독인 대다수는 국가 해체에 찬성했고 실제로 그것을 실행에 옮겼다.

합의된 통일이었다고 해서 동독의 삶이 잊혀도 된다거나 무의미한 역사로 분류되어야 하는 것은 아니다. 정치적·사회적·경제적 실험이었던 독일민주공화국의 성쇠는 그 나라 시민에게 흔적을 남겼다. 그들은 단순히 '바닥짐'이라 할 수 없는 경험을 간직하고 있다. 오늘날 독일에는 독일민주공화국에서의 삶을 부인할 수 없으며 부인하고 싶어 하지도 않는 수백만 명이 살고 있다. 비록 그들을 형성한 세계는 1989년 베를린장벽과 함께 무너졌으나, 그들의 삶과 경험과 기억은 파괴되지 않았다. 하지만 서방 세계의 시각에서 보면, 독일민주공화국은 독일 땅에서 치러진 냉전에서 완벽히 패배했으며, 그러므로 그 나라의 모든 것은 도덕적으로 무효가 되었다. 독일민주공화국은 1990년 10월 3일 하룻밤 사이에 증발했고, 그와 동시에 스스로 역사를 써 내려갈 권리를 상실했다. 그 대신에 동독의 역사는 모든 역사가 그렇듯 승자에 의해 쓰이는 역사가 되었다.

서방은 철의 장막 너머의 삶을 왜 기억해야 하는지 좀처럼 이해하지 못한다. 냉전에서 승리함으로써 대안적 삶의 양식은 틀렸음을 이미 증명하지 않았던가. 서방의 소비지상주의와 자유주의 가치는 총천연색으로 기억되지만, 독일민주공화국은 단조롭고 흐릿한 잿빛 세상, 즉 개성도, 선택 의지도, 의미도 없는 세상으로 남아 있다. 서방이 상상하는 동독인은 장벽으로 나뉜 러시아 식민지에서 슈타지Stasi로 더 잘 알려진 국가보안부의 통제를 받으며 41년을 허비한 사람들이었다. 그 시절을 뭐 하러 기억한단 말인가?

독일민주공화국 전체를 독일사에서 잊혀도 그만인 곁다리쯤으로 치부하는 것은 반역사적인 해석이다. 동독이라는 국가는 제1차 세계대전, 바이마르공화국, 나치 독일을 전부 합친 것보다도 오랜 40년 넘게 존속했다. 1949년부터 1989년까지 시간이 멈춰 버린 정적인 세상도 단연코 아니었다. 그 세월 동안에 변화는 어마어마했다. 독일민주공화국의 궤적을 만든 사람들과 사건들을 살펴보면, 1961년 장벽이 세워지기 수십 년 전, 심지어는 1949년 건국되기도 전에 그 조짐이 나타났다. 독일은 1914년 이후 격변이 끊이지 않는 나라였고, 20세기 전반을 휩쓴 경제적·정치적·사회적·심리적 격동의 여파는 독일민주공화국이 세워졌다고 해서 갑자기 사라지지 않았다.

이 책은 독일민주공화국의 근간 너머 그 근원도 추적하며 1949년 건국 당시의 맥락을 소개한다. 40년의 세월을 정적인 총체로 보지 않고 각각의 10년을 구분해, 전개된 상황의 윤곽을 그릴 것이다. 1950년대에는 신생 공화국으로서 정치적으로나 경제적으로 기틀을 잡는 데 거의 전적으로 매달렸다. 이를 시민들과 함께, 또 그들 위에 군림하여 이루었기에, 1950년대는 할 수 있다는 기백이 넘치고 그만큼 불만이 격렬히 폭발하던 시대로 요약된다.

1961년 베를린장벽이 세워지자 숙련노동자들이 서독으로 이주하는 일이 강제로 중단되었고 국가는 안정되는 듯 보였다. 베를린 알렉산더광장에 그 유명한 텔레비전탑을 세우는 것과 같은 야심 찬 건설 사업과 우주 경쟁, 그 밖에 과학적 성과들은 정말로 진보하고 있다는 인상을 주었고 국가 정체성을 형성했다. 계층의 상향 이동으로 노동계급에 어느 때보다도 많은 기회가 돌아갔고, 동독인들은 자신들이 이룬 일들을 자랑스러워했다.

1970년대에는 노동의 결실로 공산주의 세계에서 생활수준이 가장 윤택했다. 독일민주공화국은 유엔 회원국이 되고 세계 여러 국가의 인정을 받으며 국제 무대에서 존재감을 공고히 했다. 동독제품은 영국과 미국에도 수출되었다. 하지만 이 시기의 석유파동은 독일민주공화국에 내재한 약점과 소비에트연방에 대한 의존도를 적나라하게 드러냈다. 모스크바가 석유와 가스를 공급하겠다는 약속을 어기자 동독은 파산하지 않고는 동독인에게 익숙한 생활수준을 지탱할 수 없는 지경에 내몰렸다.

노쇠한 정권은 현실 감각을 잃고 아이디어가 고갈되었다. 1980년대 중엽의 동독 체제는 굳을 대로 굳어 융통성 없이 부러지기 쉬운 상태였고, 개혁이 절실했다. 그마저 여의치 않자 동독인들은 스스로 변화를 꾀했다. 서방에 문을 열었다가 스스로 고립하는 양상은 성쇠를 거듭하며 10년마다 반복되었고, 좋은 쪽으로든 나쁜 쪽으로든 동독인들의 경험은 이런 복잡한 역사 흐름에 따라 형성되었다.

슈타지는 독일민주공화국 역사의 단계마다 사람들을 감시하고 그들의 삶에 간섭했으나, 동독인들은 그럼에도 수동적인 위치에 놓이지 않았다. 마찬가지로 동독은 모스크바의 선의에 기대면서도 결코 수동적인 소비에트 위성국으로 남지 않았다. 동독인들은 20세기 후반에 지극히 독일다운 실험을 구체화하며 살아 냈다. 동독의 정치적·경제적·사회적·문화적 특징들은 벽으로 둘러싸인 '슈타지란트Stasi-land'로만이 아닌 어엿한 독일 역사의 일부로 다루어져야 마땅하다.

이 책은 인터뷰, 서신, 기록물을 바탕으로 해서 동독인들의 다양한 목소리에 공간을 부여한다. 동독인들의 인생 이야기는 그들이 형성하고 동시에 그들을 형성한 국가를 설명하는 데 절대적으로 필요하다. 책에는 독일민주공화국의 마지막 국가원수였던 에곤 크렌츠Egon Krenz와 같은 정치인들, 대중 가수 프랑크 쇠벨Frank Schöbel과 같은 연예인의 인터뷰도 실렸다. 그러나 대부분은 교사, 경리, 공장 노동자, 경찰, 국경경비병과 같이 국가를 돌아가게 한 사람들의 이야기로 구성되었다. 그 결과, 사라진 국가의 모든 면면을 상위 정치부터 일상생활까지 전부 톺아보는, 새로운 독일민주공화국 역사가 만들어졌다.

냉전은 철의 장막을 가운데 두고서 양쪽이 타자를 단순화하도록 했다. 독일민주공화국은 모호하고 적대적인 이미지로 서방을 그려 냈고, 동시에 장벽 너머 단조로운 공산주의 세상으로 희화화되었다. 독일민주공화국이 사라진 지 30년이 흐른 지금, 독일의 새로운 세대는 자신들을 가로막는 물리적 장벽 없이 성장했다. 두 독일의 체제 경쟁을 겪은 적이 없고, 서로에게 살벌한 무기를 겨누는 두 독일 군대의 존재도 모른다. 냉전과 거기에서 비롯한 살 떨리는 적개심이 머나먼 과거로 떠내려가는 지금, 감정적으로나 정치적으로 거리를 유지하고서 동독을 연구할 기회가 찾아왔다.

분단의 상처, 정체성의 상실과 획득에서 오는 아픔 같은 것들은 통일 직후에는 너무 생생해서 오히려 살펴보기 힘들었는지 모른다. 그때는 딱지가 앉도록 두는 게 더 나아 보였을 것이다. 이제 드디어 독일민주공화국을 감히 새롭게 바라볼 때가 왔다. 눈을 크게 뜨고 본다면, 흑백이 아닌 총천연색 세상을 만날 것이다. 물론 억압과 잔혹함이 존재했으나 기회와 소속감도 존재했다. 동독 사회는 이 모든 것을 경험했다. 눈물과 분노뿐 아니라 웃음과 자부심도 존재했다. 독일민주공화국 시민은 삶을 살았고, 사랑했으며, 일했고, 늙어 갔다. 휴가를 떠났고, 자국 정치인들로 우스갯소리를 했고, 자식들을 낳아 길렀다. 그들의 이야기를 독일 서사에서 빼놓을 수 없다. 이제 장벽 너머, 또 다른 독일을 진지하게 바라볼 시간이다.

히틀러와 스탈린 사이에 갇히다

1장

> " 시베리아가 말 많은 당신 입을 다물게 할 거요! "

ch101~161

독일 공산주의자들

1937년 8월 16일 시베리아 스베르들롭스크. 베를린에서 온 24살의 에르빈 예리스Erwin Jöris는 좁은 감방에 떼밀려 들어갔다. 땀과 배설물 그리고 공포의 악취가 어둠에서 진동했다. 먼저 들어온 정치범은 58명이었는데, 초췌한 얼굴을 문가로 돌려 신참을 살피는 사람은 몇 되지 않았다. 에르빈은 앉을 곳을 찾아 둘러보았지만 이미 바닥은 발 디딜 틈이 없었다. 어쩔 도리 없이 큰 통에 뚜껑이 덜렁 달린 변소 옆에 쪼그려 섰다. 그렇게 몇 시간을, 며칠을, 몇 주를 버텼다. 발이 퉁퉁 붓고 입이 말랐으며, 침을 쓰게 삼킬 때마다 목구멍이 탈 듯이 아팠다. 하루는 기운 없는 손으로 가슴을 부여잡고 쓰러져 의무실로 옮겨졌다. 이리저리 살핀 의사는 꾀병이라는 진단을 내리며 그를 감방으로 돌려보냈다.

스베르들롭스크수용소의 식량 배급량으로는 에르빈 예리스와 같이 건장한 성인 남자도 버틸 재간이 없었다. 날마다 '스탈린 케이크'가 한 조각씩 배급되었는데, 커피 한 국자에 곁들이는 쿰쿰한 빵 덩어리를 뜻했다. 에르빈이 다시 쓰러졌을 때는 아무도 신경을 쓰지 않았다. 섬망을 헤매던 순간, 감방 문이 열리는 소리가 났다. 병사 하나가 들어와 이름을 외치자 누군가 "여기요!" 하고 대답했다. "10년 형이다. 짐을 챙겨 나오도록." 주변 수감자들이 재판과 '체포 파동'에 관해 이야기했다. 누군가 말했다. "판사들이 서류를 대충 훑어 본대 요. 잠을 푹 자고 나온 판사한테 걸리면 재수 좋게 5년 형을 받는답니 다. 술이 덜 깬 판사면 25년 형이고." 문이 열릴 때마다 수감자 사이 에 침묵이 내려앉았다. 이번에는 누구 차례일까?[1]

에르빈 예리스는 1930년대에 소비에트러시아로 이주한 독일 공산주의자였다. 공산주의와 사회주의는 19세기 중엽의 모호했던 지 적 뿌리 바깥으로 뻗어 나와 독일에서 산업화와 도시화로 추동된 대 중운동을 이루었다. 독일의 극좌 정치인들과 활동가들은 자신들의 이념을 반대하는 국가가 다양한 수준의 폭력을 가하는 것에 익숙해 진 터였으나, 그들에게 아돌프 히틀러Adolf Hitler의 부상은 처음 겪어 보는 일대 사건이었다. 1933년 1월 30일 히틀러가 총리가 되고서부 터 독일의 나치 정권은 좌파를 사정없이 탄압했고, 에르빈과 동지들 은 망명을 택해야 했다. 그들이 향한 피난처는 소비에트연방이었다. 제1차 세계대전 후 고난의 세월을 견디며 힘들게 일하고 굶주리던 그들에게, 1917년 10월혁명에 정치와 이념의 뿌리를 내린 소비에트 연방은 최초이자 유일한 정치 이상향의 실현이었다. 그곳에 가면 더 나은 세상을 건설하는 데 온 힘을 다해 보답할 작정이었다. 역사학자 페터 에를러Peter Erler에 따르면, 1930년대 중엽 러시아에는 독일 성인 8000여 명이 정치 망명자로 살았다.[2] 정치에 적극적으로 가담한 공산주의자 외에도, 노동자·배우·음악가·화가·건축가·과학자·교사·작가, 그리고 1914년 이후 조국에서 뒤틀려 버린 모든 것에 환멸을 느낀 사람들이 있나.

1912년 베를린 동쪽 변두리에서 태어난 에르빈 예리스는 제1차 세계대전의 참호가 아닌 (비유적으로나 문자 그대로) 독일의 도시 길거리에서 세상을 배운 젊은 사회주의자 세대였다. 1918년 11월 독일혁명 때 아버지가 독일 마지막 군주였던 황제 빌헬름 2세를 망명으로 내모는 일에 동참할 당시, 에르빈은 어린 소년이었다. 에르빈의 유년기는 1919년 1월 스파르타쿠스 봉기에 관한 핏빛 일화들과 1923년 초인플레이션으로 가족에게 닥친 가난과 굶주림으로 채워졌다.

에르빈의 성장 배경에는 노동계급 이웃들의 분노, 빈곤, 폭력이 깔려 있었다. 평생 비참함 말고 누릴 게 없는 노동계급에 자본주의는 유효하지 않았다. 그러니 에르빈이 16살이던 1928년에 자기 세대는 다른 길로 나아가야 한다고 판단한 것도 놀라운 일이 아니었다. 에르빈은 독일공산당(Kommunistische Partei Deutschlands, KPD)의 청년조직 독일공산주의청년연맹(Kommunistischer Jugendverband Deutschlands, KJVD)에 가입했다. 이들은 시위를 조직했고, 거리 투쟁에 참여하거나 선전물을 써서 배포할 조직원들을 훈련했으며, 신문《디 아르바이트Die Arbeit》를 발간했다. 목적은 부모 세대의 계급투쟁을 이어 갈 10대 조직원을 양성하는 것이었다. 3만 5000명에서 5만 명 가까이 되는 독일 청년이 연맹에 가입해 더 나은 독일을 꿈꾸며 싸웠다.

에르빈 예리스와 동지들은 1933년 1월 30일 아돌프 히틀러가 총리가 되면서 시련을 겪었다. 그날에서 한 달도 채 지나지 않은 1933년 2월 27일, 독일 제국의회 의사당에 방화가 발생했다. 나치 정권은 고문당한 끝에 범행을 시인한 젊은 네덜란드 공산주의자 마리누스 판데어 루베Marinus van der Lubbe를 방화범으로 지목했다. 히틀러는 네덜란드인이 모의했을 공산주의 혁명을 진압하려면 긴급 명령이 필요하다며 눈에 띄게 노쇠한 85살의 독일 대통령 파울 폰 힌덴부르크Paul von Hindenburg를 구슬렸다. 날이 갈수록 판단력이 흐려지던 힌덴부르크는 히틀러의 요구를 받아들여 〈헌법〉 48조에 보장된 긴급 명령을 발동했고, 악명 높은 〈제국의회 방화 포고령〉에 서명했다. 법령에 따라 시민의 자유는 제한되었고, 히틀러의 부하들은 어떠한 혐의나 재판 없이도 반대 세력을 마음껏 체포할 수 있었다. 이는 수많은 독일 공산주의자에게 사형 선고나 마찬가지였다.

프로이센에서 방화 사건이 있고 2주 만에 공산주의자 1만여 명이 잡혀 들어갔다. 에르빈 예리스도 그중 하나였다. 에르빈은 보호감호를 선고받아 나치의 초창기 강제수용소 중 하나인 조넨부르크수용소로 이송되었다. 이 수용소는 지금은 폴란드의 영토인 코스트신 인근에 설립되어 1933년 4월 3일 개소했다. 나치 정권이 보기에 에르빈 같은 청년들은 피라미에 지나지 않았다. 법의 탈을 쓰고서 민주주의를 해체하려면 제국의회에서 법안을 저지할 권한이 있는 독일공산당 지도부를 노려야 했다. 1932년 11월 마지막 선거가 치러진 후에도 공산당 의원들은 의석 584석 중 100석을 여전히 차지하고 있었다. 방화 사건을 기점으로 공산당 의원들을 빠짐없이 색출하려는 무자비한 수사가 시작됐다.

방화 사건이 발생하고 며칠 지나지 않은 1933년 3월 3일, 독일 공산당 지도자로 일명 '테디'라 불린 에른스트 텔만Ernst Thälmann이 나치에 체포되었다. 같은 날 프로이센의 어느 장관은 신설된 비밀경찰 조직 게슈타포Gestapo에 대한 법적 제한을 풀었다. 이로써 게슈타포는 치안을 유지하고 처벌하는 데 사실상 무제한의 권한을 거머쥐었다. 텔만은 잔인한 비밀경찰의 고삐 풀린 힘이 포착한 최초의 희생양이었다. 당국은 재판을 앞두고 정보를 수집하기 위해 지속해서 가혹 행위를 가했다. 텔만은 모아비트교도소에서 베를린 프린츠알브레히트슈트라세에 있는 게슈타포 본부로 몇 번이나 끌려갔다. 거기서 무법의 보안 기관이 가할 수 있는 최악의 형벌을 받았다. 1934년 1월 8일 치아 4개가 부러졌고, 훗날 남아공에서 아파르트헤이트 시기에 경찰이 널리 사용한, 코뿔소 가죽으로 만든 채찍 샘복Sjambok에 맞아 피투성이가 됐다. 결국 텔만은 1944년 부헨발트강제수용소에서 목숨을 잃었다.

독일 공산주의자들은 히틀러 수하의 폭력배들을 피해 국외로 달아났다. 몇몇은 정치 활동을 지속하면서 소비에트연방의 지시에 따라 세계에 공산주의를 전파하는 조직인 공산주의 인터내셔널(코민테른)의 도움으로 프라하와 파리에 저항 조직을 구축했다. 독일공산당에 몸담았던 상당수는 곧장 모스크바로 건너가 공산주의 국가를 위해 일했다. 그들은 1920년대와 1930년대 초에 투쟁하며 이상향으로 여긴 그곳으로 배우자와 자식들을 데리고 떠나 새로운 공동체를 꾸렸다. 독일 토양 위의 공산주의가 싹을 틔울 곳은 베를린이 아닌 모스크바였다.

낙원의 삶

1936년 10월 말 모스크바. 블라디미르 레온하르트Wladimir Leonhard
는 러시아 수도에서 생활하는 데 막 익숙해지던 참이었다. 소년 블라
디미르는 1935년 여름 독일의 공산주의 작가인 어머니 주자네 레온
하르트Susanne Leonhard를 따라 모스크바로 왔다. 사이가 각별했던 모
자는 함께 공유하는 정치관 때문에 어쩔 수 없이 망명길에 올랐다.
주자네는 레닌으로 더 유명한 자신의 위대한 우상 블라디미르 일리
치 울리야노프Vladimir Il'ich Ul'yanov의 이름을 따서 외동아들의 이름
을 블라디미르라고 지었다. 소년이 기억하기로 모자는 언제나 단둘
이었다. 소년의 어머니는 결혼한 지 1년 만인 1919년 아들의 친부 루
돌프 레온하르트Rudolf Leonard와 이혼한 뒤 베를린에서 빈으로 건너
가 소비에트대사관에서 일했고, 그러다 소비에트대사 미예치슬라브
브론스키Mieczysław Broński와 사랑에 빠졌다. 둘의 결혼도 오래가지
못했고, 결국 둘은 각자의 길을 갔다. 모자는 주자네의 첫 남편 성을
유지한 채 베를린으로 돌아왔다. 베를린에서 주자네는 기자로 일하
며 공산주의운동에 헌신했다. 그리고 숱한 동지들이 그러했듯, 나치
정권을 피해 러시아로 이주했다.

     모스크바에 도착한 주자네가 14살 난 아들과 함께 살 집을 구
하지 못해 블라디미르는 제6 보육원(Kinderheim Nr.6)에 보내졌다. 주
로 오스트리아 공산주의자들이 목숨을 잃거나 지하활동을 하러 사라
지면 그들의 자녀들이 그 시설에 들어갔다. 소년은 시설에서 자신에
게 놓인 특별한 삶을 누렸으나, 모스크바 다른 동네의 누추한 공동주

택 셋방에 살던 어머니를 만나는 것도 언제고 반겼다.

1936년 늦은 10월의 오후 모자가 만났다. 블라디미르는 언제나 그랬듯이 어머니를 만나 신이 났다. 주자네는 블라디미르가 가장 좋아하는 동방 디저트 가게에서 디저트를 사 주었다. 숙제로 기술 도안을 그려 가야 하는데 걱정이라는 아들의 말에 주자네는 숙제를 도와주겠다고 약속했다. 할 일이 많았던 블라디미르는 작별을 고한 뒤 서둘러 돌아갔다. 주자네는 거리에서 계속 손을 흔들었다. 다음 날 블라디미르가 어머니를 보러 약속 장소에 다시 나갔지만, 어머니는 보이지 않았다. 체포되어 모스크바에서 북동쪽으로 약 2000킬로미터 떨어진 강제노동수용소인 보르쿠타굴라크Gulag로 끌려간 것이다. 그곳에서 이후 20년 동안 수감자 25만 명이 목숨을 잃었다.

어머니의 체포 소식은 블라디미르에게 크나큰 충격이었다. 같은 처지의 독일인들이 그러했듯 레온하르트 모자 또한 소비에트연방에 와서 아쉬운 게 하나 없었다. 친구들과 동료들을 강제수용소와 감옥에 처넣은 참혹한 나치 소굴에서 빠져나왔을 뿐 아니라, 더 나은 세상을 건설하는 데 일조할 기회를 잡았기 때문이다. 최초의 진정한 공산주의실험은 1917년 러시아혁명으로 막을 올린 터였다. 독일 사회주의자와 공산주의자도 이전 세기 중엽 자신들의 동포 카를 마르크스Karl Marx가 예언한 혁명을 꿈꾸었으나 이루지 못했다. 제1차 세계대전도 조국에 진실의 순간을 가져다주는 데는 실패했다. 그럼에도 세계혁명이 노동계급을 구원하리라는 믿음은 극빈 노동자들에게 여전히 유효했다. 계속되는 거리 투쟁, 턱없이 부족한 임금의 중노동, 1920년대의 혼돈과 시련을 버틸 수 있었던 것은 마르크스가 옳다는 믿음 때문이었다. 혁명은 반드시 일어날 미래였다.

전후 1920년대와 1930년대 초엽, 환멸과 굶주림과 피로감에 찌든 노동자들은 독일의 산업도시에서 뼈가 빠지게 일했다. 도시의 부자 엘리트는 거리의 부상병들, 전쟁 신경증에 몸부림치는 폐인들, 전쟁으로 자존심이 상하고 꿈이 깨어진 자들의 이야기 따위는 나 몰라라 하며 따분한 유흥에 빠져 사느라 노동자들을 외면했다. 독일 노동자들은 울분에 찼고 비정해졌다. 얼마 되지 않는 재산마저 사라졌고, 가뜩이나 불안정한 일자리는 1929년 월스트리트 대폭락으로 시작된 대공황으로 아예 초토화되었다. 그들의 보수적인 가치들은 점점 미국화되는 독일 문화를 받아들인 사람들에게 짓밟히고 무시되었다. 신문화는 도시 중산층에게야 새롭고 흥미진진했으나, 그런 것에 빠질 만큼의 시간도 돈도 없는 사람들에게 그저 경박하고 비도덕적이었다.

독일 노동자에게는 목적의식과 소속감이 필요했다. 공산주의자 집회나 노동자협회의 사회 활동에 가담하는 것, 심지어는 거리에서 민족주의적 퇴역군인 집단인 자유군단(Freikorps)과 이후 등장한 히틀러의 나치돌격대와 유혈 충돌하는 것은 미래가 보이지 않는 세상에서 간절한 현실 도피구가 되었다. 이런 상황에서 1925년에 나온 선전용 안내서 《58명의 독일 노동자는 러시아에서 무엇을 보았는가?(What did 58 German workers see in Russia?)》는 소비에트연방에 낙원의 이미지를 입히는 데 결정적 역할을 했다. 이를 주도한 공산주의자 헤르만 레멜레Hermann Remmele는 동지들을 이끌고 러시아로 일종의 그랜드 투어*를 떠났다. 그들의 전언을 바탕으로 쓰인 안내서에는 "자신들이 받은 평등한 대우를 뿌듯하게 이야기하는 여성 노동자들"[3]과 공짜 집과 훌륭한 의료혜택을 고려하면 임금이 "33퍼센트포인트 상승"한 셈이라는 자랑이 실렸다. 덕분에 소비에트연방은 이상주의 지식인들은 물론 실식자와 극빈자에게도 약속의 땅으로 떠올랐다. 제1차 세계대전과 이후의 처참한 결과를 실컷 겪은 독일 공산주의자들은 더 나은 대안이 있음을 믿고 싶어 하던 와중에 소비에트연방에서 희망을 발견했다. 1933년 베를린에서 대규모 체포를 목격한 후였기에 더욱더 그러했다.

독일의 정치 망명자에게 모스크바 생활은 위대한 모험이었다. 소년 블라디미르 레온하르트는 모스크바역에 도착해 며칠 재워주기로 한 지인을 만나러 그란놉스키 5번가로 가는 길에 "모스크바에도 독일인이 사나요?"[4]라고 어머니에게 물었다. 놀랍게도 동네에는 독일인 수천 명이 살고 있었다. 배경이 다양한 망명자들은 더 공평한 사회를 꿈꾸며 묵직한 독일어 표현대로 '실제로 존재하는 사회주의(real existierender Sozialismus)'가 처음 탄생한 수도로 모여들었다. 노동자와 정치인은 물론, 바이마르 독일의 활기찬 도시에서 이름을 날리다 좌파 사상으로 나치의 눈 밖에 난 배우, 미술가, 바우하우스 건축가도 많았다. 또한 1933년 이후로 독일에서 살아가기가 훨씬 더 위태로워진 유대인도 여럿이었다.

모스크바로 망명한 거물급 독일 공산주의자들은 거의 다 룩스호텔Hotel Lux에 머물렀다. 세계에서 알아주는 공산주의자들이 투숙

---

*   유럽 상류층 자제들이 견문을 쌓으러 유럽의 다른 지역으로 떠났던 여행

객 명단에 올랐다. 그중에 호찌민Ho Chi Minh, (독일민주공화국에서 이름을 떨칠 시인) 요하네스 R. 베허Johannes R. Becher, 1956년 헝가리혁명을 주동해 처형된 헝가리 정치인 임레 너지Imre Nagy, 독일 초창기 공산주의자이자 여성인권운동가로 모스크바에서 사망했을 때 무려 이오시프 스탈린Iosif V. Stalin이 유골함을 장지로 운반한 클라라 체트킨Clara Zetkin 등이 있었다. 1933년 룩스 호텔은 300개 객실에 총 600명의 투숙객을 수용할 수 있었다. 1921년 공산주의 인터내셔널 회의에 참석하러 손님들이 왔을 때만 해도 시설에 대한 칭찬이 자자했다. 이후 호텔은 두 개 층을 더 증축했는데도 1930년대 중엽 독일에서 대탈출한 사람들로 미어터졌고, 1933년 이후로는 공들여 차린 연회와 비단 커튼보다 부러진 경첩과 쥐에 관한 소문이 더 많이 들려왔다.

　　룩스 호텔 투숙객 중에는 독일 바우하우스 건축가들도 있었다. 그들 또한 새로운 세상을 건설한다는 생각에 이끌렸다. 그들의 경우는 문자 그대로의 건설이었다. 그들의 좌파적 성향은 바이마르 독일의 보수주의와 이미 불화하던 터라 나치가 베를린을 장악하기 훨씬 이전부터 상당수는 소비에트연방에서 새로이 출발할 준비를 하고 있었다. 망명한 독일 건축가 집단 중에서 이른바 '마이어 집단(Brigade Meyer)'의 존재감이 두드러졌다. 데사우 바우하우스의 남녀 학생과 직원 등으로 다채로이 구성된 이 집단은 스위스 건축학자 하네스 마이어Hannes Meyer를 추종했다. 하네스 마이어는 데사우 바우하우스의 원장으로 있다가 소비에트연방으로 떠났다. 1930년부터는 모스크바에서 건축 수업을 하며 독일 추종자들을 끌어모았다.

독일 바우하우스 집단은 러시아에서 하는 일에 금세 환상이 깨졌다. 처음에 그들은 엘리트 선지자로 환영받았으나 갈수록 소비에트 관료 체제에 욱여넣어졌고, 건축 자재는 부족했으며 건축 수준도 당황스러우리만치 형편없었다. 그들이 새로 지은 건물에 생긴 균열은 주변의 소련인들과 틀어진 관계를 대변했다. 함께 일하는 소련인들은 독일인의 특권적 위치를 시샘했고, 고위 정치인들은 외국인을 의심의 눈초리로 보았다. 결국은 마이어도 마음을 바꿔 스위스로 돌아갔다. 피난처가 따로 있었던 그에게는 편리한 선택이었으나, 히틀러와 스탈린 사이에 갇힌 독일 추종자들의 사정은 달랐다.

유대계 독일인이자 공산주의자였으며 마이어의 비서이자 동료이자 아들 요하네스Johannes의 어머니인 마르가레테 멘겔Margarete Mengel은 스위스행 비자를 받지 못해 소비에트에 머물러야 했다. 마르가레테는 체포되어 1938년 8월 20일 총살되었다. 어머니가 세상을 떠날 당시 고작 11살이었던 요하네스는 소년범 시설로 보내졌다. 우랄 지방으로 이송되어 광산에서 강제노동을 해야 했을 때도 여전히 10대였다. 그는 1993년이 되어서야 어머니에게 무슨 일이 있었는지를 알았고, 67살에 독일로 되돌아갔다.[5]

마이어 집단의 다른 일원들도 형편은 그리 좋지 않다. 뮌헨에서 태어난 유대인 건축학자 필리프 톨치너Philipp Tolziner는 1938년 체포되어 솔리캄스크 인근의 굴라크에서 10년 형을 살았다. 그는 고문에 못 이겨 독일의 첩자였노라고 자백했고, 소비에트를 떠났으리라고 생각한 동료 둘의 이름을 넘겼다.

스탈린의 독일작전

1937년 7월 25일 소련 〈내무인민위원부 명령 00439호〉, 니콜라이 예조프 하달.

> 최근 요원들이 작성한 자료와 조사의 결과 독일 총참모부와 게슈타포는 광범위하게 정탐을 벌였는데, 핵심 산업, 특히 방위산업에서 간첩망을 조직했으며, 이를 위해 현재 그곳에서 일하는 독일 자국민들을 이용하고 있음이 확인되었다. … 이에 독일의 정찰 활동을 근절하고자 다음과 같이 명령한다.
>
> 금년 7월 29일부로 군수 공장이나 방산 제품 및 철도망 물자를 생산하는 공장에서 일하는 독일 국적자 또는 해당 업계에서 일하다 해직된 독일 국적자를 모조리 체포할 것.[6]

이 명령은 소련 내무인민위원부(Naródny Komissariát Vnùtrennikn Del, NKVD) 위원장 니콜라이 예조프Nikolay Yezhov의 이름으로 하달되었지만 자필 서명이 빠져 있어 사실은 스탈린이 직접 지시했다고 알려졌다. 1937년 독재자 스탈린은 소비에트연방을 겨냥한 나치의 가시 돋친 수사가 머지않아 진짜 침공으로 둔갑하리라고 확신했다. 일찍이 히틀러는 1926년《나의 투쟁(Mein Kampf)》 2권에서 "러시아 볼셰비즘에서 우리는 20세기 유대인들이 세계를 지배하려는 시도를 읽어 내야만 한다"[7]라고 주장했다. 그러면서 독일과 적국 러시아의 싸움을 가리켜 공존할 수 없는 문명 간에 생존을 건 투쟁이라고 묘사했다. 1930년대 중엽, 히틀러가 베르사유조약을 보란 듯 어기고 재무장한 결과물이 거리를 버젓이 행진하고 있었다. 서방은 대체로 수수방관하며 그의 집권을 축하했다. 스탈린에게 나치의 침공은 '여부'의 문제가 아니라 '시기'의 문제였다. 그리고 침공이 벌어진다면 소비에트연방 홀로 맞서야 할 것임이 틀림없었다.

정치 심리학자 레이먼드 버트Raymond Birt는 타고나길 편집증적이었던 스탈린이 "소비에트연방의 관료제도를 자기 인격의 확장기관으로"[8] 탈바꿈했다고 평한다. 버트가 스탈린에게서 본 여러 편집증적 특징 중에는 피해자 행세를 하고 "박해가 정말 일어나고 있음을 증명"[9]하려는 성향도 포함된다. 스탈린은 임박한 공격을 준비하느라 분주한 히틀러의 요원들을 곳곳에서 보았다. 독일 건축가들이 새로운 도시를 짓고 있었다. 독일 정치인들은 코민테른에도 침투한 듯 보였다. 스탈린은 오래전부터 이를 의심해 왔는데, 코민테른 조직원 5분의 1을 차지하는 독일 지부가 나치의 자국 점령을 막아 내지 못했다는 게 수상했기 때문이다. 광산과 탄약 공장에도 독일에서 온 남녀들이 일했다. 그런가 하면 독일인 학교와 보육원이 스탈린의 눈앞에서 버젓이 새로운 구성원들을 훈련했다. 한마디로 독일인이 도처에 있었다. 요컨대 만약 그들이 고향 동포들을 돕기로 모의한다면, 심각한 타격을 입힐 터였다.

1933년부터 들끓은 스탈린의 공포는 1936년 극에 달했다. 히틀러와 내통하는 자들을 한 명도 빠짐없이 축출해야 했다. 갓 망명한 독일인들만을 의심한 게 아니었다. 누구든 독일어를 구사하는 자, 독일 시민권을 소유한 자, 독일 민족의 피가 섞인 자, 심지어는 시민권이 없더라도 독일과 모종의 관계가 있는 자면 모조리 표적이 됐다. 그 수는 수만 명에 달했다.

〈내무인민위원부 명령 00439호〉로 총 5만 5005명을 잡아들인 일명 독일작전(German Operation)이 시작되었다. 그중 4만 1898명이 총살되었고 1만 3107명이 장기간 투옥되었다.[10] 정치 망명자 4명 중 3명이 여기에 포함되었다. 한때 소비에트 정권의 대접을 받던 사람일 지라도 일가족이, 한 구역이, 거리가, 공장이 일거에 말살되는 상황에 서 안전하지 못했다. 독일공산당의 집행위원회 사람들은 히틀러보다 스탈린 손에 더 많이 희생되었다.

선전용 안내서《58명의 독일 노동자는 러시아에서 무엇을 보았 는가?》의 집필을 책임진 헤르만 레멜레도 숱한 독일 공산주의자 앞 에 놓인 운명을 견뎌야 했다. 한때 러시아 정치 엘리트의 총애를 받 았던 헤르만 레멜레[그리고리 지노비예프Grigory Zinoviev는 그를 가리켜 "독일공산당 최고의 보물이자 프롤레타리아트(무산 계급)의 황금"이라고 말했 다]는 1937년 5월 정탐과 태업(sabotage) 혐의로 러시아에서 체포되었 다. 2년이 지난 1939년 3월 7일 사형선고를 받고, 같은 날 총살되었 다. 아들 헬무트Helmuth는 시베리아 굴라크로 가는 길에 사망했고, 아내 아나Anna는 모스크바의 부티르카교도소에서 비참히 생활하다 상한 몸을 끝내 이겨 내지 못했다.[11] 이와 같은 일가족의 비극은 수천 번이고 반복되었다. 스탈린의 공산주의 이상향은 디스토피아 지옥이 었음이 자명해졌다.

쓸쓸한 운명의 장난처럼, 1933년 나치의 초창기 강제수용소에 갇혔던 사람들이 가장 수상한 요주의 인물에 올랐다. 스탈린과 그의 심복들은 히틀러의 손아귀에 잡혔다가 탈출한 자들이 분명 나치에게 모종의 대가를 주었으리라고 의심했다. 이를테면, 소비에트연방에 잠입해 군수 공장에 취직한 뒤 독일 침공을 기다리며 체계적으로 태업을 준비하려는 깃일지도 몰랐다.

에르빈 예리스가 1937년 시베리아의 일터에서 체포되었을 때, 당국은 그가 나치 강제수용소를 용케 탈출한 전적이 있음을 금세 알아냈다. 체포 당시에는 하필 스탈린의 산업 요지에서 일하고 있었다. 에르빈은 시베리아 스베르들롭스크수용소에 갇힌 지 넉 달째에 모스크바의 루비안카감옥으로 옮겨졌다. 네오바로크양식의 흰칠한 건물은 20세기가 막 시작되던 때 독특하게 노란색 벽돌로 지어졌는데, 원래는 예카테리나 2세의 비밀경찰 본부가 있던 곳이었다. 스탈린의 보안 조직 수장으로 악명을 떨친 니콜라이 예조프는 이 건물의 4층 집무실에서 대숙청을 지시했다. 독일 망명자가 대부분 그러했듯 에르빈도 숙청의 규모와 잔혹함을 미처 가늠하지 못했기에 자신에게 불어닥칠 죽음의 위험 또한 알지 못했다.

독일작전은 테러의 극히 일부일 뿐이었다. 스탈린 한 사람의 편집증에서 국가 정책이 수립된 후로, 공장과 거리와 동네가 텅텅 비었다. 1936년부터 1938년까지 수백만 명이 체포되었다. 혐의는 주로 '반혁명' 행위였다. 대공포 시대에 사망한 사람의 수는 100만 명으로 추산된다. 처형은 에르빈이 갇힌 루비안카감옥에 별도로 만들어진 지하 방에서 행해지거나, 모스크바 망명자들이 '총살의 집'이라 부르던 근처 니콜스카야거리의 법원 건물에서 이뤄졌다. 루비안카감옥은 지금도 구치소 겸 국가보안위원회(Komitet Gosudarstvennoi Bezopasnosti,

KGB) 후신인 러시아연방보안국(Federalinaya Sluzhba Bezopasnosti, FSB)
의 본부 건물로 쓰이고 있다.

루비안카감옥의 감방에는 창문이 없었다. 수감자들은 눈이 가
려진 채 이동되고 잠을 잘 수 없어 방향 감각이 흐려졌기 때문에, 감
방이 지하에 있었는지 아니면 창문이 없는 위층에 있었는지를 두고
지금도 말들이 엇갈린다. 생존자들의 증언에 따르면, 사람들은 재판
없이 루비안카에 들어왔고, 파시즘이나 트로츠키주의 음모에 가담했
노라고 자백할 때까지 고문당했다. 차디찬 바닥에서 굴욕스럽게 알
몸에 족쇄를 차고 간수들의 모욕과 구타를 견뎌야 하기도 했다. 그게
아니면 총살되거나 교수형을 당했고, 또는 스스로 목숨을 끊었다. 살
아남은 자들은 동부의 굴라크로 보내졌다. 루비안카는 모스크바에서
가장 높은 건물이라 지하에서도 시베리아가 내다보인다는, 섬뜩한
농담도 돌았다.

소련 내무인민위원부가 죄수 에르빈 예리스를 처리한 방법은
간단했다. 독일 국적자이니 추방령을 내린 것이다. 이러한 처리 방식
은 독일 공산주의자에게 많이 적용되었다. 히틀러 반대 세력에게 안
전한 피난처를 허락하지 않는 것은 히틀러를 달래 몰로토프-리벤트
로프조약을 성사하는 한편, 소비에트 손에 피를 묻히지 않으면서 수
상한 외국인들을 제거하는 역할을 동시에 수행했다. 물론 내무인민
위원부는 추방령이 옛 동지들을 하인리히 힘러Heinrich Himmler의 보
안 기관에 갖다 바치는 꼴임을 모르지 않았다. 1938년 4월, 에르빈은
열차에 태워졌다. 게슈타포 요원은 에르빈이 폴란드의 국경에 도착
하기도 전부터 골칫거리 공산주의자를 기다렸다. 베를린에 도착하자

마자 에르빈은 모아비트감옥으로 이송되었다. 독일공산당 지도자 에른스트 텔만이 게슈타포의 심문과 고문에 사그라들었던 바로 그곳이었다.

빌리 부디히Willi Budich와 같은 거물도 나치와 모종의 거래를 맺어 풀려났다는 혐의를 벗지 못했다. 그는 1910년부터 사회주의 정당의 일원으로 활동하며, 독일 공산주의자로서 잔뼈가 굵었다. 그의 사연 또한 히틀러에게서 기껏 달아나 스탈린의 표적이 되어 버린 독일 공산주의자의 기구함을 보여 준다.[12] 부디히는 일평생 공산주의 이상을 위해 싸웠다. 1922년 12월 코민테른 세계대회에서 훗날 아내가 된 러시아 법학도 루바 게르빌스키Luba Gerbilsky를 처음 만났을 때 그의 몸과 마음에는 이미 투쟁의 상흔이 박혀 있었다. 루바 게르빌스키는 이렇게 회고했다.

> 남편은 원래 나이인 32살보다 더 늙어 보였다. … 혁명적이고 영웅적인 공산주의자의 고되고 위험한 삶의 흔적이었다. 그러나 그의 눈만큼은 익살과 온정으로 반짝였다.[13]

부디히는 1933년 나치가 집권할 당시 독일공산당의 제국의회 의원이었다. 그는 '갈색 해충'*을 저지하기 위해 필사적으로 싸울 각오가 되었음을 1932년에 증명한 적이 있다. 토론장에서 나치 폭력배들과 몸싸움을 벌이다가 무릎이 의자에 세게 부딪혀 슬개골이 으깨

---

* 나치돌격대가 갈색 셔츠를 입었다는 데서 나온 표현

지고 만 것이다. 이후로 다리가 늘 성치 못했다. 그러다 1933년 제국 의회 방화 사건이 터지자 나치돌격대가 그를 잡아들였고, 베를린의 콜롬비아강제수용소로 끌고 가 죽기 직전까지 고문했다. 그는 두 다리가 부러지고 시각과 청력이 심하게 손상된 채로 풀려났다. 어린 두 딸 이리나Irina와 마리아네-레오니Marianne-Leonie를 데리고 모스크바로 도망갔던 루바 게르빌스키는 서둘러 남편의 망명을 준비했다. 하지만 수십 년간의 이념 투쟁을 벌이고 그걸 증명하는 불구의 몸만으로는 역부족이었다. 나치 수용소에 갇히지 않았다는 사실이 그를 수상쩍게 만들었다. 1936년 9월 부디히는 '볼렌베르크휠츠 조직'의 일원이라는 혐의로 체포되었다. 이는 내무인민위원부가 꾸며 낸 허상의 집단이었는데, 이걸 빌미로 독일 공산주의자 70명에게 "반혁명분자, 테러범, 트로츠키주의 음모 가담자"[14]라는 혐의를 씌우는 데 성공했다. 부디히는 1938년 3월 재판에 부쳐져 같은 날 총살되었다. 그의 사후 복권은 1953년에 스탈린이 죽고 3년이 지난 1956년에야 이뤄졌다.

독일 첩자에 대한 의심은 러시아에서 서방 요원들의 존재가 부추긴 반혁명의 비이성적 공포와 정확히 맞아떨어졌다. 강력한 의심의 씨앗은 오랜 세월 폭력에 멍든 사람들의 마음속에서 비옥한 토양을 발견했다. 제1차 세계대전 동부전선의 핏빛 전쟁터에서 목숨의 값은 하찮았다. 1917년부터 1922년까지 무려 800만에서 1000만 명이 사망한 러시아 내전 동안에는 더욱더 보잘것없었다. 1924년 레닌이 죽고 10여 년 동안 권력투쟁을 벌인 끝에 승기를 잡은 스탈린이 현대화 계획을 추진하면서, 곡물 징발, 기근, 산업재해, 힘든 노동 환경, 여기에 정치적 억압까지 더해져 무수히 많은 희생자가 나왔다. 독일인 수만 명을 체포하고 살해하는 것쯤이야 스탈린에게 아무런 문제가 되지 않았다.

망명친 공신주의사들은 1937년의 어마어마한 체포 파동을 보면서 공황에 빠졌다. 스탈린에게 무조건적인 충성을 보이는 것은 이제 출세 제일주의자나 이념적 극단주의자만의 일이 아니었다. 그건 삶과 죽음이 걸린 문제였다. "붉은색을 칠한 파시스트"가 아님을 증명하려면 그렇게 의심되는 자들을 고발하는 수밖에 없었다. 1937년 2월 스탈린이 난데없이 열을 올리며 "공산주의 인터내셔널의 조직원은 죄다 적을 위해 일하고 있다"[15]고 주장하자 독일 조직원들은 극한의 공포를 느꼈다. 그때부터 광란의 고발이 시작되었다. 독일 공산주의자 그레테 빌데Grete Wilde는 독일공산당이 생긴 지 얼마 되지 않았을 때인 1921년부터 당에 몸담았는데, 체포가 시작되던 때에는 코민테른의 모스크바 간부단에 속해 있었다. 그레테는 망설임 없이 독일 공산주의자 동료들을 고발하는 글을 20장 넘게 썼다. 동료 44명의 일생을 읊으면서 그들이 "트로츠키주의자이며 독일공산당에 섞여 있는 적대적인 분자들"[16]임을 주장했다. 그러나 몰염치한 배신도 그레테를 구원하지 못했다. 내무인민위원부는 그레테가 진범들을 보호하는 거라고 판단했다. 그레테는 1937년 10월 5일 체포되어 카자흐스탄의 카라간다노동수용소로 이송되었으며, 1944년 거기서 사망한 것으로 추정된다. 반복되는 의심과 고발과 배신은 살아남은 독일 공산주의자들에게 깊은 상처를 남겼다. 그들은 전쟁 후에 상처를 고스란히 안고서 고향으로 되돌아갔다.

공산주의자의 자녀

1937년 모스크바. 대공포 시대의 체포 파동으로 많은 수의 독일 아이가 버려지거나 부모를 잃었다. 정치적 견해를 가질 만큼 나이를 먹었다고 판단되면 추방되기도 했다. 대부분은 보육원에 수용되거나 이름이 바뀌어 소년범 시설로 보내졌다. 공산주의 엘리트의 자녀들로 한때 특권을 누렸던 아이들도 모스크바의 숨통을 죄는 공포를 감지했다.

모스크바에 거주하는 독일 공산주의자의 자녀들은 독일어를 쓰는 카를리프크네히트Karl Liebknecht학교를 주로 다녔다. 1924년에 설립된 이 학교는 사회주의 땅에 "꿈의 학교"[17]를 짓겠다는 독일 지성인들이 운영하던 곳이다. 독일에서 그 꿈을 이루기란 갈수록 힘들어졌다. 이제는 모스크바에서 새로운 세대의 이상주의자를 길러내야 했다. 좌파 성향의 독일 교사들도 이와 같은 생각에 이끌려 모스크바로 학생들을 가르치러 왔다. 학교는 주변의 러시아 세상에서 어린 학생들을 지키는 보호막이었는데, 놀랍게도 꽤 오랫동안 그런 역할을 했다. 하지만 대공포가 사방으로 퍼져 나가고 얼마 지나지 않아 보호막은 터지고야 말았다. 블라디미르 레온하르트는 회고록에 이렇게 썼다.

1937년 3월부터 교사가 하나둘 잡혀 들어갔다. 시작은 독일어 교사 게르친스키였다. 베를린의 카를마르크스학교에서 공부했으며 1933년에 소비에트연방으로 온 독일 공산주의자였다. 다음으로 역사·지리 교사 뤼헨이 체포되었는데, 그 또한 카를마르스크학교 졸업생이었다. 수학·화학 교사 카우프만도 체포되었다. … 남은 교사들은 과로도 과로지만 목숨을 잃을까 봐 떨었다. 당장 다음 날 자기도 잡혀길 수 있었기 때문이다. 다들 주눅이 들었고 제대로 수업을 마치지조차 못했다. 학생이던 우리 눈에도 그게 보였다.[18]

주변 어른들이 하나씩 사라지는데도 독일 아이들은 여간해서 동요하지 않았다. 고통을 견뎌야 한다고 가르침을 받고 자란 덕이었다. 분파주의야말로 세계혁명의 주적이며, 내부의 회의론자와 반대론자의 해로운 거짓말이 공산주의를 분열하게 하고 적에게 승리의 빌미를 주기 전에 그들의 목소리를 박탈하고 운동에서 도려내야 한다는 이념이 아이들에게도 각인되어 있었다.[19] 레온하르트는 모스크바 보육원에서 만난 10살 여자애가 자기 아버지의 체포와 송환에 어떻게 반응했는지를 기억한다. 아이들끼리 모여 앉은 어느 날 저녁, 스탈린이 자기 아버지를 체포한 이유를 설명하는 여자애의 말에 자기 세상의 기둥을 어떻게든 지탱하고픈 절박함이 묻어났다.

비유를 들어 말하는 게 좋겠어. 우리 가운데 누군가에게 사과가 있다고 하자. 하나뿐인 사과라 무지 귀해. 그런데 그 안에 썩은 부분이나 독이 든 부분이 있는 거야. 사과를 살리려면 썩었거나 독이 든 부분을 도려내야 해. 독을 먹고 죽지 않으려면 많이 도려내야 할지도 몰라. 그래야 건강한 부분만 확실히 살아남으니까. 지금의 숙청도 그런 거야.[20]

카를리프크네히트학교는 공산주의 말고 다른 이념은 모르는 꼬마 공산주의자들을 키워 냈다. 부모들은 독일 공산주의자 가운데서도 강경파에 속했으며, 스탈린주의가 소비에트를 뒤바꿀 무렵 자녀들을 데리고 건너온 자들이었다. 학교 교사들도 비슷한 성향이었으며 숙청이 시작되고서는 더더욱 강경해졌다. 그러니 아이들에게 부모의 희생은 이념적으로 지극히 타당했다.

독일 공산주의자의 자녀 가운데 블라디미르처럼 나이를 어느 정도 먹은 아이들은 조국에 돌아갈 수 없는 사정을 이해했다. 이 끔찍한 상황은 그들 마음에 깊은 영향을 끼쳤다. 어렸기에 스탈린의 죽음의 망에 걸리지 않은 카를리프크네히트학교 학생 가운데 졸업자 상당수는 제2차 세계대전이 끝나자 독일로 되돌아가 거기서 사회주의를 재건하는 데 중추적인 역할을 도맡았다. 그랬기에 훗날 볼프강 Wolfgang 레온하르트라고 개명한 블라디미르는 1997년 인터뷰에서 그 나름대로의 자신감으로 "독일민주공화국의 역사는 카를리프크네히트학교에서 시작됐다"[21]라고 주장했다.

자기 검열

1938~1939년, 소비에트연방. 블라디미르 레온하르트가 보육원에서 만난 10살 여자애처럼, 독일 공산주의자들 또한 숙청을 필요한 일로 받아들였다. 그보다 더욱 확고하고 끈질긴 생각은, '현명한 아버지 스탈린'의 이름으로 아랫사람들이 자행하는 과도한 폭력을 스탈린이

까마득히 모르리라는 것이었다. 1938년 3월 17일 독일작전에 따라 허위 혐의로 체포된 헬무트 다메리우스Helmut Damerius도 정확히 그렇게 생각하는 부류였다. 그는 지옥을 경험했다. 처음에는 모스크바의 루비안카감옥에 갇혔다가 솔리캄스크의 굴라크로 보내져 7년간 중노동 형을 살았다. 그 시절에 헬무트 다메리우스는 스탈린에게 편지를 17통이나 써 보냈다. 훗날 그는 이렇게 회고했다.

그렇게 하면 상황을 바로잡을 수 있을 거라고 굳게 믿었다. 스탈린에게 편지를 보내면 모든 것이 소명되고 정의가 복원될 줄 알았다. 그러는 동안에 나는 공산주의자답게 행동하며 소비에트 권력을 위해 열심히 일했다.[22]

그러나 답신은 단 한 통도 오지 않았다.

헤르만과 아나의 딸 헤트비히Hedwig 또한 이 강력한 믿음을 붙들고 살았다. 비록 그의 아버지, 남동생, 남편 모두 내무인민위원부의 손에 목숨을 잃고, 헤트비히 자신 또한 전쟁이 끝나고도 오래도록 딸들과 시베리아에 머물러야 했지만, 스탈린이 도우리라는 믿음은 굳건했다. 부모가 체포되고 시베리아로 보내진 헤트비히는 독일로 돌아갈 수 있기를 기대하며 당국에 계속 편지를 부쳤다. 하지만 1953년 스탈린이 사망할 때까지 헤트비히는 계속 시베리아에 있었다. 스탈린의 사망 소식을 듣고는 하마터면 정신을 놓을 뻔했다. 자신에게 해방을 가져다줄 최후의 희망이 증발해 버렸다고 생각했기 때문이다. 헤트비히는 1956년이 되어서야 독일로 돌아갔다. 고국을 떠난 지 20년 만이었다.

1936년부터 1938년까지 대숙청을 겪고도 소비에트식 공산주의를 아주 저버리지 않은 자들은 스탈린을 향한 충성심을 시험받는 새 난관에 봉착했다. 그건 바로 몰로토프-리벤트로프조약이었다. 1939년 8월 23일에서 24일로 넘어가는 날 밤, 히틀러의 독일과 스탈린의 소비에트연방은 불가침 조약을 체결했다. 이 조약은 소비에트연방 독일 공산주의자들의 모든 걸 바꾸어 버렸다. 숙청은 실로 살벌했지만, 사람들은 심리적으로나 이념적으로 대처하는 방법을 깨친 터였다. 내무인민위원부 손에 아무리 많은 동지가 죽는다 하더라도 그건 모두 고국의 '히틀러주의'와 파시즘을 물리친다는 대의를 위해서였다. 모스크바의 독일공산당이 부르짖던 반파시즘은 그들의 이념적 레퍼토리 가운데 단연 강력한 도구였다. 그런데 히틀러와 스탈린이 맺은 조약이 그 환상을 보란 듯 깨부쉈다.

빌헬름 피크Wilhelm Pieck와 발터 울브리히트Walter Ulbricht가 이끄는 독일공산당의 망명 지도부는 아군과 적이 예기치 못하게 협정을 맺자 부랴부랴 그에 맞는 선전물을 짜 맞췄다. 곧바로 임박한 전쟁은 제국주의 국가인 프랑스와 영국이 부추기는 것이며, 소비에트연방은 독일의 '평화적인' 야망을 지지한다는 새로운 서사가 만들어졌다. 런던, 파리, 프라하의 공산주의 저항 조직은 이제 와 히틀러 정부를 받아들이라는 요구에 당연히 격분했다. 영국으로 망명한 독일 공산주의자 쿠르트 하거Kurt Hager는 펠릭스 알빈Felix Albin이라는 가명으로 "우리 독일 반파시스트는 어떠한 상황에서도 나치 정권에 맞서 싸우기를 포기하지 않을 것"[23]이라는 내용의 글을 기고했다.

모스크바의 독일공산당은 남아 있는 공산주의자들을 설득하는
데에도 애를 먹었다. 사람들은 2년간 잔혹한 숙청을 겪으며 공포와
피로에 질려 있었다. 독일이 폴란드를 침공한 지 며칠 지나지 않은
1939년 9월 9일, 빌터 울브리히트는 당원들을 어떻게 설득할지 당의
집행위원회인 정치국에 방안을 제시하라는 명을 받았다. 울브리히트
가 회의에서 한 발언은 그가 얼마나 논증적인 창의성을 발휘했는지
를 보여 준다.

소비에트연방과 독일의 조약은 독일 파시즘을 소비에트연방의 발아
래 두는 것이므로, 세계 노동계급을 지지하는 것이며 소비에트연방
을 둘러싼 거짓말과 모순된다.[24]

이것이 따라야 할 노선이었다. 독일공산당 문서에서 '파시스트'
와 '히틀러주의' 같은 표현은 금지되었다. 다른 지역의 당 지부는 하
나둘 문을 닫았다. 특히 모스크바 코민테른에서 조종하기에 독립성
이 너무 짙은 파리 지부는 반드시 폐쇄해야 했다.
숙청 이후 독일공산당의 내부 척결과 히틀러-스탈린조약 이후
터무니없는 이념적 선회는 모스크바 공산주의자들의 내부 핵심 집단
을 소수의 광신도만 남겨 놓고 말려 버렸다. 한 줌의 사람들만이 남
아 스탈린에게 절대적으로 복종하며 옛 독일 동지들과 연결된 고리
를 모조리 끊어 냈다. 이 소수 파벌의 중심에는 발터 울브리히트와
빌헬름 피크가 있었다. 이들은 훗날 독일에서 스탈린식 사회주의를
건설하는 임무를 맡는다.

지도자들

빌헬름 피크와 발터 울브리히트는 걸출한 통솔력이나 뛰어난 웅변술로 지도자가 된 것이 아니었다. 두 사람은 1917년 혁명 후로 모스크바에 무조건 충성하며 소비에트연방이 자신들을 지켜 주고 도우리라는 확신을 누구보다도 굳게 붙들었다. 피크는 구체제의 공산주의자였다. 1876년 태어나 1895년 독일사회민주당(Sozialdemokratische Partei Deutschlands, SPD)에 입당했고 자연스럽게 급진 좌파 이념에 이끌렸다. 제1차 세계대전 때는 전쟁에 반대하는 지도자들-카를 리프크네히트와 로자 룩셈부르크Rosa Luxemburg-과 함께 활동하다 오래 옥중 생활을 했다. 1918년에서 1919년으로 넘어가는 겨울 독일공산당이 만들어졌을 때 창당 일원이었으며, 그때부터 모스크바에 자발적으로 예속될 것을 주장했다. 1921년 가을에는 레닌을 직접 만나 코민테른 지도부 회의에 전달할 지시를 받기도 했다. 이념적 순수성과 소비에트러시아를 향한 충성심을 오랜 세월 지킨 덕에, 피크는 모스크바의 숙청 시대를 무탈하게 넘길 수 있었다. 그는 상냥하고 정직한 얼굴을 하고 있었으나 속내는 무자비했다. 스탈린이 일으킨 공포의 물결을 평판 하나에만 의지해 헤쳐 나갈 수는 없었기에, 피크는 옛 동지들을 부지런히 고발하고 당의 내부 척결을 돕는 충직함으로 모스크바 정권을 안심하게 했다. 1941년 6월 히틀러가 바르바로사작전(Operation Barbarossa)을 개시하고 소련을 침공했을 때, 피크는 새로운 모국을 기꺼이 도울 준비가 되어 있었다.

피크의 동지 발터 울브리히트 또한, 1930년대와 1940년대에 독일 공산주의자가 출세하고 생존하려면 권위나 지도력보다 복종과 쓸모가 더 중요했다는 것을 보여 준다. 평범한 인상에 165센티미터의 키, 다부진 체격의 울브리히트는 말할 때 고향인 작센 지방의 사투리가 묻어나 그의 연설은 도시 출신 청중들에게 다소 우스꽝스럽게 들렸다. 목소리는 살짝 높기도 해서 대규모 청중 앞에서 잘 들리지도 않았다. 그런가 하면 그가 쓰는 글은 공허하고 반복적인 표현으로 채워져 있어 혁명을 고무할 수준이 되지 못했다. 제국의회 독일공산당 의원 시절, 베를린에서 나치 선전장관 요제프 괴벨스Joseph Goebbels와 벌인 말싸움은 울브리히트의 허접한 웅변술을 적나라하게 부각했다. 그럼에도 두 사람의 언쟁은 양쪽 지지자들의 유혈 충돌을 여러 번 일으켰다. 1931년 1월 22일 두 이데올로그*가 베를린 프리드리히스하인에 있는 연회장에서 4000명의 청중을 두고 대담했을 때도 대판 싸움이 벌어져 100명이 다쳤다. 사실 싸움은 울브리히트의 실언보다 상황 자체 때문에 매번 비롯되었다. 고지식한 기관원(apparatchik) 정도이던 울브리히트는 현란한 수사를 구사하는 요제프 괴벨스의 적수가 되지 못했다. 1931년 2월 6일, 제국의회에서 토론을 마치고 돌아온 괴벨스는 이렇게 일기를 썼다.

독일공산당의 울브리히트와 짤막하게 한판 겨뤘다. 그자는 아무도 없는 회의장에서 공연히 내게 고성을 질렀다. 그러다 내 차례가 왔을 때… 나는 최상의 상태였다. 사람이 꽉 들어찬 회의장에서 한 시간을

---

* 특정 당파를 대표하는 이론적 지도자

내리 연설했다. … 결과는 대성공이었으며 모두가 그걸 목격했다. 다들 흡족해 했다.[25]

1893년에 태어난 울브리히트는 피크보다 20살 가까이 어렸으나, 마찬가지로 독일 공산주의자의 윗세대였다. 1912년 독일사회민주당에 입당해 제1차 세계대전 때 폴란드·시베리아·벨기에에서 싸웠다. 1919년 독일공산당의 창당 일원이었으며, 1920년대 초 러시아를 방문해서 들은 레닌의 연설은 그의 가슴에 평생 새겨졌다. 피크처럼 울브리히트도 나치 시절 망명해 지냈다. 처음에는 파리로 갔다가 모스크바로 넘어가 마찬가지로 스탈린을 향해 확고부동의 충성심을 증명했다. 숙청 시대에 울브리히트의 행적은 도덕적 양면성으로 점철되었다. 그는 소비에트의 압제로 고통받는 독일 이민자들을 대신해 코민테른 지도자 게오르기 디미트로프Georgi Dimitrov와 스탈린의 보안 조직 수장으로 악명을 떨친 라브렌티 베리야Lavrentiy Beria에게 서신을 보냈다. 1941년 2월 28일에는 남편이 체포되거나 살해된 독일 여성들을 대신해 탄원서를 부치기도 했다.[26] 그러나 한편으로는 스탈린 공포 정권의 눈에 들려고 부지런히 옛 동지들을 고발하는 서신을 썼다. 울브리히트는 바우메르트Baumert 부인이 요즘처럼 상황이 나빠질 줄 알았으면 소련으로 넘어오지 않았을 거라며 후회하는 말을 체코 이민자들 앞에서 했다는 이유로 부인을 반소련 선전 혐의로 고발했다.[27] 그렇게 모스크바의 울브리히트는 소비에트러시아를 위해 복무하는 것 말고는 어떠한 도덕적 잣대도 목적도 없음을 증명했다. 그의 충성심은 믿을 만한 것이었다.

1941년 6월 22일 히틀러가 소비에트연방을 공격했을 때, 울브리히트와 피크는 독일공산당의 선전물을 또 한 번 뒤집어엎었다. "히틀러의 파시즘에 맞서 무자비하게 싸우자"라는 옛 구호가 말 그대로 히룻빔 사이에 부활했다. 나머지 공산주의 지도자들도 이를 따랐다. 독일인들에게 국가 사회주의의 사악함을 '교육'하고, 히틀러가 동포들에게 건 주문을 깨트릴 임무를 울브리히트가 받았다. 라디오 모스크바Radio Moscow 방송국을 통해 독일어 라디오방송을 기획해 내보내고, 소비에트연방이 수용소에 잡아 둔 독일 포로들을 재교육하는 것도 그의 몫이었다.

1941년 6월 26일 첫 라디오방송 때 울브리히트는 동포들에게 호소했다.

독일과 소비에트 노동자들은 파시스트 전쟁광들의 몰락을 위해 함께 투쟁하여, 영속적인 평화와 두 민족의 진정한 우정을 위한 기반을 마련해야 할 것이다.[28]

효과는 미미했다. 인민 수신기(Volksempfänger)라고도 불린 독일의 보급형 라디오는 나치가 대량 생산한 것들이었는데, 외국 라디오방송을 수신하려면 장비를 바꾸도록 설계된 데다 신호 자체도 약하고 불안정했다.

게다가 울브리히트는 1933년 조국을 떠난 터라 나치주의를 오래 겪지 않았다. 모스크바에서 망명한 세월 동안 그와 독일 동포들 사이에는 간극이 생겼다. 독일인들은 이미 상당수가 나치 이념에 적극

055

적으로 찬동했으며, 그렇지 않은 사람들조차 히틀러의 몇몇 행보에 설득되었다. 이를테면, 일자리 창출 계획, 즐거움을 통한 힘(Kraft durch Freude)*의 운영을 통해 한층 편안해진 휴가, 재무장, 전쟁 초기의 승리 같은 것들이 사람들의 마음을 움직였다. 울브리히트는 1941년 10월 독일공산당 대표단이 템니코프임시수용소에 갇힌 독일 포로 1500명과 대화하러 찾아갔을 때 적대적인 반응이 되돌아오자 진심으로 당황했다. 그는 보고서에 "전혀 다른 두 체제에서 10년간 살고 생각한 끝에 공통분모가 하나도 남지 않았다"[29]라고 토로했다.

총통(Führer, 히틀러)을 위해 혈투를 벌인 독일인들과 울브리히트 사이의 거리감을 결정적으로 보여 준 사건은 스탈린그라드에서 일어났다. 1942년에서 1943년으로 넘어가는 겨울, 독일 제6군은 스탈린그라드에 발이 묶여 있었다. 군수물자의 공급은 차단되었고 사방이 적군으로 둘러싸였다. 병사들은 제대로 된 겨울용품도 없이 얼어죽어 갔다. 모두가 굶주렸고, 분위기는 암담한 우울감과 최후까지 버티겠다는 결의 사이에서 동요하고 있었다. 절박한 병사들을 공산주의 진영으로 끌어들여야겠다고 마음먹은 울브리히트는 자신의 높고 경직된 목소리로 동포들의 얼어붙은 귓전을 때렸다. 목숨의 위협을 무릅쓰고 최전선까지 대형 확성기를 끌고 갔다. 거리는 독일군의 사거리 안에 들어갈 만큼 가까웠다. 울브리히트는 싸워 봤자 소용없다는 사실을 딱한 동포들에게 말해 주고 싶었다. 그만 포기하고 히틀러

---

* 나치주의 선전을 목적으로 국민의 여가 생활을 지원하고 저렴한 자가용 승용차 개발을 주도한 단체

에 저항하는 싸움에 합류하는 게 나았다. 울브리히트가 1942년 12월 18일에 작성한 보고서에는 "371사단 병사들에게 방송을 내보냈다. 첫 방송 중에 우리는 강력한 지뢰 10개로 환대를 받았다"[30]라고 사건의 진밀이 적혔나. 스탈린그라드로 파견을 나와 있던 스탈린 수하의 소련공산당(Communist Party of the Soviet Union, CPSU) 장관은 이 모든 과정을 미심쩍어 하며 감독했다. 그의 이름은 니키타 흐루쇼프Nikita Khrushchev로 독일공산당 지도부를 만난 건 이때가 처음이었다. 그는 나치국방군(Wehrmacht)의 투항을 설득하려 했던 위험천만한 시도의 결과를 저녁 식사 자리에서 이야기하다가 "울브리히트 동지, 이거 뭐, 오늘 저녁은 굶으셔야겠습니다. 독일군이 아무도 항복하지 않았잖습니까"[31] 하며 낄낄댔다.

모스크바의 독일 공산주의자들은 스탈린이 전쟁에서 승리하는 데 큰 공을 세우지는 못했다 할 수 있다. 하지만 전쟁이 끝났을 때 역사의 옳은 편에 섰고, 승자로서 조국으로 돌아갈 준비를 했다.

생존자들

스탈린의 숙청은 아주 깊숙이 손길을 뻗쳐 러시아로 망명한 독일인 가운데 고작 4분의 1만이 살아남았다. 소비에트연방으로 망명한 독일공산당 정치국원은 9명이었는데, 전후에 살아남은 사람은 단둘, 빌헬름 피크와 발터 울브리히트였다.

1930년대에 러시아로 떠난 독일 공산주의자가 1945년까지 살아남을 확률은 희박했다. 그러니 그런 생존자들의 공통점을 한번 따져 봐야 한다. 소비에트연방으로 망명한 자가 생존한 방법은 크게 세 가지다. 가장 확실한 방법은 스탈린에게 철저히 복종하며 의심스러운 독일 동지들, 심지어는 고국도 저버렸음을 추호의 의심도 들지 않게 증명하는 것이었다. 프리츠 에르펜베크Fritz Erpenbeck는 그렇게 살아남아 1945년 고국을 재건하기 위해 독일로 돌아갔다.[32] 에르펜베크는 숙청이 시작되면 독일 공산주의자들이 웬만해서 목숨을 부지하지 못하리라는 것을 직전에 깨달아, 〈내무인민위원부 명령 00439호〉로 외국인 첩자를 척결하라는 죽음의 정책이 공식화되기 전인 1936년 12월, 재빨리 독일 시민권을 포기했다. 이후로는 언론인으로서 여러 매체에 선전물을 대량 전파하며 소련에 쓸모 있는 존재임을 자처했다.

스탈린의 심복들에게 걸리지 않는 두 번째 방법은 숙청 때 나이가 어리므로 심각한 위협이 아니라는 인상을 주는 것이었다. 독일인 10대 아이는 대부분 머나먼 노동수용소로 끌려가거나 개명해 영영 종적이 묘연해졌지만, 러시아 학교나 일터로 보내져 빠르게 동화된 아이도 적지 않았다. 대공포 시대가 차츰 저물어 갈 무렵, 집요한 세뇌는 이미 결실을 본 후였다. 아이들은 진정한 공산주의자, 나아가 진정한 러시아인으로 거듭났다. 1945년 이후 독일에 돌아가서도 대다수는 소비에트연방에서 있었던 일을 그저 받아들이거나, 억눌러 가슴에 묻었다.

1936년부터 1939년까지의 대공포 시대에서 생존한 세 번째 방법은 순전히 운에 기대는 것이었다. 에르빈 예리스가 그런 경우다. 에르빈은 절대 굽히지 않았으며 어리지도 않아 거듭 히틀러와 스탈린의 표적이 되었다. 그가 살아남은 사연은 정말이지 놀랍다. 그와 함께 독일로 송환된 공산주의자들은 (특히 게슈타포의 요주의 인물에 오래전 부터 오른 사람들은) 나치에게 처형되거나 강제수용소에서 목숨을 잃었다. 대다수는 소비에트 수용소에서 참혹함을 경험한 뒤에 정치적 일탈이 '치유'되었다고 여겨져 냅다 나치국방군에 배치되었다. 에르빈도 그랬다. 그러나 운이 좋았던 그는 1941년부터 1945년까지 격렬했던 동부전선에 파병되어 전투를 치르고도 살아남았을 뿐 아니라, 전쟁 막바지 베를린 공방전 때 소비에트 포로로 잡혀가서도 목숨을 건졌다.

1945년 9월 에르빈은 마침내 자유의 몸이 되어 독일로 돌아왔지만, 붉은 군대에 점령된 땅에서 금세 환영받지 못하는 존재가 됐다. 그는 스탈린의 노동자 낙원에서 어떤 일이 벌어졌는지를 이야기하고 다녔다. 나아가 자신이 체포되기 전까지 스베르들롭스크에서 함께 일했던 사람들과 자기 목숨을 부지하려고 동지들을 팔아넘긴 사람들의 이름을 보란 듯 호명했다. 이는 여러 사람의 심기를 거슬렀다. 독일의 동쪽 점령지에서 정치를 독점한 사람들과 스탈린주의 권력자들에게 총애받던 사람들은, 독일인들이 전쟁 동안 싸우고 굶주리고 고통받는 와중에 자신들이 모스크바에서 어떤 일을 했는지를 까발리는 에르빈 예리스를 달가워하지 않았다.

굴라크에서 살아 나온 정치범들도 마찬가지로 환영받지 못했다. 살해된 독일공산당 정치인 헤르만 레멜레의 아내 아나 레멜레는 스탈린의 지하 감옥에서 썩다가 전쟁이 끝나자 독일로 돌아가기를 시도했다. 1920년대에 레멜레 가족은 발터 울브리히트와 가깝게 지냈었다. 이에 아나 레멜레는 필사적으로 울브리히트에게 몇 번이나 도움을 청했다. 하지만 울브리히트는 아나를 철저히 외면했고, 고향으로 돌아가게 해 달라는 간청을 거부했다. 결국 아나는 1947년 낙담하여 세상을 떠나 남편과 아들이 무참히 살해된 외국 땅에 묻혔다. 딸과 손주들은 그때까지도 시베리아에 갇혀 있었다.

아나 레멜레와 달리, 에르빈 예리스는 조국으로 돌아왔고 침묵하지 않았다. 그는 모스크바에서 일어난 일을 세상에 고집스럽게 알리려 했고, 그로 인해 또 다른 탄압을 받았다. 1949년 12월 19일, 소련 비밀경찰이 그를 체포해 베를린 호헨쇤하우젠에 있는 악랄한 내무인민위원부 감옥에 가뒀다. 감옥은 산업용 규모의 무료 급식소였던 곳에 전쟁이 끝나고 부랴부랴 세워졌다. 수감자들을 가두는 감방은 모스크바의 감옥과 마찬가지로 지하에 자리했다. 수감자들은 고립감에 시달렸다. 산업용 송풍기가 돌아가는 소음이 어찌나 요란한지 감옥은 금세 'U보트(잠수함)'라는 별칭으로 불렸다. 에르빈은 창문도 없고 난방도 되지 않는 60개 감방 중 한 곳에서 버텼다. 양동이를 변기로 썼고, 자신을 무너뜨리려고 고안된 갖가지 고문을 견뎠다. U보트 수감자들은 KGB 방식의 물 감방에 홀로 갇혀 있다 나오면 고분고분해졌다. 물 감방은 전화부스보다 약간 넓어서 안에 들어가면 서 있을 수밖에 없었다. 밀폐된 공간이라 문턱을 한 단 높이면 바닥에 물을 몇 센티미터 정도 채울 수 있었는데, 주로 얼음장처럼 찬 물이 발목 높이까지 고여 있었다. 수감자들은 잠을 잘 수 없었고, 채찍질을 당했으며, 몇 시간씩 서 있어야 했고, 두들겨 맞거나 독방 생활을 해야 했다. 그러다 보면 끝내 자포자기하여 상대가 듣고 싶어 하는 말을 내주었다.

하지만 에르빈은 더한 일도 겪은 터였다. 그는 어마어마한 고통도 버텨 낸 만큼 강인한 사가 되어 있었다. U보트에서 1년을 있으면서도 항복하지 않았다. 결국 소련 군사재판소에 넘겨졌고, 굴라크에서 7년간 중노동을 하라는 선고를 받았다. 그는 이 또한 이겨 내 1955년에 조기 석방되었다. 동베를린으로 송환되자마자 곧장 쾰른으로 넘어갔고, 2013년 101살의 나이로 세상을 떠날 때까지 그곳에 살았다.

에르빈 예리스는 기나긴 삶을 마감하는 순간까지 1949년 자신에게 형을 선고한 러시아인 판사와 나눈 대화를 절대 잊지 않았다. 판사는 에르빈에게 사형과 다를 바 없는 소련 굴라크 25년 형을 선고하면서 빈정거렸다. "시베리아가 말 많은 당신 입을 다물게 할 거요!" 에르빈은 침착하게 받아쳤다. "그리고 당신 입도요."

제로 아워?

제2차 세계대전이 슬슬 마무리될 무렵, 나치 정권이 자행한 범죄의 극악무도함으로 보아 패배 직후의 독일인들에게 권력을 도로 쥐어 준다는 것은 안 될 일이었다. 제1차 세계대전 때의 제국 정권과 달리 나치 체제는 독일 구석구석을 빠짐없이 더럽혔고, 따라서 책임의 소재를 복잡하게 만들었다. 정치적이고 도덕적인 패배였던 만큼 어느 기관에도 권위를 부여할 수 없었다. 연합국은 점령 후 무조건적인 항복만을 받아들이겠다는 데 동의했으나 독일의 미래를 놓고서는 소련과 서방의 전시 협력국들이 점차 이견을 드러냈다. 1945년 2월 얄타회담에서 스탈린은 독일을 잘게 쪼개어 다시는 유럽 평화를 위협하지 못하게 해야 한다고 윈스턴 처칠Winston Churchill과 프랭클린 델러노 루스벨트Franklin Delano Roosevelt를 끈질기게 설득했다. 그러나 서방 연합국은 전쟁으로 쑥대밭이 된 유럽대륙을 소비에트가 장악할지도 모른다는 두려움에 제안을 거부했다.

승전국들은 절충안으로 독일을 분권화·비무장화·탈나치화하자는 데 뜻을 모았다. 독일과 독일 수도는 행정 편의에 따라 네 점령지로 임시 분할되었다. 스탈린도 이 해법에 수긍한 듯 보였으며, 처음에는 독일 땅에 소비에트 괴뢰국을 세우는 것에 이렇다 할 관심을 드러내지 않았다. 그에게는 배상금을 받아 내는 것이 더 시급했다. 스탈린의 나라는 돈이 절실히 필요했으며, 스탈린 또한 다시는 독일이 러시아를 위협하지 못할 만큼 약해졌다는 확증을 바랐다. 독일이 비무장 중립국이 되어 소비에트연방의 곡창지대이자 제철소 구실을 한다면, 그건 받아들일 만한 해법이었다. 이 시기의 소비에트 기록 보관물을 두루 연구한 역사학자 세르게이 라드첸코Sergey Radchenko에 따르면, 스탈린의 내부 핵심 집단이 이러한 방향을 추진했으며, 그중에서도 공포의 존재였던 내무인민위원부 장관 라브렌티 베리야, 외무장관 뱌체슬라프 몰로토프Vyacheslav Molotov가 스탈린보다 훨씬 적극적으로 찬성의 목소리를 냈다.[33]

점령국들이 각자에 할당된 독일 영토를 통치하는 상황에서, 스탈린은 모스크바에 남아 있던 독일 공산주의자들이 자신의 통치 구역으로 가서 경제와 정치, 나아가 문화를 재건하는 데 요긴하고 헌신적인 조력자들이 되어 주기를 기대했다. 언뜻 미온적으로 보인 스탈린의 태도를 생각해 보면, 전쟁 후 소비에트연방이 점령한 동독의 폐허에서 민주적인 체제가 탄생할 수 있지 않았을까 궁금해진다. 히틀러와 스탈린이 독일 공산주의에 남긴 폭력적인 출생 트라우마는 이번에야말로 평화로운 사회주의, 소비에트연방보다 더 나은 체제이자 과거보다 더 나은 독일을 건설할 수 있으리라는 욕망을, 살아남은 망명자들 마음속에 불 지폈는지도 몰랐다. 스탈린도 이를 방해할 생각은 없었던 것 같다. 그는 독일에 소비에트 체제를 과연 이식할 수 있을지 공공연히 의심했으며, 전후 독일에 대한 소련의 정책과 계획을 구체적으로 언급하기를 극도로 꺼렸다. 세부 사항은 스탈린의 사람들이 아닌 독일공산당 지도부의 머리에서 거의 다 탄생한 듯 보였다.[34] 그렇다면 독일 망명자들이 꿈꾸었던 더 나은 독일을 정말로 건설할 수도 있지 않았을까? 하지만 그것은 여러 이유에서 이루어질 수 없었다.

스탈린은 구체적인 정책을 설정하지 않았으며 러시아에서 사용한 자극적인 선전용 어구를 극구 피했으나('사회주의', '혁명', '프롤레타리아트의 독재'[35]와 같은 표현은 대중의 반감을 자극할 수 있다는 이유로 독일 선전에서 빠졌다), 넓은 의제는 제시했다. '반파시즘', 핵심 산업의 국유화, 토지 재분배의 방향성은 확고했으며, 어느 독일 공산주의자도 이렇게 정해진 경계 밖으로 소비에트 점령지를 밀고 나갈 수 없었다.

생전에 스탈린은 서방 연합국에 대한 불신이 뿌리 깊었다. 그

063

불신은 소련 땅에서 대공포 시대를 열었던 병적인 편집증과 똑같은 증상을 일으켰다. 다른 승전국들과 힘을 합쳐 독일을 통일 국가로 만든다는 건 단연 있을 수 없는 일이었다. 스탈린은 문화·언어·역사가 낯선 국가를 운영하는 데 뒤따르는 책임에서 더러 벗어나고 싶었던 듯 보이지만, 그럼에도 완충 지대이자 협상 카드로서 독일의 지정학적 이점을 포기할 수 없었다. 더구나 독일은 집단 학살 전쟁으로 쓰러진 스탈린의 나라에 자원을 대 주는 없어서는 안 될 존재였다.

무엇보다 스탈린의 억압으로 독일 공산주의자 이주자 집단은 가장 비정하고도 친소비에트적인 핵심 무리만 남겨 놓고 모조리 증발해 버린 후였다. 스탈린이 독일에 사회주의를 건설하도록 낙점한 모스크바 독일공산당 지도부는 우연이 아니라, 도덕을 포기한 대가로 대공포 시대를 살아남은 자들이었다.

1944년 2월 독일공산당 정치국은 독일의 전후 질서를 계획하라는 지시를 받았다. 임무는 스탈린에게 충성하기를 제일 순위로 삼았음을 증명한 발터 울브리히트, 빌헬름 피크, 빌헬름 플로린Wilhelm Florin이 맡았다.[36] 스탈린은 이들에게 대부분 재량권을 주었지만, 코민테른 지도자 게오르기 디미트로프가 그들을 가까이에서 감시했다. 게오르기는 불가리아 태생의 공산주의자로, 1933년 제국의회 방화 사건의 주동자로 나치에 기소되었을 때 스스로 변호하는 모습으로 스탈린의 신임을 샀다. 그는 차분하고 강렬한 말솜씨로 나치가 기획한 여론몰이용 재판에서 보란 듯 그들을 물 먹였다. 세계의 흠모자들은 "독일에 용기 있는 자는 단 한 명, 불가리아인뿐이다"라고 말했다.

디미트로프의 감시는 있으나 마나였다. 어차피 경제계획의 책임자는 소비에트 정권을 섬기며 선전 매체 '자유독일(Free Germany)'을 운영해 1945년 적성훈장을 받은 안톤 아커만Anton Ackermann이었다.[37] 그는 1944년 강연에서 공산당 학생에게 계획위원회를 대표해 "우리에게 소비에트연방의 이익보다 신성한 것은 없다. 그곳은 여전히 우리의 진정한 조국이다"[38]라고 발언했다. 1933년 70퍼센트의 독일공산당원이 제거됨에 따라 독일 공산주의자는 대부분이 사라지고 없었다. 이제 남은 자들은 러시아에서 발견한 것들을 한때 고향이라 부른 독일 땅에 그대로 재현하려고 하는 이념적 퇴적물 즉 소비에트화된 이데올로그 집단뿐이었다.

제2차 세계대전이 끝나고 등장한 정권이 독일 사회주의에 대한 더 민주적인 대안이었으리라고 보기는 힘들다. 독일공산당의 창당 이념은 애초부터 소비에트 이념에 뿌리를 내리고 있었다. 독일 공산주의자들은 러시아 모형을 종교 수준으로 추앙하며 자기 검열의 과정에 들어섰고, 가장 복종적이며 상상력이 빈약한 개인들로 집단을 이루었다. 그 집단은 1920년대 독일에서의 폭력과 책략과 배제로 시작되어, 1937년 스탈린의 공포 정치에서 자행된 죽음의 고발로 완성되었다. 에르빈 예리스와 같이 참된 이상주의자와 몽상가는 죽거나 투옥되거나 추방되었고, 아니면 어떤 식으로든 침묵할 것을 강요받았다. 행운, 의지, 어린 나이 덕에 스탈린의 숙청에서 살아남은 자들은 전후 독일에서 스탈린의 총아들이 세우려 하는 소비에트식 이상향의 일원이 될 수 없음을 금세 깨쳤다. 그들은 다시 오랜 세월 침묵해야 했다. 상당수가 서방으로 도피했고, 몇몇은 계속 입을 다문 채 살았다. 소비에트연방과 제2차 세계대전을 동력으로 삼은 독일의 사회주의 건설은 오직 정해진 틀에서만 기능했고 가장 소비에트화된 자들에게만 발언권을 주었다. 소비에트 점령지가 스탈린식을 따르는 것에 스탈린 자신은 큰 관심이 없었을지 몰라도, 그가 고국에 돌아가 살도록 허락한 독일인들은 그렇지 않았다.

독일의 집단 기억 속에 1945년은 제로 아워 즉 0시(Stunde Null)로 남아 있다. 흔히 독일인들은 이때를 혹독했던 세월 끝에 온 새로운 출발로 여긴다. 죄책감, 굴욕감, 물질적 곤궁에 짓눌린 독일인들은 자신들의 참패가 더 나은 독일을 그려 나갈 빈 캔버스를 주었다는 착각에 빠져들었다. 하지만 소비에트 점령지에서 자의로든 타의로든 스탈린의 발아래 놓인 독일인들에게 캔버스는 한순간도 비어 있지 않았다. 그 캔버스는 언제나 붉은색 바탕에 낫과 망치가 새겨져 있었다.

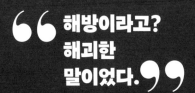

**해방이라고?
해괴한
말이었다.**

폐허에서
되살아
나다

2장

패배의 대가

1945년 4월 27일 브란덴부르크주 포츠담. 이른 아침, 31살의 도로테아 귄터Dorothea Günther와 이웃들은 건물 지하에 모여 옹송그리고 있었다. 도로테아는 날씬하고 멋 내길 좋아하는 여자로 구불구불한 머리에 우아한 옷을 즐겨 입었다. 하지만 지금은 소비에트군의 공격에 대비해 석탄 더미에 몸을 숨기는 신세다. 며칠간 건물 주민들을 공포에 몰아넣은 포격으로 포츠담에 몇 남지 않은 다리와 도로마저 끊어졌다. 봉쇄된 민간인들은 벌벌 떨며 운명을 기다렸다. 북동쪽으로 30킬로미터 떨어진 베를린에서 그들의 총통은 총리 관저의 방공호에서 자살을 준비하고 있었다. 오전 11시, 붉은 군대 병사들이 문을 두드렸다. 병사들은 총구를 겨누며 건물 세입자들을 일렬로 세운 뒤 귀중품이 있는지 몸을 뒤졌다. 도로테아의 몸을 수색하던 병사는 손가락마다 금반지를 끼고 있었다. 특히 도로테아의 가슴팍을 향한 총의 방아쇠에 걸린 집게손가락에는 큼직한 호박색 수정 반지가 빛났다.

069

수색을 당한 후에 도로테아는 옷감을 구하러 건물 밖을 나섰다. 봄이 한창이었으나 전기·가스·물이 전부 끊겨 언제든 병에 걸릴 수 있었다. 그러니 할 수 있는 한 몸을 따뜻하고 청결히 유지해야 했다. 남편 마르틴Martin도 깨끗한 속옷이 간절했던 터라 얼른 나갔다 오라고 아내를 보챘다. 도로테아는 만삭이었으므로 마르틴보다 차라리 도로테아가 소비에트 병사들 앞을 지나는 게 더 안전했다. 성인 남자는 거리를 돌아다니다가 발각되면 체포될 확률이 높았고, 심지어 현장에서 즉시 총살되기도 했다. 그러나 소문에 의하면 붉은 군대는 임신한 여자를 건드리지 않는다고 했다. 임신하지 않은 여자들은 복수심에 이글거리는 술주정뱅이 병사들에게 끌려갈까 봐 두려움에 떨었다. 젊은 여자들은 늙고 초라해 보이려고 일부러 얼굴에 검댕을 묻히고 누더기를 찾아 입었다. 도로테아는 시누이 엘프리데Elfriede에게서 시내 카르슈타트백화점이 털렸다는 소식을 듣고 그곳에 가 보기로 마음먹었다. 이웃 여자 둘이 임신부와 함께라면 안전하지 않을까 싶어 함께 길을 나섰다.

세 여자는 활짝 열린 백화점 문으로 들어가 허겁지겁 물건을 챙겼다. 남아 있는 양털을 보고 도로테아는 무척 기뻤다. 그거면 곧 태어날 아기에게 따뜻한 옷을 지어 줄 수 있었다. 남편에게 줄 속옷을 찾고 있는데 난데없이 그 악명 높은 소리가 들려왔다. "콤, 프라우!(이리 와, 여자!)" 억센 러시아 억양이었다. 돌아보니 경악스럽게도 두 여자 일행이 병사들에게 끌려가고 있었다. 여자들은 소리를 지르며 도움을 청했다. "도와줘요, 귄터 부인! 이자들이 당신은 어떻게 못 하잖아요." 도로테아는 제발 그 말이 사실이기를 빌며 여자들과 함께 떠밀려 병사들의 임시 숙소로 이어지는 나선형 계단으로 끌려갔다. 공포에 질린 여자들은 난간을 붙들며 절규했다. 병사 하나가 총을 빼서 도로테아에게 겨누었다. 도로테아는 서툰 러시아어로 임신했다고 말해 보았지만, 통하지 않았다. 벼랑 끝에 몰린 도로테아의 머릿속에는 마르틴도 죽은 아내보다 강간당한 아내를 원치 않겠냐는 생각이 순간 스쳤다. 도로테아는 자포자기하여 계단 위로 밀쳐졌다. 그때 어수선한 소리를 듣고 장교가 다가와 무슨 일인지 물었다. 도로테아는 부푼 배를 가리키며 배 속 아기를 위해 자비를 베풀어 달라고 빌었다. 할 일이 바빴던 장교는 엄지손가락을 아래로 휙 움직이며 임산부를 내보내라고 지시했다. 다른 두 여자는 위층으로 끌려갔다.

2010년에 이 일을 회고하는 도로테아 귄터는[1] 그의 세대 특유의 담담함과 괴로움이 묘하게 뒤섞인 태도를 보였다. 1945년 4월과 5월, 포격·강도·절도·강간·살인의 한복판에서 전쟁의 최후를 기다리던 남녀들의 운명을 합쳐 보면, 무력감과 패배감과 절망감으로 가득 채워진 지울 수 없는 하나의 장면이 완성된다. 도로테아는 "볼셰비즘의 지배"와 "독일인들의 몰락"만 있을 뿐인 미래를 예측하고 절망하던 아버지의 모습을 생생히 기억했다. 한편으로 그 시절에 "나치가 그렇게나 선전했던 국민 공동체"를 이웃들과 정말로 형성한 기억도 남았다. 사람들은 대충 만든 화덕에 모여 함께 요리했다. 물을 긷기 위해 우물 앞에서 몇 시간씩 줄을 섰다. 생존에 필요한 값진 토막 정보를 교환했다. 폐허가 된 독일, 절망의 잿더미 한가운데에서도 저항의 불씨는 반짝였다.

1945년 봄 하늘에 드리운 먹구름에서 희망을 발견한 여자들은 드물었다. 소련 병사들은 지칠 대로 지친 상태로 정신적 외상과 분노를 이고서 서유럽에 도착했다. 히틀러는 동부전선에서 실로 잔혹한 전쟁을 일으켰고, 그로써 소련은 2000만 명이 넘는 사람을 잃었다. 총통은 자국 장군들에게 절멸전(Vernichtungskrieg) 즉 일반적인 전쟁의 통념에 얽매이지 말고 민족을 말살하는 전쟁을 대놓고 지시했다. 그는 군 지도부가 자신을 위해 승리해야 할 전쟁의 무시무시한 규모와 성격에 대해서 모호한 여지를 남기지 않았다. 1941년 3월 30일 소비에트연방에 대한 침공을 코앞에 두었을 때, 히틀러는 군인들에게 "군인끼리의 동지애 따위는 버려라. … 우리는 적을 보전하려고 이 전쟁을 하는 것이 아니다"[2]라는 사실을 명심하게 했다.

독일 병사들은 동부를 쑥대밭으로 만들었다. 나치국방군은 모스크바로 진군하면서 약탈·강간·방화·살육을 벌였으나, 민간인을 상대로 한 이 끔찍한 범죄 행각들에 대한 처벌은 거의 이루어지지 않았다. 스탈린의 병사들은 오직 머릿수와 정신력으로 히틀러의 살인적인 군사력에 맞섰다. 붉은 군대의 병사들은 영양실조와 저체온증을 겪었고 이루 말할 수 없는 역경에 부딪혔으나, 그대로 포기했다가는 스탈린의 명령에 따라 총살되었다. 실제로 직속 장교 손에 사망한 소비에트 병사는 15만 명에 달했다. 나머지는 계속 싸웠다. 그러다 전쟁의 기세가 마침내 달라졌고, 이제는 그들이 끔찍한 복수를 실행할 차례였다. 사령관들과 소련 선전가들이 병사들을 더욱 부추겼다. 인기 작가 일리야 예렌부르크Ilya Ehrenburg는 "독일인은 인간이 아니다"라고 선언해 유명해진 논설에서 여자고 어린이고 가릴 것 없이 독일인에게 복수하라며 병사들을 선동했다.

그리하여 제2차 세계대전 막바지에 취하고 만신창이가 된 병사들이 독일 동부에 줄지어 들이닥쳤다. 그들은 배급된 술을 진탕 마시다가 그마저도 부족하면 남아 있는 창고나 공장을 약탈해 위험한 공업용 화학물질을 들이켰고, 그 취기로 상상을 초월하는 폭력에 탐닉했다. 소련 병사들에게 강간당한 독일 여성은 대략 200만 명으로 추산되며 베를린에서만 10만여 명이었다. 집단강간도 빈번했으며, 붉은 군대가 베를린으로 최후 진군하는 며칠, 몇 주 내내 계속되었다. 하지만 객관적인 숫자만으로는 이 모든 범죄 행위의 진정한 공포도, 여성들은 물론 동독 사회 전체를 할퀸 심리적 외상도 다 헤아릴 수 없다.

종전 당시 33살이었던 마르타 힐러스Marta Hillers의 회고록에는 실로 무참한 이야기가 담겨 있다. 마르타는 독일 서부 크레펠트 출신의 기자로 파리에서 유학한 고학력 여성이었으며, 프랑스어를 구사했고 러시아어도 조금 할 줄 알았다. 1934년 베를린으로 와서는 자유기고가로 여러 신문과 잡지에 글을 썼다. 마르타는 자신이 당한 일을 비롯해 승자가 자행한 짐승 같은 강간 행위들을 글로 남겼는데, 침착하고 초연한 언어로 묘사되었음에도 모골이 송연했다. 1945년 4월 말 마르타는 2주에 걸쳐 강간의 온갖 유형을 눈으로 보았고 몸으로 겪었다. 어떤 자들은 강간 후에 여자의 등을 쓰다듬고 일어날 수 있게 부축해 주는 '점잖은' 유형이었다. 어떤 자들은 여자와 함께 있기를 갈망하여 함께 카드놀이를 하자고 했다. 몇몇은 피해자가 느끼는 공포를 즐기는 듯했다. 다음은 마르타가 경험한 일이다.

회색 수염이 까칠하게 난 노인이 여자를 밀친다. 몸에서 술과 말 냄새가 진동한다. 남자는 조심스레 문을 닫고 자물쇠가 없자 의자로 문을 막는다. 눈앞의 먹잇감조차 못 볼 것 같이 생겼는데 그런 자가 자기를 덮쳐 침대에 눕히자 여자는 충격을 받는다. 눈을 감고, 이를 꽉 문다.[3]

마르타의 일기는 처음에는 《베를린의 여인(A Woman in Berlin)》과 같이 다른 언어로 번역되어 익명으로 출간되었다. 1959년 독일어판이 나왔으나 심한 뭇매를 맞고 출간이 중단되었다. 마르타는 생전에 다시는 고국에서 책을 출간하려 하지 않았다. 그러다 마르타가 세상을 떠나고 2003년이 되어서야 독일에서 개정판이 출간되었고 그의 신분도 밝혀졌다. 독일인들은 생생한 폭력의 묘사만큼이나 그런 운명을 견뎌 낸 젊은 여인의 당당한 실용주의도 받아들일 준비가 되어 있지 않았다. 러시아어를 조금 할 줄 알았던 마르타는 자신을 짐승 취급하던 남자들을 이용해 자신을 지키는 방법을 찾았다. 그의 표현대로 "늑대들을 물리쳐 줄 늑대"를 하나 건진 것이다. 마르타는 러시아군 고위 장교와 일종의 교제를 시작했다. "늑대 중 하나를 길들인 것에 대단한 자부심을 느낀다. 그것도 무리에서 가장 힘센 놈이었던 것 같다." 독일인들은 몇 년, 몇십 년이 지나도 이런 말에 무뎌지지 못했다. 철의 장막 좌우 어디에 있든지 그랬다. 비도덕적으로 보이는 마르타의 모습은 당대 서독인들의 감수성에 상처를 주었고, 마르타의 글은 동독에서 소비에트 '해방'이라는 개념에 균열을 일으켰다.

붉은 군대가 진군하는 경로에 있던 독일 동부의 사람들이 처음 만난 소비에트는 잔인한 점령자의 모습을 하고 있었다. 1945년 고작 8살이었던 레나테 데무트Renate Demuth는 작센주 올베르스도르프의 집에 들이닥친 병사들의 모습을 훗날에도 똑똑히 기억했다. 레나테의 아버지는 폴란드, 체코슬로바키아와 맞닿은 독일의 새 국경이 될 곳에서 겨우 몇 킬로미터 떨어진 전쟁포로수용소에서 세상을 떠났다. 그래서 그날 병사들이 문을 두드리던 때, 집에는 어머니와 막 걸음마를 뗀 남동생 로타어Lothar, 18살 난 언니 프리들Friedl뿐이었다. 병사들이 비싼 물건을, 그리고 여자 노리개를 찾아 방들을 뒤지는 동안 레나테는 어머니 치맛자락을 꽉 부여잡고 있었다. 병사 하나가 프리들이 누워 있는 방을 벌컥 열었다. 병사는 게슴츠레한 눈으로 프리들을 살폈다. 마침 프리들은 병에 걸려 종기와 발진이 보기 흉하게 양 볼을 뒤덮고 있었다. 병사들은 입맛이 떨어진다는 듯 돌아섰고 이웃집으로 복수를 행하러 떠났다. 며칠 후 고위 장교가 데무트 집 뒤편의 농장을 점거해 지휘부를 차렸다. 레나테는 안도했다. "장교가 우리더러 창문은 언제나 열려 있으니 자기 부하들이 또 그런 짓을 하려고 들면 소리치라고 했다. 이후로 우리는 무탈했다."[4] 레나테의 가족 또한 늑대들을 물리쳐 줄 늑대를 건진 것이었다.

어떤 여자들은 점령자들에게서 다른 인상을 받았다. 브리기테 프리츠헨Brigitte Fritschen은 1944년 브레슬라우(지금은 폴란드 서부의 브로츠와프) 인근 발덴부르크에서 태어났으며 전쟁이 끝나가던 무렵에는 아직 어린 아기였다. 그러나 진군하는 붉은 군대가 마을을 뒤지며 일어난 일들은 그의 인생에도 평생 지워지지 않을 흔적을 남겼다. 브리기테와 어머니, 조부모가 살던 거리에는 여자와 노인뿐이었다. 몇

몇 여자는 아이를 뱄고 대부분이 어린 자녀들을 돌봤다. 브리기테의 어머니도 동부전선에서 포로로 잡힌 남편이 집에 없는 동안 살아남기 위해 분투했다. 동쪽에 있는 마을에서 벌어졌다는 강간 이야기는 이미 소문으로 전해 들은 터였다. 심지어는 소련군이 독일인 아이를 보면 목을 벤다는 소문도 돌았다. 어린 브리기테를 생각하면 등골이 서늘해졌다. 동네 여자들은 지푸라기라도 잡는 심정으로 아이들을 한 방에 몰아넣은 뒤 목숨을 걸고 문 앞을 지켰다. 여자들이 '탁아소'라 부르던 그 방에서 브리기테는 가장 어린 축에 속했다. 엄마들은 낮이고 밤이고 문 앞에 앉아 두려움에 떨었다. 하지만 막상 소련군이 도착했을 때는 문 앞을 방어하는 게 무용지물이었다. 총을 든 젊은 병사 하나가 여자들을 밀치고 방 안으로 들어갔다. 브리기테의 어머니는 자신과 어린 딸 사이로 방문이 닫히자 두려움에 온몸이 얼어붙었다.

침묵이 감돌았다. 여자들은 숨죽이고 귀를 기울였다. 정말 아이들의 목을 베려는 걸까? 몇몇은 참지 못하고 도와 달라며 울부짖었다. 그러나 누가 도우러 온단 말인가? 거리에는 붉은 군대 병사들뿐이었다. 문 너머 탁아소는 쥐 죽은 듯 고요했다. 결국 인내심이 다한 여자들이 문을 열었다. 젊은 병사는 아이들 목을 베지 않았다. 대신 작은 침대들 앞에서 무릎을 꿇고 비통하게 흐느끼고 있었다. 남자는 하염없이 울었다. 여자들은 흐르는 눈물을 바라보았다.

결국 나의 엄마가 조심스럽게 병사의 어깨를 두드렸다. 병사는 아기 한 명을 안고 있었는데 고개를 돌리더니 손짓과 표정으로 설명했다.

'고향'이라는 단어를 내뱉고는 '엄마, 엄마, 엄마'라는 말을 반복했다. 그리고 독일어로 '나무'라고 말했다.[5]

말이 통하지 않자 젊은 병사는 손으로 밧줄과 올가미를 흉내 냈다. 독일인들이 자기 엄마를 목매달았다고 했다. 그에게는 여동생도 있었는데-영어로 '시스터, 시스터' 하고 중얼거렸다-, 자기 품 안에 있는 아기만 했다. 독일인들은 그 아이도 목매달아 죽였다.[6]

동독인들의 집단 기억 속에 아이들을 좋아하던 러시아인들은 아이들의 엄마를 업신여기던 모습과 현격한 대조를 이룬다. 레나테 데무트의 어머니는 유일한 이동 수단이던 자전거를 병사들에게 빼앗 겼다. ("그 멍청이들은 자전거를 탈 줄도 몰라 바로 고장 내 버렸지만."[7]) 하지 만 병사들은 레나테에게 늘 음식과 간식을 챙겨 주었다.

동생 로타어와 내가 매번 [병사들에게] 보내졌다. '아이들은 해치지 않는 사람들'이었기 때문이다. 우리는 바닐라 설탕이나 감자 따위를 주면 잘 받아올 수 있게 커다란 주머니가 달린 옷을 입고 갔다.[8]

소비에트 점령자들의 잔인무도함은 여자, 어린이, 노인이 대부 분이었던 사회에 각인되었다. 1945년 봄과 여름의 공포는 이후 오 랜 세월 동독인들의 기억에 남았다. 그러나 떠났던 남자들이 고향으 로 돌아와 새로운 출발을 갈망하자 수백만 독일 여자들의 경험에 대 해 사람들은 침묵으로 일관했다. 심지어는 진실을 말하려는 사람들 을 깔아뭉개는 여자들도 적지 않았다. 그들에게 그때의 일은 수치스럽고 굴욕적인 과거였고 묻어 버리는 게 최선이었다. 소비에트러시아를 형제 국가로 홍보하는 데 열심이던 독일민주공화국의 정치 엘리트들도 침묵에 동조했다. 그들에게 소비에트러시아는 나치주의의 멍에에서 독일인들을 해방한 구원자였다.

　몸과 마음으로 대가를 치러야 했던 독일 여자들에게 '해방'은 씁쓸하고도 공허한 말이었다. 베를린 언론인 우르줄라 폰 카르도르프Ursula von Kardorff는 일기에 상황을 이렇게 요약했다.

> 이런 게 패배다. 우리는 순진하게도 매번 달리 상상하거나 아예 상상하기를 거부했다. 히틀러에 비하면 무엇이든, 정말 무엇이든 낫다고 믿었다. 하지만 해방이라고? 해괴한 말이었다.[9]

스탈린의 특별 전담반

1945년 4월 30일 브란덴부르크주 칼라우. 도로테아 귄터가 카르슈타트 백화점에서 험한 일을 당하고 사흘 후, 아메리칸 더글러스 전세기 한 대가 모스크바에서 이륙해 오늘날 독일과 폴란드의 국경을 이루는 프랑크푸르트안데어오더 동쪽 80킬로미터 지점에 착륙했다. 전세기에는 모스크바의 독일 공산주의자 내부 핵심 집단에서 가장 충직스러운 자들로 엄선된 10명이 타고 있었다. 출발 사흘 전에야 확정된 탑승자 명단에는 빌헬름 피크가 마지막 순간에 끼적인 기록도 함께 달려 있었다.[10] 그는 목적지(베를린), 출발 날짜(4월 30일)를 적고 추가 탑승자 명단을 덧붙였으나 그들은 끝내 파견되지 않았다. 연필로 끄적인 이 계획이 얼마나 즉흥적이었는지는 당시 24살로 최연소 탑승자였던 블라디미르 레온하르트가 확인해 준다. 1955년 회고록에서 블라디미르 레온하르트는 1943년부터 선전 글을 송출해 온 라디오방송국 '자유독일'의 편집 회의가 끝났을 때 붙잡혔다고 언급했다. 때는 4월 중순이었는데, 편집장 안톤 아커만이 대뜸 "축하하네. 독일로 돌아가는 선발대가 되었어"[1]라고 통보했다고 한다.

2주 후 블라디미르는 서부행 비행기 창문 밖을 내다보며 유년기를 보낸 도시 베를린으로 귀환하기를 기대했다. 같은 비행기에 앉은 9명도 10여 년 전에 떠난 후로 못 알아보게 달라진 고국으로 돌아가는 생각에 잠겼다. 그중 대표인 발터 울브리히트는 모스크바에서 스탈린이 가장 신임하는 독일인 중 하나가 되어 있었다. 비행기에 탄 사람들은 그의 이름을 따서 '울브리히트 집단(Gruppe Ulbricht)'으로 일컬어졌다. 정확히 누가 어떤 절차로 이들을 뽑았는지 지금도 알려지지 않았지만, 그들은 소비에트가 보기에 베를린에 가서 '반파시스트' 독일을 재건하는 데 필요한 역량을 저마다 가지고 있었다. 카를 마론Karl Maron과 프리츠 에르펜베크는 신문사와 라디오방송국에서 일하던 사람들로 전문 선동가였다. 리하르트 깁트너Richard Gyptner와 오토 빈처Otto Winzer 같이 꼼꼼한 관료들은 조직 기술에 특화되었다. 한스 말레Hans Mahle나 구스타프 군델라흐Gustav Gundelach처럼 호감형에 성실하고 소박한 노동계급 유형의 사람들도 포함되었다. 발터 쾨페Walter Köppe는 아마도 베를린 토박이여서 뽑혔을 것이다. 수도 베를린에서 태어난 쾨페는 말할 때 여전히 출신 도시의 억양이 고스란히 묻어났다. 그리고 블라디미르 레온하르트는 태어나서 사실상 공산주의 교육만을 받아 온 새로운 세대의 대표로서, 울브리히트는 누가 뭐래도 친소비에트 성향의 지도자로서 이 그림을 완성했다. 이 집단은 모스크바에 남은 공산주의자들의 축약판이었다.

1945년 4월 30일 오후 3시 30분쯤에 모스크바에서 출발한 독일 망명자들이 폴란드와 독일의 접경지대에 도착했을 무렵, 아돌프 히틀러는 서쪽으로 95킬로미터를 가면 있는 방공호의 방에서 총을 쏴 자살했다. 그때까지도 베를린에는 날마다 포격이 비처럼 쏟아졌다. 히틀러는 천년의 제국을 약속했지만, 결국 그가 남긴 것은 파괴된 도시들과 일상뿐이었다. 그날 밤 10시 40분, 붉은색의 소비에트 국기가 제국의회 건물 꼭대기에서 나부꼈다.

울브리히트 집단은 트럭을 타고 베를린 동쪽으로 30킬로미터 떨어진 주코프 장군의 사령부로 이동하면서 폐허와 고통과 절망의 풍경을 보고 경악했다. 5월 2일 수도 베를린이 함락되자마자 이들은 즉시 베를린으로 파견되었다. 귄터 부부와 마르타 힐러스, 레나테 데무트와 같은 평범한 남녀와 아이들이 목숨과 일상을 지키려고 애쓰는 동안, 울브리히트를 비롯한 독일 공산주의자들은 새로워질 독일에 인적 토대를 깔기 위해 파시즘의 잔재를 밝혀내고 소거해야 했다.

울브리히트가 맡은 임무에는 소비에트 행정부에 신뢰를 쌓는 것도 포함되었다. 그러나 쉬운 일이 아니었다. 새로운 국가를 건설하려고 찾아온 이데올로그들은 전쟁 내내 망명해 있었기 때문에 독일인들의 일상적인 투쟁을 좀처럼 이해하지 못했다. 오히려 그들은 사람들이 고통받고 죽어 가는 동안 조국을 외면한 스탈린의 하인들이라는 의심을 받았다. 심지어 패배한 조국의 심장부로 진군하며 살인과 강간과 약탈을 일삼고, 그러면서 거리에서 춤추던 주정뱅이 외국인 침략자들과 어깨를 나란히 한 채 득의양양하게 돌아온 자들이었다. 식량과 연료, 그 밖의 필수품이 부족한 상황이라 분위기는 더욱더 냉랭했다. 몇몇 독일인은 나라를 재건하고 새롭게 만들자는 생각에 동의하고 거기서 희망을 찾기도 했으나, 대다수는 그런 일을 스탈린의 밑에서 하고 싶어 하지 않았다.

　미래의 정치지도자들은 대중과 우호적인 관계를 쌓기 위해 러시아와 연결된 고리를 최대한 축소했다. 울브리히트는 블라디미르 레온하르트에게 이름을 좀 더 독일인답게 '볼프강'으로 바꾸는 건 어떻겠냐고 직접 요청하기도 했다. 오토 빈처는 신분을 감추고 '로렌츠'라는 가명으로 돌아다녔다. 피크가 작성한 독일 귀환자 명단에는 '극비!' 딱지가 붙었으며 울브리히트 집단은 결성된 지 10년이 넘도록 존재가 비밀에 부쳐졌다.

　울브리히트의 부하들은 마음 내키는 대로 행동할 수 없었다. 그들이 모스크바를 떠나기 전, 불가리아 출신의 코민테른 지도자 게오르기 디미트로프는 빌헬름 피크를 따로 불러 "떠나는 자들은 독일공산당의 뜻이 아니라 붉은 군대의 지시를 따라야 한다"[12]는 스탈린의 지시를 전달했다. 독일에 있으면서 울브리히트는 거의 매일 밤 소비에트 점령군 당국에 보고를 올리면서 베를린의 문화 및 유흥을 재건설하는 것을 상의하거나, 베를린 시민에게 "땅 구석구석"[13]을 활용해 작물을 기르자고 독려하는 전단을 제작하는 것처럼 다소 사소한 문제도 일일이 허락을 구했다. 그러나 울브리히트는 뛰어난 조직 능력과 소비에트를 향한 무결의 충성심을 보여 준 덕에 독일 내 소비에트 당국의 신뢰도 금세 얻어 냈다. 울브리히트는 1945년 5월 아직 모스크바에 있던 피크에게 다음과 같이 기쁘게 보고했다.

> 복잡한 문제가 생기면 사령관들이 우리 쪽에 연락해, 행정 체제를 재건하는 데 조직적 문제를 해결해 줄 전문가를 요청하는 수준에 이르렀습니다.[14]

그러나 스탈린은 1945년 6월부터 1952년 4월까지 크렘린궁전의 자기 집무실에 독일 대표단을 11차례 소집했으며, 독일에 나가 있는 심복과 두 차례 사적으로 만났다.[15] 점령지의 정치적 미래를 진지하게 걱정해서가 아니라, 타고난 불신 때문이었다.

오히려 스탈린은 독일 공산주의자들의 이념적 열정을 말리고 싶었던 것 같다. 지금도 역사학자들은 스탈린이 전후 독일을 위해 구상한 계획이 무엇이었는지를 놓고 갑론을박을 벌인다. 분명한 사실은, 애초에 스탈린이 울브리히트에게 지시한 것은 점령지에만 국한하지 않고 독일 전체를 위하는 해법이었다는 것이다. 소비에트 이미지를 본 딴 체제의 구축은 스탈린의 의도가 아니었다. 1945년 6월 7일 스탈린과 울브리히트의 회의에 동석한 디미트로프의 일기에 따르면, 스탈린은 "독일에 소비에트 체제를 도입하는 것이 잘못되었음을 [울브리히트의 독일인들에게] 확실히 했다. 필요한 것은 반파시스트적이고 민주적이며 의회가 작동하는 정권의 수립이었다."[16] 이러한 정서가 서방식 정치에 대한 애호에서 비롯되지는 않았겠으나, 적어도 1945년 초여름의 스탈린에게 자본주의 연합국과 협력할 의지가 존재했음을 보여 준다. 별도의 동독 국가를 세우는 것은 애초의 계획이 아니었다.

독일로 돌아간 울브리히트는 자기 사람들에게 스탈린의 지시를 착실히 전달한 뒤 임무를 수행하도록 베를린으로 보냈다. 볼프강 레온하르트의 회고에 따르면, 울브리히트는 "베를린의 20개 구區 전역에서 반파시스트적인 행정부를 설치"하도록 지시했다. 그리고 동독 정치와 떼려야 뗄 수 없는 관계를 나타내는 한마디를 덧붙였다. 부하들 앞에서 울브리히트는 베를린 정부를 재건하는 임무를 "민주적으로 보이되 모든 것은 우리 손에 있어야 한다"[17]라고 요약했다.

동요하는 독일인들

1945년 5월 베를린. 의사 오토 뮐러아이제르트Otto Müllereisert는 병원으로 출근하려고 돌무더기를 기어올랐다. 병원은 붕대도, 모르핀도, 약품도 모든 것이 부족했다. 그래도 오토는 대기실에 넘쳐 나는 절박한 환자들을 위해 뭐라도 해야 했다. 누구라도 자신을 필요로 하는 한 오토에게는 아직 목표가 남아 있었다. 병원으로 가는 길에 약탈당해 문도 유리도 없이 열린 가게 창문으로 오토는 수상한 풍경을 목격했다. "이집트 미라처럼"[18] 종이에 싸인 인간 형체 두 구가 가게 안에 눕혀 있었다. 수상함을 느낀 의사는 그중 하나를 보여 달라고 청했다. 종이가 벗겨지고 알몸의 남자 시신이 드러나자 오토는 멈칫

했다. 가슴이 쿵 내려앉았다. "시신들이 어디서 온 겁니까?" 오토가
묻자 누군가 그를 공습 대피소로 이어지는 어둑한 반지하 계단으로
안내했다. 무거운 문을 열자 악취가 코를 찔렀고 석조 바닥에 20명의
사람이 담요에 싸여 있는 광경이 눈에 들어왔다. 몇몇은 힘겹게 숨을
내쉬었고 몇몇은 아예 까무러친 듯했다. 발진티푸스였다. 오토는 더
볼 것도 없이 곧장 문을 닫았다. 그리고 이 '열병 지옥'으로 자신을 안
내한 남자의 지친 눈을 마주 보았다. "지하실을 완전히 봉쇄해야 합
니다. 입구를 항상 지키세요." 이후 남자가 한 말은 급히 발걸음을 재
촉하는 오토의 귓전에 오래도록 울려 퍼졌다. "하지만 아내가 저 밑
에 있는데, 뭘 어떻게 해야 할지…" 그가 할 수 있는 건 없었다.

연합국의 폭격과 포격, 집마다 들이닥친 급습으로 독일 도시들
은 잿더미로 변했다. 잿더미 사이로 무너진 집들이 두드러졌다. 지방
은 도시보다 그나마 형편이 나았지만, 적군이 진군하는 경로에 있는
곳들은 어김없이 쑥대밭이 되었다. 베를린과 새로 정해진 독일-폴란
드의 국경 중간쯤에 자리한 작은 중세 도시 뮌헤베르크에서는 15퍼
센트의 집만이 살아남았다. 드레스덴과 베를린 같은 도시는 형체를
알아볼 수 없이 망가졌다. 수도 베를린은 5500만 세제곱미터나 되는
돌무더기에 매몰되었다. 현대 자료에 따르면 베를린부터 쾰른까지
높이 5미터, 너비 30미터의 벽을 지을 수 있을 만큼 많은 돌이었다.[19]
드레스덴과 베를린은 전쟁으로 파괴된 최악의 도시 사례로 사람들에
게 각인되었으나 다른 도시들도 크게 다르지 않았다. 발트해와 맞닿
은 독일의 대형 항구도시 로스토크에서는 영국과 미국의 폭격으로
85퍼센트의 집이 피해를 봤다. 제2차 세계대전 동안 2000만 명에 이

르는 독일인이 집을 잃었고 독일 전국에서 절반 정도의 집이 파괴된 것으로 추산된다.

식량·물·전기의 공급이 모조리 끊기자, 다치고 굶주리고 병든 독일인들은 폐허가 된 집 밖으로 기어나와 붉은 군대 병사들을 조심히 지나쳐 가까운 양수기에서 물을 길었고, 먹을 만한 걸 뭐든 찾아다녔다. 무너진 건물의 목재는 땔감으로 쓰였다. 공원과 녹지에서 처음에는 무단으로, 나중에는 연합국의 승인을 받아 벌채했다. 당시 11살이던 베를린 주민 에리카 라이니케Erika Reinicke는 1945년 크리스마스 날 온 가족이 큰맘을 먹고 극장에 갔던 일을 기억한다. 관람한 영화는 프란츠 레하르Franz Lehár의 낭만적인 경가극(operetta) 〈웃음의 땅(The Land of Smiles)〉이었다. 사람들이 인당 입장료로 연탄 한 조각씩 낸 것을 모아 극장 난방을 가동했다.[20]

발터 울브리히트가 1945년에 돌아와 만난 사람들은 그가 1933년에 떠날 때의 사람들이 아니었다. 1945년 말 소비에트 점령지의 인구는 1600만 명이었다. 전쟁이 시작되기 전보다 약 100만 명이 늘었다. 전쟁포로로 1000만 명이나 되는 독일인이 잡혔고 500만 명이 넘게 목숨을 잃었음을 생각하면 놀라운 증가세였다. 전쟁포로는 대부분이 1945년을 기점으로 조금씩 풀려났지만, 동부전선에서 잡힌 300만 명은 이후로도 길게는 몇 년씩 노동수용소에서 복역했다. 형편없는 환경이었기에 많은 이가 거기서 죽어 돌아오지 못했다. 그러나 그만큼의 인구가 동유럽으로 나갔다가 돌아온 독일 난민들로 채워졌다. 승전한 연합국은 유럽의 평화를 지키기 위해 오데르강 동부 땅에서 독일 민족을 쫓아내야 한다는 데 동의했다. 오데르강 동부 땅은 폴란

드·체코슬로바키아·헝가리·유고슬라비아·루마니아, 그리고 소비에
트연방으로 이뤄졌다. 독일인을 내보내는 과정이 "질서 정연하고 인
도적인 방식으로" 진행되어야 한다고 명시되기는 했으나, 도피하거
나 추방된 사람들이 겪은 현실은 전혀 달랐다. 전쟁 동안 끔찍한 고난
을 겪고 독일의 잔혹 행위에 고통을 받은 붉은 군대 병사들과 민간인
들은 광적인 혐오를 드러냈고, 난민들을 마구잡이로 학대하고 강간했
으며, 살해했다. 난민들은 위태로울 만큼 짐을 잔뜩 실은 나무 수레를
끌면서 길게 줄지어 이동했기에, 그들의 여정은 수년이 걸렸다.

1945년 2월 서부 폴란드 슈테른베르크. 일제 헨첼Ilse Hentschel이
8살이던 때, 러시아 병사들은 슈테른베르크(지금은 서부 폴란드의 토침)
의 고향마을 집에서 헨첼 가족을 내쫓았다. 일제의 아버지는 나치국
방군에 운전병으로 동원되었다가 1945년 러시아 포로로 잡혔다. 일
제와 두 언니 크리스텔Christel(15살)과 기젤라Gisela(10살)는 어머니,
할머니와 함께 피난길에 올랐다. 어디로 가야 할지 몰라 일단 끝없는
피난 행렬에 합류했다. 침통한 사람들은 베를린까지 이어지는 1번 국
도를 따라 서쪽으로 이동하고 있었다. 일제는 길가에 끝없이 널린 민
간인과 병사의 시신을 보며 죽음이 사방에 있음을 느꼈다. 피난 가족
마다 장티푸스에 걸리지 않은 사람이 없었다. 일제는 언니들에게 설
탕을 준 마음씨 좋은 소비에트 병사들에게 평생을 감사하며 살았다.
그 덕분에 어머니가 길가에서 주운 풋사과를 가지고 달콤한 죽을 만
들어 주었기 때문이다. 일제는 그거라도 먹었기에 목숨을 건졌다고
생각했다. 하지만 할머니는 살아남지 못했다. 곪은 다리의 상처가 목

숨을 앗아 갔다. 막내 손녀는 "할머니 시신을 담요로 싸고 수레에 실어 가까운 묘지에 묻는"[21] 가족을 엄숙하게 도왔다. 다른 피난민들처럼 일제의 가족도 느리게 서쪽으로 이주했다. 불에 타고 남은 농가를 피난처로 삼았고, 콩비는 열차에 껴 탔고, 언제 올지 모르는 다음 열차를 기다리며 역에서 쪽잠을 잤다. 일제는 베를린 서쪽의 포츠담에서 새 삶을 시작했다. 수백만 명이 그와 같은 운명을 나눠 가졌다. 1950년 동독 인구 4분의 1은 이들처럼 동유럽에서 쫓겨난 독일인으로 이뤄졌다.

패배와 굶주림, 실향과 슬픔, 승자의 가혹한 응징으로 만신창이가 된 소비에트 점령지 주민들은 동요했고 절망했다. 들끓는 좌절감이 소요로 번지더라도 이상하지 않았다. 더 잃을 것도 없는 사람들은 폭발 직전의 상태였고, 제대로 기능하는 보안 기관도 없었으니 통제하기 힘들었다. 나치 정부의 붕괴 후로 번식한 암시장의 무질서는 사회 규범과 구조를 다시 쌓는 데 도움이 될 리 없었다. 붉은 군대에게 추방되고 짓밟힌 사람들이 외국 점령자들이 가져다주는 해방 서사를 받아들이고 그들을 신뢰할 가능성은 희박했다. 질서를 재건하고 신뢰와 안전을 쌓으라는 임무를 발터 울브리히트와 그의 부하들이 완수할 수 없어 보였다.

대의원 정치

1945년 5월 2일 베를린. 볼프강 레온하르트를 비롯한 울브리히트 집

단의 일원들은 브루흐뮐레의 소련 본부에서 서쪽으로 이동해, 베를린 외곽의 프리드리히스펠데를 지나 한때 자랑스러웠던 제삼제국의 수도 중심부까지 들어가며 차창 밖 풍경을 내다보았다. 볼프강이 어린 시절 살았던 도시의 모습은 온데간데없었다. 눈앞에 펼쳐진 파멸 이후의 광경을 보고 있자니 단테의 지옥에 들어온 기분이었다.

> 화염과 잔해, 상실하고 굶주린 누더기 차림의 사람들. 상황을 전혀 파악하지 못하는 듯한 얼빠진 독일 병사들. 노래를 부르고 고함을 지르며 십중팔구로 술에 취한 붉은 군대 병사들. 붉은 군대의 감독을 받으며 돌무더기를 치우는 여자들. 물 양동이를 채우려고 양수기 앞에서 침착하게 줄지어 기다리는 사람들. 모두가 끔찍이 피곤해 보였고, 굶주려 보였고, 지쳐 보였다.[22]

울브리히트 집단이 해야 할 일은 쌓여 있었다.

모스크바 망명자들이 가장 먼저 할 일은 소비에트 점령지를 통치할 체제를 구축하는 것이었다. 그들은 대단한 열정과 기세로 작업에 착수했다. 베를린에서 구청장, 의원 그 밖의 공직을 맡을 적격자들을 물색해야 했을 때 그들이 받은 지시는 '반파시스트' 성향을 골라내라는 거였다. 이 작업은 예상보다 수월했다. 나치 정권이 바이마르 공화국 시절의 정치인과 공직자 가운데 히틀러가 재임한 후 자리를 잃은 사람들을 꼼꼼히 기록해 둔 덕분이었다. 울브리히트는 모든 자리를 공산주의자가 꿰차서는 안 된다는 것을 잘 알았다. 모두의 지지를 받는 안정적인 체제를 구축하려면 절대 그래서는 안 되었다. 그는 부하들에게 다음과 같은 체계를 따르라고 지시했다.

> 각 구의회는 구청장 1명과 대의원 2명이 이끈다. (제1 대의원이 인사
> 문제를 책임진다.) 의회 산하에 식량 배급, 경제, 사회 문제, 보건, 교통,
> 노동 배치, 교육, 재정, 종교 문제 등과 관련한 부서를 신설한다.[23]

그는 무엇보다도 각 지도부의 정치 성향에 지역의 맥락이 반영
되어야 한다고 강조했다.

> 우리는 [전통적으로 공산주의 근거지인] 베딩과 프리드리히스하인 지
> 역을 제외하고 굳이 공산주의자를 구청장에 앉힐 이유가 없다. 노동
> 계급이 밀집한 구에서 구청장은 대체로 독일사회민주당원이어야 한
> 다. 중산층 지역인 첼렌도르프, 빌메르스도르프, 샤를로텐부르크 등
> 에서는 부르주아가 구청장직에 올라야 한다. 이를테면 가톨릭중앙당
> 이나 민주당, 독일인민당에 몸담았던 자가 적합하다. 의사면 더욱 좋
> 은데, 다만 반드시 반파시스트여야 하고 우리와 함께 일할 수 있는
> 자여야 한다.[24]

울브리히트는 누구든 '반파시스트' 후보라면 지역 행정부의 정
치 최전선에 오는 것을 반겼으나, 되도록 자신이 구상하는 독일에 동
의하는 자들에게 의사결정권이 돌아가기를 바랐다. 따라서 정책과
인사에 관한 실질적 권한은 구청장이 아닌 대의원들이 가졌다. 대의
원들은 독일 땅에 사회주의를 건설하려는 울브리히트를 기꺼이 도울

089

자들로 엄선되었다.

울브리히트의 대의원 체제는 소비에트 점령지 전역에서 시행되었다. 울브리히트 집단 및 그와 유사한 세 집단이 모스크바의 독일공산주의자 이주자 집단에서 사람들을 발굴했고, 경찰의 기록, 강제수용소에 수감된 사람의 명단, 바이마르 시절에 활동한 정치인 명단 등을 샅샅이 뒤졌다. 그래서 에리히 차이그너Erich Zeigner와 같은 인물을 찾아냈다. 59살의 차이그너는 독일사회민주당 출신의 정치인으로 1945년 7월 16일 라이프치히 시장으로 임명되었다. 그는 평생을 사회민주주의자로 살았고, 그 대가로 작센하우젠과 부헨발트 강제수용소에 갇히기도 했다. 대학에서 법학과 경제학을 공부하고 박사학위도 딴 중산층으로 사람들의 존경을 받았고 말솜씨도 훌륭했다. 1949년에 사망할 때까지 라이프치히 시장으로 재임하면서 소비에트 통치자들 및 독일 조력자들과 보조를 맞춰 일했다. 그러나 모든 임명이 순탄하지는 않았다. 마그데부르크 시장에 오토 베어Otto Baer라는 자가 임명되었다. 독일사회민주당원이자 노동조합원이었으니 괜찮은 선택지처럼 보였다. 그도 나치에게 잡혀 수감 생활을 했고, 그 이후에 통행금지와 가택수색으로 거듭 괴롭힘을 당했다. 그러나 베어는 고분고분하지 않다는 게 금방 드러났다. 결국 소비에트와 갈등을 빚어 해임되었고 10주 동안 내무인민위원부 감옥에 수감되기도 했다. 그러나 전체적으로 보아 대의원 정치는 울브리히트의 계획대로 흘러갔다. 민주적으로 보이되 모든 것은 공산주의자 손에 있었으니 말이다.

인민의 우정

1945년 5월 8일 베를린 프리드리히슈타트. 전쟁은 막을 내렸다. 나치 국방군은 끝내 항복했고 모든 적대행위를 중단하라고 지시했다. 울브리히트 집단이 일주일 가까이 작업에 전념하는 동안 모스크바에서 새로운 사람이 도착했다. 특별 전담반에 배치되었다가 마지막 순간에 빠진 자였다. 소비에트는 그가 유대인인 것이 나치화된 독일 대중에게 적개심을 일으켜 행여 그들을 포섭하는 데 방해가 될까 걱정했다. 하지만 쓸모가 많은 자였기에 결국은 동지들보다 일주일 늦게 베를린으로 보내졌다. 유럽 전승 기념일에 루돌프 헤른슈타트Rudolf Herrnstadt는 신문사들이 밀집한 베를린의 행정구역 프리드리히슈타트에서 안타깝게 폐허로 변한 모세하우스를 헤집고 있었다. 한때《베를리너 타게블라트Berliner Tageblatt》와 같은 자유주의 신문사들의 터전이었으며 웅장한 미래주의적 외관을 자랑했던 모세하우스는 베를린에서 교회를 제외하고 가장 높은 건축물이었다. 그런데 이제는 다 무너져 곳곳이 그을렸고, 여기저기에 시체들이 널브러져 있었다. 공산주의 언론인인 루돌프는 시체가 썩어 가는 악취에도 굴하지 않고 인쇄기와 타자기를 찾아 돌무더기를 열심히 헤쳤다.

헤른슈타트는 한결같이 절개가 곧은 사람이었다. 부유한 변호사이자 오데르강 상류 슐레지엔 지역의 도시인 글라이비츠(지금은 남부 폴란드의 글리비체)에서 법무관을 지낸 루돌프의 부친은 아들이 자기 업을 물려받기를 바랐으나 어린 루돌프는 하고 싶은 게 따로 있었다. 처음에 그는 작가가 되겠다며 대학을 관뒀다. 그러나 돈벌이를 하지 못했기에 부친의 강요로 지역의 제지 공장에 취직했다. 그러다 2년 만에 또 반기를 들어 부모의 바람을 거스르고 베를린으로 떠났다. 거기서 푼돈을 받는 비전속 기자로 시작해 정식 기자가 되어 프라하, 바르샤바, 모스크바에서 해외통신원으로 일했다. 부르주아 출신임에도 1920년대 독일공산당에 입당을 신청했다. 당은 그의 사회적 배경 때문에 잠시 망설였으나 결국 그를 받아들였다. 수년 후 모스크바에서 자유독일국민위원회의 기관지를 편집하는 일을 할 적에 루돌프는 딱딱하고 예스러운 말씨로 노동계급 동료들에게 깊은 인상을 남겼다. 그는 부하들을 부를 때도 '당신'의 존칭인 '지Sie'를 사용했다.

유능한 선전가였던 루돌프는 소비에트 점령지의 정부 조직을 건설하는 데 중추적인 역할을 했다. 그는 동포들을 재교육하려면 이름 있는 신문을 창간해야 한다고 판단했다. 전쟁기를 러시아에서 보내는 동안 러시아의 언어와 민족과 문화를 애호하게 된 터였다. 히틀러가 소비에트연방을 치고 거기서 흉악한 범죄를 저지르도록 방관한 자들이 강간당하고 약탈당했다는 이야기를 잠자코 듣고 있을 만큼의 시간도 인내심도 그에게 없었다. 그러한 반감은 그가 유대인이었기에 더욱더 사적이었다. 그는 베를린 사람들이 보이는 자기연민에 오히려 경악했다.

마침내 크로이츠베르크에서 인쇄기를 한 대 발견한 헤른슈타트는 곧장 재교육 작업에 착수했다. 독일에 돌아오고 2주가 지난 1945년 5월 22일 그가 창간한 신문《베를리너 차이퉁Berliner Zeitung》첫 호가 10만 부 배부되었다. 〈베를린, 살아나다!〉라는 1면 머리기사는 유명해졌다. 그런데 헤른슈타트는 친소비에트 선전과 정보를 섞은 자신의 글이 소비에트 해방자들을 향한 독일인들의 태도에 거의 아무런 영향을 미치지 못하자 금세 당황했다. 사람들은 우르르 몰려 신문을 읽었으나 거기서 쓸모 있는 정보만을 취했다. 이를테면 식량 배급의 변화, 새로 도입된 규칙과 규제, 돌아왔을지 모를 친구나 친척을 찾는 광고 같은 것에만 반응했다. 1945년의 정신적 외상이 머나먼 기억으로 흐려지기까지 수년이 필요했다. 헤른슈타트의 신문을 읽는 독자들은 여전히 전쟁의 기억이 생생했고 그랬기에 소비에트 사람들에게 굉장한 적개심을 드러냈다. 헤른슈타트가 선전하는 '인민의 우정'과는 거리가 멀었다.

당면한 문제에 맞서고자 헤른슈타트는 1948년 11월 논란의 기사 〈'러시아인'들과 우리에 관하여〉를 썼다. 루돌프는 "길가에 가만히 서 있는데 [러시아인들이] 처남의 머리를 강타하고 자전거를 빼앗았다"[25]라고 주장하는 어떤 사람에게 맞서 열변을 토했다. 루돌프는 전쟁이 "독일을 짓뭉갰고 어떤 경우에는 독일인들을 짓뭉개기도 했음"을 인정하면서도 절대 강간을 직접 언급하지 않았다. 오히려 소련인에게 독일인은 모국을 유린한 잔혹한 정권의 방관자였음을 독일인들이 이해해야 한다고 분연히 주장했다. 그러니 아무 죄 없이 길가에 서 있던 누군가의 처남도 독일인들이 일으킨 전쟁으로 피해를 본 사람들의 눈에는 지독한 적임이 당연하다는 거였다. 하지만 모두가 이 주장을 받아들이지는 않았다. 이후 몇 주간 분노에 찬 독자의 항의 편지가 신문사 사무실에 쏟아졌다.

독일 대중을 이해하지도 그들과 접점을 찾지도 못한 루돌프 헤른슈타트는 돌아온 '모스크바 망명자들'의 전형적인 모습이었다. 울브리히트 집단을 비롯해 독일로 돌아온 자들은 소비에트 점령자들과 연결된 고리를 애써 감추려 하면서도 역사의 그릇된 자리에 놓여 있다는 상황을 끝내 이해하지 못했다. 오히려 그들은 도덕적 우월감을 느꼈다.

새로운 정부

울브리히트 집단이 대의원 체제에 앉힐 후보자들을 물색하는 동안, 독일 주둔 소련군행정청(Soviet Military Administration in Deutschland, SMAD)이 1945년 6월 9일부터 업무를 시작했다. 주목표는 서부를 점령한 미국·영국·프랑스와 함께 독일 동부 지역을 통치하는 것이었다. 그러려면 나라의 통일을 위협하지 않으면서 기반 시설, 식량과 물 공급, 치안과 일상 등 전반을 회복해야 했다. 결국 독일 행정은 자국민에게 넘어갈 테지만 그전에 먼저 철저히 탈나치화된 정부 조직을 확립해야 했다.

처음에 소련인들은 서방 연합국보다 독일인들을 훨씬 신뢰했다. 루돌프 헤른슈타트의 《베를리너 차이퉁》 두 번째 호에는 빠른 화해를 시사하는 듯한 "히틀러는 왔다가 가지만, 독일인들, 그리고 독일 국가는 남아 있다"[26]라는 이오시프 스탈린의 말이 인용되었다. 독일을 향한 스탈린의 태도는 대단히 양가적이었다. 숙청 시대의 살기 어린 편집증과 피해망상은 독일 문화·문학·예술에 대한 그의 애호와 충돌했다. 이제 전쟁이 끝나고 독일인들이 자신에게나 자국민에게 더는 위협이 되지 못하자, 스탈린은 그제야 독일인들이 히틀러의 마법에 빠진 것이었지 (미국인들이 넘겨짚은 것처럼) 처음부터 호전적인 건 아니었다는 사실을 받아들일 수 있었다. 그러므로 소비에트 점령지는 하루빨리 독일인들에게 권력을 이양해야 옳았다. 소련군행정청이 업무를 개시한 지 하루 만에, 〈소련군행정청 명령 2호〉에 따라 정당과 노동조합의 결성이 허가되었다. 바로 이튿날 독일공산당이 모스크바 망명자들을 주축으로 해서 재창당되었다. 빌헬름 피크는 1945년 7월 1일 소비에트연방에 돌아와 당수가 되었다.

1945년 6월 11일 독일공산당의 재창당으로 소비에트 점령지가 분리 독립으로 가는 역사의 컨베이어에 꼼짝없이 올라탔다고 말할 수는 없다. 소련 외교관으로 1970년대 서독 주재 대사였던 발렌틴 팔린Valentin Falin의 회고에 따르면, 1945년 여름에 회동한 울브리히트와 스탈린은 한결같이 독일의 통일을 전제하고 있었다. 스탈린은 거듭 이렇게 강조했다.

> 독일은 하나의 통일된 국가로 보존되어야 한다. 독일의 사회 질서를 해칠 분열이나 시험은 없어야 한다. 목표는 1848년 부르주아 민주 혁명의 완성이다.[27]

물론 팔린의 말을 곧이곧대로 받아들여서는 안 된다. 냉전 시대의 소비에트 외교관으로서는 독일 분단에 끼친 스탈린의 책임을 축소하는 것이 무조건 유리했다. 하지만 서방 연합국이 점령한 곳보다 석 달 먼저 소비에트 점령지에 각종 정당과 단체가 만들어졌음은 분명한 사실이다. 독일사회민주당, 기독교민주연합(Christlich-Demokratische Union, CDU), 독일자유민주당(Liberal-Demokratische Partei Deutschlands, LDPD)이 6~7월에 설립되었고, 1945년 7월 13일에는 자유독일노동조합총연맹(Freier Deutscher Gewerkschafsbund, FDGB)이 창설되었다. 그런가 하면 이른바 안티파Antifa(Anti-Fascist Action)[*]위원회가 소비에트 점령지 곳곳에서 자발적으로 결성되었다. 구성원은 사회주의자부터 공산주의자, 자유주의자, 기독교인, 그리고 반나치주의자까지 각양각색이었다. 과거의 방관자들, 심지어는 나치당의 당원들도 역사의 흐름이 불리하게 뒤바뀐 상황에서 어떻게든 곤경에서 벗어나려고 이런 조직에 들어갔다.

독일 북부의 항구도시 그라이프스발트에서 전쟁이 끝나기도 전에 자유주의자·민주주의자·목사·공산주의자·사회주의자, 그 밖에 나치 정권에 반대하는 사람들이 세력을 결집했고, 이후 정식 안티파 위원회를 결성했다. 그 무렵 옛 한자동맹의 도시에 6만 명 정도가 살았다. (1933년보다 인구가 두 배 가까이 늘었다.) 그중 절반은 동유럽에서 피난을 온 독일 민족이었다. 현지에서 제대로 기능하는 행정부가 절실했기에, 소비에트 사령관은 보기 좋게 화사한 빨간 벽돌로 13세기에 지어진 아름다운 시청 건물에 안티파위원회 자리를 내주었다. 거기서 안티파위원회는 조직을 꾸리고 비인도적인 참상을 수습하려 애썼다. 식량과 물이 동났고 난민들을 수용할 거처가 부족해 장티푸스 같은 전염병이 창궐했으며, 범죄가 빈번했고 법질서는 아예 무너진

* 파시즘에 반대하는 운동

상태였다. 안티파위원회는 소비에트의 삼엄한 감시를 받으며 일하면서도 독자적으로 "전쟁의 원인과 경과를 주민들에게 교육해, 도시와 지방에서 파시즘을 궤멸"[28]하겠노라고 선언했다.

이론적으로 이렇게 다원적인 정치 지형은 제대로 된 민주주의를 실현하는 것으로 이어질 터였다. 실제로 독일 동부에서 이참에 과거의 잘못을 스스로 만회하여 더 나은 독일을 만들고, 1945년에도 여전히 뜨겁게 빛나던 파시즘의 잉걸불을 꺼트리고자 기회를 엿보는 사람들의 열기가 대단했다. 볼프강 레온하르트는 이러한 상황에 감복했다. 동포들이 너도나도 팔을 걷어붙이고 물리적으로나 정치적으로 재건에 나서고 있었다. 그는 이렇게 감탄했다.

모든 반파시스트가 공산주의자, 사회민주주의자, 좌파, 자유주의자 가릴 것 없이 모두 함께해야 한다는 걸 이해하고 있다니! 놀라운 일이었다.[29]

두 번째 대숙청

1945년 5월 28일 메클렌부르크주 그라이프스발트. 한밤중에 내무인민위원부 직원이 한스 라흐문트Hans Lachmund의 집 문을 두드렸다. 문을 열어 준 한스는 죄목도 없이 체포되었다. 그는 안티파위원회의 핵심 일원으로, 그라이프스발트 시청에 막 꾸려진 사무실에서 친구들, 동료들과 제대로 된 행정 조직을 구축하기 위해 한 주 내내 열띠

게 일하고 있었다. 한스는 일평생 열성적인 민주주의자였다. 바이마ㆍ르 시절에도 정치 활동에 적극적이었고, 이후 지하 레지스탕스 조직에 들어가 나치에 항거했다. 1945년 5월 8일 마침내 전쟁이 끝난 후로는 새로 만들어진 그라이프스발트 시의회의 주축 의원이 되었다. 변호사로서 그가 가진 중산층 이미지가 쓸모 있는 자산이 되리라고 생각한 소비에트 사람들도 그의 임명을 만장일치로 합의했다. 그랬기에 내무인민위원부가 야밤에 들이닥쳐 그를 체포했을 때 그가 느낀 충격은 굉장했다. 한스는 아무런 이유도 듣지 못한 채 3년을 정치범 강제수용소에 갇혀 지냈다.

처음에 한스는 노이브란덴부르크 인근 퓐파이헨에 있는 제9 수용소에 갇혔다. 슈탈라크Stalag II-A로 불린 그곳은 나치국방군의 적군 병사들이 수없이 죽어 간 포로수용소였다. (붉은 군대 병사만 6000명이 사망했다.) 이제는 정치적으로 불온한 독일인들의 감옥이 되었다. 한스와 함께 갇힌 사람은 대부분 나치당원이거나 히틀러유겐트Hitler Jugend 출신 청년이었다. 1945년 가을 한스는 바이마르 인근 부헨발트에 있는 제2 특수수용소로 이전되었다. 그가 오기 직전까지 그곳에는 나치가 죽인 사람들의 흔적이 고스란히 남아 있었다. 4월에 바이마르 주민들은 강제로 수용소를 방문해 켜켜이 쌓인 시체를 두 눈으로 보아야 했다. 그때부터 3개월 후 새로운 정치범들이 그곳에 왔다. 1945년 말 그 숫자는 6000명에 이르렀다.

울브리히트가 아랫사람들에게 말한 바대로, 소비에트 점령지에 움튼 정치구조는 언뜻 민주적으로 보였다. 하지만 소비에트와 독일 조력자들이 안티파위원회 구성원들의 출신을 따지면서, 강압적인 숙청은 이미 막을 올린 터였다. 모스크바 망명자 사이에서 감도는 편집증적 분위기는 무시무시했던 스탈린 대숙청 시대의 기운과 유사했다. 과연 이 시장을 신뢰해도 될까? 이 전문가가 정말 공산주의자일까? 이 도시의 안티파위원회가 알고 보면 비밀리에 재조직된 파시스트 집단이면? 볼프강 레온하르트가 젊은이 특유의 열광적인 태도로 곳곳에서 안티파단체가 자발적으로 만들어진다고 발터 울브리히트에게 보고하자, 울브리히트는 "그것들을 당장 해체하시오!"라며 히스테리에 가까운 반응을 보였다. 그런 조직에 반파시스트를 가장한 비밀 나치가 침입했을지도 모른다는 게 이유였다.

내무인민위원부의 특수수용소(Spezlags)가 1950년에 문을 닫기 전까지 무수히 많은 정치범이 투옥되었다. 투옥은 1945년 4월 18일에 〈내무인민위원부 명령 00315호〉가 내려온 이후 시작되었는데, 목적은 "붉은 군대가 싸우는 동안 적대적인 분자들의 배후를 소탕하는 것"이었다. 시간이 흐를수록 투옥되는 자의 범위는 넓어졌다. 그라이프스발트에서 체포된 한스 라흐문트의 경우 과거에 교류한 사람들과 맺은 인연이 문제가 되었다. 1945년부터 1950년까지 5년 동안 특수수용소는 총 10곳이 세워졌다. 내무인민위원부의 공식 통계에 따르면 투옥된 15만 7837명 가운데 756명은 소비에트가 시인한 바대로 총살되었다. 35퍼센트의 수감자는 열악한 시설 환경으로 목숨을 잃었다.[30]

체포 행렬은 소비에트 점령지에서 언뜻 민주적이고 다원적으로 보이는 정치구조가 만들어짐과 동시에 무너졌음을 적나라하게 보여주는 증거다. 요제프 괴벨스가 코웃음을 치며 '적색 베를린'이라 부르던 도시에서, 나치 정권에 열성적으로 반대하는 자들은 진심으로 소비에트와 힘을 합쳐 더 나은 독일을 건설하고자 했었다. 나치에게 수년간 억압되어 온 만큼 정치에 더 적극적으로 가담하려 했다. 그러나 이제는 자신을 드러내고 정치적 활동을 하는 것 자체가 위험해지고 말았다. 독일 동부의 사람들은 몸을 사렸다. 소비에트 사람들과도, 러시아의 뜻을 집행하는 독일 조력자들과도 거리를 두고 싶어 했다.

소비에트 점령지 노동자들이여, 단결하라!

1946년 4월 21일 베를린 미테. 베를린 시내 중심부 프리드리히슈트라세에 있는 아트미랄팔라스트의 대극장 무대에 설치된 좌석 맨 앞줄에 발터 울브리히트와 빌헬름 피크는 독일사회민주당 당수 오토 그로테볼Otto Grotewohl의 양옆으로 앉았다. 극장은 몇 달간의 폭격과 포격과 시가전에도 기적처럼 살아남았다. 이 인상적인 건축물은 과거에 로마식 목욕탕, 스케이트경기장, 볼링장 등 호화로운 오락 장소로 쓰이다가 1930년 2200석 규모의 대극장으로 개조되었다. 요제프 괴벨스가 표현주의 양식을 그리 선호하지 않았던 터라 내부의 대연회장은 고전주의 양식으로 재단장되어 지금도 유지되고 있다.

　노동계급을 대표하는 두 정당 독일사회민주당과 독일공산당의 당원들을 이토록 호사스럽고 부르주아다운 장소에 불러 모은 것은 어딘지 어색했지만, 울브리히트는 그렇게라도 그들의 마음을 움직이고 싶었다. 두 정당은 곧 일어날 일을 굉장히 경계하고 있었다.

사회민주주의와 공산주의를 합친 독일사회주의통일당(Sozialistische Einheitspartei Deutschlands, SED)의 탄생이 코앞이었다. 오토 그로테볼은 울브리히와 피크 사이에 앉아 흡족한 표정으로 웃으며 박수를 보냈다. 하지만 그도 처음에는 정당 합병에 회의적이었다. 출판업자였던 그로테볼은 바이마르공화국 시절 독일사회민주당에서 정치를 시작해 제국의회 의원부터 각료까지 요직을 거쳤다. 히틀러가 권력을 쥔 후에도 끝까지 소신을 지켜 지하 레지스탕스운동에 가담했고, 그로 인해 여러 번이나 투옥되었으며 게슈타포에 의해 숱한 고초를 겪었다. 그런데도 끝끝내 독일을 떠나지 않고 투쟁했다.

울브리히트나 피크와 달리 그로테볼은 소련군이 진군하면서 몰고 온 또 다른 고통을 똑똑히 목격한 사람이었다. 독일에 남아 있던 사회주의자와 공산주의자가 으레 그러했듯, 그로테볼도 모스크바로 망명한 독일인들이 되돌아와 집권하는 모양새가 되자 적잖이 의심했다. 하지만 독일사회민주당 동료였던 에곤 바르Egon Bahr와 기독교민주연합의 지도자 야코프 카이저Jacob Kaiser에 따르면, 그로테볼은 카를스호스트에 있는 소련군행정청 본부에 회의를 다녀온 후로 몰라보게 달라져서 장담컨대 "그날부터 딴사람이 되었다."[31] 카를스호스트에서 정확히 무슨 일이 있었는지 알 길은 없으나, 그날 후로 그로테볼은 모스크바의 아군이 되었다. 남은 문제는 독일사회민주당의 나머지 당원들이었다. 서방 연합국이 통치하는 베를린 지역의 독일사회민주당 조직이 독일공산당과 합병하는 문제로 찬반 투표를 시행한 결과, 80퍼센트의 당원이 반대표를 던졌다. 이에 소련군행정청은 자신들의 관할지에서 투표하는 것을 즉각 금지했다.

울브리히트는 1946년 4월 21일 아트미랄팔라스트에서 치러지는 행사가 시련의 세월을 견디며 냉담해진 사회주의자들의 마음을 흔들 수 있기를 간절히 바랐다. 양당 대표들은 19세기 사회주의의 상징적 아버지들이라 할 수 있는 카를 마르크스, 프리드리히 엥겔스 Friedrich Engels, 아우구스트 베벨August Bebel의 얼굴이 그려진 대형 현수막 아래에 착석했다. 그 얼굴들은 독일공산당원 507명과 독일사회민주당원 548명이, 사회주의운동이 이념적으로 갈라진 제1차 세계대전 한참 전으로 거슬러 올라가 공통된 노동계급의 뿌리를 떠올릴 수 있도록 마련된 장치였다. 원래 두 정당은 독일사회민주당 아래에 함께 있으면서 전쟁 발발 전인 1912년에 제국의회의 최대 정당을 이루었는데, 이후 격한 내분으로 쪼개어졌다. 바이마르 시절에도 그때의 상처가 채 아물지 않아 두 당파는 히틀러에 맞설 때조차 단결하지 못했다. 거기에서 초래된 결과는 재앙적이었고, 그들에게 더욱더 가혹했다.

울브리히트는 "오늘부터 사회민주주의자는 없고, 공산주의자도 없다. 이제부터 오직 사회주의자만이 존재한다"라고 말하며 분열의 뼈아픈 유산을 모두가 되새기게 했다. 그 말이 끝나자 우레와 같은 박수가 쏟아졌다. 피크와 그로테볼이 상징적으로 나눈 악수에 박수 소리는 더욱 커졌다. 둘은 새로 창설된 독일사회주의통일당을 함께 이끌게 되었다. 이 당은 향후 40년이 넘게 동독 정치를 좌우했다.

융커의 땅을 소작농 손에

1945년 8월 31일 작센안할트주 발렌슈테트. 안할트 공작 요아힘 에른스트Joachim Ernst는 제복을 입고 무장한 러시아인들이 발렌슈테트성에 찾아온 까닭을 알 수 없었다. 작센안할트주 하르츠 산악지대에 자리한 바로크양식의 발렌슈테트성은 수 세기 동안 중세 아스카니어 가문의 터전이었으며, 이제는 요아힘의 거처였다. 러시아인들을 맞이할 때만 해도 요아힘은 대수롭지 않게 생각했다. 반파시스트로서 빛나는 업적을 가진 자였기 때문이다. 44살의 공작은 나치 통치에 적극적으로 반대했으며, 1944년 겨울에 석 달간 다하우강제수용소에 투옥되기도 했다. 그런 그에게 나치 폭정에서의 해방은 반가운 일이었다. 하지만 러시아인들이 푸른색 바지를 입고 새파란 수레국화색 바탕에 고동색(러시아인들은 적절하게도 이 색깔을 '쐐기풀색'이라고 부른다) 띠가 둘러진 모자를 쓴 모습을 보았을 때, 그는 가슴이 쿵 내려앉았다. 눈앞의 러시아인들은 평범한 붉은 군대 병사들이 아니었다. 내무인민위원부 직원들이었다. 그들은 죄목도 없이 요아힘을 체포한 뒤 할레의 악명 높은 교도소로 끌고 갔다. 특유의 빨간 벽돌 외양 때문에 '붉은 황소'라 불리는 곳이었다.

요아힘 에른스트는 자신이 나치 정권에 대항했으며 민주 독일에 위험한 인물이 아님을 열심히 소명했다. 그러나 그것은 공산주의자들에게 소용없었다. 그들 눈에 모든 독일 귀족과 부자는 이미 손에 피를 묻힌 자들이었고, 히틀리가 득세하는 데 자금을 댄 자들이었다. 결국 안할트의 공작은 부헨발트에 있는 내무인민위원부 제2 특수수용소로 이송되었다. 거기서 굶주림에 시달리다가 끝내 발진티푸스에 걸렸다. 그리고 그곳에서 46살에 숨을 거뒀다.

귀족 계급, 특히 프로이센 지주를 가리키는 '융커junker' 출신들은 대부분 비슷한 운명에 처했다. 독일사회민주당과 독일공산당은 대대적인 사회개혁을 바랐고 귀족에 대한 적개심이 깊었으므로, 이 부분에서만큼은 뜻이 일치했다. 토지 개혁은 이의의 여지가 없는 사안이었다. 이를 지지한 소비에트도 제1차 세계대전 때 자기 나라에서 가차 없이 벌어진 토지 재분배의 역사를 들먹이며, "융커의 땅을 소작농 손에"라는 구호를 내밀었다.

1945년 8월 29일 새로 창당한 정당들이 일제히 참여해 결성한 '민주연합(Demokratischer Block)'은 100헥타르 즉 축구장 140개에 해당하는 면적을 초과하는 사유지를 보상 없이 몰수하기로 했다. 요아힘 에른스트 폰 안할트의 땅은 2만 헥타르였으니 기준을 훌쩍 초월했고, 그가 체포되자마자 바로 몰수되었다. 막내아들 에두아르트 프린츠 폰 안할트Eduard Prinz von Anhalt는 지금도 가족의 토지와 성을 되찾기 위해 싸우고 있다. 토지를 잃은 사람들은 이들 가문만이 아니었다. 몰수된 토지의 총면적은 330만 헥타르로 소비에트 점령지에서 농경지의 35퍼센트에 해당한다. 북부의 메클렌부르크로 가면 그 비율이 무려 54퍼센트에 달한다. 피해 가문은 토지만이 아니라 집, 시설, 개인 소지품, 심지어 옷까지 빼앗겼고, 하룻밤 만에 살던 곳에서 쫓겨나야 했다. 그것으로도 모자라 살던 구역에서 거주하는 것이 아예 금지되어 과거 계급의 적이 영영 추방되었음을 보여 주는 증거가 되었다.

이는 지주들을 물리적으로 해산하면 독일에서 계급 구조를 영원히 타파할 수 있다는 듯한 처사였다. 몰수한 토지 3분의 2는 20헥타르 정도 되는 작은 덩어리로 나뉘어 '신흥 소작농들'에게 돌아갔고, 나머지 3분의 1은 국가에 귀속되었다. 그러나 농사로 돈을 벌기에 재분배된 땅덩어리는 너무 작았고, 변변한 농기계조차 없었으며, '신흥 소작농들'은 농사 경험까지 부족해, 식량 생산은 곧바로 타격을 입었다. 이때의 여파로 동독의 농업은 이후 수십 년 동안 신음했다.

약탈과 강탈

1946년 10월 22일 베를린. 헬무트 브로이닝거Helmut Breuninger는 이른 새벽에 잠에서 깼다. 누군가 문을 두드리고 있었다. 열어 보니 붉은 군대 장교 둘과 무장 병사 하나가 있었다. 공무원 하나가 대뜸 "소련군행정청 명령에 따라 소비에트연방으로 5년간 파견된다. 아내와 자식은 데려갈 수 있다. 짐은 원하는 만큼 챙겨도 좋다. 지금 바로 짐을 싸"[32]라고 통보했다. 헬무트는 정원 나무들을 몇 개 잘라 급히 상자를 짰고, 가족들이 그 안에 짐을 채워 넣었다. 몇 시간이 흐르자 집 밖에 대형 트럭이 등장했다. 병사들이 헬무트 가족과 짐을 차에 실었다. 역에 도착하니 열차 두 대가 벌써 증기를 내뿜으며 기다리고 있었다. 브로이닝거 가족의 짐이 화물칸 하나를 채웠고, 가족은 여객실에 앉았다. 창밖의 풍경은 돌무더기 도시에서 차츰 브란덴부르크의 평원으로 바뀌었다. 어디까지의 여정일지 알 수 없었다.

헬무트는 35살의 물리학자로, 바이에른 주도 뮌헨의 외곽에 자리한 소도시 게르메링 출신이었다. 다른 과학자들처럼 헬무트도 독일 군수 산업에 종사하다 히틀러의 패망으로 일자리를 잃었다. 그러다 운 좋게도 베를린의 회사 아스카니아공장Askania Works에 취직했는데, 정밀 기계와 광학 전문 회사로 소련인들이 맡아 생산을 재개한 곳이었다. 거기서 헬무트는 항공기 자동조종장치를 개발했다. 로켓 과학, 무기, 항공 기술에 전문적인 독일 과학자들과 공학자들은 제2차 세계대전의 승전국 사이에서 인기가 높았다. 1945년 7월과 8월 포츠담회담에서 승전국들은 핵심 인력에 노동을 강제할 수 있으며, 개별로 해외 이주를 요청할 수 있다는 데 합의했다. 다만 후자의 경우 동의 없이는 안 된다는 조건이 붙었다.

처음에는 소련군행정청도 이 지침을 따라 소비에트 점령지 전역에서 다시 문을 연 연구소와 공장에 과학자들을 배치했다. 하지만 모스크바는 소비에트연방의 기밀 군사계획을 독일 과학자들에게 무턱대고 맡기는 것이 보안에 위험하지 않을까 점점 염려했다. 심지어 그들은 서방 점령지에도 자유로이 오갈 수 있었다. 미국인이나 영국인이 동독 과학자들과 말을 섞는다거나, 베를린에서 그들이 일하는 곳에 드나들더라도 막을 방법이 없었다. 그렇다면 방법은 수천 명의 전문인력을 소비에트 점령지에서 내보내는 것이었다. 다만 모두가 환영할 방법은 아닐 테니 일거에 해치워야 했다.

오소아비아힘작전(Operation Osoaviakhim)에 따라 소비에트 점령지의 핵심 인력은 조직적으로 이송되었다. 1946년 10월 22일 밤 2000명이 넘는 독일 물리학자·화학자·공학자·과학자가 문 두드리는 소리에 일어나 즉시 짐을 싸라는 지시를 받았다. 그래도 대다수는 인도적인 처우를 받았노라고 훗날 회고했다. 당황스럽게도 몇몇은 아내는 물론 정부情婦도 데려가도 좋다는 말을 들었다. 원하는 물건은 가구나 자동차도 마음껏 생겨살 수 있었다. 베르너 폰 브라운 Wernher von Braun이 이끈 V2사업에 참여한 로켓 과학자 헬무트 그뢰트루프Helmut Gröttrup의 아내 이름가르트Irmgard는 자식들이 우유를 부족함 없이 마실 수 있게 젖소 두 마리를 데리고 가도 되냐고 청했고, 소비에트의 허락을 받아 냈다. 그러나 이름가르트는 소련인들이 요구사항을 받아 준 것과 별개로, 친절함 이면에 분명 강제성이 숨어 있었다고 언급했다. 이름가르트는 가족의 짐을 싸다가 "잠시 숨을 돌리기 위해 뒷문으로 나갔다 오려고 했다. 그런데 그럴 수가 없었다! 넓적한 얼굴의 군인이 총을 들이밀며 '안 되오'라고 했다"[33]라고 회고했다.

그뢰트루프 가족과 젖소 두 마리는 1946년 10월 28일 모스크바에 도착했다. 그들과 73명의 전문인력은 모스크바 북서쪽 셀리게르 호수의 고로도믈랴섬으로 옮겨졌다. 거기서 그들은 호화로운 감금 생활을 했다. 2살일 적에 부모와 함께 소비에트연방으로 이송된 카를 브로이닝거Karl Breuninger는 "독일인들이 러시아인들보다 돈을 더 많이 받았다"[34]고 기억한다. 독일인들은 금세 현지인들과 가까워졌다. 클레멘스 핀겔Clemens Pingel의 아버지는 브로이닝거와 함께 아스카니아공장을 다닌 동료였으며, 역시 소련으로 이송되었다. 클레멘스는 "러시아 사람들이 우리 부모님에게 '나치입니까?' 하고 묻고는 했다. '아니오'라고 답하면 그제야 함께 보드카를 마셨다"[35]라고 묘

107

사했다. 과학자들은 1950년대에 대부분 풀려났으며, 두 독일 중 어느 나라로 돌아가겠느냐는 뜻밖의 질문을 받았다. 몇몇은 오스트리아를 선택했다.

독일의 소비에트 점령지는 과학 인력을 대거 잃었을 뿐 아니라, 경제적으로도 서방 점령지에 뒤처졌다. 얄타회담에서 스탈린은 독일에 막대한 배상금을 요구했고, 그중 50퍼센트는 소비에트연방이 받아야 옳다고 보았다. 소비에트연방은 동부전선에서 치른 참혹한 소모전으로 지친 상태였다. 스탈린에게 배상금은 정당한 처벌이자 제1차 세계대전 후 끔찍했던 내전을 되풀이하지 않기 위해 자국에 꼭 필요한 돈이었다. 그러나 영국과 미국은 독일을 재건하고 싶어 했다. 프랑스마저 대부분 폐허가 된 상황에서 소비에트가 유럽대륙에서 우세해지면 돌이킬 수 없으리라는 불안감 때문이었다. 더구나 서방은 베르사유조약의 망령에 여전히 시달리고 있었다. 66억 파운드라는 배상금이 바이마르 경제를 파탄 직전으로 몰고 간 것만 보더라도 배상금 액수를 처음부터 못 박는 것은 어떻게든 피해야만 했다. 결국 승전국들은 점령지에서 각자 보상금을 취하자는 타협에 이르렀다. 소비에트는 독일 산업의 심장인 루르 지방을 내놓는 대가로 서방 점령지에서 배상금을 10퍼센트포인트 추가로 받았다.

스탈린은 점령지에서 배상금을 거두어들이기 위해 전력을 다했다. 이는 개인적인 차원에서 시작되었다. 대표적으로 자전거 갈취는 독일인들의 마음속에 오래도록 남았다. 손목시계도 인기가 좋아 소비에트 병사들은 패전국 사람들 집에 들어갈 때면 "우리! 우리!"(독일어로 시계는 우어Uhr였다) 하고 소리쳤다. 제국의회 건물 꼭대기에 적기를 매다는 상징적인 사진은 하필 병사 하나가 손목시계를 버젓이 두 개나 차고 있는 모습 때문에 수정되어야 했다. 이는 당시 만연한 약탈의 명백한 증거였으며, 역사 교과서에 싣기에는 부적절한 내용이었다. 병사들은 민간인 집에 들어가 자국으로 가지고 갈 수 있는 물건이면 뭐든 수탈했다. 보석·라디오·재봉틀은 물론 가구나 세탁기처럼 부피가 큰 물건도 소비에트연방으로 가는 끝없는 열차 행렬에 실어 보냈다. 이러한 사적인 약탈은 대부분 술기운에 일어난 난동이었으며 도적 떼가 지나간 듯한 피해를 남겼다. 병사들은 옮길 수 없거나 뭔지 알 수 없는 물건을 보면 냅다 총질했고 창밖으로 내던지거나 아예 부숴 버렸다. 언론인 마르타 힐러스는 자신의 베를린 집 지하실에서 상습적으로 일어나던 약탈의 장면을 다음과 같이 묘사했다.

> 지하는 그야말로 아수라장이었다. 나무 칸막이가 부서졌고 자물쇠가 뜯겨 나갔으며, 상자는 죄 쪼개지고 뭉개졌다. … 이웃들은 흔들거리는 촛불을 들고 잔해를 뒤적였다. 날카로운 울음과 절규가 이어졌다. 이불의 솜털이 공중에 떠다녔고 포도주와 배설물 냄새가 진동했다.[36]

이 모든 행각은 1945년 5월에 제정된 니콜라이 베르자린Nikolai Berzarin 시행령으로 합법화되었다. 베를린 점령지의 첫 소비에트 사령관인 그는 사적인 약탈을 몇 달간이나 묵인했다. 베를린 프리드리히스펠데에서 술에 취해 오토바이를 몰다 사망한, 콧대 높던 이 사령관은 약탈에 관해서 어떠한 공명정대함도 보이지 않았다. 죽기 싫으면 물건을 내놓으라고 독일인들을 겁박하는 공공 전단이 거리에 나붙었다. 아직 수탈되지 않은 물건을 알아서 납부하도록 곳곳에 수거소가 생기기도 했다.

독일 박물관과 미술관, 개인 저택은 조금 더 조직적인 차원에서 무수히 많은 예술 작품을 빼앗겼다. 그중에는 독일 땅에서 발견된 선사 시대 최대의 황금 유물인 에베르스발데 호드Eberswalde Hoard처럼 값을 매길 수 없이 귀한 소장품도 있었다. 여러 유물이 그러했듯이, 에베르스발데 호드는 모스크바의 푸시킨박물관으로 몰래 빼돌려져 다시는 빛을 보지 못했다. 소비에트 점령지에서 쇠지렛대를 동원해 벌어진 독일 산업 해체 작전은 포괄적이었고 조잡했다. 기계·원자재·시험관·화학물질·광학렌즈, 그리고 실험실 전체가 상자 안으로 들어가 소비에트로 옮겨졌다. 기찻길이 철거되었고, 지하와 벽에서 전선이 뜯겨 나갔다. 이로써 소비에트 점령지는 산업 기지 3분의 1을 강탈당했다.

산업·과학·문화를 체계적으로 도려내는 작업과 더불어 스탈린 점령지에서 일어난 또 다른 특징이라면 점진적인 경제 국유화가 있다. 독일 동부의 경제 국유화가 서방 점령지와는 현격히 다른 모습으로 진행되리라는 것은 처음부터 자명했다. 1945년 7월 초엽 소비에트 점령지 중앙은행이 설립되었다. 중앙은행이 필수적인 자본을 조달해 주었기에 1945년 9월부터 곧장 중공업 국유화가 시작되었다. 원소유주를 위한 보상은 없었다. 1946년 6월부터 200개 중소기업이 국유화되어 25개의 대형 소비에트주식회사(Sowjetische Aktiengesellschaft, SAG)에 합병되었다. 독일사회주의통일당은 규모가 커진 경제계획을 통제하기 위해 독일경제위원회를 꾸려 재화·용역·원자재 관리에 대한 권한을 국가는 물론 당에 노골적으로 귀속했다. 1948년 4월 작은 민간기업들도 공기업에 합병되어 인민소유기업(Volkseigener Betrieb, VEB)들이 탄생했다. 그 결과 두 개의 독일 국가가 수립되기 1년 전인 1948년, 소비에트 점령지의 경제는 이미 60퍼센트가 국유화되었다.

의도했는지 아닌지는 알 수 없으나, 동부의 경제정책은 서방 점령지와 분열을 공고히 했다. 1948년과 1949년이면 소비에트연방과 서방 연합국의 갈등이 격해지기도 전이지만, 달라도 너무 다른 두 경제가 단일한 정치체제 안에서 협력할 수 있었으리라고는 잘 그려지지 않는다. 독일 서부가 재건의 과정에서 영미 점령자들과 건설적인 협력관계에 돌입하는 동안, 동부는 강탈과 국유화에 시달렸다. 그 결과 1949년의 독일민주공화국과 독일연방공화국은 정반대의 경제 토대 위에 섰다.

분단으로 가는 길

1948년 5월 8일 베를린. 유럽의 제2차 세계대전 종전 3주년을 기념하는 날, 소비에트연방의 소장 세르게이 이바노비치 튤리파노프Sergei Ivanovich Tiulpanov가 독일사회주의통일당 엘리트 앞에서 연설했다. 벗겨진 머리와 넓고 동그란 이목구비, 산만 한 몸집의 그는 베를린에서 자기 뜻을 펼치며 스탈린의 꼭두각시가 아님을 증명한 자였다. 그는 소련군행정청에서 선전을 총괄하는 직책을 맡으면서 베를린의 독

일 공산주의자들과 가까워졌다. 특히 발터 울브리히트와 친했다. 튤리파노프는 독일 동부에 볼셰비키가 그린 국가를 세울 때가 드디어 도래했음을 감지했다. 스탈린은 여전히 망설이며 하나의 독일이라는 정책을 고집했으나, 튤리파노프의 귀에는 그런 게 들리지 않았다. 그는 독일사회주의통일당 사람들 앞에서 지금부터 새로운 길에 들어설 것이라고 선언했다.

> 독일의 분단을 기정사실로 받아들이고 … 인민민주주의의 모습을 한 체제[이를테면 소비에트 사회주의 공화국 연방]의 수립을 목표로 삼아야 한다. 우리는 전적으로 주권국가의 수립을 위해 전진한다.[37]

하나의 독일이 중립국으로 존재하는 것보다 동독 사회주의국가가 따로 세워지는 것이 낫다는 결론을 한참 전에 내린 울브리히트에게, 이는 실로 기쁜 소식이었다. 독일사회민주당 출신의 그로테볼조차 1948년 1월 당회의에서 동지들에게 "장담하건대 독일은 두 영토로 찢어질 겁니다"[38]라며 환멸감을 드러냈다. 그로테볼의 동료들은 대부분 충격에 휩싸였다. 튤리파노프는 이념적으로 "독일 전체를 정복"[39]하려면 소비에트 점령지에서 권력과 정치 기반을 확보한 상태여야 한다는 논리로 의구심을 잠재우려 했다. 서부로의 확장은 계급투쟁으로 쟁취해야 하는 것이었고, 필요하다면 오랜 세월을 각오해야 했다.

베를린에서 시작된 정책의 변화에 스탈린이 과연 개입했는지를 놓고 논쟁의 여지가 크다. 1947년 소련군행정청 사람들은 물론 울브리히트의 내부 핵심 집단도 별도의 동독 국가를 수립하는 데 점점 더 매진했다. 그에 맞춰 제도와 구조를 세우려는 작업도 가시화되었다. 이 시도는 끝내 완수되지 못했지만, 베를린에서 제멋대로 구는 튤리파누프이 존재는 스탈린의 심기를 제대로 거슬렀다. 스탈린은 독일에 나가 있는 자신의 선전 요원이 모스크바로 되돌아오도록 소비에트연방에 사는 그의 가족들을 첩자 혐의로 대거 체포했다. 울브리히트도 소명을 핑계로 여러 차례 소환되었다. 그래도 두 사람 모두 일자리를 잃지는 않았다.

한편 세계 무대에서 냉전이 시작되었다. 한때 동맹이던 두 진영 사이의 갈등이 고조되고 있음을 가장 극적으로 알린 사건은 누가 뭐래도 베를린 봉쇄였다. 유럽 부흥 계획, 일명 마셜플랜에 따라 서방 점령지에 15억 달러를 쏟아부은 미국은 그 막대한 돈이 인플레 늪으로 빨려 들어가는 꼴을 두고 볼 수 없었다. 그래서 미국의 점령지와 영국의 점령지에 새로운 통화 도이치마르크Deutsche Mark(DM)를 도입했다. 두 점령지는 이미 1947년에 합병된 터였다. 얼마 지나지 않아 프랑스 점령지도 이 통화를 채택했다. 스탈린은 마셜 원조를 차마 받아들일 수 없었을뿐더러, 그것의 상징과도 같은 새 은행권이 자기 점령지에 유통되는 것도 싫었다. 도이치마르크는 1달러에 4.2도이치마르크라는 고정환율을 유지하는 안정통화로 미국 경제와 직결되었다. 베를린은 소비에트 점령지 한복판에 있었기에 서방이 점령한 서쪽 구역은 경제적으로 소비에트연방과 이어졌다. 그러므로 새로운 서방 통화와 그에 맞춘 경제체제를 도입하는 것은 국유화된 동부 경제에 자본주의적인 요소가 상시 새어 들어온다는 뜻이었다.

20살의 잉게 슈미트Inge Schmidt는 베를린 남동쪽 즉 소비에트 점령지인 쾨페니크에 거주하면서, 템펠호프비행장 바로 옆 즉 미국 점령지인 쇤베르크 콜로넨슈트라세에서 화학공학자에게 고용되어 일하는 경리였다. 잉게는 화폐 개혁 때문에 잔업을 해야 했던 나날들을 기억한다. 잉그 켐 F. 헴펠 유한책임회사의 직원 가운데 소비에트 점령지에 거주하는 사람들에게 정해진 비율에 맞춰 급여를 세심히 지급해야 했기 때문이다. 잉게와 마찬가지로 그들은 10퍼센트의 급여를 새로 도입된 서독 마르크로 받고, 나머지 90퍼센트를 급히 뒤따라 도입된 동독 마르크로 받았다. 초록색과 빨간색 잉크로 비율을 표시해 가며 직원들의 급여를 꼼꼼히 환산하던 잉게는, 활짝 열린 베를린 내부의 문을 통해 서부의 경제체제가 퍼지는 것을 막지 못한 소비에트의 실패한 노력의 증거였다.[40] 결국 스탈린은 아직 기회가 있을 때 그 문을 닫아 버리기로 결심했다.

1948년 6월 24일 소비에트는 서베를린으로 이어지는 육로와 수로를 모조리 봉쇄했다. 소련이 통치하는 베를린에서 나머지 구역으로 음식도, 물도, 연료도, 그 밖에 모든 물자도 운반이 중단되었다. 이렇게 역사에서 매우 위험한 인질극 가운데 하나가 막을 올렸다. 서베를린에 거주하는 200만 명의 목숨을 놓고 냉전 시대의 첫 대결이 비로소 시작된 것이다. 서방 연합국은 화려한 공수작전으로 스탈린에게 대응했다. 총 27만 7804대의 물자 수송기가 독일 수도를 오갔다. 가장 분주했던 1949년 4월 16일에는 연합국 수송기가 1분마다 베를린에 착륙했다. 독일 분단은 이제 돌이킬 수 없었다. 하나의 독일을 위해 헌법을 제정하려는 독일사회주의통일당의 무성의한 시도는,

1948년 10월 베를린 미테에서 비준되기는 했으나, 사실 보여 주기식에 지나지 않았다. 정작 대부분의 독일인은 독일의 분단을 원치 않았으나, 동부와 서부의 의사결정자들에게 독일의 분단은 더 나은 결론이 되어 있었나. 자연스럽게 양측은 분열의 책임을 서로에게 돌렸다.

그러나 스탈린은 돌아가는 현실을 미처 다 받아들이지 못했다. 독일사회주의통일당이 동독 국가를 세우겠답시고 소란을 일으킨 것이 못마땅했던 스탈린은 1948년 12월 12일에 울브리히트, 피크, 그로테볼을 모스크바로 불러들였다. 그리고 그들의 경솔함을 질책하며 그들을 "맨몸으로 로마인들에게 맞서 싸우다 크게 깨진 튜턴족"에 비유했다. 그들에게 필요한 것은 "신중한 정책"이었다.[41] 책망만으로 부족했던지, 스탈린은 소비에트 점령지에서 더는 '인민민주주의'를 선포하지 못하게 했다. 서독의 국가 건설이 돌이킬 수 없는 상황일 때에만 동독 건설을 계획해야 했다.

결국 동부 내부의 갈등에 마침표를 찍은 것은 서부에서 일어난 사건들이었다. 독일 항복이 있고 정확히 4년이 지난 1949년 5월 8일 서방 점령지의 의회위원회가 바로 전해 9월부터 구상해 온 새로운 〈헌법〉을 승인했다. 5월 23일에 〈헌법〉을 선포하여 독일연방공화국이 탄생했다. 이제는 스탈린도 어쩔 도리가 없었다. 그는 9월 27일에 모스크바에서 독일사회주의통일당 대표단을 접견했다. 울브리히트, 피크, 그로테볼은 스탈린을 만나기 위해 꼬박 열흘을 초조히 기다렸다. 스탈린은 끝내 체념하여 독일민주공화국 수립에 동의했다. 세 사람은 독일로 돌아가 이 소식을 알렸고, 기독교민주연합 및 독일자유민주당과 대화를 시작해 독일민주공화국 수립에 대한 동의를 받아

115

냈다. 그리고 예정된 선거를 1950년으로 미루는 데 합의했다. 두 정당의 지지를 얻어 내는 것은 약간의 협박과 눈부신 미래에 대한 약속으로 충분했다. 민주 정당들이 프롤레타리아트 독재국가를 수립하는데 순순히 길을 내어 주는 것을 보고서, 독일사회주의통일당의 선전가 게르하르트 아이슬러Gerhart Eisler는 "정부를 세우고 나면 선거를 통해서든 다른 방법을 통해서든 절대 다시 내어 주지 않을 것"이라고 거들먹거렸다. 그의 말에 울브리히트도 의기양양하게 "아직 그걸 이해한 사람이 없다"[42]라고 대답했다고 전해진다.

1949년 10월 7일 독일민주공화국이 수립되었다. 초대 대통령은 빌헬름 피크가, 초대 총리는 오토 그로테볼이 맡았다. 이 순간이 오기까지 쉼 없이 달린 울브리히트는 그로테볼 밑의 세 부총리 가운데 하나가 되어 언뜻 겸손한 역할에 머무는 듯했다. 그러나 사실 울브리히트는 그 자리에서도 자신이 만든 대의원 체제를 시행했다. 그로테볼과 피크는 사회민주주의자와 공산주의자 연합을 대표하는 인물들을 선출하여 새 정부에 정당성을 부여했을 뿐, 진짜 권력은 울브리히트에게 있음을 모르는 이가 없었다.

전후 독일 분단이 과연 불가피했는지에 대해서 오래도록 격론이 이어졌다. 대부분의 동독과 서독 사람은 분단을 원치 않았으며, 곧장 서로에게 책임을 전가했다. 동독은 새로운 화폐 도입과 마셜 원조 시행은 포츠담협정을 위반한 것이라고 손가락질했다. 협정에 명시된 바에 따르면, 그러한 결정은 네 연합국이 모두 동의해야만 했다. 스탈린은 그러한 사안이 논의되었던 런던회의에 초대도 받지 못했다. 한편 서독은 스탈린 점령지의 경제가 소비에트화된 것을 문제 삼았고,

베를린 봉쇄를 결정적인 공격 행위로 규정했다.

하지만 두 개의 독일 수립을 찬성할지 반대할지는 단 한 번도 독일인들의 손에 좌우된 적이 없었다. 통일된 민족국가가 된 지 80년도 채 되지 않았던 독일은 두 번의 세계대전에서 엄청난 파괴를 자행한 대가로 자결권이 박탈된 후였다. 1945년의 완패로 독일의 운명은 점령자들 손에 넘어갔고, 그들은 자신들이 패배하게 한 국가보다 자신들의 잇속에 더 관심이 있었다. 독일, 그중에도 베를린은 갈수록 불안해지는 소비에트러시아와 서방 사이에서 갈등의 초점이 되었다. 베를린은 두 세력의 분계 지점이었으며, 그곳을 침범했다가는 자칫 전면전으로 번질 수 있었다. 따라서 12년 후에 실제 벌어진 것처럼, 벽돌을 쌓고 요새화해서라도 분계선을 공고히 하는 것은 양측 모두에 이득이었다. 히틀러는 독일이 세상의 축이 되기를 꿈꿨다. 이제 그의 꿈은 정말로 현실이 되었다. 비록 그가 의도한 모습은 아니었지만 말이다. 두 개의 독일과 분단된 수도는 이후 수십 년간 세계를 뒤덮은 힘겨루기의 중심이 되었다. 스탈린이 원치 않았던 자식인 독일민주공화국은, 그의 의도와 무관하게, 소비에트 제국의 서쪽 끝 전초 기지가 되었다.

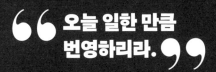

66 오늘 일한 만큼
번영하리라. 99

산통

3장

독일민주공화국의 탄생

쉽게 간과되는 사실이지만 1949년 10월 7일 탄생한 독일민주공화국은 서독의 독일연방공화국과 딱 맞아떨어지는 대응물은 아니었다. 인간은 세상을 양극단으로 인식하려고 하며 독일 분단에 관해서도 어김없이 자본주의자와 공산주의자, 동과 서의 대립으로 바라본다. 이 때문에 양쪽으로 갈라진 나라가 서로를 거울처럼 비춘다는 착각이 빚어진다. 그러나 현실 속의 소련 점령지는 두 구역이 아닌 네 구역의 일부였다. 따로 떨어져 나와 국가가 된 소비에트 점령지는 세 구역이 합쳐진 서방 점령지보다 훨씬 작았다.

1949년 독일민주공화국에 사는 사람은 1840만 명, 독일연방공화국 인구는 5040만 명이었다. 베를린만 놓고 보면 동독 구역 인구가 서독 구역의 절반밖에 되지 않았다. (각각 120만 명, 210만 명이었다.) 사회적으로도 두 독일의 조건은 달랐다. 독일연방공화국은 대부분의 영토가 가톨릭을 믿는 지역이었는데, 별안간에 가톨릭교도와 개신교도가 50 대 50 비율을 이루었다. 반면 동독은 15퍼센트만이 가톨릭 교도였고 개신교도가 80퍼센트 이상이었다. 동유럽에서 돌아온 독일 난민들은 주로 동독에 도착해 머물렀기 때문에 놀랍게도 전체 인구의 4분의 1을 차지했다. 서독에서 그들의 비율은 16.5퍼센트였다. 서방 연합국은 경제 원조를 제공했고 소비에트는 배상금을 취했다. 동독은 농업의 비중이 컸고 서독은 산업 중심지를 보유했다. 독일민주공화국이 계속 베를린을 수도로 고수했기에 독일연방공화국은 본에 새로운 수도를 지어야 했다. 그리고 서독은 동독보다 반년 먼저 탄생했다. 다름을 열거하자면 끝도 없다.

애초에 얄타회담에서 독일이라는 케이크는 동등한 조각으로 잘리지 않았다. 하지만 어쨌거나 독일민주공화국은 탄생했다. 폐허가 된 구체제에서 더 나은 사회를 건설하겠노라고 맹세한 사회주의 정부와 함께 새로운 독일이 등장한 것이다. 시민들은 역경에 맞서 새로운 세상을 실현하고자 기꺼이 팔을 걷어붙였다. 이제 새 국가에 필요한 건 국가 원수였다.

대통령

1949년 10월 11일 베를린 미테. 마르고트 파이스트Margot Feist는 축하 꽃다발을 들고 초조히 기다렸다. 곧 있으면 빌헬름 피크의 첫 연설이 끝날 참이었다. 통솔력이 비범한 22살의 마르고트는 임시 인민의회의 승인으로 막 선출된 독일민주공화국 초대 대통령에게 대표로 축하 꽃다발을 전달하는 역할을 맡았다. 이를 위해 모두가 헤르만 괴링의 항공부 청사였던 건물의 연회장에 모였다. 베를린에서 가장 거대한 건축물인 그곳은 방만 2000개가 넘었다. 괴링의 부하들이 유럽 도시들을 겨냥해 죽음의 폭격 전략을 짜던 바로 그곳은 역설적이게도 영미 군대의 공습으로 베를린이 초토화되는 와중에도 멀쩡하게 살아남았다. 그러나 의원들이 독일 역사의 새 장을 열고자 모인 지금, 그러한 문제는 과거가 되어 있었다.

인민의회 최연소 의원이었던 마르고트 파이스트는 자유독일청년단(Freie Deutsche Jugend, FDJ)의 떠오르는 샛별이었다. 이 단체는 14~25살의 청년들을 모은 사회주의 대중조직으로 1946년에 창설되었다. 마르고트가 자랑스럽게 차려입은 파란색 제복은 가슴과 팔뚝 부위에 떠오르는 태양 문양이 노란색으로 반짝였다. 어머니가 본다면 필히 자랑스러워할 모습이었다. 마르고트의 부친 고트하르트Gotthard는 제화공이었고 어머니 헬레네Helene는 매트리스 공장 직원이었다. 두 사람 모두 노동계급 유산에 대한 자긍심이 대단했고 1920년대와 1930년대에는 독일공산당의 열성 당원으로 활동했다. 히틀러가 집권하자 지하 레지스탕스를 조직했다. 할레에 있는 그들의 집은 독일에 세 군데뿐이던 공산주의자들의 비밀 정보처가 되어, 공산주의자들은 그곳에서 프라하로 망명한 독일공산당 지도부와 연락을 주고받았다. 고트하르트 파이스트는 리히텐베르크와 부헨발트 강제수용소에서 세월을 보냈고, 유죄 선고를 받아 할레 교도소에 투옥되기도 했다. 그의 딸 마르고트는 공산주의 세계혁명을 위한 투쟁이라는 부친의 광적인 믿음을 고스란히 물려받았다. 모친 헬레네가 1940년 갑자기 세상을 떠났을 때 마르고트의 나이는 고작 13살이었다.

9년 후 마르고트 파이스트는 73살의 독일사회주의통일당 당수가 대통령으로 취임 연설을 하는 모습을 휘둥그런 눈으로 지켜보았다. 빌헬름 피크는 "국민의 단결, 민주주의, 경제와 정치와 문화의 번영, 소비에트 연합과 평화를 사랑하는 만인의 우정"[1] 등과 같은 새로 탄생한 국가의 건국 가치를 함께 찬양하자는 제안으로 연설을 마쳤다. 마르고트와 장내 모든 이가 "만세! 만세! 만세!"하고 외쳤다. 마르고트가 활짝 웃으며 피크와 악수할 때 장내에는 우레와 같은 박수가 터져 나왔다.

이날은 나치 시대의 알베르트 슈페어Albert Speer가 기획한 횃불 행렬에 버금갈 대규모 행사로 마무리되었다. 20만 명이 넘는 자유독일청년단원이 지도부의 명령을 받고 베를린의 광대한 베벨광장에 집결했다. 훔볼트대학 앞의 이 대형 광장은 마침 얼마 전 독일사회민주당의 창립자 아우구스트 베벨의 이름을 따 개명되었는데, 16년 전에 책 수만 권을 불태운 집회가 열리기도 했다. 그러나 자유독일청년단은 다른 결의 역사를 더 깊이 새겼다. 주황빛으로 타오르는 횃불이 광장 옆 운터덴린덴 거리를 환히 밝히는 동안, 그들은 자신들이 서 있는 곳이 옛 공산주의자들의 싸움터였음을 기억했다. 독일공산당을 창당한 로자 룩셈부르크와 카를 리프크네히트가 1918년 11월 독일 혁명에 가담해 독일의 마지막 군주 빌헬름 2세를 퇴위하게 한 과거를 그들은 떠올렸다. 1949년 이제는 그 자리에 들떠 모인 청년들이 역사를 만들어 갈 차례였다. 청년들은 1946년 그로테볼과 피크가 양당을 합병해 독일사회주의통일당을 창당하던 날의 유명한 악수 사진을 현수막으로 내걸었다. 스탈린의 초상화도 함께였다.

소비에트의 독재자는 처음에는 주저했으나 이제는 공개적으로 독일민주공화국의 건국을 지지했다. 축하 전보에서 그는 이렇게 선언했다.

지난 전쟁에서 가장 큰 희생을 치른 자들은 독일과 소련의 인민이었다. … 두 민족이 전쟁에서 싸우던 때만큼의 힘을 동원해 평화를 위해 싸우기로 결의한다면 유럽의 평화는 보장된다고 볼 수 있다.[2]

스탈린의 이런 발언에는 여전히 독일을 향한 알 수 없는 존경이 배어났다. 독일이 자국민에게 고통을 가한 절체절명의 전쟁이 끝난 지 고작 4년밖에 되지 않았건만, 스탈린은 그 기억에 동등한 '희생'과 '잠재력'의 그림을 덧입혔다. 스탈린의 축복을 받고 청년들을 앞에 내세운 독일민주공화국이 처음으로 정치적 걸음마를 뗐다.

〈헌법〉

독일민주공화국의 첫 〈헌법〉은 1949년 10월 7일 발효되었다. 제1조는 "독일은 분리할 수 없는 하나의 민주주의 공화국이다"인데, 이는 빈말이 아니었다. 동독의 〈헌법〉 틀은 만일의 경우을 대비해 비슷한 언어를 사용한 서독의 〈헌법〉과 손쉽게 합칠 수 있게 고안되었다. 그런가 하면 오늘날 독일의 〈헌법〉이 된 독일연방공화국의 〈기본법

125

⟨Grundgesetz⟩⟩은 1949년 제정 당시 '잠정적'인 것으로 명시되었다. 이 때까지만 해도 두 독일 정부 모두 분단을 영구적인 것으로 서면화할 생각이 없었다.

이론적으로 독일민주공화국의 구조는 서독과 몇 가지 유사한 점이 있었다. 원래는 독일민주공화국도 얄타와 포츠담회담에서 연합국이 합의한 독일 정치의 분권화에 따라 연방제로 수립되었다. 동독은 브란덴부르크, 작센, 튀링겐, 작센안할트, 메클렌부르크 등 5개의 연방주(Länder)로 분할되었다. 이 책에서는 명확하고 일관된 설명을 위해 이 지명들을 계속 사용할 것이다. 그러나 사회주의 지도부는 이념과 정치적인 이유로 연방제에 근본적으로 반대했고, 결국 5개 연방주는 13개 구(Bezirk)로 바뀌었다. 구는 보통 행정적인 역할에 충실하여 동베를린의 중앙 정부가 내리는 결정을 수행했다.

마찬가지로 동독 정부의 양원제도 서독과 닮았다. 동독에는 하원 구실을 하는 폴크스카머Volkskammer 즉 인민의회와 상원인 렌더카머Länderkammer 즉 연방주의회가 존재했다. 후자는 현재 독일에서 운영되는 연방상원(Bundesrat)과 유사하게 지역 대표들로 구성된 평의회였고, 인민의회는 국민이 선출한 대표들로 구성된 의회였다. 이는 울브리히트가 의도한 바대로 민주적으로 보였다. 모든 허가된 정당은 존속했다. 독일자유민주당, 기독교민주연합 외에도 독일국민민주당(National-Demokratische Partei Deutschlands, NDPD), 독일민주농민당(Demokratische Bauernpartei Deutschlands, DBD) 등이 있었다. 공식적으로 독일민주공화국은 처음부터 마지막까지 다당제 국가였다. 그러나 실제로 야당의 당원들과 지지자들은 집권당인 독일사회주의통일당

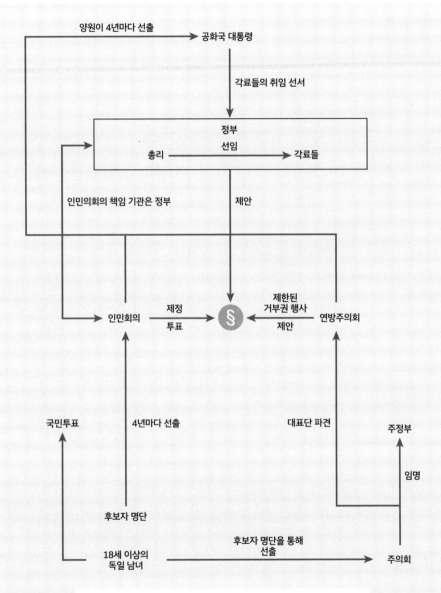

양원이 4년마다 선출 → 공화국 대통령

각료들의 취임 선서

정부
총리 ——선임——→ 각료들

인민의회의 책임 기관은 정부   제안

인민회의   제정   §   제한된 거부권 행사   연방주의회
          투표   제안

국민투표   4년마다 선출   대표단 파견   주정부

후보자 명단   임명

18세 이상의   후보자 명단을 통해   주의회
독일 남녀   선출

1949년 독일민주공화국 헌법 구조

의 말을 따르도록 거센 압박을 받았다. 인민의회에서 야당에 할당된 의석수가 정해져 있었다. 선거 때는 미리 만들어진 후보 명단에 찬성하는 머릿수를 채우기만 하면 됐다. 상원 렌더카머는 1958년에 아예 폐지되었다. 6년의 시차가 있기는 했으나 연방주가 폐지되었을 때 이미 정해진 수순이었다.

대통령의 역할도 사실 형식적이었다는 점에서 서독의 대통령과 유사하다. 빌헬름 피크는 울브리히트가 지휘하는 정치 노선에서 허수아비 역할을 기꺼이 수용했다. 1960년 피크가 사망할 무렵만 해도 통일은 아득해 보였다. 이듬해에 세워진 베를린장벽은 두 독일의 극복할 수 없는 분열의 상징물이었다. 장벽까지 세워진 만큼 두 〈헌법〉이 미래에 합쳐질지 모른다고 가정하는 것 자체가 쓸모없는 일이 되었다. 대통령 역할이라는 것도 더는 구실이 없어져 최초이자 유일한 재임자의 사망과 함께 사라졌다. 대신해서 국가평의회(Staatsrat)가 만들어졌는데, 국가평의회 의장은 독일사회주의통일당 지도자 발터 울브리히트였다. 울브리히트는 의장으로서 각료들에게 업무를 지시했고, 그들과 정책을 논의했으며 함께 의사결정을 내렸다. 각료들은 각료평의회(Ministerrat)에서 모여 결정한 사항을 인민의회에 전달해 비준받았다.

확실히 서면상으로 독일민주공화국의 〈헌법〉은 독일연방공화국과 비슷한 면이 있다. 그러나 현실에서 이행되는 양상은 크게 달랐다. 모든 의사결정은 집권당인 독일사회주의통일당에서 이루어졌고 집권당의 권력은 선거로 좌우되지 않았다.

당은 언제나 옳다

'당은 언제나 옳다(Die Partei hat immer recht)'라는 제목으로도 알려진 〈당의 노래(Lied der Partei)〉다. 1949년 루이 퓌른베르크Louis Fürnberg가 작곡·작사했다.

Sie hat uns Alles gegeben.	당은 우리에게 가진 것을 내주었다.
Sonne und Wind. Und sie geizte nie.	태양도 바람도 언제나 주었다.
Wo sie war, war das Leben.	생명을 주니 우리는 기쁘다.
Was wir sind, sind wir durch sie.	우리의 모든 것은 당에서 왔다.
Sie hat uns niemals verlassen.	당은 우리를 저버린 적이 없다.
Fror auch die Welt, uns war warm.	세상이 추워도 우리는 따뜻했다.
Uns schützt die Mutter der Massen.	민중의 어머니에게 보호받으며,
Uns trägt ihr mächtiger Arm.	그 강인한 팔에 안기리.
(Refrain)	(후렴 합창)
Die Partei,	당이여,
Die Partei, die hat immer recht.	당은 언제나 옳다.
Und, Genossen, es bleibe dabei.	동지들이여, 영원히 그러하리라.
Denn wer kämpft	옳은 것을 위해
Für das Recht, der hat immer recht	싸우는 자는 영원히 옳으리.
Gegen Lüge und Ausbeuterei.	악한 거짓과 추악한 압제에 맞서자.
Wer das Leben beleidigt,	삶에 매정한 자는
Ist dumm oder schlecht.	우둔하거나 해롭다.
Wer die Menschheit verteidigt,	인류를 지키는 자는
Hat immer recht.	언제나 옳다.
So, aus leninschem Geist,	레닌의 이념으로 만들어지고,
Wächst von Stalin geschweißt,	스탈린의 강철로 빚어졌으니,
Die Partei, die Partei, die Partei!	당이여, 당이여, 당이여!
Sie hat uns niemals geschmeichelt.	당은 우리에게 거짓 희망을 준 적이 없다
Sank uns im Kampfe auch mal der Mut.	전쟁 중에 용기가 나지 않을 때도

Hat sie uns leis nur gestreichelt:	당은 가만히 우리를 어루만지며 말했다.
Zagt nicht – und gleich war uns gut.	앞으로, 그러면 모든 게 금세 괜찮아졌다.
Zählt denn auch Schmerz und Beschw-	선한 일에 성공한다면
erde,	
Wenn uns das Gute gelingt?	고통이 중요하겠는가?
Wenn man den Ärmsten der Erde	가장 가난한 자에게
Freiheit und Frieden erzwingt!	평화롭고 자유롭게 살 권리를 줄 수 있다면
Die Partei ⋯ (Refrain)	당이여⋯ (후렴 합창)
Sie hat uns Alles gegeben.	당은 우리에게 가진 것을 내주었다.
Ziegel zum Bau und den großen Plan.	재건할 벽돌과 위대한 계획을
Sie sprach: Meistert das Leben!	당은 말했다. 삶을 활용하라!
Vorwärts, Genossen, packt an!	앞으로, 동지들이여, 할 수 있다!
Hetzen Hyänen zum Kriege –	하이에나 떼가 전쟁을 울부짖어도
Bricht euer Bau ihre Macht!	그대의 노동이 그들을 부수리니!
Zimmert das Haus und die Wiege!	모두를 위해 집과 요람을 짓자!
Bauleute, seid auf der Wacht!	짓는 자들이여, 깨어 있으라!
Die Partei ⋯ (Refrain)	당이여⋯ (후렴 합창)

독일사회주의통일당은 동독 〈헌법〉에 기반을 둔 모든 정책을 지배했다. 독일사회주의통일당의 당수는 상징적이면서 정치적인 국가 원수의 역할을 맡았다. 자연스럽게 독일사회주의통일당은 의회에서 의석수를 가장 많이 차지했고, 각료들은 철저히 독일사회주의통일당의 입맛에 맞춰 엄선되었다. 독일민주공화국 체제를 지지하는 사람들은, 그렇기는 해도 독일사회주의통일당이 내부 변혁을 허용하는 민주적인 방식으로 설계되었노라고 주장했다. 당의 구조는 피라미드와 같았다. 맨 꼭대기에 자리한 서기장은 권력의 내부 집단인 정치국을 이

끌었다. 그 아래 중앙위원회는 각 분야의 전문가로 구성되는데, 위계질서에서 맨 아래에 자리한 당대회에서 선출되었다. 당대회는 5년에 한 번 개최되었고, 공장과 노역장에서 일하는 지부 당원들이 참석했나. 이론적으로는 노동자도 소속 공장의 독일사회주의통일당 대표로 선출될 수 있었다. 그렇게 뽑힌 자는 동료들을 대표해 중앙위원회 소속 전문가로 선출되어 정책 결정에 힘을 행사했다.

그러나 현실은 달랐다. 독일민주공화국 시민이 당 지도부와 결이 다른 생각을 개진하기란 대단히 어려운 일이었다. 독일사회주의통일당은 간부 정책이라는 의미의 카더폴리티크Kaderpolitik라는 말을 공공연히 사용하며 자신들이 정치 인사를 꽉 붙들고 있음을 숨기지 않았다. 간부는 이상적으로는 청년 시절부터 당의 훈련·육성·감시를 받으며 차근차근 고위직에 올라갔다. 정부 기관은 제힘으로 정책을 만들기보다, 독일사회주의통일당의 지시대로 정책을 이행하는 행정적 도구일 뿐이었다. 알 사람은 다 아는 비밀이었다. 1949년 10월 17일 정부 운영과 관련해 독일사회주의통일당의 지시가 떨어졌다.

주요 법률과 법안, 입법 과정에 쓰이는 자료, 법률과 규제에 대한 제안은 인민의회나 정부를 통과하기 전 반드시 정치국 또는 산하 사무국에 제출해 승인받아야 한다.[3]

즉 모든 법률 과정이 독일사회주의통일당의 통제를 받는다는 뜻이었다. 인민의회는 상위 조직인 독일사회주의통일당이 미리 논의, 검토, 승인하지 않은 법률은 절대 입안할 수 없었다. 독일민주공화국은 다당제의 외양을 보였지만 현실은 절대 그러지 않았다.

독일사회주의통일당은 처음부터 직접적으로 공적 담론을 정치화하고 통제했다. 〈헌법〉 제6조에 실린 "민주 기관과 단체에 대한 보이콧 선동은 … 범죄"라는 선언은 독일사회주의통일당이 정적을 탄압하는 근거가 되었다. 이 조항에 따라 벌금부터 단기 복역과 사형까지 모든 종류의 처벌이 정당화되었다. 특히 기독교민주연합의 당원이자 루터교회 목사였던 게오르크-지크프리트 슈무츨러Georg-Siegfried Schmutzler가 체포된 사건이 화제였다. 그는 1954~1957년에 라이프치히에서 학생 목사로 있으면서 정치를 장악하려 드는 독일사회주의통일당에 날 선 비판을 이어 갔다. 그러다 1957년 4월 5일 '보이콧 선동' 혐의로 체포되었다. 법원은 〈헌법〉 제6조를 근거로 그에게 작센 토르가우 교도소에서 5년 형을 복역하라고 선고했다.

이 사건은 두 독일 언론에 대대적으로 보도되었다. 서독은 자신들도 1956년 독일공산당을 전면 금지하는 등 반체제 세력을 탄압하고 있지만, 동독의 정치 박해를 보여 주는 대목만을 골라 보도했다. 슈무츨러는 체포하는 근거가 된 〈헌법〉 제6조의 마지막 문장 "〈헌법〉에 따라 민주적 권리를 행사하는 것은 보이콧 선동이 아니다"라는 조건에 따르면 그의 발언도 보호되어야 했지만, 동독은 그의 행적이 얼마나 체제전복적이었는지를 보여 주려고 애썼다. 교회공동체가 정권을 압박한 끝에 슈무츨러는 1961년 조기 석방되었고 드레스덴에서 목사 활동을 재개한 이후 라이프치히 신학교의 강사가 되었다. 그는 1980년대에 서베를린으로 이주해 2003년 그곳에서 사망했다. 그의 사례가 말해 주듯, 일면 민주적으로 보이는 초창기 〈헌법〉조차 시민권과 기본 자유에 대한 허상을 드러낼 뿐이었다.

권력 굳히기
___

1950년 7월 25일 베를린 프렌츨라우어베르크. 발터 울브리히트는 동지들에게서 우레와 같은 박수갈채를 받았다. 그의 57번째 생일을 며칠 일찍 축하하는 자리였다. 그는 베를린 북동부의 베르너-질렌빈더 대회장에 설치된 무대에 서 있었다. 원래는 도축장 겸 가축시장이던 곳을 행사장으로 막 개조한 건물이었다. 울브리히트는 멈추지 않는 독일사회주의통일당 동지들의 환호성 위에 목소리를 얹으려 했으나 그 소리를 장악하기에는 그의 목소리가 너무 가냘팠다. 이후 당 기관지 《노이에스 도이칠란트Neues Deutschland》에는 그날에 대해 "환호와 박수가 끝도 없이 이어졌다"라고 극찬하는 글이 실렸다. 그날 울브리히트는 독일사회주의통일당의 서기장으로 선출되었다. 전기 작가 마리오 프랑크Mario Frank에 따르면, 그 자리에 오름으로써 울브리히트는 "당대 독일에서 가장 막강한 자"[4]가 되었다.

　울브리히트는 단숨에 주목을 받으며 등장했다. 이제 동독도 한 국가로서 자리를 잡아 가고 있었으니, 실질적인 지도자가 대의원 체제의 그늘에 숨을 이유가 없었다. 내부 집단 사람들은 익히 알고 있는 사실이었다. 피크는 "발터 울브리히트가 서기장이 되리라는 데에는 의심의 여지가 없었다. 그때까지 당의 모든 관행으로 보아 명백했다"[5]라고 언급했다. 하지만 작센 출신에 평범한 인상의 남자가 그림

자 밖으로 모습을 드러낸 순간은 많은 외부 관찰자에게 놀라움을 안
겼다. 1950년 20살의 독일사회주의통일당원 프리츠 솅크Fritz Schenk
는 이렇게 회고했다.

> 울브리히트가 서기장이 된 순간에야 그의 존재를 알았다. 그는 그때
> 부터 굵직한 당 행사나 공식 석상에 점점 더 자주 모습을 드러냈다.
> 이전까지 피크와 그로테볼이 독일사회주의통일당을 대표하는 인물
> 이었다. 울브리히트는 당 체제가 굳건해진 후에야 비로소 등장했다.[6]

울브리히트가 새로 맡은 서기장 직책을 비롯해 독일사회주의통
일당의 다른 구조적 변화는 소비에트연방의 공산당을 본뜬 것이다.
울브리히트는 독일민주공화국에 소비에트 구조를 어느 정도 입히면
서 일찍이 스탈린에게 허락을 구했다. 소비에트 지도자는 그때에도
통일된 중립국 독일을 내심 바랐기 때문에, 울브리히트의 간청을 받
아들여 통일 독일이 될 가능성을 없애는 게 영 내키지 않았다. 그러
나 독일의 열성적인 스탈린주의자는 굴하지 않고 소비에트식 개혁을
계속 밀고 나가면서 독일민주공화국 〈헌법〉과 독일사회주의통일당
내부 절차에서 민주주의적 요소를 차근차근 최소한으로 줄여 갔다.
　1950년부터 독일사회주의통일당 정치국에도 소비에트식 노멘
클라투라nomenklatura*가 형성되었다. 이들은 당 내부는 물론 정부 구
조 곳곳에서 핵심 인사를 좌우했다. 인사 과정에는 각 부처로 보낼

---

　*　소련 공산당에서 특권을 장악한 권력 엘리트

후보자들을 신중히 '검증'하고 임명 후 행적과 태도를 감시하는 일도 포함되었다. 이 작업은 독일사회주의통일당의 세력 반경을 대대적으로 '정화'하는 것에서 시작되었다. 1950년 7월 24일 울브리히트가 서기장으로 임명되기 하루 전, 빌헬름 피크는 이렇게 경고했다.

> 부르주아 민족주의 분자들, 프롤레타리아의 온갖 적들, 제국주의의 하수들이 어떤 깃발을 내걸고 있건 간에, 그들을 반드시 찾아내어 제거하도록 당원들은 모든 방면에서 혁명의 경계심을 강화해야 할 것이다.[7]

소련군행정청의 명령에 따르면 약 10퍼센트의 독일사회주의통일당원이 '제거' 대상이었다. 스탈린에게 어떻게든 독일민주공화국의 자격을 입증하고 싶어 안달이 난 울브리히트 정권은 이 요구를 초과 달성했다. 1950년 12월~1951년 12월에 독일사회주의통일당의 당원과 지원자 수는 160만 명에서 120만 명으로 줄었다.[8] 25퍼센트나 '제거'된 것이다.

당원들의 체제전복과 적대행위를 뒤지는 지도부의 편집증은 피크와 울브리히트를 비롯해 1930년대 모스크바 망명자들이 경험한 대숙청과 기묘하게 닮아 있었다. 1950년 12월 울브리히트는 독일사회주의통일당의 전 당원에게 서신으로 경고를 보냈다. "1945년 후로 적대적인 분자들이 당에 들어와 당원증 뒤에 숨어 추잡한 일들을 벌이고 이기적인 목적으로 경력을 쌓았다."[9] 의도는 분명했다. 서방 편향적이거나 사회민주주의적인 태도를 전시하는 자와는 함께할 수 없

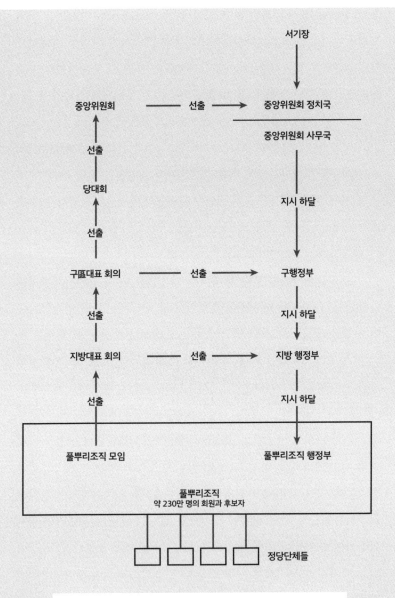

독일사회주의통일당의 조직 구조

다는 것이었다. 4년 전 독일공산당과 합병되어 어쩔 수 없이 독일사
회주의통일당에 들어온 옛 독일사회민주당 사람에게는 특히 가혹한
지시였다.

　　짙은 의심을 받은 집단은 또 있었다. 나치 정권 당시 프랑스·영
국·미국 등 서방 국가로 이주해 살아남은 독일사회주의통일당원들
이었다. 그들의 과거에 대한 비이성적인 공포가 울브리히트의 마음
속에 움튼 만큼, 독일사회주의통일당에서 권력을 가진 내부 집단에
서 핵심 일원으로 있는 것만으로는 역부족이었다. 작센 출신의 파울
메르커Paul Merker는 1920년부터 독일공산당원이었으며, 1950년에
신설된 정치국에 들어갔다. 그런데 별안간 '프랑스 대리인'으로 손가
락질당하는 신세가 되었다. 제2차 세계대전이 발발했을 당시, 그는
파리의 독일공산당 사무국의 직원이었고, 망명 중인 독일 공산주의
자들에게 프랑스 당국에 신분을 등록할 것을 권유했었다. 그렇게 해
야 법적 지위를 취득해 레지스탕스에 가담할 수 있었기 때문이다. 하
지만 프랑스도 점령되자 독일 공산주의자들이 남긴 서류의 흔적이
그들을 추적할 단서가 됐고, 그 결과로 많은 이가 자유를, 심지어는
목숨을 희생당했다.

　　1950년 여름 메르커가 서방 망명 시절에 했던 일들은 동구권에
서 벌어진 여론몰이용 재판으로 부추겨진 편집증의 희생양이 되기에
충분했다. 헝가리의 공산주의 정치인 라이크 라슬로Rajk László는 전
년 가을 헝가리의 새 지도자 마차시 라코시Mátyás Rákosi가 기획한 여
론몰이용 재판에서 '티토의 첩자'이자 '제국주의 대리인'으로 고발되
어 처형되었다. 전쟁이 끝나고 스탈린이 장악한 동유럽권에서 요시

프 티토Josip Tito가 이끄는 유고슬라비아가 떨어져 나가자 모스크바는 노골적으로 분노했고, 그 파문은 동유럽을 지나 독일민주공화국도 뒤흔들었다. 미국 공산주의자 노엘 필드Noel Field가 1949년 프라하에서 체포되었을 때 긴장은 최고조에 달했다. 전쟁 당시 필드는 소련 내무인민위원부의 첩자로 활동하며 유럽 전역에 조직망을 형성하고 나치에서 탈출한 공산주의자들을 도왔다. 그러면서 무수히 많은 자와 접점을 맺었는데, 파울 메르커도 그중 하나였다. 고문당한 필드는 실은 자신이 동유럽에서 '제국주의 첩자들'의 지하 조직을 구축했노라고 주장했다. 그의 '자백'은 곳곳에서 여론몰이용 재판과 체포가 일어나게 했고, 독일민주공화국도 예외가 아니었다.

울브리히트는 대숙청 시대를 살아 내며 스탈린의 폭력적인 편집증을 아주 예민하게 감지해 내는 촉수를 길렀을 뿐 아니라, 동독이 소비에트러시아의 믿음직한 우방임을 자기 우상에게 증명하려고 혈안이 되어 있었다. 이번이야말로 스탈린의 "원치 않은 자식"[10]이 사실은 소비에트연방의 훌륭한 새 일원임을 소비에트 독재자에게 보일 절호의 기회였다. 파울 메르커는 '프랑스의 첩자'로 판명되어 1950년 8월 22일부로 독일사회주의통일당에서 축출되었다. 빌헬름 피크의 중재로 체포되는 일은 피할 수 있었다. 그러나 모두가 그와 같이 운이 좋았던 것은 아니다. 레오 바우어Leo Bauer는 전시에 필드의 조직망을 위해 일하다가 미국이 점령한 헤센 지역에서 독일공산당에 입당했으며, 이후 동베를린으로 건너와 독일사회주의통일당원이 되었다. 1949년에 라디오방송국 도이칠란트젠더Deutschlandsender의 편집장이 되어, 매일 아침 "노동자들의 아침 시간에 제격인" 바흐와 모차르트의 음악으로 동독 청취자와 만났다. 하지만 그의 쾌활하고 독립적인 성격은 울브리히트의 음울한 성정과 금세 충돌했다. 1950년 레오 바우어는 노엘 필드 사건이 불러온 대혼란에 서서히 빠져들었다. 8월 23일 체포되어 독일과 소비에트 심문관들에게 고문당했다.[11] 결국 굴복한 그는 자신의 죄를 인정한 것은 물론 친구들과 동료들에게 죄를 뒤집어씌웠다. 1952년에 소비에트 법원은 '미국의 첩자'라는 죄목으로 그에게 사형선고를 했고, 그렇게 그는 1953년 스탈린이 죽는 날까지 감방에서 처형될 날을 기다렸다.

이후 점진적으로 탈스탈린화가 진행되어 사형선고를 받은 정치범들이 대거 징역형으로 감면되었다. 바우어도 마찬가지였다. 그는 시베리아에서 25년간 중노동할 것을 선고받았다. 1955년 서독 총리 콘라트 아데나워가 소비에트연방과 독일 포로 송환협약을 맺지 않았더라면, 사실 사형과 다를 바 없었을 형벌이었다. 바우어는 독일사회민주당에서 활동하며 서독에서 남은 평생을 살았고, 훗날 전후 최초의 독일사회민주당 출신 총리가 된 빌리 브란트에게 조언하기도 했다. 바우어는 러시아 투옥 시절에 생긴 건강 문제로 오래 고생하다 1969년 숨졌다.

이념 숙청은 독일사회주의통일당 내부에만 국한되지 않았다. '민주연합'의 다른 정당들도 표적이 되었다. 기독교민주연합은 당원 900명이 잡혀가는 모습을 무력하게 지켜만 보았다. 국영 인민소유기업 이사회, 노동조합, 과학 연구소처럼 언뜻 정치와 무관해 보이는 자리에서도 숙청이 이루어져 이념적으로 믿을 만한 후보자들로 물갈이가 되었다. 지역 차원에서도 울브리히트의 대의원 체제는 차츰 종적을 감췄고 공산주의자들이 요직을 차지했다. 1955년 노멘클라투라 체제가 7000개 가까이 되는 자리의 인사권을 통제했다.[12] 독일 정치에 대한 독일사회주의통일당의 장악력은 더없이 공고해졌다.

선거와 투표

병적인 편집증이 한창이던 1950년 10월 15일 독일민주공화국의 첫 선거가 열렸다. 이때 고안된 선거체제가 1990년까지 치러진 모든 선거의 선례가 되었다. 독일민주공화국의 하원 폴크스카머의 500석 의석은 선거와 무관히 고정된 비율로 여러 정당에 사전 할당되었다.

투표는 선호 정당의 지분을 늘리는 것이 아니라 할당된 자리에 후보자들을 채워 넣는 것에 의의가 있었다. 이 체제의 바탕에는 이른 바 '민주집중제' 원칙이 작동했다. 민주집중제는 레닌과 자주 결부되는데, 1902년에 출간된 레닌의 유명한 저서 《무엇을 할 것인가?(What is to be done?)》에서 이 개념을 다뤘기 때문이다. 레닌은 정당의 모든 직책은 아래에서 차례차례 선출되어야 하며, 그렇게 선출된 고위층의 지시는 아래에서 지켜져야 한다고 주장했다. 파벌 없는 민주주의적 위계질서는 이렇게 실현되어야 했다. 의사결정의 방향은 다원적 체제처럼 옆으로 퍼지지 않고 위아래로만 곧게 이어졌다.

이러한 공산주의식 논리에 따르면, 다당제는 사람들 사이에 파벌을 낳아 기존 권력자들의 지배를 영속화한다. 개인이 아닌 정당에 투표하면, 자금과 선거운동 하부조직을 많이 거느린 쪽이 이득을 볼

1950년 선거 이후 인민회의에서 할당된 정당별 의석수

정당/집단	총명	의석수
SED	독일사회주의통일당	110
CDU	기독교민주연합	67
LDPD	독일자유민주당	66
DBD	독일민주농민당	33
NDPD	독일국민민주당	35
FDGB	자유독일노동조합총연맹	49
FDJ	자유독일청년단	25
DFD	독일민주여성동맹(Demokratischer Frauenbund Deutschlands)	20
KB	문화동맹(Kulturbund)	24
기타		37

확률이 커진다. 그러면 결국 기성 정당이 의견을 지배하고, 권력과 인맥과 돈이 부족해 정당을 만들고 운영할 수 없는 개개인은 배제되고 만다. 정당제가 국민과 정부 사이의 장벽 내지는 완충제로 기능하는 셈이다. 이는 민주주의가 반드시 중우정치를 의미하지는 않는다고 하는 19세기 회의론자들을 안심하게 한 근거이기도 했다. 또한 오늘날 서구 민주주의 국가의 많은 사람이 자신들의 의견이 관철되지 않으며 자유 비밀선거가 시행되고 있음에도 돌파구가 없다고 느끼는 이유다.

직접 선출된 개인들로 이뤄진 평의회가 다당제 의회를 대신하는 것은 적어도 이론적으로는 비민주적이라 할 수 없다. 대학과 여성

141

단체는 물론 공장도 선출된 대표를 평의회에 보낼 수 있었다. 대표들은 중앙평의회-러시아어로 '소비에트Soviet'-에 모여 정치 사안을 결정하고 간부를 선출한다. 이렇게만 보면 정말로 민주적이다. 그런데 이 이론이 실현되는 양상이 실제 권력자들을 위한 법안을 자동 승인하는 꼭두각시 의회에 지나지 않았던 것은, 조작에 취약한 한계 때문이었다. 독일민주공화국의 평의회인 폴크스카머의 경우, 이미 정해진 후보자 명단이 존재했다. 투표 과정은 다음과 같았다.

독일민주공화국 시민이 지역 투표소에 들어가 선거구에 등록한 후보자 명단을 받는다. 명단에 찬성한다는 뜻으로 종이를 접어 투표함에 집어넣는다. 가림막이 쳐진 곳이나 기표소에서 비밀리에 투표할 수 있지만, 이는 권장되지 않는다. 정해진 명단에 반대하는 방법은 후보자 이름에 전부 선을 긋는 것 단 하나뿐이다. 투표는 정해진 명단에 찬성한 사람들의 표를 집계해 결과를 냈다.

이 희극적인 절차를 통해 베를린장벽이 붕괴하기 전까지 동독의 모든 선거는 폴크스카머를 구성하는 데 거의 만장일치로 동의하는 듯한 결과를 보였다. 1950년 선거를 예로 들면 명단 찬성률이 99.7퍼센트에 육박했다. 선거에 참여하라는 압박도 대단했다. 1950년의 투표율은 98퍼센트를 기록했다. 독일민주공화국 시민들은 이런 투표를 '종이접기'라며 조롱했다.

역사학자 메리 풀브룩Mary Fulbrook은 강압과 숙청, 조작 선거와 공공연한 압력 등이 있었음에도 "1950년대 독일민주공화국에서 발달한 특수하고 강경한 유형의 공산주의는 불가피하지 않았다"[13]라고 지적했다. 울브리히트의 조치에 관해서 독일사회주의통일당 고위층도 심하게 반대했다. 독일공산주의자, 사회민주주의자, 자유주의자는 발터 울브리히트의 또 다른 독재에 권력을 넘겨주기에 나치의 억압에 지독히도 고생한 사람들이었다. 그들은 공개 시위나 예술을 통해, 아니면 나라를 떠나는 행위를 통해 보통 사람들처럼 불만을 표출하는 수단을 찾아냈다. 대개는 그런 걸로 변화를 끌어내기에 충분했다.

자유독일청년단

1951년 8월 15일 동베를린. 5만 명의 청년부대가 동베를린에서 서베를린으로 분계선을 넘어갈 준비를 했다. 작센 지부를 이끄는 로베르트 비알레크Robert Bialek는 도심 남동부의 슈프레강 옆 트레프타우어 공원에 1만 명에 달하는 단원을 집결하게 했다. 강과 거대한 소비에트 전쟁 기념비, 검소한 테라스를 볼 수 있는 커다란 녹지공간은 평소라면 평화롭고 조용해 폐허가 된 도시 풍경과 극명히 대조를 이루었다. 그러나 이날은 파란색 셔츠를 입은 1만 명의 인파가 넘실댔다.

개성 넘치는 26살의 로베르트는 고향 브레슬라우에서 나치에 항거했으며, 이제 더 나은 사회를 짓는 데 일조하고 싶었다. 볼프강 레온하르트는 1947년에 독일사회주의통일당 산하의 카를 마르크스당 교육원을 함께 다닌 로베르트를 잘 알았다. 특히 로베르트의 '정직함'에 깊은 인상을 받았다. 그의 그런 성격은 '순진한 개방성'의 경계에 걸쳐 있었는데, 1950년대 험난한 정치 세계에서 자칫 약점일 수 있었다. 그러나 "행동하려는 열망"과 "자신의 의견을 대단히 효과

적으로 전달하는 능력"이 로베르트를 가파른 상승 궤도에 올려놓았다.[14]

1951년 8월 15일 로베르트는 자신들이 옳은 일을 하려는 것인지 확신이 서지 않았다. 자유독일청년단의 지도자 에리히 호네커Erich Honecker가 급히 달려와 좌측 대형을 이끌고 서베를린으로 행진을 시작한 부대를 뒤따르라고 숨 가쁘게 지시했을 때, 로베르트는 어쩐지 마음이 불편했다. 호네커는 뒤늦게 생각이 났는지 심각한 충돌을 대비해 대형 중간에 여자 대원들을 배치해 보호하는 게 낫겠다고 덧붙였다. 그는 다시 달려가면서 어깨 너머로 외쳤다. "한 명도 빠짐없이 다시 데리고 오리라 믿네!" 로베르트는 영 내키지 않았다. 동베를린과 서베를린을, 공산주의와 자본주의를 나누는 분계선으로 행진하는 것은 분명 보통 일이 아니었다.

파란색 제복의 청년들이 모인 이유는 독일 땅에서 처음 열리는 세계청년학생축전을 위해서였다. 행사의 표어는 "평화와 우정을 위해-핵무기 반대"였다. 1945년 8월 미국이 히로시마와 나가사키에 핵폭탄을 투하하면서 온 세계가 핵기술의 파괴력을 목격했고, 4년 후 소비에트가 첫 핵실험에 성공했을 때도 그 충격파는 여전했다. 유럽 땅에서 벌어진 제2차 세계대전의 공포 또한 여전히 생생했으나 핵 충돌이 일으킬 공포에 비하자면 시시했다. 로베르트가 청년 무리를 이끌고 베를린 중심으로 행진하던 날에도, 로베르트의 동포는 대부분 그 점을 걱정했다. 목적지에 다 와 가는데 반대편에서 달려오는 단원들을 만났다. 제복이 찢겨 있었고 몇몇은 다리를 절뚝였으며 얼굴은 피범벅이었다. 누군가 "로베르트, 가지 마. 곤죽이 되게 두들겨 맞을 거야. 우리도 갔다가 흠씬 맞고 돌아오는 길이야. 다친 애도 많아"[15]라고 외쳤다.

루베르트는 어찌해야 할지 몰라 망설였다. 그때 호네커가 다시 나타나 행진을 취소하고 돌아가라고 지시했다. 서베를린을 향한 '평화 행진'은 그렇게 취소되었다. 엉망이 되어 버린 이 행진은 에리히 호네커가 자기 유명세를 키우고 새로 조직된 대규모 청년운동을 알리려고 추진한 것이었다. 역풍은 거셌다. 독일사회주의통일당 지도부는 길길이 날뛰며 호네커가 밀어붙인 서베를린을 향한 행군은 허세에 찌든 위험한 짓이었다고 비난했다. 다행히도 호네커의 정치생명은 독일사회주의통일당의 베를린 지도자 한스 옌트레츠키Hans Jendretzky가 호네커를 비판한답시고 실수로 발터 울브리히트까지 비판해 버린 덕에 간신히 유지되었다. 한숨을 돌린 호네커는 동료에게 이렇게 말했다고 한다.

> 덕분에 내가 곤경을 면했으니, 운이 좋았습니다. … 발터 동지가 자기를 공격한다고 생각해 맞받아쳐서 옌트레츠키 동지가 쥐 죽은 듯이 조용해지지 않았습니까.[16]

호네커가 이렇게 무모한 행동을 해서라도 자신과 자기 조직을 증명하려고 한 이유는 자명하다. 1951년의 세계청년학생축전은 공산주의 국가들과 서방 동조 단체들의 국제주의를 제고하기 위해 처음 열린 1947년 이래로 3회째를 맞이했다. 호네커는 전쟁 직후 동베를린에 축제를 유치한 것에 자부심을 느꼈다. 104개국에서 참가한

145

2만 6000명을 보려고 6만 1000명의 귀빈이 방문했다. 독일민주공화국으로서는 모스크바와 세계에 자신들의 가치를 선보일 훌륭한 기회였으며, 그 중심에는 호네커가 있었다. 그러나 안타깝게도 행사 수준은 처참했다. 전쟁으로 쑥대밭이 된 도시에 해외 귀빈을 모실 숙박시설이 충분할 리 없었다. 음식 공급량도 부족했다. 아직 자유독일청년단은 대규모 행사를 운영할 만큼 머릿수가 많지도 않았다. 이에 호네커는 행사 운영을 도울 '청년의 벗'을 모집했다. 그 결과 나이가 지긋한 연금 수급자들이 자유독일청년단의 파란색 제복을 입고 돌아다니는 웃지 못할 풍경이 벌어지기도 했다. 커다란 스탈린 현수막을 내건 화려한 개막식도 혼돈의 베를린이 유발한 낯부끄러움을 감춰주지 못했다.

　　호네커에게 가장 큰 골칫거리는 서베를린과 맞닿은 분계선이 여전히 활짝 개방되어 있어서 사회주의자 청년 수만 명이 자유로이 오갈 수 있었다는 것이다. 서베를린 상점들은 자본주의의 열매들을 휘황찬란하게 전시해 두었다. 심지어 서베를린 시장 프리츠 로이터Fritz Reuter는 이 기회를 보란 듯 활용해 음식을 무상으로 나눠 주며 젊은 공산주의자들을 정치 행사에 초대했다. 훗날 독일민주공화국 최후의 공산주의 지도자가 된 한스 모드로Hans Modrow는 그날 몇몇 동지가 공짜 바나나를 들고 기념사진을 찍던 모습을 기억했다.[17] 호네커는 격분하여 "로이터가 우리를 초대했다 이거지. 좋아, 가 주지. 하지만 그가 생각한 대로는 아닐 거다"[18]라고 대응했다. 호네커가 청년대회를 망쳐 대망신을 당하고 자존심에 큰 상처를 입은 것은, 그가 정치국에서 가장 어리고 경험이 적은 축에 속했다는 사실과 무관하지 않다. 종전 당시 그는 겨우 32살이었고, 1935년 나치에 체포되어 10년 동안 수용소에서 보내야 했다. 그래서 울브리히트와 모스크바 망명자들처럼 정치적 수완을 기르거나 조지 기술의 요령을 터득할 시간이 절대적으로 부족했다. 그는 주변인이었으며, 스스로 그 사실을 무척 의식했다.

호네커는 문화적으로도 주류라 할 수 없었다. 1912년 프랑스 접경지대인 자를란트의 노인키르헨에서 태어난 호네커는 말할 때 부드러운 고향 말씨가 묻어났다. 원래도 말을 더듬거리는 데다 자기 의도와 상관없이 목소리가 높아지고는 했던지라, 그가 하는 말은 알아듣기 힘들 때가 많았다. 이후 그는 울브리히트의 작센 억양을 모방하며 또렷이 말하려고 노력했다. 그러나 호네커의 연설은 반파시스트 성향이건 아니건 간에 그를 비판하는 사람들에게 매번 놀림감이 되었다.

호네커는 미천했던 성장 환경을 과장한다는 비판에도 자주 시달렸다. 그는 광부의 아들로 다섯 형제 중 하나였다. 가족에게 땅도 있고 가축도 얼마 있었으니(소 한 마리, 염소와 닭 여러 마리, 어떤 때는 돼지도 한 마리) 굶주렸다고는 말할 수 없을 것이다. 그러나 일부 역사학자의 주장처럼 호네커가 자신의 노동계급 배경을 거짓으로 꾸며 냈다는 비판은 지나친 비약이다. 그는 급진적 사회주의가 지배하는 환경에서 나고 자랐다. 10살의 어린 에리히 호네커는 형제들과 함께 공산주의 소년단에 보내졌고, 1928년 16살의 나이에 독일공산주의청년연맹에 가입했다. (우연의 일치로 1912년 태어난 에르빈 예리스도 같은 해 베를린에서 연맹에 가입했다) 당시 연맹의 회원은 200명 정도뿐이었다.

147

호네커는 어려서부터 야망이 컸다. 모스크바의 국제레닌학교에서 단기 수학할 자격을 따내려고 예비 토론회와 청년 연수를 수없이 거쳤고, 그러면서 호네커는 남다른 의지와 근면함으로 주요 인사들의 눈에 들었다. 결국 그는 1930년 8월부터 1931년 8월까지 러시아 수도에서 1년간 유학했다. 모스크바에서 받은 훈련과 이념교육은 그에게 오래도록 영향을 미쳤다. 열차가 '레닌의 땅'으로 그를 싣고 갔을 때 그는 18살이 채 되기도 전이었다. 그는 외국에서 온 공산주의자들이 많이들 그러했듯 룩스 호텔에 머물렀다. 호네커는 그때를 회고하며 "집에 온 기분"[19]이었다고 말했다. 공산주의 이념대로만 훈련되었고, 공개 석상에서 자신의 이념적 결함과 실수를 반성하는 '자기비판'을 실습했다. 자기비판은 종교적 맥락에서 고해성사와 비교되기도 하지만, 숙청 시대에는 확실하지도 않은 흠을 공개적으로 시인하도록 강요함으로써 망신을 주고 피해자를 처벌하는 도구로 쓰였다. 그런가 하면 레닌학교 학생들은 고된 노동을 해야 했다. 어떤 때는 스탈린의 새로운 산업 작품인 우랄산맥의 마그니토고르스크에서 일해야 했다. 호네커는 과거와 다른 사람이 되어 돌아왔다. 러시아에서의 세월이 그를 이념적으로나 신체적으로 단단히 만들었다. 덕분에 나치 시절에 오랜 포로 생활을 하고도 살아남았다. 1933년에는 아직 독일 영토가 아니었던 고향 자를란트에서 히틀러 정권에 맞서는 레지스탕스를 조직했다. 그러다 1935년 고향 땅이 독일에 재합병되자 호네커는 프랑스로 달아났고, 다시 레지스탕스 활동을 이어 가기 위해 인쇄기 한 대를 가지고서 불법으로 베를린에 도로 들어갔다. 그는 결국 1935년 12월 체포되어 반역 활동에 대한 대가로 10년 형을 선고받았다.

호네커는 1945년 4월 말 나치 친위대원들이 달아난 후에야 브란덴부르크-괴르덴수용소에서 풀려났다. 서둘러 공산주의운동에 가담하고 싶었던 그는 걸어서 베를린으로 이동했다. 여성 간수로 그보다 9살이 많았던 연인 샤를로테 샤누엘Charlotte Schanuel도 함께였다. 둘은 호네커가 감금되었을 때부터 불법으로 교제했다. 호네커는 샤를로테를 통해 바깥 정보를 입수했다. 두 사람은 연합국의 폭격 소식을 전하는 BBC 라디오방송을 함께 들었고, 한 번은 샤를로테가 그의 탈옥을 돕기도 했다. 그러나 전쟁 막바지 혼란스러웠던 베를린에서 안전한 피난처를 찾지 못한 호네커는 며칠 만에 수용소로 돌아왔다. 둘은 1946년 결혼했고, 이후 몇 달 만에 샤를로테는 뇌종양으로 세상을 떠났다. 이후 호네커는 첫 결혼에 대해 단 한 번도 공식 석상에서 언급한 적이 없다.

1945년 5월 4일 연인 집에 머무르던 호네커는 어디서부터 시작해야 할지 막막했다. 울브리히트 집단에 관해서는 아는 게 없었고, 10년간 갇혀 지낸 터라 전쟁 이전의 인맥은 소용이 없었다. 전쟁에서 누가 살아남았는지조차 알 길이 없었으며 모스크바에서 일어난 일에 대해서도 까마득히 몰랐다. 5월 10일 베를린에서 돌무더기 사이로 나 있는 길을 걷는데 우연히 한스 말레를 만났다. 호네커는 여전히 죄수복을 입고 추레한 행색이었으나 한스는 동지 에리히를 단번에 알아보았다. 실제 이름은 말만Mahlmann이었으나 '말레'라고 더 불리던 그는 성격이 서글서글했고 호네커보다는 한 살이 더 많았다. 둘은 1930년대 초엽 독일공산주의청년연맹에서 장래가 촉망되던 사람들이었다. 울브리히트 집단 10명 가운데 하나였던 말레는 호네커가 자기들 임무에 얼마나 요긴할지 잘 알았다.

말레는 울브리히트 집단이 베를린 본부로 징발해 쓰고 있던 프린첸알레 80번지의 건물로 곧장 호네커를 데리고 갔다. 거기서 만난 울브리히트는 호네커에게 직접 계획을 물었다. 호네커는 자를란트로 돌아가 공산주의 집단을 재조직하고 싶다고 더듬더듬 대답했다. 그러나 그건 순진한 생각이었다. 어차피 그 지역이 프랑스로 넘어가는 것은 시간문제였기 때문이다. 더구나 울브리히트는 이념적으로 무장한 공산주의자이자 10년이나 정치범으로 투옥하며 뼛속 깊은 절조를 지켜 낸 호네커를 허튼 데 쓸 수 없었다. 그는 호네커를 설득해 독일공산당 중앙위원회에 들어오게 했다. 스무 살 가까이 차이가 난 두 사람은 이후 15년 동안 스승과 제자로서 관계를 쌓았다. 본디 목수와 지붕 수리공이었던 두 사람은 노동계급이라는 출신 성분의 공통점이 있었고, 몇몇 동료에게서 발견되는 중산층 특유의 지성주의와 자주 각을 세웠다. 두 사람은 주변 사람 누구와도 진짜 우정을 키우는 데 어려움을 겪었다. 그리고 이념적 순수주의자라기보다 무자비한 실용주의자에 더 가까웠다.

호네커가 처음 맡은 임무는 대규모 청년조직을 세우는 것이었다. 마침 그는 1928~1933년에 독일공산주의청년연맹에 있으면서 공산주의 청년조직의 구조를 겪어 본 사람이었다. 히틀러유겐트가 젊은이의 반항심을 정치적 정념으로 바꾸는 데 훨씬 더 매력적이고 효과적인 수단으로 부상하는 것 또한 지켜보았다. 울브리히트와 호네커는 청년 참여를 유도하는 데서 공산주의자가 나치에 철저히 패배했다는 결론에 이르렀고, 다시는 같은 실수를 반복하지 않기로 했다. 새로 탄생할 조직은 미래에 당 지도부가 될 사람들을 엄선한 소규모 집단에 그쳐서는 안 됐다. 청년 누구나 참여할 수 있는 넓은 조직이어야 했다. 이는 자발적으로 조직되는 다수의 교회나 정당이 아니라 단 하나의 청년조직만 필요한 이유를 소련 점령자들에게 설명하는 근거도 되었다.

처음에 호네커는 중앙집권화된 청년조직이 왜 필요한지 소련 군행정청을 설득하느라 애를 먹었다. 소련인들은 지역에서 생겨나는 단체들은 기꺼이 합법화했으나, 베를린의 지시를 따르는 중앙위원회의 존재에 관해서는 회의적이었다. 결국 그들은 정부 차원의 '반파시스트' 이념에 동의하고, 다원주의를 포용해 공산주의자뿐 아니라 부르주아와 종교인도 포함하는 경우에만, 호네커가 새로운 청년조직을 창설하는 것을 허가하겠다고 했다. 고된 협상의 줄다리기 끝에, 호네커는 가톨릭 성당 교구사제 로베르트 랑게Robert Lange, 젊은 개신교 목사 오스발트 하니슈Oswald Hanisch, 그리고 독일사회민주당 대표 셋을 끌어들이는 데 성공했다. 여기에 독일공산당원 셋을 더해 새로운 조직을 창설했다. 호네커는 정치 성향을 띠지 않는 '자유독일청년단'으로 조직을 명명한 뒤 1946년 2월 소련군행정청에 제안했다. 조직은 3월 7일 공식 출범했다. 자유독일청년단의 탄생이었다. 파란색 셔츠에 떠오르는 태양 문양이 새겨진 자유독일청년단의 제복은 독일민주공화국 역사와 끝까지 함께했다.

자유독일청년단은 과거 히틀러유겐트였던 독일 청년들에게도 아무렇지 않게 만회할 기회를 주었다. 14~24살이면 누구든 청년단

에 가입할 수 있었다. 1950년을 기준으로 단원들은 1925~1936년생
이었다. 즉 그들은 히틀러의 자식들이었다. 히틀러가 집권하던 때 열
살이 채 되지 않은 아이들이었고, 히틀러의 세계관대로 교육되었다.
나치 정권은 젊은이들을 끌어모으는 능력이 남달라 어린아이들과 청
소년들의 상상력을 휘어잡았다. 청년들은 제삼제국이 무너졌을 때
심리적으로 삶의 방향을 모조리 상실한 터였다. 부모에 대한 반항심
으로 히틀러 무리에 합류한 청년도 많았다. 그러나 이제는 자유독일
청년단이 새로운, 그러나 어딘가 낯익은 틀을 청년들에게 제시했다.
과거에 히틀러유겐트에 몸담았던 사람들은 어떠한 차별도 없이 자
유독일청년단 지도부에 들어갈 수 있었다. 그러자 많은 청년이 호네
커 밑으로 모였다. 그들은 행진, 횃불 행렬, 대중집회와 같은 일상에
금세 다시 익숙해졌고, 새로운 이념에 서서히 스며들었다. 효과는 확
실했다. 소련군행정청의 승인을 받아 공식 출범할 당시 자유독일청
년단의 단원 수는 이미 40만 명에 달했다. 청년들이 알던 유일한 세
상은 깨어진 히틀러의 약속과 함께 사라진 후였다. 이제 총통을 향한
광신적 믿음은 놀라우리만치 재빨리 스탈린에게 향했다.

　　1950년 6월 '독일청년대회'가 처음 열려 50만 명 청년이 운집
했을 때 소비에트 독재자는 자유독일청년단에 축하 전보를 보냈다.
스탈린은 독일민주공화국에 관해서라면 뭐든 시큰둥했기에 전보 또
한 무미건조했으나, 자유독일청년단 지도부는 기쁨에 겨웠다. 전보의
내용은 지극히 사무적이었다.

　　독일청년대회에 모인 자유의 투사들에게 고마움을 전하는 바이다.

민주적이고 평화로운 통일 독일을 건설할 독일 청년들이 새로운 과업에 성공하기를 기원한다.[20]

잘 따져 보면, 독일 공산주의자들이 자체적인 조직을 세울 것이 아니라 통일을 위해 매진해야 한다고 일깨우는 말이었다. 그러나 자유독일청년단은 영웅의 말에 그저 감격했다. 1면에 스탈린 사진을 실은 기관지《융게 벨트Junge Welt》특별판은 독일의 도시와 마을 곳곳에 배부되어 무려 80만 부가 팔렸다. 이뿐 아니라 자유독일청년단은 포스터 30만 부와 대자보 10만 부를 추가로 뿌렸다.[21]

이렇게 열띤 참여는 조직의 매력이 상승하는 요인이 되었다. 심지어 서독에서조차 콘라트 아데나워 정부가 단속을 했음에도 반응을 끌었다. 1950년 동베를린에서 열린 '독일청년대회'에 서독의 자유독일청년단원 2만 7000명도 참가했다. 그중 1만 명은 국경을 행진해 서독으로 돌아갈 작정이었으나 서독 국경경비병들에게 잠시 저지되었다. 그렇게 사회주의가 좋으면 아예 가서 살라는 거였다. 청년들은 헤른부르크-뤼베크 접경지대에서 이틀간 노숙한 후에야 서독으로 돌아갈 수 있었다. 서독에 돌아온 후에도 그들은 아데나워 정부의 재무장정책과 서방 연합국과의 통합노선에 반대하며 시위를 이어 갔다. 또한 1951년 2월에 영국의 폭탄실험에 반대하며 실험 장소인 헬골란트섬에 배를 타고 다녀오기도 했다. 급기야 서독 국민을 대상으로 비무장에 대한 비공식 국민투표를 추진하자 아데나워의 인내심은 한계에 다다랐다. 결국 아데나워는 1951년 6월 26일 서독에서 자유독일청년단을 금지했고, 조직의 설립도 상징물의 사용도 불법이 됐다.

서독 청년들은 자유독일청년단 금지령에 들고일어났다. 1952년 5월 11일 기독교 청년조직들이 가세해 에센에서 시위가 일어나자 상황은 걷잡을 수 없어졌다. 시위대는 돌을 투척했고 경찰은 대중에게 총을 발포했다. 두 명이 중상을 입었고, 뮌헨에서 온 21살 자유독일청년단원 필리프 뮐러Philipp Müller가 피를 흘리며 숨졌다. 이 참혹한 비극에 동독의 자유독일청년단은 발칵 뒤집혔다. 호네커는 "기만적인 아데나워 패거리를 몰락하게 함으로써 뮐러에게 복수"[22]하겠노라고 약속했다. 독일민주공화국은 여러 거리와 학교에 뮐러의 이름을 붙였다. 적어도 이때까지는 자유독일청년단과 호네커가 도덕적 우위를 점했다.

에리히 밀케와 슈타지의 탄생

1950년 3월 22일 동베를린. 서독 독일공산당의 이인자 쿠르트 뮐러 Kurt Müller가 동베를린 중앙위원회 사무실에 도착했다. 동독의 동지 한스 로젠베르크Hans Rosenberg에게서 긴히 만나자는 연락을 받고 독일민주공화국을 방문한 것이다. 그런데 베를린에 도착한 그를 맞이한 건 발터 울브리히트였다. 짧은 인사 후에 쿠르트 뮐러는 불쑥 체포를 통보받고 신설된 국가보안부 즉 슈타지로 더 잘 알려진 곳의 구치소로 연행되었다.

쿠르트 뮐러는 알브레히트슈트라세 26번지에 있는 4층짜리 벽돌 건물에 갇힌 초기 수감자 가운데 하나였다. 그가 도착하기 며칠

전 막 개조를 마치고 문을 다시 연 곳이었다. 35개의 감방은 슈타지 차관 에리히 밀케Erich Mielke 앞에서 서약하고 들어온 소수의 교도관이 지켰다.[23] 뮐러의 죄목은 뭐였을까? 그는 서독에서 독일공산당을 성공리에 재건한 인물이자 당의 이인자였으며, 연방의회에서 공산당 하원의원으로 선출된 자였다. 그런데 슈타지는 쿠르트의 '납치범' 한스 로젠베르크를 심문하면서, 뮐러가 늘 "다른 의견"을 개진했으며 "성격이 매우 좋지 못하다"는 증언을 받아 냈다. 게다가 쿠르트는 소비에트연방에서 망명하던 시절 노이만-레멜레 무리의 일원이었다.[24] 노이만과 레멜레는 스탈린의 대숙청 시대에 체포되어 처형된 자들이었다. 독일민주공화국은 새로 만든 보안 기관이 동쪽의 '큰 형님'과 발맞춰 일하고 있음을 스탈린에게 증명해 보이고 싶었다. 스탈린의 편집증과 티토의 지휘로 유고슬라비아가 독립한 것에 대한 분노가 동유럽을 집어삼키자, 울브리히트와 그의 부하들은 어떻게든 그것을 모방하고자 했다. 뮐러가 미국인 노엘 필드의 자금과도 연루되었다는 사실은 그를 소비에트식 여론몰이용 재판에서 완벽히 첫 희생자로 만들었다. 밀케가 직접 반복해서 거물 수감자를 심문했다.

밀케: 트로츠키주의 조직의 일원이었음을 시인하는가?

뮐러: 사실이 아닙니다. … 1932년 이전에 노이만과 함께한 것은 사실입니다.

밀케: 얼마나?

뮐러: 1931년부터 1932년까지.

밀케: 노이만을 언제 만났는가?

뮐러: 1931년 초 레멜레를 통해 만났습니다.

밀케: 정확히 언제?

뮐러: ZKJV[중앙공산주의청년조직] 대표였을 때입니다.

밀케: 노이만을 언제 만났는가?

뮐러: 레멜레를 통해 만났습니다.

밀케: 레멜레와 언제 만났는가?

뮐러: ZKJV 대표였을 때입니다.

밀케: 레멜레의 이론은 뭐였는가?

뮐러: 기회가 왔을 때 파시스트를 칠 것.

밀케: 노이만을 언제 만났는가?

뮐러: 1931년 초입니다.[25]

지루한 도돌이표 질문들이 계속되었다. 밀케는 언제나 밤에 심문했다. 밤 10시에 시작하면 새벽 4시나 6시가 되어서야 끝이 났다. 심문하는 동안 수감자는 내내 서 있어야 했다. 새벽 6시가 지나면 수면은 금지였다. 어떤 때는 8~10일 정도 잠을 한숨도 못 잔 채로 하루에 두 번, 오전 11시부터 오후 4시 반, 밤 10시부터 새벽 6시까지 심문을 당했다. 밀케는 자기 손으로 독일의 숙청 시대를 화려히 알릴 여론 조작용 재판을 앞두고서 수감자의 힘을 빼놓으려 했다. 그러나 막 만들어진 슈타지는 스탈린의 신뢰를 얻지 못했다. 쿠르트 뮐러는 1950년 8월 소련 내무인민위원부 손에 넘겨졌다.

소련인들은 그를 베를린 호헨쉰하우젠에 있는 'U보트'에 가뒀다. 악명 높은 이 감옥은 에르빈 예리스가 수감된 곳이기도 했다. 뮐러가 갇힌 좁은 감방은 전화부스보다 살짝 넓었다. 그러다 창문도 가구도 없는 물 감방으로 옮겨졌다. 바닥에는 상시 2센티미터 깊이의 물이 고여 있었다. 뮐러는 악명 높은 60호 감방에서도 잠시 생활했다. 청소도구함만 한 크기에 벽면마다 나무판자가 고정되어 있었고, 숨 쉴 공간은 가운데 작은 틈새가 전부였다. 편히 서 있을 수도 걷거나 누울 수도 없게 설계된 방이었다. 머리 위에서는 산업용 송풍기가 낮이고 밤이고 돌아갔다. 3년 가까이 고통스러운 투옥 생활을 견딘 뮐러는 소비에트에서 25년의 중노동 형을 선고받고 시베리아로 이송되었다. 1955년 콘라트 아데나워가 스탈린주의를 종식한 소비에트연방과 독일 포로 송환협약을 맺은 후에야 뮐러는 석방되어 고국으로 돌아갈 수 있었다. 그는 그때까지도 의지가 꺾이지 않았다. 독일공산당에서 축출된 그는 서독 독일사회민주당에 입당했고, 에리히 밀케와 내무인민위원부가 자행한 심문을 상세히 고발하는 서신을 오토 그로테볼에게 보내 책임자 처벌을 요구했다.[26] 답장은 오지 않았다.

　무자비하게 심리적 약점을 파고드는 에리히 밀케의 심문 수법은 모스크바에서 오랜 세월 가다듬고 훈련한 결과였다. 울브리히트나 피크와 달리 밀케는 소비에트연방과 연결된 고리를 숨기려고 하지 않았다. 심지어 그가 자기 부하들을 부르던 단어 '체키스트Chekists'는 그에게 방법론적 영감을 준 소비에트 비밀경찰*을 떠올리게 했다.

　에리히 밀케는 1907년 '적색' 구역이던 베를린 베딩의 노동계

---

*　체카Cheka

급 지구에서 태어나 형편없는 공동주택에서 자랐다. 주변은 온통 강경 사회주의자와 공산주의자였다. 목수였던 아버지 에밀Emil은 제1차 세계대전 때 급진주의자가 되었고, 훗날 밀케는 그게 아버지를 "망가트렸다"라고 회고했다. 에밀은 러시아 전선에 나가 싸우다 돌아오자마자 새로 만들어진 독일공산당에 합류했다. 에리히 밀케는 똑똑하고 야망 있는 청년으로 자랐다. 그는 지역의 선발제 학교에 들어가기 위해 열심히 공부했다. 그러나 계층의 상향 이동을 향한 열망이 무색하게도, 바이마르공화국은 대학 진학의 유일한 길인 문법학교에 입학하는 노동계급 학생의 비율을 7퍼센트 이상으로 늘리지 않았다. 청년 에리히 밀케는 1929년 월스트리트 대폭락 이후 주변 사람들이 겪는 빈곤을 보며 급진주의자가 되었다. 베딩 지역은 점점 더 독일공산당에 표가 쏠렸으나(1929년 득표율 40.6퍼센트) 독일의 나머지 지역은 나치에게서 해답을 찾으려 했다. 밀케가 생각하기에 적어도 이제는 행동할 시간이었다. 1931년 24살의 밀케는 독일공산당 산하의 준군사조직인 당자위대(Parteiselbstschutz)에 들어갔다.

1930년 베를린의 분위기는 극에 달했다. 시위와 파업 현장에서 경찰과 공산주의자가 하루가 멀게 다치거나 목숨을 잃었다. 과격해진 좌파는 노동자 한 명이 사망할 때마다 경찰 둘을 죽여 응징하겠노라 맹세했다. 1931년 8월 9일 에리히 밀케와 공모자들은 베를린 경찰의 우두머리 격인 서장 파울 안라우프Paul Anlauf를 표적으로 삼았다. 49살의 안라우프는 공산주의 행사를 두루 감시하며 공산주의자 활동을 단속하는 데 무자비한 모습을 보였다. 이 때문에 좌파 진영에서 그는 돼지 얼굴(Schweinebacke)이라는 별명으로 통했다. 그날은 베를린 소요가 평소보다 과열되어 경찰이 삼엄히 경계 태세를 갖추고 있었다. 안라우프는 경사 리하르트 빌리히Richard Willig, 서장 프란츠 렝크Franz Lenck와 함께 베를린 미테의 뷜로광장을 순찰 중이었다. 광장 주변에는 폴크스뷔네Volksbühne극장, 유명한 바빌론Babylon영화관, 그리고 독일공산당 본부가 있었다. 저녁 8시가 막 지날 무렵, 총성이 울려 퍼졌다. 파울 안라우프는 뒤에서 날아온 총알에 머리를 맞아 즉사했다. 프란츠 렝크는 허파에 총알이 관통된 채로 바빌론영화관 로비에 비틀거리며 들어와서는 그대로 쓰러져 끝내 일어나지 못했다. 리하르트 빌리히는 팔과 복부에 총상을 입었으나 목숨은 건졌다. 밀케는 직접적으로 살인을 시인한 적이 없으며 지금도 그가 정말 총을 쐈는지 확인되지 않았다. 그러나 그날 저녁 그가 현장에 있었다는 사실은 분명하다. 그는 살인 모의에 연루되었으며, 훗날 자신이 '뷜로광장 임무'라고 부를 일을 흔쾌히 수행했다. 그가 그런 거사를 치를 만큼의 훈련과 마음가짐과 잔혹함을 가진 인물임에는 의심의 여지가 없다.

밀케를 비롯해 경찰 총격 용의자들에게 거액의 포상금이 걸렸다. 2만 3000마르크는 정부가 사안을 얼마나 중대히 인식하는지를 보여 주는 액수였다. 그 시절 노동자의 월급이 150마르크 정도였다. 밀케와 공범들은 모스크바로 도피했다. 밀케는 코민테른 군사학교와 레닌학교에 다니며 울브리히트, 피크, 디미트로프와 같은 자들에게 가르침을 받았다. 이념 교육부터 전투, 방첩 활동, 시가전, 감시, 심문, 그 밖에 훗날 사용할 각종 기술을 교과로 배웠다. 그런 와중에 밀케는 스탈린의 편집증이 걷잡을 수 없이 퍼지는 것을 두 눈으로 목격했고, 주변 사람들이 잡혀가고 처형되는 속도가 점점 빨라지는 것을 느껐다. 훗날 밀케는 "소비에트연방의 반역자와 적을 심판하는 재판에도 참여했다"[27]라고 회고했다. 밀케의 모스크바 시절 작성된 세 문건에서 그의 신원 보증인으로 언급된 한스 키펜베르거Hans Kippenberger 같이 가까운 사람도 여럿 체포되어 목숨을 잃었다.

밀케는 아슬아슬하게 러시아를 빠져나갔다. 1936년부터 1939년까지는 내전 중인 스페인에 파견되어 그곳의 공산주의자들을 도왔다. 그는 이베리아반도에 머무르며 스탈린의 도를 넘은 숙청이 끝나기를 기다렸다. 유럽 서부 끝에 자리한 반도는 스탈린과 머나먼 땅일 뿐 아니라 히틀러의 세력 밖이기도 했다. 하지만 1939년 3월 독일 공산당의 망명 지도부는 밀케를 브뤼셀로 호출했고 벨기에와 프랑스에서 새로 수행할 일을 지시했다. 나치가 대륙 서쪽으로 세를 넓히자 1931년 경찰 둘을 살해한 혐의로 여전히 수배 중이던 불법 공산주의자는 더욱더 위태로워졌다. 결국 밀케는 멕시코로 망명을 시도했다. 동지 빌리 크라이케마이어Willi Kreikemeyer가 대신 서류를 준비했고 노엘 필드의 공산주의자 지원기금을 통해 1000프랑을 마련했다. 하지만 모든 계획은 실패로 돌아갔고, 밀케는 1943년 체포되었다. 그는 행여나 경찰 살해범으로 재판받을까 봐 거짓 신원으로 강제노역했다. 전쟁이 끝나자마자 베를린으로 돌아갔다. 도착한 날은 1945년 6월 14일이었다.

밀케는 멕시코 망명을 시도했다거나 노엘 필드에게서 기금을 받았다는 사실을 절대 시인하지 않았다. 소비에트연방이 아닌 서방으로 망명하려 한 만큼, 그는 독일사회주의통일당의 내부 정화 작업에서 1순위 대상자였다. 노엘 필드 사건의 치명적인 소용돌이에 얽히는 순간, 사회생활은 물론 목숨도 안전하지 못할 터였다. 내막을 아는 유일한 목격자 빌리 크라이케마이어는 1950년 미국의 첩자라는 혐의로 체포되었다. 밀케는 옛 동지를 직접 심문했고, 이후 크라이케마이어는 독일사회주의통일당에서 축출되었다. 8월 31일 그는 감방에서 시신으로 발견되었다. 밀케에게 살해된 것인지, 아니면 절망감에 스스로 목숨을 끊은 것인지는 지금도 미궁으로 남았다. 분명한 사실은 크라이케마이어의 목숨과 함께 밀케의 공산주의자 경력에서 유일한 오점도 사라졌다는 것이다.

밀케는 전쟁 시절의 무자비함과 열정을 이후에도 잃지 않았다. 크라이케마이어가 까닭을 알 수 없이 세상을 떠나기 5년 전인 1945년, 베를린에 막 돌아온 밀케는 곧장 독일공산당 지도부에 연락했다. 모스크바와 바이마르 시절 잘 알고 지낸 자들이었다. 보안과 치안 기술을 집중 훈련한 밀케는 베를린의 경찰력을 구축해 가는 데 적임자였다. 그는 걸출한 능력과 명석함을 입증하며 당 중앙위원회에 입성했고, 1945년 12월부터 경찰과 사법 조직을 관리했다. 밀케는 발터 울브리히트가 모든 권력의 중심임을 감지하고서 그와 긴밀히 협력했다. 스페인에서 그의 지휘관이었으며 이후 슈타지 상사가 된 빌헬름 차이서Wilhelm Zaisser는 "에리히가 어쩌나 빨리 발터의 등에 올라타던지 신발 끝이 안 보일 지경이었다!"[28]라고 언급했다.

밀케는 치안 업무 외에도 내무부의 전신을 설립하는 일을 맡아 믿을 만한 공산주의자를 골라내고, 사회민주주의자, 자유주의자, 그밖에 불순한 분자들을 제거했다. 미래에 울브리히트가 이끌 공무원 조직에 대리인 체제는 없을 예정이었다. 밀케는 탈나치화 작업은 물

161

론 새로운 '정치 경찰'인 제5 총국(Kommissariat 5)의 설립도 추진했다. 이는 전쟁 이후의 대규모 체포 사태에서 밀케가 중추적 역할을 했음을 의미한다. 옛 강제수용소와 나치 감옥을 개조한 시설에는 나치 출신들은 물론, 갈수록 편집증적이 되어 가는 울브리히트 정권과 불화한 '부르주아' 분자들이 수용되었다.

1949년 5월 밀케의 제5 총국에 800명 가까이 일했다. 이들을 주축으로 1950년 국가보안부가 출범했다. 그런데 빌헬름 차이서가 초대 수장이 되고 밀케가 이인자로 임명된 것은 그에게 뼈아픈 일이었을 것이다. 밀케와 달리 차이서는 스페인 내전에서 패배한 후에 모스크바로 돌아가 전쟁이 끝날 때까지 머물렀다. 그는 스탈린이 잘 알고 신뢰하는 자였다. 밀케는 때를 더 기다려야 했다. 당분간은 자기 입맛에 맞춰 요원들을 선발하고 모집하고 훈련하고 조직을 키우면서 막후에서 슈타지를 건설하고 확장하는 것에 만족하기로 했다. 차이서는 정치 업무를 보며 울브리히트와 연락을 주고받았다. 알브레히트슈트라세 감옥을 소련 내무인민위원부 감방처럼 만들도록 지시한 이는 차이서가 아니라 밀케였다. 쿠르트 뮐러를 서독에서 납치하고 빌리 크라이케마이어를 죽음에 이르게 한 자 또한 밀케였다. 밀케는 모스크바에서 배운 방법을 총동원해 밤마다 수감자들을 대면 심문했다. 1950년 처음 출범했을 때만 해도 슈타지는 요원이 1100명 남짓한 작은 기관이었다. 그러나 머지않아 밀케의 손으로 세계에서 가장 크고 복잡한 경찰 조직이 되었다. "동독 정권의 불안정함이 아군-적군의 사고방식을 부추기고 악화했다"[29]라는 역사학자 메리 풀브룩의 주장은 일리가 있다. 독일민주공화국은 존재 자체가 보장되지 않는다는 점에서 다른 동구권 국가들과 달랐다. 울브리히트와 밀케, 그리고 그들과 함께 일한 자들은 서방에 맞서 자기들 나라를 지켜야 했을 뿐 아니라, 여전히 통일된 중립국 독일을 선호하던 스탈린도 상대해야 했다. 그들은 자기들 나라가 소비에트 제국의 순수하고 믿음직한, '변하지 않을' 전초기지임을 증명해야 한다고 느꼈다. 아데나워의 독일연방공화국이 재무장을 통해 서방과 힘을 합치고 1955년 북대서양조약기구(North Atlantic Treaty Organization, NATO)에 가입하자 그들은 더욱 다급해졌다.

한편 독일민주공화국은 자국민이 무서웠다. 서독과 비교는 불가피한 현실이었다. 독일민주공화국의 시민들은 서독에도 친척들이 있었다. 라디오로 소식을 전해 들었다. 전쟁 이전에 잘 먹고 잘살던 기억도 생생했다. 사람들의 동요와 요구는 정권을 초조하게 했다. 울브리히트는 자신이 속한 집단이 작은 패거리에 지나지 않음을 잘 알았다. 소비에트연방과 동독 숙청에서 살아남은 그와 동지들은 강경한 모스크바인 섬을 이루었다. 적들에 둘러싸인 울브리히트는 밀케의 슈타지가 자신과 독일사회주의통일당에 약속한 '칼과 방패'를 몹시도 갈망했다. 밀케 또한 어떻게든 자기 자신과 조직을 대체할 수 없는 존재로 만들고 싶었다.

선의

새로 건국된 독일민주공화국의 정부와 정당 조직에 들어간 사람은

163

대부분 히틀러 시절 끔찍한 정치적 박해에 시달린 자들이었다. 그러니 새 〈헌법〉에 민주적 절차가 부족하다는 이유로 그들이 거세게 저항했으리라 예상하는 것도 무리는 아니다. 많은 이가 꿈꾼 더 나은 독일을 건설할 기회가 꺾이려 한다면 당연히 더 분노해야 하지 않을까? 하지만 역설적이게도 파시즘과 전쟁의 경험이 되려 그런 심리를 억눌렀다. 독일인들은 정당끼리 논쟁하는 것보다 안정과 통합을 더 바랐다. 동독과 서독 모두 마찬가지였다. 독일인들은 지쳐 있었고, 정치에 웬만하면 엮이고 싶지 않았다. 1914년 이후 독일에는 이념경쟁과 전쟁, 경제적 혼란과 급속한 정치 변화가 쉴 새 없이 불어닥쳤다. 1949년을 살아가는 중년의 독일인은 다양한 정치체제의 극단을 두루 경험했으나, 그 무엇에서도 제대로 작동하는 민주주의를 경험하지 못했다. 투표, 시민권, 다원주의 사회에 대한 애정을 키울 겨를조차 없었다. 독일인들이 바라는 것은 4년마다 정당 이름이 줄줄이 적힌 투표용지를 받는 것이 아니라, 식탁에 차려진 음식, 복구된 지붕, 전쟁과 경제 재앙이 없는 미래였다. 동독과 서독의 차이라면, 서독은 이러한 것들을 즉각적으로 실현해 준 반면 동독은 그러지 못했다는 것이다. 덕분에 독일연방공화국의 초대 총리 콘라트 아데나워는 현대 정치인들의 꿈인 재선에도 성공했다. 1953년과 1957년 선거에서 그의 정당은 보통 연합정부로 이어지기 마련인 비례대표제에서도 무려 50.2퍼센트라는 경이로운 득표율을 기록했다. 아데나워는 독일 역사에서 1949년 이래 유일하게 연립정부를 구성하지 않고 나라를 운영할 수 있었다. 이 모든 것은 아데나워가 내건 유명한 표어 '실험은 없다(Keine Experimente)'라는 철학에서 이뤄졌다.

1950년대의 동독인들 또한 실험을 반기지 않았다. 평화와 일자리의 보장을 바랐고, 산산조각이 난 삶을 재건할 기회를 원했다. 그 결과 타협을 받아들이고 갈등을 피하려는 풍조가 생겨났다. 심지어 **프롤레타리아트** 녹재와 같은 개념에 본능적으로 반대하는 정치인들조차 그러한 경향을 따랐다. 자유주의 정당인 독일자유민주당의 창당 일원인 카를 클루스만Carl Klußmann이 대표적이다. 그는 1957년 6월 신문《인민의 목소리(Volksstimme)》에 실린 인터뷰에서 "독일민주공화국의 모든 이가 나라에 자신을 바쳐야 한다"라고 선언했다. 클루스만은 독일연방공화국이 서방과 단단히 밀착하는 바람에 통일이 어려워졌다며 아데나워를 탓했고, 소비에트 또한 그의 주장을 지지했다. 그렇게 자유주의적 정치인도 독일사회주의통일당의 독재체제에서 의미 있는 자리를 차지할 수가 있었다. 조국이 평화로운 중립국으로 통일하기까지 독일민주공화국이 버텨야 한다고 생각하는 사람은 클루스만 말고도 많았다. 게다가 지금은 재건이 필요한 상황이었다. 경제는 튼튼해져야 했고 사람들의 삶도 향상해야 했다. 그러니 정치 이상이니 원칙주의 정치니 하는 것에 시간을 빼앗길 수 없었다. 클루스만은 개인적으로 독일사회주의통일당과 생각을 달리했으나, 1957년 사망 당시 독일사회주의통일당의 협력자로 기억되었다. 그의 묘비에는 "우리 당의 친구는 마지막 순간에도 정당과 국가에 정치적 의무를 다하였다"[30]라고 적혔다.

나치 정권이 사멸한 직후에 등장한 진정으로 반파시스트적이고 사회주의적인 독일 국가는 틀림없이 매력적이었을 것이다. 작가 베르톨트 브레히트Bertolt Brecht와 같은 사람들은 서독이 정치, 공적

165

생활, 치안과 같은 분야에서 나치 출신을 다시 받아들이자 동독으로 넘어갔다. 숱한 사람이 에리히 호네커처럼 정치 신념을 이유로 감옥과 강제수용소에 갇혀, 세상이 달라지기만을 기다리며 버텼다. 그리고 마침내 독일 역사에서 처음으로, 계급이 없고 공정한 사회주의 사회를 현실에서 이룰 기회가 찾아왔다. 그걸 위해 초기의 탄압을 견뎌야 한다면 감수할 만했다. 정치인이 된 자들이 어려서부터 배우고 자란 마르크스 교리에 따르자면, 프롤레타리아트 독재는 자본주의에서 사회주의로 넘어가는 과정에 반드시 거쳐야 했다. 비록 지배 엘리트가 여전히 특권과 권력을 붙들고 있을지라도, 노동계급은 질기게 버텨야 했다. 마침 전후 시대는 이를 위한 역사적 맥락을 완벽히 제공하는 듯 보였다. 뭔가를 하기 전에 일단 정치와 사회에서 나치와 동조 세력을 제거하는 게 먼저였기 때문이다. 1950년대 초창기 지성인들은 이러한 신조(dogma)를 기꺼이 받아들였다.

새로 생긴 동독 국가는 과거 나치 정권처럼 시민들의 전폭적인 지지와 복종을 얻어 내지 못했다. 그렇다고 대대적인 저항에 바로 직면하지도 않았다.

경제 따라잡기

1951년 브란덴부르크주 케첸도르프. 레기나 파우스트만Regina Faust-mann은 삶에 제법 만족했다. 16살 소녀는 어려서 많은 일을 겪었다. 그의 아버지는 붉은 군대가 진군하는 와중에 아내에게 세 자녀를 남긴 채 1945년 세상을 떠났다. 어머니는 러시아어를 조금 할 줄 알아서 승전국 병사들의 빨랫감을 빨래해 주는 대가로 식량을 받았다. 러시아 병사들은 여인에게 먹여 살릴 자식이 셋이나 있다는 것을 잘 알았기에 늘 관대했고, 덕분에 레기나 가족은 굶주리는 일도, 어떤 식으로든 해를 입는 일도 없었다. 레기나는 어느 정도 나이를 먹고서 동네의 데카DEKA공장에서 화학실험실의 수습 기사로 생활을 했다. 1940년 레기나의 고향 동네에서 문을 연 이 공장은 타이어를 만드는 곳이었는데, 전쟁이 끝나자마자 작업이 재개되었다. 사실 그건 레기나가 꿈꾸던 삶은 아니었다. 레기나는 집안 어른들을 따라 재봉사가 되고 싶었지만, 뜻대로 되지 않았다. 그래도 일자리는 레기나가 가족을 먹여 살리는 데 보탬이 될 만큼 안정적이었다. 레기나는 같은 공장에 다니는 잘생긴 젊은 직원 귄터와 교제도 시작했다. 둘은 곳곳에 생겨나는 극장, 댄스클럽, 영화관을 자주 드나들었다. 소비에트 점령자들과 그들의 독일 동지들은 사람들의 기운을 북돋겠다며 다양한 문화시설을 즉시 만들었다. 물론 소련인들이 모든 형태의 유흥을 좋아하기 때문이기도 했다.

레기나와 귄터는 신설된 자유독일청년단에 가입했다. 레기나는 가톨릭교도였으나 딱히 배제되지 않고 개신교와 무종교 동지들과 함께 다양한 활동에 참여했다. 각종 사회 활동과 음악 행사뿐 아니라 고철 수집처럼 나라를 재건하는 데 도움이 되는 중차대한 일들도 맡았다. 나라를 일으켜 세우는 데 동참하여 기분은 좋았다. 레기나를 이따금 성가시게 하는 건 타이어공장에 예고도 없이 찾아오는 소련인들이었다. 그들은 막 만들어진 제품들을 몰수해 갔다. 그러면 생산 일

167

정과 목표에 차질이 생겼고 제조공정을 조율하느라 애를 먹었다.[31]

레기나 파우스트만은 소매를 걷어붙이고 나라를 재건하는 일에 적극적이었던 당대 독일 청년세대의 전형이다. 할 일은 많았다. 도시는 여전히 폐허 속에 묻혀 있었다. 레기나의 고향인 퓌르스텐발데만 해도 슈프레강을 건너는 다리가 붕괴되어 1959년 전까지 제대로 복구되지 못했다. 히틀러의 과대망상으로 산업과 농업은 피폐해졌다. 새로 탄생한 독일에는 새로운 건물도 필요했다.

1947년 20살의 라인홀트 림베르크Reinhold Limberg는 이러한 정신을 노래로 표현했다. 전쟁 중에 그는 히틀러유겐트에 들어가 미성년 보충병으로 독일 해군에 징집되었다. 그러다 소비에트 포로로 잡혔고 풀려나서는 독일 북부 메클렌부르크에 있는 아버지 농장으로 돌아갔다. 고된 노동을 하던 시절, 그는 자신을 비롯한 독일의 청년세대가 히틀러의 미몽에서 깨어난 후에 어떤 심경인지를 보여 주는 노래를 떠올렸다.

이는 듣는 이에게 직접적으로 의도를 전달하는 사회주의식 노래의 전형으로 당연히 선전물로 분류되었다. 그러나 이를 독일 청년들이 비자발적으로 예속된 독일사회주의통일당의 작품으로만 치부할 수 없다. 이 시기 동독 청년들은 새로운 경제를 제 손으로 일구었다는 데 자부심을 느꼈고, 진심을 다해 이 노래를 불렀다.

이와 같이 할 수 있다는 젊은이들의 기백이 있었지만, 독일민주공화국은 두 독일의 경쟁이 시작되기 전부터 이미 뒤처지고 있었다. 더 열심히 일한다고 해결할 수 있는 문제가 아니었다. 갓 출범한 독일민주공화국의 중앙계획경제가 문제이지도 않았다. (서방 국가들도 이후

〈청년이여 깨어나라!(Jugend erwach!)〉, 작곡·작사 라인홀트 립베르크, 1947년.

Jugend erwach, erhebe dich jetzt,
Die grausame Zeit hat ein End!
Und die Sonne schickt wieder
Die Strahlen hernieder
Vom blauen Himmelsgezelt.

아, 청년이 깨어나 새로이 떠오른다.
끔찍했던 시절은 이제 끝!
태양도 우리 인간에게
다시금 햇살을 내리비추네.
푸르른 하늘에서

Die Lerche schickt frohe Lieder ins Tal,
Das Bächlein ermuntert uns all.
Und der Bauer bestellt
Wieder Acker und Feld,
Bald blüht es all überall.

종달새가 골짜기에서 명랑히 지저귀고
개울물이 우리를 즐겁게 하네.
농부의 땅은
새 산물을 맺으리라.
곧 모든 것이 꽃피리라.

[Refrain:]
Bau auf, bau auf,
Bau auf, bau auf,
Freie Deutsche Jugend, bau auf!
Für eine bessere Zukunft richten wir die
Heimat auf!

[후렴]
건설하세, 건설하세,
건설하세, 건설하세,
자유독일청년이여, 건설하세!
더 나은 미래를 위해
우리 나라를 건설하세!

Allüberall der Hammer ertönt,
Die werkende Hand zu uns spricht:
Deutsche Jugend, pack an,
Brich dir selber die Bahn,
Für Frieden, Freiheit und Recht!

망치가 닿는 곳마다
일하는 손이 우리에게 말하는구나.
독일 청년이여, 동참하라.
이것이 당신의 일
평화와 자유와 정의를 위하여!

Kein Zwang und kein Drill,
Der eigene Will'
Erfülle dein Leben fortan.
Blicke frei in das Licht,
Das dir niemals gebricht.
Deutsche Jugend, steh deinen Mann!

압박도 훈련도 없이
오직 자신의 자유 의지로
당신의 미래를 이루라.
빛을 똑바로 바라보아라.
그래야 망각하지 않으리.
독일 청년이여, 꿋꿋하게 전진하라.

오랫동안 가격, 임금, 식량 배급량을 통제했다). 문제는 신생 국가가 어깨에 짊어진 어마어마한 짐이었다. 그 짐은 너무나도 막대해, 독일이 30년 넘게 유럽의 일원이자 세계 강대국이며 세계 4위의 경제 대국으로 존재했음에도, 오늘날에도 독일 동부에 그 그림자가 드리워져 있다.

소비에트연방의 점령지로 할당된 독일 땅은 서방 점령지보다 훨씬, 면적이 좁고 인구가 적었다. 천연자원도 훨씬 희소했다. 예를 들어 독일민주공화국은 거의 모든 에너지원을 갈탄에 의존했다. 갈색 석탄이라고도 알려진 무른 가연성의 이 물질은 토탄을 오랜 세월 압축하면 생긴다. 비교적 지표면과 가까운 지하에 묻혀 있어서 채굴 비용은 적게 들지만, 환경에 크나큰 대가가 따른다. 채굴하고 나면 땅에 보기 흉한 구멍이 남아 동독 땅은 이곳저곳이 황량한 달 표면 같아졌다. 게다가 갈탄은 에너지 함량이 낮은 편이라 전기·열·증기를 얻기 위해 태우면 오염 물질을 잔뜩 생성한다. 그러나 독일민주공화국은 에너지자원이 절실히 필요했다. 소비에트연방의 원조만 믿고 있을 수 없었다. 갈탄에 대부분 의지하는 독일민주공화국은 에너지 자급자족 국가가 되기 위해 눈물겨운 노력을 시작했다. 이후로도 갈탄으로 전체 에너지의 70퍼센트를 공급했다. 1970년 독일민주공화국은 세계 최대 갈탄 생산국이 되었다. 생산량은 소비에트연방과 서독을 합친 것보다 많았다. 흑탄·구리·철광석과 같은 다른 원자재는 극히 적었던지라 언제나 공급이 부족했다.

동독은 철광석이 부족해 제철산업을 아예 발달시킬 수 없었다. 독일의 산업 중심지인 루르 지방은 서독에 자리하고 있었다. 그러나 소비에트는 개의치 않고 악착같이 배상금을 받아 내려 했기에 점령지에 갇힌 독일 동지들의 전문성과 높은 생산성을 써먹었다. 이를 위해 브란덴부르크의 동쪽 끝, 폴란드와 동독의 접경지대에 별안간 새로운 도시가 지어졌다. 아이젠휘텐슈타트(제철 도시)는 사회주의의 모범 도시로, 갓 지어진 주택 단지에 노동자들과 가족이 살았고, 주변에 휴양지와 녹지가 조성되었다.

한편 소비에트는 탐욕스러운 핵산업을 막 키우면서 형제 국가들에 우라늄을 공급할 것을 요구했다. 소비에트는 튀링겐 및 작센의 에르츠산맥으로 탐사 인력을 보내 거기에 묻힌 귀한 우라늄을 발견했다. 광산지에는 소련 내무인민위원회 병력이 곧장 배치되었다. 채굴은 처음에는 강제노동 형을 받은 사람들이 했다가 나중에는 에른스트 위히트Ernst Wicht와 같이 노동을 종용받은 사람들이 떠맡았다. 1948년 가을 젊은 에른스트는 정원사 수습을 마치고서 튀링겐 주도 에르푸르트에 정착해 "정상으로 되돌아가는 일상"을 누리고 있었다. 그런데 어느 날 인력 배치사무소에 나오라는 연락을 받았다. 직원 둘이 '평화 광석'을 채굴하는 광부로 일하는 게 어떻겠냐며 그를 종용했다. 평화 광석은 핵무기에 필요한 우라늄을 일컫는 말이었다. "나는 온갖 핑계를 대며 거절했으나, 그들은 어차피 강제로 인력을 배치해 나를 광산에 보낼 수 있다고 했다."[32]

반년 후 에른스트는 4시간짜리 훈련을 받기 위해 무장한 소비에트 경비대를 지나쳐 비스무트사의 우라늄광산 입구를 지났다. 일은 고되었고 위험했다. 어떠한 보호장구도 없이 착암기(jackhammer)만으로 몇 시간씩 노동했다. 점심에는 동료들과 나무상자에 앉아 식사했다. 상자 안에는 그들이 캐낸 우라늄 광석이 들어 있었다. 그것이 방출하는 방사선의 파괴력에 관해서는 까마득히 몰랐다. 누군가는 이따금 에른스트더러 나중에 자식을 낳고 싶거든 평화 광석 위에 너무 오래 앉아 있지 말라는 농담을 하고는 했다. 에른스트의 동료들은 그처럼 노동을 종용받은 사람들이거나, 몇 년 전부터 자발적으로 일하는 동네 사람들이었다. 강제노동 형을 복역 중인 자들도 있었는데, 대부분 과거 나치당원이었다. 그래도 에른스트는 금세 만족했다. 그의 가족이 받는 식량 배급량은 평균보다 훨씬 많았을뿐더러 그는 어느 지역 노동자보다도 임금을 많이 받았다. 엄격한 교대근무제로 동료 사이는 끈끈해졌고, 목표에 도달하거나 초과했을 때 보상을 주는 계획경제 체제는 경쟁심을 자극했다. 노동자들은 정해진 목표치를 달성하려고 한두 시간 더 근무하면서 자랑스러워했고, 때로는 소년처럼 기뻐했다. 그러나 에른스트는 훈련 부족과 관리 부실로 발생하는 사고를 숱하게 목격하기도 했다. 결국에 그는 폐결핵에 걸리는 바람에 일을 관두고 병원에 입원했다.

그럼에도 에른스트에게 '억척스러웠던 비스무트' 시절의 기억은 아련히 남아 있다.

사랑하게 되지는 않았어도 그런대로 받아들인 일을 관두기란 쉽지 않다. 어쨌거나 나는 그 일에 익숙해진 터였고 덕분에 가족이 윤택하게 살 수 있었으니까.[33]

이후 비스무트사는 독일민주공화국과 소비에트가 50 대 50의 지분으로 공동 소유했다. 이 광산 덕에 동독은 세계 4위의 우라늄 생산국이 되었다. 하지만 이 모든 착취는 애초에 소비에트연방을 위한 것이었으며, 환경과 인간이 입은 피해는 모조리 동독이 부담해야 했다.

이런 유형은 다른 곳에서도 반복되었다. 사적인 약탈과 강도는 논외로 한다 쳐도, 소비에트가 전쟁 배상금과 점령 보상금으로 1953년까지 독일민주공화국에서 받아 낸 돈의 액수는 공식적으로 150억 달러를 넘겼다.[34] 공장과 고정자산을 죄다 해체한 것은 물론 쓸모 있는 원자재를 왕창 가져간 것도 그 일환이었다. 벽에서 납 배관이 뜯겨 나갔고, 놀이터의 철제 정글짐이 약탈되었으며, 기찻길이 통째로 해체되어 소비에트연방에 다시 깔렸다. 독일 조립공정에서 소비에트연방이 거두어들인 어마어마한 배상금만 아니었다면, 어쩌면 독일민주공화국은 끝내 회복했을지도 모른다. 레기나 파우스트만이 타이어 공장에서 겪은 일은 독일민주공화국 제조산업의 현장 곳곳에서 벌어졌다. 붉은 군대 병사들이 불쑥 나타나 공장에서 갓 생산된 물건들을 몰수했다. 그로 인해 경제계획에 큰 차질이 빚어졌고 공급로와 노동자의 사기가 망가졌다. 전체적으로 보면 1945~1953년에 동독 생산량의 60퍼센트[35]가 족족 징수되어 제 발로 서기 위한 신생 국가의 노력을 수포로 만들었다. 그러나 사람들은 계속해서 투쟁했다. 독일민주공화국은 서독보다 3배나 많은 배상금을 물어내야 했지만, 1950년에 기어코 생산량을 1938년 수준으로 회복했다.[36]

동독의 야심 찬 사회개혁도 심각한 경제적 여파를 남겼다. 동독은 농사 경험과 지식, 효율적인 농기구, 그리고 농업을 지탱해 온 사회적 체계를 모두 보유한 귀족 지주들에게서 방대한 땅덩어리를 거두어들여 '신흥 농부들'에게 소규모로 분배했다. 이는 처참한 경제적 결과를 낳았다. 1959년에도 과일과 야채 생산량이 기존 예상보다 각각 38퍼센트, 33퍼센트 타격을 입었다는 보고가 정치국에 올라왔다.[37] (물론 긴 가뭄으로 흉작이 심해진 탓도 있었다.) 경제의 재앙이 된 토지분배는 수십 년간 독일의 사회적 갈등을 유발한 옛 귀족제도를 무너뜨리기 위함이었다. 게다가 동독 인구의 4분의 1은 동유럽에서 건너온 피난민들이었는데, 대부분 모든 걸 잃은 농민 출신이었다. 그러니 그들에게 프로이센 융커의 대농지를 나누어 주는 것은 언뜻 공정한 처사처럼 보였다. 비록 경제적으로는 전혀 타당하지 않았으며, 이전 지주들에게 어떠한 보상도 돌아가지 않았지만 말이다.

탈나치화 작업도 양상이 비슷하다. 서독은 나치 출신을 공직계·교육계·문화계, 심지어 경찰 조직에도 기꺼이 받아들였지만, 독일민주공화국은 반파시즘을 기본 신조로 유지했다. 비록 군대에는 적용되지 않았고 홀로코스트 조사가 충분하지 않았던 점 등 굵직한 예외가 있기는 했으나, 동독의 탈나치화는 훨씬 더 전면적이었고 따라서 경제에도 타격을 주었다. 교사·공무원·정치인, 심지어 공학자와 경찰이 사라진 자리는 미숙하더라도 이념적으로 문제가 덜한 사람들로 채워졌다. 전문인력이 대거 뿌리 뽑히고 과학자 같은 특수 인력이 소비에트연방으로 다수 보내짐에 따라, 가뜩이나 미숙한 경제를 번영하게 할 주역들은 절대적으로 부족했다.

동독인들은 나라를 재건하고 더 나은 독일을 이룰 수 있다는 것을 증명하려고 최선을 다했지만, 1950년대 초엽 독일민주공화국의 경제는 제대로 굴러가지 못했다. 이 경험은 전쟁 동안의 기나긴 곤궁, 바이마르공화국과 제1차 세계대전 동안의 경제적 재앙에 대한 기억과 합쳐져, 동독인들을 낙담하게 했다. 아데나워가 소비주의와 즐거움의 회복을 기치로 해서 이뤄 낸 '경제적 기적'으로 서독인들을 사로잡는 동안, 울브리히트가 자국민에게 선사한 것은 경제 대재앙뿐이었다. 동독인들은 '오늘 일한 만큼 번영하리라'라는 울브리히트의 약속만을 믿고서 뼈 빠지게 일하며 견뎠다. 그러나 그것만으로는 충분치 못했다.

스탈린 각서

1952년 5월 29일 작센안할트주 카이네. 14살 아넬리제 플라이셔 Anneliese Fleischer는 학교에서 집으로 보내졌다. 도착하니 집 밖에 대형 트럭이 와 있었고 그 안에는 가족의 짐이 한가득 실려 있었다. 누구도 영문을 알지 못했다. 얼마 전 사고로 다리에 석고붕대를 감은 아버지는 망연자실하게 서 있었고, 어머니는 아넬리제에게 주방, 거실, 침실에 남은 가구와 상자를 차로 함께 나르자고 했다. 그런데 어디로 가는 것이지? 아넬리제는 누군가의 입에서 시베리아라는 단어를 들었다. 가족은 서독 국경에서 멀리 떨어진 곳으로 이사하라는 통보를 받았다. 플라이셔 가족 집이 있는 카이네 지역은 서독 니더작센주와 겨우 몇 킬로미터 떨어져 있었다.[38] 1952년 5월부터 베를린장벽이 세워진 1961년까지, 총 1만 1000명이 동서독 국경에서 강제 이주를 당했다. 일명 '독충소탕전(Aktion Ungeziefer)'은 극비로 진행되었다. 무슨 일이 벌어지는지 전해 들은 게 없는 주민들은 새로 온 이웃들을

175

의심했다. 강제 이주를 당한 자들은 그럴 만한 일을 했다고 여겨졌고, 오늘날에도 소문이 전해지고 있다.[39]

하지만 실상을 들여다보면 독충작전은 권력 고위층이 느끼는 공포심의 발현이었다. 울브리히트는 물론 스탈린은, 서독이 유럽 땅에서 미국의 군사 영향력을 보존하는 최동단 전초기지가 되려 한다고 확신했다. 아주 틀린 추측도 아니었다. 1950년 시작된 한국전쟁이 여전히 격렬히 진행되고 있었다. 미국은 부단히 공을 들였으나 승리는 요원했다. 게다가 1949년 공산주의 중국의 탄생과 소비에트의 첫 핵무기실험의 성공은 워싱턴에 깊은 공포를 불러일으켰다. 이런 불안은 1950년대 초엽 매카시즘 시대에 공산주의 공모자들을 색출하려는 광기로 정점에 이르렀다. 미국 대통령 해리 S. 트루먼Harry S. Truman은 서독이 본격적으로 군대를 증강하고 1949년에 설립된 반공산주의 방위기구인 나토에 합류하도록 협조적인 서독 총리 아데나워를 압박했다. 아데나워는 그러려면 유럽의 동의가 필요하다는 것을 잘 알았다. 특히 이에 대단히 회의적이던 프랑스의 동의가 관건이었다. 걸출한 협상가로서 권위적이었던 만큼 통솔력이 뛰어났던 아데나워는 프랑스와 협상 테이블을 차리고 서유럽이 더 긴밀히 협력해야 하는 이유를 설득했다. 자체 군대를 보유한 자주국 독일은 나토이든 유럽 방위공동체이든 서방 기구에 닻을 내려야 하는 게 당연했고, 그렇게만 된다면 비용효율적이면서 믿음직한 동맹국이 될 수 있었다.

그러자 이번에는 스탈린이 공포에 사로잡혔다. 그는 재무장한 독일이 유럽 한복판에 등장하지 못하게 뭐든 대가를 치를 준비가 되어 있었다. 1952년 3월 10일 스탈린은 독일에 있는 서방 연합국 대표들에게 일명 '스탈린 각서(Stalin Note)'를 보냈다. 스탈린은 중립국으로서 독일을 통일하자고 제안했다. 그저 선전에 지나지 않았다는 주장이 많지만, 서독 역사학자 빌프리트 로트Wilfried Loth는 여러 문건을 근거로 당시 스탈린이 정말로 진지했음을 설득력 있게 증명했다.[40] 각서에는 상당히 파격적인 양보안이 제시되었다. 독일은 "국가 방위에 필수적인 군대(육군, 공군, 해군)"[41]를 조직할 수 있었다. 배상금과 탈나치화로 대가는 충분했으니 "평화로운 경제발전에 관하여 독일에 어떠한 제약도 가해져서는 안 되었다."[42] 신설된 국제연합에 가입할 수 있었을지도 몰랐다. 4월 9일 추가로 전달된 각서에 따르면 "독일인 전체를 대상으로 한 자유선거"[43]도 추진할 수 있었다. 대신 독일은 "포츠담회담에서 정해진 국경"을 받아들여야 했다. 즉 동유럽 쪽 영토는 포기해야 했다. 또한 "대對독일 전쟁에 군대를 파견한 세력과 맞서기 위해 어떠한 종류의 연합이나 군사 동맹도 체결"[44]해서는 안 되었다. 후자의 조건은 두 가지 기능을 수행했다. 하나는 통일된 독일이 나토처럼 소비에트러시아에 대항하는 연맹에 가담하는 것을 막는 것이었고, 다른 하나는 통일된 이웃 국가가 다시는 자신들을 위협하지 못하리라고 프랑스를 안심하게 하는 것이었다. 로트는 이 무렵 스탈린이 더는 사회주의식 독일을 노리지 않고(실제로 그런 적이 있다고 한다면) "소비에트의 안보 요구를 충족하는"[45] 독일에 만족했음을 보여 준다고 주장한다.

독일민주공화국 지도부 내부에도 통일된 중립국 독일을 적극 찬성하는 무리가 있었다. 당 기관지 편집자로 울브리히트를 뒤따라

베를린으로 돌아와 독일사회주의통일당 중앙위원회에 속해 있던 루돌프 헤른슈타트가 대표적이었다. 한번은 권력의 내부 집단 동료에게 불쑥 이런 말을 하기도 했다.

우리 중 몇몇은 미래에 통일될 민주 독일이 그저 현재 독일민주공화국의 확장판이 될 것이라는 근거 없는 가정에서 벗어나야 … 할 것이다.[46]

그러나 이러한 시각은 그를 무소불위 권력자 울브리히트의 눈밖에 나게 했고, 결국 그는 1954년 독일사회주의통일당에서 축출되었다. 서기장과 그의 지지자들은 아데나워 정부가 중립국 독일을 거절하고 오히려 미국 주도의 서방 동맹에서 서독의 자리를 공고히 다지자 눈에 띄게 안도했다.[47]

이는 스탈린이 원하던 결과가 아니었다. 1952년 5월 26일 독일연방공화국과 옛 서방 연합국인 미국·영국·프랑스가 일명 '독일조약'에 서명했을 때 스탈린이 보인 반응에서도 그의 불만이 드러난다. 이 조약은 독일연방공화국을 주권국으로 인정함으로써, 독일연방공화국이 나토에 가입하기 위한 초석을 다졌다. 스탈린은 공포에 사로잡혔다. 훗날 흐루쇼프는 당시 모스크바를 장악한 '전쟁 정신병'을 언급하며 다음과 같이 회고했다.

우리는 미국이 소비에트연방을 침공할 것이며 장차 우리가 전쟁하게 되리라고 믿었다. 스탈린 또한 이 가능성에 동요했다. 정말로 벌벌

떨었다! 스탈린은 전쟁을 두려워했다. 우리가 미국보다 약하다는 것을 알았기 때문이다.[48]

그렇게 스탈린의 편집증이 되살아났다. 그는 전쟁을 피할 수만 있다면 독일 공산주의자들을 기꺼이 박대할 생각이었다.

한편 울브리히트는 아데나워가 스탈린의 각서를 거부하자 상황이 진정되었다고 판단했다. 그리고 1952년 7월 9일에 열린 2차 당 회의에서 '사회주의 건설'을 공개 의제로 밀어붙였다. 스탈린도 마지못해 동의했다. 스탈린의 서면 동의는 회의 전날에야 도착했지만, 독일사회주의통일당이 7월 3일 작성한 공문서에서 이미 사회주의 건설이 당의 새로운 '전략적 목표'로 언급되었다는 사실은 시사하는 바가 있다.[49] 다만 스탈린은 서독과 똑같이 1848년 자유주의혁명을 상징하는 검정·빨강·노랑으로 된 삼색 국기를 바꾸겠다는 울브리히트의 주장만큼은 한사코 거부했다. 노동계급을 상징하는 망치, 중산층을 상징하는 컴퍼스, 소작농을 상징하는 호밀 고리가 독일민주공화국 국기에 새겨진 시점은 1959년으로, 스탈린이 사망한 지 6년이 지나서였다.

새로운 사회주의 건설(Aufbau des Sozialismus) 계획에는 농업생산협동조합(Landwirtschaftliche Produktionsgenossenschaft, LPG)을 통한 농업 국영화, 수공업생산협동조합(Produktionsgenossenschaft des Handwerks, PGH)을 통한 무역 국영화 등과 같은 경제 조치도 포함되었다. 무엇보다 울브리히트와 피크는 독일민주공화국 군대를 증강할 권한을 부여받았다. 스탈린은 중립국 독일을 서방이 거절한 것에 분노하여,

1952년 4월 모스크바에서 독일사회주의통일당에 "각설하고 인민군을 건설할 것. 평화주의 시대는 끝났다"라고 지시했다. 그와 함께 "위험한 국경"[50]을 보호하라는 지시도 내렸다. 그 결과로 시작된 독충작전은 아넬리제 플라이셔와 같은 아이들과 가족을 강제 이주하게 해 국경 근방 5킬로미터를 믿을 수 있는 사람들만 거주하게 하는 통제 구역으로 바꿨다. 국경지대에 가는 사람들은 확실한 이유가 있어야 했다. 국경은 그 자체로 폭이 10미터나 되는 요새가 되었다. 발포 명령을 받은 무장 경비병들이 국경 일대를 순찰했다. 이 요새는 침공에 대한 스탈린의 공포가 독일 동지들에게도 퍼지면서 서독인들을 독일민주공화국에 들어오지 못하도록 만들어진 것이었으나, 나중에는 1600만 명의 동독일인들을 가두는 데 쓰였다.

1952년 3월 독일 통일이 진지하게 실현됐을 가능성은 스탈린을 의뭉스러운 상대로 그리려는 시도로 자주 무시되어 왔다. 하지만 기록을 보면 다른 그림이 보인다. 배상금과 영토 지배력을 상당 부분 희생하면서 통일 독일을 바랐던 것은 오히려 스탈린이었다. 서독 독일사회민주당의 당수 쿠르트 슈마허Kurt Schumacher는 서방 진영의 통합과 재무장을 위해 독일 통일을 희생한 주범으로 아데나워를 지목하기도 했지만, 사실 스탈린의 제안을 거부한 아데나워에게 단순히 모든 책임을 돌릴 수만도 없다. 만일 서독이 스탈린의 제안을 수용해 스탈린이 약속한 자유선거를 추진했다 하더라도, 울브리히트와 피크가 반대했을 확률이 높다. 독일사회주의통일당 지도부 내에도 오토 그로테볼과 루돌프 헤른슈타트처럼 독일 통일을 위해서라면 기꺼이 사회주의 이념을 굽히려는 자들이 존재했다. 그러나 울브리히트와 피크는 서독인들이 먹고살 만해져 탈정치화되고 불만이 사라짐에 따라, 자신들이 선동하려던 운동에 협조하지 않는 것에 몇 달씩 우려를 표한 바가 있다. 어떠한 형태의 '자유선거'를 치르기에 긴한 협상은 아마도 실패했을 가능성이 크다. 독일민주공화국이 점차 소비에트가 아닌 독일의 목표가 되어 간 것처럼, 1952년 독일 통일의 가능성은 스탈린이 아닌 독일인들에 의해 깎여 나갔다.

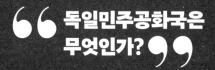

독일민주공화국은
무엇인가?

4장

사회주의
건설

1953년, 성패의 기로

1952년 12월 작센주 라이프치히. 하인츠 유스트Heinz Just는 당황스러
웠다. 17살 소년은 라이프치히 금속공장의 열악한 환경에서 일을 하
고 있었다. 새로 지어진 국영 인민소유기업 중 한 곳이었다. 원래 하
인츠는 금속세공사로 훈련을 마치고 인민소유기업 프레즈마시넨베
르크로 출근할 날만 기다리고 있었는데, 1950년 9월 첫 출근날에 금
속세공사는 필요 없다는 말을 들었다. 대신 기계를 조작해야 한다고
했다. 소년은 수습 기간에 만족스럽게 배운 일을 포기한 채 지루하
고 고된 일을 맡은 것이 싫어 투덜거렸지만, 바뀌는 건 없었다. 어차
피 임시적인 일이니 일단 해야 한다고 했다. 그러나 2년이 지나서도
하인츠는 여전히 3대의 기계를 조작하는 일을 한다. 업무는 교대로
돌아갔는데 야간작업을 해야 했고 근무 시간은 불규칙했다. 1952년
12월 세금 명세서를 받은 그는 침통한 표정으로 거기 적힌 숫자를 확
인했다. 9월부터 넉 달간 그가 벌어들인 세전 소득은 1000마르크였

다. 한 달에 250마르크를 번 셈이었는데 최저임금보다 아주 살짝 높지만 평균 소득인 400마르크를 훨씬 밑돌았다. 이래서는 부모 집에서 독립할 수도, 여자친구를 사귈 수도 없었다고 훗날의 하인츠는 씁쓸하게 회고했다.[1]

1952년 독일민주공화국은 경제를 살리려고 힘겨운 싸움을 했다. 기댈 곳은 하인츠 유스트와 같은 노동자들뿐이었다. 대부분의 노동자는 형편없는 환경에서 쉴 없이 일했다. 독일민주공화국이 1951년 수립한 첫 5개년계획의 목표를 달성하기 위해서였다. 독일민주공화국은 탄생했을 때부터 숨 막히게 무거운 경제적 짐을 떠안았는데, 그 무게는 1950년 이후로 계속 불어나기만 했다. 그러는 와중에 감자 잎벌레로 병충해를 입어 농산물 수확량의 20퍼센트가 피해를 봤다. 동독 정부는 미국이 생물전쟁의 일종으로 비행기에서 일부러 벌레들을 떨어뜨린 것이라고 주장했다. 브란덴부르크에 살던 일제 헨첼은 여름철 학교가 자주 휴교한 일을 기억한다. 학생들은 사람들이 기부한 잼 병과 구두 상자 따위를 들고서 '양키 딱정벌레(Amikäfer)'를 잡으러 벌판을 돌아다녀야 했다.[2] 농산물 생산 목표는 무계획적인 토지 분배와 토지국유화로 이미 심각한 타격을 입은 터였다. 그런데 이제는 딱정벌레조차 동독인들의 식량을 죄다 먹어 치우려 들었다. 사실 생산 목표를 달성하기 어려웠다.

게다가 5개년계획을 구상할 때만 해도 동서독 국경을 강화하고 상비군을 30만 명까지 보강하는 계획은 고려되지 않았다. 1952년에 5만 5000명이던 독일민주공화국 병력은 1953년 중엽 11만 3000명으로 두 배가 되었다. 군인들은 비실대는 경제로 감당할 수 없을 만큼 무지막지한 양의 자원을 소비했다. 국가 지출의 11퍼센트가 군대로 들어갔다. 참고로 오늘날의 독일은 나토가 정한 의무 지출 비율인 2퍼센트를 국방비로 지출하는 데도 애를 먹고 있다. 교육·보건과 같은 핵심 분야에 지출하는 비율은 각각 8퍼센트, 6퍼센트를 유지했다.[3] 울브리히트는 1950년 7월 계획을 발표할 때만 해도 "전쟁 피해가 다 걷히고 나면 생활수준 면에서 우리 진보적인 독일이 제국주의 독일을 앞지를 것이다"[4]라고 거들먹거렸다. 그러나 1953년이 시작되자 그는 사람들에게 절약을 당부했다. 서독은 이미 1950년에 폐지한 식량 배급을 동독은 1958년까지 유지했다. 울브리히트보다 하루 늦게 아커만 집단과 함께 독일로 돌아왔으며, 1952년 독일사회주의통일당 중앙위원회에 오를 만큼 이름을 날린 모스크바 망명자 헤르만 마테른 Hermann Matern은 상황을 직시했다. 1952년 7월 그는 동지들에게 이렇게 말했다.

> 우리 군대의 무기는 기술로나 효율로나 최상이어야 합니다. 하지만 솔직해집시다. 그러려면 돈이 들고, 더 큰 문제는 자원이 든다는 겁니다. … 이 짐은 우리 경제가, 결국 우리 노동자들이 짊어질 겁니다.[5]

당은 소비에트와 자신들의 요구사항을 이루기 위해 동독 대중에게 막대한 희생을 요구했다.

모두가 하인츠처럼 쓴웃음을 지으며 인내하진 못했다. 특히 공학자, 상인, 숙련된 건설 노동자와 같이 전후의 상황에서 수요가 많은 기술을 보유한 자들은 막연한 대의를 위해서 일상적 희생을 감내해야 한다는 데 무조건 동의하기가 힘들었다. 자신들을 두 팔 벌려 환영하는 서독으로 가면 돈을 잘 벌 수 있었다. 독일민주공화국은 동서독 국경을 요새화하느라 분주했지만, 연합국과 공동으로 통치하는 도시 베를린에는 개방된 경계 구역이 남아 있어서 그 길로 자유로이 통행할 수 있었다. 동베를린까지 와서 서베를린으로 걸어 이동한 뒤 거기서 열차를 차고 독일연방공화국으로 입국하기는 어렵지도 않았고 합법적이었다. 1953년의 초반 6개월 동안에만 33만 명이 독일민주공화국을 떠났다. 가뜩이나 부족한 숙련 기술과 노동력도 그들과 함께 사라졌다. 9살이었던 브리기테 프리츠헨은 작센주 피르나 지역의 의사들이 적절한 의료혜택을 받지 못하는 자국민들을 두고 훌쩍 떠나 버렸을 때 어머니가 얼마나 분노했는지를 생생히 기억했다. 농부 3만 7000여 명도 나라를 떠났다. 대부분 아무런 보상도 받지 못한 채 토지가 몰수되었으니 어차피 잃을 게 없는 자들이었다.[6]

정치국 내부에 공포심이 들불처럼 번지면서 조만간 비참한 결말로 치달으리라는 멸망의 기운이 일어났다. 사방에서 전복 세력이 꿈틀댄다는 의심 속에 당 내부의 정치적 '정화' 작업이 사회 전반으로 퍼졌다. 1953년 초에 동독의 상황은 실로 심각했다. 그리고 바로 이런 혼란의 와중에 이오시프 스탈린이 사망했다.

1953년 3월 5일 작센주 라이프치히. 그 소식을 접했을 때 어디에서 뭘 하고 있었는지 누구도 잊지 못할 것이다. 25살 화학도 후베르트 마루슈Hubert Marusch는 스탈린의 사망 소식을 들은 순간, 역사에 길이 남을 사건이 일어났음을 직감했다. 동시대 사람들이 많이들 그랬던 것처럼 소련 독재자에게 대단히 애정을 품어서는 아니었다. 스탈린은 항상 그 자리에 있었기 때문이다. 후베르트는 과학자의 길을 걷기로 결심했으나 대학에서 다른 학생들과 마찬가지로 '사회과학' 단위를 의무로 이수해야 했다. 점수가 매겨지지는 않았지만 통과해야 했다. 후베르트는 스탈린의 소논문《국가적 문제(The National Question)》를 주제로 글을 써서 이 그루지야(현 조지아)인의 "위대하고 현명한 과업"[7]을 칭송했다. 가족이 모이는 크리스마스 연휴와 겹친 스탈린의 생일이 돌아오면, 라이프치히에 있는 카피톨Capitol영화관의 대연회장에서 열리는 축제를 즐겼다.

후베르트의 회고에 따르면, 그날 이후 신문에 "세상이 숨을 죽이다"라는 문구가 실렸고, 곳곳에서 즉흥 추도 연설이 들려왔다. 그도 추모의 표시로 검은 띠를 둘러 어둑한 화학연구소의 강의실을 찾아 추도식에 참가했다. "한 동지가 울먹이는 목소리로 역사에서 가장 위대한 학자였으며 정치인이었던 자를 위해 추도사를 읊었다."[8] 스탈린의 장례식 날에 라이프치히의 노이에스Neues극장 폐허 앞에 거대한 조각상이 세워졌다. 1943년 공습으로 파괴되었다가 곧바로 새로운 오페라극장이 들어선 곳이었다. 3월 9일 도시 노동자들은 장례 행렬을 이뤄 행진하며 조각상 앞에 화환을 내려놓았다. 후베르트는 다음 수업을 들으러 가는 길에 버스 안에서 그 모습을 보았다.

발터 울브리히트에게는 크나큰 상실이었다. 독일민주공화국 지도자의 인생에서 스탈린만큼 지대한 영향을 끼친 인물은 없었다. 둘의 관계는 쌍방이라고 말하기 어려웠으나 울브리히트는 소비에트 폭군에게서 자기 자신과 닮은 부분을 보았다. 적어도 그렇다고 믿고 싶었다. 둘은 비교적 키가 작았고(165센티미터), 신체장애가 있어 늘 적들에게 공격당했다. 스탈린은 열두 살에 사고를 당해 왼팔에 장애가 있었으며, 울브리히트는 후두에 문제가 있어 높고 새된 목소리로 놀림을 받았다. 울브리히트는 18살 때 심하게 앓은 세균감염 때문이라고 주장했지만, 그가 인후암에 걸렸다는 소문은 권력을 잡은 내내 잦아들지 않았다. 둘은 훌륭한 연설가가 아니었다. 스탈린의 그루지야 억양은 러시아 사람들 귀에 사투리처럼 들렸고, 울브리히트의 작센 지방 특유의 느린 말투도 독일인 귀에 사투리처럼 들렸다. 둘은 성격 면에서도 비슷한 점이 많았다. 둘 다 냉혹한 성격에 고독을 즐겼고, 엄격히 생활했으며, 사소한 것도 기억했고, 조직하는 능력이 특출났다. 가장 소름 끼치는 공통점은 절대 권력을 향한 열망이었다. 두 사람은 정적을 제거하겠다는 집념과 사방에 도사리는 적의 그림자를 의심하는 편집증을 원동력으로 삼아 통치했다. 한편으로는 권력을 지키기 위해서라면 극단적인 선회도 불사할 만큼 이념적으로 유연한, 진짜 정치인이기도 했다.[9] 그러나 둘의 관계는 결국 비대칭적이었다. 스탈린은 공산주의 세계의 지도자였고, 울브리히트는 겸손한 제자에 지나지 않았다.

정치국 사람들도 충격에 빠졌다. 중앙위원회 위원 쿠르트 하거는 훗날, 스탈린의 "죽음은 나에게 깊은 고통을 안겼다. 나는 카를리프크네히트하우스의 내 사무실 창가에 서서 애써 눈물을 삼켰다. 스탈린은 우리 삶의 일부였다"[10]라고 회고했다. 울브리히트는 더 나아가 《노이에스 도이칠란트》 월요판에 "우리 시대 최고의 위인이 세상을 떠났다. 그러나 그의 유산은 살아남아 진보적인 인류의 길을 길이 길이 이끌리라"라고 글을 실었다. 곧바로 스탈린의 글이 특별판으로 재출간되었고, 스탈린박물관이 지어졌으며, 갓 형성된 산업도시 아이젠휘텐슈타트는 세상을 떠난 자를 기리는 뜻에서 스탈린슈다드토 이름을 바꾸었다.

스탈린의 죽음은 바닥까지 휘청이던 독일민주공화국에 일격을 날렸다. 나라를 처음 세우고 들떴던 분위기는 경제 상황에 대한 사회 전반의 불만으로 차츰 바뀌었다. 특히 청년층의 이념적 낙관주의는 스탈린을 향한 개인숭배에 일정 부분 기인했다. 전임자 레닌처럼 소비에트 독재자 스탈린은 저항하기 어려운 매력을 발산했다. 그는 지도력을 발휘해 제2차 세계대전을 승리로 이끈 데 이어, 나라를 기적처럼 뒤바꿔 히틀러 군대의 맹공격에도 거뜬할 만큼의 산업 강국으로 만들었다. 비록 그 과정에서 어마어마한 인명이 희생되었으나 그를 우상처럼 받들던 젊은 사회주의자들은 마음을 바꾸지 않았다. 그들은 오히려 전쟁 도중과 이후의 고난을 묵묵히 감수했고 목적의식을 다졌다.

울브리히트는 자신의 우상 발치에도 미치지 못했다. 스탈린의 권위를 모방하는 그의 모습은 도리어 우스꽝스러웠다. 울브리히트는 1953년 6월 30일 60살 생일을 맞이하여, 1946년에 설립된 국영영화사인 독일영화주식회사(Deutsche Film-Aktiengesellschaft, DEFA)에 의뢰해 자기 일대기를 다룬 74분짜리 기록영화 〈사회주의의 거장(Master Builder of Socialism)〉을 제작하게 했다. 이 영상물에서 울브리히트는 현명하고 우월하여 자국민들을 더 나은 미래로 이끌 국부로 묘사되었다. 극적인 배경음악이 흐르고 울브리히트와 독일민주공화국을 잔

191

뜩 미화한 장면에서, "발터 울브리히트 동지는 우리 계획의 창조자이며 예리한 관찰력과 기민한 판단력의 소유자, 삶과 젊음의 친구, 노동자당의 서기장이시다"라는 말로 끝이 난다.

스탈린의 악명 높은 내무인민위원부 장관이었으며, 스탈린 사망 후 권력의 공백을 꿰찬 라브렌티 베리야는 울브리히트의 어설픈 선전 활동을 경멸했다. 그해 봄에 그는 "내 평생 이런 한심한 작자는 처음이다"[11]라고 독설했다. 기록물은 소비에트에 의해 금세 자취를 감췄고 1997년이 되어서야 다시 공개되었다. 울브리히트에게는 위기의 사람들을 휘어잡을 만한 개성이랄 게 없었다. 그는 독일민주공화국의 존망 위기에 폭력으로 맞서야 했다.

6월 17일 봉기

1953년 6월 17일 튀링겐주 예나. 17살 소녀 게를린데 뵈니슈-메츠마허Gerlinde Böhnisch-Metzmacher는 독일에서 매우 유서 깊은 대학도시 가운데 하나인 예나 중심부의 바흐슈트라세를 걸었다. 성난 시위대가 국영노동조합단체인 자유독일노동조합총연맹 지부의 건물에서 창밖으로 찢어 던진 종이들이 발목까지 쌓였다. 게를린데는 그걸 헤치고 걸으면서 구도심 홀츠마르크트 방향으로 이동하는 인파에 몸을 실었다.

사람들의 분노는 독일사회주의통일당의 지역 집행부를 향했다. 게를린데가 도착했을 때는 이미 사람들이 당사에 쳐들어가 "오래되고 근사한 타자기"를 광장에 내다 버리고 있었다. 온갖 종이와 서류철도 날아다녔다. 게를린데는 사람들이 목청껏 외치는 "노동 할당량 철폐!"와 "자유선거!" 같은 구호를 잠잠히 듣다가 가로등 기둥에 매달려 있는 인간 형체를 발견했다. 제법 멀리 있어 실눈을 뜨고 살펴보니 동독 경찰의 휘장徽章이 눈에 띄었다. 처음에는 '맙소사, 시위대가 경찰을 목매달았구나!' 싶었다. 그러나 다시 보니 그 형체는 바지, 외투, 모자가 전부였다. 성난 시위대가 '러시아 제복'을 입고 있던 경찰관을 속옷 차림으로 만들어 현장에서 내쫓은 것이다. 이날 홀츠마르크트에는 또 다른 10대 소녀 크리스타 슐레보히트Christa Schleevoigt도 있었다. 70대 노인들은 자꾸만 크리스타를 얼싸안았다. 그들은 눈물을 흘리며 "너희 젊은이들은 보게 될 거다! 결국 나아질 거야!"[12]라고 말했다.

1953년 6월 17일 동독 전역에서 이러한 광경이 연출되었다. 하루 전날 스탈린알레에서 자발적으로 시작된 동베를린 노동자 파업은 서베를린의 미국 점령지 라디오방송국 리아스RIAS를 통해 급속도로 퍼져 금세 전국에서 유사 시위를 촉발했다.

건국 3년째에 접어든 동독은 발터 울브리히트가 서독보다 경제적 우위에 있다고 자랑하는 것이 무색하리만큼 자국민에게 일상 필수품을 공급하는 것에 애를 먹었다. 경제 위기에 독일사회주의통일당이 내놓은 대응은 동독인더러 돈을 덜 받고 더 많이 일하라는 것이었다. 배상금과 재무장을 위한 자금이라는 무거운 짐을 사람들이 짊어질 의향과 능력이 있는지와 무관하게 그것은 어떻게든 마련되어야 했다. 발터 울브리히트는 "고삐를 단단히 쥐어야 한다"라면서 국가적 탄압의 강도를 높이라고 지시했다. 1953년 5월 동독 감옥에는 6만 6000명이 투옥되었다. 1년 만에 두 배가 늘어난 숫자였는데 서독 수감자 수가 4만 명인 것과 비교하면 엄청났다.[13] 1952년 여름에 서기장이 국가의 '사회주의 건설' 계획의 일환으로 발표해 공식 부활한 '계급투쟁'은 노동계급을 포함한 모든 국민에 대한 투쟁으로 확대되었다. 식량과 필수품 가격은 자꾸만 올랐고, 파산한 경제의 뚫린 구멍을 메우기 위해 국가 보조금은 삭감되었다. 1953년에는 독일사회주의통일당원 가운데 38퍼센트만이 노동계급 출신이었을 정도로,[14] 독일사회주의통일당은 핵심 지지층을 빠르게 잃었다.

울브리히트는 1953년 5월 노동 할당량을 10퍼센트포인트 더 높이면서 그만 선을 넘고 말았다. 가게 선반이 텅텅 비어 있는데도 그는 돈을 덜 받고 더 많이 일할 것을 주문했다. 돈을 벌려고 독일민주공화국에서 서독으로 떠난 사람은 12만 명이 넘었는데, 그중에 노동계급의 비율은 계속 늘어났다. 자신들을 위한다던 '프롤레타리아트 독재'에서 탈출한 것이다. 19살의 게르하르트 루다트Gerhard Rudat는 독일, 폴란드, 체코슬로바키아의 접경지대인 디텔스도르프 출신의 공구제조업자였다. 그는 가족과 함께 고향 동프로이센 푸크스베르크를 떠나 2년 반 동안 피난길에 오른 끝에 1947년 10월 디텔스도르프에 정착했다. 난민의 아들이었던 그는 전쟁과 추방으로 제대로 교육받지 못해 14살 나이에 5학년으로 학교에 다시 들어가야 했다. 졸업후에는 직업훈련을 받았다. 처음에는 가까운 도시 치타우의 페노멘 공장에서 자동차 정비 일을 배웠고, 이후 우수한 작업 능력을 인정받아 고등 과정인 공구제조업 기술을 익혔다. 게르하르트처럼 젊고 유능하고 열정적인 노동자들이 울브리히트가 말한 '노동자와 소작농의 국가'의 핵심을 이루었어야 했으나, 1953년에 그들은 이미 한계에 도달한 터였다. 지치고 분노하고 환멸에 찬 그들은 울브리히트이 니리에 등을 돌렸다. 게르하르트는 여자친구와 함께 짐을 싸서 베를린으로 향했다. 그리고 1953년 6월 15일 개방 국경을 건너 서독 구역으로 들어갔다. 스탈린알레에서 봉기가 시작되기 정확히 하루 전의 일이었다. 두 사람은 서베를린에서 서독행 열차를 탔다. 그들과 같은 동독인 수만 명이 고국으로 돌아온 포로들과 동유럽에 남아 있던 난민들의 귀환 행렬에 합류했다. 독일연방공화국은 금세 사람들로 넘쳐났다. 지역 정부는 새로운 정착민들에게 난민수용소를 제공했으나 환경은 대개 처참했다. 게르하르트와 여자친구도 독일 서쪽 끝 노르트라인베스트팔렌주의 광업과 철강업 도시인 보훔에 자리한 아주 열악한 난민수용소에서 머물렀다. 거기서 게르하르트는 거리를 청소하고 풀을 자르는 일을 했다. 독일민주공화국에서 딴 자격증은 아무런 소용이 없었다. 그러나 야심 찼던 게르하르트는 치타우에서 써먹던 기술을 그대로 포기할 수 없었다. 이후 여자친구와 갈라서면서 그는 "이 생활을 관두기로 했다."[15] 결국 1954년 고향으로 되돌아갔다.

독일민주공화국을 떠난 사람은 대부분 되돌아오지 않았으므로 국가는 재능과 기술이 있는 사람들을 잃었다. 내부적으로도 절망감과 분노가 파업과 시위로 터져 나왔다. 독일사회주의통일당의 지역 관리들을 공격하고, 소비에트 점령자들과 연관된 사람들과 건물을 습격했다는 소식이 베를린과 모스크바 도처에서 들려왔다. 독일사회주의통일당 지도부는 6월 초 크렘린으로 불려 갔다. 그리고 "독일민주공화국의 발전은 동독과 서독의 통일 문제와 떼어 놓을 수 없는" 만큼 "독일민주공화국의 억지 사회주의 건설"을 중단하라는 지시를 받았다. 또한 울브리히트와 그로테볼은 소비에트연방이 "선전을 목적으로 독일 통일을 추진했다고 생각하는 것은 크나큰 착각"임을 똑똑히 기억하라는 경고도 들었다. 목표는 "독일의 통일 그리고 평화롭고 민주적인 국가로의 전환"이어야 했다. "유럽 한가운데 분단 독일이 있다는 것은 서독의 강제 재무장 [그리고] 새로운 전쟁에 대한 공개적 대비 외에는 아무런 의미도 없었다."[16]

　　3월 스탈린이 사망하고 모스크바에서 니키타 흐루쇼프, 게오르기 말렌코프Georgy Malenkov, 라브렌티 베리야로 구성된 삼두 정치가 막을 올렸다. 셋은 곧장 나라의 노선을 바꾸었다. 탈스탈린화에 착수했고, 소비에트연방이 여전히 전쟁으로 인한 경제적·사회적 출혈로 휘청이고 있음을 고려해 서방과 좀 더 평화로운 관계를 맺기로 했다. 그리고 세 사람 모두 독일 통일을 염두에 두었다. 통일이 성사된다면 유럽 내 갈등이 해소될 테니, 갈등 상황에서 늘 요구되는 비용과 관심을 덜 수 있기 때문이다. 소문에 의하면 특히 베리야는 미국에서 대규모 재정 지원을 얻는 대가로 동독을 희생하자는 쪽이었다. 그래서 그는 "진짜 국가도 아닌" 국가를 다스리는 독일민주공화국 지도부를 향해 모욕적인 발언을 쏟아 냈다.

　　울브리히트에게 시간은 얼마 남지 않은 듯 보였다. 모스크바에 있던 그의 후견인은 세상을 떠났고, 독일사회주의통일당 지도부에서 반대의 목소리가 날이 갈수록 커졌다. 특히 슈타지 수장 빌헬름 차이서와 당 기관지 편집자 루돌프 헤른슈타트의 반대가 거셌다. 동독인들의 저항은 더 말할 것도 없었다. 거리로 나온 시위대는 "염소수염, 배불뚝이, 안경은 인민의 뜻이 아니다!(Spitzbart, Bauch und Brille sind nicht des Volkes Wille!)"라는 구호를 외쳤다. 울브리히트의 독특한 턱수염, 피크의 푸짐한 몸집, 그로테볼의 안경을 가리켜 하는 말이었다. 이러다가는 독일과 유럽의 평화를 위해 울브리히트와 신생 사회주의 국가 모두 희생될 운명처럼 보였다.

독일사회주의통일당 지도부는 모스크바의 지시를 받들어 1953년 6월 9일 '새로운 노선'을 발표하고 심지어는 '몇 가지 실수'가 있었음을 시인하기도 했다. 농업 국영화는 보류되었고, 소비재보다 중공업에 힘을 쏟던 전략도 수정되었다. 그리고 소비에트의 강력한 요구에 따라 시민권을 강화하기로 했다. 독일사회주의통일당 언어에서 '사회주의'라는 단어는 빠졌고, 울브리히트의 자기 미화 기록물 또한 보관소의 어둑한 구석으로 사라졌다. 그러나 결정적으로 노동 할당량은 그대로였기에 성난 노동자들을 전혀 잠재우지 못했다. 새로운 업무 요구사항에 맞추다 보니 오히려 몇몇 분야의 노동자들은 수입 3분의 1가량을 잃었다.

더는 참을 수 없었다. 1953년 6월 16일 독일민주공화국 베를린의 스탈린알레에서 가장 먼저 시위가 시작됐다. 40번 구역의 건설 노동자들은 일제히 파업하고서 울브리히트의 사회주의 대로를 따라 행진했다. 목적지는 괴링의 옛 항공부 청사 건물이었다가 부처 청사라는 이름이 새롭게 붙은 곳으로, 독일민주공화국이 출범한 장소였다. 노동자들은 작업용 장화를 신고, 일하면서 묻힌 때와 흘린 땀이 범벅이 된 얼굴로 청사 앞에 모였다. 저마다 공구를 손에 들고 있거나 어깨에 걸치고 있었다. 울브리히트가 말한 프롤레타리아트 독재에 이만큼이나 어울리는 장면은 없었다. 성난 시위대는 "염소수염이 있는 한 개혁은 없다!(Das hat alles keinen Zweck, der Spitzbart muss weg!)"하고 외쳤다. 시위대는 울브리히트와 직접 대화를 시도했다. 산업장관 프리츠 젤프만Fritz Selbmann도 울브리히트에게 노동자들과 대화할 것을 요구했다. 그러나 여전히 상황의 심각성을 알지 못한 울브리히트는 "비가 오잖습니까. 곧 흩어지겠죠"[17]라고 반응했다. 그러나 그의 생각은 빗나갔다. '총파업' 소문은 들불처럼 번졌다. 전국 곳곳에서 수군거림으로, 고성으로, 글과 방송으로 퍼져 나갔다. 사람들은 서베를린 라디오방송국 리아스를 통해 주로 소식을 전해 들었지만, 동독의 국영 텔레비전방송국인 독일텔레비전방송(Deutscher Fernsehfunk)도 베를린에서 소요가 벌어진 만큼 이를 다루지 않을 수 없었다. 저녁이 되어서야 오토 그로테볼이 등장해 늘어난 노동 할당량을 복구할 예정이며, 울브리히트가 시위대에 '진지한 대화'를 제안했노라고 발표했다. 그러나 살짝 늦은 후였다.

분위기는 살얼음판 같았다. 베를린에서 열리는 집회를 막으려고 버스와 열차가 운행을 중단했다. 노동자들은 베를린에 있는 대규모의 공공광장인 슈트라우스베르거광장에 모여, 아침 7시에 출발해 스탈린알레를 지나 알렉산더광장으로 가기로 했다. 마침내 곳곳에서 소요가 발생했다. 4년 후 서베를린 총리가 되는 빌리 브란트는 베를린 북서부의 헤니히스도르프에 있는 제철소에서 일하는 노동자 1만 2000명이 행진하는 모습을 지켜보았다.

몇몇은 나무로 만든 작업화를 신었고, 보안경을 이마 위에 올려 두고, 상의를 벗어 상체를 드러낸 채 걸었다. 부지깽이나 다른 공구를 든 자도 많았다.[18]

중산층도 분노의 물결에 휩쓸렸다. 250개가 넘는 독일민주공화국 도시에서 중산층이 노동자들 시위에 합류했다. 나라 전체가 들고 일어섰다.

여기저기서 시위대가 죄수들을 석방하고, 머릿수가 턱없이 부족한 보안 병력을 공격하면서 행진과 시위는 폭력 사태로 번졌다. 시위대는 경찰들에게 '러시아' 제복을 벗고 합류할 것을 요구했다. 억지로 옷을 벗겨 망신을 주기도 했다. 젊은 패거리가 브란덴부르크문에 올라 꼭대기에서 나부끼던 적기를 찢었다. 그리고 보란 듯 비웃으며 불태웠다. 전국의 당사가 습격당했다. 처음에는 노동계급의 분노를 표출하려던 시위가 방화·약탈·기물파손과 뒤엉켜 손 쓸 수 없는 혼란으로 빠져들었다.

상황은 독일민주공화국 정부의 통제 밖이었다. 베를린에서 폭도에 합류한 숫자는 10만 명을 넘은 것으로 추산되며, 할레와 라이프치히에서도 각각 6만 명, 4만 명이 가담했다. 다 합치면 전국에서 100만여 명이 참여했다.[19] 경찰도 머릿수를 당해 내지 못해 본부 건물에 최대한 두껍게 방어벽을 치고서 몸을 숨겨야 했다. 울브리히트는 말도 없이 사라졌다. 이에 울브리히트가 물러났으며 피크가 음독자살했고, 곧 서독 경찰이 지원하러 도착하리라는 소문이 돌았다.

소비에트도 이대로 두고만 볼 수 없었다. 오후 1시 독일민주공화국 217개 행정구역 중 167개 구역에 비상사태를 선포했다. 모스크바는 상황을 제압할 인물로 총참모장 바실리 소콜롭스키Vasily Sokolovsky를 직접 베를린에 파견할 만큼 위기를 느꼈다. 벨라루스의 소작농 아들이었던 바실리는 전쟁으로 다져진 사령관으로, 제2차 세계대전 당시 동부전선에서 전투를 지휘했고, 나치에 맞서 모스크바를 수호했으며, 쿠르스크에서 벌어진 역사상 최대 규모의 전차전에서 이긴 자였다. 이제는 그 기술과 냉혹함을 동독인에게 써먹을 차례였다.

"베를린 민주 진영을 일촉즉발의 불씨로 바꾸어 놓았던 소동이 하루 반나절 만에 끝났다."[20] 독일사회주의통일당의 선전원 카를 에두아르트 폰 슈니츨러Karl Eduard von Schnitzler는 소비에트 병력이 무자비하게 봉기를 제압한 것을 이렇게 묘사했다. 시위대는 명확한 구심점도 목적도 없었기에 전차와 부대가 다가오자 버텨 내지를 못했다. 시위에 합류한 사람들이 대부분 집에 돌아간 후에도 거리에 남은 사람들은 점점 더 폭력적이고 저항적으로 변했다. 특히 중심지인 베를린, 마그데부르크, 할레, 라이프치히에서 저항이 거셌다. 1만 5000여 명이 체포되어 2500명이 꽤 중한 징역형을 받았다.[21] 사망자 수는 지금도 역사학자 사이에서 의견이 엇갈리지만, 시위대 가운데 최소 55명이 숨지고 최소 20명이 봉기에 가담한 혐의로 처형되었다고 추산된다. 사망한 사람 중에는 예나 출신의 26살 금속세공사 알프레트 디너Alfred Diener도 있었다. 하루 전만 해도 여학생 게를린데, 크리스타 같은 도시의 다른 시민들과 어깨를 나란히 하며 시위한 자였다. 알프레트는 1953년 6월 18일 바이마르 인근으로 끌려가 재판에 선 뒤 처형되었다.

시위 세력은 빠르게 위축되었으나 동독에는 계속 긴장감이 맴돌았다. 역풍이 불까 봐 모두가 숨을 죽였다. 통제는 삼엄했다. 17살의 레기나 파우스트만은 타이어 공장에서 화학실험실의 기사로 일하다 남자친구 귄터를 만났고 아이를 가졌다. 그리고 1953년 6월 26일로 예정된 결혼식을 손꼽아 기다렸다. 봉기가 있고 9일 후였다. 문제는 공공 집회 통제령이 걷히지 않는 것이었다. 이러다가는 식 자체를 올리지 못할지도 몰랐다. 신부와 신랑, 가톨릭 신부와 증인만 해도 최소 집회 인원인 3명을 초과하기 때문이다. 결국 레기나 가족이 지역 당국에 읍소해 결혼식에 40명 정도가 모일 수 있다는 특별 허가를 받아 냈다. 교회 종을 울려도 된다는 허가도 받았다. 인민경찰관 하나가 식에 참석해 신랑과 신부를 비롯해 하객들이 흥분해 정치 폭도로 돌변하는 일이 없도록 감시했다.[22]

봉기 발발 후 몇 달 동안 6000명이 더 체포되었다. 그중에는 봉기가 있던 날 몸을 사린 독일사회주의통일당 지도부도 포함되었다. 라이프치히 인근 당사의 보고에 따르면, 몇몇은 아예 대놓고 노선을 바꿔 "우리는 독일사회주의통일당이 아니라 독일사회민주당원"[23]이라는 말도 했다. 과거보다 더 엄격해질 독일민주공화국 보안 기관의 효율성에 관한 고민이 대두되었다.

울브리히트가 충격적일 만큼 오만하고 고집스럽게 국민의 바람을 외면한 것이 결과적으로 자신의 정치생명은 물론 국가의 운명도 살렸다는 사실은, 독일 역사의 엄청난 모순이다. 앞서 소비에트는 울브리히트에게 계급투쟁의 선전을 중단하라고 명확히 지시했었다. 더는 교회 탄압, 농업 국영화, 자유주의자와 사회민주주의자 척결은 없어야 했다. 그 대가로 울브리히트는 배상금을 일부 탕감받고 경제 원조를 받기로 했다. 스탈린 사후에 다른 동유럽 국가들도 비슷한 지시를 받았다. 만일 울브리히트가 이 지시를 문자 그대로 충실히 따랐더라면, 동독 상황은 이내 안정을 찾았을 것이고, 소비에트가 그를 갈아치웠을 것이다. 그러나 봉기가 발발하고 그에 대해 울브리히트가 반응을 보이자 흐루쇼프는 독일의 지도부를 일단 그대로 두기로 했다. 일단 흐루쇼프는 소비에트에서 베리야와 핏빛 권력투쟁을 벌이는 게 급선무였기 때문이다. 베리야는 위성국들의 자유화를 적극적으로 주장하는 사람이었기에, 동독 봉기는 그런 주장이 반역죄에 준할 만큼 위험한 오류였다고 베리야를 몰고 가기에 완벽한 구실이 되었다. 말렌코프, 몰로토프, 흐루쇼프가 그에 맞서 힘을 합쳤다. 마침내 1953년 6월 26일 내무인민위원부 수장으로서 공포와 위험의 존재였던 베리야가 체포되었다. 그는 12월 23일 사형선고를 받고 그날 곧장 이마에 총을 맞아 처형되었다. 울브리히트와 흐루쇼프는 베리야의 몰락에 정적들을 옭아매기 위해 쌍방 합의에 도달했다. 둘은 당근과 채찍 방식으로 각자 정치적 입지를 확고히 다졌다.

울브리히트는 이후 몇 년에 걸쳐 봉기가 일어나게 한 상황에 일정 부분 책임을 지고서 타협에 응했다. 먼저 정부를 개혁했고, 독일민주공화국의 경제·문화·사회를 일부 개방했다. 그러나 동시에 정적과 반대자의 숨통을 조였고 경찰과 군대, 그리고 슈타지를 강화해 갔다.

새로운 노선

1954년 7월 소비에트연방 바르비하요양원, 발터 울브리히트는 휴식
이 필요했다. 그는 오래전부터 나빠진 건강을 회복하고자 모스크바
인근 의료전용 시설로 갔다. 골치 아픈 베를린에서 4주간 떨어져 있
으면 몇 년간 쌓인 몸과 마음의 피로가 덜어질 터였다. 바르비하는
소비에트연방과 동맹국들의 정치인이 병들면 찾는 호화 요양원으로
1935년 완공되었다. 1949년 불가리아 태생의 코민테른 지도자 게오
르기 디미트로프가 갑작스러운 병환으로 사망한 곳이기도 했다. 요
양원에는 알렉세이 톨스토이Aleksey Tolstoy, 보리스 옐친Boris Yeltsin,
우고 차베스Hugo Chávez 등 유명한 사람들이 거쳐 갔다.

울브리히트가 도착했을 때는 독일민주공화국 대통령 빌헬름 피
크도 입원해 있었다. 77살의 피크는 봉기 발발 직후인 1953년 7월
두 번째 뇌졸중으로 쓰러져 회복 중이었다. 울브리히트도 봉기를 기
점으로 합병증이 발병했다. 60살의 울브리히트는 1954년 5월에 독
일의 병원에서 이미 2주간 입원했으나 여전히 몸이 성치 못했다. 일
중독자라고 불린 그에게는 대단히 어려운 결정이었겠으나 이제는 정
말로 휴식이 필요했다. 두 번째 아내 로테Lotte가 그를 따라 바르비하
로 왔다. 남편보다 10살이 어린 로테는 1938년 스탈린의 대숙청 시
대에 첫 남편이 내무인민위원부에 체포된 후에 울브리히트와 관계가
깊어졌다. 부부는 모스크바에서 함께 지내다 전후 독일에 돌아와서
도 함께 살았다. 자식이 없던 부부는 라이프치히의 어느 보육원에서
두 살 여아 마리아 페스투노바Maria Pestunowa를 입양했다. 이제 베아

테Beate 울브리히트가 된 딸아이는 공습으로 사망한 우크라이나 강제 노역자의 자식이었다. 베아테는 자신을 입양한 부모와 잘 지내지 못했다. 전해지는 말에 따르면 울브리히트는 딸아이와 잘 놀아 주고 잠들기 전 침대맡에서 책을 읽어 주는 다정한 아빠였다고 한다.[24] 그러나 딸아이가 정서적으로나 문화적으로 겪는 어려움을 해결해 주기에는 바깥일이 너무 바빴다. 부모가 1954년 여름 바르비하요양원으로 가 있는 동안 베아테는 베를린에 남아 빌헬름피크학교라고 새로이 이름 붙인 학교에 다녔는데, 허구한 날 동급생들에게 놀림과 구타를 당했다.

역사학자들은 울브리히트 정권이 봉기 발발 1년 후에는 다시금 국민을 장악했다고 주장하지만, 정작 울브리히트 자신은 그렇게 생각하지 않았을 가능성이 농후하다. 1954년 여름 독일민주공화국에서 가장 권력 있는 두 사람은 수도에서 거의 2000킬로미터 떨어진 요양원에 나란히 누워 심각히 망가진 몸과 마음을 추스르고 있었다. 1953년의 충격과 이후의 일들이 그들에게 내상을 입힌 것이다.

1953년 봉기에 울브리히트가 처음 보인 반응은 두 가지였다. 하나는 대중의 우려가 받아들여졌다고 안심하게 하는 것이었고, 다른 하나는 이 위기의 순간에 발각된 내부 반대자들을 처리하는 것이었다. 독일사회주의통일당은 이미 봉기 직전 '새로운 노선'을 발표한 터였다. 이제는 그것의 진정성을 증명할 차례였다. 당은 서독으로 이동하는 것에 대한 규제를 완화했고, 교회에 대한 탄압을 철회했으며, 농업 국영화를 임시 중단했다. 무엇보다 10퍼센트포인트 상향되어 반발이 거셌던 노동 할당량을 원래 수준으로 줄였다. 그리고 삶의 질을 향상해 성난 민심을 잠재우려 신속하고도 광범위한 변화를 도입했다. 당시 독일사회주의통일당원이었던 작가 에리히 뢰스트Erich Loest는 이렇게 회고했다.

> 날마다 새로운 법안과 결정이 발표되었다. … 노령연금의 최소 수령액이 65마르크에서 75마르크로 올랐다. … 신규 주택 공급이 늘었고 기존 아파트 수리가 확대되었다. … 양로원과 유치원에 4000만 마르크가 추가로 투입되었다.[25]

이러한 변화는 어느 정도 효과를 본 듯하다. 1954년 독일민주공화국을 이탈한 인구는 18만 4000명으로 1953년 33만 1000명과 비교해 눈에 띄게 줄었다.[26] 보상도 없이 토지가 몰수되지는 않을까 하는 걱정이 없어지자 돌아온 농부도 많았다. 가게 선반에는 갑자기 식료품과 소비재가 들어찼다. 전쟁이 시작된 이후 대다수 동독인이 구경도 하지 못한 물량이었다.

뭐가 달라진 걸까? 뭘 했길래 갑자기 독일민주공화국이 시민들의 생활수준을 향상하게 할 수 있었을까? 애초에 봉기를 일으킨 문제들은 아직도 해결되지 않아 경제는 여전히 짓눌려 있었다. 통일된 중립국 독일에 관한 생각은 스탈린의 사망과 베리야의 체포 이후 생명력을 잃었다. 그런 생각에 찬동하는 것은 몰락한 지도자들과 얽히는 것이었기 때문이다. 흐루쇼프를 포함한 소비에트 정치인들은 이 죽음의 덫을 피하려고 두 지도자의 유산과 확실히 거리를 두었다. 독일 문제에 관하여서는 독일민주공화국을 지지하며 두 독일 정책을 좋았다. 그러려면 신생 국가의 숨통이 거의 끊어질 때까지 경제적 부담을 주었던 배상금을 철회해야 했다. 아직 상환하지 않은 25억 달러는 삭감되었고, 마지막 남은 33개 산업체는 독일 손에 되돌아갔다.[27] 소비에트연방에서 기밀사업에 참여하던 과학자들은 비로소 고국으로 송환되었다. 다만 민감한 사업에 참여한 과학자들은 서독이 아닌 독일민주공화국으로 돌아가겠다고 서약할 것을 강요당했다. 헬무트 그뢰트루프가 소비에트 로켓 계획에 참여하느라 1946년부터 고로도믈랴 섬에 거주하던 그뢰트루프 가족도 예외가 아니었다. 그들은 1953년 11월 고국에 돌아왔으나, 영국과 미국 정보부의 도움을 받아 베를린을 거쳐 다시 동독을 떠났다. 다른 대부분의 과학자는 독일민주공화국으로 돌아와 경제 재건에 힘을 보탰다.

또한 소비에트는 식량을 원조하면서 4억 8500만 루블 상당의 차관을 주었다.[28] 뢰스트는 "일주일 동안 버터, 식용유, 기름, 생선 통조림 따위를 가득 실은 마차가 3000대씩 들어왔다"[29]라고 회고했다. 북동부 메클렌부르크주의 주도 슈베린 인근에 살았던 13살 소년 게로 판셀로프Gero Vanselow는 1950년대 초반의 상황과 이후의 형편이 얼마나 달라졌는지를 생생히 기억한다. 훗날 "순무라면 지금도 지긋지긋하다"라고 익살스럽게 말문을 연 그는 다음과 같이 회고했다.

전쟁 후에 우리는 빈털터리였다. 먹을 게 아예 없었다. 나중에는 참새를 잡으려고 씨앗을 넣은 쥐덫을 놓기도 했다. 그런데 1950년대 중엽에 이르자 형편이 훨씬 나아졌다. 이유는 잘 모르겠다. 갑자기 부족한 게 없어졌고 배를 곯는 일도 없었다.[30]

국민이 어느 정도 잠잠해지고 모스크바의 지원을 다시금 기대해 볼 만하다는 생각이 들자, 울브리히트는 당 내부 반대자들에게 주의를 돌렸다. 독일사회주의통일당의 서기장은 봉기 이전부터 중앙위원회의 거센 비판에 시달렸었다. 45살의 독일민주여성동맹 지도자 엘리 슈미트Elli Schmidt는 1953년 봉기의 책임이 울브리히트에게 있다는 주장을 노골적으로 개진했다.

> 우리 당의 정신이 통째로 무너졌습니다. 조급하고 부정직했으며, 인민과 그들의 바람을 외면했고, 위협과 허세를 부렸어요. 그래서 이 사달이 난 것이지요. 친애하는 발터 서기장, 이것은 거의 전적으로 당신의 책임입니다. 인정하기 싫겠지만, 이런 문제만 아니었으면 6월 17일의 사건은 없었어요.[31]

슈미트는 언론인 루돌프 헤른슈타트, 슈타지 수장 빌헬름 차이서 등과 함께 1953년 7월 7일에 열린 야간 회의에서 울브리히트 사임에 찬성표를 던졌다. 그러나 울브리히트의 반대자들은 이런 배짱을 보이면서도, 소비에트 지원이 없으면 휘청이는 지도자를 끝장낼 만큼의 공격성을 발휘하지는 못했다. 6월 26일 베리야가 모스크바의 권좌에서 밀려났을 때, 울브리히트는 이를 국내 상황과 연결했다. 베리야처럼 그의 정적들도 자본주의의 돈을 위해 사회주의 이념을 팔아넘기는 패배주의적 음모에 가담한 것인지도 몰랐다. 헤른슈타트, 차이서, 슈미트는 스탈린의 숙청이 기승을 부리던 시절 모스크바에서 지낸 자들이었고, 몰락한 소비에트 지도자들과 얽히는 것을 극도로 두려워했다. 세 사람은 '분파주의'로 비난받을까 봐 몸을 사렸다. 결국 울브리히트는 베리야가 몰락한 지 정확히 한 달이 되던 1953년 7월 26일에 중앙위원회에서 세 사람을 제거했다. 그리고 1954년 봄에 세 사람은 아예 당에서 축출되었다.

울브리히트는 정치생명을 연장하는 데는 성공했으나 날개가 전부 잘려 맥을 추지 못했다. 그는 "이런 실수에 가장 큰 책임"이 자신에게 있음을 억지로 시인해야 했고, 자신이 당의 집단 원칙을 따르지 않고 개인적 결정을 내렸음을 인정했다. 울브리히트 권력의 핵심인 중앙위원회 사무국은 11명에서 6명으로 줄었다. 차이서를 뒤이을 슈타지 수장을 임명하는 데도 울브리히트는 관여하지 못했다. 후임자로는 에른스트 볼베버Ernst Wollweber가 임명되었다. 에리히 밀케는 이번에도 밀려났다. 이뿐 아니라 울브리히트의 직함은 '서기장'에서 '중앙위원회 제1 서기'로 바뀌었는데, 이는 여태껏 울브리히트가 우습게 여긴 동료 중 일인자(primus inter pares)라는 원칙을 한껏 강조한 이름이었다.

중앙위원회의 내부 권력투쟁과 골치 아픈 사생활이 주는 압박감에 이런 공개적인 망신도 더해지면서, 울브리히트의 건강은 크게 나빠졌다. 그러나 바르비하요양원에서 돌아온 그는 예전의 기력과 자신감을 회복한 터였다. 이제는 '새로운 노선'을 버리고 다시금 사회주의로 돌아갈 때였다. 울브리히트는 "그와 같이 잘못된 노선으로 들어선 것은 우리의 의도가 아니었으며 앞으로도 그럴 일은 없다"[32]라고 선언했다.

군사화

1953년 6월 17일의 사건은 울브리히트의 신생 공화국이 안은 취약함을 보여 주었다. 그날 제1 서기는 아수라장이 된 바깥에서 몸을 피해 카를스호스트에 있는 소련군행정청 본부에서 소비에트 전차와 군대가 소란을 제압하는 광경을 초조히 지켜보았다. 자기 국민과 국가를 통제할 수 없다는 사실에 그는 덜컥 겁이 났다. 베리야는 "독일민주공화국은 무엇인가? 제대로 된 나라도 아니다. '독일민주공화국'이라지만 소비에트 군대가 없으면 존재하지도 못한다"[33]라며 코웃음을 쳤다. 맞는 말이었다. 1952년 스탈린 각서 속의 독일민주공화국은 모스크바가 갖고 노는 지정학적 졸, 필요하다면 희생해도 되는 노리개 정도였다. 울브리히트는 그걸 바꾸기로 마음먹었다. 책임을 모면해서 곳곳을 장악할 보안 기관을 재빨리 설치할 명분을 얻으려면 대중 봉기에 대한 해명이 필요했다. 1953년 6월의 노동자 봉기는 독일의 서방 요원들이 선동하고 기획한 '미수로 돌아간 파시스트 쿠데타'로 명명되었다.

냉전 전문가로 미국의 동독과 서독에 대한 정책을 전공한 크리스티안 오스터만Christian Ostermann은 이런 명명에 어느 정도 일리가 있다고 주장한다. 물론 봉기는 과한 노동량과 적은 임금에 불만을 품은 노동자들이 자발적으로 일으킨 것이지만, 서방이 부추긴 것 또한 사실이다. 미국의 대통령 아이젠하워Dwight Eisenhower는 독일민주공화국 정권을 전복하는 데 힘을 실어 줄 직접적인 군사 행동을 승인하지는 않았으나, 6월 16일과 17일 내내 서베를린 방송국 리아스를 통해 독일에서 운동을 조직하는 데 도움이 될 병참 정보를 내보냈다. 서독 요원들은 미국 정보부의 지원을 받아 봉기 이후 독일민주공화국의 정치를 와해할 목적으로 추가 행동을 계획하고 실행에 옮겼다.[34] 서방의 역사학자들은 이런 주장에 큰 관심을 보이지 않았으나, 독일사회주의통일당 서류에 남은 증거와 최근 공개된 미국 정부의 기밀문서를 연구한 오스터만은 또 다른 그림을 보여 준다.

> 아이젠하워 정부는 봉기에 화들짝 놀랐으나 금세 '롤백'정책[*]의 기회를 포착했고 동독의 상황을 더욱 불안정하게 할 목적으로 심리전을 계획했다.[35]

동맹 미국을 등에 업은 서독은 6월 17일의 사건을 빌미로 동독의 불안을 더욱 자극했다. 봉기 닷새째가 되던 날, 서베를린 상원은 샤를로텐부르거 쇼세의 이름을 '6월 17일의 거리'로 변경했다. 3.5킬로미터 길이의 이 대로는 서베를린을 가로질러 동독 구역이 시작되는 브란덴부르크문까지 이어진다. 2주도 지나지 않아 서독 정부는 6월 17일을 국경일로 선포했다. 역사학자들은 지금도 서방의 개입이 미친 영향을 연구하고 있으나, 하나 확실한 것은 울브리히트와 그의 조력자들은 자신들의 공화국이 포위되었다고 믿었다는 것이다. 그래서 안팎의 적들에 맞서 독일민주공화국을 보호하기 위해 대대적인 보안

---

[*] 상대국에 압박을 가해 정권 교체와 같이 근본적 변화를 일으키려는 외교 전략으로, 아이젠하워 정부의 대소련 정책도 이에 해당한다

체계를 구축했다.

　이 작업의 규모는 실로 대단해서 단숨에 독일민주공화국을 역사에서 가장 효율적이고 무자비한 경찰국가로 만들었다. 에민해신 국가 지도부는 제도 구석구석에 방어적인 태도를 서서히 주입했고, 그 결과 사회 전반의 군사화가 이루어졌다. 1953년 6월 17일 직후 지역별 위기관리 집단이 만들어졌고, 독일사회주의통일당원, 공무원, 경찰과 슈타지 조직원들이 그 집단을 구성했다. 이들은 국내에서 위험한 사건이 발생하면 즉각 대응해 현장을 조율했다. 중앙 상부 조직인 '보안문제위원회'는 전체 전략을 구상했다. 이 조직은 1960년에 독일민주공화국 최상위 보안 기구인 '국가방위평의회(Nationaler Ver-teidigungsrat)'가 되었다. 어떠한 형태의 반대도 대규모 봉기로 번지기 전에 발견해 표적으로 삼고 근절하도록 구조가 세워졌다.

　이를 위해 다른 기관들도 군사화되고 정치화되었다. 제2차 세계대전 직후 소비에트 점령지에 창설된 인민경찰(Volkspolizei), 보통 줄여서 포포VoPo라고 불린 조직은 고도로 중앙집권화된 국내 보안군으로 성장했다. 경찰들은 "사회주의 조국에 충성할 것"을 맹세했고, 법 집행관이면서 일상 감시원으로서 임무를 다했다. 하지만 이 야심은 경제적인 현실과 곧장 충돌했다. 인민경찰은 8만 명 규모로 불어났다. 오늘날 경찰 조직원 수가 33만 3000명인 것을 생각하면 그리 많은 숫자는 아니다. 실제로 울브리히트 집단의 일원으로 1950년 47살에 인민경찰의 수장이 된 카를 마론은, 인력이 부족하다는 불만을 울브리히트에게 지속적이고 적극적으로 표출했다. 1953년 인민경찰관 셋 중 하나는 탄약과 무기가 부족해 총기훈련 내내 실탄을 한 방도 쏴 보지 못했다. 울브리히트는 들은 척도 하지 않았다. 도리어 경찰 조직을 제대로 키울 자본이 없으니 조직원을 2만 명 감축한 뒤 경찰을 도울 자원자들을 모으라고 마론에게 지시했다. 이에 결성된 인민경찰 자원보충대(Freiwilliger Helfer der Volkspolizei, FH)는 1952년 2만 7000명에서 1960년 16만 명으로 늘었다. 자원자들은 제복을 입는 대신 붉은 완장을 차서 인민경찰의 조력자임을 드러냈다. "동네·공장·집단농장에서의 교육 활동"부터 일상적인 치안까지, 이들은 거의 모든 현장에서 경찰을 도왔다. 울브리히트는 노골적으로 다른 보안 기관을 더 선호하며 인민경찰을 등한시했다. 인민경찰은 총기류를 늘려주겠다는 약속을 받았지만, 1959년에도 여전히 약속된 총기류는 29퍼센트 부족했다. 이직률도 연간 14~17퍼센트로 높은 편이었다. 그러나 역설적이게도, 부족한 인력을 시민 자원자들에게 의지한 덕에, 경찰은 이전보다 훨씬 더 깊숙이 독일민주공화국 곳곳에 스며들 수 있었다.

군사적 준비 태세를 조성하고 울브리히트가 느끼기에 독일 프롤레타리아에게 여전히 부족한 '계급의식'을 키우기 위해, 1953년 준군사조직 '노동계급전투단(Kampfgruppen der Arbeiterklasse, KG)'이 창설되었다. 남녀 노동자들은 남는 시간에는 물론 정규 노동시간에도 업무를 면제받고서 제복 차림으로 군사훈련을 받았다. 25살이 넘으면 입단할 수 있었다. 당원이 아니어도 괜찮았으나 결국에는 60퍼센트의 단원이 당에 가입했다. 전투단원의 수는 1960년대 중엽에 18만 명으로 늘었고, 1980년대 말에는 20만 명을 넘어섰다. 역사학자들은 입단하면 연금을 100마르크 더 얹어 주겠다는 공약이 노동계급 전투단이 인기를 얻은 원인이었다고 분석한다. 그러나 독일민주공화국 시민 수십만 명이 주말 시간을 쪼개어 가며 진흙탕을 뒹굴고 군사훈련을 한 이유는 그것만으로 설명되지 않는다. 전국으로 퍼져 나갔던 1953년 봉기는 그만큼 많은 이에게 충격을 안겼다. 갓 태어난 사회주의 공화국은 대중에게 전에 없던 기회를 열어 주었다. 노동계급 청년들은 공부할 수도, 지도자가 될 수도, 장학금을 받을 수도 있었다. 그들은 울브리히트 정권이 되어서야 비로소, 자신들이 몸 바쳐 싸운 독일의 진정한 모습을 목격했다. 나치는 언제나 노동계급 위에 군림하려 했다. 바이마르공화국은 중산계급인 사회민주주의자가 체제를 이끄는 모양새였는데, 말만 번지르르할 뿐 계층의 상향 이동 문제에 관해서는 실질적 변화를 거의 이루지 못했다. 이런 상황에서 드디어 노동자들에게도 기회와 경제적 안정과 인정이 찾아온 것이었다. 그들에게 1953년 봉기는 새로이 얻은 지위를 위협하는 사건이었다. 노동자들은 새 정권을 지지하는 데 힘을 보태기로 했다. 노동계급전투단 5000여 명은 1961년 베를린장벽을 건설하는 데도 도움을 주었다.[36] 물론 총기훈련, 매력적인 제복, 동지애와 모험에 대한 기대감이 많은 이를 노동계급전투단으로 이끌었다고 보는 의견도 타당하다.

　　이 밖에도 1958년 창설된 국경 경찰 자원보충대를 비롯해, 농업집단 조사관, 노동조합 직원, 자유독일청년단 감독관, 그리고 각종 클럽·공장·조합에서 여러 보직을 맡은 사람들이 자발적으로 보안 조직을 형성했다. 이러한 조직들은 슈타지·경찰·군대와 공조했고, 조직원 수는 75만 명에 육박했다.[37] 제2차 세계대전 이후 동독과 서독의 재무장을 연구해 온 역사학자 제이크 홀리데이Jake Holliday는

213

"당황스러울 만큼 많은 수의 보안 조직이 서로 중첩되는 목적을 수행했다"[38]라고 말한다. 자유독일청년단의 군대식 훈련과 행진, 그리고 교육체계에 등장한 전투적인 언어, 거리에 늘 보이는 제복은 독일민주공화국의 일상에 특유의 군사적 분위기를 입혔다.

　서독이 1952년부터 재무장하자 스탈린은 같은 해 4월 울브리히트에게 동독의 군대를 증강하라고 지시했다. 내무장관 빌리 슈토프 Willi Stoph가 이 일을 맡았다. 38살의 장관은 히틀러 집권 전 독일공산당에 몸담았으나, 전쟁 때는 내내 나치국방군에 복무했다. 그러면서 장교가 되었고 2급 철십자훈장을 받았다. 그런데도 어찌 된 영문인지 '파시즘 피해자'로 분류되어 독일사회주의통일당에서 금세 높은 자리에 올랐다. 당의 여느 공직자와 달리 군사에 해박한 그는 쓸모가 많았다. 1952년 7월 1일 슈토프는 병영인민경찰(Kasernierte Volkspolizei, KVP) 창설을 지시했다. 이름이 시사하듯 인민경찰과 달리 병영에서 생활하며 훈련하는 군사 집단이었다. 처음에는 짙은 파란색이었다가 카키색이 된 제복은 붉은 군대에서 따 온 것이었다. 1953년 봉기 당시 병영인민경찰의 수는 이미 수만 명에 달했다. 그러나 정작 현장에는 8200명만이 투입되었고 발포 권한은 누구도 받지 않았다. 이는 울브리히트 정권을 떠받치는 것이 그의 군대가 아닌 소비에트의 개입임을 다시금 보여 주는 대목이다. 하지만 이제는 아니었다. 울브리히트와 흐루쇼프는 독일민주공화국에서 소비에트의 개입을 최대한 덜어내고자 했다. 1953년 8월부터 병영인민경찰은 첫 지도자 세대를 양성할 사관학교를 설립하면서 군대로 서서히 모습을 갖춰 갔다. 1955년 10월 빌리 슈토프는 병영인민경찰을 15만 명까지 늘리라고 명령했다. 1955년 11월 서독이 독일연방군(Bundeswehr)을 창설한 즉시 나토의 반공군사동맹에 편입하자, 얼마 지나지 않은 1956년 1월 18일에 병영인민경찰은 국가인민군(Nationale Volksarmee, NVA)이 되었다. 열흘 후에는 공산주의 진영의 나토 격인 바르샤바조약기구에 가입했다. 더 짧게는 '바르샤바조약Warsaw Pact'이라고 불린다.

국가인민군은 공식적으로 창설되면서 새로운 제복을 입었다. 소비에트풍 카키색에서 탈피해 나치국방군을 떠올리게 하는 회색 제복이었다. 국가인민군이 나치국방군을 똑 닮았다는 사실은 자주 비판의 대상이 되었으나, 이는 다소 부당한 면이 많다. 군인 출신인 빌리 슈토프는 잠재적 신병들의 생각을 그 당시 누구보다도 더 잘 이해했다. 그가 비교되고 싶지 않은 대상은 둘이었다. 하나는 서방 원조국들의 미국식 제복을 택한 서독의 독일연방군이었고, 나머지 하나는 병영인민경찰 제복에 영감을 준 붉은 군대였다. 슈토프는 서독 군대를 보고 "자본주의 복장을 차려입었다"라며 경멸했다. 그렇다고 시선을 동쪽으로 돌리는 것도 곤란하기는 마찬가지였다. 1953년 봉기는 소비에트 점령군에 대한 적개심이 사람들 마음에 얼마나 깊이 자리 잡았는가를 보여 주었다. 인민경찰의 '러시아 제복'과 건물에 나부끼는 적기는 시위대의 분노를 자극했다. 더구나 독일의 여성들과 아이들은 소비에트가 가져온 '해방'의 공포를 아직 잊지 못한 터였다. 남성 사이에서도 반소비에트 정서가 감지된다는 것은 어쩌면 가장 심각한 문제였을 것이다. 서독이나 다른 바르샤바조약 국가들이 군대를 징집하는 것과 달리, 동독의 남성들은 자원 병력에 합류할 것을 강요당했다. 전후 약 20만 명의 잠재적 신병이 소비에트 특수수용소에서 사그라들었고, 수백만 명이 소비에트 포로로 잡혔다가 망가지고 울분에 찬 상태로 되돌아왔다. 그런가 하면 1945년 봄 과잉 진압 후 주둔한 붉은 군대 병사들의 행동은 독일 민간인들에게 경멸의 대상이 되었다. 독일민주공화국 당국은 이 사안에 관하여 대중의 입을 철저히 단속했으나, 한편으로는 소비에트 병사들이 저지른 범죄와 관련한 통계를 내었다. 소비에트 병사들은 국가인민군과 비교해 급여가 형편없었고 생활 조건도 처참했다. 1970~1980년대까지 소비에트 병사들의 범죄 건수는 2만 7000여 건으로 하루 평균 5건이 넘었다. 그중 강간 범죄로 신고된 사건은 705건으로 일주일에 1건꼴이었다.[39] 울브리히트와 슈토프는 이렇게나 평판이 나쁜 군대를 차마 국가인민군의 본보기로 삼을 수 없었다. 독일은 두 번의 세계대전에서 패한 후에도 여전히 군사적 전통을 자부했기 때문이다.

따라서 국가인민군은 독일다워야 했다. 나치국방군과 확연히 다른 점은 납작한 철모였다. 1943년에 이 철모의 개발이 막바지에 이른 상태였는데, 이를 본격적으로 보급하기도 전에 전쟁이 끝나 버렸다. 잡지 《노이에 베를리너 일루스트리르테Neue Berliner Illustrierte》는 새로운 모자를 이렇게 자랑했다.

독일민주공화국의 국가인민군 병사들은 최고급 소재를 사용해 납작한 모양으로 만들어진 새로운 철모로 한결 보호될 것이다. 이 모자는 옛 독일군의 강철모 슈탈헬름Stahlhelm에 최신 연구를 반영한 것으로, 시야를 넓혀 기동성을 극대화한다.[40]

많은 청년이 군에 입대했고, 1962년에 징집제를 도입하기 전인 1950년대에 이미 병력은 10만 명을 돌파했다.

독일민주공화국 안팎의 적은 늘 존재하는 망령과도 같았다. 이 작은 국가와 국민은 포위되었다는 생각에 시달렸는데, 이는 아주 근거가 없다고 할 수는 없으나 울브리히트의 편집증으로 증폭했다. 그래도 보안 조직이 광범위하게 만들어진 덕에 동독인들은 새 나라를 지키는 데 자발적으로 참여할 기회를 얻었고, 원하는 사람들끼리 끈끈한 소속감과 공동체를 이루었다. 바로 이것이 독일민주공화국의 분열을 초래하는 가장 큰 특징이었다. 항구적인 긴장 상태와 일상의 정치화에 반대하는 자에게는 위협이지만, 서방의 공허한 소비주의를 배격하며 남다른 의미와 소속감을 갈망하는 자에게는 기회였다. 그러나 독일민주공화국 시민 대다수는 이러한 상황과 무관하게 나름의 일상을 살아갔다. 거리를 순찰하는 인민경찰관에게 정중히 고개를 숙였고, 자녀들을 소년소녀개척단이 제공하는 휴가 캠프에 보냈으며, 새 제복을 입은 아들을 보며 흐뭇하게 미소를 지었다.

탈스탈린화

1956년 2월 25일 모스크바 크렘린. 자정이 막 지났을 때 크렘린궁 대회장의 팽팽한 침묵을 깬 것은 니키타 흐루쇼프였다. 20차 소비에트 연방 공산당대회는 공식적으로 전날 끝이 났지만, 대표들은 그날 밤 최종 회의에 또 소집되었다. 이 '비공개회의'에는 특별히 허가받은

217

당원만 참석할 수 있었다. 외국의 기자나 다른 나라의 정당 지부 지도자는 출입이 일절 금지되었다. 참석한 수백 명은 조마조마하게 흐루쇼프의 일성을 기다렸다. 이후 몇 시간에 걸쳐 흐루쇼프는 옛 동지이자 지도자였던 이오시프 스탈린을 맹공격했다. 그는 레닌의 유언이 스탈린에 관하여 비판적이었다면서, 스탈린이 지도부의 '집단 원칙'을 어기고 스스로 권력을 장악했고, 이 '강철의 사나이'가 개인숭배의 덫에 스스로 굴러떨어져 편집증에 빠졌으며, '우리 당의 광신적인 적' 라브렌티 베리야의 입김에 좌우되었다고 주장했다.

　　흐루쇼프가 스탈린의 숙청 규모를 폭로한 데 이어 정치범수용소에서 석방해 비공개회의에 초대한 100명 남짓의 옛 당원을 하나하나 극적으로 호명하자 일부 청중은 더는 견딜 수가 없었다. 몇몇은 어지러움과 거북함을 느끼며 회의장을 빠져나갔다. 다른 사람들은 놀라서 할 말을 잃은 채로 흐루쇼프가 스탈린의 범죄를 나열하며 소비에트의 신격화된 통치자를 무너뜨리는 모습을 지켜보았다. 청중은 회의 내용을 발설하지 말라는 지시를 받았으나 충격을 주체하지 못했다. 크렘린궁의 복도는 들뜬 수군거림과 숨죽인 혼란스러움, 분노, 의기양양함, 안도감으로 어수선했다. 스탈린이라는 우상이 제대로 박살이 나고야 만 것이다.

　　흐루쇼프의 폭발적인 장광설은 즉시 발터 울브리히트의 귀에 들어갔다. 모스크바의 거처에서 잠든 그는 새벽 3시경 소비에트 동지의 연락을 받고 깼다. 독일사회주의통일당 지도부는 비몽사몽으로 모여 같은 시각 크렘린궁 대회장에서 흐루쇼프가 당원들에게 전하는 말을 전달받았다. 다들 말을 잃었다. 충격에 빠진 독일 지도부는 각자

방으로 돌아가 방금 들은 말뜻을 곰곰이 헤아렸다. 울브리히트는 아침 식사 때가 되어서야 정신을 차리고서, 당 기관지 기자 카를 쉬르데반Karl Schirdewan에게 "스탈린이 이제 [마르크스주의의] 모범이 아님을 마음 편히 보도하시오"[41]라고 말했다. 스탈린의 독일인 제자였던 울브리히트는 실용주의자답게 갑작스러운 영웅의 파멸도 단 몇 시간 만에 소화했다.

울브리히트는 독일로 돌아가자마자 이제는 위태로운 소용돌이가 되어 버린 스탈린의 유산과 즉시 거리를 두었다. 베리야를 비롯해 한때 권력자였던 이들도 이미 그 소용돌이로 빠져 사라진 후였다. 울브리히트는 흐루쇼프의 비밀 연설이 있고 일주일 후 독일사회주의통일당 기관지 《노이에스 도이칠란트》에 글을 실음으로써, 그날 모스크바에서 아침 식사하면서 동지들에게 한 말을 모두에게 공표했다. "스탈린은 이제 마르크스주의의 모범이라 할 수 없다." 당연히 정치국 동료들에게 이는 갑작스러운 입장 선회였다. 과거에 울브리히트는 스탈린을 '위대한 장군'이라고 추켜세웠으나 돌연 말을 바꿔, 그 보시트Vozhd*는 소비에트연방이 히틀러에게 맞서는 전쟁을 대비하는 데 역부족이었다고 주장했다. 한때 '천재'로 일컬어지던 자가 주변 군사 전문가들의 말을 귀담아듣지 않았다는 것이다. 또 울브리히트는 소비에트연방에서 진행된 무자비하고 성급한 집단화가 무수히 많은 사람의 목숨을 앗아 갔으며, 그게 다 스탈린의 개인숭배와 독단적인 의사결정 때문이라는 흐루쇼프의 주장을 되풀이했다.

*   소비에트 지도자

울브리히트의 적들은 스탈린과 그의 일등 독일인 추종자가 닮은꼴임을 금세 깨달았다. 그 추종자도 독일민주공화국에서 선전 영화와 우표로 개인숭배를 이루려 했다. 또한 너무 성급히 집단화를 추진했고, 무고한 사람을 수없이 감옥에 넣었으며 지도자 한 명의 독단적 결정으로 그들을 처리했다. 울브리히트는 불가피한 역풍에 대비해야 했다. 그는 흐루쇼프의 개혁을 모방해 일시적인 냉전의 '해빙'에 착수했다. 두 사람 모두 과거에 자신들이 모신 지도자의 잘못에 연루되는 일이 없도록 극도의 신중을 기했다. 독일민주공화국에서 이는 1953년 봉기 이후 권력투쟁의 결과로 축출된 정적들을 복권한다는 뜻이었다. 동지 발터에게 불편한 질문을 던지며 추궁했던 엘리 슈미트는 별안간 다시 독일사회주의통일당의 일원으로 받아들여졌다. 내부의 적을 색출하려는 광기가 처음 기승을 부린 1950년에 '프랑스 첩자'로 슈타지에 체포된 파울 메르커도 복당되었다. 1956년 10월까지 대략 2만 1000명이 석방되었다.

옛 스탈린 숭배 시대의 잔재는 감쪽같이 사라졌다. 산업도시 스탈린슈타트는 아이젠휘텐슈타트로 다시 이름을 바꾸었다. 1953년 6월 16일 노동자 시위가 처음 시작된 스탈린알레는 카를마르크스알레가 되었다. 거리 끝에 있던 독재자의 기념비 또한 하룻밤 사이에 철거되었다.

그러나 울브리히트의 적들은 침묵하지 않았다. 이번 비판은 거셌고 직접적이었다. 정치국의 누군가는 이렇게 따졌다. "우리도 소비에트연방처럼 개혁하면 안 됩니까?" 또 누군가는 돌려서 물었다. "우리 독일사회주의통일당에도 개인숭배가 있지 않습니까?" 울브리히트가 보인 충동적인 반응은 이런 질문들이 얼마나 신경을 건드렸는지 보여 주었다. 그는 누구를 특정하지 않고서 "모두를 체포할 것이다"[42]라며 발끈했다. 단 하나의 문제는 슈타지 수장이 정치범을 체포할 수 있는 권한을 가진 에른스트 볼베버가 울브리히트의 사람이 아니라는 것이었다. 볼베버는 1953년 봉기 후 소비에트가 임명한 자였다. 전쟁 때의 볼베버는 모스크바에서 직접 지령을 받아 활동한 테러리스트였다. 독일공산당의 망명 지도부와 사실 접점이 없었다. 그래서 크렘린과 직통으로 연결된 자이면서도 울브리히트에게는 수수께끼와 같은 존재였다. 정치국 사람은 거의 다 스탈린과 연결된 울브리히트를 통해 자리를 얻었다 할 수 있었으나, 볼베버만큼은 예외였다. 울브리히트는 '모두'는커녕 단 한 사람이라도 체포하기 위해서는 볼베버에게 동의를 구해야 했다.

1956년 가을 정치국원 대다수는 스탈린의 강경 사회주의와 서방의 자본주의 사이에서 '제삼의 길'을 노골적으로 요구했다. 출판인 발터 얀카Walter Janka와 철학자 볼프강 하리히Wolfgang Harich를 주축으로 한 일부 반대파는 "마르크스주의-레닌주의 틀 안에 머무르되 스탈린주의와는 거리를 두자"[43]고 요구했다. 난처해진 울브리히트를 구한 것은 예기치 못하게 발발한 헝가리혁명이었다.

저명한 헝가리 지도자 임레 너지 또한 고국이 모스크바에서 조금 더 자립하는 '제삼의 길'을 모색하고 있었다. 그런데 1956년 11월 1일 헝가리가 바르샤바조약에서 탈퇴할 것을 요구하며 그만 선을 넘고 말았다. 이는 소비에트 제국에서 이탈하겠다는 선언과 다르지 않았다. 모스크바로서는 경제력과 군사력은 물론 위신도 타격을 입어 냉전에서 패배할지도 몰랐다. 사흘 후 소비에트 전차 6000대가 자신들을 거부한 땅에서 공산주의 통치를 다시 확립하기 위해 헝가리를 침공했다. 그에 맞서려던 헝가리 사람들의 노력은 처참히 깨어졌다. 3만 명이 사망했고 너지는 생포되어 처형되었다. 냉전 해빙은 이로써 아예 막을 내렸다. 울브리히트가 할 일은 당장 역사의 옳은 편에 서는 것이었다. 동유럽 상황이 악화할 당시 볼베버는 몸이 좋지 않아 입원해 있었는데도, 울브리히트는 그가 사태를 관망하며 이 사안에 대한 정보를 수집하지 않았다고 주장했다. 동시에 울브리히트는 얀카와 하리히를 분파주의를 선동한 혐의로 기소한 뒤 체포했다. 둘 다 장기 징역형을 받았다. 볼베버는 사임할 것을 강요받았다. 나머지 반대 세력은 조용히 지위를 잃고 한직으로 좌천되었다. 반대 세력 가운데 하나로, 경제 사안을 놓고 제1 서기 울브리히트와 충돌한 게르하르트 칠러Gerhart Ziller는 정신적인 부담감을 이기지 못하고 1957년 12월 스스로 목숨을 끊었다.

울브리히트는 언제나처럼 권력 내부를 정화하는 데 일호의 가차도 없었고 치밀했다. 그는 모든 정적에게 위험천만한 헝가리식의 '제삼의 길'을 선동했다는 혐의를 뒤집어씌워 당을 샅샅이 숙청했다. 1952년 지방선거에 나간 후보 가운데 60퍼센트는 1957년 선거에서 자리를 보전하지 못했다. 지역으로 가면 그 비율이 71퍼센트까지 올라갔다.[44] 울브리히트는 이번에도, 불리한 상황을 이겨 내고 기어코 권좌를 지켰다.

다시 시작된 사회주의 건설

1960년 브란덴부르크주 콧부스. 19살의 게로 판셀로프는 아버지를 따라 공군에 입대하기로 마음을 먹었다. 그의 어머니는 아들에게 '아빠' 이야기를 들려주었다. 아버지는 1945년 독일에서 아군의 포격으로 전투기가 격추되는 바람에 비극적인 죽음을 맞이했다고 했다. 이제 아버지는 집 벽난로 위 선반에 삼잎국화로 꾸며진 사진으로만 남았다. 게로는 자신과 어머니가 먼저 떠나보낸 아버지의 자리를 대신하기로 했다. 하지만 모병사무실을 찾아가 비행사가 되고 싶다고 하자 신상 때문에 부적격 판정을 받았다. 게로에게는 쾰른에 거주하는 고모와 고모부가 있었다. 서독에 사는 이 친척들을 게로는 얼굴을 본 적도 없었으나, 이 사실이 '간부 정치의 짐 덩어리'를 전혀 가볍게 해주지 못했다고 훗날 게로는 농담처럼 말했다. 그래도 게로는 포기하지 않고 동서독 국경을 비행할 수 없다면 지상직이라도 맡게 해 달라고 청했다. 결국 그는 받아들여졌고, 사근사근한 태도와 기술적 역량으로 단번에 깊은 인상을 남겼다. 그는 가파르게 출세했고, 라이프치히에서 통신기술공학 학위를 딴 뒤 장교로 임관했다. 포메른의 슈톨프(지금은 폴란드 스웁스크) 출신으로, 노동계급의 홀어머니니가 길렀으며, 전후 가족이 뭐라도 먹을 수 있게 쥐덫으로 참새를 잡아야 했던 난민 소년은 훗날 국가인민군 중령(Oberstleutnant)이 되었다.[45]

　독일민주공화국 첫 10년의 격동기가 저물어 가던 무렵, 게로와 같은 동독인들은 새로운 기회를 찾아 나서고 있었다. 베를린 정치의 회랑에서 얼마나 치열한 권력투쟁이 벌어지는지를 아는 이는 거의 없었다. 설사 알았더라도 신경 쓰지 않았을 것이다. 1950년대 후반은 통합의 시대였다. 두 독일이 형체를 갖추자 독일의 분단도 슬슬 안착했다. 1957년 세계 최초의 인공위성 스푸트니크Sputnik를 쏘아 올려 들뜬 흐루쇼프가 베를린의 비무장화와 외국 점령군의 철수를 요구하는 바람에, 베를린에서 긴장감이 고조된 적이 더러 있기는 했다. 이 요구는 1958년 11월 미국 남부 조지아주에서 열린 아이젠하워의 추수감사절 축제를 망치고야 말았지만, 갈등은 금세 해결됐다. 요즘 역사학자들은 당시 흐루쇼프가 진지하게 그런 것들을 요구했다기보다 서방의 결기를 시험하려 한 것이었다고 보는 편이다. 흐루쇼프는 베를린을 "서방의 고환"이라고 불렀다. "서방의 비명을 듣고 싶을 때면 베를린을 쥐어짜면 된다"는 것이다. 이는 스탈린 사망 후 모스크바에서 벌어진 핏빛 권력투쟁에서 마침내 승리한 그가 세계를 겨냥한 행동이었다. 그러나 그와 동시에 독일민주공화국을 안정되게 하는 효과를 가져왔다. 이제 독일민주공화국은 누가 보더라도 소비에트의 전폭적인 지지를 받는 나라였다.

흐루쇼프처럼 울브리히트도 정적들을 대부분 제거하거나 침묵하게 한 뒤 '사회주의 건설' 작업에 재착수했다. 집단화와 국영화도 다시 추진했다. 1961년에는 90퍼센트의 농산물이 '사회주의 구역', 즉 집단화되었거나 국가가 소유한 농장에서 생산되었다. 소매업 부문에서도 단 10퍼센트가 민간소유였다. 민간 산업이 시장에서 차지하는 비율은 4퍼센트뿐이었다.[46] 그러나 이 수치는 실상이 (의도적으로) 왜곡된 것이다. 기존의 민간 소유주가 사업을 계속 운영하고 국가가 채권자로 참여하는 반半국영화체제가 도입되었다는 사실은 숨겨졌다. 기존 소유주들은 개인이 떠안는 재정적 위험은 덜되 어느 정도의 독립성은 유지할 수 있었으므로 대체로 이 타협안을 수용했다. 그러나 여전히 나라를 이탈하는 이는 대부분 지주, 기업가, 사업주, 중산층 상인, 지식인이었다.

정치가 안정을 찾자 사회와 경제도 어느 정도 진정되었다. 1959년 독일민주공화국이 건설된 지 10년 만에 나라를 떠나는 시민의 수는 최저치로 떨어졌다. 1950~1960년에 월 평균 소득이 두 배 가까이 늘면서 생활수준 또한 윤택해졌다.[47] 주택은 여전히 긴박히 공급해야 하는 상황이었으나, 초토화된 도시들에서 적당한 아파트와 주택을 골라 살 수 있을 때까지 시간이 꽤 걸릴 수밖에 없는 현실을 대부분이 순순히 받아들였다.

1950년대 말 10대 후반이었던(이 시기 국가인민군에 입대한 게로보다 한 살이 어렸다) 크리스티네 나겔Christine Nagel은 1959년 기초 군사 훈련을 받고 돌아온 남자친구와 드레스덴에서 집을 장만할 작정이었다. 그러나 지역 당국에서 안 된다는 대답이 돌아왔다. 작센주의 도시 드레스덴은 전쟁 때 집중포화를 받았기 때문에 재건하기 전에 돌무더기를 치우는 데만 약 10년이 걸렸다. 1950년대 중반부터 드레스덴에 적당한 주택이 공급되기 시작했지만, 크리스티네는 폐허가 된 그곳에 남아 재건에 힘쓴 사람들에게 집이 먼저 돌아가야 한다는 데 동의했다. 크리스티네와 남자친구는 1961년에 결혼한 뒤 발트해에 면한 비스마어나 로스토크로 이사할 계획을 세웠다. 그런 곳은 "재건할 사람들이 필요했고 당장 거주할 주택도 있었기" 때문이다. 하지만 크리스티네가 임신하면서 드레스덴에 살던 크리스티네 부모에게 육아를 부탁해야 하는 처지가 되었다. 부부는 다시 아파트 입주를 신청했다. 이번에는 결혼한 데다 출산도 앞두고 있었으므로 우선순위에서 상단에 올랐고, 드레스덴의 성벽 터 바로 바깥에 자리한 외곽 신도시(Äußere Neustadt)에 조성된 루이센슈트라세 구역의 건물 4층에 있는 36제곱미터짜리 아파트에 입주할 수 있었다. 2개의 방은 아주 작아서 침대와 장롱을 하나씩만 놓아도 꽉 찼다. 주방과 거실도 작았다. 난방은 난로로만 할 수 있었는데, 석탄을 지하실에서 날라야 했다. 냉장고가 없어 여름에는 거리의 말수레에서 파는 대형 얼음으로 우유를 보관했다. 욕실도 수돗물도 따로 쓸 수 없어서 중앙 홀에 있는 공용수도를 이용했다.

이렇게 기본만 겨우 갖춘 아파트에서 크리스티네는 남편, 어린 딸과 8년을 살았다. "인생 어느 때보다 행복한 시절"이었다. 집마다 아이들이 나고 자랐다. 어른들이 공용수도에서 함께 빨래하는 동안 아이들은 넓은 복도에서 킥보드를 타고 놀았다. 크리스티네는 장을 보러 가거나 외출할 때면 이웃집에 딸을 맡겼다. 온 동네 사람들이 공동목욕탕에서 수다를 떨고 휴식을 취했다. 크리스티네는 의지할 수 있는 이웃들을 만나 운이 좋다고 생각했다. 크리스티네는 고작 스무 살이었고 육아나 집안 살림에 대해 아는 게 없었다. 엘베강으로 떠나는 가족 나들이는 소박했으나 크리스티네에게는 가장 행복한 기억으로 남았다. 사회주의 경제체제에서도 야망에 대한 보상은 받을 수 있었기에 직원들은 열심히 일했다. 크리스티네는 개인 시간을 거의 다 바쳐 노동자들의 사회 건설(Workers' Building Society) 사업에 열심히 참여했다. (드레스덴에서 돌무더기를 치우는 등) '재건'에 500시간이 넘게 참여했거나 정기적으로 돈을 기부한 사람들은 더 좋은 주택을 신청할 수 있었다. 크리스티네는 1969년에 그 자격을 얻어 새 아파트에 들어갔다. "꿈꾸는 것 같았어요!" 훗날 그는 이렇게 회고했다. 새 아파트는 원래 집보다 두 배나 넓었고 안에 욕실도 딸려 있었다.[48]

크리스티네와 같은 이야기는 비일비재했다. 1950년대 말과 1960년대 초엽 노동자들은 제 발로 서기 시작했고, 나아가 사회에서 자기 자리를 찾아갔다. 우수한 능력과 태도를 증명한 노동자에게는 높은 자리로 승진할 기회도 생겼다. 가족 가운데 처음으로 대학에 입학하고, 숙련노동자에서 공학자로 신분이 상승하는 사람도 많이 생겨났다. 여성들도 가정생활과 바깥일을 병행할 수 있었고, 또 그렇게 하도록 지원받았다. 보육체제가 막 자리를 잡기 시작한 데다 부부보다 아이를 홀로 돌보는 여성에게 우선순위가 돌아가다 보니, 처음에는 크리스티네는 딸아이를 맡길 곳을 찾지 못해 애를 먹었다. 그러나 딸아이가 세 살이 되던 해부터 지역 유치원에 맡길 수 있어 크리스티네는 다시 전업으로 일할 수 있었다.

이를 두고 역사학자들은 독일민주공화국 정부가 건국 초창기에 부족한 인력을 메우려고 전체 노동력을 빠짐없이 활용한 것이라면서 정부의 이기적인 행동으로 치부했다. 그러나 이런 해석은 사회주의 이념에 내재한 성평등 노력을 폄하하는 것일 뿐 아니라, 연관된 여성들을 무시하는 것이기도 하다. 여성들은 자랑스럽게 새로운 역할을 떠맡았고, 함께 일하는 남성들과 동등한 동료라는 자부심을 느꼈다. 1950년에 레기나 파우스트만은 순전히 정부의 권유로만 화학실험실의 기사로서 수습 생활을 하지는 않았다. 레기나는 남성 동료들만큼

일에 자부심이 컸고, 아이를 낳은 후에도 일을 계속할 수 있어 기뻤다. 동독 여성들은 저녁이 되면 동료들과 맥주를 마시러 나가며 가정집 바깥에서도 사회생활을 했고, 서독에서 경험하기 훨씬 어려운 방식으로 사회의 일원임을 느꼈다. 1955년 기준으로 독일민주공화국에서 절반 이상의 여성이 노동에 참여했다. 이 비율은 점점 더 높아져 1970년에는 여성 3명 중 2명이 일을 했다.[49] 반면 독일연방공화국은 1950년 여성 3분의 1만이 일자리를 가졌고 1970년에도 27.5퍼센트에 그쳤다.[50]

1950년대가 저물어 가던 무렵, 독일민주공화국의 일상은 제법 안정적이었다. 그렇다고 경제문제가 다 해소되지는 않았다. 기존의 문제들은 1955년에 표명된 서독의 할슈타인원칙(Hallstein Doctrine)으로 더욱더 깊어졌다. 이 외교정책 기조에 따라, 독일연방공화국은 독일민주공화국을 주권국으로 인정하는 나라와 외교나 경제 관계를 맺지 않기로 했다. 서독은 동독보다 경제 규모가 훨씬 컸기에 경제적 대가를 감수하면서 서독의 뜻을 거스르려는 나라는 거의 없었다. 사실 통상이 금지되어 버린 독일민주공화국은 경제적으로나 외교적으로 고립되었고, 할슈타인원칙이 1970년에 폐지될 때까지 철저히 소비에트의 호의에 수출입을 의존해야 했다. 커피·비누·초콜릿 같은 제품은 구경하기도 어려웠다. 그래도 식량 배급권은 1959년을 마지막으로 사라졌고, 대다수 사람은 자신들이 사는 나라에 나름대로 적응해 갔다.

만회 없는 추월

1960년 1월 27일 작센아할트주 체르프스트. 마그데부르크와 비텐베르크 중간에 자리한 소도시 체르프스트의 슈타지 지부장 베버Weber 중위가 '건장한' 20살 청년을 면담했다. 도시는 신성로마제국의 공국 안할트-체르프스트를 다스리던 아스카니어 가문의 땅이었는데, 이제는 과거의 껍데기만 남아 있었다. 한때 중세의 영광을 발하던 곳에 남은 것이라고는 돌무더기와 건물 몇 채뿐이었다. 히틀러는 막강한 루프트바페Luftwaffe*로 확립하기 위해 1935년 이곳에 공군 기지를 세웠고, 그로써 체르프스트는 미국 공습의 표적이 됐다. 200톤이 넘는 소이탄이 투하돼 이 소도시는 80퍼센트가 파괴되었는데, 중심부는 아예 초토화됐다. 중위 베버와 마주 앉은 청년을 비롯한 주민들은 히틀러 정권을 이끈 '자본주의-제국주의' 세력과 그들이 일으킨 끔찍한 전쟁에 분노했다. 베버의 기록에 따르면, "청년은 흔쾌히, 그리고 즉각적으로 국가보안부(Ministerium für Staatssicherheit, MfS) 근위대에 복무하고자 했다."[51]

　　베버와 면담한 청년은 하겐 코흐Hagen Koch로 아버지의 가르침을 받아 열렬한 사회주의자였다. 하겐의 아버지는 16년간 군인으로 복무하다가 제2차 세계대전이 끝나고 퇴역해 지금은 교사로 일하고 있었다. 전쟁이 끝났을 당시 하겐은 다섯 살이었으며 주변 아이들처럼 비참한 빈곤에 시달렸다. 학교에 입학했을 때 대부분의 교사는 하

---

* 　나치 독일 공군

겐의 아버지와 같이 갓 고용되어 새로운 사회주의 독일을 수호하도록 훈련받은 자들이었다. 교사들은 히틀러 혼자서는 전쟁을 치를 수 없었다는 사실을 강조해 가르쳤다. 오히려 전쟁은 자본주의 사회에서 불가피했다. 탐욕에 기반을 둔 경제가 더 많은 자원과 새로운 시장을 집어삼키려고 침략과 제국주의를 자꾸만 수용하기 때문이었다. 하겐은 이 모든 가르침을 곧이곧대로 흡수했다. 그리고 더 나은 독일을 건설해 적들에게서 지켜 내리라 다짐했다. 그의 열정은 금세 눈에 띄었다. 학교를 졸업하고 기술 도안 수습 과정을 마친 그는 어느 날 슈타지의 부름을 받았다. 1959년 19살의 하겐은 전쟁이 다시 다가오니 "우리의 작은 독일민주공화국을 위해 국가보안부의 최전선에서 싸우라"[52]는 명을 들었다. 하겐은 반문하지 않았다. 그는 옳은 일을 한다고 굳게 믿으며, 슈타지의 준군사조직인 근위대에 들어갔다. 이후 이 조직은 펠릭스 제르진스키Feliks Dzierżyński 근위대로 명칭을 바꾸었다. 소비에트러시아의 비밀경찰인 체카를 세운 볼셰비키 혁명가, '철의 펠릭스'에게서 따 온 이름이었다. 근위대의 주 임무는 관공서 건물을 지키고 행사를 호위하는 것이었다. 기술 도안을 그릴 줄 알았던 하겐은 베를린장벽의 위치를 정하고 장벽이 세워지는 동안 그곳을 보호하는 데도 일조했다.

역설적이게도 정부가 초래한 갈등 때문에 하겐 코흐와 같은 청년들의 마음속에는 자신들의 신생 국가에 필요한 것은 시민의 소요가 아니라 방어라는 생각이 움텄다. 동독인들은 새로운 전후 일상에 차츰 안착하고 있었다. 생채기에 딱지가 지듯, 독일민주공화국 시민들의 삶도 서서히 치유되었다. 하지만 그 과정은 느리고도 위태로웠다. 새로운 주택은 차근차근 지어졌으나, 구색만 겨우 갖춘 수준이었고 공급 물량은 여전히 부족했다. 노동자들은 자랑스럽게 새 기술을 익혔고 여러 사회 조직과 전문기관에 들어갈 수 있었지만, 여전히 푼돈을 벌었고 장시간 일해야 했다. 보육체제는 작동했으나 대부분 집에서 멀리 떨어져 있었다. 한편 극장·공연장·영화관 같은 문화시설이 곳곳에 생겨나 크게 인기를 끌었고 엘비스가 동독 청년들을 팬으로 끌어모았다. 이는 전쟁이 끝난 직후에 나타나는 특징으로, 머리를 식힐 거리에 대해 아찔할 정도로 갈망하는 증상이었다. 독일민주공화국 사람들은 전쟁이 몰고 온 정치적·경제적·사회적·심리적 여파에서 회복되고 있었으나, 아직 다 치유되지는 않았다. 대중을 좀처럼 이해하지 못한 울브리히트는 이 상황을 철저히 오판했다.

울브리히트는 이 위태로운 평화를 보며 모두가 만족했다고 짐작했다. 그렇다면 다시 '사회주의 건설' 운동을 시작할 때였다. 정치적 층위에서 제1 서기로서 입지를 공고히 다져야 했다. 독일민주공화국 초대 대통령 빌헬름 피크는 1960년 9월 7일 84살의 나이로 임기를 다 마치지 못한 채 서거했다. 울브리히트는 예전부터 마음의 준비를 해 온 터였다. 피크는 오래전부터 건강이 좋지 못했다. 심한 과체중이 특히 문제였다. 1953년 봉기에 대한 스트레스로 모스크바 바르비하요양원에서 울브리히트와 함께 요양하던 피크는 이미 두 번째 뇌졸중에서 회복 중이었다. 의료 기록에 따르면 그때의 여파로 피크는 "오른쪽이 살짝 마비되어 입꼬리 한쪽이 약간 처졌고, 쌕쌕거린달지 코를 곤달지 하는 것처럼 숨을 쉬었고, 맥박이 둔해졌고, 손발 근육의 탄력이 약해졌다."[53] 장기간 앓은 간경변증에 이런 문제들이 더해졌으니 그의 사망은 놀라운 소식이 아니었다. 울브리히트는 오랜 동지의 시신을 화장해, 베를린 프리드리히스펠데에 있는 중앙묘지의 사회주의자 기념관에서 장례식을 성대히 치르고 유골을 안치했다. '사회주의 이념을 위해 싸운 이들'을 명예로이 기리기 위해 1951년 설립된 곳이다. 기념우표도 발행되었다. 피크가 태어난 곳이자 1945년부터 독일과 폴란드의 접경지대가 된 나이세강 근처의 구벤은 1961년부터 빌헬름피크슈타트 구벤이라는 이름으로 불렸다. 울브리히트는 피크를 안치하기도 전인 사망 닷새 만에 대통령직을 폐지했고, 그로써 독일민주공화국 정치 피라미드의 최정점에 스스로 올랐다.

사회주의 건설은 사회개혁을 수반했다. 하지만 울브리히트가 인민공동체 이상향을 창조하려는 속도는 너무나도 급했기에 정치와 전혀 무관한 사람들조차 금세 그것의 존재를 감지했다. 1958년 7월 울브리히트는 기괴한 '십계명'을 하달했다.[54]

1. 프롤레타리아트와 모든 노동자의 국제적 연대와 사회주의국가들의 끊을 수 없는 유대를 위해 상시 노력하라.
2. 네 조국을 사랑하고, 있는 힘과 기술을 다 바쳐 노동자와 소작농의 권력을 수호하라.
3. 인민에 의한 인민의 착취를 철폐하는 데 힘쓰라.
4. 사회주의는 모든 노동자에게 더 나은 삶을 가져다주니 사회주의를 위해 정진하라.
5. 상호 조력과 동지적 협력의 정신으로 사회주의 건설에 기여하고 집단을 존중하며 비판을 경청하라.

6. 인민의 재산을 보호하고 증식하라.

7. 언제나 더 높은 성취를 좇고, 절약하며, 사회주의 노동관을 공고히 하라.

8. 다재다능하고 자신감 있으며, 신체적으로 강인한 인물로 자라도 록 평화와 사회주의의 정신으로 아이를 양육하라.

9. 청렴하고 품위 있게 생활하고 가족을 존중하라.

10. 국가 해방을 위해 싸우고 국가 독립을 수호하는 자들과 연대하라.

이러한 도덕률과 사회 규범이 성경처럼 종교적 색채를 띤 것은 의도적이었다. 울브리히트는 단순히 지침을 제시하는 것을 넘어서 동지들에게 새로운 삶의 양식을 강요했다. 좇아야 할 가치들을 세세히 정한 뒤 정신적으로나 육체적으로 그걸 어떻게 함양해야 하는지도 지시했다. 이를 위해 교육체계를 구축했고 자유독일청년단과 각종 문화단체를 세웠다. 뜻이 비슷한 작가들이 1959년 4월 비테르펠트에서 회의를 열어 문화와 노동의 구분이 폐지되어야 한다고 선언했다. 광부도 글을 쓸 수 있었고, 시인도 제철소에서 노동할 수 있었다. 공장에 도서관이 들어서야 했고, 극장은 모두가 접근할 수 있으면서 동시에 도덕적인 목적에 충실해야 했다. 자유독일청년단 기관지 《융게 벨트》는 서방의 음악은 피상적일 뿐 아니라 대중을 일부러 현혹해 무기력하고 얼빠지게 만든다고 주장했다. 엘비스 프레슬리를 콕 집어서 "그의 노래는 자기 얼굴 같다. 멍청하고 어리석고 우악스럽다"라고 했다. 1958년 1월 독일민주공화국 정부는 댄스클럽에서

트는 60퍼센트의 음악이 독일민주공화국이나 여타 사회주의국가에서 만든 음악이어야 한다고 정했다. 이후 동독에서 얼큰하게 취한 젊은이가 자정 무렵만 되면 파티장에 제복을 입고 나타나는 경찰을 보고 킬킬대는 광경이 무수히 반복되었다. 경찰은 자본주의와 공산주의 음악의 비율이 지켜지는지를 감독했다. 울브리히트가 공격적으로 사회개혁을 벌이는 독일민주공화국에서 이런 재미있는 일도 일어났다. 대다수는 그저 투덜거리며 이런 자기네 일상을 두고 농담했지만, 작가·미술가·배우는 창작의 자유를 찾아 집단으로 독일민주공화국을 저버리고 서독으로 떠났다.

울브리히트가 일으킨 새 변화 중에서도 견디기 가장 힘든 것은 경제 노선의 급격한 선회였다. 1958년 독일사회주의통일당 5차 회의에서 울브리히트는 "몇 년 안에 독일민주공화국 경제를 발전하게 해, 이번만큼은 서독 제국주의 세력에 맞선 독일민주공화국의 사회주의 체제가 얼마나 우월한지를 증명하겠노라"[55]고 선언했다. 이는 1959년부터 시작된 7개년 계획의 주문呪文이 되었다. '추월과 만회'는 훗날 '만회 없는 추월'로 표현이 수정되었다. 독일민주공화국이 그저 공허하게 서방 소비주의를 모방하려는 것이 아니라, 훌륭한 제품과 건전한 즐거움으로 채워진 유의미한 삶을 창조하고 있음을 증명하겠다는 거였다.

그러나 독일민주공화국이 시인한 바대로, 이 작은 국가의 경제는 더 큰 이웃 국가보다 여전히 30퍼센트포인트 정도 뒤처져 있었다. 1인당 국내총생산(GDP), 소비재, 식품 유통량 등에서 서독을 추월하려면 그야말로 모든 것을 쏟아부어야 했다. 그러는 동안에도 소련의 흐루쇼프는 동독 공장의 조립공정에서 생산되는 물품과 자원을 걷어 갔다. 전후 수준만큼은 아니었으나 독일민주공화국이 회복하는 데는 상당한 장애물이었다. 중앙계획경제에서 필요한 곳에 제품을 공급하는 것은 쉽지 않았기에 유통 문제 또한 위기로 인식되었다. 집단화 작업도 재개되었다. 1953년 봉기 이후 농민들이 국가 보조금을 받고 농장을 계속 운영할 수 있게 해 준 원조사업은 폐기되었고, 농부들은 의사와 무관히 농업생산협동조합에 들어가야 했다. 많은 농부가 짐을 싸서 나라를 떠났다. 어차피 모든 것을 잃었으니 농업 경영의 기회를 주는 나라에서 처음부터 다시 시작하는 게 나았다. 숙련노동자와 상인도 마찬가지였다. 영세 사업가와 소매상인은 국영기업 밑으로 들어가야 했다. 일에 대한 소유권을 모두 빼앗겼고 직접 경영할 때보다 돈도 적게 벌었다. 이들 또한 서독으로 가는 행렬에 가담했다.

1961년까지 이미 130만 명이 독일민주공화국을 떠났고 이탈 행렬은 끝날 기미를 보이지 않았다. 연 이탈자 수는 30만 명을 향해 갔다. 그 수치를 넘은 때는 국가 위기 상황이던 1955년과 1957년이었다. 이탈자는 주로 학자, 전문인력, 숙련노동자, 그리고 대형 농장 소유주로 서독에서 새롭게 출발하려는 사람들이었다. 젊은 층은 높은 수준의 직업훈련이나 대학을 마치고서 돈을 더 벌기 위해, 또는 사회적 지위의 상승을 노리거나 더 다양한 소비재를 누리기 위해 나라를 떠났다. 입국하는 동독인들을 맞이한 서독 당국의 통계에 따르면, 1952~1961년에 도착한 '난민' 7명 가운데 6명은 생활수준의 향상을 기대하며 동독을 떠나온 자들이었다. 겨우 14.2퍼센트만이 "생명이나 신변 또는 개인 자유에 위협"[56]을 느껴 탈출했다.

1958년에 이탈한 숫자가 주춤했다는 것은, 만일 울브리히트가 '사회주의 건설'을 무작정 밀어붙이지만 않았다면 전문인력 상당수가 동독에 남았을 수도 있음을 보여 준다. 그러나 독일민주공화국은 계속되는 두뇌 유출로, 결국 다양한 분야의 숙련된 전문가들을 잃었다. 남은 사람들이 느끼는 불안과 분노는 더욱 커졌다. 한 마을의 의사와 간호사가 통째로 사라졌다. 폭격에 무너진 다리와 주택을 재건할 공학자와 건축가도 떠나고 없었다. 제철소와 탄광의 핵심 인력이 빠지고 나니 산업 사슬 전체에 혼란이 일었다. 노련한 농부가 부족해진다는 것은 식량난을 뜻했다. 교사가 된 브리기테 프리츠헨도, 공군에 입대한 게로 판셀로프도, 슈타지 근위대에 들어간 하겐 코흐도 분노를 느꼈다. 더 나은 사회를 건설하려고 오랜 시간 일한 그들은 버려졌다는 생각에, 떠난 자들을 탐욕가라고 손가락질했다. 이주를 고민하던 사람들에게도 이 분노는 강렬히 전해졌고, 오히려 떠날 동기가 되었다. 사회적·경제적·정치적 긴장 상태가 공화국을 무너뜨리지 않으려면, 울브리히트가 나서야 했다.

엘리트의 삶

1958년 봄 브란덴부르크주 반들리츠. 평화로운 마을 반들리츠와 중세 도시 베르나우 사이에 있는 국유림에 정장을 차려입고 기세등등한 사람들이 차에서 줄줄이 내렸다. 그리고 어리둥절히 지켜보는 주민들 앞에서 토지를 측량하기 시작했다. 이들에게는 극비 임무가 있었는데, 숲 일대가 독일사회주의통일당 사람들이 가족을 데리고 와 살 수 있는 제한적 주거 구역으로 적절한지를 살피는 것이었다. 울브리히트는 폭도에 의해 몇몇 공산주의 관료가 목숨을 잃은 1956년 청가리혁명을 지켜본 끝에, 독일민주공화국 정치인의 주거 환경도 이제 안전하지 않다는 결론에 이르렀다. 정치국의 핵심 일원들은 베를린 북부 팡코 지구에 있는 타원형의 마야콥스키가 근처, 수풀이 무성한 동네에서 수백 미터 간격으로 떨어진 주택을 징발해 모여 살고 있었다. 발터와 로테 울브리히트는 28호에 살았고, 바로 옆집 29호에는 빌헬름 피크가 살았다. 호네커 부부는 14호에 거주했고, 13호 건물은 독일민주공화국의 정부 유치원이었다. 독일사회주의통일당 기관지 《노이에스 도이칠란트》의 기자이자 편집자인 루돌프 헤른슈타트도 실각하기 전까지 같은 거리에 살았다. 시인이자 문화부 장관이었던 요하네스 베허도 마찬가지였다. 이곳에서 350미터만 가면 바로크 양식에 외관이 노란색이고, 조경이 잘된 정원이 딸린 영주의 저택 쇤하우젠 궁전이 나왔다. 피크가 호찌민과 니키타 흐루쇼프 같이 중요한 외국 관리를 접견하는 관저로 쓰던 곳이다. 소비에트인들은 이 일대를 1945년 징발해 울타리와 벽을 둘렀다. VIP에게 필요한 것은 그 안에 모두 존재했다. 이 동네는 지역 이름을 그대로 따서 '팡코'라고 불렸는데, 소비에트 사람들에게는 '고로도크Gorodok(작은 마을)'라고도 불렸다.

하지만 도심과 너무 가까웠기에 울브리히트는 마음을 놓을 수 없었다. 헝가리혁명이 보여 주었듯, 벽만으로는 불만에 찬 폭도를 막을 수 있을 리 만무했다. 1953년 동독에서 발발한 봉기의 충격도 채

가시지 않은 상태였다. 아예 베를린에서 벗어난 곳이라면 안전했고 건강이 걱정인 울브리히트가 운동할 공간도 충분할 터였다. 제1 서기는 아침마다 식사 전 10분씩 유산소운동을 했고, 아내 로테와 오래 산책했다. 베를린 바깥으로 나간 후로는 여름마다 근처 호수에서 조정을 즐겼고 겨울에는 아이스 스케이트를 탔다. 반들리츠에서 돌아온 측량사들이 울브리히트의 개인적인 요구사항을 충족하는 것은 물론 정치인 23명과 그 가족이 거주하기에 좋은 지역이 있다고 보고하자, 이주는 곧장 결정되었다.

발트지들룽Waldsiedlung(숲속 마을)은 60헥타르 규모로 1958년 여름부터 1960년까지 지어졌다. 도심에서 북쪽으로 35킬로미터나 떨어져 있었으니 위치도 제격이었다. 수도와 멀어 안전했고 호수, 개울, 그늘진 숲이 있어 목가적이기도 했다. 그래도 차를 타고 30분이면 베를린에 있는 정부 청사까지 갔다. 리프니츠호수 근처에 있는 소비에트대사의 여름 별장도 가까웠다. 마을에는 진료소, 회관, 상점, 미용실이 별도로 있었다. 작은 배 창고가 딸린 전용 호수, 수영장, 영화관도 있었다. 독일사회주의통일당 공직자들은 발트지들룽의 이름도 없는 거리에 모여 살았다. 집들은 그냥 1호부터 23호까지 번호로 불렸다. 울브리히트는 7호에 거주했고 호네커 부부는 11호로 이사했다. 에른스트 볼베버가 권좌에서 추락하고 1957년부터 슈타지 수장을 맡은 에리히 밀케는 14호에 거주했다. 마을 바깥으로 나가면 직원들이 사는 외곽부였다. 거기에는 빵집과 주유소, 정육점이 있었다.

동서양의 타국 정치 지도자들과 달리 독일민주공화국의 엘리트는 검소한 환경에서 살았다. 그들의 집은 젊은 가족이 얻은 방 2개짜리 아파트에 비하자면 널찍했으나 사치스럽다거나 호화로운 것과는 거리가 멀었다. 23채의 집은 하나같이 회색빛이었고, 기와로 지붕을 이고 기능성 벽돌을 쌓아 지어졌다. 이는 독일민주공화국 초기에 대중이 살도록 도시들에 마구 세워진 조립식 건물과 크게 다르지 않았다. 울브리히트는 방이 10개나 있는 가장 큰 집을 배정받았는데, 양식이 대단히 간소했다. 1층에는 독일사회주의통일당 지도자가 손님을 맞이하는 큰 방, 식당, 연실이 있었다. 손님들의 증언에 따르면 응접실은 황량하고 밋밋했다. 2층에는 발터 울브리히트의 서재, 아내가 쓰는 또 다른 (조금 더 큰) 서재, 욕실, 울브리히트가 운동하는 데 필요한 늑목이 설치된 안마실, 개인 의사 아르노 린케Arno Linke에게 치료받는 진료실이 있었다.[57] 각 집에는 정치국원들의 가족들을 위한 방공호도 있었다. 핵 공격이 발생하면 가족들은 얼른 그곳으로 대피하고 정치인들은 베를린에 있는 정부 방공호에서 국가를 계속 운영한다는 것이 계획이었다.

반들리츠에는 독일사회주의통일당 지도자들에게 필요한 게 다 있었다. 아침이면 기사가 전용차로 베를린까지 데려갔다가 저녁에 도로 데려왔다. 보안은 삼엄했다. 650명의 남녀가 마을에서 일하며 살았다. 그들의 일상은 면밀히 감시되었으며 고용되기 전의 배경도 철저히 조사되었다. 반들리츠의 모든 인력은 운전기사부터 기술자까지 전부 슈타지 소속이었다. 정치인들의 집 23채가 있는 내곽은 2미터 높이의 콘크리트 벽을 둘러쳐 요새화했으며, 밤이 되면 벽에 조명도 켜졌다. 사람이 사는 마을임을 숨기기 위해서 외곽부의 울타리에는 '야생동물 연구 구역'이라는 간판이 걸렸다. A11 고속도로에는 마을을 가리키는 표지판이 없었다. 이 고속도로는 공격이 임박했을 때 정치인들과 그 가족이 신속히 대피할 수 있게 마을에서 단 3킬로미터 떨어져 있었다. 발트지들룽이라는 이름은 어느 지도에도 나오지 않았다. 33개의 초소에서 병사 200명이 하루도 빠짐없이 24시간 마을을 지켰다.

쾌적하고 프티부르주아(소시민)와 같은 환경에서 정치국원들은 행복을 느끼기는커녕 황금 우리에 갇혔다고 느꼈다. 마르고트 호네커Margot Honecker는 훗날 발트지들룽을 가리켜 (소문의 안개가 걷히고 마을의 존재가 드러나기 시작했을 때 일반 동독인들도 대체로 그렇게 불렀듯이) '게토'라고 표현했다. 마을에는 사생활이란 게 없었다. 발걸음, 단어, 결정 하나하나가 감시의 대상이 됐다. 마르고트는 보안이라는 이유로 '그림자' 같은 존재와 늘 동행해야 했다. 나중에는 이따금 숨 막히는 환경에서 벗어나고 그림자에게서 달아나고 싶어서 일부러 운전면허를 따고 자동차 바르트부르크를 한 대 장만하기도 했다.[58]

비밀 장막과 콘크리트 벽 뒤에 숨어 단절된 독일사회주의통일당 엘리트들은 일부의 사람 사이에서 공분을 일으켰고, 조롱을 받고 의심을 샀다. '저 윗동네 사람들'이 '초호화 게토'에 살더라는 소문이 돌았다. 일반인들이 구색만 겨우 갖춘 집에 살며 커피 대용품을 마시는 동안 엘리트들은 황금으로 만든 욕실 설비와 환상적인 저택에 들어가 산다더라고 다들 수군댔다. 반들리츠는 얼마 지나지 않아 차갑고 경직된 기관원이라는 울브리히트의 이미지가 사실임을 드러냈다.

울브리히트의 발트지들룽은 정권과 인민 사이에 점점 벌어지는 간극의 증상이자 원인이었다. 이 간극은 울브리히트가 자국민에게 품은 의심을 끝내 떨쳐 내지 못해 나타났다는 점에서 증상이었다. 공산주의자가 적으로 간주되어 투옥되거나 그보다 심한 상황을 겪은 독일에서의 삶은 그의 마음에 어마어마한 파장을 일으켰다. 그건 히틀러가 불러일으키지도 않았다. 울브리히트는 나치가 반공을 핑계로 극도의 탄압을 하기 전부터 빌헬름 2세 정부와 바이마르 당국에 쫓겨 다녔다. 감옥에서 세월을 보냈고, 동지들은 독일인의 손에 목숨을 잃었다. 그러니 1945년 독일에 막 돌아왔을 때 그가 독일에 '빨갱이'를 향한 혐오가 아주 약간이나마 남아 있으리라고 의심한 것은 어쩌면 당연했다. 더구나 모스크바에서 보낸 세월은 공포로 점철되어 있었다. 1930년대에 그와 함께 모스크바에 도착한 사람들은 스탈린 숙청으로 대부분 희생되었다. 이처럼 울브리히트는 일평생을 끊임없는 긴장과 경계 속에서 살았고, 60대에 접어들었다고 그것이 바뀔 리 없었다.

또한 발트지들룽은 정권과 인민의 간극을 벌린 원인이었는데, 이는 울브리히트 정권보다도 오래 지속된 어떤 전형을 만들었다. 1984년 5월 새로운 동료 하나가 정치인들을 벽 너머에 숨긴 것이 과연 옳은 결정 같냐고 물었을 때, 에리히 호네커는 "글쎄요. 발터 [울브리히트]가 정한 것이어서요. 이대로 유지해야 할지는 다시 생각해 봐야겠습니다"[59]라며 말끝을 흐렸다. 물론 다른 나라의 정치인들도 안전을 이유로 정치적 또는 사회적 보호막 속에서 살았으나 울브리히트의 발트지들룽은 그 정도가 극단적이었다. 그곳의 정치인들은 자기들 결정에 생사가 좌우되는 사람들과 철저히 단절되었다. 게다가 이 나라는 사람들이 책을 쓰고 읽는 것부터 수입하는 과일 종류까지 모든 게 중앙에서 계획하고 체계화하는 세상이었다. 언론의 자유와 민간기업이 부족한 상태에서 이와 같은 단절이 더해지자, 의사결정이 잘못되고 여론이 철저히 배제되었으며, 양쪽 모두에게서 공분과 의심을 키웠다. '저 윗동네 사람들'과 '인민'은 전혀 다른 삶을 살았고, 서로에게서 최악의 모습을 의심하기 시작했다.

기회를 놓친 10년

독일 땅에서 사회적·경제적·정치적 실험을 한 독일민주공화국의 첫 10년은 아깝게 기회를 놓친 시절이었다. 그런데 후대의 묘사와 달리, 당시 동독인들이 느낀 지배적인 감정은 울브리히트 정권을 향한 반감도, 아데나워 정권을 향한 부러움도 아니었다. 오히려 안도감과 열정에 가까웠다. 1950년대에 독일민주공화국에 살았던 사람들은 전쟁, 동유럽에서 겪은 박해, 폭격, 강간, 혼돈, 감금의 기억을 고스란히 안고 있었다. 이 참혹한 경험은 1940년대 말부터 1950년대 초엽에 막 일기 시작한 분위기와 현저히 대조되었다.

노동자들은 집이 작거나 식료품점 선반에서 고를 물건이 한정된 것을 개의치 않았다. 전쟁 이전에는 비좁은 공동주택이나 가난한 시골에 살며 그마저도 누릴 수 없었기 때문이다. 1950년대에 그들에게 교사와 숙련노동자가 되거나 군인이 될 기회가 찾아왔다. 국가의 존중을 받았으며, 기껏해야 달래거나 최악의 경우에 억압할 방해물이 아닌 국가의 구심점이 되었다. 청년들은 기쁜 마음으로 히틀러유겐트의 갈색 셔츠를 자유독일청년단의 파란색 제복과 맞바꿨다. 그 안에서 청년들은 익숙한 의례에 다시 적응했고 도덕과 가치관의 변화에서 오는 새로운 흥분을 만끽했다. 과거의 청산과 재건 작업은 목적의식과 만족감을 주었다. 사람들은 고된 전쟁 이후 사회주의 체제가 가져다준 집단 노력의 의미를 갈망했다.

그러나 1953년 봉기가 잘 증명했듯이 동독의 운명은 자국민에게 달려 있지 않았다. 동독과 서독은 세계정치 힘겨루기의 일부로서 처음부터 졸에 지나지 않았으며, 필요하면 언제든 소비에트와 미국이 희생할 수 있었다. 울브리히트와 아데나워는 저마다 (거의 언제나 굽힐 줄 모르는) 신념을 확고히 증명했으나 양쪽 모두 운신의 폭이 좁았던 데다, 각자의 독일을 자신들이 도덕적으로 우월하다고 판단하는 세력 연합과 밀착하게 하려 했다. 그래서 워싱턴이나 모스크바가 정치적으로 중재 의지를 보인 것과 별개로, 두 지도자는 서로를 의심하며 각자의 입장을 철회하지 않았다.

아데나워와 달리 울브리히트에게는 해결할 문제가 두 개 더 있었다. 하나는 대숙청 시대에 모스크바에서 경험한 공포의 기억이다. 여기에 일평생 박해를 받고 불법 행위에 시달린 기억도 더해졌다. 아데나워 또한 나치 시절 위험한 삶을 살았으나 정치 생활이 길었고 쾰른에 뿌리를 내리고 있다는 감각이 확실했기에, 울브리히트의 다난한 인생과는 엄연히 달랐다. 아데나워도 자기 목숨과 나라의 생존을 염려했으나, 그 공포는 독일사회주의통일당 엘리트의 광적인 피해망상에 절대 미치지 못했다. 동독의 또 다른 문제는 숨통을 조여 오는 경제적 부담이었다. 오늘날 역사학자들은 전후 두 독일을 공통적으로 대표하는 것은 '나는 빼 주세요(ohne mich)' 세대의 탈정치적 분위기였다고 말한다. 하지만 아데나워는 마셜 원조를 받았고, 독일의 산업 중심지에 나라를 세웠으며, 배상금 부담도 적었다. 덕분에 그와 경제부 장관 루트비히 에르하르트Ludwig Erhard는 '경제 기적'을 이룰 기회를 얻었다. 이것이 서독인들을 달래 주었으며, 전후에 그들이 그토록 바라던 번영과 안정감과 소비자중심주의를 가져다주었다. 반면 1950년대 초엽 동독 경제는 제대로 굴러갈 기회조차 얻지 못했다. 역사학자들은 계획경제를 실패의 원인으로 지목하지만, 천연자원, 에너지, 산업, 안정통화 등과 같은 기본이 빠진 경제체제의 여파는 가히 가늠하기가 힘들다. 심지어 아데나워는 달러를 기준으로 한 고정환율로 서독의 마르크를 지탱할 수도 있었다.

　권위가 있으면서 인민의 마음을 좀 더 잘 헤아리는 지도자라면 아마도 달리 대처했을 것이다. 그러나 발터 울브리히트는 중산층 국민이 참기 힘든 상황을 조성하는 데 분명 일조했다. 울브리히트가 집단화와 국영화 사업의 속도를 늦춘 1958년에 이주자 수가 잠시 주춤한 것은, 중산층조차도 합당한 이유가 있다면 열악한 생활수준을 감내할 의지가 충분했음을 보여 준다. 정치국에서도 헤른슈타트, 슈미트, 볼베버 등이 온건 노선을 주장했다. 하지만 울브리히트는 반대의 목소리를 내는 자들을 체계적으로 배척하면서 다른 의견을 용인하지 않는 스탈린식 정권을 만들었다.

　다만 두 독일 사이의 국경을 과연 개방할 수 있었을지는 의문이다. 만약 울브리히트가 독일사회주의통일당 내부 개혁가들의 요구대로 사회적·경제적·문화적 차원에서 강력히 개입하고, 그를 통해 온

건한 사회민주주의 체제를 구축했다고 가정해 보자. 노동자들은 새로운 기회와 계층의 상향 이동을 확실히 보장받기만 한다면 이를 지지할 것이다. 그러나 훈련과 숙련의 과정을 기치고 오랜 세월 공부한 끝에 그들이 도달한 곳은 결국 계급 없는 사회일 테고, 그 안에서 그들은 명성은 누릴지언정 부유함은 누리지 못했을 것이다. 독일민주공화국은 집세를 보조했고 포괄적이고 저렴한 보육체제를 꾸렸으며 아파트를 지었다. 그러나 훈련한 공학자는 서독으로 건너가면 돈을 더 벌 수 있었고, 더 큰 집을 장만할 수 있었으며, 동독에서 사지 못하는 물건들을 살 수 있었다. 계급 없는 사회에서는 애초에 평균 이상의 생활을 영위할 수가 없다. 검열과 억압이 있건, 자유와 중용이 있건, 피해를 보는 사람들은 언제나 중산층과 상류층일 수밖에 없다. 짧게 운전만 하면 또는 베를린에서 조금만 더 걸어가면 또 다른 독일이 존재한다는 사실은, 숙련노동자, 전문가, 지식인 등 평균 이상의 소득을 버는 사람들에게는 커다란 매력이었다. 결국 두뇌 유출은 급격하지는 않아도 장기적으로 독일민주공화국의 폐쇄된 경제에 치명적인 타격을 입혔을 것이다.

곧 건설된 베를린장벽이 수많은 이에게 고통을 안겼다는 사실은 변함이 없다. 가족과 친구들이 생이별했고, 누군가는 가둬지고 가로막혔다. 그러나 아데나워와 울브리히트, 존 F. 케네디John F. Kennedy와 흐루쇼프 모두, 장벽으로 향한 길은 이미 10년 전에 시작되었음을 알았다.

5장

벽돌을 하나 하나

> **"** 장벽을 세우고 싶은 사람은 없지요! **"**

1961~1963

베를린장벽

1961년 6월 15일 동베를린 부처 청사. "제1 서기님, 중립 베를린을 만든다는 게 브란덴부르크문에 국경을 세운다는 뜻인가요?" 일간지 《프랑크푸르터 룬트샤우Frankfurter Rundschau》의 서베를린 특파원인 노련한 기자 아나마리 도헤어Annamarie Doherr는 질문한 뒤 충분히 뜸을 들였다. 부처 청사 대회장에는 300명이 넘는 기자가 모여 있었다. 모두의 눈이 질문을 받은 발터 울브리히트에게 쏠렸다. 독일민주공화국의 제1 서기는 몇 주째 흐루쇼프에게 로비하며 '베를린 문제'의 해법을 찾고 있었다. 이미 동독인 300만 명은 '노동자와 소작농의 국가'를 버리고 떠난 터였다. 80퍼센트가 베를린을 거쳐 서독으로 넘어갔다. 독일민주공화국에서 의사 7500명, 치과의사 1200명, 학자 3분의 1이 사라졌고, 국가가 거액을 들여 훈련한 숙련노동자 수십만 명이 이탈했다.[1] 울브리히트는 도헤어와 독자들에게, 그리고 장내 기자들과 자국민에게, 과연 어떤 말을 할 수 있었을까? 사람들의 의견

이 어떻든 동독을 존속하게 해야 한다? 개방 국경은 보안상으로도 문제였다. 베를린은 첩자들의 도시가 되어 있었다. 날마다 50만 명이 양쪽에서 국경을 넘나들었다. 누가 아군이고 적군인지를 판단할 수 없었다. 신뢰가 깨어지고 냉전의 갈등이 새로운 정점에 도달함에 따라, 이념 갈등에 갇힌 강대국들이 공동으로 통치하는 점령 도시 베를린의 지위는 날이 갈수록 위태로워졌다. 1961년 6월 4일 흐루쇼프는 베를린의 중립화와 외국 군대의 철수를 요구했다. 모스크바는 서베를린을 동유럽 사회주의 땅 한가운데 박힌 가시쯤으로 여겼고, 개방 국경을 보안에 위험인자로 인식했다. 한편 서방은 베를린에서 자신들이 철수하면 도시가 장악되리라는 것을 알았다. 교착 상태에 빠진 베를린의 위기로, 동독과 서독 사이에 마지막으로 남은 개방 통로를 닫고 싶어 했던 울브리히트의 오래된 열망은 마침내 워싱턴, 모스크바, 본을 자극했다.

도헤어의 질문에 입을 연 울브리히트의 서투른 대답은 아마도 역사에서 가장 희비극적인 거짓말로 기록될 것이다. 그는 새된 목소리로 기자단에게 이렇게 말했다.

우리가 독일민주공화국 수도의 노동자들을 동원해 장벽을 세우기를 바라는 사람들이 서독에 있다는 질문으로 이해하면 되겠지요? 글쎄… 그런 의도는 전혀 없습니다. … 장벽을 세우고 싶은 사람은 없지요!

그러나 아무도 원치 않는다던 장벽은 두 달도 채 지나지 않은

1961년 8월 13일, 대회장에서 단 몇 미터 떨어진 곳에서 건설되기 시작했다.

1961년 8월 13일 베를린 미테. 게르다 란고슈Gerda Langosch는 킬러슈트라세 3번지에 있는 아파트에서 눈을 떴다. 밤새 밖에서 무슨 일이 벌어졌는지는 까마득히 몰랐다. 28살의 게르다는 일평생을 이 거리에서 살았다. 부모가 사는 18호 아파트에서 태어나 1957년에 결혼하면서 그 집을 나왔다. 임신 5개월 차에 접어든 지금은 남편과 새 가족을 맞을 준비를 하고 있었다. 킬러슈트라세는 원래 가난한 노동계급이 모여 사는 구역으로, 작은 아파트와 공동주택이 즐비했다. 그러나 공중 폭격과 포병 사격으로 게르다가 살던 거리에 있던 건물 스무 채가 거의 모두 파괴되었다. 단 두 채, 18호와 3호만 심하게 파손된 채 남아 있었다. 베를린이 다소 임의로 네 점령지로 분할되고서 게르다는 미테 지역의 소비에트 점령지에서 살았다. 그러나 게르다는 프랑스 점령지가 된 베딩의 노동계급 구역이 훨씬 더 친숙했다. 거기서 학교를 나와 친구도 거의 다 그곳에서 살았고 다니는 교회도 거기 있었다. 그러나 킬러슈트라세를 떠나 집을 포기하고 지척의 부모와도 헤어진다는 것은 생각도 할 수 없는 일이었다.

1961년 8월 13일 아침에 게르다와 남편은 라디오로 충격적인 소식을 들었다. 독일사회주의통일당이 베를린의 서독과 동독 구역 사이에 '반파시스트 방벽'을 세우기로 했다는 것이다. 부부가 사는 거리는 서쪽과 북쪽으로는 베를린 슈판다우의 대형선박용 운하, 동쪽으로는 보이엔슈트라세와 맞닿아 있었는데, 두 곳 모두 다른 점령지와 경계를 이루었다. 이 삼면이 '반파시스트 방벽'으로 둘러싸이게 되었다. 젊은 부부는 허겁지겁 집 밖으로 나가 달라진 게 있는지 확인해 보았다. 운하는 평소 그대로였다. 그도 그럴 것이 꽤 넓은 이 수로는 어차피 1945년부터 구역을 나누는 자연국경 역할을 해 왔다. 보이엔슈트라세는 부모님 집에서 한눈에 내려다보였다. 게르다의 어머니는 아침을 짓다가 주방 창밖으로 당황스러운 풍경을 보았다고 했다. 밖을 내다보니 나무 구조물에 철조망이 둘러쳐진 '스페인 라이더(Spanish rider)'가 길을 따라 설치되어 있었다는 것이다. 게르다의 어머니는 그제야 무슨 일인가 싶어 라디오를 켰다. 게르다의 남편은 여전히 통행할 수 있는지 확인하려고 스페인 라이더가 듬성듬성 놓인 보이엔슈트라세를 지나 서독 구역으로 발을 들였다. 심문하는 사람은 없었지만, 그는 바로 지금이 서독에 발을 디디는 마지막 순간임을 직감했다. 그는 뒤돌아서 이제 막 놓인 국경 방어물을 다시 지나 임신한 아내가 기다리는 동독의 삶으로 돌아갔다.[2]

　게르다와 가족이 곤히 잠든 새벽 1시, 서베를린을 동베를린 및 독일민주공화국의 나머지 지역과 구분하는 170킬로미터의 분계선이 빠르게 폐쇄되었다. 급한 대로 콘크리트, 철조망, 스페인 라이더가 여기저기 설치되었다. 수로도 미약하게나마 방어벽 역할을 했다. 국경경찰은 소련 구역과 나머지 구역 사이를 막는 기존의 차량 검문소를 더욱 강화하고 질서를 유지하라는 지시를 받았다. 공포와 절망감과 분노를 느낀 양쪽 시민들이 해명을 요구하는 통에 밤마다 장벽 근처에서 '사건'이 발생했다.

　울브리히트는 부정적인 반응을 익히 예상했기에 장벽이 독일민주공화국의 안보를 위한 대중 공동의 노력이라는 환상을 심고자 했다. 울브리히트 정권은 장벽 근처에 국가인민군 병사들과 국경경비대는 물론, 1953년 봉기 후 설립뒤 자발적인 준군사조지 노동계급진투단을 파견했다. 전투단에 들어온 남녀 자원자는 어느새 10만 명을 훌쩍 넘겼으므로 서베를린과 바로 맞닿은 국경선을 지키기에 충분했다. 게다가 모두 민간인이어서 우연으로든 의도적으로든 서독을 침범하더라도 전쟁 행위로 여겨질 가능성은 적었다. 그러니 서독 국경에 배치되기에 더할 나위 없이 적합했다.

게르다 란고슈의 집 밖에 놓인 스페인 라이더는 새벽녘 노동계급전투단원들이 설치한 것이었다. 국경의 폐쇄를 준비하고 실행한 책임자 에리히 호네커는 회고록에 이렇게 썼다.

> 노동계급의 정치적이고 군사적인 투쟁력을 활용하자고 제안했다. 전투단 제복을 입은 사회주의 노동자들을 국경에 직접 배치하자는 것이다. 그들이 인민경찰과 함께 서베를린 국경을 수호했다.[3]

국가인민군과 슈타지 근위대는 2급 방위조직을 꾸려 필요시 노동계급전투단과 인민경찰을 지원할 수 있게 배치했다. 붉은 군대는 나토의 개입처럼 극도로 긴급한 상황에만 투입되기로 했다. 이는 정권의 초조함을 잘 보여 준다. 동독은 서방과 갈등이 빚어지기를 원치 않았고 베를린장벽의 건설도 그 일환이었으나, 1961년 8월 13일의 상황이 전면전으로 격화할 가능성을 아예 배제할 수 없었다. 본과 워싱턴이 어떻게 반응할지 미지수였다. 베를린은 10년을 훌쩍 넘는 시간 동안 냉전의 긴장 한복판에 있었다. 두 독일은 아주 사소한 사건으로도 사태가 나빠질 수 있음을 예민하게 인지했다. 도시 양쪽의 평범한 사람들이 장벽을 건설하는 현장에 몰려드는 상황에서, 긴장한 보초병이 방아쇠를 당긴다거나 동독과 서독의 무장 부대끼리 총격을 주고받는 일은 언제든 일어날 수 있었다. 더구나 1년 후 발생한 쿠바미사일위기는 핵전쟁이 얼마나 가까이에 있는지를 전 세계에 보여주었다. 1960년대의 고조된 분위기를 생각하면 베를린장벽 건설은 냉전에 전쟁의 열기를 불어 넣고도 남을 불씨였다. 울브리히트도 호네커도 이 사실을 잘 알았다.

장벽 건설에 투입된 전투단의 민간인들은 막중한 책임을 떠안았다. 하지만 8000명 남짓한 대원들은 군대에 자원한 자들답게 열정이 넘쳤다. 헬무트 에거란트Helmut Egerland는 휴가 중에 라디오로 소식을 듣고 돕겠다며 달려왔다. 한 지역의 부대장이었던 발터 쉰들러Walter Schindler는 자기 부대의 경험을 다음과 같이 표현했다.

그 시절은 우리에게 영적 세례와도 같았다. 고단한 나날들이었다. 처음에는 아무것도 없이 책상과 의자만 놓고 잠을 청해야 했다. 12시간 이상을 교대로 근무했고 2시간 눈을 붙이면 알람이 우리를 깨웠다. 비가 쏟아졌고, 추웠다. 그러나 부대는 자원자가 필요한 곳이면 어디든 갔다. … 이러한 시련이 우리의 사기를 꺾지는 못했다. 오히려 정반대였다. 배치되면 될수록 전우애는 돈독해졌고 투지와 계급의식이 굳어졌다.[4]

그러나 노동계급전투단이 모두 이렇게 적극적이지는 않았다. 열악한 비상대기 체제와 고르지 못한 통신, 무엇보다 베를린 분단에 대한 깊은 공포 내지는 반감으로, 1961년 8월 예닝 진력 가운데 전투단은 실제로 65.5퍼센트의 전력만 가동할 수 있었다.[5] 게다가 접경지대에서 베를린 서독 구역을 자유로이 순찰할 수 있었던 노동계급전투단, 인민경찰, 국경경비병, 병사 약 2100명은 독일연방공화국으로 전향했다. 1961년 8월 14일 브란덴부르크문에서 국경을 지키던 노동계급전투단원 4명의 사진은 본래 선전을 목적으로 찍혔으나, 사진 속 전원이 서독으로 자취를 감추자 알게 모르게 역사 속으로 파묻혀버렸다.

자연스럽게 자유독일청년단은 할 일이 생겼다. 1961년 8월 13일 자유독일청년단 중앙평의회 사무국은 지역 단원들에게 즉시 명령을 내렸다. 내용은 다음과 같았다.

-노동계급 및 모든 청년이 국가평의회 의장 발터 울브리히트 동지에게 정부 조치에 대한 지지를 보일 것
-인민경찰 지시에 협조하여, 선동가와 한심한 작자가 시내 영화관이나 식당 및 다른 곳에서 기만적인 일을 하지 못하게 막을 것
-자유독일청년단원들과 지도부는 국가인민군과 기타 우리 공화국의 무장 부대에 최대한으로 힘을 보탤 것[6]

청년들을 배치하는 목적은 크게 두 가지였다. 하나는 1960년에 발터 울브리히트가 천명한 바대로, 독일민주공화국을 수호해야 한다

는 점을 청년들이 각인하는 것이었다.[7] 이는 공화국 안팎에서 적이 위협할 때 즉각 반응할 수 있도록 국가를 전투대기 상태로 만들려는 정권의 의도가 반영된 것이기도 했다. 자유독일청년단은 자원입대 비율을 높일 목적으로 입대하면 함께 생활해야 하는 국가인민군 부대에 단원들이 방문하게 했다. 서독의 독일연방군과 바르샤바조약국들 수준에 맞춰 1962년 1월 드디어 징병제가 도입될 예정이었으나, 독일민주공화국 정권은 늘 그렇듯 이를 조금은 불안히 여겼다. 1964년부터 동구권 국가로는 유일하게 양심적병역거부를 허용한 것이 그 증거다.[8] 1961년 8월의 사례처럼 국가인민군 파병에 자유독일청년단을 끌어들여 이미 군대에 있는 사람들과 연대할 기회를 주는 것 정도가 최선으로 여겨졌다.

폐쇄된 국경에 자유독일청년단을 배치하는 또 다른 목적은 동베를린 전역에 파란색 제복이 깔림으로써 청년세대가 국경 폐쇄를 지지한다는 인식을 퍼뜨리는 것이었다. 이 청년들은 불안해하는 베를린 시민들을 안심하게 하는 한편, 특히 서베를린에서 장벽에 반대하는 사람들에게 시비를 걸고는 했다. 이들은 식당과 카페, 그 밖의 공공장소에 보란 듯 앉아 국가 권력의 가시적인 확장 기관으로서 또 다른 치안의 역할을 했다. 자유독일청년단의 청년들은 스스로 중요한 사람이 되었다고 느꼈고, 권력을 체감했으며, 무엇보다 자신들이 자발적으로 지키려는 신생 공화국의 지분을 가졌노라고 느꼈다.

1961년 8월 16일 서베를린 시장 빌리 브란트는 쇠네베르크시청에 모인 30만 시민 앞에서 연설했다. 연설은 미국 라디오방송국 리아스를 통해서도 중계되었다. 당연히 동베를린에도 전해지리라는 것을 그는 잘 알고 있었다. 그는 열띠게 연설하며 새 국경을 수치의 벽(Schandmauer)이라고 명명했다. 이 표현은 훗날 서독 총리가 된 빌리 브란트가 1969년에 두 독일의 화해를 추진할 때까지 10년 가까이 서독에서 공식적으로 통용되었다. 그러나 당시 서베를린 시장으로서 그는 분노를 감추지 못했다. 그는 콘라트 아데나워와 갓 선출된 미국 대통령 존 F. 케네디를 포함해 서방 정치인들에게 개입할 것을 간곡히 호소했다. 동독의 국경경비대를 향해서는 제발 인류애를 발휘해 국경을 건너려는 사람들을 쏘지 말아 달라고 청했다. 그는 또 동독 시민들을 도와야 한다며 이렇게 주장했다.

> 철조망 너머, 콘크리트 말뚝과 전차 너머, 저 구역에 있는 동포들, 오늘도 붉은 군대의 감시를 받으며 원하는 것을 표현하지 못하는 동포들 … 그들의 분노 표출을 막는 것은 전차뿐임을 우리는 알고 있다.[9]

하지만 브란트의 외딴 목소리는 어디에도 닿지 못했다. 아데나워와 케네디의 반응은 미지근했고 행동보다는 말뿐이었다. 서독 시민들은 염려를 표했으나 이렇다 할 소요는 벌어지지 않았다. 동독인들은 몇 주, 몇 달이 지나도록 잠잠했다. 베를린장벽은 인도적인 차원에서 보면 분명 잔혹했으나, 정치적으로 보자면 베를린의 상황을 잠재우는 데 일조했다. 누구도 대놓고 말하지는 않았으나 아데나워도, 울브리히트도, 케네디도, 흐루쇼프도 그렇게 생각했다. 분단 도시의 긴장감은 여전했으나 동독의 다른 곳은 즉각적으로 안정을 되찾았다. 울브리히트가 다시금 속도를 올린 '사회주의 건설' 사업은 온갖 부작용과 분노를 자아내면서도 어느새 당연한 일상이 되었다. 베를린장벽이 세워지자 사람들은 이제 서독으로 이주할 수 없었다. 중산층과 숙련노동자들은 어쩔 수 없이 현실을 받아들여야 했고, 다른 한편으로 의사, 치과의사, 과학자, 건축업자가 부족할까 봐 더는 걱정하지 않아도 되었다. 모두가 그런 것은 아니었으나 전체적으로 보면 동독이라는 나라는 그저 어깨를 으쓱한 뒤 다시 할 일을 시작한 듯 보였다.

하지만 서독에 사랑하는 사람을 두었거나 장벽 너머에서 이미 새로운 삶을 꾸렸으나 망설이다가 떠날 시기를 놓치고 만 사람들에게, 독일민주공화국은 베를린에 있던 초기의 허술한 방벽보다 드높게만 느껴지는 벽에 가로막힌 감옥이었다. 당국은 서독으로의 두뇌 유출을 막으려 했고 자신들이 얼마나 진지한지를 보이고 싶었다. 그런데 정치 엘리트 사이에서 고조된 긴장감과 1세대 베를린장벽의 불안정함이 뒤섞이면서 치명적인 상황이 벌어지고야 말았다. 나라를 떠나고 싶어 하는 동독인들은 국경경비병들이 겨누는 총에 가로막혔다. 정교하고 철통같은 장벽이 될 때까지 몇 년 동안 베를린은 피비린내가 진동했다.

장벽의 긴 그림자

1962년 8월 17일 동베를린. 도시에는 몇 달간 긴장감이 돌았다. 일주일이 멀다 하고 베를린장벽에서 유혈 사태가 일어났다. 1년 전 동서

독 국경이 폐쇄된 후 총 23명이 국경을 건너려다가 목숨을 잃었다. 그리고 한여름에 펼쳐진 사건들은 세계를 충격에 빠트렸고 독일민주 공화국이 역사에 어떻게 기록될지를 결정했다

오후 2시가 막 지났을 무렵 치머슈트라세의 더운 공기 사이로 총성이 울려 퍼졌다. 건물이 즐비한 이 대로는 검문소 체크포인트 찰리Checkpoint Charlie와 가까워서 국경을 넘기에 가장 좋은 지점이라 할 수 있었다. 한 10대 청년이 베를린장벽 아래에서 피를 흘리고 쓰러져 고통스럽게 절규하며 도움을 요청했다.

청년의 정체는 동베를린에서 벽돌공으로 일하던 18살 페터 페히터Peter Fechter였다. 청년은 동독 정권의 반대로 서베를린에 사는 누나를 보러 갈 수 없자, 점심시간에 동료 헬무트 쿨바이크Helmut Kulbeik와 서독으로 탈출하고 싶다는 푸념을 주고받았다. 그러던 어느 날 두 청년은 장벽 근처에서 반쯤 허물어진 건물을 한 채 발견했다. 유혹의 씨앗은 그렇게 뿌려졌다. 이틀 후 다시 그곳을 찾은 두 사람은 안에 들어가 보기로 했다. 알고 보니 건물은 목공소로 쓰이던 곳이었다. 둘은 조심스럽게 건물 뒤편으로 걸음을 옮겼다. 발자국을 들킬까 봐 신발을 벗고 양말만 신은 채로 이동했다. 1층에서 두 사람이 발견한 것은 아직 판자로 막히지 않은 장벽 쪽 창문이었다.

동베를린과 서베를린 국경이 폐쇄되고 1년 동안 당국은 틈새와 약점을 없애려고 체계적인 노력을 기울였다. 군인과 자원자의 도움을 받아 길가에 스페인 라이더를 깔던 시절은 끝났다. 이제는 장벽과 철조망, 무장 병력이 국경을 지켰다. 헬무트와 페터가 들어간 건물은 그 요새의 동쪽 끝에 있었는데, 창문이 막히지 않은 것은 순전히 우

259

연이었다. 주변을 살핀 두 청년은 창문 문턱이 낮아 뛰어넘을 수 있겠다는 생각이 들었지만, 일단 착지하고 나면 숨을 곳이 없다는 것이 자명했다. 서베를린으로 가려면 담벼락을 하나 넘고 10미터 너비의 '죽음의 구역'을 지난 다음 꼭대기에 철조망이 놓인 2미터 높이의 콘크리트 장벽을 넘어가야 했다. 게다가 감시탑에서 이 모든 과정은 한눈에 내려다보였다. 목숨을 건 장애물 길이었다.

　그런데 난데없이 발걸음 소리와 웅성대는 목소리가 들려왔다. 두 청년은 기겁했다. 어찌할 바를 몰라 냅다 창밖으로 뛰어내렸다. 지금이 아니면 기회가 없었다. 양말만 신은 발로 몇 미터를 내달려서 서베를린과 자신들을 가로막은 담벼락을 넘었다. 이제 길을 따라 몇 걸음만 이동하면 반대쪽 장벽이었다. 성공이 코앞이었다. 그런데 그 순간 4번 초소를 지키던 군인 둘이 그들을 발견하고는 즉시 총을 쐈다. 총알 24발이 쏟아졌다. 헬무트는 충격으로 정신이 번쩍 들어 어느 때보다도 빨리 내달렸노라고 훗날 회고했다. 그는 서베를린 국경의 외곽 벽을 낑낑대며 넘어갔다. 발과 팔과 가슴팍이 철조망에 베였다. 경비병들은 계속 총을 쏴대다가는 서베를린으로 총알이 날아갈지도 모른다는 생각에 사격을 정지했다.

　헬무트는 찢어진 옷을 부여잡고 장벽 꼭대기에서 뒤를 돌아 친구를 불렀다. "얼른! 서둘러! 빨리!" 그러나 페터는 공포에 얼어붙어 꿈쩍도 하지 못했다. 잠깐의 망설임 끝에 페터는 다시 정신을 차리고 외곽 장벽으로으로 달렸다. 그리고 벽에 달려들었다. 그런데 그때 3번 초소의 경비병들이 가까이 다가와 발포했다. 페터는 허리 아래에 총을 맞고 동독 관할 국경으로 추락했다. 그는 고통에 몸부림치며 경비병들이 퍼붓는 총격을 피해 창고 뒤로 몸을 숨겼다. 그러나 얼마 가지 못해 쓰러지고 말았다.

총성을 듣고 서독 국경 쪽에 적지 않은 사람이 모였다. 서베를린 경찰은 오후 2시 12분에 첫 신고를 받았고 곧장 지원 병력을 보냈다. 동독 경비병들도 구급차 소리를 들었다. 기자들도 급히 도착했다. 현장에는 격노한 서베를린 시민이 250명쯤 모여 동독 경비병들을 향해 "살인자! 살인자!"라고 매섭게 외쳤다. 서독 경찰관들을 향해서는 "발포하라! 발포하라!"고 아우성쳤다. 명령에 따라 가만히 대기해야 했던 경찰관들로서는 대단히 난처한 상황이었다. 그들은 자리를 잡고 반대편의 동독 경비병들을 향해 총구를 겨눴다. 체크포인트 찰리의 미군 부대도 뭔가를 하라는 서베를린 시민들의 요구에 시달렸다. 그러나 그들 또한 "꼼짝 말고 서서 아무것도 하지 말라"는 엄명을 따랐다.

혼돈이 격해지는 와중에 도와 달라는 페터의 절박한 외침은 베를린장벽 양쪽으로 울려 퍼졌다. 초반의 시끄러운 절규는 이내 숨죽인 울음으로 바뀌었다. 이후 시간이 꽤 지나고 목숨이 다 꺼진 후에야 소리는 멎었다. 다가오는 이는 없었다.

서독 경찰관들은 사다리를 타고 장벽을 올라 붕대와 응급처치 물품을 페터에게 내려보냈으나 차마 시신은 회수하지 못했다. 함부로 동독 영토에 들어갔다가는 국경 침범으로 간주되어 유혈 사태가 전면적으로 벌어질 수 있었다. 미국도 손이 묶인 것은 마찬가지였다. 가뜩이나 냉전의 긴장이 극에 달한 시점에서 페터를 살리겠다고 개입하는 것은 사실 침공과 다를 바 없었다. 동독 경비병들도 10대 청

261

년을 살리기 위해 다가가려면 목숨을 걸어야 했다. 마침 사흘 전 그들의 지휘관 루디 아른슈타트Rudi Arnstadt가 장벽 근처에서 서독 경비병들의 총에 맞는 사고가 있었다. 대다수가 페터의 또래였던 동독 경비병들에게 서독이 겨눈 총은 공포의 대상이었다.

그렇게 수백 명이나 되는 사람이 총에 맞은 청년이 울며 애원하는 소리를 50분 가까이 듣고만 있었다. 마침내 청년이 숨을 거두자 동독 경비병들은 그제야 연막을 피워 시야를 가린 뒤 서둘러 시신을 수습해 갔다. 천천히 죽어 가는 청년의 사진은 전 세계에 충격을 주고 분노를 자아냈으며, 울브리히트 정권을 향한 비난이 쏟아지게 했다. 어떠한 선전이나 해명도 이를 막지 못했다.

장벽은 떠나기로 맘먹은 사람들을 저지하기에는 여전히 불완전했으나, 감시는 대단히 삼엄하여 사망과 부상 사고가 잦았다. 이로 빚어진 국내외 위기를 의식한 당국은 국경을 더욱 보강하기로 했다. 그러나 1960년대 초반의 독일민주공화국은 서베를린과 맞닿은 155킬로미터의 국경을 요새화하기는커녕 대규모로 주택을 지을 만큼의 자원도 부족했다. 그래서 초창기 베를린장벽은 자원을 끌어모아 되는 대로 지어 놓은 건축물 정도에 지나지 않았다. 아파트단지가 국경을 가르는 구조물로 쓰이기도 했다. 주민들은 갑자기 퇴거 통보를 받았다. 건물 전체가 장벽의 한 부분으로 쓰일 수 있게 창문과 문은 빠짐없이 벽돌로 메워졌다.

베를린 미테의 베르나우어슈트라세에서도 이런 일이 일어났다. 거리의 북쪽은 프랑스 점령지인 베딩 구역에 속했고, 남쪽의 집들은 소련 점령지에 속했다. 그래서 묘한 상황이 벌어지기도 했다. 소비에트 점령지에 집이 있는 사람들은 현관문을 열고 나가는 순간 서베를린에 들어가는 꼴이었다. 남편을 잃은 58살 간호사 이다 지크만Ida Siekmann의 사연도 여기에 해당한다. 이다는 베르나우어슈트라세 48번지에 살았는데, 집을 나와 10분만 걸으면 서베를린 로르칭슈트라세가 나왔고, 거기에 사는 여동생 마르타Martha의 집을 자주 방문하곤 했다. 1961년 8월 13일 하룻밤 사이에 동베를린과 서베를린 국경이 폐쇄되었을 때도 이다는 현관문만 열고 나가면 곧바로 서베를린 보도로 나갈 수가 있었다. 그러나 당국은 베르나우어슈트라세 남쪽에 사는 주민들을 엄격히 통제했으며, 8월 18일부터 집의 문과 창문을 벽돌로 막고 뒤쪽에 새 문을 뚫는 작업을 시작했다. 사흘 후인 8월 21일 이다의 집을 막을 차례가 왔다. 원래 있던 문이 막혀 이제 이다는 동생네와 단절되었다. 날이 밝으면 창문도 막힐까 봐 걱정하던 이다는 동생을 다시 보기 위해 운명적인 결정을 내렸다. 직접 길을 찾아 나서기로 한 것이다.

59번째 생일을 하루 앞둔 1961년 8월 22일 아침에 이다는 어떤 방법으로든 서베를린에 가기로 했다. 아직 창문은 막히기 전이었다. 이다의 집은 건물 4층이었다. 서베를린 소방대는 이다와 같은 사람들을 돕기 위해 추락 방지판을 제작 중이라고 했다. 그러나 어느 세월에 완성된단 말인가? 공포에 질린 이다는 기다릴 여유가 없었다. 그는 창밖으로 짐 몇 가지와 이불, 담요를 떨어트려, 세 층 아래의 단단한 회색 조약돌이 깔린 바닥에 떨어지더라도 그것들이 충격을 어느 정도 흡수해 주기를 바랐다. 그리고 뛰어내렸다. 포장도로에 떨어지자마자 이다는 치명상을 입었다. 그리고 병원으로 옮겨지던 중에 사망했다.

　이다 지크만의 비극적인 죽음은 베를린장벽 양쪽에서 곧장 정치화되었다. 서베를린 지슈트라세 공동묘지에서 열린 장례식에는 빌리 브란트를 비롯해 거물 정치인이 여럿 참석했다. 유골함은 도시를 상징하는 색깔의 천으로 싸여 안치되었다. 사망한 장소에 기념비가 세워졌으며, 서베를린을 지지한다는 신호를 보내려는 정치인들이 잇달아 찾아와 기념비 앞에서 사진을 남겼다. 그중에는 서독 총리 콘라트 아데나워, 미국 대통령 존 F. 케네디도 있었다. 그러나 두 사람은 이다 지크만과 같은 사람들이 서독의 친구들, 가족들과 단절되었을 때 정작 어떠한 도움도 주지 않았다. 심지어 아데나워는 국경이 폐쇄되고 아흐레가 지나서야, 즉 이다가 사망한 당일에야 베를린에 처음 방문했다.

　서독 언론은 이다의 죽음을 대서특필하며 "자유를 향한 죽음의 점프"라고 이름 붙였다. 그러나 이다의 진짜 의도가 무엇인지는 밝혀진 바가 거의 없다. 이다의 고향인 고르켄은 제2차 세계대전 후에 폴란드로 귀속되었다. 또 이다는 기록에 따르면 혼자 자립해 살았다. 따라서 베를린에 새집을 장만한 이다에게 서베를린에 사는 여동생은 아마도 가장 가까운 연고였을 것이다. 이다는 15년간 소비에트 점령지에 살면서 거리 몇 개만 지나면 나오는 여동생네를 걸어서 방문하고는 했다. 대다수 동독인처럼 그가 굳이 서독으로 이주하지 않았다는 사실은, 그가 뛰어내린 이유가 정치적이라기보다 사적인 동기에 기인함을 시사한다. 문이 벽돌로 막히자 거리 일대가 공황에 빠졌다는 사실은 주민들의 증언에서도 확인된다. 어쩌면 58살의 이다는 돌

봐 줄 사람 하나 없이 벽돌로 막힌 아파트에서 노년을 보내는 미래를
그려 보았는지도 모른다. 이다가 절망한 진짜 이유는 아무도 확신할
수 없지만, 서독 언론도 동독 경찰도 그에게 진정으로 예의를 갖추지
는 않았다. 동독 경찰의 반응은 단호했다.

> 1961년 8월 22일 오전 6시 50분경, 홀로 살던 이다 지크만이 … 4층
> 에서 아파트 건물 전면으로 나 있는 창밖으로 몸을 던졌다. … S는
> 서독 소방대가 수습했다. 바닥 흙에 피가 흥건히 고여 있었다.[10]

서독에서 순교자로 떠받들어진 이다는 동독에서 잊힌 존재가
되었다. 이 사건을 통해 동독 당국은 더는 피를 보지 않으려면 남아
있는 베를린장벽의 틈새를 얼른 막아 버려야 한다는 사실을 다시금
확인했을 뿐이다.

이다 지크만이 사망한 지 이틀이 지나고, 24살 재단사 귄터 리
트핀Günter Litfin은 서베를린으로 헤엄쳐 가려고 베를린 미테의 훔
볼트항구에서 강물로 몸을 던졌다. 국경 봉쇄 며칠 전, 귄터는 샤를
로텐부르크에 있는 아파트에 가구를 들였다. 그는 그곳에서 계속 일
할 작정으로 이사를 계획 중이었다. 그는 이 서독 구역에서 수습 생
활을 마친 뒤 50만 베를린 시민이 그랬듯 매일 국경을 넘어 출퇴근했
다. 그런 그에게 8월 13일의 사건은 뜻밖의 변수였다. 그는 서베를린
으로 아예 이주할 방법을 궁리했다. 1961년 8월 24일 오후 4시 귄터
는 훔볼트항구 쪽에 어설피 세워진 장벽을 타고 올랐다. 거기서 다리
를 건너 서독으로 갈 생각이었다. 하지만 경비병들에게 발각되고 말

265

았다. 그들은 원래 교통경찰관으로 도로를 통제하는 사람들이지 독일민주공화국에서 이탈하려는 자에게 실탄을 쏘도록 훈련한 사람들이 아니었다. 두 경찰관은 규약에 따라 귄터에게 멈출 것을 지시했다. 귄터는 겁에 질려 달아났다. 그러자 경비병들이 경고탄을 쏘았다. 귄터는 이번이 아니면 샤를로텐부르크에서 삶을 시작할 수 없으리라는 것을 잘 알았다. 그래서 절박한 심정으로 물에 뛰어들었다. 60미터를 헤엄쳐야 했다. 결국 두 경찰관은 그를 정조준해 몇 발을 쏘았다. 그중 하나가 귄터 머리에 박혔고 그는 그대로 사망했다.

강 건너편의 서베를린 시민 300여 명이 이 참혹한 광경을 지켜보았다. 3시간 후에야 동독 소방대가 그의 시신을 수습했다. 이번만큼은 독일민주공화국도 이다 지크만 때처럼 침묵을 지킬 수가 없었다. 당국은 귄터의 명예를 망가트리려고 《노이에스 도이칠란트》를 이용해 악의적인 언론 보도로 귄터를 공격했다. 《노이에스 도이칠란트》에서 귄터는 비정상적인 범죄자로 묘사되었고, 당대의 관습을 활용해 그가 "서베를린에서 아는 사람은 다 아는 동성애자"였다는 거짓 정보가 흘러나왔다. 심지어 이런 주장도 실렸다.

> 인민경찰이 프리드리히슈트라세역 인근에서 범죄 행위를 하던 그를 현행범으로 검거했다. 그는 체포되지 않으려고 홈볼트항구에서 강으로 뛰어들어 죽음을 맞이했다.[11]

똑같은 기사에 "이제 서베를린에 '인형(Puppe)' 기념비가 세워지겠다"라는 비아냥도 실렸다. 베를린장벽 앞에서 벌어진 또 다른 죽음은 이번에도 정치화되었고 서류철 뒤의 개인은 무참히 짓밟혔다.

독일민주공화국 정부는 베를린에서 발생하는 유혈 사태를 더는 감당할 수가 없었다. 게다가 이때는 냉전이 '가장 뜨거운' 시기였다. 한 개인의 사건도 초강대국 사이에서 재앙 수준의 갈등으로 격화할 수 있었다. 독일민주공화국은 닥치는 대로 베를린장벽을 요새화했다.[12] 1962년 10월 27일 《뉴요커New Yorker》에 실린 존 베인브리지John Bainbridge의 기사를 보면, 국경을 폐쇄하려는 광란의 노력이 생생히 묘사되었다.

장벽 밑바닥에는 4.5피트 정사각형에 두께는 1피트쯤 되는 조립식 콘크리트판을 줄지어 세운다. 땅을 파서 심은 게 아니라 지표면에 덜렁 놓은 것이어서, 지난해 봄 날씨가 풀리며 땅이 융기하자 장벽 몇 군데가 무너졌고, 동독 노동자들이 다시 올려야 했다. 콘크리트판 위에 규격 크기의 콘크리트 벽돌을 두어 줄 쌓고, 그 위에 12인치 정사각형에 길이는 30인치쯤 되는, 매끈히 마감된 콘크리트를 올린다. 벽돌과 평판을 고정하는 모르타르가 여기저기 지저분하게 새어 나와 있다. 꼭대기에는 3피트 간격으로 Y자 모양의 금속 막대기를 박고 녹슨 철조망을 두른다. 장벽은 보통 이렇게 구성되지만, 조립 방식이 매번 같지는 않다. 건축 기사가 어떤 때는 먼저 놓은 콘크리트 벽돌 위에 마감된 콘크리트를 붙였다가, 또 어떤 때는 그걸 생략했다. 가끔은 벽돌만을 사용해 장벽을 확장했다. 당연히 장벽은 높이가 고르지 못했다. 원칙상 높이는 10피트여야 했으나 어떤 곳은 두 배나 높았고, 어느 구역으로 가면 몇 걸음 만에 장벽 높이가 서너 배씩 차이가 났다. 그러나 딱 하나 장벽에 일관된 점이 존재한다. 바로 형편없이 지어졌다는 것이다. 베를린의 어느 조각가의 말마따나 좀처럼 솜씨가 늘지 않는 석공 훈련생이 술에 취해 대충 만든 것 같았다.[13]

마침내 독일민주공화국은 바라던 것을 얻었다. 이제 서독으로 숙련노동자가 이탈하는 일은 없었다. 1961~1989년에 절박하게 국경을 넘으려다가 목숨을 잃은 사람은 140명이었다. 장벽 경비가 더욱더 삼엄해지면서 탈출 사건도 결국은 줄었다. 베를린장벽은 감시탑, 군용 차량 파괴 장치, 탐조등, 그 밖에 여러 장치를 갖춘 요새가 되었다. 한쪽에서 다른 쪽으로 무사히 건너가기란 갈수록 힘들어졌다. 탈출을 시도하는 수가 자연스럽게 줄었고, 시도하더라도 죽음의 구역으로 진입하기 전에 상당수가 좌절했다. 열기구를 타거나 땅굴을 통과하는 식의 기발한 탈출 시도가 있기는 했으나, 서독으로의 합법적 이주를 고민하던 사람 대다수가 이제 운명에 체념했다. 동독 주민들은 1961년 8월 13일 이전의 일상을 이어 갔다. 신문이나 라디오를 통해 베를린에서 일어나는 사건을 들었고 친구나 가족과 이야기를 나누기도 했으나, 사실 그보다는 주택, 직장, 자신들의 삶에 더 관심 있었다. 독일민주공화국이 동독에서도 괜찮은 생활수준을 누리게 해 준다면야 시민들은 베를린장벽과 더불어 살아갈 의향이 있었다.

열심히 일하고 열심히 놀아라

1961년 5월 1일 메클렌부르크주 비스마어 유타 미르제Jutta Mierse는 오후 4시에 발트해 항구를 출발해 첫 항해를 떠나는 가스터빈 발동 기선 프리츠 헤케르트Fritz Heckert호의 갑판에 서서 항구에 모인 사람 들을 향해 웃으며 손을 흔들었다. 이 금발의 승무원은 갓 건조된 유 람선의 무도장과 주간 카페에서 7년 동안 일할 것이다. 선상에서 유 타는 '막스'라는 이름으로 불렸고, 선장 빌리 라이디히Willi Leidig 밑 에서 일하는 180명의 선원과도 잘 어울려 지냈다. 업무 일정을 짜고 구출 작전을 연습하는 와중에 11일씩 짬을 내어 여행도 다녔다. 헬 싱키의 가게들에서 높은 물가에 놀랐고, 레닌그라드(지금은 상트페테 르부르크)의 겨울 궁전에 감탄했다. 리가 항구에서 수천 명의 열띤 환 대에 감동하기도 했다. 5월 12일 비스마어로 돌아온 유타는 피곤하 여 녹초가 되어 있었다. 첫 항해였으므로 "일과 휴식의 균형을 아직 찾을 수가 없었기" 때문이다. 비스마어에서 유타는 영화관, 클럽, 식 당을 다니며 휴식했다. 프리츠 헤케르트호는 다음 출항을 준비했다. 이 무렵 유타는 같은 배에서 일하던 젊은 배관공 에리히 쿠펠트Erich Kuhfeld를 만났다. 둘은 1961~1968년에 프리츠 헤케르트호를 타고 함께 항해를 다녔다.[14]

프리츠 헤케르트호와 같은 국영 유람선은 서독이 이룬 경제 기 적에 맞먹는, 어쩌면 그걸 뛰어넘는 생활수준을 시민들에게 주려는 독일민주공화국의 노력 가운데 하나였다. 그러나 문제는 있었다. 석 유가 상시 부족하다 보니 프리츠 헤케르트호의 디젤기관은 가스터빈의 보조를 받았다. 당시 가스터빈은 까다로운 신기술로 고장이 잦았고 항해 도중에 수리해야 하는 경우도 있었다. 베를린장벽이 세워지자 바다를 항해하는 것도 문제가 되었다. 비사회주의국가로 사람들을 실어 나른다는 것은 항구에 도착할 때마다 승객들의 이탈을 감수해야 한다는 뜻이었다. 1962년 1월 3일 프리츠 헤케르트호는 승객 400명을 싣고 로스토크를 출발해 북아프리카 해안과 지중해를 거쳐 항해했다. 이런저런 휴가를 조직한 자유독일노동조합총연맹은 8000톤 선박에 탑승한 사람들이 독일민주공화국을 달아나는 불미스러운 일이 일어나지 않도록, 승객들의 배경을 철저히 조사했다. 승객들은 영화관, 무도장, 수영장, 바에서 즐겁게 시간을 보냈으며, 애초 계획대로 카사블랑카에 내려 현지의 밤놀이를 만끽했다. 그런데 이 모로코의 도시에서 하룻밤을 보낸 후 승객 24명이 자취를 감췄다. 그들은 서독 영사관을 통해 유럽으로 향했고, 이 소식은 서독 언론에 대대적으로 보도되었다. 튀니지에서 승객 3명이 추가로 이탈하자 지중해에 강한 폭풍이 부는데도 즉시 귀국하라는 명령이 떨어졌다.

프리츠 헤케르트호는 선원들은 폭풍의 진로를 피해 포르투갈 항구에 입항하면 안 되느냐고 허락을 구했으나 승객이 추가로 사라졌다가는 더 망신만 당할 테니 당장 돌아오라는 명령을 받았다. 1월 21일 배는 비스케이만을 지나 프랑스령 대서양을 향하다가 거센 폭풍을 만났다. 에리히 쿠펠트와 유타 미르제도 평생 겪어 보지 못한 수준의 폭풍이었다. 유람선이 위태로이 위아래로 흔들리자 승객들은 객실 바닥에 누워 목숨을 잃을까 봐 떨었다. 창문에 금이 갔고, 가스터빈에 불이 붙었다. 다행히 소화기를 들고 미리 대기한 선원들 덕분에 불은 바로 진압되었다. 프리츠 헤케르트호는 해류에 너무나도 취약했기에 경로를 여러 번 바꿔야 했고, 덴마크와 스웨덴 사이의 좁디좁은 카테가트해협을 마지막으로 지날 때는 전기 장치가 잠시 고장나기도 했다.[15] 여행을 마친 겁먹은 승객들은 나쁜 의미에서 평생 잊지 못할 기억을 안은 채로 배를 떠났다. 이 모든 소동은 비밀에 부쳐졌다. 당국은 자본주의 국가로 항해하는 일을 전면 중단했고, 이 선박에 대한 여러 기술적 개선을 지시했다. 헤케르트호는 1972년에 임무를 다해 비스마어항구로 돌아왔고, 이후에는 노동자들을 위한 수상호텔로 쓰였다.

필커프로인트샤프트Volkerfreundschaft(국제친선)호와 같은 유람선들은 1980년대까지 계속 항해했다. 이 배는 25년간 독일민주공화국을 위해 활동하며 25개국 117개 항구를 오간 끝에 1985년 매각되었다. 가장 극적인 여정은 1962년 10월에 쿠바의 수도 아바나에 갔을 때였다. 미사일위기가 있던 이때 이 유람선은 독일과 체코의 휴가객들을 태우고서 미국의 봉쇄선을 넘었다. 이후 3시간 동안 미국의 구축함이 따라붙었지만 결국 유람선은 무사히 아바나에 도착했다. 이 밖에도 동독인들이 배에서 내리는 것을 도우려던 서독의 구잠정과 충돌하는 사건도 있었다. 필커프로인트샤프트호는 동독 유람선 가운데에도 가장 오래된 배로(1948년에 스웨덴에서 처음 출항했고 이후 독일민주공화국이 사들였다) 보수가 시급했으나 동독은 그럴 형편이 되지 못했다. 필커프로인트샤프트호는 계속 유람선으로 사용되었고 나중에는 동력선 아스토리아Astoria호로 이름이 바뀌었다. 그러다 2021년 7월 미국 여행사에 매각되어 요즘은 포르투갈 인근 해역을 오간다.

이 책을 쓰는 시점을 기준으로 지금까지 운행되는 유람선 가운데 역사가 가장 오래되었다.

유람선이 단지 독일민주공화국의 선전 사업으로만 활용되었다는 비판이 제기되었다. 기술적으로 문제투성이인 돈 낭비였을 뿐 아니라 운 좋게 표를 구한 극소수에게만 기회가 돌아갔기 때문이다. 그래도 프리츠 헤케르트호는 1960~1972년에 승객 6만 3000여 명을 실어 날랐다. 이는 시민 270명 중 1명꼴이었다. 지중해와 대서양으로 갔다가 문제가 불거진 후로 대부분 발트해만을 오가기는 했으나, 12년 동안 총 24개국 59개의 항구를 운항했다.

자유독일노동조합총연맹은 시민들과 인민소유기업의 기부금을 모아서 대중의 휴가를 여러 형태로 지원했다. 독일민주공화국 시민들이 동구권으로 휴가를 가면 자유독일노동조합총연맹과 인민소유기업이 별장을 지원했다. 유명한 뤼겐섬과 같은 바닷가 별장이 대부분이었으나 산악지대의 호텔, 캠핑장, 방갈로, 아니면 숲이나 호숫가의 리조트도 제공되었다. 공장에서 기술 도안사로 일하던 마르기트 야츨라우Margit Jatzlau는 그런 휴가지의 인기가 얼마나 대단했는지를 생생히 기억했다. 거의 전원이 신청했기에 관리자들은 해마다 누구를 선정할지 고르느라 애를 먹었다. 유급휴가는 〈헌법〉에 보장된 권리였으므로 휴가를 내는 것이야 문제가 아니었으나 값싼 숙소를 확보하기란 쉽지 않았다. 업무에 대한 포상으로 예약할 수 있는 몇몇 숙소를 제외하고는 누구에게나 기회가 돌아갔다.

당에 적극적으로 협조하는 사람에게만 최상급 숙소를 준다는 주장도 있었지만, 마르기트가 기억하기로는 "누구나 4~5년에 한 번

씩은 갈 수 있었던"[16] 공정한 과정이었다. 보조금이 지원되는 휴가를 어떻게 배정하는지는 결국 인민소유기업이나 기타 사업장을 운영하는 사람들에게 달린 것이었고, 그 과정이 얼마나 공정했는지는 기억하는 사람에 따라 극과 극으로 나뉘었다. 신문 광고에 나온 별장을 개인이 직접 빌릴 수도 있었는데, 조촐한 목조주택부터 수영장과 서독산 텔레비전이 딸린 초호화 시설까지 다양했다. 16~25살의 청년은 자유독일청년단의 여행사를 통해 휴가를 예약했다. 독일민주공화국에서 휴가는 가정생활에서 빼놓을 수 없는 요소가 되었다.

독일민주공화국 시민들은 국내로도 휴가를 많이 갔다. 마르기트 같은 노동계급 출신에게 해외여행은 법적으로 할 수 있더라도 경제적으로 부담이 컸다. 나중에는 개인이 직접 휴가를 계획하거나 직장을 통하지 않더라도 독일민주공화국 곳곳에 지사를 둔 국영여행사를 통해 휴가를 떠날 수 있었다. 여행사는 기차표를 사는 것부터 비자를 신청하는 것까지 모든 것을 대신 처리했고, 휴가객들은 개별로 여행할지 아니면 정해진 일정에 따라 안내자의 도움을 받는 단체여행을 할지 고를 수 있었다. 독일민주공화국의 라이프치히에서 가이드로 일한 롤프 바이어Rolf Beyer에 따르면, 동독의 여행사는 다른 사회주의국가들의 여행사와 연락하며 입출국하는 관광객의 수를 조절했다. 롤프는 폴란드·헝가리, 심지어는 쿠바도 직접 관광을 안내했다.[17] 다만 쿠바는 비용이 많이 들어가다 보니 현지에서 직장을 다니거나 유학생이 아니면 사실 들어갈 수가 없었다. 환전할 수 있는 통화량도 문제였다. 사회주의국가 사이의 경제가 불균형하기에 휴가객들의 환전이 환율을 좌우할지 모른다는 우려가 컸다. 따라서 동독 마

273

르크는 동구권 국가에서 소량만 환전되었다. 현지에서 식사를 하거나 여타의 소비에 부족한 액수였다. 그래서 동독인들은 휴가를 떠날 때면 트라반트Trabant('트라비'라는 애칭으로 알려진 자동차)에다 집에 있는 통조림과 식료품, 그 외 여행용품을 바리바리 챙겨 넣었다. 그렇게 아낀 외화로 기념품을 사거나 외국 음식을 사 먹었다. 자국에서 열대 과일 같은 것은 꿈도 꿀 수 없었기 때문이다.

이렇듯 초기에 작은 문제들이 있었음에도, 독일민주공화국의 휴가제도는 인기가 높았으며 동독인에게 서독인의 휴가 못지않은 경험을 선사했다. 양국 모두 법적으로 연 18일의 휴가를 보장했다. 그러나 서독은 1960년대 초반까지 전체 가구의 3분의 1만이 집을 떠나 휴가를 갈 수 있었고, 1968년에도 여전히 대다수는 해외여행보다 국내에 머물렀다.[18] 울브리히트 정권은 체계적이고 막대한 보조금을 지급하는 휴가 정책으로, 1960년대 대중이 즐길 수 있는 대단히 성공적인 체제를 구축해 냈다. 덕분에 장벽의 긴장감을 완화할 수 있었다.

휴가제도는 1960년대 독일민주공화국이 안정적이고 번영하는 사회를 건설하고자 추진한 광범위한 사업 가운데 하나였다. 집권당인 독일사회주의통일당과 국민의 관계가 달라지면서 1950년대 말의 광적인 억압은 점차 잦아들었다. 정부가 화해의 손짓을 보이면서, '정치범죄'[19] 혐의로 투옥된 죄수 가운데 1만 6000여 명이 1961~1965년에 풀려났다. 동독과 서독의 인적 교류가 끊긴 상황이었으니, 울브리히트는 파업이나 시위 같은 노동자들의 불만 표출을 더는 '서독 선동가들'의 책임으로 돌릴 수 없었다. 또한 그는 국민을 인질로 잡은 셈이었으니 이제 그들에게 살 만한 인생을 보장해야 했다. 그러려면 과거보다 생활수준을 높여야 했을 뿐 아니라 사람들이 자신들의 몫을 체감하고 열심히 일한 만큼의 만족감을 느낄 수 있는 사회를 창조해야 했다. 울브리히트는 경제적으로는 물론 자신이 약속한 더 나은 사회를 건설해 냄으로써 두 독일 간의 경쟁에서 승리하고 싶었다.

새로운 경제계획-사회주의를 가동하라

1964년 튀링겐주 조넨베르크. 장난감연구소의 개발부장 지크프리트 움브라이트Siegfried Umbreit는 베를린의 일자리를 제의받아 기뻤다. 그는 출신이 미천한 건축업자로 출발해 목재와 금속을 다루는 정교한 일을 맡았고, 지금은 인민소유기업 조넨베르크에서 장난감 설계를 한다. 그의 상사 에르빈 안드레Erwin Andrä 교수는 설계와 기능성에 대한 열정이 남달랐다. 조넨베르크에서 함께 일한 지크프리트를 베를린에 있는 경공업부 산하 부서 책임자로 추천한 자도 에르빈이었다. 지크프리트는 설렜다. 교수의 말 한마디에 지크프리트의 경력은 크게 도약했다. 50살의 지크프리트는 튀링겐주에서 한 달에 700마르크를 벌었으나 갑자기 1200마르크를 벌 수 있었다. 비록 교회를 떠나더라도 수도로 이사할 이유는 충분했다. 새로운 일자리를 제의하며 당국이 내건 조건은 단 하나, 교회를 떠나라는 것이었다. 이제 막 부모의 집을 상속해 다섯 남매를 책임져야 했던 지크프리트는 마지못해 수락했다.[20]

지크프리트 움브라이트가 맡은 장난감부서에는 그가 직접 지휘하는 '봉제 장난감과 인형' 분과, 전문 공학자들이 맡은 '목제 장난감' 분과와 '기계와 전기기계 장난감' 분과가 있었다. 주 업무는 우수한 제품을 개발하고 품질을 관리·감독하는 것이었다. 만들어지는 장난감 대부분은 수출용으로 제작되어 독일민주공화국 경제에 요긴한 수입원이 되었다.

독일민주공화국은 유럽을 대표하는 장난감 제조국이 되었다. 독일민주공화국에서 생산량이 가장 높은 인민소유기업 조넨베르크의 옛 대표는 '조니Sonni'라는 애칭으로 불린 그 기업이 "유럽에서 최고급 제품을 생산했노라"[21]고 지금도 이야기한다. 조넨베르크 주민 약 8000명이 기업에 고용되어 장난감을 만들었고, 완성된 제품은 베를린에 있는 지크프리트 움브라이트의 부서에서 시험 후 승인되었다. 완제품은 서독을 포함한 32개국으로 수출되었다. 욕조에 넣을 수 있는 인형 같은 발명품은 어마어마한 인기를 끌었다. 어린이들의 취향과 욕구는 냉전이라는 이념의 분단선을 초월했다. 동독산 인형은 소비에트연방에서도 인기를 끌어 한 번에 2만 개가 넘는 발주가 갑자기 들어오고는 했다. 덕분에 쏠쏠한 수입을 올린 독일민주공화국은 1960년대와 1970년대에 꾸준히 생산량을 늘렸고, 그 결과 1980년대에는 독일민주공화국에서 생산되는 장난감류의 87퍼센트가 나라 밖으로 수출되었다.[22]

공산주의 정권이라기에는 다소 자본주의적인 행보처럼 보이나, 이는 독일민주공화국이 경제적으로 자립하기 위한 거시적인 계획 가운데 하나였다. 발터 울브리히트는 "우리에게는 회반죽(plaster)이 없으니 신속히(faster) 생각해야 한다"[23]라고 냉철히 판단했다. 천연자원이 부족한 만큼 신기술과 수요가 높은 소비재에 주력하여 정교한 산업과 숙련된 노동력을 바탕으로 경제를 일으켜 세워야 했다. 울브리히트는 교육 수준이 높아지면 국가 경제가 30퍼센트포인트는 성장하리라고 봤다. 젊은 신진 엘리트 계급은 이에 반응했다. 한스 모드로도 그중 하나였다. 30대 초반의 한스는 독일사회주의통일당에서 떠오르는 유망주였다. 야심 차고 학구적인 한스는 직업정치가가 되기보다 현실 세계에서 능력을 증명하고 경험을 쌓고 싶었다. 발터 울브리히트가 전문 기술을 강조하며 젊은 동지들에게 사회의 본보기가 될 것을 당부했을 때, 모드로는 "드디어! 이것이야말로 나의 야망에 부합하는 일이다"라며 쾌재를 불렀다. 그는 산업에서 지도자 자질의 사회학적 발달을 주제로 논문을 썼다.[24]

독일민주공화국의 경제를 첨단화·전문화·개량화한다는 거시 정책은 1963년에 열린 독일사회주의통일당 6차 회의에서 틀이 잡혔다. 공산주의가 아닌 '사회주의 건설'을 중심으로 논의가 오갈 때의 분위기는 확실히 낙관적이었다고 당시 참가자들은 훗날 회고했다. 이는 울브리히트가 1950년대에 저지른 실수를 반성하며, 밀어붙인 경제개혁의 속도에 제동을 걸리라는 신호이기도 했다. 1963년 독일민주공화국의 경제는 현대화 사업을 전개할 발판을 마침 마련한 터였다. 소비에트연방은 베를린의 국경이 폐쇄되자 부랴부랴 식량과 물자를 보냈다. 물질적 복지로 사태를 잠재우려는 시도였다. (그리고 대부분 성공했다.) 하지만 울브리히트는 소비에트의 지원이 변덕스러우리라는 것을 잘 알았다. 정치국은 각종 위원회와 실무단을 꾸려 소비에트에 의존하지 않고 독일민주공화국의 경제를 영구히 자립하게 할 전략을 구상했다. 그리고 울브리히트는 이 전문가 집단들이 제안한 의견을 수용했다. 1962년이 저물어 갈 무렵 그는 "경제보다 정치가 우세하다는 이론"을 종식할 때가 되었다고 시인했다. 이제는 "경제 과업이 우선순위였다."[25] 1963년 당회의에서 '신경제체제(New Economic System, NES)'를 발표하면서 정책은 공식적으로 선회했다.

신경제체제는 계획경제 원칙에서 급진적으로 벗어나는 것이어서, 서독 신문《쥐트도이체 차이퉁Süddeutsche Zeitung》에는 독일민주공화국이 "자본주의로 돌아서는 것"[26]은 아닌지 의심하는 기사가 나기도 했다. 인민소유기업들은 개발과 생산방법에 관해 책임과 재량권이 더 커졌다. 경제계획은 좀 더 유연하고 넓은 틀에서 수립되었다. 이는 자랑스러운 연구개발의 전통이 오랜 전문 기업들이 가장 잘하는 일을 마음껏 할 수 있게, 즉 독일민주공화국의 수익성 높은 수출산업에 일조할 일류 기술을 개발할 수 있도록 장려하기 위해서였다. 한 예로 오늘날에도 광학 분야에서 세계적 수준의 렌즈를 생산하고 고정밀 공학 기술을 개발하는 회사 카를차이스 예나Carl Zeiss Jena는 1962년 1월 중앙집중식 경제계획에 불만을 토로했다. 그로 인해 자신들이 "차이스의 측정 장비를 완성하는 데 필요한 정보처리 기술을 개발하는 데 집중"[27]할 수가 없다는 것이다. 카를차이스 정도 되는 첨단 기업의 계획과 개발에 중앙위원회가 개입한다는 것은 실로 정신 나간 짓이었다. 그렇게 수준 높은 기업들에서 일하는 자부심 강한 직원들은 좌절했다. 울브리히트는 이러한 의견도 수용했다. 그는 신경제체제를 추진하기 위해 제2차 세계대전 때 페네뮌데에서 나치 군사 계획에 참여한 로켓공학자 에리히 아펠Erich Apel 등을 영입했다.

신경제계획위원회의 위원장이 된 에리히는 자신과 같은 전문인력이 느끼는 아쉬움과 좌절감을 잘 이해했다. 전자, 특수장비 제조, 우주탐사 분야와 같은 획기적이고 새로운 기술에 돈이 투자되었다.

경제개혁의 성과는 곧바로 결실을 보았다. 1964년 동독의 국내총생산은 신경제체제가 도입되었을 때보다 상승했고, 이런 경향은 이 정책 내내 지속되었다. 서독 쾰른의 역사사회과학센터도 1961~1967년에 독일민주공화국이 서독을 따라잡았음을 시인했다. 이 시기의 경제성장률은 약 5퍼센트였다.[28] 속도가 아주 빠르다고 볼 수는 없고 경제생산량이 여전히 독일연방공화국의 절반밖에 되지 않았으나, 독일민주공화국이 정말로 발전하며 어엿한 경제체제를 갖춘 국가로 안정화되고 있다는 인식은 지배적이었다. 이런 분위기는 동독 사회가 경제성장세에 발맞추어 현대화되리라는 가능성과 기대감을 동시에 드높였다.

주택 공급

1964년 7월 15일 오후 2시 30분 작센안할트주 할레. 독일사회주의통일당 지역 집행부의 제1 서기 호르스트 진더만Horst Sindermann은 신도시 할레 노이슈타트의 건설 현장에서 무더위에 구슬땀을 흘렸다. 동독인 사이에서 가볍게 하노이라고 줄여 불리던 이 이상향 건설 사업은 더불어 살아가고 함께 노동하는 사회에 대해 완전히 새로운 개념을 예견했다. 진더만의 얼굴에는 웃음이 만개했다. 그는 머리에 플

279

라스틱 안전모를 쓰고서 사진기자가 독일사회주의통일당과 인민의 가시적인 연대를 사진기에 충분히 담아낼 때까지 노동자들과 길게 악수했다. 이 모습은 독일민주공화국이 할레 노이슈타트와 같은 신도시 건설로 만들고자 하는 새로운 사회에 딱 어울리는 상징이었다.

이 야심 찬 사업의 목표는 슈코파우와 로이나 지역의 화학 공장에서 주로 일하는 노동자 7만 명이 현대적인 생활을 향유할 수 있게 하는 것이었다. 이 쇠퇴한 할레의 구시가지는 제2차 세계대전 당시 폭격과 포화는 다행히 피했으나, 전후 경제난으로 투자가 거의 이뤄지지 못해 주택 수준이 형편없었다. 건물을 값싸게 지어 올릴 수 있었던 것은 싸구려 조립식 콘크리트 벽돌이 개발된 덕이지만, 어쨌거나 사람들은 전기를 사용할 수 있고 온수가 나오며, 따뜻하고 단열도 잘 되는 넓은 주택을 공급받았다. 외부인의 눈에는 그저 단조로운 구역의 연속이었을 테지만, 독일민주공화국 시민들에게는 부러운 환경이었다. 하노이 건축가 가운데 하나인 페터 모르그너Peter Morgner는 이렇게 회고했다.

그렇다. 다들 그곳으로 이사하고 싶어 했다. 덕분에 다양성이 만개했다. 노이슈타트에는 교수와 택시 운전기사가 바로 옆집에 살았다. [말을 멈춤] 이제는 아니지만.[29]

베를린장벽이 무너지기 전까지 할레 노이슈타트에는 9만 명이 넘는 사람들이 기반 시설과 보육시설, 공원, 그리고 분수와 조각상과 벽화로 꾸며진 공공장소를 이용하며 살았다.

하지만 문제도 있었다. 독일민주공화국 정권은 하노이 지역의 거리명을 짓는 대신에 구역마다 숫자를 매기는 복잡한 체계를 고안했다. 거주민들조차 거리의 번호를 외우는 방법을 따로 만들 만큼 체계가 헷갈리기도 한 데다 특색이 없었고, 많은 이에게서 밀실 공포증을 자아냈다. 건축가 모르그너도 단조로운 설계에 대해 "숫자만 매겨진 구역에 거주하다 보면 진짜 도시에 산다기보다 닭 농장이랄지 집단수용소에 살고 있다는 인상을 받기 마련이다"[30]라며 아쉬움을 표했다. 그래도 사람들은 그들 나름대로 적응해 갔다. 공용 연회장에서 생일 잔치를 열었고, 야외에 마련된 빨랫줄에 다 함께 빨래를 널었으며, 이웃과 함께 고기를 구워 먹었다. 드디어 독일민주공화국에도 평범하고 그럴싸한 일상에 대한 의식이 깨어났다.

트라반트

1965년 브란덴부르크주 퓌르스텐발데/슈프레강. 잉게 슈미트는 남편이 "감탄이 나올 정도로 아름다운 청회색 트라비"를 몰고 집에 나타나자 숨이 턱 막혔다. 자동차를 보고 감출 수 없던 기쁨은 이내 걱정으로 바뀌었다. 37살의 경리였던 잉게는 머릿속으로 계산을 돌려 보았다. '세상에, 돈을 어떻게 메꾼담?' 잉게의 가족은 넓은 현대식 아파트로 이사하면서 한 달에 50마르크를 월세로 냈다. 이전 집보다 월세가 두 배나 비쌌다. 그러나 잉게의 걱정은 기우였다. 독일민주공화국의 자동차 트라반트의 신형 기종은 10년 이상을 기다려야 받아 볼 수 있을 만큼 인기가 굉장했기 때문에, 이 아담한 2행정 자동차의 가치는 공고했다. 중고차로 팔아도 원가에 가깝게, 가끔은 원가보다도 더 비싸게 되팔 수 있었다. 가족의 사정이 빠듯해진다면 새로 산 트라비를 팔면 그만이었다. 잉게의 남편은 자신만만했다. 그에게 자동차를 되파는 것은 최후의 방편이었다. 잉게의 부모는 몇 년 전 며칠 간격으로 연달아 비극적인 죽음을 맞았다. 잉게는 가족이 몇 대째 운영하던 베를린에 있는 식료품점을 매각해야 했다. 가슴이 찢어지게 아픈 일을 겪은 이 가족에게 아담한 트라비는 꼭 필요한 행운이었다. 잉게는 "그걸 타고 온갖 곳을 다녔다. 참 아름다웠다"라고 회고했다. 가족은 프라하로 여행을 떠났고 로스토크의 바닷가로 휴가를 갔으며, 집 근처 안거뮌데의 경치 좋은 호숫가를 다녔다. 트라비 후속 기종이 나오자 기존 차를 팔면 곧장 비용을 충당할 수 있을 테니 망설임 없이 신청했다.[31]

트라반트는 하나의 상징이 되었다. 오늘날에도 여전히 동독의 열렬한 애호가들에게서 사랑받지만, 서독에서 보면 칙칙하고 낡은 이 자동차는 독일민주공화국의 후진성을 상징했다. 트라반트의 소형 기관은 후속 기종에서도 최고 출력이 고작 23bhp(제동마력)였고, 1963년 이후 사실 변한 게 없어서, 1989년 개방된 동서독 국경을 지날 때면 트라반트에서 배출되는 지독한 매연 냄새와 소음만으로도 수십 년은 뒤처진 듯한 인상을 받았다. 그러나 동독인들의 추억 속 트라반트는 사뭇 다르다. 차량을 인수할 때까지 대기시간은 길고 불만족스러웠지만, 자동차 보유율은 꾸준히 늘었다. 1965년 잉게의 가족은 아주 운 좋게 자동차를 소유한 소수에 속했다. 전체 가구 중에 자동차를 소유한 비율이 단 8.2퍼센트였던 때였다. 그러나 5년 만에 이 수치는 두 배가 넘게 뛰었다. 1988년에는 동독 가구의 절반 이상이 자동차를 소유했다.[32] 이는 서독보다 살짝 낮고 영국과 엇비슷한 수준이었다.[33] 사람들은 자유로움, 사적인 즐거움, 성취감을 만끽했다. 노동계급이 자동차를 소유한다는 것은 과거에는 꿈도 꾸지 못할 일이었다. 과거의 바이마르공화국도 합리적인 가격의 양산형 자동차를 만드는 데는 실패했다. 히틀러는 이름하여 '인민의 자동차' 폴크스바겐Volkswagen을 만들겠노라고 노동자들 앞에서 호언장담했으나, 전쟁으로 물자가 빠듯해지자 결국 그 약속을 지키지 못했다. 트라비를 장만하려면 몇 년 전부터 대기해야 했으나 1960년대의 노동자들에게는 언젠가 자동차를 가질 수만 있다면 기다림쯤이야 대수로운 일이 아니었다. 드디어 그들의 소유가 된 차는 공랭식 기관과 간단한 기계장치로 이뤄져 있어 내구성이 좋았고 수리도 쉬웠다.

트라비는 서독 폴크스바겐사의 비틀 또는 미니 같은 소형 자동차에 비해서도 작은 축에 속했지만, 그런 트라비를 돌보는 것은 1960년대 동독의 여러 가족의 낙이자 자부심이었다. 그런데 정부가 기술혁신을 관두고 기관의 크기나 내부 설계를 조금씩 바꾸는 정도에만 머무르면서 문제가 불거졌다. 1980년대의 트라비는 낡고 부족한 과거의 유물이 되어 서독의 조롱거리로 전락했다.

그래도 1960년대 초반에는 대중의 참여를 유도하며 울브리히트의 신경제체제를 톡톡히 도왔다. 1963년 독일사회주의통일당 6차 회의를 위해 특별판 '작센링 트라반트 601'이 개발되었다. 작센주 츠비카우에서 생산된 이 기종은 현대적이고 당시 유행하던 설계 기술

283

이 반영되었으며, 영국 자동차 트라이엄프 헤럴드Triumph Herald와 유사했다. 다리를 뻗을 수 있는 공간과 트렁크가 이전보다 넓었으며 1년 후 양산에 들어가면서 여러 유형이 추가되었다. 스테이션 웨건, 두 가지 색깔이 적용된 디럭스판, 또는 안개등과 기타 기능이 추가된 특별판 '존더분슈Sonderwunsch' 등은 울브리히트의 경제개혁이 지향하는 진보의 정신을 구현했다.

하지만 경제적 현실이 동독의 자동차 제조의 발목을 금세 잡고 늘어졌다. 그래도 어떤 문제는 피해 갈 수 있었다. 알루미늄과 기타 금속의 공급난은 차체에 듀로플라스트Duroplast라는 소재를 사용하는 것으로 해결했다. 듀로플라스트는 합성수지, 소비에트연방에서 들여온 면화 폐기물, 종이와 기타 화학물질을 섞어 압축해서 만든 내구성 좋은 소재로, 매우 쓸모가 많았다. 녹슬지 않고 가벼운 데다, 정부가 절벽 아래로 자동차 몇 대를 떨어트려 내력耐力 시험을 한 결과, 당대 일반적인 소형차의 안전 기준을 충족하는 것으로 나타났다. 다만 듀로플라스트는 제작하는 과정이 고되고 오래 걸렸다. 압축해 굳기까지 기다리는 시간은 자동차를 생산하는 모든 과정보다도 길어서 작업을 지연했고 당연히 생산성과 생산량을 저해했다. 이는 계속되는 원자재 위기에서 비롯한 문제의 한 단면일 뿐이다. 트라반트 신형 기종이 나올 때마다 변화는 점진적이고 미미했기에, 결국 트라반트는 10년도 되지 않아 우스꽝스러운 고물이 되었다.

트라반트라는 이름이 붙은 데는 1950년대 이 자동차가 탄생한 기원으로 거슬러 올라간다. 트라반트는 슬라브어에 어원을 두었으며, 러시아어 '스푸트니크'와 같은 '동반자'라는 뜻이다. 스푸트니크는

1957년 우주로 쏘아 올린 인류 역사 최초의 인공위성으로, 당대의 기술 발전상과 광란의 우주 경쟁을 상징했다. 1960년대의 트라비 또한 독일민주공화국의 미래와 가능성을 긍정하는 상징이었다. 구체적으로는 나라의 경제부흥은 물론, 언젠가 국민이 자랑스러워할 위업의 가능성을 가리켰다. 그도 그럴 것이 자동차산업이 독일인에게 갖는 의미는 남달랐다. 폴란드·소비에트연방·유고슬라비아와 같은 다른 사회주의국가와 달리, 독일민주공화국은 이탈리아나 다른 곳에서 기술을 수입하는 나라가 아니었다. (대부분 이탈리아 피아트FIAT의 기술을 수입했다.) 자동차 기술은 동독인들의 마음과 정신을 잇는 통로였다.

청년

1966년 2월 25일 동베를린 바빌론영화관. 영화 〈알폰스 치터바케 Alfons Zitterbacke〉가 베를린 미테의 상징적인 영화관에서 개봉했다. 이후 23년간 250만 명이 넘는 사람들이 동독 영화관에서 이 유명한 가족 영화를 관람했다. 흥행의 원동력은 주인공으로 나오는 10살 장난꾸러기 소년 알폰스 치터바케였다. 엄마에게는 알피라 불리는 이 소년은 '출렁이는 뺨'으로 해석되는 성 때문에 학교에서 놀림을 당한다. 교사들도 그를 이해하지 못한다. 그런가 하면 아빠의 기대는 너무 과하다. 그는 아들의 허약한 몸을 자주 지적한다. 한 장면에서 알피의 팔을 꼬집으며 근육이 하나 없다고 "아무것도 없군. 용기도 힘도 없어. 진짜 치터바케 사람이 되려면 더 열심히 노력해야 한다!"라며 핀

잔을 준다. 그의 곁에는 친구 미키뿐이다. 그러나 가끔은 미키조차 알피의 짓궂음을 이해하기가 힘들다. 약이 올라 어떻게든 자신을 증명하고 싶어진 소년은 우주비행사(cosmonaut[34])가 되기로 결심한다. 그리고 우주탐험을 대비해 우스꽝스러운 난관들을 헤쳐 나간다. 근육을 만들겠다며 날달걀 열몇 개를 먹고, 우주비행사면 튜브로만 음식을 먹으리라는 생각에 치약, 머스터드, 멸치 페이스트로 만든 음식만 고집하고, 동네 놀이공원에서 회전그네를 타며 우주 무중력을 훈련한다. 그러다 결국 된통 아팠다. 우주의 고요함에 익숙해지겠다며 귓구멍에 탈지면을 꽂고 등교해 학교에서도 혼이 난다. 급기야 미키와 알피는 차를 얻어 타고 우주비행사훈련소가 있는 모스크바로 가려 한다. 하지만 이 계획도 실패로 돌아간다. 두 친구에게는 새로운 계획이 필요하다.

이 영화가 큰 인기를 끈 것은 시대정신zeitgeist을 담고 있어서였다. 어린이들과 청소년들은 우주탐험이라는 발상에 매료되었다. 1961년 소비에트가 인류 최초로 유리 가가린Yuri Gagarin을 우주로 올려보냈고, 1963년에는 발렌티나 테레시코바Valentina Tereshkova가 여성 최초로 사흘간 홀로 우주를 여행하며 지구 궤도를 48바퀴 돌았다. 1963년 10월 두 우주비행사는 독일민주공화국에 방문해 영웅 대접을 받았다. 사람들은 유명한 우주비행사를 직접 보게 되어 진심으로 들떴다.[35] 그리고 그들에게 공감했다. 철강 노동자였던 유리 가가린과 직물 노동자였던 발렌티나 테레시코바는 누구나 야심을 이룰 수 있다는 본보기였다. 아직 20대밖에 되지 않은 두 노동계급 청년이 우주탐험가가 되어 전 세계의 영웅으로 떠올랐다. 이에 열광한 독일민주공화국의 소년·소녀는 자신들도 우주비행사가 되는 미래를 꿈꾸었다. 평범한 사고뭉치 소년 알폰스 치터바케는 바로 이러한 환상을 완곡하고 익살스럽게 대변했다

독일민주공화국은 청년들의 이러한 열정을 어떻게든 써먹으려 했다. 14~25살의 독일 청년으로 구성된 대중조직 자유독일청년단은 그런 수단 가운데 하나였다. 그런데 문제는 자유독일청년단을 향한 열기가 예전 같지 않았다는 것이다. 1940년대 말과 1950년대에 레기나 파우스트만과 같은 청년들이 가입할 때만 해도, 그들은 "우리에게 놓인 신생 민주주의 건설"[36]에 일조하겠다는 포부를 품고 있었다. 1952년에는 해당 연령대 3분의 2 이상이 자유독일청년단에 모였다. 그러나 1953년 불만이 일파만파 퍼지고 6월 16일과 17일에 대규모 봉기가 충격파를 일으키자 단원이 대거 이탈했다. 조직원 수는 40퍼센트포인트 가까이 급감했다. 이후 약간의 회복세를 보이기는 했으나 1952년 이전의 조직원 규모는 절대 회복하지 못했다.[37] 자유독일청년단은 울브리히트 정부의 기관이라는 딱딱한 이미지를 얻었고, 도덕적으로 보수적인 데다 고루하다고도 말할 수 있는 사람들이 운영했다. 중앙위원회에서 청년 문제를 책임지던 에리히 호네커가 대표적이다. 그는 청년문화에 서방이 끼치는 영향을 "퇴폐적"이고 "도덕적으로 문란"하다며 손가락질했다. 트위스트처럼 인기가 많은 당대의 춤은 특히 경멸의 대상이었다. 그렇게 자유독일청년단은 현실과 멀어졌고, 1963년 조직에 가입한 14~25살의 청년은 해당 연령대 인구의 절반도 채 되지 않았다. 연휴를 지원하고 각종 행사를 운영하도록 1억 마르크라는 막대한 예산을 투입했는데도 소용이 없었다.[38]

못마땅해진 울브리히트는 개혁에 대한 해답을 찾고 구상하기 위해서는 호네커를 배제해야 한다는 것을 잘 알았다. 그가 발견한 적임자는 쿠르트 투르바Kurt Turba였다.

34살의 투르바는 자유독일청년단 학생신문《포룸Forum》의 편집장이었다. 이 신문은 본디 자유독일청년단의 명령을 전파하는 선전 수단이었으나, 투르바의 손길을 거쳐 제법 독립적이고 현대적이며 도발적인 언론 매체가 되었다. 그 결과 투르바는 자유독일청년단 지도부와 사이가 틀어졌다. 하지만 울브리히트는《포룸》을 즐겨 읽었다. 출세에 목마른 호네커의 입을 통해 전해 듣는 편파적인 의견과 달리, 젊은 지성인들의 분위기를 정확히 전하는 지표라 여겼기 때문이다. 1963년 7월 호네커가 휴가를 가 있는 동안, 울브리히트가 쿠르트 투르바를 호출해 "신문에서 문제를 참 많이도 지적하던데 현실에서 그것들을 직접 해결해 볼 생각은 없나?"³⁹ 하고 물었다. 투르바는 울브리히트에게 어째서 자신이 적임자가 아닌지를 조목조목 설명했다. 일단 그는 노동계급 출신이 아니었다. (그의 아버지는 은행에서 일했다.) 게다가 그는 반체제적인 신문《포룸》의 책임자가 아니던가. 그러자 울브리히트는 웃으며 "내가 자네한테 뭘 바란다고 생각하는 건가!?"⁴⁰라고 냉소적으로 대꾸했다. 투르바는 울브리히트와 마주 앉아 젊은 지식인들이 자유독일청년단, 더 나아가 독일민주공화국에 염증을 느끼는 이유와 그 불만의 강도가 어느 정도인지를 말해 주었다. 청년들은 정권의 고리타분함과 시대에 뒤처진 도덕관념을 고압적이고 답답하게 느꼈다. 울브리히트는 충격을 받았다. 투르바에 따르면, 울브리히트는 대화를 마치면서 "이런, 투르바 동지, 자네가 한 말이 절반만 사실이더라도 끔찍한 상황 아닌가!"[41]라고 말했다. 이렇게 모든 것은 결정되었다. 투르바는 정치국 청년위원회의 대표가 되어 청년들의 참여를 다시 끌어모으는 임무를 즉시 맡았다.

투르바는 독일사회주의통일당이 청년세대를 진심으로 포용하려 한다는 사실을 젊은 지성인들에게 설득하기 위해, 여름 내내 정치국 공식 성명문을 준비했다. 그리고 1963년 9월 21일 독일사회주의통일당의 기관지 《노이에스 도이칠란트》에 성명문을 실었다. 당은 〈청년에게 신뢰와 책임을〉이라는 이 글의 의도를 "교조가 아니라 독립적인 사고를 고무"[42]하는 취지로 이해해 달라고 당부했다. 당은 "우리 젊은이들이 신뢰를 충분히 받지 못하는 경우가 너무나도 빈번"함을 지적하면서, "지도자와 교사의 관료주의적 행태 및 잔소리와 아집으로 청년들이 반대의 유혹에 빠지는 일을 종식해야 한다"[43]고 주장했다. 청년문화에 서방이 끼치는 영향에 관하여서도 놀랍도록 관용적인 태도를 내비쳤다.

> 춤은 행복과 삶의 즐거움을 정당히 표현하는 방식이다. 누군가는 무도회와 정치집회의 차이를 잘 구분하지 못하는 듯하다. … 왈츠와 탱고의 리듬만으로 감정을 표출해야 하는 것은 아니다. 보기 좋기만 하다면 취향껏 원하는 음악에 맞춰 춤춰도 좋다![44]

이로써 트위스트의 유행이 되돌아왔다.

몇몇 정치인들은 말에 걸맞은 행동을 보이겠다며 직접 무도장을 찾기도 했다. 자유독일청년단 중앙평의회의 제1 서기 호르스트 슈만Horst Schumann은 벗겨진 머리에 정장 차림으로 사진기 앞에 등장해서는, 열심히 엉덩이를 씰룩이며 조금은 우스꽝스러운 모습을 연출했다. 그러나 청년들이 원하는 게 비트, 비틀스, 베이스 같은 것이라면 기꺼이 허용하겠다는 의도만큼은 명확하고 강력했다. 다만 외국 음악과 동독 음악의 비율을 40 대 60으로 유지해야 한다는 조건은 그대로였다. 갑자기 독일민주공화국 여기저기서 밴드가 결성되어 인기 많은 미국풍 음악을 모방했다. 만프레트 크루크Manfred Krug의 〈밤의 트위스트(Twist in der Nacht)〉, 주지 슈스터Susi Schuster의 〈요델 트위스트Jodel-Twist〉, 디 아미고스Die Amigos의 〈오호, 주잔Oho, Susann〉은 모두 1963년에 발매된 곡들로, 독일민주공화국 청년들을 열광케 했다. 음악이 번성하자 새로운 청년문화도 만개했다. 남자들은 영국과 미국 연예인처럼 머리를 덥수룩하게 길렀고, 여자들은 짧은 치마를 입고 다녔다. 부모와 교사, 자유독일청년단 지도부도 어떻게 손을 쓸 수가 없었다. 교조적으로 굴지 말고 내버려 두라는 것이 당의 지침이었다.

1964년 5월에 열린 독일대회에 50만 명에 달하는 젊은이가 모였다. 서독에서 온 사람도 2만 5000명이나 되었다. 행사에서 사용된 음악은 라디오방송국 베를리너 룬트풍크Berliner Rundfunk의 DT64(축제 이름 도이칠란트트레펜Deutschlandtreffen 1964의 약칭)라는 방송을 통해 전국에 송출되었다. 축제 동안 흘러나온 비트 음악의 횟수는 서독의 라디오방송국과 비교해도 월등히 많았다.[45] 축제가 끝나고 DT64는 아예 정규 방송으로 편성되어 매일 오후 가벼운 담소를 나누면서 유행하는 대중음악을 소개했다. 이 방송이 선풍적인 인기를 끌자 나중에는 서독 방송국 리아스와 베를린자유방송(Sender Freies Berlin, SFB) 도 비슷한 방송을 도입할지 고민할 정도였다.[46]

독일사회주의통일당 지도부는 청년의 마음을 되찾으려고 노력한 성과에 스스로 만족했다. 정치국은 자축 성명을 내어 독일대회가 "독일민주공화국 청년들이 국가와 건실한 관계를 맺고 있음을" 확실히 보여 주었으며, "… 독일대회를 통해 독일민주공화국 청년들이 국가에 반대한다거나 국가가 교조적이라는 의혹은 모두 불식되었다"라고 자부했다.[47]

여성

1965년 작센주 바이어스도르프. "딸아이가 뭘 해야 한다고요? 왜요?" 카린 토비앙케Karin Tobianke의 아버지는 믿기지 않는 표정으로 물리학 교사의 얼굴을 빤히 보았다. 채석장에서 고된 하루를 보낸 36살의 아버지는 집에 돌아가서도 가족 농장에 산더미같이 쌓인 일을 해야했지만, 맏딸이 다니는 학교 교사의 요청으로 영문도 모른 채 한달음에 학교를 찾았다. 맏딸은 우등생이었다. 반에서 1등은 하지 못해도 대체로 성적은 준수했으며, 특히 가장 좋아하는 과목인 역사는 만점이었다. 카린의 교사는 카린이 무척이나 유능한 아이이므로 아무나 들어가지 못하는 심화중등학교(Erweiterte Oberschule, EOS)로 보내 거기서 대학 입학 사격을 취득하는 게 어떻겠냐고 카린의 아버지를 차분히 설득했다.

291

이는 카린에게도 대단한 충격이었다. 카린의 어머니는 1945년 난민으로 독일에 왔을 때 가난한 10대 소녀였고, 브레슬라우에서 받던 소아 간호사훈련을 포기해야 했다. 이후로는 가정주부이자 농부로 살며 농장의 동물과 작물을 돌봤다. 숙련된 목수인 아버지는 낮에는 채석장에서 일하다가 집에 돌아오면 농사일을 도왔다. 카린의 가족 중에 대학은 말할 것도 없이 고등교육을 받아 본 이가 아예 없었다. 카린의 아버지는 이를 뼈아프게 의식했다. 그는 처음 만나는 사람들에게 미천한 출신을 가리려고 고향 사투리 대신 단정한 상류층 독일어를 쓰려고 애썼다. 그에게 딸 카린의 실패는 가장 큰 공포였다. 가문의 망신! 가족과 친구들 앞에서 어떻게 고개를 들겠는가? 하지만 결국은 딸의 손을 들어 주었다. 카린은 오래전부터 아버지가 분수에 넘치는 야망을 품고 있으며 딸의 성공을 자신의 자긍심과 연결하는 것은 아닐까 생각해 왔다. 그는 딸에게 "도전해 봐라, 딸. 대신 우리 가족이 망신을 당하게 하거나 낙방하면 안 된다!"라고 말했다.

카린은 심화중등학교에서 보낸 첫해 동안에 아버지의 이 말을 무수히 새겼다. 그는 커다란 연못에 들어온 작디작은 물고기가 된 기분이었다. 하지만 열심히 노력했고, 이듬해에 학업은 물론 의무 직업훈련도 보란 듯 해내며 부모와 교사들의 기대치를 충족했다. 카린이 고를 수 있는 직업훈련은 세 가지였다. 하나는 유제품을 생산하는 농사일, 하나는 기차 기술 공학, 마지막 하나는 지역의 자동차 공장에서 하는 금속세공이었다. 카린은 금속세공을 골랐다. 농장에서 자라 지역 상점에서 판매보조원이 될 줄 알았던 이 소녀는, 학교의 정규과정을 다 마친 후 계속 학업에 정진하든 바로 취업하든 모든 길을 선택할 수 있었다. 카린은 드레스덴에서 학업을 이어 가며 역사와 러시아어 교사가 되기로 결심했다. 장학금을 받으며 공부했는데, 처음에는 80마르크를 받다가 이후에는 성적이 뛰어나 100마르크를 님세 지원받았다. 1972년에는 러시아 스몰렌스크에 있는 대학 협력 기관에서 공부할 기회도 얻었다. 러시아에 있는 동안 정교회의 예배와 가정 방문을 통해 얻은 문화적 경험, 모스크바에 있는 레닌의 묘지에서 느낀 경외감은 카린의 인생에서 잊히지 않을 기억으로 남았다.

1960년대 중엽 카린의 인생은 국가가 의도적으로 개입한 결과였다. 독일민주공화국은 실용적이고 이념적인 이유로 처음부터 성평등을 지향했고, 사회의 모든 면에서 남성과 동등한 수준으로 여성의 참여를 권장했다. 국가와 문화에 의해 일하는 여성이란 관념이 생겨났으나 처음에 현실은 그것에 미치지 못했다. 공장·실험실·사무실에서 일하는 여성들은 신문 기사와 텔레비전방송에는 자주 등장했지만, 정작 1960년에 대학에서 여학생 비율은 4분의 1에 그쳤고, 직업학교는 그보다 조금 높은 정도였다.[48] 동등임금을 법적으로 보장하고 육아를 지원하는 것만으로는 가정과 직장에서 진정한 성평등을 가로막는 장애물을 뛰어넘을 수 없으니, "기회의 평등을 막는 실질적이고 심리적인 장벽"[49] 또한 장애물로 인식되어야 한다고 말한 역사학자 메리 풀브룩의 지적은 타당하다. 당황한 독일사회주의통일당은 1961년 이 문제를 검토한 끝에 다음과 같이 결론을 내렸다.

노동할 수 있는 16~60살의 여성 가운데 68.4퍼센트가 노동에 종사하고 있음에도 중간 관리직과 고위직에서 여성의 비율은 전혀 만족

293

스럽지 못하다.[50]

이에 당은 1961년 12월 기관지《노이에스 도이칠란트》에 놀랍도록 솔직한 성명문을 싣고 직장과 가정에서 여성들이 직면한 문제들을 가감 없이 공개했다.

독일사회주의통일당 중앙위원회의 정치국은 여성들의 훌륭한 기술과 성과가 현재로서는 자기 발전과 더 넓은 사회의 진보를 위해 충분히 쓰이지 못한다는 의견이다. 주원인은 여전히 다수가, 특히 당과 국가, 경제와 노동조합에서 지도적인 위치를 맡은 남성들이 사회주의 사회에서 여성의 역할을 과소평가하기 때문이다. …
지도적인 위치에 이미 가 있는 여성들은 어머니이자 가정주부로서도 의무를 다하나, 이를 인정받지 못한 채 감당하기 어려운 노동량에 시달리는 경우가 태반이다. 보통 이들에게 요구되는 노동량은 같은 위치에 있는 남성의 경우보다 많다. 몇몇 지도자는 대놓고 말하지는 않으나, 여성들이 특별한 성취로 '자신들을 증명'해야 한다고들 생각한다. 이런 자들은 여성들이 떠안은 과한 요구를 해결해 주기는커녕 중간 관리직과 고위직을 여성들이 맡을 수는 없지 않겠냐는 논리를 만들어 낸다. … 심지어 여성이 기술·조직·경제와 관련한 문제에 남성보다 이해력이 떨어진다는 '주장'도 있다.
이 모든 사건은 우리 국가의 뜻을 거스르는 것이다. 이런 자들은 여성의 발전을 가로막고 나아가 우리 사회 전체의 발전을 저해한다.[51]

독일사회주의통일당은 학교·대학·기업·클럽·사회 등 한마디로 '온 대중'에게 이 문제의 시급함을 강조했다. 여성들과 직접, 그리고 '솔직히' 대화해 그들이 어떤 문제를 느끼는지를 확인하고 그것을 해결할 선방위적 해법을 모색하라는 지시가 모든 조직에 떨어졌다. 1962년 4월 각료평의회는 수습과 직장 생활을 하는 여성들의 경험을 개선하도록 지원하는 방안을 비준했다. "대중조직의 지원을 받는 국가 기관들은 사회에서 여성의 역할을 바라보는 구시대적 태도에 대해 분명히 논의하고 신중히 대처"[52]해야 했다. 카린의 교사 또한 재능 있는 여학생들을 발굴해, 그들이 고등교육이나 직업훈련을 받아 전문적인 직업을 얻을 수 있게 설득하는 임무를 맡은 셈이었다. 그리 내켜 하지 않은 카린 아버지의 태도는 그 시대의 전형이었으며 충분히 예상할 수 있었다. 그래도 국가가 적극 개입한 덕에 학교와 직장은 여자아이들이 더 높은 자리로 올라갈 수 있도록 아이들과 그들의 가족을 설득하는 데 점점 더 효과를 봤다.

그러나 동독 역사학자 슈테판 볼레Stefan Wolle는 이 방안의 성공 뒤에는 명확한 한계도 존재한다고 지적한다. 독일민주공화국의 역사를 살펴보면, 여성들은 하급이나 중간 관리직을 하나둘 채웠을 뿐, 국가·당·경제를 지휘하는 엘리트 지도층에 진출하는 일은 극히 드물었다. 어느 대학과 고등교육기관도 여성 강사의 비율이 15퍼센트를 넘지 못했고, 여성이 중앙위원회 정치국의 정식 국원이 된 적은 한 번도 없었다.[53] 하지만 현실적으로 1960년대에 그러한 것들을 실현한 나라가 있었을까? 동독에서 1981년에 91퍼센트의 여성이 노동을 했다. 이는 전 세계에서 가장 높은 수치였다. 1986년에는

50.3퍼센트의 대학생이 여성이었다. 전반적으로 보아 동독 여성들은 경제적으로 남편에게 의지하지 않았다. 이는 서독을 포함한 다른 국가에서 찾아보기 힘든 사례. 이혼율이 증가한 점과 결혼 대신 그냥 동거하는 비율이 늘었다는 점도 이를 뒷받침한다. (이는 점점 더 무신론이 우세해지는 사회에서 종교적인 이유와도 연결된다.) 동독 여성들은 서독 여성들과 비교해 직업적으로나 경제적으로 좀 더 독립적이었다. "국가가 여성들을 지원하는 데 최선을 다했다"[54]는 볼레의 결론은 타당했다.

비극과 진보

1961년 베를린장벽의 건설은 의심의 여지 없는 비극이었다. 가족이 생이별했고, 도시가 둘로 갈라졌으며, 장벽을 건너려던 사람들은 비참한 결말이나 심지어 죽음을 맞이했다. 그런데 베를린에서 격한 항의가 이어지기는 했으나, 1960년대 초반 독일민주공화국에서 이 파격적인 조치에 저항하는 움직임은 거의 관찰되지 않았다. 오히려 동독인들은 이 시절을 안정기로 기억한다.

모순처럼 보이는 이 상황은 장벽 너머로 시선을 돌려 냉전과 독일민주공화국의 맥락을 폭넓게 바라보면 쉽게 이해가 된다. 케네디, 흐루쇼프, 아데나워, 울브리히트 모두, 냉전이 빚어낸 갈등의 위험한 파도가 베를린이라는 방파제를 만난 것에 안도했다. 마찬가지로 개방된 국경에서 촉발된 경제적 문제와 편집증은 국경이 봉쇄되지 않는 한, 독일민주공화국 당국에 항시 위기감을 불어넣었을 것이다.

이념적 분단이 공고해지자 평온의 시대가 안착했다. 동독의 억압적인 조치는 잠잠해졌고, 정권은 더 나은 경제와 사회를 건설하는 데 집중했다. 이 시절에 대한 동독인들의 기억은 대규모의 건설 사업, 여성에게 새로이 창출된 일자리의 기회, 가족이 처음 장만한 자동차, 처음 떠나 보는 휴가와 현대식 아파트로의 첫 이사 등으로 채워졌다.

물론 베를린과 독일의 분단이라는 국가적이고도 개인적인 대변동에서 어느 무엇도 자유로울 수 없었으나, 이 그림은 그리 단순히 볼 수 없다. 독일민주공화국은 수도에 세워진 장벽보다 늘 커다란 존재였고, 따라서 1960년대 초엽은 비극과 진보가 공존하던 시절이었다.

66 우리 노동자와
소작농의 국가가
마침내 세상의
인정을 받았다. **99**

또 다른
독일

6장

1965년-해빙기의 끝

1964년 10월 7일 브란덴부르크주 그로스될너호수. 레오니트 브레즈네프Leonid Il'ich Brezhnev는 지루했고 조금은 짜증이 났다. 그는 건국 15주년을 축하하러 독일민주공화국을 방문한 소비에트 대표단의 최상급자로서 발터 울브리히트에게 좀 더 나은 대접을 받아야 하는 게 아닌가 생각했다. 초대받아 간 곳은 제법 근사하기는 했다. 울브리히트의 손님용 별장은 베를린에서 북쪽으로 한 시간쯤 차를 타고 가면 나오는 그로스될너호수의 기슭에 있었는데, 무척이나 아름다웠다. 원래는 1934년 헤르만 괴링이 사냥할 때 머물던 숙소로 사방이 숲이었다. 브레즈네프는 당연히 그곳에서 사냥하거나 하다못해 호숫가에서 한적하게 산책할 줄로만 알았다. 그러나 울브리히트는 브레즈네프가 겉옷을 벗기가 무섭게 그에게 끊임없이 장광설을 늘어놓았다.

　　동독의 지도사는 공산당 이인자이자 흐루쇼프 다음가는 권력자인 브레즈네프가 자신이 추진한 경제와 문화의 자유화를 호되게 비

301

판할까 봐 전전긍긍했다. 울브리히트는 저녁을 먹는 내내 신경제체
제의 이점과 자기 나라가 일군 사회 발전을 쉬지 않고 떠들어 댔다.
손님은 더는 참기가 힘들었다. 식사를 마친 뒤 브레즈네프는 몸이 좋
지 않아 누워야겠다며 먼저 자리를 떴다. 울브리히트는 약이 올랐다.
브레즈네프가 곤란한 상황을 일부러 피하는 거라는 의심이 들었기
때문이다.[1]

　　노련한 사냥꾼이던 브레즈네프와 달리 사냥을 전혀 몰랐던 울
브리히트는 망신당하기가 싫어 숲에 부하 에리히 호네커를 대신 보
냈다. 두 사냥꾼은 그로스될너호수 주변의 숲에서 급속도로 친해졌
고 이후 20년간 우정을 이어 갔다.

　　울브리히트보다 20살 가까이 젊었던 호네커는 서기장 울브리
히트를 오랜 세월 충직히 보필했으나, 언젠가부터 그와 거리를 두었
다. 호네커는 울브리히트가 독일민주공화국 청년들을 재결집하는 임
무를 자기 몰래 쿠르트 투르바에게 맡긴 것에 앙심을 품었다. 그도
그럴 것이 호네커는 자유독일청년단을 자기의 과업으로 생각했으며,
그에 대한 비난을 자기 자신을 향한 공격으로 여겼다. 그런데 둘의
사이가 멀어진 데는 정치적 셈법을 넘어서는 것이 작동하고 있었다.
에리히 호네커와 1963년 국가교육부 장관이 된 그의 아내 마르고트
는 울브리히트의 자유화가 정도를 넘었다고 생각했다. 물론 어떤 면
에서 부부를 움직인 것은 정치적인 우려였다. 1963년 쿠르트 투르바
가 작성한 독일사회주의통일당 성명문에서 청년들이 마음껏 춤출 자
유를 확대해야 한다고 주장한 것과 관련하여 마르고트 호네커는 다
음과 같이 논평했다.

이른바 미국식 삶의 방식을 모방하는 자들에게 좀 더 엄격해야 한다. 이것은 비단 춤의 문제가 아니다. … 춤이 춤을 넘어 정치가 되기 시작할 때는 무언가를 더해야 한다.[2]

이런 생각을 공유하는 보수 정치인들은 음악을 통해 소비주의와 서방식 생활양식이 퍼지는 것을 막아야 한다며 권력자로 떠오른 호네커 부부를 주축으로 결집했다. 그러나 일부 청년문화에 이들이 드러낸 도덕적 반감이란 다소 고지식하고 구세대적인 측면이 있다. 에리히 호네커는 서방 문화를 가리켜 "최악의 퇴폐"라고 여러 차례 손가락질했으며, 미국과 영국의 대중음악이 건실한 동독 청년들을 타락하게 했다는 주장을 부풀리려고 범죄의 수치를 조작하기도 했다.[3] 어떤 남자가 서독의 캔맥주 '답DAB'을 마시고,[4] 젊은 시절 혈기 왕성했다는 이유—동료였던 볼프강 자이페르트Wolfgang Seifert는 그가 "여자들을 밝혔으며 음주를 종종 즐겼다"고 증언했다—로, 청년들에게 머리 모양에 관해 잔소리할 입장이 아닐지라도, 호네커는 개의치 않았던 듯하다.[5]

한편 당은 도덕적으로 무결한 모습을 지키기 위해 호네커 부부의 결혼사를 철저히 함구했다. 에리히 호네커는 1947년 첫 아내 샤를로테Charlotte를 비극적으로 먼저 떠나보낸 뒤, 1949년 12월 자유독일 청년단 지도부였던 에디트 바우만Edith Baumann과 재혼해 1950년 딸 에리카Erika를 얻었다. 재혼 후 며칠 지나지 않아 그는 스탈린의 70번째 생일을 축하하는 연회에 참석하러 모스크바로 갔다. 거기서 마르고트 파이스트라는 여자와 불같은 사랑에 빠졌다. 마르고트는 인민의회 최연소 의원으로 몇 달 전 빌헬름 피크가 대통령으로 선출되었을 때 대표로 축하 꽃다발을 건넨 자이기도 했다. 마르고트는 에리히의 두 번째 아내보다 20살 가까이 어렸으며 누가 보아도 지성적이고 매력적이었다. 남편의 불륜 사실을 안 에디트는 피크와 울브리히트에게 도움을 청했으나 소용없었다. 에디트의 남편은 내연관계를 이어 갔고, 그로부터 2년 후인 1952년 12월 1일, 에디트와 여전히 부부인 상태에서, 마르고트는 딸 조냐Sonja를 낳았다.

정치국은 난처했다. 정치인도 이런 불륜을 저지르는데 어떻게 국민에게 '청렴'하고 '품위 있는' 삶을 강요할 수 있단 말인가? 결국은 발터 울브리히트가 개입해 마르고트를 모스크바로 보냈다. 갓 아이를 낳은 마르고트는 연인은 물론 어린 딸과도 생이별해야 했다. 1990년에 이 사건을 돌아보는 호네커의 말에는 여전히 안타까움이 묻어났다.

> 음모를 미처 막지 못해, 갓 태어난 아이와 함께해야 했을 가장 아름다운 시기에 마르고트는 중앙위원회 사무국의 명령에 따라 모스크바의 청년 아카데미로 보내졌다.[6]

호네커는 정치에 전념하기 위해 서독 자를란트에 거주하던 부모를 베를린으로 잠시 모셔 와 어린 딸을 맡겼다. 1955년 마침내 에디트가 이혼에 합의했고, 에리히는 그제야 마르고트와 결혼했다.

정치에 의해, 궁극적으로는 타인의 도덕적 잣대에 의해 삶이 휘둘리는 것이 무언인지를 잘 알았던 호네커였으나, 그럼에도 그는

1964년 독일민주공화국 청년들의 도덕적 해이에 맞서는 운동을 조직했다. 같은 해 10월 14일 니키타 흐루쇼프가 실각했다. 그의 자리를 이은 레오니트 브레즈네프가 그로스될너호수 근처 숲에서 사냥하며 에리히 호네커와 우정을 쌓은 지 일주일도 채 되지 않았을 때의 일이다. 소비에트의 새 지도자가 된 브레즈네프는 흐루쇼프의 탈스탈린화 작업이 완수되었음을 즉시 선언했다. 그의 독일의 사냥 상대 호네커는 자기 나라에도 일대 변화가 필요한 순간임을 감지했다. 1965년 초가을 라이프치히의 공연장과 무도장에서 연달아 싸움이 벌어진 것도 호네커에게 힘을 실어 주었다. 그는 자유독일청년단을 통해 청년들의 하위문화를 지지하는 세력은 "나태하고", "머리가 덥수룩하고", "지저분한" 자들이라는 비판을 가했다. 머리가 너무 길어 보이는 학우를 만나거든 강제로 머리를 자르라고 학생들에게 권하는가 하면, 젊은이들이 '정상적인' 생활양식으로 돌아갈 수 있도록 고된 노동의 가치를 찬양하는 자유독일청년단의 운동을 호네커는 적극 지지했다.[7] 1965년 10월 11일 발터 울브리히트가 휴가를 보내는 동안 호네커는 중앙위원회 사무국 특별회의를 소집해 2년 전 청년들에게 부여한 자유의 상당수를 사실상 없던 일로 만들었다. 심지어는 특정 음악을 틀 수 있는 허가를 취소하기도 했다.[8]

이른바 '음악 금지령(Beat Ban)'이 내려져 라이프치히 지역에서 49개 밴드 가운데 다섯 밴드만이 계속 공연할 수 있었다. 화가 난 청년 1000여 명이 1965년 10월 30일에서 31일로 넘어가는 밤에, 도심의 빌헬름로이슈너광장에 모여 음악 금지령에 반대하는 시위를 열었다. 당시 30살이었던 작가 에리히 뢰스트는 그날 밤 풍경을 이렇게

305

회고했다.

> 현수막도, 구호도, 지도부도 없었다. 그냥 모인 사람들이었다. 얼마 가지 않아 분명 다들 흩어졌을 것이다. … 그런데 1분이 지났을 때 묘한 광경이 연출되었다. 로이슈너광장에 국가 병력이 출동한 것이다. 맨 앞에는 경찰관을 태운 지프차가, 뒤에는 경찰 트럭 두 대가, 중간에는 코끼리처럼 커다란 차량이 한 대 있었다. 마치 전차처럼 운전석에서 바깥을 내다볼 수 있는 창이 아주 작게 나 있었고, 반구형 천장에는 아래로 향한 관이 붙어 있었다. 물대포였다.[9]

당국의 대응은 가혹했다. 당국은 지대공미사일과 경찰봉, 일각의 주장에 따르면 물대포도 동원해 라이프치히 골목에서 인파를 몰아냈다. 그 과정에서 264명이 체포되었다. 그중 107명은 유죄 판결을 받고 레기스-브라이팅겐에 있는 갈탄 광산으로 보내져 "필수 교정책으로서 몇 주간 감독을 받으며 노동"하는 형을 받았다. 이러한 조치는 시위를 정말 두려워했다기보다 음악 밴드가 초래한 위협을 부풀리려는 욕망에 기인했다. 독일민주공화국 당국은 현장에 자유독일청년단원과 독일사회주의통일당원을 보내 시위 규모가 실제보다 더 커 보이고 더 위협적으로 보이게끔 했다. 일부 역사학자는 진짜 시위대의 규모는 500명 남짓으로 추산한다.[10]

호네커의 계략은 주효했다. 자유화 정책이 일으킨 도덕적 해이의 증거가 눈앞에 나타나자, 울브리히트는 고립되었고 압박을 느꼈다. 라이프치히에서 음악 금지령에 반대하는 시위가 있고 이틀 후, 울브리히트는 다음과 같은 내용의 각서를 발표했다.

> 자유독일청년단 중앙평의회가 음악 밴드 대회를 조직한 것은 오판이
> 있으며, 서독의 대중음악이나 비트 음악과 달리 동독의 음악 밴드는
> 해악을 끼치지 않으리라고 주장한 것 또한 실수였다.[11]

그는 한 연설에서 "서독의 모든 것을 우리가 따라 해야 하는
가? 동지들이여, 단조로이 '예, 예, 예' 거리기나 하는 것들에 마침표
를 찍어야 한다"라며 비틀스를 공개적으로 비난하기도 했다. 에리히
호네커도 이에 동의했다. 1965년 12월 중앙위원회 11차 총회 때 호
네커는 "독일민주공화국은 청렴한 국가다. 우리에게는 품위와 예의
를 위해 지켜야 하는 불변의 윤리와 도덕이라는 규칙이 있다"[12]라고
주장했다. 나아가 그는 DT64와 같은 인기 라디오방송을 금지했고,
성적이거나 정치적인 주제를 다룬다는 이유로 〈집토끼는 나다(Das
Kaninchen bin ich)〉와 같은 영화도 금지했다. 만트레트 빌러Manfred
Bieler의 책을 원작으로 해서 국영영화사 독일영화주식회사가 제작한
이 영화의 주인공은 19살 마리아 모르체크다. 마리아의 삶은 오빠 디
터가 베를린장벽이 건설된 직후 폭동 선동죄로 잡혀 들어가면서 무
너진다. 마리아는 오빠를 감옥에서 꺼내려다 파울 다이스터라는 남
자와 사랑에 빠진다. 그는 마리아보다 나이가 훨씬 많고 결혼했을 뿐
아니라, 디터의 사건을 맡은 판사이기도 하다. 마리아는 연인의 출세
를 위해 제 오빠에게 가혹한 형벌을 내리게끔 파울을 구슬리고, 이후
자신도 오빠와 거리를 둔다. 그러나 결국 디터는 감옥에서 풀려나고

자초지종을 알자 여동생을 두드려 팬다. 마리아는 스스로 운명을 개척해야 한다는 깨달음을 얻고, 과거에 범죄자 가족이라는 이유로 '정치적 부적합자'로 분류되어 들어가지 못한 대학에 다시 지원한다. 이 영화는 여러 예술 작품과 더불어 독일민주공화국에서 존재가 깡그리 지워졌다. 그래서 동독인들은 검열로 상영 금지된 영화들을 '토끼 영화'라고 부르기도 했다.

또한 소비에트연방에서 브레즈네프가 추진 중인 보수적인 정책과 합을 맞춰, 11차 총회에서 독일민주공화국의 경제개혁도 상당수 철회되었다. 모스크바는 형제 국가들이 경제적으로 소비에트의 필요에 따라 다시금 예속할 것을 요구했다. 그런 나라들의 경제체제에서 민간기업과 인민의 참여는 중요하지 않았다. 울브리히트가 흐루쇼프에게 요구했던 원유와 철강의 공급량 증가는 브레즈네프에게는 어림도 없는 일이었다. 독일민주공화국의 신경제체제를 지휘한 에리히 아펠은 1966년부터 1970년까지 소비에트연방을 지원하는 계획을 새로 짜야 했다. 1965년 12월 3일 그때도 아펠은 모스크바의 새 전략에 반대했다. 독일민주공화국에는 그릇되고 유해한 정책이라고 믿었기 때문이다. 하지만 울브리히트를 비롯한 베를린의 모스크바 충성파는 아펠의 견해를 묵살하고 어서 협조할 것을 강요했다. 그날 아침 일찍 빌리 슈토프가 아펠에게 전화를 걸었지만 응답은 없었다. 오전 10시가 되기 조금 전에 아펠의 비서가 사무실을 열어 보니 전직 로켓 과학자였던 아펠은 안락의자에 쓰러져 있었다. 발치에는 공무용 권총의 탄창이 놓여 있었다. 피가 흥건했다. 아펠이 스스로 목숨을 끊었는지 아니면 살해되었는지는 끝내 알려지지 않았다. 그렇게 경

제개혁가는 세상을 떠났고, 빈자리는 즉시 귄터 미타크Günter Mittag
가 채웠다. 그는 계획경제를 적극적으로 지지하는 쪽으로서 1989년
까지 동독의 경제정책을 지휘했다.

1965~1968년에 독일민주공화국은 개혁과 자유화 정책을 대
거 폐기했다. 이 과정을 울브리히트가 직접 지휘하지는 않았지만, 모
스크바가 설정하고 과거 울브리히트의 추종자였던 에리히 호네커
중심의 신흥 세력이 주도하는 이 기조를 울브리히트는 아주 흔쾌히
따랐다. 한때 울브리히트의 충직한 조력자였으며 1953년의 위기에
도 변함없이 그의 곁을 지킨 호네커는, 크렘린의 권좌에 앉은 벗과
굳건히 협력하며 자신만의 권력 기반을 다졌다. 1968년 울브리히트
는 끝내 호네커 진영의 압박에 굴복했다. 정권은 소비에트 노선에 적
극적으로 협조했다. 슬로바키아 정치인 알렉산드르 둡체크Alexandr
Dubček의 주도로 체코슬로바키아에서 프라하의 봄이 시작됐을 때도,
이 개혁운동을 진압하려는 모스크바의 계획을 열렬히 지지했다.[13]
1968년 8월 20일 늦은 밤 바르샤바조약의 50만 침공군이 동유럽의
체코슬로바키아에서 일어나는 모든 저항을 진압하겠다고 위협하자
독일민주공화국의 국가인민군도 지원 병력을 보냈다. 직접 전선에
나서거나 실제로 체코슬로바키아의 국경을 침범하지는 않았으나, 동
독의 부대는 병참선을 지원하며 소비에트 지휘를 받았다. 공개적인
전장에 국가인민군을 배치하지 않기로 한 결정 또한 베를린이 아닌
모스크바의 선택이었다.

독일민주공화국에서 1960년대 초반의 개혁이 지속되고 확대되
기를 바란 사람들은 이제 몹시 실망했다. 1968년 11월 소비에트 지

309

도자가 연설한 이른바 브레즈네프선언은 다음과 같은 점을 분명히 했다.

사회주의에 적대적인 세력이 사회주의국가를 자본주의로 탈바꿈하려 하는 것은 해당 국가의 문제일 뿐 아니라 모든 사회주의국가의 문제이자 염려다.

동유럽은 물론 독일민주공화국에서도 개혁은 없던 일이 되었다.

밀케의 슈타지 제국

1962년 베를린 리히텐베르크. 국가보안부 장관 에리히 밀케는 루셰슈트라세에 새로 지은 슈타지 본부로 1957년에 이전했다. 하우스 1이라고 불린 7층짜리 건물을 중심으로 단지는 끝없이 확장되어 나중에는 너비가 2제곱킬로미터에 달했다. 서쪽으로 루셰스트라세, 북북으로 고틀린데슈트라세, 동쪽으로 마크달레넨슈트라세, 남쪽으로 분주한 대로 프랑크푸르트알레가 자리한 곳에, 아파트·교회·경찰서 같은 옛 건물이 허물어지고 새 건물들이 들어섰다. 슈타지 본부가 북쪽으로 확장되면서 노어만넨슈트라세가 그곳 한가운데를 가로지르자, 일대의 보안과 경비를 위해 1979년부터 아예 도로가 폐쇄되었다.

하우스 1에서 밀케의 집무실은 이른바 '장관층'이라 불린 2층에 자리했다. 2층에는 밀케의 집무실을 비롯해 회의실, 비서실, 욕실

과 주방이 딸린 개인 처소가 있었다. 건물은 아주 단출했다. 독일민주
공화국 전역에 널리 지어진 주택들과 마찬가지로 칙칙한 잿빛의 조
립식 콘크리트로 세워졌으며, 감탄을 자아낸다기보다 그저 목적에
충실한 건물이었다. 내부도 널빤지로 세운 벽, 기본 의자와 서류함 등
이 있어 평범한 사무실과 다르지 않았다. 개성은 찾아보기 힘들었고,
밀케의 영웅이자 체카를 세운 폴란드 귀족 펠릭스 제르진스키를 기
리는 장식품 정도가 눈에 띄었다. 입구에 제르진스키 동상이 서 있었
고, 밀케의 집무실이 있는 2층 복도에도 제르진스키 초상화가 떡하니
공간을 꾸몄다. 슈타지 근위대는 1967년에 그의 이름을 따서 펠릭스
제르진스키 근위대로 명명되었다. 밀케는 소비에트 비밀경찰을 만든
그의 정신을 무척이나 존경했고, "체카는 차가운 머리와 뜨거운 심
장, 깨끗한 손을 지녀야 한다"라는 그의 말을 자주 인용했다.

　　1962년 밀케는 슈타지 전체 지도부를 하우스 1로 이전했다. 그
의 집무실 직원들도 포함되었는데, 그중에는 최측근인 한스 카를존
Hans Carlsohn도 있었다. 그는 1951년부터 밀케와 일했고 1971년부
터 슈타지의 사무국을 이끌었다. 1962년 자기의 상사를 따라 새 집무
실로 들어온 카를존은 33살로 젊은 편이었다. 1959년에 작성된 보고
서에 따르면, 그는 이미 일찍이 "당 의식이 확고하고 에너지가 많이
필요한 어려운 임무를 … 용의주도함과 꼭 필요한 요령"[14]으로 해결
해 내는 능력을 증명한 터였다. 1946년 독일사회주의통일당이 만들
어졌을 때 입당했고, 이후 병영인민경찰이 되어 당이 경찰을 통제하
려고 설치한 관리직을 맡으면서 순식간에 정치적인 행보를 걸었다.
밀케는 그의 능력을 단번에 알아보았다. 이 청년의 강철 같은 이념적

311

확신은 밀케가 모든 부하에게 주입하고자 하는 것과 일치했다. 그렇게 카를존은 1951년 23살의 나이에 국가보안부로 자리를 옮겼다. 밀케의 오른손으로서 권력을 거머쥐었고, 밀케에 접근하려는 자들을 관리하며 문서를 검열하고, 업무 우선순위를 정하는 일을 도맡았다. 카를존은 베를린 북동부 우커마르크의 호수 지역 볼레츠에 있는 밀케의 사냥용 숙소에도 자주 드나들 만큼 사이가 가까웠다. 2000년 밀케가 사망할 때까지 카를존의 충성심은 변함이 없었다. 밀케는 개인 비서인 우르줄라 드라스도Ursula Drasdo와 그의 남편이자 자신의 운전기사이며 경호원이었던 헤르베르트Herbert도 카를존처럼 충성하기를 바랐고 실제로 충성을 받았다. 이 밖에도 밀케의 집무실에서 교대로 일하는 네 명의 비서가 더 있었다.

1962년 광활한 부지가 새로 지어지면서 슈타지 제국은 계속 확장한다는 인상을 주었으나, 사실 그 시점에 밀케의 부서는 세력이 가장 약해져 있었다. 부지의 건설이 시작된 1960년은 베를린장벽이 봉쇄되기 전이었다. 그랬기에 슈타지는 베를린이 파괴공작원과 첩자, 외국 요원이 득실대는 통제할 수 없는 소굴이라는 주장을 펼쳐 부지의 규모와 직원들의 활동 범위를 넓히는 것을 정당화할 수 있었다. 동서독 국경이 10년 가까이 요새화되었는데도 베를린의 분계선은 자유로이 넘나들 수 있었다. 정치인들은 이 사실에 민감했다. 밀케는 1950년대 말, 특히 1956년 헝가리혁명이 일어난 후로 되풀이되는 편집증을 이용해 슈타지를 독일사회주의통일당의 '창이자 방패'로 만들었다. 국가보안부가 모든 곳에 눈과 귀를 두어 적대행위를 탐지한다는 발상은 일부 정치국원에게야 위안이 되었으나, 다른 이들에게는 공포였다. 밀케는 일반인은 물론 정치인도 장악했다.

1960년에 독일사회주의통일당 지도부와 가족은 반들리츠에 있는 안전한 발트지들룽으로 거처를 옮겼다. 밀케 가족도 그중 하나였다. 밀케 가족은 주거지역의 북서쪽 끝자락 모퉁이에 있는 14호에 살았다. 바로 옆집에는 투표권이 없는 정치국원 후보이자 에리히 호네커의 전 부인 에디트 바우만이 거주했다. 에리히 밀케는 아내 게르트루트Gertrud, 12살 난 아들 프랑크Frank, 1955년 입양되어 14살이 된 딸 잉게 할러Inge Haller와 함께 정치 엘리트와 한마을에 살았다. 훗날 두 아이와 아이들의 배우자도 국가보안부에서 일했다. 발트지들룽에서 밀케는 단순한 이웃이 아니었다. 그는 그곳의 통치자이기도 했다. 발트지들룽의 보안은 슈타지가 파견한 경호원과 펠릭스 제르진스키 근위대가 담당했다. 정육점 주인부터 미용사까지 마을에서 일하는 직원은 한 명도 빠짐없이 국가보안부에 고용된 자들이었고, 사전에 출신·이념·신뢰도를 검증받았다. 에리히 호네커가 특별주문한 맞춤 정장부터 특수한 사냥 장비, 임부복까지, 주민들의 특별한 요구사항들은 밀케의 부하들에게 고스란히 전해졌다. 슈타지 수장은 반들리츠에 사는 정치국원들과 후보자들의 삶 면면을 통제했다. 그들의 결혼 이력부터 가장 좋아하는 열대과일까지 모르는 게 없었다.

밀케의 휘하에서 국가보안부는 무서운 속도로 자라났다. 그가 집권하고 3년이 지나자 직원 수는 3521명으로 늘어나 있었다. 1961년에는 4395명의 근위대를 제외하더라도 그 수가 2만 명에 달했다.[15] 슈타지 수장은 이 비용을 정당화하기 위해, 그리고 진심으로 그렇다 믿으며, 1957년 이른바 '정치-이념의 전환(politico-ideological diversion, PID)'

313

이라는 개념을 창시했다. 이에 따르면 이제 적은 테러나 혼란의 선동, 첩보 활동처럼 직접적으로 행동하지 않고, 시민들의 이념을 좀먹는 전략으로 독일민주공화국 정부를 전복하려고 했다. 서방의 음악, 춤, 소비재, 정치는 일반 시민은 물론 주요 정치인도 유약하게 만들고, 그들이 부패한 사상에 물들면 독일민주공화국이 공들여 만든 사회와 사회주의 체제가 적에 의해 무너지리라는 것이었다.

정치-이념의 전환은 유혹적이었으나 동시에 모호했다. 무엇이든 정치적으로나 이념적으로 부패한 것으로 간주할 수 있었다. 독일민주공화국의 문화와 유흥을 자유화하려고 한 울브리히트의 시도도, '제삼의 길'을 표방한 경제개혁도 모두 그러했다. 밀케는 1953년 봉기, 탈스탈린화, 헝가리혁명, 서독으로의 두뇌 유출을 겪으며 사람들 내면에 슬그머니 자리 잡은 무형의 불안에 이름과 뼈대를 부여했다. 1950년대 말 정치국은 존재론적 공포에 시달렸고, 그런 상황에서 밀케는 당과 국가를 수호할 선봉장을 자처했다. 정치-이념의 전환이라는 개념은 공원 의자에 앉아 있는 첩자라든가 공장에 잠입한 파괴공작원의 존재가 필요하지 않았으므로, 밀케는 말 그대로 모든 곳에서 전복 행위를 찾아내도 된다는 정당성을 얻었다. 서독에 있는 친척부터 음악 취향, 특정 사안에 관한 견해, 주변인과 나누는 대화, 생활방식까지 어떤 것을 살펴도 문제가 되지 않았다. 달리 말하자면 슈타지는 모든 곳에 침습한 상부구조로서 세계에서 악명을 떨쳤다.

당의 고위직들은 베를린장벽이 건설되고 나면 정부 부서 곳곳에 촉수를 뻗치고 있던 국가보안부의 권력도 축소되리라 기대를 품었다. 그러나 밀케는 외국인들의 유입이 물리적으로 차단되었으니 임무에서 한발 물러나기는커녕, 1961년 8월 13일 예상을 깨고서 사람들을 줄줄이 체포했다. 국경이 봉쇄되고 3주 만에 무려 6041명이 인민경찰과 슈타지의 보고서에 이름을 올렸고, 그중 절반은 보호구금 저분을 받았다. 1961년 말에 '반국가 범죄'로 유죄가 선고된 사람은 1만 8000명에 이르렀다.[16] 문제는 이 지점이다. 밀케가 세운 슈타지의 목표가 정말로 순수한 보안 조직이라면 이쯤에서 속도를 낮춰야 했다. 1961년 12월 밀케는 울브리히트에게서 슈타지의 대규모 체포를 용납할 수 없다는 말을 들었다. 그 무렵 울브리히트가 경제와 사회의 개혁을 통해 추진한 '사회주의 인민공동체' 건설에 도움이 되지 않는다는 것이 이유였다. 이는 소비에트연방 공산당의 22차 당대회와도 궤를 같이했다. 이 대회에서 소비에트는 개혁에 더욱 박차를 가하고 법치를 더욱더 준수하며 반대 세력에 대한 박해를 완화하자는 데 뜻을 모았다. 1년 후인 1962년 12월 독일사회주의통일당 중앙위원회는 별도의 보고서를 발간해, 슈타지의 '이례적인' 조치들은 독일민주공화국에 새로이 조성된 환경에서 필요하지 않으니 중단되어야 한다고 요구했다. 울브리히트의 심복 헤르만 마테른은 밀케에게 더는 국민을 감시하거나 타 부서 사안에 참견하지 말 것을 명확히 알렸다. 슈타지 지도자의 고삐를 죄고 싶었던 그는 이렇게 설명했다.

일부 동지의 생각과 이념을 바꿔야 합니다. 이 동지들은 슈타지의 조직이 국가 기구의 다른 조직들과 달리 특별한 자리에 있다고 생각합니다. … 하지만 아닙니다. 슈타지는 국가가 중앙에서 지도하는 조직 가운데 하나이며 당과 정부가 명확하고 정해진 임무를 내리는 국가

315

기구의 한 부분이지요.[17]

　　한마디로 밀케의 조직은 특별할 게 없었다. 만약 밀케나 그의 부하들이 이 점을 오해한다면 생각을 바꿔야 했다.

　　밀케도 베를린장벽이 세워진 후로 활동 범위가 줄어든 것을 언뜻 받아들인 듯 보였다. 그는 지방에 나가 있는 직원들에게 "공화국이 안정을 찾았으니" 조직을 간소화하고 예산을 삭감할 것을 주문하며, "조직의 구조와 운영 방식을 재고"해야 한다고 말했다.[18] 그는 관리층을 손보았고, 방화 예방과 같은 일부 업무를 다른 부서로 이관했으며, 지방이나 지역 차원에서 선제적인 감시를 펼치기보다 감시의 범위를 특정 기업과 기관으로 좁혔다. 하지만 울브리히트가 국민의 생활수준을 목표치만큼 끌어올리기 위해 예산을 극단적으로 삭감한 타 부서와 달리, 밀케의 슈타지는 쪼그라들었다기보다 성장이 주춤한 수준에 머물렀다. 예를 들어 내무부는 1962~1964년에 예산 3분의 1이 줄었다. 반면 국가보안부는 예산이 0.7퍼센트포인트 늘었고, 그 덕분에 직원 35명을 더 충원했다. 부서의 몸집을 급속도로 불리던 예년에 비하자면 밀케도 타격을 입은 셈이었으나, 그는 할 수 있는 일을 하며 경제가 나아지는 시기가 돌아오기만을 기다렸다.

　　슈타지는 1962년부터 독일민주공화국의 국경에서 출입국을 관리했다. 동서독 국경은 물론 베를린장벽, 체코슬로바키아 및 폴란드와 닿은 동부의 국경까지 모조리 슈타지가 관리했다. 언뜻 사소해 보이지만, 이로써 밀케는 국가를 드나드는 이민자, 이주자, 관광객, 수출입업자, 가족을 보러 온 방문객을 모두 파악할 수 있었다. 또 밀케는 국가인민군 산하 특수군 '페어발퉁 15Verwaltung 15'를 휘하에 거느렸다. 훗날 장관 기동부대 실무단 '에스(Arbeitsgruppe des Ministers S, AGM/S)'라고 이름이 붙은, 국가인민군 소속의 이 엘리트 특수작전부대는 서독으로 넘어가 임무를 수행하도록 훈련한 테러단에 가까웠다. 밀케는 이 업무에 유독 애정을 붙였다. 아들 프랑크와 사위 노르베르트 크나페Norbert Knappe도 이 부대에 복무했다. 한편 근위대는 변함없이 국가 건물과 행사의 보안을 책임지며 1961년 8월 13일 밤의 소요를 막는 일부터 방공호와 부처 청사를 지키는 일까지 계속 도맡았다. 정치국원들과 가족이 거주하는 발트지들룽도 지켰다. 독일민주공화국의 국가 구조가 점점 확장되면서 슈타지의 무장 조직도 덩달아 불어났다. 펠릭스 제르진스키 근위대는 1955년만 해도 겨우 1475명이었으나 10년 후에는 5121명이 되었고 1980년에는 1만 명의 부대를 이루었다.

　브레즈네프의 시대에 불어닥친 냉풍은 녹아내리던 동독 정부와 국민의 관계를 다시 얼어붙게 했다. 마침 밀케는 울브리히트에게 슈타지의 예산 확대를 요구하기에 유리한 입장이었다. 1962년 그는 전체 보안 예산의 10퍼센트만으로 빠듯하게 조직을 운영했다. 그런데도 국경 폐쇄, 공공건물과 행사의 보안, 무장 비밀부대의 구축을 성공리에 마쳤고, 베를린에 새로이 터를 잡은 실용적인 본부 건물에서 효율적이고 전문적으로 보이는 조직을 이끌었다. 호네커를 중심으로, 사회를 좀먹는다고 여겨지는 서방의 영향에 맞서려는 노력도 밀케의 정치-이념의 전환에 설득력을 더했다. 슈타지가 참을성 있게 때를 기다리며 조직의 역할을 공고히 한 끝에, 드디어 모든 조각이 맞춰졌다. 1960~1965년에 슈타지 인력은 (무장 부대를 포함해) 2만 3000명에서 2만 9000명으로 6000명 남짓 늘었다. 그러나 1970년에는 4만 3000명이 되었다. 할당된 예산도 1960년에는 4억 마르크였다가 베를린장벽이 세워진 후 인상 폭이 정체되어 1965년에 5억 마르크로 주춤했지만, 1970년에는 무려 13억 마르크로 껑충 뛰었다. 10년 만에 예산 규모가 세 배 넘게 는 것이다.[19]

에리히 밀케는 조직이 빠르게 불어나는 동안에도 모든 권력을 자기 손안에서 놓지 않았다. 그가 1967년에 말한 바와 같이, 슈타지는 알아야 하는 것만 알리는 방식을 엄격히 지켰다. "국가보안부는 군과 공모하는 부서다. 내부에서 모두가 모든 것을 알 수는 없다."[20] 이와 같은 분위기는 슈타지가 막 창설되었을 때부터 이미 존재했다. 밀케는 감방 앞을 지키는 간수부터 비서까지 직원 한 명 한 명을 직접 조사하고는 했다. 또한 그는 죄수들이 슈타지가 원하는 말을 털어놓을 때까지 그들의 정신력을 약화하고 무너뜨리는 심문 기술과 심리 방법에 개입하는 것을 여전히 좋아했다. 그는 자신의 본보기인 체카에서 배운 잔혹한 방법을 고수했다. 잠을 재우지 않고, 독방에 가두고, 속임수를 쓰는 온갖 기술이 독일민주공화국 역사 내내 사용되었다.

심지어 밀케는 따분하고 일상적인 사무실 생활도 규제했다. 비서의 책상 위에 놓인 쪽지에 적힌 내용을 보면, 밀케가 질서와 청결을 얼마나 강박적으로 요구했는지 알 수 있다. 거기에는 "장관 자리 근처의 전면 창문 두 개에 커튼을 칠 것", "외투실 문"은 열어 둘 것과 같은 유념 사항이 적혀 있다. 그리고 책상 하나에는 "잉크가 차 있는 만년필"과 "만년필로 필기할 종이 1장", "갈색 서류철 1개"가 반드시 있어야 했다. 그런가 하면 연필을 깎을 것, 책상 위의 문구류와 장비의 위치를 조정할 것, "휴지통은 책상과 전화 사이 구석에 둘 것"과 같은 지시도 있었다.[21] 밀케는 아침 식사와 관련해서도 정확히 명시했다. "달걀 2개를 4분 30초간 삶고 미리 찔러본 뒤" 내놓아야 했다. 밀케의 비서는 우유, 소금, 빵, 칼, 접시, 하얀색 냅킨, 우유 따위가 정확히 어느 자리에 놓여야 하는지를 표시한 그림을 늘 보관했다.

밀케는 모든 방면에서 규칙을 찾았다. 그의 집은 먼지 한 톨 없는 무균실 같았다. 거리에서 쓰레기를 발견하면 무조건 치워야 했고 공공장소의 시계는 반드시 정확해야 했다. 남들이 지각하거나 일을 똑바로 하지 않는 것을 견디지 못했던지라 사람들이 일하는 곳을 불시에 검문하고는 했다.

에리히 밀케는 결국 과도한 업무량과 모든 것을 통제하려는 욕망에 대한 대가를 치렀다. 1968년 1월 3일 손님들을 초대해 60번째 생일을 축하하자마자 쓰러지고 만 것이다. 샤른호르스트슈트라세에 있는 국영병원에서 밀케는 뇌졸중 진단을 받았다. 3주간 병원에서 회복하다 나중에는 볼레츠에 있는 사냥 휴양지에서 4주를 더 요양했다. 주치의 헬가 무케-비트브로트Helga Mucke-Wittbrodt는 모스크바의 병원에 가 보고 이후 한발 물러나 일을 줄이라고 권고했다. 밀케에게 필요한 것은 운동과 신선한 공기, 충분한 수면과 휴식이었다. 밀케가 지침을 지켰는지는 불분명하다. 술을 덜 마시고 담배도 끊었으나 모든 것을 끊임없이 통제하고 교정하려 드는 욕망만큼은 그대로였다. 1952~1986년에 슈타지에서 해외 공작을 지휘한 '얼굴 없는 사나이'

319

마르쿠스 볼프Markus Wolf는 훗날 이렇게 회고했다.

> 에리히 밀케를 몇 분씩 붙들어 두고서 심각하고 차분히 대화한다는
> 건 대단히 어려운 일이었다. 10분, 15분씩 대화한다? 아예 불가능했
> 다. … 늘 분주하고 부산해서인지 그가 과로했다는 사실은 완벽히 묻
> 혔다.[22]

밀케는 1969년 〈독일민주공화국 국가보안부 법령〉 제8조 제1
항에 단독지도 원칙을 명시함으로써 자신의 지배적인 지위를 공식화
했다. 이것이 사회주의 이념의 집단지도 원칙을 정면으로 위배한다
는 사실쯤은 밀케에게 아무 문제가 되지 않은 듯 보인다. 비공식 협
력자(nofficieller Mitarbeiter, IM)도 처음으로 거론되었다. '노동자'이자
'정직한 애국자'로도 정의되는 이들은 "국가와 사회의 안전을 유지하
고, 발전을 가로막는 태업 행위나 그런 요인을 최대한 예방하기" 위
해 슈타지를 돕는 자들이었다. 이러한 내용의 법령은 1989년까지 유
지되었다. 밀케는 1960년대에 광범위한 책임을 짊어진 자신을 중심
으로 권력 기반을 차근차근 만들었다. 베를린 국경이 막 봉쇄되었을
때 울브리히트와 정치국원들이 요구한 대로, 권한을 축소하고 밀케
에게 '명확하고 정해진 임무'를 부여하는 장관들에게 책임을 분산하
는 대신, 밀케는 자신의 활동 범위를 구축하고 오히려 더 확장했다.
1960년대 말에 그는 시민들을 감시하기 위해 시민들을 배치할 수 있
는 보안 제국을 다스리고 있었다. 누가 입국하고 출국할지도 그가 결
정했다. 건물, 행사, 집들을 지키는 것도 그였다. 발트지들룽에서 장

관들의 과일 그릇에 바나나가 담길지 말지를 결정하는 것도 그의 몫이었다. 밀케는 독일민주공화국이 내부적으로 작동하는 데 없어서는 안 되는 인물이 되었다. 그의 신경증적 통제 욕망은 슈타지에 고스란히 이식되었다.

앞으로

————

1969년 10월 동베를린 알렉산더광장. 29살의 에리히 쿠펠트는 베를린 미테의 대형 광장에서 자유독일청년단 대표들과 나란히 섰다. 에리히는 유람선 프리츠 헤케르트호에서 7년을 일하다가 1968년부터 해상운송 회사 로스토크Rostock의 청년 서기관으로 일했다. 그리고 그 자격으로 새로이 단장한 알렉산더광장에 초대되었다. 광장은 거대했다. 보행자 전용 공간이라 자동차나 버스가 시야를 가리지 않아 더욱더 거대해 보였다. 제2차 세계대전 이전의 원래 부지보다 4배 가까이 커진 면적은 8만 제곱미터에 달했다. 전쟁으로 심하게 훼손된 곳이어서 오히려 사회주의 도시계획을 실현하기에 좋은 곳이 되었다. 새로운 수도의 심장이 자리할 백지의 땅.

1945년에 폐허가 된 게오르겐개신교회당과 교원노조의 건물 사이, 북적이는 암시장이 터를 잡은 곳에, 울브리히트는 집회·행사·야유회 등을 할 수 있는 사회주의 광장을 구상했다. 정부는 무자비한 효율성을 발휘해 돌무더기를 치웠을 뿐 아니라 남아 있던 34채의 집을 전부 허물었다. 정부는 500가구를 이주하게 했고, 1966년에 실시

321

한 조사를 바탕으로 1시간마다 광장을 지나는 자동차 3600대, 트램 136대, 버스 60대를 위해 우회로를 마련했다. 그 결과 무한한 가능성을 품은 직사각형 모양의 콘크리트 광장이 탄생했다. 카를마르크스알레가 모스크바의 탁 트인 대로에서 영감을 얻어 생겨났듯이, 알렉산더광장 또한 형식 면에서나 기능 면에서 소비에트 수도의 붉은광장을 떠올리게 했다. 1964년에 '알렉산더광장을 재설계'하기 위한 구상안을 모집하는 대회가 열렸고, 우승작을 바탕으로 1966년 3월에 공사가 시작되었다. 1969년 북서쪽 끝에 센트룸Centrum 백화점(지금은 갈레리아백화점)이 추가되었고, 그 옆에는 120미터 높이의 슈타트베를린 인터호텔이 들어섰다. 이 건물은 지금도 베를린에서 두 번째로 높다. 북쪽 끝에는 베를린출판사 사옥, 전기전자부 청사, 통계청사가 모여 있어 현대적이면서도 밋밋한 실용주의 분위기의 구역을 이루었다. 울브리히트가 특히 총애한 예술가 발터 보마카Walter Womacka는 〈국제친선 분수(Brunnen der Völkerfreundschaft)〉를 만들었다. 1970년 독일민주공화국 건국 21주년을 맞이해 선보인 이 6미터짜리 분수는 물을 끌어와 구리·유리·도자기로 만들어진 구조물 아래로 흘려보냈다. 또한 보마카는 80만 개 돌 조각으로 초대형 모자이크 작품을 만들었다. 이 작품은 새로 지어진 교사의 집 외관을 허리띠처럼 감쌌다. 제목은 〈우리의 인생(Unser Leben)〉으로 독일민주공화국의 사회를 이상화했다. 아마도 가장 유명한 구조물일 〈세계 시계(Weltzeituhr)〉는 작은 탑으로 전 세계 148개 도시의 시간을 실시간으로 보여 준다.

에리히 쿠펠트와 자유독일청년단 대표들이 이날 방문한 목적은 알렉산더광장의 이웃이자 동베를린의 화려한 신입인 베를린텔레비전탑(Berliner Fernsehturm)을 보기 위해서였다. 현대 기술의 기념비적인 건축물로 숨이 막히게 압도적이고, 높이는 365미터에 달했다. 오늘날에도 독일에서 가장 높은 건축물로 남아 있으며 '사회주의 건축의 역작'으로 칭송된다. 또한 이 탑은 울브리히트가 그토록 열망한 진보의 정신을 체화했다. 텔레비전과 라디오의 신호를 효과적으로 송출할 만큼 실용적이면서 전망대와 회전식당을 갖춘 우아하고 호화로운 건물이었다. 지상 207미터 높이에 있는 텔레카페Telecafé는 한 시간마다 한 번씩 회전하므로, 그곳에 방문하면 음료를 즐기면서 베를린의 전경을 360도로 느긋하게 감상할 수 있다. 맑은 날에는 42킬로미터까지 시야가 트인다. 에리히는 승강기에 올라타고 40초 만에 "하늘로 쏘아 올려져" 탑의 구체 부분에 다다르자 감탄했다. "실로 대단했고 우리 기술이 이렇게나 발전했다는 게 인상적이었다"[23]라고 회고했다.

　　베를린텔레비전탑은 독일민주공화국 건국 20주년을 4일 앞둔 1969년 10월 3일 막 개장한 터였다. 울브리히트와 그의 아내 로테, 호네커, 밀케, 그 밖에 정치국원 같은 고위층이 전망대에 대거 방문했고, 독일 텔레비전방송의 두 번째 채널이자 최초의 컬러방송 채널인 DFF2의 송출 단추를 누르며 상징적인 장면을 연출했다.

　　1958년 독일민주공화국에 등록된 텔레비전은 30만 대였다. 시청자들은 아침 방송(처음에는 야간 근무자들을 위한 저녁 프로그램이 재방송되었다)이나 〈우리 잠의 요정(Unser Sandmännchen)〉 같은 어린이 취침 시간용 방송(Abendgruß)을 보았다. 이 프로그램은 아이들의 삶에서 빼놓을 수 없는 부분이 되었다. 고깔을 쓰고 턱수염을 길게 기른 주인

공은 시청자들을 데리고 모험을 떠났다가 자장가를 들려주며 마무리
했다. 동독 아이들은 그걸 들으며 꿈나라로 갔다. 서독에도 잠의 요
정은 존재했지만, 독일민주공화국의 잠의 요정은 오늘날에도 방송될
만큼 더 오래갔다. 까치 부인, 여우 씨와 같은 동물 등장인물도 인기
를 끌었다.

　기술 발전은 사회 진보와 함께 갔다. 1965년에 정부는 계급 없
는 사회를 목표로 여러 교육개혁을 시행했다. 진보의 속도를 이어 가
려면 역량을 두루 갖춘 미래인재가 필요했다. 게다가 교육은 천연자
원 부족으로 생겨난 독일민주공화국의 만성적인 경제문제를 극복할
유일한 방법이었다. 어린이들은 교육과정에서 처음 10년 동안 폴리
테크닉 중등학교(polytechnische Oberschule, POS)라는 종합학교에 다녀
야 했다. 학교는 일반 교육을 제공하는 동시에 장차 농업과 산업 분
야에 종사할 대다수 아이를 위해 여러 실용적인 기술을 가르쳤다. 어
릴 때부터 능력에 따라 아이들을 세 등급으로 나눈 서독과 달리, 동
독의 교육체계는 가정의 문화적 환경에서 오는 불리함을 교육으로
평준화해 좀 더 능력주의에 가까운 체제를 확립하는 데 목적을 두었
다. 1950년대와 1960년대 초에 학생 5명 가운데 1명은 교사, 부모,
학생이 협의해 대학 입학 자격을 얻기 위해 공부를 계속하도록 권장
되었다. 이 비율은 독일연방공화국이 따라잡은 1960년대와 1970년
대를 거치면서 바뀌긴 했지만, 서독보다 훨씬 더 높았다.[24]

　대학 진학을 위해 공부하면서 직업훈련도 병행해야 했다. 보통
은 농업이나 산업을 선택해 졸업할 때쯤이면 학술적·직업적 자질을
두루 갖췄다. 여기에는 두 가지 목적이 있었다. 하나는 교사의 판단이

잘못되어 학생이 심화중등학교의 학문 수준을 따라가지 못할 경우를 대비하는 것이었고, 다른 하나는 지식인·학자·전문가 집단이 노동계급과 문화적으로 이어지도록 보장하는 것이었다. 대하에 긴척한 자들이나 사무직 전문가들도 기계공과 낙농민의 삶을 알아야 했다. 아이들은 어려서부터 육체노동을 했다. 기초적인 수준이나마 도구 사용법과 전기회로 작동법을 배웠고, 학교 농원에서 농사의 기본 원칙을 익혔다. 그러고 나면 기술 도안 같은 고급 기술과 사회주의경제학, 약간의 공장일과 농사일 등을 배웠다. 전체 교육과정에서 노동 기술을 배우는 비율은 10.6퍼센트를 차지했다.[25]

이런 교육체계는 독일민주공화국의 상징을 현실화한 것이었다. 소비에트연방 국기 속 망치와 낫은 각각 노동자와 소작농을 상징한다. 독일민주공화국 국기는 망치와 호밀 고리, 여기에다 컴퍼스를 추가했다. 강령은 다음과 같았다. 지식인 엘리트를 보유하되 그들을 노동자·소작농과 어우러지게 하라. 울브리히트는 독일민주공화국이 경제적으로 생존하려면 기술과 진보만이 답이라고 확신했다. 중산층을 국가 안에 가둔 만큼, 더는 그들을 문화적으로 배제해서도 안 되었다.

심화중등학교 말고도 기술전문대학이나 성인 교육기관, 폴리테크닉대학을 통해서도 고숙련 전문가들이 배출되었다. 기술을 보유했거나 보유하고 싶은 사람이면 누구나 양질의 교육을 누리게 하는 것이 목적이었다. 국가는 원하는 사람이면 언제든 그런 기회를 잡을 수 있게 힘썼다. 덕분에 별 볼 일 없는 출신들이 계층의 상향 이동에 성공하는 비율은 전례 없이 늘어났다. 하지만 노동계급 출신이 요직에

325

오르는 비율은 5명 가운데 1명꼴로 여전히 낮았다. 독일민주공화국의 자체 조사로는 50퍼센트에 머문다.[26] 그래도 재정과 구조적 지원은 노동계급 학생들이 대학에 진학할 수 있게 했을 뿐 아니라, 그들에게 대학 진학을 적극 권장하는 매개가 되었다. 효과도 확실해 1967년에는 독일민주공화국 대학생 3분의 1이 노동계급 출신이었다.[27] 서독에서 그 비율은 단 3퍼센트였다(통일 전까지 단 한 번도 5퍼센트를 넘기지 못했다).[28]

독일민주공화국은 이처럼 사회적으로 놀라운 진보를 일궈 냈으나 정치적으로는 퇴행했다. 1968년에 서독 〈헌법〉과 호환할 수 있게 고안된 1949년 〈헌법〉이 새 〈헌법〉으로 대체되었다. 새 〈헌법〉은 정치적 현실을 수용하는 동시에 동독과 서독의 정치적 차이를 거리낌 없이 인정했다. 독일민주공화국은 '사회주의국가'로 표현되며, 108개 조항에서 '사회주의'란 단어가 무려 145번 등장한다. 제1조는 국가를 지배하는 독일사회주의통일당의 절대적인 지도력을 명시했다. 단체와 정당을 조직하거나 그에 가담하는 결사권은 보장되지만, 사회주의는 오직 "프롤레타리트와 마르크스주의-레닌주의 정당의 지배를 받으면서" 실현될 수 있었다. 이를 위배하는 집단은 보호될 수 없었다. 독일사회주의통일당은 누구를 또는 무엇을 용인할지를 정하는 결정권자의 역할을 당 자체에 부여했다.

한편 울브리히트는 생활수준을 향상하겠다는 약속을 지켜 냈다. 이는 동독인들이 1960년대 하면 가장 생생히 떠올리는 기억이기도 하다. 가정용품과 소비재에 특히 집중하면서 이런 제품을 구하는 것이 더는 어렵지 않았다. 1960년에는 6퍼센트의 가구만이 세탁기를 소유했으나, 1970년에는 절반 이상이 손으로 빨래할 일이 없었다. 덕분에 여성들이 집안일을 돌보면서도 전업으로 일하기가 한결 수월해졌다. 한편 1970년 독일민주공화국 시민은 5명 가운데 1명꼴로 소형오토바이를 보유했는데, 이는 자동차 출시가 지지부진한 탓만은 아니었다. 소형오토바이는 가죽재킷, 개성 있는 안전모와 합쳐져 서방에서처럼 급속히 유행했다.

독일민주공화국의 소비재 산업은 냉장고의 공급으로 정점을 찍었다. 1960년에는 6퍼센트의 가구만이 냉장고를 소유했다. 보통은 '얼음 찬장'에다 상하기 쉬운 음식을 넣어 서늘하게 보관했다. 찬장에 넣을 얼음 조각은 말수레를 끌고 다니는 얼음장수나 물을 얼린 덩어리를 50페니히에 파는 동네 얼음장수에게 사서 채웠다. 하지만 1970년에 이르러서 56.4퍼센트의 가구가 냉장고를 소유해 28퍼센트인 서독을 훨씬 웃돌았다. 다만 전화기 공급률은 상당히 뒤처졌다. 1970년 서독은 절반 가까운 가구가 전화기를 보유했으나, 독일민주공화국의 공급률은 6퍼센트에 그쳤다. 공급 자체가 느렸을뿐더러 공급 상황이 그때그때 달라졌기 때문이다.

전체적으로 보아 동독인들의 삶은 1960년대에 크게 개선되었다. 1967년 토요일 근무가 폐지되었고 1주일당 근로 시간은 임금 삭감 없이 43.75시간으로 줄었다. 최저임금은 월 220마르크에서 300마르크로 늘었으며, 월급이 400마르크 미만인 노동자의 임금을 점진적으로 인상하라는 지시가 내려졌다. 첫 아이에 대한 보육수당은 40마르크에서 60마르크로, 더 낳은 자녀에 대한 보육수당은 45마르크에서 70마르크로 상승했다. 집세, 식비, 문화 활동비, 대중교통비에 대

한 부담도 보조금 덕에 줄었다. 단돈 50페니히면 영화관에 갈 수 있었다.[29]

시간과 돈이 넉넉해지자 여가문화가 활기를 띠었다. 동독인들은 즐거움을 찾아다녔고 특히 미식과 관련한 영역이 발전했다. 곳곳에 '골드브로일러'*를 파는 '고급' 닭요리 집이 생겼고, 해산물과 생선 요리, 반죽을 입힌 '로스토크 생선튀김'을 파는 가스트말 데스 메레스Gastmahl des Meeres 가맹점이 문을 열었다. 1968년쯤에는 거의 모든 집에 라디오가 있었고, 4가구 가운데 3가구가 텔레비전을 보유했다. 1970년대에는 거의 모든 집이 라디오와 텔레비전을 둘 다 장만했다. 1969년에는 동독과 서독에 나란히 컬러텔레비전이 들어왔다. 여유가 있는 사람들은 새로운 스테레오 장비를 장만해 거실에서 첨단 기술을 누렸다. 1968년에 독일민주공화국은 축전지로 작동하는 휴대형 스테레오 기기 '벤디Bändi'를 생산하기에 이르렀다. 다만 이 물건은 구하기가 쉽지 않았다. 통신판매 회사 라이프치히(Versandhaus Leipzig)가 독점 판매권을 가져갔으나 수요를 감당하지 못했다.[30] 그럼에도 생활수준의 현대화는 부인할 수 없는 흐름이 되었고, 서독과 마찬가지로 동네 구멍가게들은 천천히 망해 갔다. 1970년대에는 모든 재화의 70퍼센트 이상이 슈퍼마켓에서 판매되었다. 독일연방공화국의 언론조차 독일민주공화국을 가리켜 "안정을 찾은 듯" 보인다고 평했으며, 그곳 주민들이 "현실에 적응"했고 "개인과 사회의 성과가 독일민주공화국 바깥에서도 인정될 만하다는 자부심"을 어느 정도

---

* 동독에서 즐겨 먹은 통닭구이

느낀다는 진단을 내렸다.³¹

　　1960년대의 상대적인 번영과 진정한 낙관은 독일민주공화국 정권의 권력을 굳히는 데 일조했다. 험난했던 전후 시절과 독일민주공화국의 탈 많았던 시작 끝에, 비로소 상황이 나아지고 있다는 느낌에 취한 사람들은 〈헌법〉 개정에 별다른 관심을 기울이지도 않았다. 또한 1960년대는 독일민주공화국에서 나고 자라 교육된 첫 세대가 성인이 된 때였다. 부모와 조부모 세대가 짊어졌던 이념적 짐에서 자유로운, 동독 정체성이 확고한 청년들이 등장한 것이다. 그들은 진정한 독일민주공화국 시민이었다. 독일민주공화국의 자리는 견고했고, 시민들도 원하든 원치 않든 그 자리에 있었다.

인정

———

1965년 2월 26일 이집트 룩소르 왕가의 계곡. 발터와 로테 울브리히트는 나일강 서안지구에 있는 유명한 고고학 유적지에서 건조한 바람을 쐬며 주변 고대 유물에 감탄했다. 넥타이도 맨 정장 차림의 71살 제1 서기에게 그곳과 어울리는 점이라고는 하얀 파나마모자가 전부였다. 그의 아내는 여성잡지 《퓌어 디히Für Dich》에 여행기를 길게 기고했고, 그걸 바탕으로 《잊을 수 없는 여행(Eine unvergeßliche Reise)》이라는 책을 펴내기도 했다. 로테는 "행복하고 흥분했다".

　　바르샤바조약에 포함되지 않은 국가로 여행을 간 것이 처음이기도 하거니와 무려 이집트가 아니던가. 학창 시절에 우리는 고대이집트 문화재에 대해 배웠으며 언제나 그곳을 꿈의 장소로만 그렸다. 그런데 드디어 피라미드와 신전을 두 눈으로 본 것이다.[32]

하지만 로테는 그렇게 근사한 유물이 착취 없이는 이루어질 수 없었음을 빼놓지 않고 지적했다.

[파라오들은] 얼마나 많은 사람이 쓸모 있는 일을 하지 못하고, 재산이나 심지어는 목숨을 잃었는지를 신경 쓰지 않았다.[33]

그래도 울브리히트 부부는 이집트에서 보고 경험한 모든 것에 깊은 영향을 받았다. 두 사람은 로테 울브리히트가 "은밀한 소원"이었다고 고백한 국제친선호를 타고 오랫동안 여행했으며, "아름답고 지성이 넘치는" 나세르 대통령을 만나 굉장한 환대를 받았다. 《노이에스 도이칠란트》에는 다음과 같이 보도되었다.

쿱바 궁전에 승리자처럼 차를 타고 들어갔다. 수천의 인파가 환영해 주었다. 거리에 양국의 국기가 나부꼈다. 카이로와 알렉산드리아에서 21발의 축포가 쏘아 올려졌다. 바닷가에 환영하는 배들이 나왔다. 독일민주공화국 귀빈을 맞이하는 국가 연회가 열렸다.[34]

이는 독일민주공화국의 커다란 외교 성과였다. 1955년 서독은 할슈타인원칙을 선언하며 자신들이 동독과 서독을 아우르는 전체 독일의 대표임을 주장했다. 독일민주공화국은 외교적으로나 정치적으로 고립되었다. 더 크고 잘 사는 독일연방공화국이 정치적 압박을 가하자 다른 나라들은 동독을 대등한 국가로 섣불리 인정하기 않을뿐더러 무역하거나 정치인들을 귀빈으로 초대하지도 못했다. 그랬다가는 힘이 월등한 서독 수출 경제의 보복을 받을 터였다. 그러나 울브리히트는 서독이 이스라엘에 무기 대금으로 6000만 달러의 차관을 제공하면서 불거진 외교적·정치적 긴장 상태를 영리하게 이용했다. 이를 계기로 독일연방공화국과 중동 아랍 국가들의 관계는 처음으로 심각한 타격을 입었다. 발터 울브리히트는 이때를 놓치지 않고 이집트 대통령 가말 압델 나세르Gamal Abdel Nasser에게 온정 어린 서신을 써 보냈다. 국빈 방문을 요구하는 서신은 아니었다. 울브리히트는 자기 몸이 좋지 않아 의료진이 온화한 기후에서 요양하기를 권하더라고 썼다. 그리고 나세르에게 이집트에서 며칠간 휴가를 보내게 해 줄 것을 청했다. 이스라엘을 지지한 루트비히 에르하르트 총리의 본 정부에 본때를 보여 주고 싶었던 나세르는 이를 수락했다. 서독은 나세르가 정치 게임을 벌이며 할슈타인원칙을 위협한다고 어설프게 대응했다. 이집트는 서독과 관계가 나빠질 것을 우려해 몸을 사리기는커녕 더욱 발끈했다. 그래서 울브리히트의 휴가를 공식 국빈 방문으로 격상했다. 1965년 1월 31일 서독대사는 나세르가 독일민주공화국을 주권국가로 인정하는 방안을 고심 중이라는 소식을 접했다. 그렇게 되면 할슈타인원칙의 장벽에 떡하니 구멍이 뚫리는 꼴이었다. 굴욕 외교의 시대가 종말을 고하는 듯 보였다.[35]

로테 울브리히트의 말에서 드러나듯 동독 정부는 이 결정에 깊이 감동했다.

> 깊은 감사를 느꼈다. 본 정부가 우리의 방문을 막으려고 모든 것을 동원했지만 … 독일 제국주의자들이 뻔뻔히 다른 나라의 뜻을 주무르는 시절은 갔다. … 우리 노동자와 소작농의 국가가 마침내 세상의 인정을 받았다.[36]

서독의 대응은 위협적이고 가혹했다. 이집트에 대한 모든 경제 원조를 끊었으며, 곧장 이스라엘을 국가로 인정했다. 이에 이집트와 아랍 국가들은 서독과 외교적 관계를 단절했다.

1960년대에 서독과 중동 국가들의 관계는 계속 나빠졌다. (1967년 6월 6일 벌어진 3차 중동전쟁 때는 특히 위태로웠다.) 독일민주공화국은 중동 국가들의 편에 섰다. 소비에트연방의 압박도 작용했으나, 이는 동독이 다른 개발도상국 사이에서 자신들의 이해를 관철하는 발판이 되었다. 동독은 차관을 제공해 이런 나라들에 대해 경제적으로나 정치적으로 영향력을 넓혔다. 1969년 4월 30일 이라크가 비공산주의 국가 최초로 독일민주공화국과 국교를 맺었다. 이후 캄보디아·수단·시리아·남예멘·이집트·알제리가 같은 결정을 내렸다. 독일민주공화국이 외교의 단절을 끊어 내고 세계에서 주권국가로 인정받기까지 20년이 걸렸다.

독일민주공화국은 국제 무대에서 독립적인 주체가 되기 위해 부단히 애쓰면서도 국내에서 자신들만의 방식으로 통일을 고민했다. 발터 울브리히트는 서독의 독일사회민주당을 잘 구슬리면 직접적으로든 또는 연합을 통해서든 공동의 사회주의 체제로 가까이 다가갈 수 있지 않을까 하는 순진한 기대를 품었다. 1960년대에 그는 독일사회민주당에 회의나 협업 등을 제안하며 종종 의중을 떠보았다. 그러디 1968년 서독에서 독일사회민주당과 기독교민주연합-기독교사회연합(Christlich-Soziale Union, CSU)으로 이뤄진 '대연정' 정부가 출범하여 전후 최초로 정부에 사회민주주의자들이 포함되자, 울브리히트는 몇 가지 제안을 연달아 내놓았다. 모든 유럽 국가가 서로 국교를 수립하고, (아직 두 독일을 받아들이지 않은) 유엔이 두 독일을 회원으로 받아들이며, 두 독일의 갈등을 해소하는 데 무력을 사용해서는 안 된다는 내용이었다. 프라하의 봄으로 결국 아무것도 이뤄지지는 않았으나, 울브리히트는 몇 년 후인 1970년에 또다시 의견을 냈다. 이때에는 독일사회민주당 출신의 첫 서독 총리 빌리 브란트와 대화를 시도했다.

과거 서베를린 시장이었던 빌리 브란트는 베를린장벽 건설 후의 살얼음판을 지나오며 좀 더 실용적이고 철두철미해진 정치인이었다. 1969년 가을에 취임한 독일사회민주당 소속의 이 총리는 독일민주공화국은 물론 동구권과도 관계를 개선하겠다고 즉시 선언했다. 그는 독일의 두 국가와 두 정부에 관해 공개적으로 언급하며, 독일민주공화국을 별도의 주체로 받아들였다. 이것이 브란트의 새로운 동방정책(Ostpolitik)의 시작이었다. 목표는 동베를린과 본의 관계를 정상화하는 것이었다. 이제 동독은 서독과는 물론 세계 다른 나라와도 외교관계가 개선되는 미래를 그릴 수 있었다. 독일연방공화국이 더는 방해하지 않는다면 독일민주공화국도 자유로이 수입과 수출을 할 수 있었다. 이제는 독일민주공화국도 세계의 인정과 존중을 받는 독자적인 국가였다. 이런 변화는 경제적으로 대단한 일이었지만, 독일민주공화국이 처한 위기와 물자 공급난을 극복해 낼 만큼의 국가적 자긍심을 불러일으키기에는 역부족이었다. 사람들의 감정과 마음을 건드리는, 좀 더 강력한 국가주의 수단이 필요했다.

국가가 지원하는 스포츠

1968년 11월 8일 동베를린 국가평의회 청사. 발터 울브리히트와 에리히 호네커는 짙은 색의 수수한 정장을 빼입고 머리에는 조여 매는 끈과 술 장식이 더해진 대형 솜브레로를 쓰고 있어 제법 우스꽝스럽게 보였다. 천장이 높고 유리창이 큼지막한 연회장은 축제 분위기였다. 긴 식탁에 음식과 술이 놓였고 신선한 꽃과 잘 접힌 냅킨이 올랐다. 동독의 국가수반은 자신의 공식 집무실에 초대한 손님들을 위해 최선의 것들을 선보였다. 그날 그곳에서 상을 받은 청년들에게는 그 건물 자체가 인상 깊었을 것이다.

　　4년 전 문을 연 국가평의회 청사는 현대적인 모습을 투영하고픈 독일민주공화국의 열망과 역사적·정치적 유산을 간직하려는 의무감이 기묘히 조화를 이루었다. 비대칭적인 전면부는 동베를린의 여느 신축 건물처럼 기능적 실용성(Funktionale Sachlichkeit)에 충실했으나 작센안할트에서 공수한 붉은 유문암으로 뒤덮여 있어 건물의 맨 위, 중간, 맨 아래에 둘린 회색빛 석재와 대조를 이루었다. 가장 홍미로운 특징은 1950년에 허물어진 베를린 궁전에서 떼어 온 제4 정문이었다. 마르크스-엥겔스-레닌 연구소에 따르면, 독일공산당을 창당한 카를 리프크네히트는 빌헬름 2세를 축출한 1918년 11월 9일에 바로 그 정문 앞에서 독일을 '사회주의 공화국'으로 선언했다. 독일 사회주의통일당 지도부는 이 사실을 잊지 않았다. 그런가 하면 빌헬름 2세가 1914년 8월 1일에 전쟁을 선포하며 시민단결을 촉구한 장소도 바로 그곳이었다. 당시 명령을 거부한 의원 가운데 카를 리프크네히트도 있었다. 이렇게 역사적인 가치가 큰 유물은 보존할 가치가 있다고 여겨졌고, 현대적인 건축물과 독특하게 합쳐졌다.

이 정문을 통해 복도에 들어선 울브리히트의 젊은 손님들은 노동계급의 삶을 이상화한 장면들로 장식된 거대 스테인드글라스를 지나, 100만 조각의 모자이크로 표현한 독일민주공화국 국장이 장식된 연회장으로 들어섰다. 연설 후 연회에 등장한 솜브레로와 시끌벅적한 분위기는 웅장한 프로이센풍의 입구만큼이나 이 공간의 사회주의 모더니즘 건축양식과 이질적이었다. 울브리히트와 호네커가 머리에 쓴 솜브레로는 나라를 대표해 멕시코에 다녀온 귀빈들의 수고를 치하하는 의미였다. 1968년 멕시코시티에서 열린 올림픽은 동독에 어마어마한 사건이었다. 1956년, 1960년, 1964년에는 동서독 단일선수단으로 참가했던 독일민주공화국이 자체 선수단을 처음 내보낸 대회였기 때문이다. (물론 독일 단일선수단도 예선전을 통과하려면 동서독 선수들이 힘을 합쳐 경쟁해야 했으므로 그 자체로 외교적인 의미가 컸다.) 자체 선수단을 내보낸 독일민주공화국은 비로소 선수들을 국가의 영웅으로 축하할 수 있었다. 호네커는 훗날 독일민주공화국의 스포츠 스타들에

335

관해 이렇게 이야기했다. 그들은

남들이 좇고자 하는 본보기다. 이제 새로운 세대가 체육 분야를 이끌 것이다. 경쟁스포츠, 대중스포츠, 학교에서 체계적으로 배우는 체육 등 이 모든 것이 합쳐져 우리 사회주의국가의 명성을 드높였으며 다른 나라들이 우리를 제대로 인정하게 했다.[37]

건국 후로 독일민주공화국이 느끼는 불안정함은 여전히 뿌리 깊었으나, 스포츠는 그것을 없앨 강력한 수단처럼 보였다.

인재를 찾으려는 절박한 시도는 1950년대부터 시작되었다. 목표는 엘리트 운동선수의 싹이 보이는 서너 살 아동을 발굴하는 것이었다. 유치원은 체계적인 신체 측정과 평가를 통해 신체 비율이 이상적이고 특정 종목에 천부적 자질을 보이는 아이들을 골라냈다. 그렇게 뽑힌 아이들은 훈련 과정에 들어갔고, 1952년부터는 특수 목적의 아동청소년체육학교(Kinder-und Jugendsportschule, KJS)로 보내졌다. 잉그리트 크레머Ingrid Krämer는 이렇게 광범위하고 무자비하게 효율적이었던 훈련의 결실이었다. 1943년 드레스덴에서 태어난 잉그리트는 어릴 때부터 재능을 보여 1954년 드레스덴에 설립된 아인하이트 스포츠클럽Sportclub Einheit에서 올림픽을 목표로 다이빙을 배웠다. 15살이라는 어린 나이에 3미터 스프링보드다이빙에서 독일민주공화국 대표선수가 되었다. 그리고 2년 후인 1960년에 동서독 단일선수단의 일원으로 로마올림픽에 참가했다. 그 대회에서 잉그리트는 깨지지 않던 미국의 우승 행진을 17살의 나이로 깨트렸다. 미국의 여성

선수단은 1924년부터 30년간 금메달을 싹쓸이했다. 잉그리트는 동독과 서독을 통틀어 유일하게 올해의 체육인으로 선정되었으며, 그다음 올림픽인 1964년 도쿄대회에서 동서독 단일선수단 깃발(독일 삼색기에 올림픽 오륜이 그려진 깃발)을 대표로 들고 입장했다. 그 대회에서 잉그리트는 금메달을 더 많이 땄다. 꼬마 요정과 같은 얼굴에 금발의 잉그리트는 전 세계의 우상이 되었다. 그의 생활양식은 1960년대 초반 보수적인 부모 세대의 억압에서 벗어나고 싶어 하는 동독 청년의 시대정신과도 잘 어우러졌다.

잉그리트는 1960년, 1964년, 1968년의 올림픽에 각각 다른 성으로 참가했다. 그 사이에 두 번 결혼한 까닭이었다. 친구이자 경쟁자인 미국인 다이빙선수 폴라 진 마이어스Paula Jean Myers를 신부들러리로 초대해 더욱 눈길을 끌었다. 1964년 드레스덴에 건립되어 지금도 운영되는 최대 규모의 공공수영장 지붕에는 잉그리트의 동상이 서 있다. 잉그리트는 1975년에 미국 플로리다주 포트로더데일에 있는 국제 수영 명예의 전당에, 2011년에 독일 체육 명예의 전당에 입성했다. 사람들을 무장 해제하는 매력과 경이로운 업적은 잉그리트 크레머-굴빈Gulbin을 전 세계의 우상이자 독일민주공화국의 첫 스포츠 영웅으로 만들었다. 그와 같은 젊은 스타들은 독일민주공화국의 국민들에게 자신감과 자긍심을 심어 주었고 나라 밖에서 인정과 찬사를 끌어모았다.

1968년 11월 국가평의회 청사에서 울브리히트가 베푼 멕시코풍 연회에서 새로운 스포츠 스타가 떠올랐다. 바로 독일민주공화국 엘리트 스포츠의 명암을 두루 상징하는 27살의 마르기타 구멜Margitta Gummel이다. 그는 투포환 종목에서 금메달을 땄을 뿐 아니라 여자 선수 최초로 마의 19미터를 뛰어넘어 세계기록을 세웠다. 1968년 11월 8일의 마르기타는 이 위대한 업적을 축하하기 위해 독일사회주의통일당이 특별히 주문 제작한 케이크를 보고 활짝 미소를 지었다. 울브리히트는 설탕과 마지팬marzipan*으로 정교히 꾸민 모형 투포환경기장을 가리키며, "당신의 기록인 19.61미터를 정확히 측정했습니다만 제과사가 다음 세계 신기록을 위해 여기에 공간을 남겨두었군요"[38]라며 농을 던졌다. 올림픽에 나갔다가 '진짜' 멕시코 솜브레로를 기념품으로 사 와 울브리히트와 호네커에게 정중히 선물한 이도 마르기타였다. 마르기타는 "체육 분야에서 국가와 사회에 무궁한 공을 세웠다"고 하여 애국훈장(은장)을 받았다. 그해 독일민주공화국은 메달 순위에서 5위에 올라 서독보다 3계단이 높았다. 이 놀라운 업적을 달성하는 데 일조한 선수들은 승전한 병사들과 같은 대우를 받았다.

한편으로 마르기타 구멜의 성공 신화에는 독일민주공화국 엘리트가 스포츠 성공에 얼마나 집착했는지를 보여 주는 어두운 면도 있다. 나치 시절 어두운 과거를 보낸 만프레트 에발트Manfred Ewald는 복잡한 인물이었다. 그의 주도로 독일사회주의통일당은 스포츠 성공에 목을 맸다. 에발트는 1963년에 당 중앙위원회에 소속되었고, 1973년부터 독일민주공화국의 올림픽위원회를 이끌면서 독일민주

---

* 설탕, 꿀, 아몬드, 밀 등을 넣어서 만든 반죽으로 형태를 빚기가 쉬워 케이크 장식으로 많이 사용한다

공화국의 '스포츠 기적'이라는 틀을 잡고 끝내 이룩했다. 그에게 체육이란 무자비한 완벽의 추구를 정당화하는 계급투쟁에서 승리하기 위한 수단이었다. 혹독한 훈련을 위해서라면 어린 시절의 교육과 가족생활노 희생해야 했다. (잉그리트 크레머의 경우 일대일 과외를 받아 심화 중등학교 과정을 완수했다.) 에발트는 도핑으로 경기 결과를 조작하는 위법에도 거리낌이 없었다. 마르기타 구멜은 그의 실험에서 첫 희생양이었다. 나중에 밝혀진 연구에 따르면, 구멜은 1968년 7월 28일 처음으로 스테로이드 약물인 오랄 튜리나볼Oral Turinabol을 복용했다. 멕시코에서 세계기록을 세우기 석 달 전의 일이었다. 복용 후에는 이전 훈련에서 세운 기록보다 투척 거리가 무려 2미터 가까이 늘었다. 독일민주공화국의 자체 연구 결과, 구멜은 매일 10밀리그램의 오랄 튜리나볼을 복용했고 그 후 꾸준히 성적이 향상해 나중에는 20미터를 훌쩍 넘는 기록을 세웠다. 연구단은 스테로이드가 여성 선수들에게 특히 효과적이었으며, 체격을 영구적으로 바꿨기 때문에 도핑을 중단하더라도 훈련만 했을 때보다 훨씬 더 향상한 결과를 냈다고 결론을 내렸다.

그 결과 독일민주공화국은 10대 소녀들에게 스테로이드를 주입하기 시작했다. 만프레트 에발트는 2000년에 "여성 엘리트 선수 20명에게, 건강에 피해를 주고 위험을 유발하는 스테로이드를 몰래 주입해 그들의 신체에 손상을 가했다"는 법원 판결로 유죄를 받았다. 에발트는 1994년에 출간한 자서전《내가 스포츠였다: 승자들의 이상한 나라 속 진실과 신화(Ich war der Sport: Wahrheiten und Legenden aus dem Wunderland der Sieger)》에서 자신이 한 행동을 합리화했다. 동독에서 스포츠는 해악보다 이로움이 더 컸으며, 도핑은 최상위 지도층이 인식한 것보다 더 만연했다는 것이다. 도핑 연구기록에서 1/86이라는 번호로 등장한 마르기타는 수많은 승리를 등에 업고 승승장구했다. 1972년에 올림픽 경력을 마무리한 후 가정을 꾸렸고, 1977년에 박사학위를 취득했다. 베를린장벽이 붕괴된 후에도 도핑 사실이 폭로되기 전까지 통일된 독일에서 국가 올림픽위원회의 위원으로 활동했다. 어린 나이에 자신도 모르는 사이 스테로이드를 주입받은 선수들은 평생 신체에 생긴 부작용을 안고 살았다. 오랄 튜리나볼과 유사 약물은 10대 소녀들에게 돌이킬 수 없는 변화를 일으켰다. 목소리가 굵어졌고, 수염이 자랐으며, 가슴 발육이 더뎠고, 신체가 남성적으로 변해 갔다.

독일민주공화국의 체육산업에는 명암이 존재한다. 이 작은 나라의 어마어마한 성공을 당시에 만연한 도핑 때문이라고 치부해 버리기는 쉽다. 그러나 마르기타 구멜은 스테로이드를 처음 복용하기 전부터 이미 무시무시하게 강한 운동선수의 반열에 올라 있었다. 그의 20미터 기록은 훗날 서독의 세 선수를 비롯해 다른 여성 선수들도 달성했다. 도핑이 없었다면 독일민주공화국이 그렇게나 기적적인 성공을 거둘 수 있었을까 하는 의심이 들지만, 분명 약물만으로는 그 모든 성과를 설명할 수 없다. 이 작은 나라는 수십 년 동안이나 세계 체육계를 지배했다. 올림픽에서 메달을 총 755개 땄고 그중 금메달만 203개였다. 1972년 동계 올림픽부터 국가가 소멸한 해까지 독일민주공화국은 하계와 동계 올림픽에서 주 경쟁자인 서독을 따돌리고 소비에트연방, 미국과 우열을 다투며 1위 아니면 2위를 놓치지 않앞다. 물론 조직적인 도핑이 선수들의 성적을 강화한 것은 사실이나, 애초에 방대한 남녀 선수군을 구축하지 않았더라면 그만큼의 성과는 나올 수가 없었다.

독일민주공화국에서 나고 자란 사람들에게 체육은 빼놓을 수 없는 요소였다. 아이들은 유치원을 다니면서 고강도 운동을 시작했다. 재능이 있고 적합한 아이들은 선별되어 엘리트 과정에 보내졌다. 그렇지 않은 아이들도 학교에서 꾸준히 운동했다. 대학생들은 졸업 요건을 갖추기 위해 학기마다 정해진 운동 시수를 채워야 했다. 그 시절 아침 7시 외풍이 드는 수영장에서 오들오들 떨며 하루를 시작해야 했던 날들은 동독인들에게 그리우면서도 넌더리 나는 기억으로 남아 있다. 독일민주공화국 시민들은 성인이 되어서도 친목 집단을 겸하는 스포츠클럽에 들어가 축구 같은 단체 운동을 즐겼다.

체육은 1950년대와 1960년대 경제난으로 주눅 들었던 국가에 굉장한 자긍심을 불어넣었다. 독일민주공화국이 1960년대에 국제 무대에서 거둔 성공은 외교적·정치적·경제적 안정과 마침 시기가 일치했다. 동독은 국제적으로 위상을 높이면서 민족의식도 키울 수 있었다.

1960년대 말에 발터 울브리히트는 동독을 나라다운 나라로 만들었노라고 제법 떳떳하게 말할 수 있었다. 하지만 정권은 여전히 반대자들을 가혹히 단속했다. 나라를 떠나려는 자는 '도망자'로 분류되어 투옥되었고, 괴롭힘을 당했으며, 최악의 경우 베를린장벽에서 즉시 총살되었다. 그러는 동안 독일민주공화국에서 살아가는 동독인들의 삶은 그럭저럭 괜찮아졌다. 노동계급은 국가가 보장하는 교육

341

과 직업의 기회를 만끽하며 이전에는 닿을 수 없던 곳까지 나아갈 수 있었다. 잉그리트 크레머는 수줍음이 많고, 통통하며, 살짝 별난 아이였다. 금속세공사였던 잉그리트의 아버지는 딸이 애원했지만 아이를 발레학교에 보낼 생각조차 하지 않았다. 그런데 드레스덴 다이빙장 코치였던 20살의 에블린 지빈스키Eveline Sibinski는 잉그리트의 특별함을 감지하고 그를 돌보았다. 독일민주공화국 정부가 체육산업에 막대한 자금을 쏟아부은 데다가 선수와 지도자 개개인의 야심이 뒷받침되자, 잉그리트 크레머처럼 숨어 있던 재능이 여기저기서 발견될 수 있었다.

학생과 노동자도 마찬가지로 자기 재능을 발휘할 수 있는 분야에서 계속 훈련하고 배우고 연구할 수 있도록 장려되었으며, 재정적인 지원도 받았다. 정치화된 교육체계에서 중산층과 상류층은 손쉽게 진학하거나 성과를 인정받기가 어려워졌으니 손실 아니냐는 지적도 자주 제기되었다. 하지만 통일된 독일이 서독 사회의 경직성을 고착화했다는 점을 기억해야 한다. 2018년 유니세프의 연구에 따르면, 독일은 사회적 배경이 다양한 초등학생들의 기회균등 면에서 최하위에서 3위에 머물렀다.[39] 물론 특정 사회집단의 번영을 위해 다른 집단에 불이익이 돌아가게 하는 것을 정당화할 수는 없겠으나, 독일 노동자들이 과거의 국가들보다 독일민주공화국이 자신들에게 더 나은 체제라고 받아들였다는 사실은 시사하는 바가 크다.

울브리히트의 몰락

1970년 7월 28일 모스크바의 병원. 레오니트 브레즈네프가 에리히 호네커에게 보낸 편지.

에리히, 당신네 상황이 예측할 수 없이 전개되어 걱정이 이만저만이 아닙니다. 독일민주공화국은 우리에게 사회주의 형제 국가이자 중요한 전초기지입니다. 제2차 세계대전의 결실이자 소비에트 인민들의 피로 일군 우리의 업적이란 말입니다. 얼마 전만 해도 우리에게 독일민주공화국은 굳건한 존재였습니다. 하지만 이제는 위험이 도사리고 …

에리히, 우리의 군대는 여전히 당신네 나라에 주둔하고 있습니다. 그걸 잊지 마십시오. … 우리가 없으면 독일민주공화국도 없습니다. 사회주의 동지로서 터놓고 말해 봅시다. 발터에게 힘은 있지만 … 이제 그는 노쇠합니다. … 2~3년 후면 어차피 당을 이끌 수 없을 겁니다.

이것도 말해야겠습니다. 사회주의자 대 사회주의자로서 솔직히 말하건대 당신네 나라는 다른 사회주의국가들과 그들의 경험, 지도 방식을 무시하는 경향이 있더군요. 심지어는 우리도 얕잡아 봅니다. … 독일민주공화국이야말로 사회주의의 가장 모범이라고, 독일민주공화국에서 하는 게 무조건 더 낫다고, 모두가 독일민주공화국을 보며 배워야 하고 독일민주공화국이 다른 나라들의 지침이 되어야 한다고, 독일민주공화국이 무조건 옳다고 하지 않습니까.

343

발터가 이러한 문제들을 어떻게 다루는지 나도 겪어 보아 알고 있습니다. 러시아의 별장에서 그가 한 행동을 말하는 겁니다. 그는 내 사람들을 구석에 몰아넣고서 더운 방에서 나한테 매달렸습니다. 나는 진땀을 흘렸지만 그는 멈출 줄을 모르더군요. 이게 대단히 심각한 문제는 아닐지 몰라도 사람을 이런 식으로 대우해서는 안 되는 겁니다.[40]

이런 말들이 증언해 주듯, 발터 울브리히트는 베를린과 모스크바에서 심각하게 신임을 잃고 있었다. 한때 울브리히트의 제자였으며 위기 시절에도 충성을 다한 에리히 호네커는 오랫동안 그의 후계자를 자처했다. 브레즈네프 또한 그 계획을 지지했다. 울브리히트가 당과 정부를 계속 이끌기 어려운 이유로 고령이 자주 언급되었지만, 더 큰 문제는 완고함과 부족한 눈치에 있었다. 울브리히트는 나이가 들수록 자기 자신과 국가의 상태에 안주했고, 그것이 자국과 해외에서 어떻게 받아들여지는지 눈치채지 못했다. 1960년대 말 울브리히트는 자신을 레닌, 스탈린, 심지어는 마르크스와 견주었다. 동지들에게 이는 신성모독과 다르지 않았다.

울브리히트는 소비에트러시아를 향해 여전히 어느 정도의 경외심을 간직했으나, 동유럽 국가들에 대해서 날이 갈수록 오만한 태도를 보였다. 1968년에 그는 체코의 개혁가들 앞에서 독일민주공화국은 프라하의 봄 시기에 체코가 경험한 사회 격변을 뛰어넘은 나라라며 으스댔다. 그런가 하면 동독은 "체코슬로바키아보다 훨씬 더 우월한 단계로 발전하고 있다"[41]라며 거들먹댔다. 이듬해 베를린에서 폴란드 대표단을 맞이하면서 울브리히트는 "여러분이 아무리 노력해도 지금 우리가 있는 곳까지 오려면 10년은 걸릴 겁니다"[42]라고 말문을 열었다.

1960년대 독일민주공화국이 이룩한 경제와 사회 발전은 울브리히트를 기고만장하게 했다. 그는 원래부터 자기 언행이 어떻게 받아들여질지 신경 쓰지 않았고 늘 무뚝뚝했으며, 때로는 무안하리만치 부적절한 말을 했다. 다른 나라들보다 독일민주공화국의 생활수준이 높아지고 정치적으로도 안정을 찾으면서 그에게 내재한 거만함이 한껏 두드러졌다. 베를린과 다른 나라 동지들이 하나둘 그에게서 등을 돌렸다. 소비에트연방의 육군 원수로 국방부 장관이던 안드레이 그레치코Andrei Grechko는 울브리히트가 자꾸 어설픈 실책을 범하자, "이 늙은이는 이제 쓸모가 없다!"[43]라고 말하기도 했다.

울브리히트의 성격적 결함뿐 아니라 그의 정책들도 모스크바의 우려를 샀다. 독일민주공화국의 성과로 자신감이 붙은 울브리히트는 모스크바에 의존하지 않고 더욱 자립해야 한다고 느꼈고, 1970년 1월 국제회의에서 그가 공개선언한 '사회주의 독일 민족국가'에 부합하는 고유의 체제를 바랐다. 독일계 미국인 역사학자 디트리히 올로Dietrich Orlow가, "철저히 모스크바 사람이던 울브리히트가 크렘린 스승들의 과도한 지도에 분개하기 시작했다"[44]라고 주장한 것도 설득력이 있다. 독일 내부 정책에 관해서는 특히 그러했다. 앞에서 말했듯 빌리 브란트가 서독 총리가 되자 울브리히트는 장벽 양쪽에서 사회주의를 증진할 기회를 엿보았다. 노쇠한 제1 서기는 1949년 독일이 공식 분단되었을 때부터 이른바 '자석'이론을 신봉했다. 이 이론

345

에 따르면 독일 국가는 언제나 서로에게 이끌리며 통일을 추구할 수밖에 없다. 분단된 독일은 지도 위에 놓인 자석 두 개와 같았다. 둘은 서로에게 이끌리며 결국은 하나로 합쳐질 것이다. 관건은 자본주의 자석과 사회주의 자석 중에 어느 쪽 힘이 더 세냐는 것이다. 만일 울브리히트가 중도좌파 정당 안에서도 좌파 성향으로 알려진 브란트와 좋은 관계를 맺는다면, 서독인들에게 사회주의가 더욱더 매력적으로 비치고 궁극적으로는 동독 자석의 힘을 키울 수가 있었다.

이에 울브리히트는 모스크바의 동의도 구하지 않고 빌리 브란트의 유명한 동방정책을 따라 서방정책(Westpolitik)을 펼치기 시작했다. 독일연방공화국 총리는 독일민주공화국 각료평의회의 신임 의장 빌리 슈토프를 1970년에 두 차례 만났다. 한 번은 에르푸르트(동독)에서, 한 번은 카셀(서독)에서였다. 두 명의 빌리가 만나서 대단한 성과를 내지는 않았지만, 문제는 이 만남을 모스크바도 베를린 중앙위원회도 승인하지 않았다는 것이다. 올로에 따르면, 이 만남은 브레즈네프의 뜻도, 독일사회주의통일당 중앙위원회의 뜻도 아니었다. 순전히 "개인적이고 애국적인" 이유에서 울브리히트 혼자 추진한 계획이었다.[45]

두 독일의 협력은 독일민주공화국의 경제적 야심을 실현하는 데에도 이로울 터였다. (가치가 높은 우라늄을 파는 대가로) 서독에서 석탄 같은 에너지자원을 수입할 수 있다면, 다급할 때 변덕스러운 모습을 자주 보인 소비에트연방에 대한 경제와 정치 의존도를 낮출 수 있었다. 울브리히트는 본능적으로 장벽 너머 동포들을 소비에트보다 더 자연스러운 협력자로 생각했다. 더구나 서독은 독일민주공화국의 특수 제조산업에서 보면 크고 부유한 수출 시장이었다. 이에 울브리히트는 사회주의라는 것이 그저 공산주의로 가는 이행 단계가 아니라, 그 자체로 작동할 수 있다는 주장을 당당히 개진했다. 이는 소비에트의 강령을 전적으로 거슬렀으며, 모스크바의 지향점과 이념적으로 뚜렷이 분기했다. 또한 생산성을 올릴 수 있고 통상국들과 더 잘 어우러질 수만 있으면 경제체제를 손볼 의향이 있다는 울브리히트의 의지를 보여 주었다.

브레즈네프는 더 두고 볼 수가 없었다. 독일민주공화국의 러시아어 통역관으로서 통역이 필요한 국가 중대 행사에 두루 자리한 베르너 에버라인Werner Eberlein에 따르면, 1970년 7월 28일에 진행된 소비에트 지도자와 호네커의 회담에서 독일사회주의통일당과 독일사회민주당의 관계가 대화 주제로 등장하자 분위기는 격해졌다. 브레즈네프는 호네커에게 대놓고 말했다.

소비에트연방 공산당은 독일연방공화국과 관계를 정상화하는 데 반대합니다. 에르푸르트와 카셀에서 브란트와 슈토프가 회동한 것은 유감스러운 일입니다. 발터는 왜 브란트의 독일사회민주당과 협력하려 합니까? 우리의 허락 없이 정치적인 결정을 내려서는 안 됩니다.[46]

에버라인은 브레즈네프가 그렇게 노골적으로 의사를 표현하는 광경을 그때 처음 보았다.[47] 소비에트연방 공산당의 서기장은 울브리히트가 자신과 맞먹으려 하자 분개했다. 자신의 우상인 스탈린 앞에서

347

바짝 엎드려 굴종하던 사람은 온데간데없었다. 독일민주공화국의 성공은 울브리히트에게 거만함에 가까운 자신감을 심어 주었다. 심지어 울브리히트는 소비에트연방이 서독과 관계를 맺으려면, 서독 정부가 독일민주공화국을 하나의 민족국가로 완전히 그리고 공식적으로 인정해야 한다는 조건을 내밀기도 했다. 브레즈네프의 인내심은 바닥에 다다랐다. 이제 울브리히트 시대는 끝이었다.

다사다난했던 20여 년의 울브리히트 시대도 저물어 갔다. 극심한 불의로 점철된 시절이었다. 동독 정권은 사실 국민을 장벽 안에 가두었다. 감히 그 벽을 넘으려는 자에게 총을 겨눴다. 그리고 세계 역사에서 손꼽을 정도로 복잡하고도 잔인한 보안 기관을 광범위하게 구축했다.

그러나 평범한 동독인들은 1960년대를 현대화와 가파른 발전의 세월로 기억한다. 협력국 소비에트연방이 우주 경쟁에서 미국과 어깨를 나란히 할 수 있음을 보여 주었고, 이는 동독의 청년세대에서 우주 열풍을 일으켰다. 장벽이 세워져 서독으로의 두뇌 유출이 끊기면서 경제와 정치는 안정을 찾았다. 주택 공급사업 덕에 값싼 주택이 늘어났고, 노동계급이 훈련하고 공부하고 노동하며 사회에서 입지를 높일 기회는 어느 때보다 많아졌다. 그런가 하면 체육과 외교 분야에서 성공함으로써 독일민주공화국에 대한 국가적 정체성과 애국심, 그리고 자긍심을 부여했다.

동독 사회는 자연스럽게 양분되었다. 몇몇은 전혀 행복하지 않았고, 억압된다고 느꼈으며, 일상의 정치화로 고통스럽고 답답하다고 호소했다. 반면 대다수는 독일민주공화국의 삶에 녹아들었다. 1968년 프라하의 봄처럼 대규모 시위, 파업, 소요 등이 다른 동구권에서 벌어졌지만, 독일민주공화국의 공장과 거리에서 그러한 풍경은 좀처럼 찾아보기 힘들었다. 울브리히트는 제법 안정적인 동독을 새로운 지도자 에리히 호네커에게 넘겨주었다.

66 우리는 냉전의
한복판에 있었다.
어느 쪽도 비단
장갑을 끼고 일하지
않았다. **99**

계획된
기적

7장

1971~1973

호네커의 일격

1971년 4월 말 동베를린 마르크스-엥겔스광장. 오후 1시쯤 독일 주둔 소비에트 점령군(Group of Soviet Occupation Forces in Germany, GSOFG)의 간부 유리 바시스토프Yuri Bassistov가 독일사회주의통일당 중앙위원회 본부 앞에 도착했다. 석재와 콘크리트로 지어진 이 인상적인 건물은 나치가 중앙은행인 독일제국은행Reichsbank을 위해 지었다. 베를린에서 제2차 세계대전에 살아남은 몇몇 채의 사무용 건물 가운데 하나이며, 1938년 완공된 후 줄곧 사용되었다. 하지만 바시스토프는 번드르르한 건축물에 감탄하러 온 것이 아니었다. 그에게는 극비 임무가 있었다. 바시스토프의 직속상관으로, 키이우 고등군사지휘학교를 갓 졸업했고 훗날 2001~2009년에 벨라루스 국방부 장관이 된, 벨라루스 출신 장교 레오니트 말체프Leonid Maltsev가 그날 아침 그에게 하달한 임무였다.

바시스토프는 독일사회주의통일당 중앙위원회의 베르너 람베

353

르츠Werner Lamberz가 소비에트 관료들 앞에서 연설할 예정인 척하며, 그를 마르스크-엥겔스광장에서 차에 태웠다. 진짜 계획을 아는 사람은 바시스토프와 말체프, 그리고 소비에트대사 표트르 아브라시모프Pyotr Abrassimov뿐이었다. 바시스토프는 람베르츠가 동료와 함께 있을 때는 꾸며 낸 연설에 대해 능청스럽게 대화했고, 슈타지 요원이 람베르츠를 따라 차에 탔을 때도 천연덕스럽게 행동했다. 슈타지 요원을 따돌리기란 쉽지 않을 터였다. 그래서 이 소련인들은 기발한 꾀를 냈다. 남쪽으로 50킬로미터를 달려 초센-빈스도르프에 있는 독일 주둔 소비에트 점령군 본부에 도착했을 때, 말체프는 모두에게 커피를 대접하겠다고 제안했다. '연설'과 연설 계획에 관한 대화가 이어졌다. 말체프는 대뜸 세 사람에게 연설을 마그데부르크 인근의 군기지에서 열어야겠다고 알렸다. 그러면서 슈타지 요원에게 업무 중 이동하는 데 2~3시간을 써서는 곤란하지 않겠냐며 자신들이 군용 차량과 보안 인력을 대겠다고 제안했다. 람베르츠는 붉은 군대의 경호를 받으며 다음 날 집무실로 돌아오면 되었다. 람베르츠가 안전하리라고 안심한 밀케의 부하는 그렇게 베를린으로 돌아갔다. 바시스토프의 기억에 따르면 그로부터 몇 분 후 그들을 태우고 온 고급 세단 가즈-13 차이카가 "초센 검문소를 통과했다는 보고가 전해졌고, 그제야 "진짜 대화"를 시작해도 된다는 청신호가 떨어졌다. 우리는 몇 킬로미터 떨어진 슈페렌베르크의 군 공항으로 발길을 재촉했다. 공항에는 한 쌍의 터보프롭기관이 달린 AN-24기가 활주로에서 이륙을 준비하고 있었다. 승무원들조차 유일한 승객의 정체를 알지 못했다. 다음 날 비행기는 예정대로 모스크바에서 돌아왔다. 람베르츠의 상태는 멀쩡했고, 그는 모든 게 잘 정리되었으며 결정은 내려졌다고 간단히 보고했다."[1]

며칠 후인 1971년 5월 2일에 발터 울브리히트는 독일사회주의 통일당 사무국 제1 서기 자리에서 물러나겠다는 사임 의사를 밝혔다. 람베르츠는 노쇠한 울브리히트를 에리히 호네커로 대체하는 것이 레오니트 브레즈네프의 뜻임을 모스크바에 확인하러 다녀온 것이었다.

당에서 선동과 선전을 담당하는 서기였던 한스 모드로의 회고에 따르면, 옛 스승의 사임을 겸허히 받아들인 호네커는 그것을 마치 "친절을 베푸는 행위"인 양 정치국에 발표했다.[2] 그러나 사실 울브리히트를 왕좌에서 끌어내린 데 일조한 사람이 호네커였다. 호네커는 베를린에서 자신의 새로운 권력 기반이 순탄히 쌓이고 있으니, 브레즈네프 또한 독일민주공화국의 정권 교체에 혹하리라는 것을 직감하고서 모스크바에 서신을 보냈다. 1971년 1월 21일에 보낸 서신에는 울브리히트에 대한 불평이 장황하게 적혀 있었다. 그는 브레즈네프에게 울브리히트를 제거해 달라고 요청했다.

발터 울브리히트 동지는 결단력이 부족하고 약속을 지키지 않을 겁니다. … 국내는 물론 서독에 대한 정책에서도 발터 울브리히트 동지는 고집스럽게 자기 입장만을 밀어붙입니다.

제 생각에는 고령인 것과 연관이 있는 듯합니다. 인간적이고 생물학적인 문제이지요. 78살이나 되었으니 방대한 업무량과 책임을 감당하기가 대단히 힘들 겁니다. 딩 사람도 모두 이해하리라 봅니다. …

그러니 이후 며칠 안에 레오니트 일리치 브레즈네프 동지께서 발터 울브리히트 동지와 대화하시어, 발터 울브리히트 동지가 건강을 이유로 중앙위원회와 독일사회주의통일당의 제1 서기 자리에서 스스로 물러나겠다는 요청을 중앙위원회에 전달하게 한다면, 그것은 우리에게 중요한 의미이자 크나큰 도움이 될 겁니다.[3]

이 서신에는 호네커 혼자만의 결정이 아님을 뜻하는 정치국 위원 21명 가운데 13명의 서명을 받은 연판장도 있었다. 이는 오랜 세월 황태자로 여겨진 호네커의 묘수였다. 그는 구태여 분열을 초래하고 야심을 드러내는 대신, 중앙위원회가 다 함께 울브리히트의 축출을 결정했음을 보임으로써 공산주의가 그토록 추종하는 '집단' 원칙을 앞세웠다. 중앙위원회는 자신들의 고집 센 지도자가 더는 의무를 다할 수 없을 것이 명백하니, 그를 끌어내리는 것이 오히려 그를 위한 일이라고 확신했다. 당시 자유독일청년단 중앙평의회 서기였던 에곤 크렌츠도 모든 상황을 고려해 이 결정에 동의했다고 회고했다.

물론 발터 울브리히트는 위대한 인물이자 전략가였다. 누군가는 반박할지 몰라도 소비에트연방의 좋은 벗이기도 했다. 그러나 결국은 그도 나이가 들었다. 나이가 든 사람들은 (늘 그렇지는 않지만 종종) 자기가 뭐든 더 잘 안다고 판단한다. 울브리히트는 자기가 보고 싶은 대로만 상황을 보았고, 이는 당연히도 당내 분열로 이어질 위험이 컸다. 당의 분열은 요즘도 절대 좋은 것이 되지 못한다. 울브리히트는 대단한 업적을 이루었고 사상도 훌륭했으나 새 시대를 이해할 수 없다면 더는 용인될 수 없었다. … 당시 에리히 호네커는 훨씬 더 유연한 인물이었다. 60살도 되지 않았으니 훨씬 젊었고 소비에트 지도부의 신임도 얻고 있었다. … 그러니 우리의 해법은 타당했고 현실적이었다. 적어도 바깥에서 바라보기에는 그랬다.[4]

1971년 5월 3일 대망의 날이 밝았다. 발터 울브리히트는 공식 사임하며 에리히 호네커에게 자리를 물려주었다. 오후가 되자 텔레비전과 라디오 진행자들이 간단한 성명문을 낭독했다. 울브리히트는

건강을 이유로 독일사회주의통일당 중앙위원회 제1 서기 자리에서 물러나 젊은 후임자 손에 자리를 이양하기를 중앙위원회에 요청했다. … 중앙위원회는 제1 서기에 오른 에리히 호네커 동지의 지도 체제에서도 마르크스-레닌주의의 노선에 맞춰, 소비에트연방 공산당 및 국제 공산주의운동과 단호히 함께하며 사회주의 사회를 건설하는 위대한 임무에 정진할 것이라고, 하나로 연합하여 성공리에 그 목표를 이룰 것이라고 울브리히트 동지를 안심하게 했다.[5]

한편 한스 모드로는 "이 과정은 일면 명백하고 평화로워 보였지만, 그 이면은 민주적이지도, 명백하지도, 평화롭지도 않았다"[6]라고 회고했다. 울브리히트는 자신의 옛 제자에 의해 철저히 제거되었다. 그런데 호네커는 그것만으로 부족했던지 2년여 동안 독일사회주의통일당 제1 서기 전임자를 정치적으로 침묵하게 했다. 울브리히트는 국가평의회 의장으로서 표면적으로 원로 정치인이었지만, 호네커는 체계적이고 가차 없이 그를 배제했다. 울브리히트는 호네커의 명

357

령을 받은 슈타지에 감시를 받았다. 아내 로테 울브리히트마저 새 정권의 냉혹함을 여실히 체감했다. 로테는 그 자신의 표현대로 "환영받지 못하는 사람"[7]이 되었고, 남편이 내린 위험천만한 결정들을 부추겼다는 의혹마저 받음으로써 동독의 맥베스 부인*이 되었다. 1966년에 작성된 회고록에서 로테는 1960년대 말부터 독일사회주의통일당 지도부의 지령으로 고립되었던 경험을 씁쓸히 토로했다.[8] 로테는 1970년 가을부터 공식 석상에 아예 등장할 수 없었다. 로테는 26년이 지난 후에도 "16살 때부터 공산주의를 위해 투쟁한 공산주의자 여성에게 이것이 얼마나 뼈아픈 일이었는지를"[9] 되씹었다.

발터 울브리히트도 정신적으로나 육체적으로 큰 타격을 입었다. 도무지 이해할 수 없었던 그는 대부분의 정치국원이 자신을 저버린 것에 대해 아내에게 하소연하고는 했다. 그러면 로테는 "모두가 등을 돌렸다면 당신이 뭔가를 잘못한 것이지요"[10]라고 가만히 대답했다. 1971년 3월 중순만 하더라도 울브리히트의 주치의 아르노 린케는 자기 환자가 "나이 평균보다 의학적 상태가 월등히 좋다"[11]는 진단을 내렸었다. 하지만 강제로 축출되고 몇 달이 지나자, 78살의 울브리히트는 동맥경화증으로 건강이 급격히 나빠졌다. 울브리히트는 어느 때보다도 완강히, 적어도 호네커가 공식 선출되어 자기 임기에 마침표를 찍을 때까지 어떻게든 권력을 쥐고 있으려 했다. 울브리히트는 린케가 스트레스를 피해야 한다고 주의를 줄 때마다, "6월 말

---

*   윌리엄 셰익스피어의 희곡 《맥베스》에 등장하는 인물로 강인함, 야망, 권력욕에 사로잡혀 남편을 파멸로 이끌고 자신도 파멸한다

까지 어떻게든 버텨야 합니다. 그 이후로는 의사 양반, 당신이 하고 싶은 대로 하시오"라고 대꾸했다.

1971년 6월 15~19일에 열린 독일사회주의통일당 8차 당대회에서 에리히 호네커는 새 지도자로 공식 취임할 예정이었다. 권력을 다 잃은 울브리히트는 어쩔 도리 없이 회의에 끝까지 참석해야 했다. 하루 전날 브레즈네프가 도착했고, 호네커는 방송국 카메라가 모인 베를린 쇠네펠트공항에서 관습적으로 '형제의 입맞춤'을 하면서 브레즈네프를 환영했다. 호네커는 울브리히트가 행여나 이 장면을 망칠까 봐 옛 스승인 그를 거칠게 밀치며 소비에트 지도자를 먼저 맞이했다.

그날 밤 10시 30분경에 아르노 린케는 전화를 한 통 받았다. 곧장 반들리츠 거주지로 와 달라는 연락이었다. 울브리히트가 쓰러졌다는 것이다. 도착했을 때 린케는 이런 광경을 보았다.

울브리히트는 베개로 약간 받쳐져서 침대에 누워 있었다. 두 눈자위에 검은 고리가 생겨 있었다. 그는 확대된 동공으로 걱정스럽게 나를 보았다. … 입술이 바짝 말라 갈라져 있었다. 창백한 얼굴은 식은땀으로 반질거렸다. 그는 얕은 숨을 힘겹게 내쉬었다. 맥박을 쟀을 때 충격을 받았다. 세 시간 전만 해도 비교적 안정적이었는데, 어느새 맥박은 미약했고 불규칙적으로 빨리 뛰었으며 거의 감지할 수조차 없었다.[12]

울브리히트는 계획대로 회의에 참석하려 했지만, 그럴 처지가

359

되지 못했다. 오랫동안 공들여 작성한 퇴임 연설문은 읽을 수도 없었다. 그가 침대에 홀로 누워 있는 동안 회의에 참석한 동지들은 일제히 그를 비난했다. 호네커는 "몇몇 동지가 비판과 자기비판의 가치를 잊고 … 자신들은 절대 오류를 저지르지 않고 비난할 수 없는 존재라고 생각한다"라고 발언했다. 다른 이들은 울브리히트의 경제정책, 서독과 관계를 회복하려 한 노력에 흠집을 냈다. 회의 둘째 날 브레즈네프의 연설이 끝났을 때 로테 울브리히트는 항의의 표시로 박수를 거부하여 논란을 일으켰다.

정치적 업적과 인격이 공격당하는 와중에 울브리히트의 몸 상태는 계속 나빠졌다. 반들리츠의 집에 임시로 집중치료실이 만들어졌다. 전 국가 지도자는 화장실을 갈 때나 목욕할 때를 빼고 침대에 누워만 있어야 했다. 하루 세 번 산소를 공급받았고, 누군가는 항시 그의 상태를 지켜보아야 했다. 그러나 6월 18일 극도의 고통을 호소하며 협심증으로 또다시 쓰러졌다. 그는 린케에게 "의사 양반, 내 심장이 말썽이오. 산소를 추가로 공급받아도 소용이 없소"[13]라고 힘겹게 말했다. 그러나 울브리히트는 다음 날 오후로 예정된 브레즈네프의 방문을 마다하지 않았다. 소비에트 지도자는 오랫동안 머무르며, 자기 손으로 권좌에서 끌어내린 자와 차분하고 온정 어린 목소리로 대화했다. 울브리히트는 10대 소년일 때부터 몸담아 온 정치 생활을 쉽사리 놓지 못했다. 취임하는 호네커를 지켜보면서 젊은 지도자의 정권은 "레닌주의와 아무런 관련이 없는, 영혼 없이 그저 행정적인 일만 보는 정권"[14]이 될 것임을 예감했다.

울브리히트는 1971년 7월 14일 심장마비로 병원에 입원하고 일시적으로 두뇌에 산소가 공급되지 않아 왼쪽 신체 일부가 마비되고 말았음에도, 아예 은퇴하라는 의료진의 권고가 자신을 정계에서 영원히 몰아내려 하는 음모가 아닐지 의심했다. 그는 의료진과 정치인늘이 짜고서 자신을 고립하려 한다고 성을 냈다. 병원 직원들은 그가 한 말을 고스란히 호네커에게 보고했고, 그때마다 호네커는 더욱더 울브리히트를 배제하고 욕보이는 것으로 대응했다. 울브리히트가 1971년 6월 30일 78번째 생일을 맞았을 때 호네커는 병세가 완연한 울브리히트를 보러 그의 집을 몸소 찾았다. 그런데 예방을 온 것은 호네커 혼자만이 아니었다. 호네커는 취재진과 사진작가를 대동해, 병든 노인이 가운 차림으로 안락의자에서 혼자 일어나지도 못하는 광경을 온 세상에 공개했다. 호네커는 쾌활하게 몸을 굽혀 따뜻한 표정을 지으며 울브리히트의 손을 꽉 붙들었고, 정치국원들은 걱정과 애정이 어린 표정으로 그를 둘러쌌다. 이 광경이 주는 의도는 분명했다. 울브리히트는 원로 정치인으로서 역할도 다할 형편이 되지 못한다는 것이다. 이제 다음 10년간 나라를 이끌 사람은 호네커뿐이었다.

호네커 시대의 서막

1971년 7월 발트해 빌름섬. 로타어 헤어초크Lothar Herzog는 에리히와 마르고트 호네커의 눈에 들려고 애를 썼다. 상사들이 경고했듯이, 제1 서기가 여름휴가에서 놀아와 로타어 헤어초크는 별로더라고 말하는 순간 이 28살 웨이터의 경력은 끝이었다. 로타어는 폐쇄된 발트지

361

들룽 마을에서 1962년부터 일했는데 그곳 직원들이 다 그렇듯 슈타지 소속이었다. 에리히 밀케는 반들리츠를 효율적이고 원활하게 운영했다. 로타어는 호네커의 눈 밖에 나는 순간 마을을 떠나야 했다. 마주치지 않을 수 없는 데다 발트지들룽 생활을 조화로이 유지하려는 밀케의 열망이 그만큼 대단했기 때문이다.

따라서 로타어는 정확히 시키는 대로만 했다. 가장 어려운 부분은 보여서는 안 된다는 것이었다. 빌름섬은 작고 아담해 면적이 1제곱킬로미터도 되지 않았다. 발트해의 이 섬은 훨씬 더 유명하고 넓은 뤼겐섬 해안 바로 옆에 자리했다. 빌름섬은 사람의 손길이 거의 닿지 않았고 1930년대 초부터 보호구역으로 지정된 곳이었다. 독일사회주의통일당 엘리트는 이 섬을 각료평의회와 그들의 가족이 방문하는 휴가지로 만들었다. 숙소 11채가 세워져 어엿한 마을 느낌이 났다. 다 함께 점심을 먹을 수 있는 회관도 있었다. 이렇게나 은밀한 환경이다 보니 온종일 시중을 들면서 눈에 띄지 않기가 여간 힘든 게 아니었다. 호네커 부부는 날이 좋으면 오후에 해변에서 커피를 즐겼다. 그럴 때는 캠핑 장비를 갖춰 미리 텐트를 쳐 놓아야 했다. 부부는 방해받고 싶어 하지 않았으므로 커피와 케이크는 무음 전기차로 배달했다. 에리히 호네커는 나체로 수영하는 것도 즐겼다. 그러나 발트해에 많이 퍼져 있는 누드 해변에서 신나게 나체로 수영하는 것을 즐기는 여느 동독인과 달리, 제1 서기는 그런 것을 조금 부끄러워했다. 로타어는 사람들이 저녁을 먹으러 회관에 전부 모이면 그제야 해변으로 나가 커피 탁자를 치웠다. 4주의 휴가는 별 탈 없이 마무리되었고, 로타어는 1984년까지 호네커를 전담하는 웨이터이자 경호원으로서

일했다.[15]

호네커에게 훌륭한 4주간의 휴가는 말로만 듣던 폭풍 전야의 평화였다. 빌름섬으로 떠나기 전, 그는 독일사회주의통일당 8차 당대회에서 독일민주공화국을 위한 거시적인 계획을 발표한 터였다. 노쇠한 울브리히트도 물러난 만큼 호네커는 나라에 신선한 바람을 불러일으키고 싶었다. 호네커는 외모가 특출나지도 통솔력이나 웅변술이 대단하지도 않았으나 장점이 하나 있었다. 비교적 장막에 가려져 있다는 거였다. 정치 엘리트 사이에서야 오래전부터 울브리히트의 유력한 후계자로 꼽히며 공개적으로 "황태자"라고 불리기도 했으나, 대중에게 호네커는 빈 도화지와 같았다. 168센티미터 키에 살짝 왜소한 체격, 벗겨진 머리의 그는 재미없고 낯을 가린다는 인상을 주었다. 정치인들과 어울릴 때면 유독 어색해 했는데 외국 정상들과 있으면 더욱 그랬다. 동독의 모든 청사에 걸린 컬러사진 속에서 겨자색 정장에 두꺼운 뿔테안경을 낀 호네커는 지극히도 무색무취로 보인다. 목소리는 아주 거슬리거나 울브리히트처럼 새된 소리는 아니었으나 자신감이 부족했다. 음역과 어조도 밋밋했다. 어설픈 문장 구사력과 부족한 어휘력, 긴장하는 태도는 곧 공식 석상에서 그의 모습을 나타내는 특징이 되었다.

그러나 호네커는 동독인들을 자기편으로 끌어모으는 데 굳이 권위에 의존할 생각도, 필요도 없었다. 그는 자국민과 함께 더 나은 것을 해 보고 싶었다. '경제와 사회정책의 통일'이라는 표어는 다소 시시해 보였으나, 제1 서기가 새로이 발표한 5개년계획은 꽤 혁명적이었다. 노동자들이 생산한 가치는 그 즉시 그들의 이익으로 돌아갔

363

다. 노동자가 열심히 일할수록 더 좋은 나라가 만들어졌다. 하지만 새 시대의 서막이 올랐음을 믿게 하려면 가시적이고 즉각적인 보상이 필요했다. 울브리히트의 경제 자유화를 어설피 공격하려던 호네커의 표현대로 '계획하지 않은 기적'의 시대는 끝이었다. 이제는 계획된 기적의 시대였다. 당시《독일민주공화국 편람》에 대한 학술연구를 하던 35살의 학자 요하네스 쿠페Johannes Kuppe의 훗날 회고에 따르면, 대중은 호네커로 권력이 이양되던 때를 "무언가가 일어나고 있다는 신호"로 받아들였다. 또한 쿠페는 "늘 생산량이 부족하던 경제의 고충이 줄고 약간이라도 보상받을 수 있다면 1961년의 강제 분리를 견디는 일도 쉬웠을 것이다"[16]라고 언급했다.

빌름섬에서 휴가를 마치고 돌아온 호네커는 약속을 현실로 이루는 작업에 착수했다. 첫 단계는 경제권을 확실히 국가의 손에 되돌리고 방법과 과정을 중앙화하는 것이었다. 울브리히트는 경제의 일부분으로 남아 있는 기업가 세력을 그래도 눈감아 준 편이었다. 1971년에 독립사업체, 자영업, 준민간기업은 여전히 1만 1000곳으로, 독일민주공화국 소비재 생산의 약 40퍼센트를 차지했다.[17] 호네커가 보기에 이는 자본주의의 침범이었으며, 그가 바라는 만큼 인민의 생활수준을 높이지도 못했다. 1972년 봄 민간기업들은 하나도 빠짐없이 인민소유기업으로 국영화되었다. 정부 부처에서 경제계획을 책임지던 사람들은 안도의 한숨을 내쉬었다. 계획경제 체제에서 성과를 달성하라는 정치적 압박은 예측할 수 없는 시장경제 세력과 애초에 잘 섞일 수가 없었다. 변덕스러운 시장에 의존하는 것보다, 생산을 직접 통제하고 한 사람의 의사결정에 책임을 묻는 것이 더 나앴다. 이에 관해 경제사학자 외르크 뢰즐러Jörg Roesler는 "새로운 관리법을 들여와 개혁하고 실험해야 한다는 무한한 압박과 그에 따른 스트레스가 사라졌다. 더는 누구도 경제개혁을 입에 올리지 않았다"[18]라고 말한다.

독일민주공화국 경제를 서독과 비교하려는 욕심도 자취를 감췄다. 호네커가 동독을 다시금 소비에트 세력권 안에 확고히 두겠다고 공언한 만큼, 동독과 서독 사이의 비교는 의미가 없었다. 적어도 한동안은 그랬다. 나아가 호네커는 독일민주공화국이 존속할 독립국가임을 강조하고자 1974년 〈헌법〉에서 '독일 민족'이라는 표현을 지우라고 지시했다. 또한 조국의 목표와 야망을 위해 이제 서독과 견주지 않을 것임을 증명하려고 여러 명칭을 손봤다. 라디오방송국 도이칠란트 젠더는 1971년 11월부로 독일민주공화국의 목소리(Stimme der DDR)가 되었다. 호네커 시대의 서막은 동독이 상대적으로 얼마만큼 성공했느냐로 평가되지 않았다. 오히려 제1 서기의 표현대로 이제는 "사람들의 물질적이고 문화적인 삶의 질을 꾸준히 향상하는 것"이 기준이었다. 주택부터 소비재까지, 호네커는 더 나아질 것을 약속했다.

블루진

1978년 5월 작센주 올베르스도르프. 안드레아 루다트Andrea Rudat는 거울에 비친 모습을 보고 흡족해 했다. 갈색 곱슬머리에 빼빼 마른 14살 소녀는 얼마 전 자유독일청년단에 가입했기에 단정하게 다림

질한 파란색 셔츠를 자랑스럽게 차려입었다. 셔츠가 안드레아에게 잘 어울리기도 했거니와 삼촌 디터Dieter에게서 선물 받은 멋진 리바이스 데님치마를 받쳐 입으니 더욱더 근사해 보였다. 디터 삼촌은 서독 니더작센주 힐데스하임에 살았는데, 친구나 친척이 입다 버리려는 옷들을 이따금 모아서 보내 주었다. 인기 있는 상표의 옷들이 동독의 가족들에게 얼마나 큰 기쁨인지 디터는 잘 알았다. 특유의 빨간 라벨이 붙은 연하늘색 데님치마는 말할 것도 없었다. 안드레아는 '서독 소포(Westpaket)'에 으레 들어 있던 선물들, 커피·초콜릿·브랜디 사이로 데님치마를 발견했을 때 뛸 듯이 기뻤다. 심지어 허리띠 고리도 있는 치마라니! 안드레아는 친구들에게 얼른 옷을 보여 주고 싶었다. 특히 같은 학년에서 가장 인기가 많다고 소문이 난 노라Nora에게 자랑하고 싶었다. 친구들은 예상대로 감탄했고 조금은 질투하기도 했다.

하지만 교사 노이만Neumann의 반응은 냉담했다. 안드레아는 하필 학교에서 가장 엄한 노이만 선생에게 걸려 쉬는 시간에 사무실로 불려 갔다. "루다트 학생." 안드레아는 호되게 혼날 것을 예상하며 움찔했다. "실망이 큽니다. 반에서 최고 우등생이 아니던가요? 학생 대표이고 친선평의회 위원이기도 한데! 어쩜 이럴 수 있나요?" 안드레아는 심장이 쿵 내려앉았다. 반항하려는 생각은 전혀 없었다. 그저 친구들에게 새로 얻은 치마를 자랑하고 싶었던 게 다였다. "루다트 학생이 이럴 줄은 정말 몰랐어요." 노이만 선생의 차분한 목소리는 어떠한 꾸짖음보다도 안드레아에게 충격을 주었다. "다른 학생도 아니고 루다트 학생이 말이에요. 대체 무슨 생각이었나요?"

안드레아는 무슨 생각이었을까? 부모님은 뭐라고 하시려나? 안드레아의 부모는 변변찮은 공장 노동자들로 우등생 딸아이가 크나큰 자랑거리였다. 두 사람은 칭찬 세례를 받는 학부모 상담에 자기가 가겠다며 매번 신랑이를 빌일 성노였다. 이 시절 서방에서 건너온 청바지는 아무런 문제 없이 받아들여지고 있었다. 물량이 확보되면 독일민주공화국에서도 버젓이 팔렸다. 하지만 안드레아가 자유독일청년단 셔츠에다 리바이스 데님치마를 받쳐 입는 순간, 그것은 순식간에 다른 차원의 문제로 번졌다. 안드레아는 무심코 걸어 다니는 계급투쟁의 상징이 되어 버렸다. 다행히도 노이만 선생은 안드레아에 대한 애정을 저버리지 않았다. 사건을 더 키우지 않고 안드레아 부모에게도 이를 알리지 않기로 했다. 그리고 미래가 창창한 이 어린 학생의 편이 되어 그가 치타우 인근의 심화중등학교에 진학할 수 있게 최선을 다해 싸웠다. 그곳에 입학하면 고등교육을 받고 대학에도 들어갈 수 있었다. 다만 이는 계급의식이 투철하여 딸아이도 '적절한 기술'을 배우기를 바라는 안드레아 부모의 기대와 어긋나는 일이었다. 인기 많은 미국 옷을 독일민주공화국에서는 '블루진'이라고 불렀다. 노이만 선생은 '블루진'을 입는 것이 전혀 나쁜 일이 아님을 잘 알았다. 안드레아를 비롯한 모두가 그랬다.[19]

에리히 호네커도 이 점을 이해했다. 자유독일청년단 설립자답게 그는 청년세대의 바람과 열망을 모르지 않았다. 그는 전임자의 고루한 태도를 그대로 물려받았다가는 동독 청년세대의 지지를 잃으리라는 것을 직감하고 그들의 요구를 유심히 살폈다. 청년 사이에서 미국산 '블루진'의 인기가 뜨거웠다. 문제는 독일민주공화국에서 그 청바지를 구하기 힘들다는 것이었다. 대부분은 안드레아처럼 서독의 가족을 통해 청바지를 얻었다. 그런데 1971년 11월 독일민주공화국 백화점 체인 센트룸의 유모JuMo('젊은이들의 패션'을 뜻하는 융모덴Jung-moden의 줄임말) 매장에 갑자기 리바이스 제품이 들어왔다. 동독 청년들은 열광하며 매장으로 몰려들었다. 무역과 물자를 담당하던 정치국원 베르너 야로빈스키Werner Jarowinsky는 호네커에게 다음과 같이 보고했다.

> 재고가 불티나게 팔리는 데다 청년들의 관심이 뜨거운 만큼 당분간 구매자가 급증할 것으로 보인다. 매장에 판매보조원을 평시보다 많이 배치하기로 했으며, 행정직에서도 인력을 차출하기로 했다. 또 탈의실을 더 많이 설치할 계획이다.[20]

1971년 말 독일민주공화국 매장에서 팔린 청바지는 나흘 만에 무려 15만 장에 달했다.

미국산 특정상표의 청바지는 서독에서도 쉽게 엄두를 내지 못할 만큼 비쌌다. 독일민주공화국 정부는 일시적인 유행이겠거니 생각하며 보조금을 대거 지원해 합리적인 가격에 청바지를 팔았다. 하지만 인기는 좀처럼 가라앉지 않았다. 1970년대 초반에 들어서면 학교, 무도회장, 디스코장 어디서든 미국산 청바지를 볼 수 있었다. 심지어는 자유독일청년단 지도부도 미국산 청바지를 입고 다녔다.

독일민주공화국 영화업계도 '블루진'의 인기를 십분 활용했다. 국영영화사 독일영화주식회사가 제작한 카우보이 영화들이나, 에리히 호네커가 예외적으로 검열을 생략한 1973년 컬트 고전 〈파울과 파울라의 전설(Die Legende von Paul und Paula)〉을 보면 알 수 있다. 과거에 반항의 상징이었던 청바지는 삽시간에 동독 대중문화와 일상에서 당연한 부분으로 자리 잡았다.

이를 달리 말하면, 서방에서 들여오는 비싼 수입품으로서 블루진의 높은 인기를 독일민주공화국이 영구적으로 감당할 수 없다는 뜻이기도 했다. 또 다른 문제는 미국산 오리지널 상표의 인기가 대단한 나머지, 제품이 들어올 때마다 유모 매장에 인파가 몰려 혼란이 빚어졌다는 것이다. 직원과 보안 인력으로도 어찌할 수가 없었다. 1978년 경공업부는 미국에서 리바이스 제품을 무려 100만 장 주문했는데, 과거의 사건들을 겪으며 좀 더 신중해야 한다는 교훈을 얻은 터였다. 특히 제품을 공정히 배분하고 쟁여 두기를 막는 데 신경을 써야 했다. 그 결과로 등장한 해법은 대학, 직장, 그 밖의 기관을 통해 청바지를 판매하는 것이었다. (심지어는 슈타지도 미국산 청바지의 물량을 적지 않게 확보했다.) 얼마 후 노동자들과 학생들은 "미국산 오리지널 스트라우스-리바이스 청바지 특판. 사원증/학생증 필수 지참"[21]이라는 뜻밖의 공지를 받았다. 청바지 100만 장은 순식간에 동났다. 그러나 1670만 명 국민 중에 청바지를 가진 사람은 여전히 소수일 뿐이었다. 이대로라면 상황은 지속될 수 없었다.

호네커 정권은 국산 청바지를 생산해 높은 수요를 해결하기로 했다. 1970년대 중엽 비젠트Wisent(유럽 들소), 복서Boxer, 셴티Shanty 등 다소 독창적인 이름으로, 오리지널 서양 제품을 흉내 내려는 상표가 하나둘 등장했다. 그러나 독일민주공화국의 자원난은 여전했다.

국산 제품 가운데 가장 인기가 좋고 착용감이 편했던 복서의 경우 일부 면직물을 미국에서 수입해서 생산했다. 그래서 가격이 가장 비쌌다. 비교적 저렴한 제품들은 그만큼 질이 좋지 않은 재료를 썼다. 주로 소비에트연방에서 면직물을 수입했는데, 형제 국가에서 공수한 원자재는 대부분 단섬유여서 청바지를 생산하기에 적합하지 않았다. 청바지로 만들려면 합성섬유를 섞어야 했는데, 그러면 청바지가 뻣뻣해져 착용감이 불편했고 빨래하기도 쉽지 않았다. 워싱 효과도 뜻대로 되지 않았고 재단도 살짝 어설펐다. 동독 청년들은 오리지널 제품처럼 딱 들어맞는 모습을 연출하려고 욕조에 차가운 물을 받아 놓고 그 안에서 청바지를 입고는 했다. 물속에서 섬유는 연해지면서 늘어났다가 다 마르면 피부에 스프레이 페인트를 뿌린 양 딱 달라붙기 때문이었다. 그래도 대다수에게 독일민주공화국산 청바지는 없는 것보다야 나은 선택이었다. '니텐호젠Nietenhosen(리벳 바지)'이라고 불린 동독산 청바지는 날개 돋친 듯 팔려나갔다. 비젠트 청바지는 베를린에서 북쪽으로 한 시간 차를 타고 가야 나오는 인민소유기업 템플린의 의류 공장에서 생산되었다. 템플린공장은 청바지만을 생산했다. 공장에 다니는 400명의 여성 노동자는 3교대로 일하며 하루에 6000장씩 청바지를 만들었다. 처음에는 서독으로도 수출되었다. 위기감을 느낀 미국 리바이스트라우스사는 독일민주공화국산 청바지가 리바이스 디자인과 생산법을 (특히 뒷주머니의 땀을) 따라 한다며 항의했다. 결국 호네커 정부가 청바지를 수출하지 않고 국내용으로만 생산하는 것으로 법적 해결이 되었다.

하지만 비젠트 청바지는 물질적으로든 심리적으로든 서양의 오리지널 청바지를 입는 수준의 경험을 선사하지 못했다. 호네커 정부가 아무리 노력해도(1980년대 말 동독 청소년은 평균 2벌의 청바지를 가지고 있었다), 금지된 서양 청바지의 매력은 독일민주공화국 청년들을 계속해서 사로잡았다. 그들에게 수입한 리바이스나 랭글러 청바지는 정치적으로든 일상적으로든 반항심을 표출하기에 좋은 수단이었다. 당시에 앙겔라 카스너Angela Kasner였던 청년의 앙겔라 메르켈도, 함부르크의 친척이 보내 주는 서양산 청바지와 파카를 입으며 자부심을 느꼈다. (정작 독일민주공화국 청바지는 앙겔라의 고향마을인 템플린에서 생산되었다.)

> 고모가 보내 주거나 이따금 가지고 오는 청바지는 우리에게 희망이었다. 나는 독일민주공화국산 옷은 거의 입지도 않았다.[22]

자국민, 그중에서도 청년들을 위해 청바지의 물량을 확보하려고 공들인 것에서 알 수 있듯이, 호네커는 독일민주공화국의 삶을 그럭저럭 견디는 수준을 넘어 즐거운 것으로 만들기 위해 의지를 불태웠다. 1971년 울브리히트에게서 자리를 물려받았을 때의 호네커는 훗날 사람들의 머릿속에 남은 것처럼 깐깐하고 늙은 기관원의 모습이 아니었다. 호네커의 5개년계획은 1970년대 중엽에 이르러 동독인, 특히 청년세대에게 확실히 지지를 얻었다. 장발에 청바지와 파카를 입고서 롤링스톤스나 핑크플로이드 음악을 듣던 청년들은 제1 서기보다 부모와 교사를 더 두려워했다.

레드 우드스톡 1973

1973년 7월 28일 동베를린. 눈부신 어느 여름날, 작센안할트주의 조용한 도시 차이츠에서 온 13살 소년 우베 슈미더Uwe Schmieder는 수도 한가운데에서 자랑스럽게 행진하며 북을 울렸다. 중등학교 선배들에게 둘러싸인 소년은 마법에라도 걸린 듯 10회 세계청년학생축전의 분위기를 만끽했다. 자유독일청년단에 가입할 나이는 아직 아니었으나, 지부에 북을 칠 사람이 필요했던지라 소년은 파란색 제복을 입었다. 우베는 그날의 분위기를 "평화와 친선, 구호가 사람을 취하게 했다. 우리는 연습도 없이 무작정 뛰어들었다. … 그 순간 조국이 무척이나 가깝게 느껴졌다"[23]라고 기억한다.

근처에 있던 서독 기자 만프레트 렉신Manfred Rexin 또한 주체하기 힘든 기쁨과 개방감을 느꼈다. 장벽 너머에서 열리는 대규모 축제를 취재하기 위해 서독에서 '넘어온' 그는 "1950년대는 물론 장벽 건설 후에 한층 더 억압적이던 독일민주공화국이 달라졌다는 인상을 받았다. 독일민주공화국은 변화하고 있었고, 이것이 희망을 일으켰다"[24]라며 놀랐다.

25살 변호사 그레고어 기지Gregor Gysi도 동베를린의 열기에 매료되었다.

알렉산더광장과 이곳저곳을 돌아다녔다. 서독 청년들이 독일민주공화국 젊은이들과 토론하는 광경도 보았다. 서로가 얼마나 다른지를 보여 주는 논쟁은 흥미진진했으며 가치 있는 일이었다. 정말이지 자

유로웠다. 사방에서 음악이 들려왔다.[25]

1973년 여름 뜨거웠던 9일 동안 동베를린은 여러 문화가 북적이는 축제이 장으로 변했나. 세계청년학생축전은 1947년부터 매회 다른 도시에서 개최된 국제 행사다. 세계의 좌파 청년 조직과 단체가 모여 여러 다양한 음악·토론·예술 행사를 펼쳤다. 독일민주공화국 수도에서 축제가 열릴 차례가 되자 자유독일청년단은 열과 성을 다했다. 단원 170만 명이 동원된 10회 세계청년학생축전은 유례없이 큰 규모의 대중 행사가 되었다. 140개국에서 800만 명이 방문했다. 서독에서 넘어온 이도 많았는데, 서독 청년 800여 명은 꽃수레 행진, 전시, 강연, 음악 공연 등에 직접 참여하기도 했다. 참가자 대다수는 ―특히 서독 청년들은― 순전히 호기심에서 방문했다. 그레고어 기지는 "기독교민주연합의 청년조직인 융게 우니온Junge Union도 서독에서 건너온"[26] 사실에 놀라움을 표했다. 미국 손님 가운데 체제에 호의적인 유명 인사들도 있었다. 미국 청년단 대표 앤절라 데이비스Angela Davis도 그중 하나였다. 그는 저명한 극좌운동가이자 학자로, 5명이 사망한 캘리포니아 법정 습격 당시 그의 총기가 사용되었다는 혐의를 받아 수사 동안 잠시 투옥되기도 한 인물이었다. 독일민주공화국에서 '앤절라에게 자유를'이라는 구호를 외치며 그를 지지하는 운동이 열성적으로 일어났다. 데이비스는 석방되자마자 동유럽을 순회했다. 1972년 9월에 동독을 방문해 수만 명에게서 환대를 받았다. 호네커는 이 젊은 흑인 여성의 영도력을 높이 평가했고 그것을 활용하고자 했다. 그래서 데이비스에게 라이프치히대학교의 명예 학

373

위를 수여했고, 1973년 미국 대표단을 이끌고 대회에 와 달라고 초청했다. 개막식 날 데이비스는 귀빈 자격으로 당당히 모습을 드러냈고, 그가 연설을 마치자 우레와 같은 박수가 쏟아졌다.

이러한 국제적인 분위기 속에서 열린 축제는 동독 청년들에게 짜릿함을 주었다. 즉흥 공연부터 열띤 정치토론까지, 모든 것에서 개방감과 자발성을 느꼈고, 이토록 거대하고 대중적인 행사를 조직했다는 자부심이 감지되었다. 동시에 외국인 손님들을 향한 호기심도 발견되었다. 당시 16살의 학생이었던 이나 메르켈Ina Merkel은 특히 개발도상국에서 온 방문객들이 독일민주공화국 시민들의 흥미를 자극했노라고 말한다.

> 그들에게서 여전히 혁명에 대한 열정과 반항심과 저항심이 보였다. 독일민주공화국은 이제 그러한 것들을 갖고 있지 않았기에 독일민주공화국 시민들은 그들에게 매력을 느꼈다. 독일민주공화국은 조금은 재미없는 나라가 되어 있었다.[27]

1940년대 말과 1950년대 초에 첫 자유독일청년단 세대를 사로잡았던 정신은 이미 증발한 후였다. 적들의 세계에 맞서 더 나은 독일을 건설하겠다며 청년들이 팔을 걷어붙이던 시대는 가고 없었다. 독일민주공화국은 이제 장성한 나라였다. 그렇게 여름 축제가 끝나고, 1973년 9월 18일 동독은 서독과 함께 국제연합에 받아들여졌다. 앞서 두 독일은 1972년에 기본조약(The Basic Treaty)을 맺고 서로를 주권국가로 인정했다. 이는 동독이 다른 국가들과 국교를 수립할 수 있다는 뜻이었다. 그리하여 1980년에 약 200개 국가에 동독대사관이 설립되고 사절단이 파견되었다. 이나의 말대로 독일민주공화국은 "조금은 재미없는" 나라가 되어 있었다. 여느 국가와 크게 다를 바가 없었고 일상도 비교적 평탄했다.

불안정하던 초창기의 끝을 알리는 마침표가 더 필요하기라도 했던 것인지, 발터 울브리히트가 자유로운 음악과 사랑, 토론과 음주가 난무하던 9일간의 축제 기간에 서거했다. 이전 2년 동안 에리히 호네커는 옛 동지이자 스승인 그를 철저히 무력화했다. 20년 전 소비에트연방에서 일어난 탈스탈린화와 크게 다르지 않은 방식으로, 호네커는 변화의 바람을 몰고 올 "새로운 길"을 공언했다. 울브리히트는 사망 전까지 명목상 국가평의회 의장직을 유지했으나, 그의 업적은 국가이념 서적에서 자취를 감췄고 그의 존재는 대중에게 잊혔다. 청년대회 개막식이 열린 경기장의 이름도 원래는 발터울브리히트경기장이었으나, 개막 며칠 전에 '세계청년경기장(Stadion der Weltjugend)'으로 바뀌었다. 이따금 노쇠한 울브리히트가 공개 석상에 등장한 경우는 팔팔한 호네커를 더욱 빛나게 하기 위해서였다. 동독의 유명 가수 프랑크 쇠벨은 1972년 국가평의회 행사에서 공연해 달라는 요청을 받았다. 행사에 울브리히트도 자리했다. 울브리히트는

행사 내내 앉아만 있었는데 눈에 띄게 쇠약해져 있었으며 약 기운으로 겨우 몸을 가누는 듯 보였다. 에리히 호네커는 바로 옆자리에 있었다. … 나는 너무 큰 소리를 냈다가는 눈앞의 노인에게 부담이 갈까 봐 평소보다 작게 노래를 불렀다. 공연이 다 끝나고 울브리히트가

특유의 새된 목소리로 고맙다는 인사를 건넸다. 나는 그가 사실 아무도 알아보지 못하는 상태라는 느낌을 받았다. 그는 그저 그림자에 지나지 않았다.[28]

1973년의 한여름에 발터 울브리히트가 사망했을 때 그의 이름은 이미 사람들 시야에서 사라진 후였다. 독일민주공화국 건국의 아버지는 1973년 8월 1일 밤 12시 55분 80살의 나이로 세상을 떠났다. 그는 축제의 변두리에서, 대중 삶의 변두리에서, 베를린 변두리의 독일사회주의통일당 영빈관에서 숨을 거뒀다. 공영 텔레비전과 라디오는 정규방송과 축제 실황을 잠시 중단하고 발터 울브리히트의 서거 소식을 알렸다. 뒤이어 분위기에 어울리는 엄숙한 클래식이 나왔다. 독일사회주의통일당 기관지 《노이에스 도이칠란트》는 국가의 전 지도자 서거 소식에 1면을 할애했다. 그러나 축제는 중단되지 않았다. 프랑크 쉬벨은 예정대로 텔레비전탑 아래에서 2시간짜리 공연을 했고, 팬들이 내미는 비단 스카프에 사인을 했다. 태평한 1973년 여름의 분위기는 독일민주공화국을 건설하고 20년 넘게 다스린 자의 죽음에도 끄떡없었다. 독일민주공화국은 계속되었다.

청년축전이 끝나고 이틀 후인 1973년 8월 7일에 발터 울브리히트의 국장이 치러졌다. 곳곳에서 조기가 걸렸고, 신문에는 세계에서 보내온 추모의 글이 실렸다. 국가평의회 건물에서 열린 공식 장례식에는 바르샤바조약 회원국들이 보낸 대표단이 참석했다. 소비에트 지도자 레오니트 브레즈네프는 모스크바에 있는 동독대사관에 들러 조의를 표했다. 울브리히트가 대중에게 아예 잊혔으리라고 생각한 것은 호네커의 착각이었다. 국가평의회 앞 마르크스-엥겔스광장에 국가의 아버지에게 마지막 작별을 하러 온 인파는 아침 일찍부터 늘어섰다. 한 추모객은 "그가 세운 업적은 가히 작지 않다"[29]라고 말했다. 당국의 예상보다 많은 사람이 몰리면서 울브리히트의 장례식은 계획보다 길게 이어졌다. 동독의 국가, (드레스덴 필하모닉오케스트라가 연주한) 베토벤의 곡, 인터내셔널가가 연주된 장례식이 끝나고, 독일민주공화국 국기가 덮인 참나무관은 뚜껑 없는 군용차에 실려 동베를린 거리를 지나 화장터로 향했다. 거리마다 사람들이 모여 마지막으로 예를 표했다. 9월 17일 울브리히트의 유골은 프리드리히스펠데의 중앙묘지에 있는 사회주의자 기념관에 안치되었다. 카를 리프크네히트, 로자 룩셈부르크, 빌헬름 피크가 묻힌 곳이었다.

울브리히트의 마지막은 엄숙하고 감동적으로 끝이 났다. 그러나 그의 죽음은 20년 전 스탈린의 갑작스러운 죽음만큼 강렬한 심리적 여파는 남기지 않았다. 사람들은 1973년의 여름을 사무치는 상실이나 충격의 해로 기억하기보다 청년축전으로 기억한다. 독일민주공화국이 정말로 안정을 찾았다는 희미한 감각이 비로소 깨어났다. 건국의 아버지를 담담히 떠나보냈다는 것은 그가 세우는 데 일조한 나라가 그만큼 자신감과 안정을 얻었다는 증거였다.

오스트록

1974년 봄 동베를린 라우흐팡스베르더. 잡지《프라이에 벨트Freie Welt

(자유 세계)》의 기자들이 딘 리드Dean Reed의 집에 찾아온 날은 금요일이었다. 기자들에게 문을 열어 준 딘의 아내 비브케Wiebke의 말처럼 그날은 '불길한 금요일'이었다. 부부가 사는 집은 베를린 남동부의 평화로운 초이텐 호숫가에 있었다. 낡아서 손볼 곳이 많았는데, 그날 아침에도 리드는 직접 집을 고치려다 도끼날에 손목을 베여 꿰매야 할 만큼 깊은 상처를 입었다. 하지만 미국인은 잘생긴 얼굴로 환히 웃어 보이며 대수롭지 않게 수상 스키를 타러 가기로 했다. 기자들이 딱 원하던 이야기였다. 기자들은 자유를 사랑하는 카우보이를 잘 담아낼 사진을 찍으러 온 것이니까. 비브케는 한숨을 쉬며 말했다. "딘은 늘 목숨을 걸고 산다니까요." 남편은 그런 비브케에게 입을 맞춘 뒤 "혈기 왕성한 시절은 다 지났는데, 뭘"[30]이라고 대꾸했다.

하지만 딘 리드의 혈기 왕성한 시절은 아직 끝나지 않았다. 1938년 콜로라도주 덴버에서 태어난 리드는 음반회사 캐피틀레코드Capitol Records와 계약해 활동하며, 대중을 휘어잡는 매력이 넘치는 가수이자 연기자로 이미지를 쌓았다. 특히 남미에서 선풍적인 인기를 끌어 1960년대 초 칠레, 브라질, 페루, 아르헨티나로 순회공연을 다녔는데, 그러면서 정치에 깊이 관심을 가졌다. 훗날 그의 회고에 따르면, 사회 불평등을 목격했기 때문이었다. 1966년 3월 그는 부에노스아이레스에 있는 체 게바라Ché Guevara의 저택에 초대되었다. 두 사람은 밤새 이야기를 나누었다. 그날의 대화는 미국인 리드에게 깊은 인상을 남겼고, 이후 그가 '공산주의 활동'으로 아르헨티나에서 추방되는 데 빌미가 되었다. 1966년 캐피틀사와 계약이 끝난 리드는 소비에트연방에 진출했다. 그는 소비에트연방의 국영 행사대행사와 계약해 8개 도시에서 39회 공연을 했다. 엉덩이를 흔드는 춤사위, 특출한 매력, 로큰롤로 '레드 엘비스'라는 별명을 얻었고 철의 장막 안에서 일약 슈퍼스타가 되었다. 음반을 수백만 장 팔았고 동구권은 물론 이탈리아에서도 배우로 활약했다. 그리고 그는 자신의 미국 이미지와 팝, 록, 컨트리음악으로 일군 상업적 성공을 자본주의에 대항하는 정치 활동에 자금을 지원하는 수단으로 보았다.

리드는 베트남전 반대론자로 유명해졌고, 칠레 정치인 살바도르 아옌데Salvador Allende를 지지했다. 한번은 산티아고 주재 미국대사관 밖에서 양동이의 물로 미국 성조기를 빠는 아주 극적인 장면을 연출하기도 했다.

이 북미 깃발은 남미, 아프리카, 아시아 국가 수백만 명의 피와 눈물로 더럽혀졌다. 미국 정부가 그들을 속박하는 독재정권을 지지하는 한 그들은 불행과 불평등 속에서 살아갈 수밖에 없다.[31]

1974년 《프라이에 벨트》의 기자들이 그의 동독 집을 방문했을 때, 그 국기는 뒷마당 장대에 보란 듯 걸려 있었다.

동독의 교사였던 비브케는 1971년 11월 라이프치히에서 열린 어느 행사장에서 리드를 처음 만났다. 둘은 바로 사랑에 빠졌다. 수년이 흘러서도 비브케는 첫 만남을 생생히 기억했다.

그냥 순식간에 벌어졌다. 뭐에 홀린 것처럼. 그 사람 앞에 선 순간 다리에 힘이 풀렸고 숨이 막혔다. 서툰 영어로 "세상에서 가장 잘생긴

남자예요"라고 말을 건넸다.[32]

리드는 1972년 동독으로 이주했고, 두 사람은 1973년 6월 결혼했다.

에리히 호네커는 대중문화계의 보물이 찾아왔음을 곧바로 직감했다. 청바지부터 로큰롤까지 온갖 미국산에 열광하는 분위기 속에서, 독일민주공화국에 무려 공산주의 카우보이가 찾아온 것이다. 딘 리드는 대중적 인기와 정치를 완벽히 결합한 존재였다. 게다가 적극적으로 참여할 것을 굳이 설득하지 않아도 되었다. 리드의 자서전을 쓴 슈테판 에른스팅Stefan Ernsting은 "그는 스스로 영웅이 되고 싶어 했고, 오직 미국인이기에 품을 수 있는 영웅주의를 확고히 믿었다"[33]고 말한다. 1970년대의 리드는 지치지도 않고 인터뷰와 공연을 이어가며 열심히 의도하는 바를 전파했다. (1973년 청년축전에서도 공연했다.) 그는 마그데부르크 지역신문 《인민의 목소리》에서 "결정적인 순간에 내 인생이 달라진 것 같다. 마르크스주의-레닌주의만이 유일한 인간적인 철학임을 깨달았다"[34]라는 의견을 폈다. 1970년대 내내 사람을 가득 메우는 공연을 하고, 여러 영화에 출연하여 번 돈을, 그는 전 세계를 돌며 정치적 활동을 하는 데 사용했다.

1986년 리드의 인기는 시들해진 지 오래였다. 몇 번의 개인적 위기를 겪고 (사회주의에 대한 믿음은 그대로였지만) 독일민주공화국에 대해 꽤 깊은 환멸을 느낀 그는 어느 날 집 뒤편 호수에서 발견되었다. 손목을 긋고 수면제를 과다 복용한 상태였다. 독일사회주의통일당에서 텔레비전 및 라디오와 관련한 업무를 담당한 에버하르트 펜

슈Eberhart Fensch 앞으로 보낸 15장의 유서를 1990년 이후에야 당국이 공개했는데, 그 내용에 따르면 전 아내 레나테 블루메Renate Blume가 불행의 원인으로 지목되었다. 그러나 실제로는 카우보이가 독일민주공화국에서 서지 않고 일하나가 깊은 우울증에 빠졌을 가능성이 더 유력하다. 그는 지독한 향수병을 앓았다. 사회주의를 열렬히 신봉했으나, 미국인으로서의 정체성을 전부 다 내버린 것은 아니었기 때문이다. 그는 독일민주공화국에 있을 때도 미군 방송을 들었고 고국에 몇 차례나 다녀왔다. 그때마다 미국인들이 자기 이념을 거부하는 경험을 했고, 그럴수록 그는 점점 더 좌절했고 환멸에 빠졌다. 리드가 독일민주공화국에서 크게 성공할 수 있었던 것은 그의 정치적인 활동에 순수한 미국적인 분위기가 색달리 뒤섞였기 때문이었다. 그러나 거기서 오는 모순은 리드 자신에게는 너무나도 버거웠다.

1974년 6월 13일 서독 프랑크푸르트암마인. 프랑크 쇠벨과 백댄서들은 발트경기장 한복판에 놓인 알록달록한 공 안에 웅크려 있었다. 기다림은 마치 영원처럼 느껴졌다. 예년답지 않게 날씨가 춥고 습했을 뿐 아니라 관중의 반응도 걱정이었다. 비좁고 축축한 공 안에서 공연 차례를 기다릴 때의 긴장감은 이루 말할 수 없었다. 경기장에는 6만 2000명이 모여들었다. 독일 땅에서 처음 열린 피파 월드컵 개막식을 보러 운집한 관중이었다. 참가국은 5분씩 자기 나라를 소개하는 공연을 선보였다. 독일민주공화국은 31살 프렝키Fränki를 공연자로 발탁했다. 친구 사이에서 프랑크는 그렇게 불렸다. 라이프치히 출신의 젊은 팝스타에게 이는 굉장한 기회였다. 울브리히트 시절

짧게 문화 자유화가 일었을 때인 1964년, 프랑크는 〈루키, 루키Looky, Looky〉, 〈파티 트위스트Party Twist〉와 같은 미국풍 노래로 성공을 맛봤다. 1966년에 그는 국영영화사 독일영화주식회사가 제작한 뮤지컬영화 〈결혼 여행(Reise ins Ehebett)〉에 주연으로 출연해, 요즘에 봐도 도발적인 청바지를 입고 등장했다. 그러나 울브리히트가 다시 문화의 고삐를 조이면서 그의 활동은 꼬였다. 쇠벨은 순응할 수밖에 없었다. 과거의 히트곡들은 몇 년간 자취를 감췄고, 쇠벨은 국가인민군의 이미지를 개선하기 위해 군복을 입고 나타나야 했다.

1971년 집권한 호네커는 쇠벨을 앞세워 청년세대를 공략하기로 했다. 1972년에 쇠벨은 서독의 텔레비전방송에 나가 1971년 히트곡 〈별처럼(Wie ein Stern)〉을 공연했다. 동독 가수 최초로 서독의 텔레비전방송에 출연할 수 있었던 것은 독일민주공화국이 편의를 봐준 덕이었다. 이 훤칠하고 젊은 팝 우상은 동독의 딘 마틴Dean Martin, 클리프 리처드Cliff Richard라고 불리고는 했는데, 호네커는 그에게서 굉장한 잠재력을 보았다. 〈별처럼〉은 동독과 서독에서 싱글앨범으로 발표되었고, 오스트리아, 스위스뿐만 아니라 동구권 전역에서 선풍적인 인기를 끌었다.

쇠벨은 스타가 됐다. 그러나 1974년 발트경기장의 무대를 눈앞에 두고는 긴장감을 가누기가 힘들었다. 쪼그라든 대형 공이 무대 위에서 꽃잎처럼 펼쳐지자, 동독의 유명 가수를 보려는 기대에 찬 6만 2000명의 눈이 그의 앞에 나타났다. '독일민주공화국이 호명됐을 때 야유하면 어쩌지?' 하는 쇠벨의 걱정은 기우였다. 그는 〈어디에나 친구가 있네(Freunde gibt es überall)〉를 무사히 불렀다. 사실 그는 월드컵을 위해 특별히 작곡한 노래 〈축구는 지구처럼 둥글지(Der Fußball ist rund wie die Welt)〉를 불렀다면 더 만족했을 것이다. 어쨌거나 쇠벨은 기뻤다. 나중에 그는 자기 공연을 전 세계 6억 명이 시청했다는 소식을 전해 들었다.[35]

동독인들도 1974년의 월드컵을 기분 좋게 기억했다. 작은 독일민주공화국은 그 시절 축구로 명성을 떨치던 주최국 서독이 포함된 조별 리그를 무사히 통과했다. 독일민주공화국과 독일연방공화국은 조별 리그에서 한 번 맞붙었다. 그 경기에서 동독은 위르겐 슈파르바서Jürgen Sparwasser의 멋진 골로 1 대 0의 승리를 거뒀다. 결국 서독이 우승하여 2회 연속 세계 챔피언이 되었으나, 동독인들은 이를 지켜보면서 응원을 보냈다. 게르트 밀러Gerd Müller, 프란츠 베켄바워Franz Beckenbauer, 제프 마이어Sepp Maier, 파울 브라이트너Paul Breitner 같은 서독의 축구 스타들은 독일 모두의 영웅으로 떠받들어졌다. 쇠벨은 독일인이 소중히 기억하는, 이 축구로 뜨거웠던 여름에 깔릴 배경음악을 제공한 자였다.

온 세계의 이목이 쏠리는 날이니만큼 호네커는 쇠벨과 그의 밴드가 허튼짓하지 못하게 단속해야 했다. 그래서 문화부 사람을 딸려 보내 청바지나 너무 튀는 의상을 입지 말 것을 당부했다. "우리는 정치적 사명이 있습니다"라고 문화부 사람이 다시 한 번 일깨워 줬다. 이에 쇠벨과 사람들은 그들 나름의 계획을 짰다. 일단 그들은 견진성사堅振聖事에서 입었던 정장을 차려입었다. 흰색 나일론 셔츠에 가느다란 넥타이, 딱 붙는 바지와 뾰족한 구두까지 부척 촌스러운 차림이었다. 국경검문소에서 그들을 본 서베를린 사람들은 웃음을 터트렸

383

다. "저거 봐! 동독 사람들이란!" 그러나 동독의 감시자들은 흡족해했다. "바로 이런 걸 바랐지!" 쇠벨과 사람들은 열차에 올라타자마자 곧바로 옷을 갈아입었다. 청바지까지는 아니었으나 당시 유행하던 나팔바지였다. 그들이 선택한 이 타협점은 수많은 사람의 마음을 대변했다. 동독인들은 대중적 인기와 통제 욕구 사이를 끊임없이 오가던 정권 아래서 살아가는 법을 터득했다.

독일민주공화국의 가수들은 열심히 노력한 끝에 제힘으로 예술적 자유를 확보했다. 록밴드 시티City는 1972년 동베를린에서 결성되어 1977년 〈창가에서(Am Fenster)〉라는 노래로 큰 인기를 얻었다. 1년 후에 시티는 서독에서도 이 노래를 발표해 총 1000만 장이 넘는 음반 판매량을 기록했다. 밴드로서는 극히 이례적으로 서독에서 공연했고, 1980년에 시티는 1970년대 초반 미국의 밴드 비치보이스Beach Boys의 복귀를 주도한 미국인 프로듀서 잭 리엘리Jack Rieley와 손을 잡고 영어로 음반 〈드리머Dreamer〉를 발표하기도 했다.

카라트Karat 또한 동베를린에서 탄생한 록밴드였다. 1975년부터 대중은 물론 국가의 입맛에 맞는 음악을 만들었다. 1977년 10월 문화부에서 예술 훈장을 받았으며, 1978년에는 국영음반사 아미가Amiga에서 음반을 냈다. 1년 후에 카라트는 서베를린 방송에 처음 출연했으며, 최대 히트곡인 〈7개 다리를 건너야 한다(Über sieben Brücken mußt Du geh'n)〉도 서독에서 인기를 끌었다. 1980년 서독에서 가장 성공한 가수 페터 마파이Peter Maffay가 이 노래를 커버해 그 또한 큰 인기를 끌었다. 카라트는 지금도 상업적인 인기를 누리고 있다.

여성 가수들도 독일의 록과 팝 음악계에서 빼놓을 수 없는 존재였다. 우테 프로이덴베르크Ute Freudenberg는 15살이던 1971년에 발굴되어 고향 튀링겐주 바이마르에 있는 프란츠리스트음대에 입학해 음악교육을 받았다. 1978년 히트곡 〈어린 사랑(Jugendliebe)〉은 독일민주공화국을 대표하는 명곡이 되었다. 1974년 아미가가 제작한 니나 하겐Nina Hagen의 〈컬러필름을 잊었니(Du Hast den Farbfilm Vergessen)〉도 대표곡이다. 이 노래는 하겐이 남자친구 미하엘과 발트해로 놀러 간 날 미하엘이 컬러필름 대신 흑백필름만 챙겨 온 것을 나무라는 내용이다.

> 너무 화가 나서 모래사장을 발로 구르고 있어
> 내 어깨에 손을 올리지 마
> 미하, 나의 미하, 또 이러다니
> 너무 속상해, 미하, 나는 갈래
>
> 컬러필름을 잊었니, 나의 미하엘
> 여기가 얼마나 아름다운지 아무도 믿어 주지 않을 거야
> 컬러필름을 잊다니, 맙소사!
> 파랗고 하얗고 푸르른 것이 다 무슨 소용이람!

19살의 니나 하겐은 이 노래를 부를 때만 해도 펑크의 우상은 아니었으나, 사랑스럽고 어린애처럼 짓궂은 목소리가 쾌활하고 중독성 있는 음악과 어우러져 한껏 돋보였다. 가사는 동독인이라면 거의 누구나 공감할 것이다. 컬러필름은 쉽게 구할 수 없어서 독일민주공

385

화국에서 사진은 대부분 흑백으로 찍혔다. 하나의 상징이 된 이 노래는 2021년에 앙겔라 메르켈 총리가 공식 퇴임식에서 연주해 달라고 한 노래이기도 하다.

　다른 대중 예술가들과 달리, 니나 하겐은 독일민주공화국의 문화와 이념에 잘 녹아들지 못했다. 니나의 어머니 에바-마리아 하겐 Eva-Maria Hagen은 가수이자 반체제 인사였던 볼프 비어만Wolf Biermann과 연인 관계였다. 이 사실이 니나 하겐의 예술 활동을 방해했다. 당국은 그를 정치적인 골칫거리로 여겨 그가 어디서 어떻게 공연하는지를 철저히 단속했다. 니나 하겐은 1970년대 중엽 독일영화주식회사의 영화에도 몇 편 출연했으나, 결국 1976년 말 독일민주공화국을 떠나기로 했다. 비슷한 시기에 볼프 비어만이 시민권을 박탈당하고 추방된 것이 계기였다. 이후 니나 하겐은 미국·영국·서독에서 펑크 예술가로서 성공적인 활동 경력을 쌓았다.

　니나 하겐은 자기의 방식을 끝내 정권의 입맛에 맞추지 않았지만, 반면에 다른 가수들은 그런 일을 크게 개의치 않았다. 동독의 록밴드 가운데 가장 많은 인기를 얻고 큰 성공을 거둔 푸디스Puhdys는 정권과 대중 사이의 좁은 길을 헤쳐 나가는 법을 노련히 깨쳤다. 1960년대 말부터 왕성히 공연한 푸디스는 1970년에 독일민주공화국 최고의 번화가인 작센주 카를마르크스슈타트(지금은 켐니츠)에서 공연하는 것이 금지되었다. 평의회 산하 문화부장이 작센주의 작은 마을 클라우스니츠에서 열린 푸디스의 공연을 직접 시찰한 것이 발단이었다. 3시간 동안의 공연에서 보고 들은 것들은 그에게 좋지 않은 인상을 주었다. 그는 보고서에 이렇게 불평했다.

밴드가 모든 노래를 '영어'로만 불렀다. 보통 잘 갖추었다고 하는 밴드는 70~80와트의 출력을 내는 음향장비를 보유했다. 그런데 이들은 무려 200와트 음향장비를 사용한다.

가장 큰 문제는 이 요란한 밴드가 외부의 상황에 민감한 관객들에게 끼칠 영향이었다.

일부 '노래'는 괴성과 알아들을 수 없는 소음 수준이었고, 대부분이 10대 청소년인 관객은 그에 자극되어 퇴폐적인 몸짓을 해 보였다. 밴드는 노래의 순서를 조정해 춤추는 10대 청소년 관객들의 혼란을 막을 수 있었지만 그러지 못했다.[36]

시찰관은 곧장 전체의 관할 구역에서 푸디스 공연을 금지했다. "이유는 우리 사회주의 문화정책의 원칙을 지속적이고 중대히 위배"하기 때문이었다.

울브리히트 집권 말기의 억압적인 분위기 속에서 관료들의 극심한 반대에 부딪힌 푸디스는 자신들의 선택지가 많지 않음을 직시했다. 독일민주공화국에서 성공하려면 자신들이 변해야 했다. 푸디스는 지역 관료들을 만나 자신들이 뭘 해야 하는지를 물었고, 그에 맞춰 밴드가 추구하는 방향을 바꾸겠노라고 약속했다. 공연을 금지당하고 두 달이 지난 1970년 10월 23일 푸디스는 당국에서 편지 한 통을 받았다.

공연 구성을 손보고 영어 노래를 줄이겠다는 당신들의 판단과 약속이 [공연 금지령을 철회하기로 한] 우리의 결정에 결정적인 영향을 주었습니다. 문화 정치의 장에서 계속 정진하기를 바랍니다.[37]

푸디스는 충실히 약속을 이행했다. 마을 공연장이나 술집에서 영국과 미국의 히트곡을 커버하던 시절은 이제 끝이었다. 독일어로 곡을 쓰면서 그들은 점점 더 큰 무대에 섰고 더 많은 자유를 얻었다. 음악의 방식에서는 여전히 유라이어 힙Uriah Heep이나 딥퍼플Deep Purple 같은 서방 록밴드를 표방했으나, 그들은 독일어로 노랫말을 짓고 독일민주공화국의 영화음악을 만들어 굉장한 성공을 거두었으며, 1973년 동베를린에서 열린 청년축전같이 큰 공연무대에도 올랐다. 그들은 또한 동구권과 서독에서도 공연하며, 1977년까지 40만 장이 넘는 음반 판매량을 기록했다. 당국의 신임을 충분히 얻은 데다 1970년대에 들어 좀 더 개방적인 분위기의 문화가 조성되면서, 푸디스는 영미권 음악 영웅들의 언어로 다시금 노랫말을 지을 수 있었다. 1977년에 발매한 음반 〈로큰롤 뮤직Rock 'n' Roll Music〉은 푸디스의 첫 영어 노래 모음집으로, 모두 커버곡으로 구성되었다. 푸디스는 이후로도 계속 영어로 노래를 제작했고, 1981년에는 무려 미국 순회공연을 다녔다. 1년 후에는 예술 업적을 인정받아 독일민주공화국의 훈장을 받았다. 1989년에 누적 음반 판매량은 2000만 장으로 동독 록밴드로는 최고 기록을 달성했다.

독일민주공화국을 비판하는 지성인들과 예술가들이 제기하는 혐의처럼, 푸디스가 정권의 요구에 순응한 것은 단순히 항복의 행위라고만 보기 힘들다. 푸디스는 독일어로 노래를 부르고자 노력했기에 독일민주공화국 록 음악계를 형성한 밴드로 부상할 수 있었다. 당국의 편협한 억압이 희한한 방식으로 밴드의 창의력을 자극해 그들이 스스로 개성을 찾게 했다. 이 시기에 활동한 많은 가수가 그러했다. 크게 보아 1970년대 독일민주공화국에 등장한 '오스트록Ostrock'은 서양에서 영감을 얻어 출발했으나, 가수들의 고유한 경험과 형편이 그것을 발전하게 했다. 그들의 음악이 국경 밖에서도 인기를 얻었다는 사실은 음악성이 뛰어났음을 방증한다. 오스트록은 정치적 압박에 영향을 받았을지언정 그것으로 만들어지지는 않았다.

서방정책

1974년 4월 24일 서독 본. 새벽 6시 30분, 47살의 귄터 길라우메Günter Guillaume는 서독의 수도 본의 바트 고데스베르크 구역 우비어슈트라세 10번지에 있는 자신의 집 문을 열었다. "무슨 일입니까?" 그는 제복을 입고 찾아와 문을 두드린 연방형사국의 경찰관들을 보며 물었다. 그들은 대뜸 그와 아내 크리스텔Christel, 장모 에르나 붐Erna Boom을 체포하겠다고 통보했다. 잠옷 차림으로 공포에 빠진 길라우메는 저도 모르게, "나는 독일민주공화국의 국가인민군 장교이고 국가보안부에서 일합니다. 장교로서 체면은 지키게 해 주시오"[38]라고 말을 뱉었다.

사건의 내막은 이러했다. 서독 총리 빌리 브란트의 최측근이 알

389

고 보니 동독 첩자였던 것이다. 길라우메와 아내는 이를 위해 특별 훈련도 받은 터였다. 둘은 1950년대부터 슈타지 문건에 한센Hansen 과 하인체Heinze라는 코드명으로 등장한다. 그들의 임무는 서독으로 건너가 체제에 잠입한 뒤 최대한 높은 자리에 올라가는 것이었다. 처음에 둘의 사연은 의심할 구석이 없어 보였다. 크리스텔의 어머니 에르나 붐은 프랑크푸르트암마인에 살았다. 이에 에르나 붐의 딸과 사위는 어머니를 모신다는 명목으로 1956년 독일민주공화국을 '탈출'했다. 슈타지에서 받은 초기 정착금 1만 도이치마르크로 부부는 '붐 암돔Boom am Dom'이라는 커피와 담배를 파는 가게를 차렸다. 크리스텔의 결혼 전 성과 가게 근처의 대성당에서 따 온 이름이었다. (독일어로 '돔'은 대성당을 뜻한다.) 부부는 1년을 기다린 끝에 독일사회민주당 지부에 가입했다.

의심하는 이는 없었다. 귄터 길라우메는 묵묵하고 착실히, 흠잡을 데 없이 일하며 정치 사다리를 차근차근 올랐다. 그리고 1972년 마침내 정상에 다다랐다. 빌리 브란트의 개인 보좌관이 된 길라우메는 최고위층 회의에 참석했고, 기밀문건을 열람했으며 총리의 사생활을 가까이에서 들여다보았다. 귄터는 브란트의 출장에 동행하고 홍보 활동을 지지하며 사적으로도 그와 가까워졌다. 심지어는 총리 사택에서 열리는 가족 모임과 가든파티에 초대되었고, 일요일이면 함께 산책하고는 했다. 그러다 브란트는 카이로와 알제를 방문하고 돌아오는 길에 자기 벗의 이중 신분을 알았다. 그는 비행기 착륙 후 트랩을 내려가면서 길라우메가 그날 아침 체포되었다는 소식을 전해 들었다. 12일 후 브란트는 서독 총리직에서 사임했다. 길라우메 부부는 두 독일이 첩자를 교환한 1981년에 독일민주공화국으로 송환될 때까지 감옥에서 지냈다. 고국에 돌아온 부부는 영웅으로 대접받았다. 둘 다 카를마르크스훈장(독일민주공화국이 수여하는 최고의 훈장으로 상금 2만 마르크도 준다)을 받았고, 슈타지에서 고위직을 맡았다. 스타의 반열에 올라 귀빈들이 모이는 행사와 저녁 식사 자리에도 자주 초대되었다.

에카르트 미헬스Eckard Michels가 쓴 길라우메 전기를 비롯한 최근 연구에 따르면, 사실 길라우메는 독일민주공화국에서 추앙받은 만큼 뛰어난 첩자는 아니었다. 그러나 세간의 이목을 끈 이 사건은 1970년대 두 독일의 관계를 상당 부분 보여 준다. 본과 베를린은 냉전 시대라는 커다란 퍼즐 속의 두 핵심 조각이었으나, 그 무렵에는 초강력 동맹국이나 적국보다 서로에게 훨씬 더 집착하고 있었다. 빌리 브란트의 비서실장이었던 호르스트 엠케Horst Ehmke는 서독 연방정보국(Bundesnachrichtendienst)의 세 가지 우선순위를 "독일민주공화국, 독일민주공화국, 독일민주공화국"[39]으로 요약했다. 마찬가지로 동독의 에리히 밀케는 서독에 대한 첩보 활동을 슈타지의 전방위적 관심사로 인식했다. 슈타지는 주 표적인 독일연방공화국에 상당한 자원을 투자해 장벽 너머 독일의 정치와 행정 구조 내부에 제법 방대한 첩자 조직을 만들 수 있었다. 슈타지 전문가 옌스 기세케Jens Gieseke에 따르면, 슈타지는 총 170명의 정보원을 서독에 전략적으로 투입했고, 그중 5명은 총리실, 대통령실, 공보실, 연방형사국 보안단에 성공적으로 자리를 잡았다. 그중에는 총리실 비서, 기자, 총리실 산하위원회의 위원 등도 있었다. 외무부와 같은 핵심 정부 부처와 주요

정당에도 이와 비슷한 수의 첩자가 심어졌다.[40]

호네커는 울브리히트의 자리를 이어받으면서 계급의 적 서독과 다시금 거리를 두겠노라고 모스크바에 공언했지만, 역설적이게도 두 독일의 상호 집착은 그만큼 두 나라의 밀접한 관계를 보여 줄 뿐이었다. 그간 울브리히트가 서독 사회민주주의자들에게 추파를 던지는 모습을 회의적으로 지켜본 자들은 호네커를 보고 마음을 놓았다. 동독 외무장관 오토 빈처는 빌리 브란트가 동방정책을 펼치며 서독에 화해 시도를 하자 "펠트 실내화로 감춘 공격"이라고 표현했다. 호네커 또한 1972년 뤼겐섬을 시찰하던 도중 군대에 다음과 같이 말했다.

우리 공화국과 독일연방공화국의 관계는 제삼 국가와 맺는 관계와 다르지 않다. 독일연방공화국은 외국이며, 더 정확히는 제국주의 외국이다.[41]

자를란트 출신의 새 지도자는 가혹했던 동독과 서독의 강제 분리가 유럽대륙의 평화를 보전하기 위해 필요했음을 받아들이면서도, 한편으로는 자기 안에 내재한 서독과 연결된 끈을 아예 놓을 수는 없었다. 1974년 호네커는 국경경비대의 교전규칙은 변함이 없다고 선언했다. 동서독 국경의 장벽을 건너려다 발각된 자를 향해 경비대는 신호한 후 경고사격을 하고, 체포할 수 없는 상황에 처하면 "즉시 총기를 사용해야 하며, 성공적으로 발포한 동지는 상찬한다"[42]라는 것이었다. 호네커는 자신도 이러한 제약을 받고 있다는 사실을 보이고자, 서독 자를란트에서 모친과 부친이 각각 1963년과 1969년에 사망했을 때 두 번 모두 장례식에 가지 않았다. 그러나 많은 동독인이 그러했듯, 호네커도 분단된 지 겨우 20년밖에 되지 않은 독일 민족에 대한 역사적 감상을 떨쳐 내기 어려웠다. 철의 장막 반대편에 사는 동포들에 대한 이끌림은 여전히 굉장했다. 더구나 사회민주주의 세력이 독일연방공화국에서 집권한 만큼 두 독일의 관계를 정상화하려는 정치적 의지는 분명 존재했다.

결국 브란트와 호네커는 1971년 12월 17일 여행에 관한 통과협정(Transit Agreement)을 맺었고, 이로써 동서독은 관계를 회복하는 과정에 들어섰다. 이 협정에 따라 서독에서 서베를린으로 접근하기가 수월해졌고 서베를린 사람들은 1년에 최소 30일간 동독에 체류할 수 있었다. (상황에 따라 기간은 연장될 수도 있었다.) 인력과 물자 수송은 될 수 있는 한 "편리하고 신속하고 저렴하게" 이뤄져야 했다. 이 말은 곧 독일민주공화국 영토로 들어가려는 자동차의 트렁크나 탑승객을 수색하는 일이 중단된다는 뜻이었다. 1972년 5월 26일에는 추가로 교통조약이 체결되어 "중대한 가족 경조사"가 있을 때 동독인이 서독 가족을 방문할 수 있었다. 과거에는 연금 수급자 즉 더는 경제자산으로 분류되지 않는 예외 인구를 제외하고는 이러한 통행이 극도로 힘들었다.

가장 큰 변화는 1972년 12월 21일 체결된 기본조약으로 생겨났다. 이 조약의 제1조는 "평등한 권리에 기초해 좋은 이웃의 관계로 발전해 나가는 것"에 대한 동의였다. 무미건조하고 공식적인 이 표현의 이면에는 사실 대단한 의미가 숨어 있다. 다년간 지속된 서독의 할슈타인원칙으로 독일민주공화국은 서방 세계에서 배제되어 주권

국가로 인정되지 못했다. 그러는 동안 서독은 전체 독일의 대변자 노릇을 자처했다. 그런데 기본조약은 "이웃"이라는 표현과 "두 독일의 독립성과 주권을 존중"함이라는 문구로 어마어마한 변화를 일으켰다. 이로써 독일연방공화국은 동독과 관계를 정상화할 수 있었고, 다른 나라들에도 그러한 기회를 부여했다. 본과 동베를린에 '상임공관'이 설립된 사건은 동서독 해빙의 정점을 알렸다. 독일민주공화국은 사절단을 떳떳이 '대사'라고 칭했으나, 독일연방공화국은 그럴 수 없었다. 통일에 대한 요구가 여전히 〈헌법〉에 명시되어 있었던 데다 모든 독일인을 자국민으로 인정하고 있었기 때문이다. (반면 독일민주공화국은 1967년 별도의 시민권을 도입했다.) 따라서 본 정부는 '대사관'이라는 용어도 의도적으로 피했다. 동독에 파견된 서독인들은 '독일민주공화국 주재 상임 대표'가 아니라 '독일민주공화국 내 상임 대표'로 불렸다. 베를린은 점령국의 관할임을 재차 확인한 1972년 4강국협정에 따라 서베를린은 서독의 관할이 아니었고 마찬가지로 동베를린도 동독의 영토가 아니었다.

　독일민주공화국의 입장에서 '독일 문제'는 1974년을 기점으로 어느 정도 해소되었다. 두 독일은 별도의 주권국가로 존재하며, 저마다 수도, 시민권, 통치 방식을 유지했다. 독일민주공화국은 독일연방공화국을 협상할 수 있는 외국으로 인지했다. 다만 본 정부는 1990년까지 〈헌법〉에 통일을 목표로 명시해 놓았기에 동독의 시민권 개념을 부분적으로만 수용했다. 그러나 독일민주공화국의 주권은 인정했다. 상임공관을 설치하고 양국 관계를 위한 기초가 새로이 놓임에 따라, 1970년대에 두 독일은 정치적으로나 경제적으로 더욱 밀접히 관계를 쌓을 수 있었다. 호네커는 모스크바를 상대로는 변함없는 충성심을 보이는 한편, 또 다른 독일과는 전례 없던 관계를 구축해 가며 아슬아슬한 줄타기를 성공적으로 해냈다.

서방과 무역하기

1974년 봄 작센주 라이프치히. 41살의 대외통상부 차관 알렉산더 샬크-골로드코프스키Alexander Schalck-Golodkowski는 라이프치히 무역박람회 업무를 보느라 눈코 뜰 새가 없었다. 박람회는 작센주의 자랑스러운 전통으로 기록에 따르면 첫 개최는 1165년으로 알려졌다. 아무리 사회주의 체제더라도 이토록 오래 이어진 상업적 열정의 전통을 깨트릴 수는 없었다. 독일민주공화국은 1965년 라이프치히박람회 800주년을 기념하여 마스코트를 선보였다. 마스코트는 파이프 담배를 피우는 상인의 모습으로, 머리는 주황색 지구본이고, 손에는 '라이프치히 무역박람회'라고 새겨진 서류 가방을 들고 있다. 일명 무역박람회인(The Trade Fair Man)으로 불린 마스코트는 선풍적인 인기를 끌며 여러 크기로 제작되어 40만 개가 넘게 팔렸고, 어린이들이 보는 〈우리 잠의 요정〉과 같은 텔레비전방송에도 자주 등장했다. 사람들은 이 무역박람회인 하면, 매해 봄과 가을에 서방의 대표단, 기업인들, 기자들이 참석하는 박람회의 설렘과 국제주의를 떠올렸다. 박람회에서 자본주의 세상을 상대로 상업적 결실을 거두는 것은 샬크와 같은 자들의 몫이었다.

라이프치히 무역박람회는 단순히 신제품을 선보이는 시장이 아니었다. 독일민주공화국의 재정을 떠받치는 대對서방 무역을 위해 사람들을 만나는 자리이기도 했다. 샬크는 학위를 따기도 전부터 이 임무에 적합한 능력과 창의성, 기질을 겸비한 자였다. 1956년 24살이던 샬크는 독일민주공화국 대외통상부 부장으로 임명되었고, 1966년에 독일민주공화국을 위해 외화벌이하는 상업조정(Kommerzielle Koordinierung)기업, 일명 '코코KoKo'를 구상하고 설립하는 데 힘을 보탰다. 라이프치히 무역박람회는 샬크에게 빼놓을 수 없는 연중행사였다. 그런데 1974년 봄 박람회가 한창이던 때 뜻밖에도 베를린에서 호출을 받았다. "서기장을 만나러 즉시 오라는 연락이었다." 훗날 그는 "이 초청으로 에리히 호네커를 처음 만났다"[43]라고 회고했다.

베를린에 도착한 샬크는 호네커의 환한 집무실로 안내되었고 거기서 서기장과 대면했다. 슈타지 수장 에리히 밀케와 중앙위원회 경제 서기 귄터 미타크도 그 자리에 있었다. 세 사람은 샬크의 넓적한 얼굴을 골똘히 쳐다보았다. 허무맹랑한 소리를 하거나 평정심을 잃는 법이 없는 이 천부적인 영업사원은 서방의 무역 상대들은 물론 독일민주공화국 정치인들이 보기에도 믿음직했다. 그와 마주한 세 권력자는 박람회에서 가장 유능한 돈 벌이꾼을 빼내서라도 알고 싶은 게 있었다. 서독에 죄수들을 팔아서 여태껏 얼마만큼의 수익을 남겼는가?

호네커가 "밀케 동지가 말하기를 그런 수입은 당신이 관리하는 부서를 거친다던데 사실이오?"[44] 하고 말을 덧붙였다. 사실이었다. 1962년부터 독일민주공화국은 서독 정부, 자선단체, 변호사, 일반 가족에게 정치범이나 동독을 떠나고 싶어 하는 자를 팔아넘기고 있었다. 첫 '판매'는 1962년 12월에 일어났다. 성인 죄수 20명과 부모가 이미 서독으로 이주한 아동 20명을 화물 기차 3대 분량의 비료와 맞바꿔 서독으로 보냈다. 치음에는 비공식적이고 특별한 거래였으나, 수익성이 너무 좋아 곧 사업의 규모가 커졌다. 1989년까지 독일민주공화국은 3만 3755명을 서독에 '판매'했다. 인당 평균 '판매가'는 4만 도이치마르크에서 9만 5847도이치마르크로 2배나 넘게 뛰었다. 그 '가치'는 베를린장벽 너머 그들의 송환을 바라는 사람이 매기는 값어치에 따라 크게 차이가 났다. 1974년 봄 호네커가 샬크에게 상세한 판매 내역을 물었을 시점에 샬크가 물자와 현금으로 벌어들인 액수는 5억 도이치마르크에 달했다.[45]

분단된 국가가 반대편 국가로 사람을 팔아넘긴 것은 그만큼 경제적으로 빠듯했기 때문이다. 서독에서 인신매매(Menschenhandel)라는 용어로 이런 거래를 설명하는 사람들도 있었지만, 실제로는 수감자들이 적극적으로 가담한 사례가 적지 않다. 일례로 개신교회와 가톨릭교회는 동독과 서독의 조직망을 활용해 독일민주공화국을 떠나고 싶어 하는 동독인 명단을 추린 뒤, 이 판매 과정을 거쳐 그 사람들을 서독으로 빼냈다. 동서독의 정부 요원들은 개인이나 단체를 대신해 가격을 흥정하는 일을 맡았고, 꽤 가깝고 우호적인 '사업' 관계를 수년간 유지했다. 그러나 동베를린과 본 정부는 파장을 우려해 이 수상쩍은 관행에 계속 침묵을 지켰다. 거래는 1977년과 1978년에 정점을 찍어 독일민주공화국을 이탈한 사람의 12퍼센트가 서독 화폐를 일종의 '보석금'으로 내고 합법적으로 빠져나갔다.

호네커와 샬크가 만난 후로 그 유명한 '호네커 계좌(Honeckerkon-to)'가 이러한 거래에서 발생한 자금으로 만들어졌다. 1974년 3월 29일 동베를린의 독일상업은행에 개설된 0628번 계좌의 관리자는 바로 샬크였다. '호네커 계좌'라는 이름은 그러므로 부적절했다고도 볼 수 있다. 서기장은 그 계좌에 접근하지 않고 그저 코코를 통해 기금을 쓰라고 지시했으니 말이다. 사람들을 팔아서 번 돈(총 35억 도이치마르크)은 소문과 달리 독일민주공화국의 엘리트에게 돌아가지 않았다. 기금의 목적은 서독 채권자들이 독일민주공화국에 계속 돈을 대출해 주도록 충분한 신용을 보장하는 것과 동시에 신발, 열대과일(특히 희소해 수요가 많았던 바나나), 폭발적인 인기의 오리지널 미국산 '블루진' 같은 섬유제품을 수입할 자금을 확보하는 것이었다.[46] 1980년 8월 7일의 내역에 따르면, 3200만 도이치마르크가 "자전거 타이어, 비스킷, 초콜릿, 포도주, 남성용 양말, 성인용 속옷, 도톰한 수건, 야외 활동용 신발, 청소용 천, 마른 행주"[47]를 사는 데 쓰였다. 호네커 계좌에 모인 돈은 건강 및 운동과 관련한 물품을 수입하는 데도 활용되었으며, 폴란드와 니카라과에 대한 해외원조에도 수백만 마르크가 투입되었다. 이 계좌는 만성적으로 현금난에 시달린 독일민주공화국의 불황을 대비하는 자금 역할도 했다. 일부는 빈, 코펜하겐, 루가노에 신중히 투자되었으며, 다른 일부는 금을 사들이는 데 쓰였다. 1989년 12월 이 계좌에는 여전히 22억 도이치마르크가 남아 있었으며, 가용할 수 있는 현금 규모는 약 1억 도이치마르크였다. 나머지는 채권자들을 위한 대출 담보로 해외 은행들에 투자되었다.

동독은 땅덩어리가 좁고, 산업 역량이 부족했으며, 에너지자원을 공급하는 데 만성적으로 어려움이 있어, 가스·석유·기계 같은 필수품마저도 수입해 쓸 만큼 해외 무역에 의존했다. 1969~1980년에 자본주의 국가들을 상대로 한 무역에서 독일민주공화국의 수출이 수입을 추월한 해는 단 한 번도 없었다. 그러나 체제는 1970년대 초엽까지 제법 훌륭히 작동했다. 1969~1973년에 생산성은 23퍼센트포인트 상승했고(이런 경향은 그리 가파르지는 않더라도 꾸준히 지속되었다), 1975년 실질임금은 30퍼센트포인트 증가했다.[48] 독일민주공화국이 자체 산출한 경제지표는 물론 신중히 살펴야 하지만, 1970년대 초반에 국내총생산이 안정적으로 성장하고 경제가 꾸준히 발전했다는 데에는 역사학자들도 대체로 동의한다. 한편 호네커는 "사람들의 물질적이고 문화적인 삶의 질을 향상"하겠다고 한 1971년의 약속을 진심으로 실현하고 싶었다. 이제 독일민주공화국의 삶은 일단 견디고 보아야 했던 울브리히트 시대에서 지속할 수 있는 정상성의 '도래'를 향해 나아갈 차례였다.

이에 국가는 주택·복지·오락에 막대히 투자했다. 1975년의 건설 활동은 1970년 대비 128.5퍼센트포인트 증가했다. 많은 건물이 개조되고 확장되어 사람들은 더 나은 곳에서 살고 일했다. 집세 보조금도 넉넉히 받아서 독일민주공화국 시민들은 괜찮은 주거지를 찾고도 비용을 감당하지 못할까 봐 걱정할 일이 없었다. 1971년부터 집세 보조금은 자산에 따라 달리 적용되어 자녀를 키우는 노동계급에게 혜택이 더 돌아갔다. 서독의 4인 가구가 순수입에서 21퍼센트를 집세로 지출하는 것과 대조적으로, 동독 4인 가구의 집세 지출 비율은 4.4퍼센트일 뿐이었다. 신축 건물에 모든 관심이 쏠리는 동안 전국의 도심에 남은 구축 건물들은 그대로 쇠퇴해 갔다. 이는 외국에서 온 사람들에게 무척이나 볼썽사나운 인상을 주었다. 반면에 새로 지어진 조립식 건물은 중앙난방과 단열, 개별 욕실과 널찍한 공간을 제공했다. 또한 소비재 공급도 빠르게 향상했다. 1975년 전체 가구 4분의 1이 자가용을 소유했다. 이는 1970년 15퍼센트에서 크게 오른 수치였다. 1970년대 말에는 공급률이 38퍼센트로 훨씬 더 올랐다. 1980년에는 거의 모든 집에 냉장고·텔레비전·세탁기가 있었다.

그러나 이 모든 일에는 어떻게든 돈이 투입되어야 했다. 서방 국가들은 은행이나 국내외 금융기관에서 돈을 빌려 자신들의 복지 국가에 자금을 댔다. 1980년에 서독의 국채는 2390억 유로에 육박했다. 그러나 소비에트연방이 지배하는 경제체제에서 모스크바의 필요에 따라 경제가 좌우되던 독일민주공화국으로서 유로화를 빌리기란 쉽지 않았다. 그렇다면 서독의 돈을 빌리는 것이 영리한 선택이었다. 호네커 계좌 덕에 독일민주공화국은 서독 채권자들을 점점 더 수월히 설득할 수 있었다. 1980년 서독 채권자들이 이웃 사회주의국가에 빌려준 돈은 이미 253억 도이치마르크에 달했다. 그에 따른 이자에 어느새 경제발전의 발목을 잡혔다. 독일민주공화국은 서독에 정유를 팔아서 일부 비용을 댔다. 1964년 완공된 송유관 '드루즈바 Druzhba'(러시아어로 '우정'이라는 뜻)는 러시아에서 동독을 포함한 동유럽으로 석유를 운송했다. 동독은 그렇게 받은 석유를 자신들의 정제 설비로 처리해 정유로 만든 뒤 서유럽에 팔았다. 1973년 석유파동이 세계를 강타한 후였기에 수익성이 아주 좋은 사업이었다. 정유의 수요와 가격은 무섭게 치솟았지만, 소비에트연방에서 석유를 수입하는 가격은 5개년계획에 따라 고정되었다. 사업이 어찌나 호황을 이뤘던지 송유관이 처리하는 용량이 1970년대 초반에 일찍이 한계에 도달해, 1974년에 두 번째 송유관 '드루즈바 2'가 첫 번째 관 옆에 나란히 놓였다. 하지만 1975년 6월 18일 소비에트 대외통상부가 애석히도 경제 상황에 맞춰 석유 가격을 조정하겠다며 동베를린 측에 공식 통보했다. 원유 1톤의 가격은 14루블에서 35루블로 2배가 넘게 뛰었다. 무역과 물자를 담당하던 정치국원 베르너 야로빈스키는 호네커에게 "1976년에 7억 2500만 마르크의 추가 비용이 발생할 것입니다"[49]라고 서신을 보냈다.

호네커가 일군 꾸준한 경제발전은 모스크바의 이 결정으로 종말을 고했다. 그다음부터 발전하고 있다는 환상을 꾸며 내는 것이 국가의 정책으로 자리를 잡았다. 예전에는 정말로 향상한 제품이 수입되거나 생산되었다면, 이제는 독일민주공화국에서 포장만 새로 간 옛 물건이 비싼 가격에 팔렸다. 값싼 제품들은 하나둘 시장에서 자취를 감췄다. 트라반트의 점진적인, 그러나 실체 없는 '향상'이 단적인 사례다. 구식 2행정 순환기관은 사실 나아진 게 하나 없었다. 크기와 승차감도 마찬가지였다. 한편 소비에트연방에서 면직물을 수입하지 못하자 서독을 통해 비싼 값에 직물을 사 와야 했다. 새로 지어진 현대식 공장들은 러시아에서 가져온 석유와 가스로 잘 돌아가다가, 과거로 회귀해 국내산 갈탄을 연료로 써야 했다. 비효율적인 데다 오염이 심했고 생산량이 감소해 덩달아 가격이 상승했다. 이 구식 기술은 환경을 파괴했을 뿐 아니라, 채굴할 때 발생하는 엄청난 가스를 고스란히 참아 내며 광산에서 계속 일해야 했던 노동자들에게도 악영향

을 주었다. 이런 상황이었으니 서방과 독일민주공화국 경제의 연결
고리로서 샬크의 역할이 대단히 중요해졌다. 그가 수입을 창출하는
방법은 점점 더 기발해졌다. 독일민주공화국은 죄수 외에도 나치 시
대에 몰수되었다가 전후 초기 '국영화'된 물품들, 이를테면 예술작품
과 공예품도 팔아넘겼다. 그 밖에 돈이 될 만한 것이면 뭐든 팔았다.
샬크에 따르면 1989년까지 코코는 500억 도이치마르크를 벌어들였
다. 그중 절반은 곧장 국고로 옮겨졌고, 나머지는 코코의 재투자 자금
으로 남았다.

그러니 1990년 호네커가 "샬크는 독일민주공화국의 대서방 무
역 발전에 값진 공을 세웠다. … 불행히도 독일민주공화국에는 샬크
와 같은 사업가가 턱없이 부족했다"[50]라고 회고한 것도 놀라운 일이
아니다. 샬크는 베를린장벽이 붕괴된 후에 잠 못 이루는 밤들을 보냈
다. 그는 이렇게 회고했다.

나는 독일민주공화국의 충실한 시민이었고 언제나 국익을 위해 행동
했다. 매 순간 명예로운 한자동맹의 상인답게 행동하지 못한 것은 분
단된 독일의 현실 때문이었다. 우리는 냉전의 한복판에 있었다. 어느
쪽도 비단 장갑을 끼고 일하지 않았다.[51]

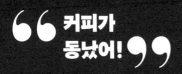
"커피가 동났어!"

친구와 적

1876~1981

교회 그리고 국가의 적들

1976년 8월 18일 작센안할트주 차이츠. 오전 10시 20분 연회색의 바르트부르크 311 한 대가 성미하엘교회 앞 브라우슈트라세 교차로에 멈춰 섰다. 차이츠는 4만 5000명이 사는 산업도시였다. 원래는 교회 주변으로 중세의 목조주택이 늘어서 있고 자갈길이 깔려 있었으나, 제2차 세계대전 때 영미 군대가 총 7번의 공습에 걸쳐 3200톤이 넘는 폭탄을 도시에 투하했다. 그래서 도시의 상당 부분을 손보거나 재건축해야 했다. 그러나 동유럽에서 독일 난민이 많이 유입된 터라, 유서 깊은 차이츠의 중심가를 복원하기보다 일단 수용 공간을 확보하는 것이 우선순위가 됐다. 변두리에 현대적이고 규모가 큰 조립식 주택들이 지어졌으나 도심부는 여전히 황폐했다. 1976년 가게로 둘러싸인 광장의 한가운데에 쓸쓸히 남은 중세 교회의 환한 외관은 성미하엘교회의 주변 거리를 꽤 낡아 보이게 했다.

　　루터교회 목사 오스카어 브뤼제비츠Oskar Brüsewitz가 교회 입

405

구에 바르트부르크를 주차한 뒤, 검은 사제복을 입고 내릴 때만 해도 그에게 눈길을 주는 이는 없었다. 그가 차 위에 손수 적은 팻말을 올릴 때도 마찬가지였다. 팻말에는 "모두에게 전하는 말씀… 모두에게 전하는 말씀… 아이들이 다니는 학교에서 교회를 억압하는 공산주의를 규탄한다!"라고 적혀 있었다. 46살의 브뤼제비츠는 독일민주공화국 정부에 노골적으로 반대하며 독특한 방식으로 항의하는 것으로 일대에서 유명했다. 한번은 성탄절에 교회 지붕에 번쩍이는 대형 십자가를 설치했다. 주민들의 전언에 따르면, 그는 밤에 교회 종을 치는가 하면 예배 도중에 양과 비둘기 떼를 풀었고, 트라반트에 쟁기를 달고서 벌판을 질주하기도 했다. 이러한 주장들은 훗날 슈타지가 브뤼제비츠의 정신이상을 주장하는 증거로 사용한 만큼 어느 정도 걸러 들어야 하겠으나, 목사가 독일민주공화국에 대한 반감을 드러내는 방식이 기이했던 것만큼은 분명했다. 처음에는 포스터와 현수막으로 의사를 전파했으나 별다른 반응이 없자 그의 좌절은 점점 더 깊어졌다. 마그데부르크의 교회 부감독 프레드리히 빌헬름 보이머 Friedrich-Wilhelm Bäumer에 따르면, 브뤼제비츠는 다가가기 힘든 존재가 되어 갔고 "혼자 고립된 사고를 하다 어두운 그물망에 스스로 엉켜 들었다."[1]

그랬기에 그날 브뤼제비츠가 바르트부르크에 정치적 내용이 적힌 팻말을 매달 때만 해도 일상적인 기행의 한 장면처럼 보였다. 그런데 얼마 후 그가 트렁크를 열더니 양철통을 꺼내 검은 사제복이 흠뻑 다 젖도록 자기 몸에 내용물을 부었다. 그리고 성냥을 꺼냈다. 구경꾼들이 영문을 알아챌 새도 없이, 목사의 몸에서 불길이 치솟아 자동차와 도로 표면에 옮겨붙었다. 브뤼제비츠는 차에서 교회 광장까지 20미터를 내달렸다. 마침 광장에는 국가인민군 병사 하나가 전화 부스 근처에 있었다. 화들짝 놀란 병사는 활활 타오르는 목사를 땅에 눕혔다. 브뤼제비츠가 포장노로에 눕혀지는 순간, 성미하엘교회의 종이 울렸다.

다른 운전자가 차에서 뛰어나와 두툼한 모직 담요로 브뤼제비츠의 몸을 덮어 불을 꺼트린 후에야 그의 고통은 잠잠해졌다. 이 비극적인 광경은 3분 만에 일단락되었다. 어느새 광장에는 150명 가까이 되는 구경꾼이 모여 있었다. 브뤼제비츠는 즉시 인근 병원으로 옮겨져 응급치료를 받았으나 머리를 포함해 몸의 80퍼센트가 2도 화상을 입은 후였다. 결국 나흘 후에 숨을 거뒀다.

사건과 관련해 슈타지가 상세히 작성한 문건을 보면, 정부는 브뤼제비츠의 분신이 국내외의 여론에 일으킬 파장을 우려했다. 당국은 목격자들을 심문해 경찰이 곧바로 제거한 목사의 차 위에 놓인 팻말에 어떤 문구가 쓰였는지 기억하느냐고 추궁했다. 슈타지는 다행스럽게도, "압도적인 대다수"가 "일부 문구만을 기억"했고 "목사의 행위를 부정적으로 생각해 거리를 두었음"을 확인했다.[2] 브뤼제비츠는 오래전부터 한 개인이자 목사로서 공동체에 어울리려 부단히 노력했으나 뜻대로 되지 않았다. 농부의 아들로 태어난 그는 전쟁 막바지에 15살의 나이로 나치국방군에 차출되었고 그러다 붉은 군대에 포로로 잡혔다. 풀려나서는 서독으로 이주해 구두 수선공이 되었고 결혼해 딸을 낳았다. 그러나 결혼 생활을 더 이어 가지 못했고 1954년 새출발을 위해 독일민주공화국에 이주했다. 브뤼제비츠

407

는 기독교 가정에서 잠시 생활하다 신앙심을 찾았고, 사제의 길을 걸었다. 그러나 심리적인 문제로 잠시 포기해야 했다. 상태가 호전되자 다시 구두수선 일을 시작했고 재혼해 딸 둘과 아들 하나를 낳았다. 그러나 건강 문제가 여전히 그를 괴롭혔다. 1969년에 그는 아들을 병으로 잃는 비극을 겪었다.

브뤼제비츠는 종교연구에 전념하는 것을 피난처로 삼았다. 1970년에 목사 안수를 받았다. 그 무렵 그는 몰라보게 변덕스럽고 정치적으로 변해 있었다. 이 때문에 어떤 신도들과 동료 목사들은 그를 불편해 했다. 1976년에 마을 사람들이 그에게 다른 교구로, 할 수 있다면 서독으로 이전할 것을 권하면서 갈등은 곪아 터졌다. 브뤼제비츠의 비극적인 죽음은 이런 맥락을 고려해 바라보아야 한다. 아내와 딸들은 그가 이따금 심한 고통을 호소했다고 증언했다. 그는 목숨을 끊기 전 직접 무덤을 파놓았으며, "빛과 어둠 사이의 전쟁. 나란히 서 있는 진실과 거짓"[3]에 관해 이야기하는 편지를 남겼다.

브뤼제비츠는 너무나도 많은 비극을 감내하다 무너져, 냉전의 정치와 상관없이 그저 일상을 살아가고픈 사람이 대다수였던 동독과 서독 어디에서도 융화되지 못했다. 브뤼제비츠는 남들처럼 냉전의 정치에 눈감을 수 없었다. 계속해서 세상의 불의와 맞서 싸우고 싶었다. 그러나 몸과 마음의 병이 그를 번번이 좌절하게 했다. 결과적으로 그의 죽음은 순교가 아니었고, 그의 죽음에 분노해 교회들이 들고 일어나는 일도 일어나지 않았다. 서글프게도 사람들은 그를 끝까지 이해하지 못했고, 교회는 자신들에게 적대적인 체제에서 그럭저럭 살아가는 것을 택했다. 그런 세상에서 브뤼제비츠는 골칫덩어리일 뿐이었다. 그가 세상을 떠나기 직전 작센주의 루터교회 지도부는 브뤼제비츠의 행동을 비판하는 성명을 교구에 발표했다.

> 브뤼제비츠 형제가 신의 증인으로서 사역했음을 모르는 바가 아니나, 가끔은 그 수단이 정도를 벗어났다. 우리는 형제의 행위를 용납할 수 없다. … 사회에서 사역하는 것이 곧 우리의 의무이기 때문이다. … 우리는 차이츠에서 발생한 일을 반反독일민주공화국의 선전에 사용하려는 시도를 일절 거부한다.[4]

브뤼제비츠의 분신 사건이 독일민주공화국에 일으킨 문제들은 교회공동체나 사회의 반발 때문이 아니라 정부의 공격적인 반응에서 비롯되었다. 그때에도 정부는 만성적이고 병적인 편집증을 다 떨쳐 내지 못했다. 호네커와 밀케 같은 지도자들은 초창기에 정치 박해를 겪은 자들이었고, 그에 따른 위기감을 이오시프 스탈린에게서 배운 방법으로 해결하려 들었다. 브뤼제비츠의 유족과 소속 교구의 반응이 잠잠하고 소극적이자, 당국은 문제가 더 불거지지 않겠다고 마음을 놓았다. 하지만 장례식에 취재진이 나타난 순간, 그들의 미약한 자신감은 산산이 부서졌다. 목사의 비극적인 죽음을 정치적으로 이용하기 위해 서독에서 최소 9개의 언론사가 장례식에 왔다. 슈타지는 보안 인력과 정보원을 현장에 파견해 종교 지도자들을 염탐하는 한편 정치적 성명을 미리 막고 장례식장 바깥 무덤가에 추모 화환을 놓지 못하게 단속했다. 장례식이 끝나고 슈타지는 보고서에 "오후 2시 50분경, 별다른 소란 없이 장례식이 끝났다"[5]라고 작성해 확연히 안도했음이 확인된다.

그러나 밀케의 부하들은 몇몇 교회 지도자와 브뤼제비츠의 딸들이 인터뷰에 응했음을 언급하기도 했다. 서독 공영방송사 ZDF의 취재단도 차이츠를 다녀갔다. 동독인은 많이들 서독의 방송을 시청했으므로 이 사건에 관한 인터뷰와 보도도 볼 수 있었다. 이를 잘 알았던 독일사회주의통일당은 고인의 명예를 훼손하는 것으로 대응했다. 장례식을 앞두고 당 기관지《노이에스 도이칠란트》에 목사를 "병적인 성향과 피해망상에 시달린 비정상인"[6]으로 깎아내리는 기사가 실렸다. 그의 자살에 사적인 이유가 있었음을 강조하기 위해서였다. 서독에서 정치적으로 보도되자 독일민주공화국 당국은 익히 방어적으로 대응했다. 1976년 8월 29일 대다수의 동독인이 이미 그 사건을 잊었을 무렵, 신문에는 조악하고 선동적인 기사가 한 편 실렸다.

이 장문의 기사에는 브뤼제비츠의 기행사가 총망라되었다. 그 내용은 슈타지가 차이츠 주민들에게서 입수했다는 정보를 바탕으로 했는데,《노이에스 도이칠란트》에 소문에 대한 사실을 확인하지도 않은 채 브뤼제비츠가 실성했음을 뒷받침하는 이야기들이 보도되었다. 이를테면 폭우가 쏟아지는 날 브뤼제비츠는 트랙터에 올라타, 신이 이교도들을 익사하게 하려고 비를 내린다고 설교했다는 이야기들이었다. 또한 독일민주공화국이 교회들을 박해하고 있다는 서독 언론의 주장은 엉터리라고 반박하는 내용도 있었다. 국가는 "누구나 원하는 대로 행복을 추구할 권리"를 보장한다는 것이다.《노이에스 도이칠란트》에 이에 대한 근거도 제시되었다.

루터교회 목사는 4000명이고 가톨릭 사제는 1300명이다. 여섯 대학에 신학과가 설치되었다. 루터교회 자선단체들은 병상 7000개를 갖춘 병원 52곳, 장애인시설 87곳, 11개 지역에 설치된 노인요양원 280곳, 일반 요양원 112곳, 보육원 23곳, 1만 7000명을 받을 수 있는 유치원 326곳, 그 밖에 여러 기관을 운영한다. 모든 아이가 최상급의 교육을 받는 것은 더 말할 필요도 없다. 연방공화국에서 그런 혜택은 오직 부유층 아이들에게만 돌아간다.[7]

루터교회와 가톨릭교회 공동체는 독일민주공화국에서의 삶을 공동체 나름대로 받아들인 후였으나, 루터교회 목사의 분신을 정당화하겠다며 정부가 종교의 자유와 평등을 들먹거리자 많은 이가 인내심을 잃고야 말았다.

8쪽 분량의 슈타지 보고서에 따르면, 《노이에스 도이칠란트》의 기사가 나온 후 작센주의 루터교회 지도자들은 집단성명을 발표했다. 그들은 성명문을 교회에서 낭독하고 서독의 언론에도 전할 예정이었다. 브뤼제비츠의 죽음을 상세히 조사하는 위원회가 꾸려졌고, 위원회는 조사 후에 결과를 전국의 교회 지도자들과 교회 문제를 담당하는 당 서기에게 보내기로 했다. 슈타지는 보고서에서 "해당 문건은 국가에 관해 부정적인 언급을 하고 … "독일민주공화국에서 기독교인이 겪는 수난"을 부각할 가능성이 있음"[8]을 지적했다. 동독의 교회 지도자들은 서독 종교인들을 동베를린으로 초청해 대응 방향을 함께 논의했다. 교회 지도자들은 《노이에스 도이칠란트》에 비공개로 전달한 공식 성명문에서, 브뤼제비츠는 "그를 정치적인 순교자로 만들려는" 서독과 "미치광이로 묘사"한 동독 모두에 의해 부당한 대우를 받았으며, 따라서 목소리를 내지 않을 수 없었다는 의사를 표명했다. 뒤이어 브뤼제비츠의 일생에 관해 잘못 알려진 정보를 하나하나 바로잡아, 성명문과 함께《노이에스 도이칠란트》에 보도할 것을 요구했다. 그러면서 이렇게 이유를 설명했다.

한 인간의 존엄과 명성을 사후에 망가트리는 것은 수치스러운 일이다. 이러한 행동이 교회와 국가 사이에 신뢰를 쌓으려는 모든 노력을 무너뜨리고 있다.[9]

사실 신뢰 관계는 1976년 이전에 망가졌다고 해야 옳다. 성년 세례식을 성년식(Jugendweihe)이라는 세속 행사로 바꾸는 등 교회 관습에 손을 댄다든가, 전시에 타격을 입지 않은 건물도 포함해 60채의 교회를 허무는 일이 발단이었다. 물론 많은 기독교인은 체제를 수용했고 체제 또한 그들을 받아들였다. 베를린에서 북쪽으로 80킬로미터 떨어진 템플린 출신의 앙겔라 메르켈 또한 루터교회 목사의 딸이었다. 가족이 기독교 정체성을 유지했음에도 메르켈은 독일민주공화국에서의 삶에 무리 없이 적응했다. 커서는 자유독일청년단에서 '선동과 선전'을 주도하는 역할을 자원해 맡았다. 문화행사와 활동을 조직했고 직접 참가하기도 했다. 훗날 메르켈은 이를 두고 "70퍼센트는 기회주의"[10]에서 비롯된 선택이었다고 말했지만, 자주 비교 대상이 되던 나치 정권과 대조적으로, 독일민주공화국에서 개인은 원하면 개인의 의지대로 활동을 관둘 수 있었다. 동독 시절에 관해 말을 아긴 메르켈이지만 한번은 "나에게는 늘 도피처가 있었다. 내 어린 시절에 드리운 그림자는 없었다"[11]라고 회고했다. 대다수의 개신교도와 가톨릭교도가 브뤼제비츠 사건 후에도 이와 같은 태도를 유지했다. 하지만 사건에 대한 정권이 피싱 대응은 녹일민주공화국의 반대 세력을 결집하게 하는 분수령이 되었다. 《노이에스 도이칠란트》의 기사를 통해 여론몰이하고 고인의 인격과 정신 상태를 모독하는 주장을 펼친 순간, 당국은 도덕적 우위를 상실했고 반대 세력이 손쉽게 공격할 수 있는 빌미를 제공했다. 결국 이 사건은 정치 지도층의 집단의식에 자리 잡은 적개심을 드러내었다.

1976년 9월 11일 브란덴부르크주 프렌츨라우 성니콜라이 교회. 교회위원회가 브뤼제비츠 사건에 대한 성명문을 완성한 날, 슈타지는 그와 관련한 사건 하나를 예의 주시했다. 음악 공연, 서적 판매, 강연 등이 준비된 종교 행사였다. 39살의 가수이자 정치 활동가인 볼프 비어만은 9년 전부터 독일민주공화국에서 공연하는 것이 금지되었으나, 용케 그날 저녁 무대에 올랐다. 그때는 미처 몰랐지만, 그 공연은 비어만이 1989년에 이를 때까지 동독에서 한 마지막 공연이 되었다. 국가와 교회 사이의 긴장감이 고조된 상황이었던 만큼 에리히 밀케는 그 공연에 촉각을 곤두세웠다. 300명의 관객이 비어만의 공연을 관람한 것은 슈타지가 보기에 큰 걱정거리가 아니었다. 보고서에 슈타지는 오히려 의기양양하게 이렇게 적었다.

첫 번째로 부른 〈사령관 체 게바라(Commandante Che Guevara)〉는 관

413

심과 박수를 받았으나, 뒤로 갈수록 사람들은 서적 판매소나 다른 행
사장으로 흩어졌고 심지어 아예 교회를 나가는 사람들도 있었다.[12]

그런데 서독 잡지 《데어 슈피겔Der Spiegel》에 나온 비어만의 회
고는 사뭇 달랐다. 그는 그날 공연에서 귀청이 떨어지게 박수갈채를
받았으며, 갈수록 구경꾼이 늘었다고 기억한다. 어쨌거나 슈타지는
비어만에게 쏟아진 반응에 크게 염려하지 않은 듯하다. 하지만 비어
만이 극도로 민감한 사안인 차이츠 목사의 죽음을 입에 올리며, 그걸
서독 언론이 하는 방식대로 정치화하는 것, 다시 말해 목사가 "공화
국을 피해 죽음으로 달아났다"[13]라고 말한 것은 염려스러웠다.

슈타지는 오래전부터 비어만을 정치적인 위협으로 생각했다.
비어만은 나치 저항운동에 열심히 활동하다 아우슈비츠에서 목숨을
잃은 유대인 공산주의자의 아들로, 함부르크에서 자라는 동안 정치
신념을 확고히 길렀다. 아버지를 따라 비어만 또한 아주 어려서부터
공산주의자로서 정치투쟁의 의지를 다졌다. 그는 1953년 16살의 나
이에 어머니를 함부르크에 두고 독일민주공화국으로 이주했다. 동독
에서 비어만은 1961년부터 예술계에 몸담으며 무대를 연출하고 노
래를 만들었다. 하지만 베를린장벽을 거세게 비판하는 그의 예술 활
동은 당국의 심기를 거슬렀다. 그가 운영하던 극장은 1963년 문을 닫
았다. 일시적으로 공연 금지령을 받았고, 독일사회주의통일당에 입당
하려 했으나 거부당했다. 그러다 비어만이 서독에서 정치적 활동을
추진하자 1965년 12월 중앙위원회는 그의 공연을 영구히 금지했다.
이후로도 그는 동독의 자기 집에서 불법으로, 서독에서 공공연히 음

악을 녹음했다. 슈타지는 그를 '와해(Zersetzung)'하는 계획을 체계적으로 세우기 시작했다. 이때만 해도 와해 작전은 다소 생소한 개념이었다. 1976년 1월 〈운영 절차의 개발 및 개정에 관한 지침 제1/76호〉로 공식화된 이 개념은 '소용한(심리적인)' 방법을 동원해 특정 활동이나 반대운동을 포기하게끔 사람을 망가트리고 공격하는 기법을 의미했다. 비어만에 따르면, 독일공산당의 함부르크 지부는 슈타지와 공모해 그의 모친을 그에게서 떼어 놓았다.

성니콜라이교회에서 열린 공연은 브뤼제비츠 사건으로 긴장감과 공포심이 극에 달한 독일민주공화국 당국에 결정타를 날렸다. 공연의 시기도 그렇거니와 목사의 죽음을 보란 듯 정치화한 비어만의 발언은 그의 운명을 결정짓기에 충분했다. 비어만이 금속산업노조의 초청으로 서독에서 순회공연을 하겠다고 하자 호네커가 직접 개입해 그의 출국을 허용했다. 순회공연 동안에 비어만은 독일민주공화국을 연신 비판했다. 그리고 이는 독일민주공화국이 말 많은 반대자를 영구히 내쫓는 구실이 되었다. 1976년 11월 16일 정치국은 '볼프 비어만 추방안'을 상정했고 그날 오후 공식적으로 추방을 발표했다.

브뤼제비츠 사건에 대한 대응이 그러했듯, 비어만에 대한 과잉 대응 또한 역풍을 맞았다. 영향력 있는 작가·음악가·예술가 들이 동료의 추방 소식을 듣자마자 베를린에 모여 정부에 '재심'을 요청하는 결의안을 작성해 서명했다. 《노이에스 도이칠란트》가 결의안의 보도를 거부하자 예술가들은 대대적으로 보도할 것을 약속한 《로이터》 같은 서독 언론사에 제보했다. 같은 날 서독 공영방송사 WDR은 비어만과 연대한다는 의미로 그의 공연 실황을 내보냈다. 며칠 후에는 독일연방공화국 최대 규모의 공영방송사 ARD가 비어만의 공연을 처음부터 끝까지 송출했다. 그때 처음으로 비어만의 음악을 접한 동독인도 허다했다. 썩 마음에 들지는 않아도 견딜 만하다는 생각에 독일민주공화국 정권에서 살아가며 창작한 많은 예술가·배우·음악가는 이제 공개적으로 비판의 목소리를 냈다. 1977년 만프레트 크루크가 이주 허가를 받고 떠나면서 독일민주공화국은 가장 인기 있는 배우 하나를 잃었다. 비어만의 전 애인인 배우 에바-마리아 하겐과 그의 딸 니나 하겐도 나라를 떴다. 결의안에 서명한 예술인 가운데 나라를 뜨지 않은 자들은 와해 작전의 표적이 되었고, 투옥되거나 공연하는 것이 금지되었다. 독일민주공화국은 지독히도 자기 파괴적인 방식으로 가장 창조적인 사람들과 일거에 멀어지고 말았다.

　　1976년은 호네커가 1970년대 초반에 시작한 문화개방 사업을 이어 갈 수 있었던, 또 그래야만 했던 시기다. 하지만 호네커는 10월 자기 직함을 서기장으로 복원하고 스스로 국가평의회 의장까지 겸함으로써 과거로 돌아가겠다는 뜻을 명확히 했다. 이로써 호네커는 울브리히트가 실권하기 전까지 누린 권력의 지위를 되찾았다. 하지만 고무적인 개혁의 조짐 역시 감지되었다. 1975년 8월 1일 동독은 헬싱키선언에 서명하며, 유럽 및 북미의 서명국들과 마찬가지로 기본 인권을 지키겠다는 데 합의했다. 동독의 예술가들과 종교 지도자들, 그리고 반정부 지도층은 독일민주공화국이 정말로 진화하며 현대화하고 있다는 희망을 품었다. 크리스타 볼프Christa Wolf는 정치소설 작가로 독일민주공화국에서 성공을 거두었다. 그는 소설《분단된 천국(Der geteilte Himmel)》(1963)에서 독일민주공화국의 정치적·사회적인 현실을 날카롭게 그려 넘으로써 매우 큰 인기를 끌었다. 책에는 독일 민주공화국의 도덕적이고 경제적인 현실에 적응하느라 애쓰는 젊은 남녀가 나온다. 남자 주인공 만프레트는 장벽이 세워지기 직전 서베를린으로 달아난다. 여자 주인공 리타 또한 현실이 불만스럽지만, 물질주의적인 서독에도 마찬가지로 염증을 느낀다. 리타는 돌아오라고 만프레트를 설득하지만 끝내 실패한다. 리타는 자살을 시도하고, 이야기는 병원에서 깨어난 리타의 시점에서 서술된다. 크리스타는 이 이야기가 반쯤은 자전적임을 숨기지 않았다. 독일민주공화국과 독일 분단에 대한 비판이 노골적이고 신랄하게 들어 있음에도, 이 책은 동독에서 베스트셀러가 되었다. 서독에서도 좋은 반응을 얻었고, 여러 나라 언어로도 번역되었다. 1976년에 비어만이 추방되자 크리스타는 결정에 대한 재고를 촉구하는 결의안에 가장 먼저 서명한 사람 가운데 하나였다. 편집증으로 시야가 좁아진 나머지 자신들의 규칙 안에서 살아가고 창작하기로 선택한 자들마저 믿지 못한 정권은 크리스타처럼 빼어나게 유능하고 창의적인 사람들마저 억압했다.

교회도 독일민주공화국에 그리 위협적인 존재가 아니었다. 1976년 복음주의교회연합 사무국장 만프레트 슈톨페Manfred Stolpe는 교회들이 바라는 것은 "당의 매개물도 아니고 반혁명을 위한 트로이 목마가 되는 것도 아니다"라고 했지만, 적지 않은 종교 지도자는 '붉은' 사회주의 교회의 가능성에 매료되었다. 앙겔라 메르켈의 아버지이자 목사였던 호르스트 카스너Horst Kasner도 그중 하나였다. 하지만 '브뤼제비츠 형제'의 명예를 훼손하는 딩국의 무심한 발언늘이 숱한 온건파를 강경한 반대파로 뒤바꾸었다.

1976년의 대단히 역설적인 사실은 브뤼제비츠와 비어만은 의도하지 않았으나 결과적으로 정권 반대운동을 일으켰다는 데 있다. 두 사람은 거물급 인사가 아니었다. 게다가 자발적으로 서독을 떠나 독일민주공화국에 들어왔다. 험난한 과거를 겪으며 조금은 망가진 사람들이었고, 자신들의 취지가 국가를 더 나은 곳으로 만들 수 있을 것이라고 다소 순진하게 믿은 사람들이었다. 힘 있는 개인이나 단체를 동원해 조직적으로 저항운동을 일으키기는커녕, 평소 자신들의 말에 반응해 주는 사람을 얼마 만나지도 못했다. 문제는 독일민주공화국 사회주의를 건설한 사람들, 즉 나치주의와 스탈린주의에서 살아남은 사람들이 나라의 근간에 항구적이고 총체적인 공포심을 심어두었다는 것이었다. 전복될지 모른다는 공포는 오래전 사라진 경찰국가들의 산물이었으나, 여전히 동베를린의 심장 한가운데 깊이 박혀 있었다. 울브리히트와 호네커는 차마 그것을 직시해서 극복할 용기를 내지 못했다. 어린 시절 꾸던 악몽의 공포에서 끝내 벗어나지 못한 아이처럼, 독일민주공화국은 침대 밑 괴물에 대한 망상을 좀처럼 떨쳐 내지 못했다.

커피 위기

1977년 여름 브란덴부르크주 포츠담. "커피가 동났어! 이제 더 없단다!" 악셀 블라디미로프Axel Wladimiroff의 어머니는 23살 난 아들에게 하소연했다. 그날 아침 어머니는 악셀의 할머니와 함께 원두를 구하러 나갔으나 빈손으로 돌아왔다. 커피는 어디에도 남아 있질 않았다. 악셀은 "어머니, 저도 커피를 구하지 못했어요. 남은 게 없다네요"라고 무거운 마음으로 어머니에게 말했다. 악셀의 어머니와 할머니에게 커피는 단순히 일상을 윤택하게 하는 사치품 정도가 아니었다. 전쟁과 강제 이주, 1950년대의 경제난을 겪은 그들에게 커피는 안정과 물질적 위안의 상징이었다. 격동기를 살아 낸 두 여인에게 그와 같은 안정감은 생전 처음이었다. 오후에 커피를 마시는 것은 그들의 일상이었다. 커피는 마음의 위안일 뿐 아니라 꼭 필요한 심적 버팀대와도 같았다. 보통은 서독에 사는 친척들이 소포에 커피를 동봉해 보내 주었다. 동독인들은 '서독 소포'를 꺼내 향긋한 원두 향을 음미하던 기억을 지금도 잊지 못한다. 품질 좋은 커피는 언제든 원하는 대로 가질 수 있는 물건이 아니라는 생각에, 커피라는 음료와 그걸 마시는 일상에 신비한 매력을 오래도록 덧입혔다.[14]

1977년까지만 해도 독일민주공화국에 커피가 있었다. 소비에트연방이 1954년에 고급 원두의 수출을 중단한 후로도 독일민주공화국 정부는 용케 커피를 공급했다. 울브리히트의 부하들은 세계 시장에서 커피를 사 오기 위해 연간 1억 5000만 도이치마르크에 달하는 경화를 확보해야 했다. 수입 원두뿐 아니라 전국 7곳의 공장에서 생산되는 커피도 5만 톤에 이르렀다. 원두의 종류와 품질이 다양한 커피가 론도Rondo · 모나Mona · 코스타Kosta 같은 이름으로 생산되었다. 최종 산물의 가격이 결코 싸다고 말할 수 없었으나(동독인은 커피에 연간 총 33억 마르크를 소비했다. 이는 가구 소비액과 맞먹고, 신발 소비액보다 2배나 많은 금액이었다), 수요는 언제나 공급량을 웃돌았다. 정부는 수백만 자국민이 서독의 친구와 친척이 보내는 소포를 손꼽아 기다린다는 것을 잘 알았으며, 그 이유로 커피가 적지 않은 비중을 차지한다는 것 또한 알았다. 정부는 이 사실을 괘씸해하기보다 자신들의 경제 셈법에 포함했다. 동독의 커피 수요에서 5분의 1은 서독에서 건너오는 선물을 통해 공급되었다. 즉 5분의 1의 커피는 세계 시장에서 사지 않아도 된다는 뜻이었다. 단 하나 문제는 동독인들이 서독에 '보답 선물'로 보내는 대표 물품이 드레스덴 슈톨렌Dresdner Stollen이었다는 것이다. 이 빵은 성탄절 연휴에 챙겨 먹는 전통 음식으로, 설탕에 조린 오렌지껍질, 건포도, 아몬드, 각종 향신료 등 수입 재료가 많이 들어갔다. 커피 부족은 의도치 않게 슈톨렌 부족으로 이어지고는 했다.

1977년의 상황은 예년과 달랐다. 일시적이거나 가게를 몇 군데 돌아다니면 커피를 구할 수 있을 정도로 부족한 것이 아니었다. 그야말로 위기였다. 호네커는 이미 1976년 말에, 브라질의 흉작과 석유파동발 경제난이 합쳐져 세계적으로 커피 공급난이 벌어지리라는 경고를 들은 터였다. 독일민주공화국의 커피 수입 경비는 자그마치 4배가 뛰어 1977년에 6억 6720만 도이치마르크를 기록했다. 호네커의 해결사 샬크-골로드코프스키는 사람들이 그토록 좋아하는 커피의 물량을 유지하는 방법 가운데 경제적으로 실현할 가능성이 있는 계획은 단 하나, "1977년 7월 1일부로 독일민주공화국에서 생산되고 판매되는 볶은 커피의 종류를 줄이는 것"[15]이라고 냉정히 조언했다. 이후 단일 종류의 커피만이 팔렸고, 그마저도 커피의 함량은 50퍼센트뿐이고 나머지 50퍼센트는 대체제로 채워졌다. 다른 경제 고문들은 식당에서 커피를 판매하지 못하게 하고, 총판매량을 지금의 80퍼센트로 줄여야 한다고 제안했다. 그렇게 되면 사람들이 살 수 있는 커피 믹스는 극소량일 뿐이었다. 정치국원 알베르트 노르덴Albert Norden은 이와 같은 제안을 크게 경계하며 호네커에게 "믿기 힘든 말입니다. ··· 이러한 조치는 이해는커녕 굉장한 불만을 야기할 겁니다"[16]라는 내용의 서신을 보냈다.

　당시 호네커는 연례 여름휴가 중이어서 최종계획은 베를린에 남은 사람들이 결정했다. 7월 26일 정치국에서 〈커피 공급에 관한 법령〉이 통과되었다. 이에 따라 1977년 8월 1일부터 모든 기관, 군대, 직장, 그리고 거의 모든 식당에는 새로운 커피 믹스만이 공급되었다. 여기에는 51퍼센트의 커피, 34퍼센트의 호밀 보리, 5퍼센트의 치커리, 5퍼센트의 사탕무 섬유, 5퍼센트의 독일밀가루가 섞여 있었다. 시장에는 비교적 값이 비싼 모나, 론다, 모카 픽스 골트Mokka Fix Gold 같은 특정 상품만 남았다. 비싼 가격이 수요를 낮추리라는 판단에서였다.

　당연하게도 '에리히 크뢰눙(Erichs Krönung)'은 최악의 커피 믹스로 불릴 정도로 인기가 없었다. 사람들은 그 커피 맛이 얼마나 끔찍한지를, 커피의 물량을 제때 확보하지 못한 정권이 얼마나 무능한지를 큰 소리로 대놓고 비판했다. 1970년대 말은 발전과 안정의 시대여야 했다. 그러나 그걸 거부한 건 동독인들이었다. 적어도 그들은 타격을 가만히 감내하는 대신 불만을 토로했다. 악셀 블라디미로프의 어머니는 동독인 사이에서 '무케푸크Muckefuck'*라고 불린 커피 믹스의 맛을 끔찍해 하면서도, 오후에 커피를 마시는 소중한 일상을 끝까지

421

포기하지 않았다. 악셀은 "어머니는 한 모금 마실 때마다 넌더리를 냈다. 그렇다고 마시지 않지는 않으셨다. 어쨌거나 어머니한테 그것도 커피였으니까"[17]라고 회고했다.

1년이 지나자 상황은 조금 나아졌다. 세계 커피 가격이 정상화되자 독일민주공화국은 커피의 물량을 확보했고, 그에 따라 가격도 어느 정도 안정을 찾았다. 그러나 1977년의 커피 위기는 커피 수입을 비사회주의 진영에 의존하는 게 얼마나 불안정한 일인지, 또 시장이 출렁이면 커피값이 어디까지 치솟을 수 있는지를 적나라하게 보여주었다. 커피를 지속적이고 안정적으로 공급할 해법이 필요했다. 커피는 독일민주공화국에서 재배할 수 없는 작물이기에, 외화가 필요 없는 사회주의 이웃 국가와 커피를 거래하는 것이 방법이었다.

1975년 베트남전쟁이 끝난 후 동남아의 열대 국가는 경제적으로 휘청거렸다. 베트남은 수십 년간 프랑스의 통치를 받다가, 제2차 세계대전 때 일본에 점령되어 자원을 수탈당했다. 그러다 1945년 이후 프랑스가 되돌아와 인도차이나반도의 식민지를 지키려고 필사적으로 전쟁을 일으켰고, 1954년 참혹한 디엔비엔푸전투로 끝을 맺었다. 전쟁의 결과로 프랑스는 물러났으나 대신 베트남은 두 동강이 났다. 미국은 북부 지도자 호찌민의 주도로 베트남이 공산주의 정권으로 통일될 것을 우려해 남부 베트남을 통치하는 권한을 넘겨받았다. 좁은 땅덩어리에 20년 가까이 서방의 위력적인 군사력이 투입되었고, 그러는 동안 베트남은 말 그대로 고혈을 물질적으로나 심리적으

* 대용 커피나 묽은 커피

로 짜낼 때까지 짜내야 했다. 사망한 베트남인만 해도 100만 명으로 추산된다. 1975년 이후에도 고통은 끝나지 않았다. 전쟁 후 4만 명이 넘는 민간인이 지뢰에 희생되었다. 유해 물질인 고엽제 에이전트 오렌지가 베트남 삼림 약 5분의 1에 살포되었고, 그 영향으로 토양과 지하수도 오염되었다. 그런가 하면 전시에 공산주의 군부는 식량과 자원을 가혹하게 징발해 베트남 사람들은 기근과 전염병에 시달렸다. 전쟁은 결국 끝났으나, 버티며 계속 투쟁하면 찾아온다고 약속한 구원은 민간인들에게 찾아오지 않았다. 베트남의 경제 회복이 절실했다.

독일민주공화국은 여기서 천금 같은 기회를 엿보았다. 동독은 형제 국가의 재건을 도우면서 자국의 커피 문제를 해결하기로 했다. 1977년 12월 에리히 호네커는 경제 담당 정치국원 귄터 미타크, 정치국원 후보이자 농업생산 및 농작물 재배 전문가인 마르가레테 밀러Margarete Müller와 함께 하노이와 호찌민시를 방문했다. 호네커는 독일민주공화국과 경제적으로 협력해 얻을 수 있는 이익이 얼마나 큰지를 형제 국가에 보이고자 연회를 준비했다. 전용기 한 대에 동독의 최고급 음식이 가득 실렸다. 요리를 차릴 요리사들도 동행했다. 호네커의 경호원 로타어 헤어초크가 기억하기로, 연회에는 "라데베르거 맥주, 로트켑헨 스파클링 포도주, 마이센산 포도주, 튀링겐산 소시지, 슈바인학세, 그리고 당연히 카슬러[개먼]*"18가 차려졌다. 그러나 헤어초크의 눈에는 독일의 풍족함을, "수십 년간의 전쟁이 끝

---

* 돼지갈비를 훈제한 요리

난 지 2년밖에 되지 않은, 부서지고 굶주렸으며 지쳐 너덜너덜해진 베트남에 가져다 놓은 것"이 부적절해 보였다. 하노이는 동독사절단을 번듯한 장소에 모시고 귀빈들에게 부족함 없이 먹을 것과 마실 것을 대접하는 것만으로도 허덕이는 듯했다. "그러나 베트남 방문은 미래의 연대를 보여 준다는 점에서 정치적으로 의미가 컸다."[19] 결과적으로 독일사회주의통일당 엘리트는 경제협력이 두 국가에 모두 이로우리라는 것을 설득하는 데 성공했고, 고국에 돌아가자마자 협력을 위한 작업에 착수했다.

49살의 지크프리트 카울푸스Siegfried Kaulfuß는 식료품과 커피를 파는 국영 콤비나트Kombinat(기업 집단)의 부국장으로, 베트남에서 커피를 생산하는 임무를 맡았다. 훗날 그는 "어떤 일에 뛰어든 것인지 처음에는 몰랐다. 하지만 돌이켜 보면 그 막중한 임무를 맡아 감사하다"[20]라고 회고했다. 그는 베트남을 50번 넘게 오가며 커피나무 6000그루를 심고 재배했으며, 그걸 중심으로 미래가 보장된 커피산업을 일구었다. 카울푸스는 베트남의 극빈한 형편과 사업 동반자들이 보이는 불굴의 태도에 충격을 받았다.

그곳 사람들에게는 아무것도 없었다. 입을 것도 먹을 것도 없었다. 하지만 다들 무척 친절했고 협조적이었다. 지금도 나에게 베트남은 각별한 나라다.[21]

1980년 독일민주공화국과 베트남이 개발조약을 체결하면서 대규모 사업이 시작되었다. 해발 600미터 고지에 있는 닥락성省에서 커피농장을 조성하기 위해 1만 헥타르 면적의 땅을 개간했다. 장비를 들였고, 도로와 주거지, 학교를 지었다. 1만여 명이 해안가에서 산지로 들어와 농장일을 했다. 노동자들은 베트남 현지와 독일민주공화국에서 훈련했다. 동독은 내형 트럭과 농기계, 그리고 복잡한 관개시설을 갖추기 위한 장비 등을 베트남에 제공했다. 2000만 달러 상당의 자본을 투자해 라이흘린 지역에 수력발전소도 건설했다. 이렇게 통 큰 원조를 제공하는 대가로 독일민주공화국은 향후 20년간 베트남에서 생산되는 커피의 절반을 받기로 했다.

사업은 대성공을 거뒀다. 모든 원조 사업을 통틀어 가장 효과적이라 해도 과언이 아니었다. 현재 베트남은 매해 60킬로그램짜리 커피 자루를 3000만 개가량 생산하며 세계 2위의 커피 생산국이 되었다. 커피산업에 종사하는 인구만 해도 260만 명에 이른다. 베트남에서 생산되는 원두 로부스타Robusta는 카페인 함량이 높고, 과립 형태의 인스턴트커피에 적합해 전 세계에서 소비량이 많다. 생산된 원두 가운데 6퍼센트만 내수용이며, 나머지는 모두 수출되어 추산 수입은 연간 30억 달러다.

동독은 생산량의 절반을 받는 날만을 기다렸다. 약속한 물량이면 자국의 수요를 다 채우고도 수출로 추가 수입을 벌 수 있었다. 그러나 커피나무가 다 자라 원두를 생산하기까지 수년이 걸렸다. 동독이 베트남에서 추진한 커피사업의 첫 수확은 1990년에야 나왔다. 같은 해에 독일민주공화국이 소멸해 버렸으니 때는 너무 늦은 후였다. 1990년대에 베트남의 커피 생산량은 해마다 20~30퍼센트포인트씩 성장했다. 동남아의 작은 국가는 세계 커피 시장에서 큰손으로 떠올랐고, 동독인들 또한 과거에 자신들이 생산을 도운 커피를 소비했다. 다만 이제 그들은 사회주의 형제자매로서가 아니라, 자본주의 소비자가 되어 있었다.

1977년에 커피의 물량을 확보하려는 험난한 시도는 또 있었다. 베르너 람베르츠는 유능하고 두루 인기가 많은 정치국원으로, 정계 동지들과 비교했을 때 아주 가파른 속도로 출세했다. 호네커의 신임을 얻어, 대외 정책이나 경제를 담당하는 사람이 아닌데도 아프리카 국가들과 협상하는 임무를 맡기도 했다. 그리고 람베르츠는 그 임무를 성공리에 완수했다. 1977년 아프리카 국가들이 제국주의의 굴레에서 막 벗어날 무렵, 람베르츠는 커피 생산국인 앙골라·잠비아·에티오피아를 방문해 현지에서 이는 사회주의운동을 이념적으로나 경제적으로 지지하겠다고 제안했다.

람베르츠가 고른 대상은 에티오피아였다. 같은 해 2월 사회주의자이자 군 장교였던 멩기스투 하일레 마리암Mengistu Haile Mariam이 유혈 쿠데타를 일으켜 국가수반이 되었다. 일각에서 노쇠한 황제 하일레 셀라시에Haile Selassie를 1975년에 베개로 질식사하게 한 것이 멩기스투라는 소문이 돌았다. 람베르츠는 이 혁명가를 만나 커피를 제공받는 대가로 대형 트럭, 기계, 농기구 같은 독일민주공화국 물자를 주겠다고 제안했다. 하지만 멩기스투는 자국의 저항과 '반혁명' 움직임을 진압하고 이웃 국가 소말리아와 벌일 전쟁을 대비하는 것에 더 관심이 있었다. 그에게 필요한 것은 무기 아니면 무기를 살 경화였다. 전 세계에서 커피가 부족한 시절이었으니, 자국에서 나는 소중한 커피를 내다 팔아 무기를 구할 자금을 마련하기란 그리 어렵지 않았다. 상황은 람베르츠에게 불리했다. 독일민주공화국이 멩기스투를 만족하게 할 방법은 군사 지원뿐이었다. 결국 멩기스투와 람베르츠는 '파란 콩(blaue Bohne)*과 갈색 콩'을 맞바꾸는 '커피협정'을 체결했다. 람베르츠는 커피 5000톤을 받는 대가로 5300만 마르크 상당의 무기류를 제공하기로 했다. 협정에 만족한 멩기스투는 1977년 10월 동독을 직접 방문해 호네커와 람베르츠에게 다음과 같이 말했다.

> 독일민주공화국의 원조에 고맙습니다. 덕분에 민병대 10만 명에게 무기와 식량을 줄 수 있었습니다. 독일민주공화국이 에티오피아의 혁명적 발전에 세운 공이 큽니다.[22]

하지만 군사 정권 위원회인 데르그Derg의 의장이 빠트린 말이 있었다. 독일민주공화국이 제공한 무기는 멩기스투의 혁명기에 자행된 키 시비르Qey Shibir, 이른바 적색 테러에 사용되어 수만 명의 목숨을 앗아 갔다.

두 국가의 협정은 오래가지 못했다. 1977년 12월 에티오피아를 다시 찾은 람베르츠는 커피의 물량을 늘리려 했으나 멩기스투를 설득하지 못했다. 세계 시장에서 여전히 커피가 부족한 상황이라 '검은 황금'은 가격이 더 올랐고, 독일민주공화국이 제공하는 무기보다도 귀해졌다. 람베르츠는 원조와 대형 트럭, 기반 시설 건설계획, 농기계

---

* 독일에서 속어로 총알을 뜻한다

등을 더 많이 제공해 폭력 사태를 종식하고 국가를 안정되게 하는 데 일조하겠다고 제안했으나, 멩기스투는 미지근하게 반응했다. 1978년에 멩기스투는 아예 협정을 백지화하며 앞으로 경화만을 받겠다고 독일민주공화국에 통보했다. 독일민주공화국은 그만큼의 경화를 보유하지 않았다. 두 나라의 협력관계는 2년도 채 되지 않아 삐거덕거렸다. 심지어 람베르츠는 리비아 지도자 무아마르 카다피Muammar Gaddafi와 금융 거래를 하고 돌아가는 길에 리비아사막 한가운데에서 원인 불명의 헬리콥터 사고를 당해 비운의 죽음을 맞이했다.

1977년부터 커피 공급은 중대하고도 값비싼 골칫거리가 되었다. 동독인들은 자기 나라 정부가 세계 시장에서 커피를 사 오거나 수입할 수 있을 때, 또는 서독에 사는 친구나 친척이 소포를 보내올 때만 순수한 커피를 맛보았다. 결국에 다들 맛없는 대용 커피를 마시는 일상에 익숙해졌다. 1970년대 말과 1980년대의 젊은이들이 아는 커피 맛은 독일민주공화국 특유의 커피 믹스가 전부였다.

이주 노동자들

1979년 10월 17일 브란덴부르크주 에베르스발데. 호르헤 노게라Jorge Noguera는 피곤하고 추웠다. 하루 전만 해도 그는 지구 반대편에 있었다. 고향에서 수천 킬로미터 떨어져 있다는 것이 슬슬 실감이 났다. 친구, 가족과 작별하고 비행기에 올라탄 그는 12시간 후 베를린 쇠네펠트공항에 내렸다. 그는 49명의 동료와 함께 버스에 몸을 싣고 뿌연

창밖으로 낯선 잿빛 풍경을 내다보았다. 주택과 공장과 벌판을 지나서 한 시간을 달려 베를린에서 북동쪽으로 약 50킬로미터 떨어진 에베르스발데에 도착했다. 모든 것이 현대적이고 낯설었다. 쿠바와는 딴판이었다.

쿠바에서 동독으로 떠난 호르헤의 여정은 산티아고데쿠바주 산루이스의 지역신문을 펼친 순간 시작되었다. 어느 날 그는 계획경제 기술부의 상위 기구인 쿠바 테크니카Cuba Técnica의 광고를 접했다. 독일민주공화국에서 한동안 체류하며 기술을 배운 뒤 돌아와 지역 인력 발전에 이바지할 사람을 모집한다고 했다. 호르헤는 호기심이 동했다. 그래서 산티아고데쿠바시의 취업 상담소를 방문해 신청서를 제출했다.

두어 달 후 산루이스에 쿠바 테크니카 대표가 찾아와 지원자들에게 동독에서 할 일에 관해 설명했다. 자격은 아무것도 필요하지 않았다. 그냥 정해진 기간만큼 독일민주공화국에 체류하며 노동하면 되었다. 살 곳은 제공되었고, 월급 900마르크에서 40퍼센트는 노동자에게, 나머지 60퍼센트는 쿠바에 나누어 지급되었다. 이외에도 2년에 한 번 45일간 고향에 다녀올 수 있었고, 일할 회사의 보조금을 받아 독일에서 휴가와 여행을 떠날 수도 있었다. 호르헤와 지역민 수십 명이 계약서에 서명했다. 독일어를 구사한다거나 독일 땅에서 어떤 일이 펼쳐질지 아는 이는 없었다.

에베르스발데에서 호르헤는 인민소유기업 크란바우에 고용되었다. 항구에서 화물을 나르는 데 사용하는 고급 회전크레인을 제조하는 회사였다. 직원 3000명이 엔지니어링, 장비 개발과 제작을 모두

도맡았다. 에베르스발데산 크레인은 품질과 기술이 뛰어나 전 세계가 알아주었다. 요즘도 항구에서 흔히 볼 수 있다. 크란바우에서 만들어진 장비 대부분은 소비에트연방으로 수출되었으나 남미, 아프리카, 유럽 국가로도 적잖은 물량이 팔려 독일민주공화국의 짭짤한 수입원이 되었다. 호르헤와 동료들은 최대한 많은 기술과 지식을 안고 쿠바로 돌아가는 날을 생각하며 인민소유기업 크란바우의 450명 훈련생 무리에 합류했다.

호르헤의 첫 임무는 새 나라에서의 삶에 적응하는 것이었다. 호르헤는 평생을 쿠바의 습한 열대 기후에서 살다가 겨울로 넘어가는 길목에 독일 땅을 밟았다. 그는 회사 측에서 환영 선물로 준 겨울옷을 기쁘게 받았다. 그러나 부츠와 겨울 외투도 눈이 오는 풍경의 놀라움을 막아 주지는 못했다. 수년이 흘러 호르헤는 "처음에는 충격받았다. 이게 뭐지? 생전 처음 보는 풍경이었다. 우리는 우르르 몰려 나가 눈싸움을 했다"[23]라고 회고했다. 한편 회사 생활은 규제가 철저했다. 호르헤가 속한 무리는 철강노동자, 기술자, 용접공 등 다양한 전문 분야로 나뉘었다. 호르헤는 창고와 물류 업무를 골라 크레인과 지게차 모는 법을 배웠다. 그는 독일어를 배우는 데도 이만저만 고생이 아니었다. 교대근무로 월요일부터 금요일까지 근무한 뒤 토요일과 일요일에는 네 시간씩 독일어를 공부했다. 덕분에 동료들이 하는 말을 몇 달 만에 이해할 수 있었다. 월요일마다 쿠바 노동자들은 독일어교육과 직업훈련을 받았고 그걸 일주일 동안 현장에서 써먹었다. 회사는 베를린 여행과 박물관 관람, 교외 소풍 등을 주선했다. 쉬는 시간에 쿠바 사람들은 모국의 대표 운동인 야구를 하며 놀았다. 호르혜는 친구들을 만나 가장 독일답지 않은 공놀이를 하기 위해 할레, 노르트하우젠, 퓌르스텐발데를 자주 찾고는 했다.

호르헤는 독일인 친구도 여럿 사귀었다. 그러나 가끔 그들과 마찰을 겪기도 했다. 한번은 심하게 충돌해 시역 당국이 에베르스발데의 쿠바인 거주지를 해산하기 직전까지 간 적도 있었다. 페어그라운드에서 오해가 빚어져 엇비슷하게 맥주를 과음한 현지 독일인들과 쿠바 노동자가 패싸움을 벌인 것이다. 처음에 당국은 쿠바 노동자들을 새 거주지로 분산하려 했고, 호르헤에게 새로 배정된 도시는 아이젠휘텐슈타트였다. 그러나 상황이 진정되면서 다행히 모두 원래 거주지에 머무를 수 있었다. 단일민족사회였던 독일민주공화국에서 호르헤는 매 순간 자신의 외모와 말씨가 다르다는 사실을 인식했다.

나는 누가 봐도 외국인이었다. 멀리서도 알 수 있었다. 백인이 아니었으니까. 금발이 아니었으니까. 다들 내가 외국인인 것을 알았다.[24]

그래도 호르헤는 에베르스발데에서 생활하고 일하는 삶에 잘 적응했다. 거기서 결혼했고, 4년의 계약이 끝난 후에도 체류를 희망했다. 호르헤는 쿠바 동료 8명과 더불어 추가로 자격을 취득할 수 있는 과정에 참가자로 선정되었다. "최고 본보기가 된 최우수 노동자에게만" 돌아가는 혜택이었다고 호르헤는 자랑스럽게 회고했다. 호르헤는 가족이 사는 쿠바로 돌아가 45일간을 보낸 뒤 다시 에베르스발데에서 2년 과정을 시작했다. 1985년 아들이 태어났고 호르헤는 가

431

족이 영구히 체류할 방법을 모색했다.

호르헤는 독일민주공화국에서 증가한 외국인 파견 노동자 가운데 한 명이었다. 이 사업은 1965년과 1967년에 각각 폴란드, 헝가리 정부와 협정을 맺으며 시작되었다. 이후 알제리(1974)·쿠바(1975)·모잠비크(1979)·베트남(1980)·앙골라(1984)와 협정을 맺었고, 몽골(1982)·중국(1986)·북한(1986)과도 소규모 사업을 추진했다. 노동자들은 보통 35살 미만이었고 계약이 끝나면 자국으로 돌아갔다. 외국인 노동자들이 독일민주공화국에 융화해 계속 머무르는 것이 아니라, 기술을 익혀 고향으로 돌아가는 것이 사업의 목표였다. 노동자들은 각자의 거처를 마련하기보다 제공된 직장 근처 숙소에서 머물렀다. 독일민주공화국은 사회주의 진영에서 두 번째로 잘사는 나라였고, 또한 독일의 공학 기술은 역사가 길었기에 '형제 국가들'을 돕기에 위치가 좋았다. 형제 국가들도 급여제도를 통해 흘러 들어오는 자금을 감사히 받아들였다. 한편 독일민주공화국 경제는 만성적으로 노동력 부족에 시달렸기에 임시 파견 노동자들은 시장의 공백을 메우는 데 어느 정도 도움을 주었다. 독일민주공화국에서 외국인 노동자에 관한 논의는 이런 측면에 초점이 맞춰졌으나, 사실 수치만 놓고 보자면 노동력 부족은 기껏해야 부차적인 문제였다. 1979년 호르헤가 도착했을 때 독일민주공화국의 외국인 노동자는 겨우 2만 1000명이었다. 1980년대까지 그 숫자는 꾸준히 늘었으나 9만 4000명 선을 넘은 적은 한 번도 없었다. 전체 노동 인구 855만 명 가운데 외국인 노동자의 비율은 고작 1퍼센트였다. 반면 서독은 1955~1973년에 외국인 노동자 1400만 명과 계약했다. 이 사업의 마지막 해에는 전체 노동 인구의 약 10퍼센트가 외국인 노동자였다.

독일민주공화국에서 이주 노동자들은 순전히 경제적인 이유로만 고용되지 않았으며, 일부의 사람이 추측하는 대로 냉소적이거나 심지어는 외국인 혐오적인 이유로 독일인들과 분리되거나 하지도 않았다. 그런 주장은 요즘의 감수성에 기인한 것으로, 당시 독일민주공화국을 작동하게 한 경제와 이념적 맥락을 간과한 것이다. 양극화된 냉전의 세상에서 사회주의 진영은 경제적으로 훨씬 더 분발해야 했고, 독일민주공화국처럼 교육 수준이 높고 그나마 발달한 국가가 형제 국가들의 경제발전을 돕는 것을 다른 무엇보다 중요한 일로 여겼다. 동독과 쿠바의 관계가 대표적인 사례다. 독일민주공화국에 들어온 쿠바 출신 이주 노동자는 연간 1만 명을 훨씬 밑돌았다. 그래도 그들은 독일민주공화국 경제에 엄연히 노동력을 제공했고, 한 달에 900마르크를 벌었다. 1979년 호르헤는 독일 노동자의 평균 임금에 준하는 돈을 받았으며, 그 밖에도 훈련과 교육, 언어 교습, 여행, 의복 및 거주지에 들어가는 비용을 지원받았다. 독일민주공화국은 쿠바에 거액의 경제 원조를 제공했을 뿐 아니라 설탕과 감귤류를 시장가보다 훨씬 비싼 값에 수입했으며, 쿠바 땅에 학교와 병원을 짓고 기계와 농기구를 기부했으며, 설탕, 럼, 기타 재화를 위한 정제 공장을 건설했다. 데사우에 있는 인민소유기업 체멘트안라겐바우가 쿠바 누에비타스에 지은 대형 시멘트 공장은 지금도 중남미에서 최대 규모다. 독일민주공화국이 다른 사회주의국가들이 발전하는 데 투자한 규모는 외국인 노동자들의 유급 노동력으로 받은 가치보다 훨씬 컸다.

433

그렇다고 이주 노동자들이 자국으로 돌아가고 싶어 하지 않아 발생한 비극을 축소해 말할 수는 없다. 모잠비크에서 온 이주 노동자 1만 5000명의 경우가 대표적이다. 쿠바·폴란드·헝가리와 달리, 모잠비크는 내전으로 초토화된 상태였다. 안정적으로 일하기가 어려웠을뿐더러 설령 그런 일자리를 구한다 쳐도 수입이 동독에서 받는 돈과 비교도 되지 않을 정도로 적었다. 징병제도 위험 요소였다. 베를린 장벽이 붕괴되고 통일하는 과정에서 모잠비크의 청년 노동자들은 우선순위에서 밀려나 경제적 또는 여타의 지원 없이 자국으로 보내졌다. 특수노동자가 되어 돈을 많이 벌 수 있을 것이라 했던 모잠비크 정부의 약속이 무색하게, 그들이 마주한 것은 실업과 빈곤이었다. 그들은 부채 탕감의 일환으로 독일민주공화국에 자신들을 보내 놓고 이제 와 '독일산(Madgermanes)'이라 부르는 고국을 원망했고, 망설임 없이 자신들을 송환한 통일 독일에 서운함을 느꼈다.[25]

외국인 노동자 가운데 베트남인은 6만 명으로 가장 많았다. 이들은 독일민주공화국 700개 회사에 파견되어 전체 계약직의 3분의 2를 차지했다. 두 국가는 커피사업을 시작으로 1980년 경제협정을 광범위하게 맺었다. 다른 국가들과 달리 베트남은 여성 노동자도 대거 파견했다. 베트남전쟁으로 남성 인구가 많이 줄기도 했거니와, 사회주의 진영의 다른 국가들보다 여성이 노동하고 가정 밖의 사회에 폭넓게 참여하는 것에 좀 더 익숙해져 있었기 때문이다. 일화들을 종합해 보면 두 나라 사이에는 문화적 차이가 비교적 덜했던지라 독일인들은 베트남 동료들과 일하는 것을 편안해 했고 베트남 노동자들도 그러했다. 베트남 출신 여성 노동자들은 재봉 기술이 뛰어나 요긴하게 노동 공백을 채웠고 그만큼 높이 평가받았다. 모잠비크 노동자들과 마찬가지로 베트남 노동자들은 오랜 갈등과 내전으로 멍든 고국으로 돌아가는 것을 내켜 하지 않았다. 계약을 다 마치고 받기로 한 돈을 기대하고 있다가 1989년 계약 만료 선에 고국으로 돌아가야 했던 노동자들은 특히 힘들어했다. 베트남 노동자 가운데 독일에 계속 체류한 인구는 5000명 남짓했다.

자국보다 독일민주공화국의 환경을 더 좋아해 계속 머물고자 했던 계약직 노동자들이 좌절을 겪은 것은 사실이지만, 그렇다고 서방의 역사학자들처럼 이 사업을 싸잡아서 가혹하고 일방적으로 비판하는 것은 부당하다. 독일민주공화국은 일종의 교환 사업으로 외국인 노동사업을 운영했으며, 이는 독일민주공화국 경제에 즉각적으로 이익이 돼서라기보다 이념적 동기에서 비롯한 바가 더 컸다. 이를 서방 국가들의 탈식민 상황과 비교하는 것은 부적절하고 심지어는 불합리하다고 말할 수 있다. '제국주의'의 원칙 자체를 맹렬히 공격하는 것이 동독의 선전 방향이었으니 말이다. 독일민주공화국은 아프리카·아시아·남미의 국가들이 독립했을 때 거기에서 추동된 사회주의운동을 지지하고 나섰다. 물론 인도적인 이유만은 아니었다. 독일민주공화국은 그런 국가들이 자본주의 궤도에서 벗어나 사회주의 체제 안에서 경제를 회복할 수 있게 손길을 내미는 동시에, 대외무역을 하는 데 절실히 필요한 시장과 자원을 확보했다. 독일민주공화국은 언제나 원자재를 확보할 방안을 마련하느라 골머리를 앓았고, 자원난은 국가 경제 주변을 끊임없이 맴도는 악몽 같았다.

소비에트러시아에 의존하는 것은 갈수록 득보다 실이 많아졌다. 1970년대 석유파동으로 소비에트가 사회주의 '형제 국가들'에 대한 지원을 끊은 후부터 더욱 그러했다. 그렇다고 자급 경제는 작은 독일민주공화국이 선택할 수 있는 길이 아니었다. 그렇다면 개별 국가들이 경제적으로 교류하고, 끈끈한 외교관계와 상호 의존을 통해 정치적으로 밀착함으로써 사회주의 진영을 강화하는 것이 방법이었다. 잘된 일인지 아닌지는 평가할 수 없으나, 외국인 노동자를 받은 독일민주공화국이 서방 국가들처럼 이민 사회로 전환되는 일은 일어나지 않았다. 자본주의 국가들을 향한 대규모 이민으로 탄생한 민족 다양성과 문화 다양성이라는 개념을 독일민주공화국에 그대로 적용하는 것은 시대에 맞지 않을뿐더러 오해의 소지가 있다. 사회주의에서 추구된 국제주의 이념은 독일민주공화국 고유의 경제문제들과 합쳐져서 마음이 맞는 국가들끼리 세계 시장을 구축하려는 열망으로 이어졌다. '인민 친선'이란 그저 진부한 개념만이 아니었다.

군사형 사회

1981년 1월 베를린장벽. 안드레아스 바이에Andreas Weihe의 야간 근무는 끝날 기미가 보이지 않았다. 19살의 국경경비병은 콘크리트 감시탑에 앉아 서베를린을 둘러싼 무인지대에서 불어오는 영하의 바람을 맞으며 떨었다. 난방이 고장 난 적은 처음이 아니었다. 안드레아스와 동료 병사들은 조리 열판에서 떼어 낸 전열선으로 어설피 '난로'를 만들어 사방의 콘크리트판을 덥히곤 했다. 이런 수제 난방은 워낙

흔해서 밤만 되면 붉은 온열 빛이 새어 나오는 감시탑이 허다했다. 하지만 전기를 많이 잡아먹는 통에 경비병들은 국경 일대의 주 조명이 꺼지지 않도록 중앙 배전반을 조작해야 했다. 안드레아스는 훗날 이때를 "국경은 많이들 생각하는 것처럼 절대 삼엄하지 않았다"[26]고 기억했다. 1980년의 베를린장벽은 어느 때보다도 복잡해진 상태였으나, 이 '4세대' 장벽은 여전히 인간 경비병들에게 의존해 서쪽으로 넘어가는 동독인들을 막아 세웠다. 안드레아스 같은 청년들이 감시탑에 앉아 '죽음의 구역'이라 알려진 모래밭을 뚫어져라 쳐다보는 식이었다. 외풍이 심한 감시탑에 있을 때면 극심한 스트레스와 그만큼의 무료함이 번갈아 찾아왔다.

　　감시탑에서는 누구나 홀로 자리를 지켰다. 인력 순환과 불규칙한 교대 때문에 우정이라거나 제대로 된 동지애를 쌓을 겨를이 없었다. 뚫기 힘든 국경을 넘어가도록 병사들끼리 공모하거나 탈출 계획을 짜지 못하게 의도적으로 고안된 체제였다. 동시에 이 체제는 의심과 불신을 낳았다. 경비병이 국경을 넘으려고 동료 병사들을 죽이고 달아나는 일도 더러 있었다. 안드레아스가 경비대에 막 들어왔을 무렵인 1980년 11월, 국경경비병 울리히 슈타인하우어Ulrich Steinhauer가 19살 병사 에곤 붕게Egon Bunge가 쏜 총에 다섯 발을 맞아 숨졌다. 그중 한 발이 등에 꽂혀 울리히의 심장을 관통했다. 에곤은 피를 흘리고 쓰러진 동료를 지나쳐서 서베를린 국경으로 달렸다. 경비병들이 대개 그러했듯 울리히도 그 일을 원한 적이 없었다. 원래는 발트해의 모래 해변 옆에 자리한 고향 리브니츠-담가르텐에서 목수로 일했고, 여름마다 독일민주공화국 이곳저곳을 여행하고는 했다. 그러

437

다 1979년 11월 국경수비훈련 40연대에 차출되어 베를린 북서부 오라니엔부르크로 이송되었다. 울리히의 부모는 당원이 아니었고 울리히도 딱히 정치에 관심이 없었다. 1980년 봄 베를린 국경지대에 배치되었을 때 그는 지휘관에게 "극도로 긴급한 상황"일 때만 총을 쏘겠다는 의사를 밝혔다. 슈타지의 보고서에는 울리히가 "스스로 옳다고 여기는 때에만"[27] 행동한다며 불만이 적혔다. 여동생 일로나Ilona에 따르면, 울리히는 18개월의 복무를 마칠 때까지 총을 쏴야 하는 상황이 오지 않기를 간절히 바랐다. 1980년 4월 그가 부모에게 보낸 편지에는 "군대 생활이 참 더디게 흐릅니다"[28]라고 적혔다. 사망 이틀 전 보낸 마지막 편지에서 울리히는 "172일이 남았어요"[29]라고 끝을 맺었다. 이 편지는 울리히가 사망한 지 사흘이 지나서야 가족에게 도착했다.

울리히 슈타인하우어가 숨지고 석 달 후, 울리히가 보초를 서던 서베를린 접경지대를 이제는 안드레아스 바이에가 지켰다. 젊은 병사들은 울리히가 피를 흘리며 죽어 간 지점을 보았고 상시 경계를 늦추지 말라는 명령을 들었다. 누구도 믿어서는 안 되었다. 함께 국경을 지키는 병사일지라도 주의 깊게 살펴야 한다는 것을 그들은 다짐하고 또 다짐했다. 얼마 후 국경경비대는 '울리히 슈타인하우어'로 아예 명칭이 바뀌었다. 그로써 병사들은 어마어마한 심리적 압박을 떠안고 마지못해 국경을 지킨 자신들과 같은 사람에게 무슨 일이 벌어졌는지를 결코 잊을 수 없었다.

울리히처럼 안드레아도 시간이 날 때마다 부모에게 편지를 쓰며 마음의 위안을 찾았다. 보통 경비병은 반년이 지나면서 친구와 가족이 사는 고향 집을 방문할 수가 있었다. 하지만 일부 경비병은 압박감과 고독을 유독 버거워했다. 안드레아스는 어느 날 몸이 축 처진 동료 병사 하나가 들것에 실려 나가는 광경을 보았다. 총을 쏴서 스스로 목숨을 끊은 것이었다. 밤은 유독 길고 외로웠다. 늘 홀로 있으면서 자신이 처한 상황을 반추했다. 안드레아스는 느리게 흐르는 시간 동안 밝게 빛나는 고요한 밤을 가만히 올려다보았다. 자신과 병사들이 만든 위험한 난로를 피해 어색한 자세로 꼿꼿이 앉아 있다가 보면, 금세 피곤해졌고 몸이 쑤셨다. 무슨 일이 일어날지 몰랐으므로 긴장을 풀 수 없었다. 근무 시간 내내 긴장한 채로 있던 동료들은 방아쇠울에 구겨 넣었던 손가락이 펴지지 않아 고생하고는 했다. 안드레아스의 머릿속에는 고통스러운 생각이 맴돌았다. 당장이라도 저기 훤한 국경지대를 누군가 건너면 어쩐다? 총을 쏠 수 있을까? 안드레아스는 "눈앞의 조명이 일렁이면서 헛것이 보이기 시작했다. 다음 근무자가 나타날 때마다 크게 안도했다"[30]라고 회고했다.

베를린장벽의 감시탑을 지킨 여느 청년들처럼, 안드레아스도 '강압이 만든 의지'에 따라 그곳에 불려 왔다. 1961년 9월 베를린장벽이 건설되고 몇 주 후에 태어난 안드레아스는 장벽에서 동쪽으로 250킬로미터 떨어진, 하르츠 산악지대의 작은 접경 마을 아벤로데에서 컸다. 가족은 19세기부터 그 마을에 살았다. 따라서 안드레아스는 서독과 바로 붙어 있는 마을에 살면서도 굳이 건너가고픈 마음이 딱히 들지 않았다. 그러나 동서독 국경 가까이에 산다는 것은 일상 구석구석에 영향을 주었다. 이런 '제한구역' 주민들은 어디를 다니든 특별 직인이 찍힌 서류를 지참해 합법적인 주민임을 증명해야 했다.

축구장과 공공수영장은 국경에서 500미터도 떨어지지 않았기 때문에 사용할 수 없었다. 아이들은 불만이 컸다. 옛 장벽의 대각선 방향으로 새 울타리가 둘리면서 축구장은 이전했으나 수영장은 아예 문을 닫았다.

1970년대에 동독과 서독 사이의 '녹색' 국경[*]은 접경 마을의 기반 시설이나 여론과 무관하게 거침없이 확장되고 요새화되었다. 그 과정에서 국가인민군 병력은 물론, 당시 30대 초반이었던 만프레트 루다트Manfred Rudat 같은 민간인도 국경을 지키는 데 투입되었다. 처음에 '마니'는 병역의무로서 클레텐베르크 병영에서 튀링겐과 니더작센 사이의 국경을 지켰다. 안드레아스처럼 마니도

> 내가 보초를 서는 동안 아무도 탈출하지 않기를 날마다 기도했다. 발포해야 할 때는 다리를 노리라는 지시가 내려왔다. 따르지 않으면 곤경에 처했다.[31]

이 무렵 마니는 마을에서 잉그리트Ingrid라는 여인을 만나 사랑에 빠졌다. 그런데 제대 후 잉그리트가 거주하는 '제한구역'에 자신은 자유로이 드나들 수 없다는 것을 알고는 좌절했다. 결국 마니는 1967년 잉그리트와 결혼해 그곳에 정착했다. 일자리가 필요했기에 이번에는 민간병사로 다시 클레텐베르크 병영에 들어갔다.

정부가 외곽 지역의 국경을 강화하기로 하면서, 마니 같은 민

[*] 서베를린과 동독을 가르는 숲과 들판 지대를 일컫는 표현

간인들은 옛 국경을 허물고 콘크리트 보강재, 가시철조망, 3미터 높이의 울타리로 차세대 장벽을 세우는 일에 투입되었다. 장벽 바로 옆은 지뢰밭이었다. 마니는 대형 트럭을 끌고 국경으로 자재를 나르는 일을 맡았다. 병역을 수행하기 전에 그는 마침 산업용 및 농업용 차량을 운전하고 수리하는 일을 배웠었다. 그래서 지뢰밭 옆 장벽과 나란히 순찰 차량이 지나갈 수 있는 도로에 쇄석을 까는 것도 그의 일이었다. 마니는 자신이 만든 그 길을 오가며 필요한 곳에 물자와 자재를 날랐다. 가장 특이한 임무는 긴 줄에 묶여 국경을 돌아다니는 독일셰퍼드들의 먹이를 챙기는 일이었다. 개들은 접근하기 힘든 숲지대로 탈출하려는 사람들을 제압하는 훈련을 받았다. 마니의 기억에 개들은 사나웠고 힘이 셌다. 개들의 그런 모습이 의료 관리를 잘 받아서인지, 아니면 자신이 나르는 쇠고기와 수프의 든든한 식단 덕분인지 알 수 없었다. 그가 하는 일이 국경 바로 옆 아주 민감한 지역을 넘나드는 것이었던 만큼, 슈타지와 슈타지 조력자들은 마니의 행동과 사생활을 철저히 감시했다. 서독 텔레비전방송을 보는가? 당에는 왜 그렇게 늦게 가입했는가? 서독 가족에게 건너가려고 하지는 않는가?

누가 당신을 염탐하는지 절대 알 수 없다. 나는 차라리 영원히 몰랐으면 싶다. 혹시 그게 나의 친구, 이웃, 동료이지는 않을까?[32]

북쪽으로 60킬로미터를 가면 나오는 아벤로데의 국경도 점점 더 삼엄해졌다. 이는 지역에 주둔하는 경비병이 필요하다는 뜻이었다. 100명의 경비병 부대가 그 지역에 주둔했다. 대다수는 복무 기간을 채운 후에 떠났지만 몇몇은 마니처럼 결혼해 동네에 정착했다. 안드레아스 바이에처럼 아벤로데에서 나고 자란 아이들은 경비병들과 알고 지내는 사이가 되었다. 성탄절같이 특별한 날에 서로 왕래했으며, 동네에서 만나기도 했다.

국경지대에 거주하는 데는 나름의 혜택이 있었다. 이를테면 '지역수당'이라고 하여 가족 구성원 한 명당 70마르크가 지원되었다. 하지만 불편한 점도 많았다. 친척이 방문할 때는 6주 전에 미리 신청해야 했고, 친척이 오갈 때마다 인민경찰관에게 보고해야 했다. 1985년에 결혼한 안드레아스는 동네 출신인 데다 3년간 군에서 복무하며 베를린장벽을 경비한 일도 기록에 남아 있었으나, 예외 없이 똑같은 규칙이 적용되었다. 결혼식 하객들은 버스 한 대를 빌려 한꺼번에 왔다가 갔다. 결혼식을 틈타 '녹색' 국경을 슬쩍 넘어가려는 사람이 없는지 감시하기가 편했기 때문이다. 그런데 결혼식 다음 날 아침 버스가 떠나려는데 정말로 하객 한 명이 사라진 것을 알고 안드레아스는 경악했다. 다행히도 하객은 대범히 국경을 넘으려는 것이 아니었다. 얼마 지나지 않아 그는 동네 여자와 들판에서 노닥이다가 발견되었다.

정말로 탈출을 시도했더라면 그와 관련한 모두에게 심각한 파장이 미쳤을 테지만, 결혼식 하객의 도피 일화는 아벤로데 사람들에게 그저 웃음거리로 남았다. 그들에게 국경은 태어날 때부터 늘 곁에 있던 일상이었다. 안드레아스처럼 직접 경비병으로 국경을 지키지 않은 사람들도 이 복잡한 억제와 감시의 과정에 참여했다. 안드레아스의 아버지는 '국경 수비' 부대를 돕는 민간인 보충대였다. 동네를 돌아다니면서 집마다 사다리를 잘 묶어 놓았는지 순찰하는 것이 아버지의 일이었다. 혹시라도 누군가 그걸 훔쳐서 장벽 울타리를 넘어서면 안 되었기 때문이다. 또 아버지는 동네에 수상한 일이 일어나는지를 감시하고 보고했다.

1980년 안드레아스는 독일사회주의통일당에 들어오라는 권유를 받고, 또 국가인민군으로 최소 3년을 복무하면 대학에 입학하게 해 주겠다는 제안도 받았다. 당시만 해도 그에게 국경은 공포의 대상이 아니었다. 국경이라면 어려서부터 늘 보고 자란 데다 만약 경비병으로 자원하면 어린 시절 동네에 머물다 가던 경비병들처럼 고향에서 3년을 더 지내면 그만이었다. 예상을 깨고 베를린장벽으로 보내졌을 때 안드레아스는 충격을 받았지만, 어차피 독일민주공화국에서는 모든 것을 자기 의지로 선택할 수는 없음을 안드레아스는 이미 받아들인 터였다. 훗날 안드레아스는 "나는 철두철미하게 사회주의 안에서 길러진 세대의 일원이었다. 그리고 나의 고국에 어느 정도는 자부심을 느꼈다"[33]라고 회고했다. 어려서부터 보아 온 일을 3년간 하는 것쯤이야 뭐 대수겠는가? 그 대가로 노동계급 부모의 아들인 자신이 교육과 일자리의 기회를 얻는다면 그건 타고난 권리가 아니라 정당히 얻은 특권이라는 생각이 들었다. 이렇듯 교육과 장려책, 압박과 몰입이 뒤섞인 결과, 동독인 전체 세대에게 병역은 삶의 일부가 되었다.

1981년 7월 튀링겐주 필리프슈탈. 토랄프 요한손Thoralf Johansson은 불만이 많았다. 16살의 토랄프와 동급생들은 12일간 '국방교육 훈련'에 보내졌다. 당국이 5월에 처음 도입해 토랄프의 학년이 처음으로 받는 교육이었다. 젊은 국가인민군 장교들이 지도 역량을 키우기 위해 훈련에 투입되었다. 학생들은 장교들이 이끄는 대로 8시간씩 반복해서 훈련하고 조별 단합 활동을 매일 해야 했다. 여학생들도 같은 시수만큼 '민방위'교육을 받았다. 토랄프는 영 마음에 들지 않았다. 머리가 똘똘하고 과학과 기술에 관심이 많았던 토랄프는 억지로 신체 활동을 해야 하는 게 어색하고 불편하기만 했다. 그는 그때를 "번듯한 무기도 아니고 그냥 작은 소구경 소총으로 사격 연습을 했다. 나는 좀처럼 목표물을 명중하지 못해서 애를 먹었다"[34]라고 기억했다. 쉴 시간은 없었다. 소년들은 사격장이 아니면 훈련장에서 나침반을 들고 뛰어다니며 조별 임무를 완수해야 했다. 밤에는 군용 천막에서 잤다. 다시 날이 밝으면 행군을 시작했고, 가만히 서서 필리프슈탈을 관통하는 동서독 국경 너머, 단 몇 미터 거리에 적이 있다는 설교를 잠자코 들어야 했다. 토랄프와 친구들은 "서방이 우리를 공격하려 한다. 우리는 스스로 지켜야 한다"라는 소리를 듣고 또 들었다.

하지만 토랄프는 훈련에 가지 않을 수 없었다. 대학 진학이 목표였으므로, 모두에게 적용되는 군사교육의 의무를 다해야 했을 뿐아니라 추가로 자원입대해야 했다. 한편 직업훈련생들도 마찬가지로 군사훈련을 받았다. 국가가 보기에 교육을 더 받기 위해 병역 기간을 늘리는 것은 정당한 대가였다. 토랄프는 교장과 면담해 훈련에 가지 않을 수도 있었다. 대신 여학생들과 12일간 '민방위'교육을 완수하면 되었다. 그러나 훈련장에 가지 않고 주간 과정으로 하루 8시간이 아닌 6시간씩 진행된다는 점만 빼면 어차피 크게 다르지 않았다. 소년들은 훈련 유형을 바꿔서 놀림당하느니 알아서 군사훈련을 선택했다. 훈련을 조직한 체육기술협회(Gesellschaft für Sport und Technik, GST)는 1952년 설립된 대중조직으로, 목표는 군에 복무할 수 있게 젊은이들을 훈련하고 모집하는 것이었다.

그 시절 지정학적 분위기는 첨예했고, 독일민주공화국은 냉전의 최전선에 있었던 만큼, 동독 관료들은 시민들이 언제나 준비 태세여야 한다고 확신했다. 혹시 모를 서방의 침공에 맞서려면 자국과 공산주의 연합을 방어할 기술과 태도를 어느 정도 갖춘 정도로 군사화되어야 했다. 첫해에 체육기술협회는 50만 명을 모집했다. 이 기관에 공공자금이 대거 투입된 것은 조직원들이 매력적으로 느끼는 요인이 되었다. 체육기술협회는 병사를 모집하는 것 외에도 여러 역할을 수행했다. 조직원들은 운전 강습을 받아 자동차, 오토바이, 대형 트럭을 모는 면허증을 취득할 수 있었다. 활공기와 비행기를 몰거나 다이빙과 사격을 하는 등 평소에 할 수 없는 재미난 활동을 두루 체험하기도 했다. 그 안에서도 계급과 보상이 있었고, 특정 직종에 쉽게 취업할 기회를 얻었다. 몇 차례 대거 이탈이 있기는 했으나(1956년 헝가리 혁명 진압에 대한 항의성 탈퇴가 대표적), 조직원 수는 꾸준히 올라 마지막 해인 1989년에는 65만 명에 이르렀다. 조직원이 아니더라도 학교나 각종 기관에서 토랄프가 참가한 훈련과 같은 예비 군사훈련 과정이 시행되어 수많은 청년이 체육기술협회와 접점을 맺었다.

준군사조직들과 국가인민군은 독일민주공화국의 DNA에 처음부터 새겨져 있었으나, 정부는 1970년대 말부터 1980년대 초까지 사

445

회 전반을 군사화하는 데 유독 공을 들였다. 역사나 체육 같은 과목은 오래전부터 예비 군사훈련의 요소를 포함했다. 국가인민군, 슈타지 경비대, 기타 준군사조직은 학교와 각종 청년조직을 대상으로 활발히 모집 활동을 전개했다. 역설적이게도 정치국은 냉전 해빙기에 접어들었을 무렵에야, 에리히 호네커의 다음과 같은 말대로 결론을 내렸다.

> 청년들이 국제 계급전쟁의 복잡한 상황 속에서 방향을 잡고, 적이 누구인지를 정확히 인지하며, 언제든 사회주의를 위해 행동하고 수호할 준비가 되어 있도록 그들을 도와야 한다.[35]

1978년 9월 1일, '국방교육'은 종합기술 중등학교에서 의무 교육과목이 되었다. 14~16살 남녀 학생은 누구나 이 과목을 들어야 했다. 남녀 공통 수업은 총 4과목이었는데, 학기 말에 남학생들이 훈련에 갈 때만 반이 나뉘었다. 국방교육의 목적은 "여학생과 남학생이 기본적인 국방 기술을 선별해 익히고 더 잘 준비하는 것"[36]이었다.

이후 군사교육 대상은 유아까지 확대되었다. 4~5살을 대상으로 한 중앙집중식 교육과정에는 다음과 같은 지침이 따라붙었다.

> 군대와 어린이의 관계를 강화한다. 군대에 관한 생각을 모아 교사와 함께 이야기를 나눈다. 할 수 있으면 군대 조직원과 우호적인 관계를 형성한다.[37]

6~7살 학생들은 다음과 같은 교육을 받았다.

국가인민군 병사들에 관한 어린이들의 지식을 넓힌다. 그러한 사람
들과 관계를 주선하는 것을 디욱 장려한다. 군대 조직원 개개인과 끈
끈해진 관계를 통해 그들을 향한 사랑과 애정을 더욱 키운다. 병사들
또한 노동자임을 배운다. 군인은 인민과 인민의 노동을 보호하며 인
민이 행복하게 놀 수 있도록 지켜보는 자들이다.[38]

여기에 더해 다른 과목을 통한 종합적인 교육과정도 개발되었
다. 심지어는 음악과 미술 시간에도 종종 군사적인 주제를 다루었다.
아이들은 군 행진곡의 연주법을 배운다거나 전차 및 전투 장면을 그
렸다. 독일민주공화국의 조사에 따르면, 이 교육과정은 엇갈린 성과
를 이뤘다. 14~16살 학생 가운데 '국방교육'을 좋아한다고 말한 학
생은 절반이 채 되지 않았다. 43퍼센트는 좋아하지 않는다고 응답했
으며, 8퍼센트는 '전혀' 좋아하지 않는다고 고백했다.

고등교육에 진학하려는 학생은 그 대가로 추가 병역을 받아들
일지 말지 어려운 결정을 내려야 했다. 남성 징병제는 베를린장벽이
세워지고 이듬해인 1962년, 서독보다는 6년 늦게 도입되었다. 의무
복무 기간은 보통 18개월이었고, 종교적 이유로 거부할 수 있었다.
그럴 때는 건설사병(Bausoldat)이라고 하는 비전투원으로서 의무를 다
해야 했다. 1970년부터 정부는 대학 입학 희망자에게 자신들의 가치
를 국가에 더 증명해 보이라고 공개적으로 요구했다. 병역을 면하기
는커녕 장교로서 3년간 의무 복무를 하라는 것이었다. 미래가 유망

447

한 예비 교수들, 학자들, 과학자들이 대학에서 공부하기 위해 오랜 기간 군사훈련을 강제로 받아야 했다. 몇몇은 토랄프처럼 호기롭게 편법을 쓰기도 했다. 징병 의무를 '자발적으로 연장'하겠다고 신청했다가 심화중등학교에 입학한 뒤 천연덕스럽게 마음이 바뀌었다고 당국에 통보하는 것이다. 토랄프는 이런 식으로 병역을 원래 신청한 3년이 아닌 18개월 만에 끝낼 수 있었다.

　　대다수의 남자 대학생은 3년간 군에 복무함으로써 대학 입학의 대가를 치렀다. 그래서 동독에서 대학 졸업생들끼리 결혼하면 남편과 아내의 나이 차이가 3살씩 나는 것이 다반사였다. 학생 시절 같은 학년으로 알고 지낸 사이면 여자가 남자보다 3년 먼저 입학한 경우였기 때문이다. 입대하기 전에 만나던 연인은 대부분 헤어졌다. 3년간 거의 만날 수가 없어서였다. 국가인민군은 군사 정신으로 완전히 무장한 청년들을 바랐다. 그래서 일부러 신병들을 집에서 최대한 멀리 떨어진 곳에 배치했고, 가족·친구·여자친구를 보러 갈 수 없게 휴가를 거의 내주지 않았다. 이렇게 병사들을 의도적으로 고립되게 해 동료 병사들과 국가에만 심리적으로 기댈 수 있도록 조성했다.

　　이 전략은 정권 입장에서 분명 실책인 측면이 있었다. 활동적이지 않을 뿐 노골적으로 반체제적인 책벌레 유형의 사람들이 적성에 영 맞지 않는 병역을 완수하도록 강요되었다. 이는 가만히 뒀으면 독일민주공화국의 환경을 그럭저럭 받아들였을 사람들이 반대 세력을 키우고 심지어 새로 만들게 했다는 뜻이다. 바꾸어 생각해 보면 학문적 자질이 부족한 기회주의자들이 그토록 선망하던 고등교육의 길을 갈 수 있었다는 뜻이기도 하다. 원래 학교와 교사는 소수의 입학정원에 맞춰 명석한 최우수 학생들을 추천했으나, 1970년대 초엽부터 할 당된 인원만큼 국가인민군을 모집해야 한다는 압박에 시달렸다. 당 국은 자원입대하도록 남학생들을 몇 명이나 설득했는지 파악하려고 교사, 학교, 지역을 주기적으로 사찰하고 점검했다. 그 결과 강요와 약속이 난무했다. 에리히 호네커의 아내이자 국가교육부 장관이던 마르고트 호네커는 독일사회주의통일당 중앙위원회에 올린 보고서 에 이에 대한 불만을 토로했다.

> 이런 조치가 교장과 일반 교사에게 성과에 대한 압박을 준다. 그 결 과로 정치적으로나 학문적으로, 또는 인격적으로나 신체적으로 병역 을 이행하기에 적합하지 않은 학생들도 모집되었다. 개별적 사례로 보자면 … 출세주의자들이 이런 기회를 이용해 EOS[심화중등학교]에 진학했음이 확인된다.[39]

내부에서도 이런 경고가 분명히 제기되었음에도, 학교를 대상 으로 한 장교 모집은 계속되었고 줄어들 기미조차 보이지 않았다. 모 집률은 꾸준히 올라 1980년대에는 목표치를 초과 달성하기도 했다.

하지만 사회의 군사화는 긍정적인 면도 있었다. 동독과 서독은 과거 귀족이 장악한 장교계급의 사회적 배타성을 깨트리고자 했다. 독일연방공화국은 지주계급을 몰아내는 데 대단한 솜씨를 발휘하기 는 했으나, 그 혜택은 교육받은 중산층에게 쏠렸다. 1970년대 서독에 서 12년 또는 13년의 교육과정을 마치고 치르는, 대학 입학 자격시험 아비투어Abitur를 거치지 않고 장교가 된다는 것은 여전히 하늘의 별

따기였다. 학생을 우열반으로 나누는 학교 교육체계에서 가난한 아이들은 고등교육에 접근하기가 어려웠다. 장교 지원자 가운데 노동계급 출신은 겨우 15퍼센트였다.[40] 반면에 장벽 너머 동독에서는 체계적이고 광범위하게 사회의 군사화가 진행되면서 여러 문제가 터져 나왔으나, 이로써 군사조직이 모든 사회 계급에 개방되는 결과를 낳기도 했다. 독일 역사에서 처음으로 노동계급 출신 청년들이 장교계급을 채워 국가인민군 안에서 보수가 좋은 역할을 맡았다. 사실 동독에서는 처음부터 노동계급 출신 장교의 비중이 가장 컸다. 1956년에 장교 4분의 3 정도는 부모가 노동계급이었으며, 이후 독일민주공화국 사회가 변화하는 와중에도 이 비율은 높게 유지되었다. 1989년에는 노동계급 출신 신병이 국가인민군 장교의 60퍼센트를 차지했다.[41] 이 수치는 시간이 흐르면서 자연스럽게 낮아졌다. 노동계급 출신에서 전통 중산층 직업군으로 편입된 부모들의 자녀는 이제 노동자로 분류되지 않았기 때문이다.

대학 입학을 미끼로 일정 기간 장교로 군에 복무할 것을 강요했다는 주장은 현실을 지나치게 단순화한다. 독일민주공화국 특유의 사회공학이 아니었더라면 대다수는 계급과 학위의 특권을 여전히 누리지 못했을 것이다. 노동계급 소년들은 병역을 하기 싫은 일이라기보다 하나의 기회로 보는 경우가 더 많았다. 에케하르트 노이데커Eckehardt Neudecker는 1962년 국가인민군에 들어갔다. 정치적인 이유나 강요가 아니라 그 자리가 주는 안정감과 조직의 구조를 바랐기 때문이다. 당시 18살이던 에케하르트는 험난한 전후 시대에 나고 자랐다. 어머니는 그가 어릴 때 세상을 떠났고, 나이가 많았던 아버지는 전쟁터에서 돌아온 후로 다른 사람이 되어 아들이 간절히 원한 돌봄과 관심을 줄 수 없었다. 군대는 어린 에케하르트에게 집에서 느껴본 적 없는, 구조적이면서 안전한 환경을 보장했다. 침대를 주었고, 수입이 안정적이었으며, 동기에와 규칙과 안식처를 선사했다. 거기에 더해 국가인민군은 그의 야심과 경력이 보병에만 머무르게 하지 않았으며, 교육과 훈련을 통해 사회적 명성을 갖춘 장교가 되도록 도리어 격려했다.

그러나 군사화라는 그물은 사회 전반에 드리워져서 의지와 상관없이 사실 모두에게 영향을 미쳤다. 수뇌부는 서방의 침공을 상시 경계했으며, 동독 사회 전반에 그 긴장감을 이식하고자 했다. 그들은 자본주의가 본질적으로 팽창하는 것이라는 이념적 확신을 견지했다. 새로운 시장을 찾아다니면서 결국은 사회주의를 파괴할 터였다. 냉전 분단의 단층선에 위태로이 존재하던 독일민주공화국에서 이런 신념은 특히나 강력했다. 그 결과 나라가 늘 포위되어 있다는 인상이 형성되었다. 이 인상은 사회 전반으로 퍼졌고 국가 교육의 모든 단계에 스며들었다. 여대생들은 핵과 생화학 공격으로부터 완전히 차단해 주는 방호복을 입고서 숨 막히는 여름의 열기를 참으며 훈련했다. 에른스트 텔만 피오니어(Pionierorganisation Ernst Thälmann, 소년소녀 개척단)의 소년 소녀는 거수경례 같은 몸짓을 곁들여 단체의 구호 "평화와 사회주의를 위해 준비, 언제나 준비하라"를 외치는 단체 의식을 거행했다. 교사나 통솔자가 "준비"라고 외치면 피오니어 단원들(6~14살)은 한목소리로 "언제나 준비하라"라고 외쳤다. 그러면서 힘을 준 손을 이마 위로 치켜세웠는데, 엄지손가락은 아래로, 새끼손가락은 위로 향해야 했다. 가만히 서 있고, 대열을 맞춰 걷고, 교사와 통솔자에게 경례하는 것은 전투준비태세를 집단으로 함양하기 위해 해야 할 일들이었고, 누구도 예외가 아니었다.

경계심을 유지하고 강화하기 위해 전국의 학교, 공장, 공공건물에 경보기가 촘촘히 설치되었다. 서독도 마찬가지였으나, 경보기는 5월과 9월에 한 번씩 1년에 총 두 번 시험 삼아 울리는 게 다였다. 국경 건너편 독일에서 경보기는 매주 수요일 오후 1시에 울렸다. 경보음은 모든 게 평온해 보이는 때에도 국가는 상시 위험에 노출되어 있음을 주기적으로 상기하게 했다. 적어도 정부가 판단하기에 국방은 국경경비대와 병사들뿐 아니라 모든 시민의 문제였다. 그러니 모두가 교육과정의 어느 단계에서 필수적으로 약간의 훈련을 받아야 했고, 사회에는 꾸준히 긴장감이 흘러야 했다. 호네커 체제에서 사회의 군사화는 새로운 절정에 도달했다. 어느덧 군사화는 독일민주공화국에서 체계적으로 자리 잡힌 하나의 특징이 되어 있었다.

황금기?

1982년 6월 말 메클렌부르크주 앙클람. 에리카 크뤼거Erika Krüger는 노이브란덴부르크에서 열린 독일민주공화국 노동자대회에 다녀와 마음이 들떴다. 29살의 아이 엄마인 에리카는 고향 앙클람에 있는 공장에서 일체형 선반을 만드는 '여단旅團'의 자랑스러운 일원이었다. 2만 명이 거주하는 앙클람은 제2차 세계대전 동안 흔치 않게 미국·소비

에트·독일의 공습을 모조리 받은 불운을 당한 끝에 급히 복구되었다. 잿더미에서 되살아난 앙클람에 시청·영화관·공항이 새로 지어졌고, 1968년에는 독일민주공화국 최초로 '인민 수영장'이 건립되었다. 시멘트 공장을 비롯해 인민소유기업 가구업제 '빌헬름피크'와 같은 대규모 국영기업들의 터전이 되기도 했다. 에리카는 1968년 15살의 나이에 빌헬름피크 가구 공장에서 생산직으로 일했다. 부모는 대장장이와 재단사로 먹여 살릴 자식이 셋이나 더 있었다. 자식이 직업훈련을 받는다거나 대학에 진학한다는 것은 꿈도 꾸지 못할 일이었다. 에리카는 경제적 자립을 최대한 서둘러야 했다. 마침 에리카는 바우하우스에서 영감을 얻은 상징적인 선반을 제작하는 데 소질과 흥미를 발견했다. 이 선반은 당대 동독 가정집에서 흔히 찾아볼 수 있었다.

독일민주공화국산 제품은 품질이 우수해 90퍼센트가 해외로 수출되었다. 대부분 소비에트연방으로 팔렸으나 서독으로 가는 물량도 적잖았다. 서독의 통신판매회사가 제품을 사들여 소비자들에게 배급했다. 에리카는 이렇게 회고했다.

> 러시아 사람들은 광택이 나는 열대 목재를 좋아했다. 소나무, 너도밤나무, 참나무 같은 현지의 목재로 만든 가구는 주로 NSW[비사회주의 경제권]에 보냈다.

일부 목재는 미국의 통상금지령으로 휘청이던 사회주의국가 쿠바를 돕기 위해 일부러 쿠바에서 들여왔다. 에리카와 동료들은 일주일에 70벌이 넘는 선반 세트를 생산했다. 동독인들은 한 벌에 6000마

453

르크씩 하는 이 가구를 사려고 몇 년이나 돈을 모았다. 해가 흐를수록 젊은 에리카는 "사무실 책상 앞에서 썩느니 손을 움직이는 일"에 대단한 자부심을 느꼈다. 근면과 혁신에 뒤따르는 보상이 만족스러웠고, 메달과 자격증은 물론 상여금도 받았다. 일하면서 대바늘 및 코바늘 뜨개질 관련 동아리를 만드는 등 친교 생활도 착실히 누렸다. 에리카와 동료들은 퇴근 후 격주로 만나 함께 뜨개질하고 친목을 쌓았다. 에리카는 추진력과 열정을 인정받아 1977년에 목공 기술을 가르치는 저녁 수업을 들었다. 그걸 이수한 후로는 급여가 더 올랐다. 그러나 그때까지 학위는 엄두도 내지 못했다.

그런데 1982년 독일민주공화국 노동자대회에 다녀온 후로 상황이 달라졌다. 지역의 문화부 관계자가 그에게 말을 걸어왔다.

사회주의 활동에 참여하는 데 열심이라고 들었습니다. 크뤼거 부인. 대학에 가서 직물 도안을 공부하지 않겠습니까? 회사 일과 병행할 수도 있습니다.

에리카는 남편 게르하르트Gerhard에게 곧장 소식을 전했다. 게르하르트는 같은 공장에서 가구 표면에 광택을 내는 작업을 하던 사람이었고, 결혼 후로 에리카에게 변함없는 동반자이자 든든한 힘이 되어 주었다. "해 봐, 에리카!" 게르하르트는 전심으로 아내를 응원했고, 아내가 저녁 수업과 주말 강습을 들으러 갈 때마다 어린 두 아들을 돌보았다. '안 될 게 뭐 있어?' 부부는 이렇게 생각했다. 비록 부부의 출신은 미천했으나 1970년대 호네커식 개혁은 에리카에게 고등교육이라는 호사를 누리게 했다. 노동시간은 주 40시간으로 줄었다. 에리카는 한 달에 870마르크를 벌었고, 작업 품질이 우수해 포상으로 260마르크를 추가로 받았다. 정부의 건설사업으로 앙클람에 새 아파트가 1091채 들어섰다. 부부는 방 4개에 발코니도 딸린 아파트를 장만했다. 삶이 안정되자 꿈을 좇을 여유도 생겼다.

크뤼거 부부는 1970년대가 들어서야 여가 생활에서도 물질적 안락함을 누릴 수 있었다. 여느 가족처럼 작은 정원을 공들여 가꿔 퇴근 후나 주말이면 정원에서 시간을 보냈다. 독일에서 오래 이어진 클라인가르텐Kleingarten(할당 정원)은 본질적으로 산업화의 유산이라 할 수 있다. 노동자들은 19세기부터 외부 생활공간이 거의 없는 좁은 도시에 모여 사느라 아주 작은 경작지도 귀히 여겼다. 독일민주공화국의 클라인가르텐은 이용법과 관리법이 우스꽝스러우리만치 세세해서 부르주아적이라는 비판을 받기도 한다. 그러나 그 뿌리는 노동자운동으로 거슬러 올라간다. 유럽의 많은 국가는 공급 문제를 해결하는 수단으로 할당된 땅을 사용했다. 클라인가르텐은 그곳을 관리하는 조직에 소속되었다는 공동체 의식을 불러일으키면서, 바깥과 단절된 공간에서 보장되는 사적 자유가 개성을 만들어 냈다. 이를 간파한 에리히 호네커는 단독주택 대신 아파트를 지으면서 클라인가르텐으로 균형을 맞췄다. 독일민주공화국에는 65만 개의 클라인가르텐이 있어서 150만 시민은 8가구당 하나의 녹지를 이용할 수 있었다. 그중 3분의 2가량은 크뤼거 부부와 같은 노동자들이 소유했다. 그들은 거기에 토끼를 풀었고, 꽃을 심었으며, 과일과 채소를 재배했다. 생산물을 가게에 팔면 가게가 보조금을 적용한 가격으로 소비자들에

455

게 팔았다. 정원에서 생산물을 기른 사람들이 그걸 직접 소비하는 대신 슈퍼마켓 선반에서 되사는 풍경은 다소 기이하지만, 덕분에 식량 공급난이 어느 정도 해소되었고, 제철 음식을 더 잘 확보할 수 있었으며, 정원을 관리하는 집들은 추가 수입을 얻을 수 있었다.

에리카에게 1970년대와 1980년대 초는 꽤 행복했던 나날들로 각인되었다.

> 휴가철에는 오버호프나 하르츠산맥, 아니면 치타우 등에 있는 자유독일노동조합총연맹의 휴양지로 갔다. … 14일간의 식사와 숙박 비용으로 190마르크만 내면 되었다.

에리카와 그 가족은 호화롭지는 않아도 안전하고 작은 보상들로 알차게 채워진 삶을 산다고 느꼈다.

> 우리는 노동을 해서 월급을 받았고 열심히 일하면 그만큼 상여를 얻었다. 그럭저럭 잘 살았고 걱정할 것이 하나 없었다. … 그러다 1987년에 시누의 60번째 생일을 축하하러 서독에 방문했는데, 그때 비로소 넘치는 삶이 무엇인지를 보았다. 올덴부르크의 슈퍼마켓 뒤로 남아도는 식료품이 쓰레기통에 버려져 있었다. 유행이 지난 가구 부품은 곧장 매장에서 거대한 컨테이너로 옮겨졌다. 동독에서는 없어 못 사는 것이 그곳에서는 그냥 버려지고 있었다.[42]

모두가 동독산 물건만으로 살아가는 것에 만족하지는 않았다. 1970년대 말 독일민주공화국에는 500개 가까이 되는 '인터숍 Intershop'이 있었다. 서독 통화로 서방의 상품을 살 수 있는 가게였다. 인터숍은 처음에 1950년대에 로스토크나 비스마어 같은 항구도시나 무역박람회가 열리는 라이프치히처럼, 외국인 방문객이 많이 찾는 도시 위주로 생겨났다. 그러다 점차 공항, 외국인이 많이 방문하는 고급 호텔, 철도 주변에 문을 열었다. 인터숍은 자본주의 진영의 부자 방문객들이 독일민주공화국에 머무르는 동안 그들에게 편의를 제공하기 위해 그런 장소에 설립되었는데, 법적으로 서독 통화를 소지할 수 없었던 동독인들의 접근을 차단하려는 목적도 있었다. 하지만 1970년대 들어 두 독일 사이의 긴장이 완화되자 당국은 인터숍에 대한 규제도 완화했다. 1974년 2월 1일부터 외화의 소유를 합법화했다. 규제 완화에는 여러 요인이 작용했다. 만일 동독인들이 커피 같은 수입재를 서독 화폐로 결제한다면 국가로서는 일석이조의 효과를 보는 셈이었다. 사람들이 알아서 수입 제품을 구하니 국가가 물량을 확보하느라 걱정할 일이 줄어드는 데다 국고에 외화가 쌓여 그 돈으로 다른 것들을 들여올 수가 있었다. 인터숍을 운영하는 포룸상사(Forum Handelsgesellschaft)의 수익은 1974년 2억 8600만 도이치마르크에서 1984년 9억 5500만 도이치마르크로 3배가 넘게 성장했다.[43] 인터숍 직원들에게 한 달에 30도이치마르크씩 상여를 줄 만큼 수익이 좋았다. 온갖 외국 상품을 파는 인터숍은 상품 가격이 저렴하지 않았기에 더욱더 소비자들을 유혹했다. 테이프 녹음용 카세트는 5도이치마르크, 매치박스Matchbox 자동차는 2.50도이치마르크, 오리지널 랭글러 청바지는 50도이치마르크에 팔렸다.

눈이 휘둥그레지게 비싼 서방의 상품들은 오히려 더 매력적으로 느껴졌다. 흡사 마법의 공간 같은 인터숍은 동독의 집단주의 문화와 대조를 이뤄 존재감을 발했다. 감시가 철저한 선반에는 꿈에 그리던 물건들이 진열되어 있었다. 매장에 들어서는 순간 현란히 반짝이는 포장지가 눈에 들어왔다. 광고나 제품 디자인에 신경 쓰지 않는 무채색 사회주의 세상과 전혀 다른 세상이었다. 동독에서는 집마다 서독 통화가 어느 정도 모이면 인터숍을 찾아 아이들에게 서독산 장난감을 사 주는 것이 일종의 가족 나들이처럼 자리를 잡았다. 아이들은 일본산 몬치치Monchhichi 인형을 친구들에게 자랑했다. 남편들은 값비싼 서독산 화장품이나 향수를 아내들에게 선물했다. 젊은 부부는 갓 태어난 아기를 위해 인기 있는 페나텐Penaten 아기용 보습크림을 샀다. 10대 소녀들은 몇 년씩 돈을 모아서 근사한 치마나 재킷을 장만했다. 그러나 동독인들의 뇌리에 가장 깊이 박힌 것은 인터숍의 향기였다. 매장 안에는 마음이 편안해지는 볶은 커피 향과 신상품에서 풍기는 이상하게 자극적인 플라스틱 냄새, 거기에다 강렬한 가루세탁세제와 비누 향이 뒤섞여 났다. 동독인들은 지금도 그것을 "서방의 향기"라고 기억한다. 사람들은 그 향을 간직해 집에서도 음미했다. 수납장에 넣어 놓은 개킨 옷이나 수건 사이에 비싼 럭스Lux비누를 두었다가 향이 다 사라지고 나면 그제야 그 비누를 썼다. 레나테 데무트는 레미 마르탱Rémy Martin 코냑 병에다 동독에서 만든 저가 브랜디 골트브란트Goldbrand를 채워 손님들에게 내놓고는 했다. 파티에 온 손님들은 차이를 절대 눈치채지 못했고 서방 술의 뛰어난 풍미를 예찬했다.

독일민주공화국에서 구하기 어렵거나 구경도 하지 못할 물건들을 판매한다는 것이야말로 인터숍이 부리는 마법이었다. 필요한 것은 서독 통화뿐이었다. 인터숍을 운영하는 포룸상사는 서독 마르크로 할 수 없는 것을 할 수 있게 만드는 섯의 대명사가 되었다. "포룸 게츠Forum geht's"라는 표현만 봐도 알 수 있다. "무슨 일이야?"라는 뜻의 "보룸 게츠Worum geht's"를 바꾼 말장난으로 "포룸은 해낸다"라는 의미였다. 트라반트를 고치고 싶은데 예비 부품을 구할 수 없더라도 약간의 외화가 있으면 놀라운 일을 할 수 있었다. 포룸 게츠! 일체형 선반을 좀 더 빨리 받아보고 싶다면? 포룸 게츠! 이를 가장 극단적으로 보여 준 것은 독일민주공화국 국영회사 게넥스 Genex(Geschenkdienst-und Kleinexporte)[*]였다. 서독인들은 게넥스의 통신판매 상품안내서를 보고 동독의 친구와 친척에게 보낼 선물을 주문했다. 제품 종류는 다양했고, 독일민주공화국에서 구하기 어렵거나 아예 구할 수 없는 제품들로 구성되었다. 서독의 후원자는 동독의 수혜자를 위해 텔레비전과 식탁부터 오토바이와 자동차까지, 심지어는 주택을 구매했다. 두 독일의 정치 상황이 껄끄럽다 보니 게넥스는 스위스와 덴마크의 협력사들을 거쳐 복잡한 돈 문제를 처리했다. 서독인들은 상품안내서에서 제품을 골라 서독의 은행 계좌로 돈을 부친 뒤 선물을 전달할 동독 주소지를 써넣었다. 1960년대 독일민주공화국은 국내에 통신판매회사를 세웠으나, 재화를 안정적으로 공급할 수 없다는 현실의 벽에 부딪혔다. 이행되지 못하는 주문 건수가 점점

---

[*] 동독이 외화벌이를 위해 국외에서 운영한 면세점

8장 친구와 적

늘어났고, 몇 주씩 기다린 고객에게 돌아오는 뻔한 변명은 실망감을 키웠다. 결국 당국은 1976년 이 방법을 포기하고 국내 통신판매회사의 문을 닫은 뒤, 게넥스를 통해서만 인민의 소비 욕망을 채웠다.

당국은 정부 관료들마저 서방의 물자를 소비하는 상황임에도 이중 통화체제를 사실 용인했다. 원칙에 따라 제복을 입은 채로 인터숍에 들어가서는 안 되었지만, 한 경찰관의 회고에 따르면, 그는 인터숍을 드나드는 독일사회주의통일당원들에게 당 휘장이라도 가릴 것을 자주 당부해야 했다. 이와 같은 관용은 서로 다른 두 화폐로 값을 치르는 두 종류의 가게, 그리고 그곳에서 소비하는 두 부류의 사람들을 터놓고 인정한다는 뜻이었다. 그 부류란 서독에 마음씨 좋은 친척이 있는 사람과 없는 사람으로 나뉘었다.

1970년대에도 해결되지 않은 문제는 많았으나 동독의 생활수준은 고점에 이르렀고 덕분에 많은 사람이 과거와 달리 부와 안정을 누렸다. 독일민주공화국 시민들의 생활수준은 공산주의 세계에서 가장 윤택했고, 하루하루 먹고살 걱정을 더는 하지 않아도 되었다. 나라에서 집세 보조금을 대 주니 월급 일부만 임대료로 내도 중앙난방에 욕실과 주방이 딸린 새 아파트에서 살 수 있었다. 집마다 냉장고, 텔레비전, 세탁기를 들였다. 평균 월급은 1970년에 755마르크에서 1980년에 1021마르크로 꾸준히 상승했다. 트라반트는 오늘날 조롱거리로 전락했고, 역사학자들은 자동차를 받을 때까지 터무니없이 길었던 대기시간을 비판하지만, 1980년에 동독에서는 약 40퍼센트의 가구가 트라반트를 타고 다녔다. 자국민의 요구와 소망을 최우선으로 하겠다는 호네커의 야심은 충분히 결실을 보았다.

또한 독일민주공화국은 군대뿐 아니라 사회 곳곳에서 사람들이 사다리를 오를 수 있도록 평생 교육과 출세의 기회를 많이 제공했다. 불리한 환경에서 자란 사람들이 대학에 진학하고 직업훈련을 받고 경력을 향상할 조언을 받으면서 요직에 올랐다. 공장의 목표량은 단시 억압의 수단만으로 인식되지 않았으며, 진정한 성취감을 가져다 주기도 했다. 거기서 비롯되는 공동체 정신은 많은 이에게 정체성과 소속감의 원천이 되었다.

하지만 바로 옆 서독이라는 존재와 필사적인 경쟁심에 호네커가 살짝 선보인 소비의 장은 슬슬 답답해지던 독일민주공화국에 매력적인 자본주의 향기를 퍼트렸다. 초창기의 혁명적 열기와 할 수 있다는 기개는 어느새 시들해졌고, 파시스트라는 적과 맞서 싸워 본 적도, 바이마르공화국 시절의 거친 거리 투쟁에 나서 본 적도 없는 청년세대는 안온했고 조금은 무기력했다.

슈타지 또한 이를 절감했다. 슈타지 수장 에리히 밀케는 곳곳에서 반혁명의 망령을 목격했다. 그는 독일민주공화국에 서방의 소비주의를 들여온 호네커의 선택을 전혀 내켜 하지 않았고, 이 때문에 국가 전체가 종말로 치달을 수 있음을 직감했다. 통일 후 2년이 흐른 1992년에 밀케는 이렇게 회고했다.

호네커가 주도한 대서방 개방이 문제를 일으켰다. 독일연방공화국 정치인들과 시민들이 자꾸만 방문하는 것이 해악을 끼쳤음은 명백했다.[44]

걱정에 휩싸인 밀케는 제1 서기를 불신하는 지경에 이르렀다. 밀케는 붉은 가죽으로 만들어진 서류 가방에 호네커에게 불리한 문건들을 차곡차곡 모았다. 밀케의 집무실에 보관되어 있던 그 문건들은 1989년 12월에야 세상에 공개되었다. 그중에는 1937년에 호네커가 반역죄로 재판받는 중에 공산주의 레지스탕스의 동료들에 관해 자백했다는 서류와 아버지 빌헬름이 아들 호네커를 살리려고 나치에게 보낸 서신도 포함되었다. 그 서신에서 빌헬름은 아들이 마음을 바꿔 공산주의를 규탄했으며, "이 국가에서 자신의 젊은 이상을 실현하려 한다"라고 주장했다. 호네커의 두 번째 아내 에디트 바우만과 세 번째 아내 마르고트 파이스트가 서로를 비방하며 발터 울브리히트에게 자기 편이 되어 줄 것을 간청하는 내용의 서신도 발견되었다. 국가 자금으로 호네커가 숨겨진 연인의 별장을 지었음을 보여 주는 문건은 특히 불미스러웠다.

에리히 밀케가 독일민주공화국 수반에게 불리한 증거를 모았다는 사실은, 슈타지 지도부가 인구 전반은 물론 내부에서도 적을 찾기 시작했다는 명징한 조짐이다. 밀케는 사방에서 적들의 위험을 감지했다. 그에 따라 그의 첩보 조직도 기풍을 바꿔, 이미 존재하는 국가의 적을 잡아내는 것에 그치지 않고 언젠가 태도를 바꿀지도 모를 사람들을 예측했다. 독일민주공화국에 충성하고 성실한 태도를 보이는 시민일지라도 슈타지가 그에게서 불만의 씨앗을 감지한 순간 그에 대한 평가는 순식간에 달라졌다. 1981년 4월 3일 밀케는 조직 전체에 의도를 전달했다. 관건은 "누구"였다. 누구를 신뢰할 수 있으며 그럴 수 없는가? 슈타지는 이를 어떻게 알아낼 것인가? 밀케는 이 질문을 구체화했다.

적은 누구이며, 적대적이고 부정적인 태도를 보이는 자가 누구인가,
적대적이고 부정적인 대도와 ㄱ 밖에 다른 영향으로 적이 될 조짐을
보이는 사람은 누구인가, 적의 마수에 넘어가 휘둘릴 자는 누구인가,
동요하는 자는 누구인가, 당과 국가가 전적으로 신뢰하고 의지할 수
있는 자는 누구인가.[45]

밀케는 시민의 유형을 나열하면서 다섯 가지 유형의 적을 규정
했고, 신뢰할 수 있는 유형은 단 하나만을 언급했다. 이는 그와 그의
조직이 얼마나 피해망상에 시달렸는지를 보여 준다. 정치국원들도
슈타지의 감시와 통제의 대상이 되었다. 호네커가 자유화와 서방화
를 추진할 때마다 밀케의 압박은 덩달아 강력해졌다.

비교 대상을 찾아 나라 바깥을 기웃거리다가 다른 사람들도 그
럴까 봐 성급히 내부로 시선을 돌리는 지도부는 본질적으로 불안할
수밖에 없다. 정부는 물질적 안락함과 소비의 장을 좇으면서 단기적
으로나마 사람들에게 만족감을 주려 했다. 하지만 그 과정에서 호네
커의 독일민주공화국은 경제적으로나 이념적으로 지나치게 확장되
어 버렸다. 울브리히트 체제에서 동독 사회는 유례없는 계층의 상
향 이동을 비롯해 일대 혁신을 일으켰다. 이는 계급 없는 사회를 향
한 장기적 목표의 한 부분이었다. 그 사회는 경제 스펙트럼에서 최상
단의 사람들이 정반대의 극빈층을 위해 자신들이 누리던 사치를 자
발적으로 포기하는 세상이었다. 울브리히트는 현실적으로 실현할 수

463

있는지와 상관없이 개인보다 집단이 우선인 좀 더 겸양하는 사회를 꿈꾸었다. 자동차와 텔레비전을 바로 받아 볼 수 없을지라도, 무상의 교육과 의료, 집세와 식비에 보조금이 제공되는 사회였다. 호네커는 반대 세력이 불만을 품은 원인을 물욕으로 규정하고서, 단편적인 서방화의 형태로 그 욕구를 채우려 부단히 노력했다. 하지만 미국산 청바지를 트럭째 들여오고 인터숍을 통해 서독산 가루 세탁세제를 파는 것은 그런 욕구를 도리어 부추겼으며, 독일민주공화국은 기껏 잘해 봐야 서방을 어설피 모방하는 아류에 지나지 않는다는, 그마저도 아니면 질투심 많은 구경꾼이라는 인식을 강화했다. 호네커가 동독인들을 위해 수입한 물질적 안락함은 행복과 삶의 만족도를 일시적으로 높였을지 몰라도, 사람들 마음속에 의심의 씨앗을 뿌렸고, 결국 1970년대 내내 독일민주공화국이 명확한 방향 없이 흔들린 원인이 되었다.

" 죽느냐 사느냐,
그것이
문제로다. **"**

걱정 없는
일상

9장

형제의 난

1981년 8월 3일 크림반도. 에리히 호네커는 레오니트 브레즈네프의 여름 별장을 언제나 즐겨 찾았다. 동베를린의 금욕적인 분위기와도, 모스크바의 과장된 환대와도 동떨어진 세상이 그곳에 있었다. 크림 반도에 가면 따스한 여름 바람에 가만히 흔들리는 야자수가 반겨 주었고 바다의 소리와 내음이 가득했다. 자유로이 술잔이 오갔다. 이 만남은 어느새 연례행사가 되었다. 해마다 지도자는 반도 남단에 있는 오레안다마을로 휴가를 떠났다. 흑해 인근 드넓은 부지에 세워진 별장은 수영장도 딸려 있었다. 외국 귀빈에게 감동과 편안함을 주기에 더할 나위 없이 좋은 장소였다. 1971년 브레즈네프는 서독 총리 빌리 브란트와 별장 근처에서 수영했다. 브레즈네프의 개인 사진사 블라디미르 무사옐랸Vladimir Musaelyan에 따르면, 빌리 브란트는 넉살 좋게도 소비에트 지도자에게 수영복을 빌려 입었다. 1974년 브레즈네프는 미국 대통령 리처드 닉슨Richard Nixon을 초대해 호화로운 만찬

467

을 열었다. 오레안다는 쾌적한 휴양지일 뿐 아니라 역사적으로도 의미가 있는 곳이었다. 1945년 얄타회담의 개최지이자 로마노프 왕조의 우아한 별장인 리바디스키 궁전이 바로 근처에 있었다. 크림반도의 풍경은 보란 듯이 세계 무대의 일원이 된 소비에트연방의 모습을 투영하고 있었다.

　　서방 정치인이 브레즈네프에게 초대받는 경우는 흔치 않았으나 사회주의 형제 국가들의 지도부는 1971년부터 해마다 크림반도로 초대되었다. 호네커는 그 시절 "편하고 개방적이며 건설적인 분위기 속에서의 만남"을 "세부적이고 자유로운 방식으로 의견과 경험을 교환하며 미래를 건설해 갈 훌륭한 기회"로 보았다.[1]

　　하지만 1981년 8월 두 사람의 11번째 만남은 예년과 달랐다. 어느덧 74살이 된 브레즈네프는 친절한 주인 역할을 더는 해내지 못했다. 탈이 많았던 1970년대를 지나오며 그는 정신적으로나 신체적으로 망가졌다. 험악해진 가정생활을 견디다 못해 아내와 이혼하고 자식들과 연을 끊을까 고민했다. 고통을 잊으려 술에 빠질수록 우울증은 더 깊어졌다. 심한 불면증에 시달렸고, 거의 한순간도 고통을 잊지 못한 그는 급기야 진정제에 의존했다. 더구나 소비에트 지도자는 오래전부터 과체중이었던 데다 골초이기도 했다. 1970년대 동안 소비에트연방에 끊이지 않았던 경제 위기는 브레즈네프의 개인적 고민 위에 막대한 정치적 문제들을 쌓아 올렸다. 집에서조차 마음 편히 쉴 수 없었던 브레즈네프는 결국 압박감에 굴복하고 말았다. 경미한 뇌졸중을 여러 차례 앓다가 1975년 심장마비를 일으켰고 같은 해 심각한 뇌졸중으로 다시 쓰러졌다. 건강이 나빠지는 와중에도 소비에트 지도자는 쉴 겨를이 없었다. 권력 다툼으로 정치적 혼란이 야기될 것을 우려한 소비에트 엘리트층은 노쇠한 지도자를 그냥 제자리에 두기로 했다. 막후에서 정치적 결정이 내려지면 흡사 유령처럼 보이는 브레즈네프는 문자 그대로 운송되어 이따금 국가 행사에 등장해 결정된 사항을 공표했다. 그는 생기와 열의를 잃은 듯 보였다. 1981년 2월 동독의 통역사 겸 정치인 베르너 에버라인이 본 브레즈네프의 모습은 실로 충격적이었다.

> 의료진의 부축을 받으며 당회의에 나타난 그는 노망 난 늙은이가 되어 있었다. 호네커와 대화할 때도 그냥 종이에 쓰인 문장만 달달 읽었다.[2]

6개월 후 크림반도에서 호네커를 다시 맞이한 소비에트 지도자는 한때 호네커의 벗이자 동맹이었던 자의 껍데기에 지나지 않았다. 호네커는 이제 브레즈네프와 상의할 수 없는 상황이 극도로 불만스러웠다. 브레즈네프는 기계처럼 한 가지 입장만을 반복했다. 소비에트연방은 당분간 자국 경제를 돌봐야 하므로 독일민주공화국도 더는 소비에트의 신용에만 의지하려고 해서는 안 된다는 것이었다. 심지어 석유를 계속 안정적으로 공급받을 수 있는지도 불투명했다. 이는 호네커에게 크나큰 타격이었다. 호네커의 나라는 소비에트연방에서 연간 1900만 톤의 석유를 공급받기로 한 계약에 의존하고 있었기 때문이다.

앞서 말했듯 동독이 국내에서 확보할 수 있는 에너지원은 갈탄

469

뿐이었다. 갈탄은 재앙 수준으로 환경에 해로웠고, 기술적으로 뒤처졌으며, 경제적으로 효율적이지 못했다. 우랄 지역, 시베리아, 카자흐스탄, 투르크메니스탄에 묻힌 소비에트연방의 방대한 석유 매장량은 소비에트 권역의 에너지 수요를 장기간 해결해 줄 이상적인 해법이었다. 1964년 완공된 송유관 드루즈바는 1970년대에 확장되어 시베리아 서부의 유전부터 동유럽 정유소까지 직통했다. 총연장이 5000킬로미터가 넘는 이 송유관은 먼 미래도 염두에 둔 거대한 산업적 노력이었다. 독일민주공화국은 그에 맞춰 자신들의 경제를 손봤다. 폴란드와 접경지대인 슈베트에 대규모 정유소를 지어 1964년부터 가동했다. 그곳 3만 명의 노동자는 소비에트연방에서 받은 석유로 400여 종에 달하는 석유제품을 생산했다. 휘발유·디젤유·난방유는 물론 타르와 윤활유도 생산했다. 독일민주공화국 경제 곳곳이 이 생산물에 의존했다. 이를테면 석유로 만든 복합 화학제품은 섬유산업과 농업 분야에서, 그리고 가루 세탁세제를 생산하고 가구를 제작하는 데 쓰였다.

독일민주공화국의 에너지 소비도 소비에트연방에서 수입한 석유에 의존했다. 1960년에 국내 에너지 사용의 97퍼센트는 석탄을 이용한 것이었던 반면, 1980년에 석유 사용 비율은 17.3퍼센트를 넘어섰고 가스는 9.1퍼센트까지 올랐다.[3] 석유는 에너지 생산 측면에서 갈탄보다 5배는 더 효율적이었다. 따라서 독일민주공화국은 자연스레 국내에서 갈탄에 대한 투자를 줄이고 소비에트연방에서 석유를 공급받는 쪽으로 기울었다. 이는 1970년대 석유파동으로 값비싼 대가를 치러야 했다. 독일민주공화국은 1972년 2~3달러에 구매했던 원유 1배럴을 1980년에는 15달러나 주고 구매했다.[4] 결국 국내산 갈탄을 다시 대량으로 채취하기 시작했다. 그렇다고 하더라도 소비에트연방에서 수입한 원유는 독일민주공화국의 정유소를 거치면 여전히 현금화할 수 있었다. 독일민주공화국이 생산해 세계 시장에 내놓은 석유제품들은 서독을 비롯해 비사회주의국가들로도 많이 팔렸다. 덕분에 동독은 원유 비생산 국가 가운데 화석연료를 아주 많이 수출하는 나라 중 하나가 되었다. 호네커가 크림반도 야자수 아래에서 브레즈네프에게 염려스러운 소식을 전해 듣던 무렵, 석유제품은 동독이 비사회주의국가에 수출하는 재화의 28퍼센트를 차지했다.[5]

호네커의 간청도 소용없었다. 브레즈네프는 "소비에트산 석유와 석유제품을 공급받는 나라들이 그걸 자본주의자들에게 팔아넘겨서" 막대한 이익을 챙기고 있지 않냐고 면박을 주었다. 그것은 불공정한 경제행위일 뿐 아니라 서방, 특히 서독과 경제적으로 유착하는 것이었다. 이는 계급의 적에게 "여러 종류의 압박 수단"을 쥐어 줌으로써, 작금의 폴란드 사태가 "극적인 방식으로" 보여 준 "심각한 결과"를 초래할 소지가 있었다.[6]

호네커가 보기에 이러한 표현은 절대 바람직하지 않았다. 독일민주공화국의 지도자가 서독과 밀착하려 한 것에는 경제적인 이유도 있었으나, 냉전의 긴장감이 고조되어 독일 땅 위에서 핵전쟁이 일어나는 불상사를 피하고픈 마음이 본과 동베를린 모두에 있었기 때문이기도 했다. 독일사회민주당 출신의 서독 총리 헬무트 슈미트Helmut Schmidt는 두 독일 간 정상회담을 열겠다는 의지를 밝혔고, 호네커도 응할 준비가 되어 있었다. 그런데 브레즈네프가 노골적으로 개입해 정상회담에 반대했고 독일민주공화국의 국내 문제들에 참견했다. 표면적으로 이는 소비에트연방에 군비축소를 위한 양자 협정을 요구하면서도 미국의 중거리 핵미사일을 유럽에 추가로 배치한, 1979년 나토의 이중결정(Double-Track Decision)을 본 정부가 지지한 대가였다. 그러나 실제로 모스크바가 걱정한 것은 동서독의 결탁이었다. 정작 브레즈네프 자신은 슈미트와 가깝게 지냈으며, 1980년 7월 모스크바에 방문한 그에게 최고 의전을 베풀었다. 하지만 그는 독일민주공화국이 소비에트와 서독 사이에서 중재자 역할을 도맡아 정치 자본을 획득하는 것을 경계했다.

호네커는 이때까지의 동맹이 이렇듯 불신을 드러내자 크게 실망했다. 1981~1987년에 소비에트연방 주재 동독대사를 지낸 에곤 빙켈만Egon Winkelmann에 따르면, 호네커는 빙켈만에게 업무를 지시하다가도 혼자 분을 이기지 못했다. "슈미트는 만나지도 말라니. 말도 안 되는 소리!"[7] 그는 분노했다. 호네커는 충직한 사회주의자로 소비에트 공산주의의 이념적 유산에 충성을 다했으나 동시에 애국자이기도 해서, 다른 나라들이 벌이는 위험한 전쟁 게임에 자국이 노리개로 쓰이는 현실에 분개했다. 그는 자국 영토에 핵무기 SS-20 '세이버' 미사일이 몇 대나 배치되었는지, 정확히 어디에 있는지조차 알지 못했다. 독일민주공화국 정부는 자국 영토에 주둔하는 소련군 병력 규모를 매일 보고받지도 않았다. (1980년대에도 35만 명가량이 동독에 주둔했다.) 호네커는 소비에트 군 시설에서 사용되는 물 사용량을 바탕으로 그 규모를 가늠해야 했다.

크림반도에서 이루어진 여름 회동은 한때 돈독했던 사냥 친구이자 정치적으로도 뜻을 함께했던 두 동맹의 깨어진 신뢰를 복구하기에는 역부족이었다. 브레즈네프는 정신적으로나 신체적으로 호네커의 주장에 대응할 상태가 되지 못했기에 막후에서 자신을 조종하는 사람들에게서 들은 말 가운데 인상에 남은 몇 마디만을 공허히 반복할 뿐이었다. 그럴수록 독일민주공화국은 최악의 악몽을 다시금 확인했다. 경제 대국 사이에서 스스로 자신들을 지켜야 했다.

호네커는 베를린으로 돌아오고 얼마 지나지 않아 모스크바의 정책이 바뀌었음을 통보하는 공식 서한을 받았다. 소비에트연방은 기존의 합의를 깨고 독일민주공화국으로 수출하는 석유의 공급량을 1900만 톤에서 1700만 톤으로 10퍼센트포인트 넘게 줄였다. 줄인 만큼의 물량은 공개 시장에 내다 팔아 자국의 경제문제를 꺼뜨리는 데 사용하겠다는 것이었다. 모스크바가 거액을 들여 추진한 1979년 12월의 아프가니스탄 침공, 서방과 다시 시작한 군비 경쟁으로 눈덩이처럼 불어난 비용, 잇따른 흉작은 소비에트연방에 심각한 경제 위기와 공급난을 불러일으켰다. 분위기는 폴란드의 자주관리노동조합 솔리다르노시치Solidarność(연대)* 운동과 같은 사회 격변이 일어날 것처럼 험악해졌다. 소비에트연방은 국내 문제에 집중했다. 호네커가 동독 번영의 희망이라 본 '우정(드루즈바)' 송유관은 순식간에 우스워졌다.

독일 지도자는 낭패감을 숨기기 힘들었다. 호네커는 브레즈네프에게 다시 고민해 달라며 간청하는 편지를 두 통이나 써 보냈다.

---

*   1980년에 창설된 동구권 최초의 독립 노동조합으로, 광범위한 반공산주의운동을 전개하였다

그러나 소용이 없었다. 그의 옛 친구가 할 수 있는 일이라고는, 1981
년 10월 21일에 소비에트연방 공산당 중앙위원회 서기인 콘스탄틴
루사코프Konstantin Rusakov를 동베를린으로 보내, 소비에트 지도자도
달리 방도가 없음을 호네커에게 다시금 전달하는 것이었다. 루사코
프는 호네커에게 다음과 같이 말했다.

> 이번 결정으로 당신들이 얼마나 난처해졌는지 잘 압니다. 하지만 우
> 리가 국내에서도 어느 때보다 가혹한 조치를 시행하고 있다는 것을
> 믿어 주십시오. 사회주의국가 공동체의 존속을 위해 그간 우리가 힘
> 든 상황에서 당신들을 여러 번 돕지 않았습니까. 이제는 우리가 당신
> 들에게 도움을 요청합니다. 다른 방법이 없습니다. 브레즈네프 동지
> 는 이렇게 말씀하셨습니다. "내가 이번 결정을 승인하며 눈물을 흘렸
> 음을 호네커 동지에게 부디 말해 주시오."[8]

하지만 모스크바에서 브레즈네프가 흘렸다는 눈물은 베를린에
있는 누구의 마음도 녹이지 못했다. 호네커는 싸늘히 맞받아쳤다.

> 레오니트 일리치 브레즈네프 동지에게 꼭 좀 물어봐 주십시오. 과연
> 200만 톤의 석유가 독일민주공화국을 와해할 만큼의 가치가 있는
> 것이냐고 말입니다.[9]

호네커의 절망은 타당했다. 소비에트연방은 그래서는 안 되는
상황에서 독일민주공화국에서 손을 뗀 것이다. 동쪽의 원조국에 버

림받고, 서쪽의 잠재적인 시장과 교역할 기회가 박탈된 작은 동독은 고립되고야 말았다. 자립 경제를 세우기에는 천연자원이 부족했으며, 1981년 모스크바의 결정 이후로 다른 데서 필수 자원을 얻을 길도 막막해졌다. 정치인들이 국경 너머 폴란드의 정치적 혼란을 초조히 지켜보는 동안 경제 붕괴의 그림자가 어른거리기 시작했다. 독일민주공화국의 동쪽 이웃 국가는 심각한 경제 위기로 사회가 동요할까 계엄을 만지작거리고 있었다. 동독인들은 막후에서 빠르게 전개되는 위기와 아직은 동떨어져 있었으나 무언가 심상치 않다는 것을 분명히 감지했다. 이런 농담도 유행했다. 사회주의국가들을 '친구'가 아닌 '형제'로 부르는 까닭은, 친구는 고를 수 있지만 형제는 그럴 수 없기 때문이다.

경제 위기

1981년 가을 작센주 드레스덴. 클라우스 도이벨Klaus Deubel은 말도 되지 않는 상황에 어이가 없어 고개를 내저었다.[10] 처음도 아니었다. 드레스덴 합리화연구소에서 일하는 39살의 연구원은 지역의 효율성을 증대하라는 달갑지 않은 임무를 떠안고 있었다. 거부할 도리는 없었다. 터무니없더라도 일단 노력하는 수밖에 없었다. 명령은 전기전자공학부에서 직속으로 국영기업들에 빠짐없이 하달되었다. 클라우스에게는 경영과 행정에 들어가는 자원량을 줄이라는, 실로 어려운 임무가 떨어졌다. 경영과 행정 비용은 지출의 20퍼센트를 차지했는데 이를 절반으로 줄여야 했다. 동료들과 사이가 좋았던 클라우스는 그들에게 피해가 가는 변화를 주고 싶지 않았기에 더욱더 부담스러웠다. 그는 동료들의 역할에 되도록 영향을 끼치지 않으면서 생산성을 높일 수 있는 몇몇 합리적인 제안과 여러 조치를 고민해 제안했다. 그중 하나는 국민을 행복하게 만들겠다는 호네커를 돕기 위해, 기업들이 원래의 전문 범위를 벗어나는 소비재 생산을 관두고, 핵심사업에 다시금 집중하자는 것이었다. 브란덴부르크에 있는 전기기관차 생산공장(Lokomotivbau-Elektrotechnische Werke, LEW) 헤니히스도르프 Hennigsdorf는 1913년부터 기관차를 생산했으나, 언젠가부터 동독인들에게 서독 친척들이 쓰는 물건들을 똑같이 보급하기 위해 라디오, 정원용 가구, 사우나 가열장치 등을 생산해야 했다. 클라우스는 점점 심해지는 경제 위기 속에서 각 산업이 원래의 전문 분야에 집중해야 한다는 의견을 설득력 있게 제시했다. 하지만 간부들과 15분간 회의한 끝에, 그가 세심히 설계한 해법은 묵살되었고 대신 경영과 행정 비용을 지출의 10퍼센트로 줄이자는 방안이 채택되었다.

고도로 전문적인 산업을 운영하는 데 국가가 개입하는 것이야 새로운 일이 아니었다. 본디 계획경제란 장기간 거시적인 차원의 개입을 통해 작동하는 것이었다. 그러나 1981년 하반기에 경제 위기감이 팽배해지자 정부 주도의 그릇된 조치들이 우후죽순 쏟아지면서 불합리한 상황이 벌어졌다. 기업의 경영을 최소화하니 계획경제는 혼란스러워졌고 비효율적으로 굴러갔다. 장관급에서 내린 조치는 아래로 효과적으로 내려가지를 못했다. 클라우스는 장관에게 직속으로 보고하는 전기전자공학부 사무총장이 공장을 직접 돌아다니며 부품을 분배하던 모습을 보고는 했다. 각 기업은 엄격한 원칙에 따라 작업 시간을 단축해야 했다. 클라우스가 기억하기로, 드레스덴의 초소형전자공학연구소는 이 원칙을 적용한 결과 진행 중인 사업에 할당된 작업 시간보다도 더 많은 시간을 단축해야 하는 넙석 의무를 지기에 이르렀다.

불합리하고 무계획적인 효율화 대책은 1981년부터 강화되었다. 같은 해 4월 독일사회주의통일당 대회에서 새 5개년계획이 발표된 것이 어느 정도 영향을 주었다. '주요 임무'는 여전히 독일민주공화국 경제의 자립이었다. 이를 위해서는 생산성 제고 및 합리화와 품질향상이 이뤄져야 했다. 중앙위원회 경제 서기 귄터 미타크는 세계 시장의 심각한 문제들이 독일민주공화국의 생산에 영향을 미쳤다고 지적했다. "에너지자원과 원자재의 가격 변동, 국내 자원을 개발하기 위한 지출의 증가"[11] 등이 대표적이었다. 미타크는 이를 해결하려면 경제 사슬의 모든 고리마다 자신들의 경제적 이익을 추구할 수밖에 없다고 확신했다. 지난 1963년에 미타크는 기존 5개년계획을 좀 더 역동적인 방식으로 교체한 발터 울브리히트의 신경제체제를 지지했었다. 그러나 이 계획은 정치적 저항에 부딪혀 제대로 이행되지 못했다. 미타크는 "최상의 기술 수준에 도달해야 국가 경제가 국제적으로 생존할 수 있다"[12]는 경제적 신념도 확고했다. 울브리히트도 이에 전적으로 동의해 1971~1975년에 컴퓨터 기술과 그 밖의 미래 지향적인 사업에 거액을 투자하려 했다. 그러나 건강이 나빠지고 입지가 불안해지면서 그의 이런 구상은 당의 동지 사이에서 조롱거리로 전락했고, 유산을 남기려는 늙은이의 망상 정도로 치부되었다.

477

그로부터 10년이 지난 지금, 상황은 몰라보게 달라진 후였다. 울브리히트는 세상을 떠났고 소비에트연방은 독일민주공화국을 경제적으로 저버리려 했다. 먼 훗날 미타크는 기술개발을 추진하려 한 것과 관련해, "우리는 여전히 독일민주공화국이 소비에트연방과 긴밀한 협력을 통해 기술을 개발할 수 있으리라는 착각에 빠져 있었다"[13]라고 쓸쓸히 회고했다. 1981년 브레즈네프는 초소형전자공학 같은 신기술을 독일민주공화국과 함께 개발하는 것은 고사하고, 원자재를 계획대로 공급하는 것조차 내켜 하지 않았다. 미타크에게 해법은 자명했다. 미래는 첨단기술에 달려 있었다. 모스크바가 이 현실에 눈을 뜨지 못하거나 그럴 의지가 없다면, 동독은 사회주의 권역 바깥에서라도 다른 협력국을 찾아야 했다.

효율성과 기술의 본보기를 찾아 나선 독일민주공화국에 일본은 당연히도 돋보이는 후보였다. 1970년대에 두 나라는 화학·금속·전기공학 등의 분야에서 교역했다. 독일민주공화국은 서방의 소비문화에 뒤지지 않기 위해 라디오, 텔레비전, 스테레오 장비 등이 필요했기에, 이런 점에서 일본은 특히나 관심이 가는 국가였다. 에리히 호네커는 1981년 5월 일본을 공식 방문해 두 나라 사이에 총 4억 4000만 달러 규모의 거래를 체결했다. 일본은 동독에 자동차부품 클러치를 만드는 공장과 주철 공장을 짓기로 했다. 그 대가로 독일민주공화국은 일본에 기계류를 보냈다. 호네커는 또한 규율과 효율성을 중시하고 개인의 출세보다 집단의 노력을 우선시하는 일본의 직장문화에 깊이 감명했다. 로봇을 활용해 첨단제품을 만드는 자동화 공정에도 감탄했다. 일본에서 돌아온 그는 곧장 산업 첨단화에 착수했다.

가시적인 경제성장을 이루라는 정치적 압박은 대단했다. 독일민주공화국이 사람들의 욕구를 채울수록 요구사항은 늘어나기만 했다. 1980년을 기준으로 100가구당 105대의 텔레비전이 돌아갔는데, 이는 점점 더 많은 사람이 광고를 비롯해 시빙 문화에 노출되었음을 의미했다. 독일민주공화국의 자체 통계에 따르면, 인구의 70퍼센트 이상이 서독의 텔레비전방송을 시청하면서 광고에 나오는 카세트 플레이어나 녹음기 같은 새로운 소비재에 눈을 떴다. 전기전자공학부 장관 카를 넨델Karl Nendel은 수요가 높은 장비 제품들을 신속히 대량 생산할 방법을 찾아야 했다. 그는 게라에 있는 전자부품 제조사에 값싼 카세트 녹음기 생산을 맡겼으나 기술도 인력도 부족했던 이 인민소유기업은 좀처럼 성과를 내지 못했다. 실망한 넨델은 기관장을 호출해 해명을 요구했다. 적절한 장비가 없는 데다 인력도 부족해서 그렇다는 기관장의 말에 넨델은 폭발하여 그의 앞에서 "국산 녹음기를 갖는 게 정치적으로 얼마나 중요한 문제인지를 좀 아시오!"라며 고래고래 소리를 질렀다. 압박감을 견디지 못한 기관장은 심장마비를 일으켜 가슴을 부여잡고 쓰러졌다. 넨델은 허겁지겁 비서에게 의사를 불러오라고 알렸다. 훗날 넨델은 회고록에 그날의 일화를 기록하면서도 기관장에게 심장마비를 일으킨 말을 주문처럼 반복했다. "지금 생각하면 그날 일은 내가 너무했다는 생각이 든다."[14] 하지만 "인민에게 첨단소비재를 공급하는 것은 이념적으로 꼭 필요한 일이었다."[15]

결국 생산공정을 통째로 수입하는 쪽으로 가닥이 잡혀 도시바와 계약을 체결했다. 일본의 대기업인 도시바는 이미 동독에 진출해 베를린과 일메나우에서 컬러텔레비전 공장을 짓는 데 도움을 주고, 8억

479

5000만 도이치마르크 상당의 물품을 들여갔다. 1982년 5월 13일에는 카세트 녹음기 75만 대, 하이파이 카세트덱 3만 대를 생산할 수 있는 오디오 기술 공장을 추가로 지었다. 공장 터로 낙점된 베를린 마르찬에는, 호네커가 추진한 최대 규모의 주택 건설사업에 따라 전국에 지어진 100만 가구 이상의 아파트가 가장 많이 들어선 곳이었기에(1980년대 말에는 200만 채에 육박했다), 새로운 일자리는 큰 환영을 받았다. 새로운 생산 공장은 국영 라디오생산회사인 인민소유기업 슈테른-라디오 베를린의 건물에 증축되었고, 일본산 장치와 미국에서 수입해 온 부품들로 채워졌다. 1980년부터 산업기술의 수입을 위한 대외무역 기관장으로 있으면서 이 과정을 지휘한 헤르베르트 롤로프Herbert Roloff에 따르면, 이 거대한 사업은 성공했으나 한계가 뚜렷했다.

> 그렇다. 우리는 새로운 유형의 오락용 전자제품과 가전제품을 출시할 수 있었다. 제품이 한 가지도 아니고 두세 가지나 되었다. 하지만 우리의 인터숍을 포함해 서독의 매장 선반에는 자그마치 20가지에 달하는 제품이 있었다.[16]

초소형전자공학과 합리화만으로는 이미 곪기 시작한 독일민주공화국의 경제를 낫게 할 수 없었다. 1970년대 석유파동으로 중대한 문제들이 터져 나오자, 1980년대에 서방 국가들은-서독의 헬무트 콜Helmut Kohl부터 영국의 마거릿 대처Margaret Thatcher와 미국의 로널드 레이건Ronald Reagan까지- 일제히 복지를 축소했다. 하지만 호네커는 그럴 수가 없었다. 주거·식료품·보육에 들어가는 보조금은 독일민주공화국에서 빠질 수 없는 일상이 되어 있었다. 1977년 직물 가격이 일시적으로 오르자, 당황한 시민들은 사재기에 나섰고, 커피와 초콜릿 같은 일상적인 사치품의 배급이 중단되어 혼란이 빚어지기도 했다. 호네커는 걷잡을 수 없이 불어나는 사회주의 비용과, 브레즈네프가 축소해 버린 석유 공급량에서 창출되는 수입만으로 그 비용을 감당할 수 없는 무능력함 사이에 갇혀 있었다.

차관도 해법이 되지 못했다. 소비에트연방이 더는 독일민주공화국에 도움을 줄 형편이 아님을 확실히 한 만큼, 유일한 해법은 서방에 의존하는 것이었다. 하지만 1981년 폴란드와 루마니아가 심각한 경제난을 겪자 철의 장막 너머의 시장은 서방의 신뢰를 아예 잃은 후였다. (폴란드는 국가 부도에 빠져 1981년 〈계엄령〉을 선포했다.) 독일민주공화국은 직격탄을 맞았다. 1982년 상반기에만 이 작은 국가에 대한 서방의 투자는 40퍼센트포인트가 빠져나갔다. 대체할 다른 선택지는 없었다.[17]

슬슬 모습을 드러내는 경제 재앙을 미봉책으로 가리려 하는 정부의 선택은 상황을 더욱 악화했다. 사람들은 일상에서 재앙의 조짐을 발견했다. 임금과 물가는 인위적으로 안정을 유지할 뿐, 진실을 보여 주지 못했다. 독일사회주의통일당 중앙위원회와 경제위원회에 소속되었던 베르너 크롤리코프스키Werner Krolikowski는 1983년 3월 보고서에서 "구매력이 공급 물량과 불균형적으로 발전하고 있다"[18]고 지적했다. 다시 말해 노동자들은 임금 수준이 과거와 비슷했고, 집세와 식비 등 보조금을 받는 필수 비용을 지불하고도 주머니 사정이 닉넉한 편이었으나, 정작 살 수 있는 물건은 점점 줄어들고 있었다. 크롤리코프스키는 또 "사람들이 만성적인 공급난에 대해 비판의 목소리를 점점 더 크게 내고 있다"고 보고했다. 크롤리코프스키가 보기에 경제 상황보다 더 심각한 문제는 인민을 기만하는 정부였다. 그는 1983년 초 산업생산 증가율이 2.6퍼센트포인트였음을 지적하면서 이렇게 말했다.

> 그러나 공개석상에서 EH[에리히 호네커]는 산업생산 증가율이 4.5퍼센트포인트라고 이야기한다. … 이렇듯 거짓과 기만으로 상황을 무마하는 것은 EH와 GM[귄터 미타크]의 직접적인 지시다.[19]

당시 크롤리코프스키가 지적한 바대로 동독인들도 영원히 속고 살 수는 없었다. 정치인들의 수사와 일상적 경험의 간극은 너무나도 컸다. 37살 정비사 볼프강 디트리히Wolfgang Dietrich는 경제개혁의 바람이 불던 1970년대에 정비소를 열었는데, 1981년에는 심각한 위기를 체감했다.[20] 사실 사업은 1977년에 문을 열 때부터 순탄하지 않았다. 자동차부품은 늘 희귀했기 때문에 라이프치히에서 1년 전에 미리 주문해야 했다. 대출도 여의찮아 사업에 대한 지출을 자기 돈으로 메꿔야 했다. 그는 돈을 긁어모아 정비용 리프트를 겨우 하나 장만했다. 초반에는 직원을 고용할 수도 없어서 근무 시간 내내 직접 작업장에 붙어 있어야 했다. 이후 정비사를 고용할 수 있었으나 임금은 철저히 통제되었고 턱없이 낮았다. 직원 생일에 산 꽃다발 하나도 볼프강이 세금을 신고하기 위해 매년 제출하는 지출명세서에서 엄격히 지워졌다.

1980년대에 상황은 점점 더 팍팍해졌다. 정비소는 1년에 교체용 기관을 달랑 3대만 주문할 수 있었다. 모든 기계류와 산업생산물이 날이 갈수록 희귀해졌기 때문이다. 볼프강은 창의력을 발휘해 사업을 다른 방향으로 넓혔다. 견인차를 장만해 동네를 돌아다니며 고장 난 차량을 손보는 일을 시작한 것이다. 볼프강은 바퀴 달린 것이면 승용차부터 트랙터까지 뭐든 고칠 수 있었기에 그를 찾는 사람들이 금세 늘었다. 마침 그는 1959년 15살이던 시절 브란덴부르크 외곽의 시골 트레부스에서 수습 생활을 하며 농기계류 정비를 배운 적이 있었다. (또 그것에 흥미를 붙였다.) 그러나 정비소에 전화기가 없어 사업을 꾸려가기가 무척 힘들었다. 뭔가 고장 났거나 농장에 도움이 필요한 사람은 공중전화를 찾아 또는 경찰서에 부탁해 정비소에서 몇 킬로미터 떨어진 볼프강의 집으로 전화를 걸었다. 그러면 그의 아내가 전화를 대신 받은 후 정비소를 찾아가 남편에게 소식을 알렸고, 볼프강은 그제야 견인차를 끌고 나갔다. 이렇게 복잡한 과정은 어느 날 슈토르코프 인근에서 우편통신부 차관을 태운 관용차가 고장 난 사건을 계기로 달라졌다. 볼프강은 현장으로 출동했고, 차를 고치는 동안 VIP와 그의 일행에게 정비소 소파를 내어 주었다. 독일민주공화국에서는 호텔이나 고급 여관 따위를 찾아보기 힘들었기 때문이다. 이 사건 직후 볼프강의 정비소에는 전화선이 깔렸다.

이런 일화들은 독일민주공화국의 경제기반 시설의 상황이 얼마나 처참했는지를 보여 줄 뿐 아니라, 동독인들이 그런 현실에 얼마나 잘 적응했는지를 짐작하게 한다. 그러나 장기적으로 이러한 현실은 지속될 수 없었다. 정치국 또한 이를 잘 알았다. 외부의 도움이 절실히 필요했다. 소비에트연방이 도움을 줄 수 없다면 독일민주공화국

483

의 선택은 하나뿐이었다. 브레즈네프가 승인하느냐와 상관없이, 서독에 도움을 청해야 했다.

속을 알 수 없는 동지

1983년 5월 5일 튀링겐주 슐라이츠 동서독 국경지대. 독일민주공화국의 주요 모금책이던 알렉산더 샬크-골로드코프스키는 어느 화창한 봄날, 널찍한 관용차 시트로엥에 타고서 튀링겐산맥을 지나고 있었다. 창밖으로 끝없이 펼쳐지는 짙푸른 소나무 숲이 지형에 따라 오르락내리락했다. 그러나 샬크는 풍경을 감상할 생각이 없었다. 지금 그는 바이에른 국경을 향해 가고 있었고 제때 안전히 도착하는 것이 급선무였다. 슈타지 수장으로 물류와 보안을 책임지던 에리히 밀케는, 이토록 중요한 여행길에 이동용 차량으로 시트로엥을 선택할 생각이 없었다. 방탄으로 만들기 까다로운 데다 고장도 잦았기 때문이다. 하지만 그의 상사 에리히 호네커는 프랑스 자동차회사 시트로엥이 CX 프레스티지를 권한 후로 시트로엥 또는 '치트로네Zitrone'와 사랑에 빠졌다. 경호원이었던 베른트 브뤼크너Bernd Brückner에 따르면, 호네커는 푹신한 좌석과 매끄러운 완충장치에 반해 단번에 거래를 추진했다.[21] 주문한 시트로엥 35대가 도착한 만큼, 이제는 실용적이지 못한 그 차량을 모두가 감내해야 했다. 밀케도 어쩔 도리가 없었다. 대신 그는 샬크의 출장길에 언제나 후행 차량을 딸려 보내 샬크를 보호했다.

시트로엥이 바이에른 국경 인근 주차장에 도착한 순간부터 샬크는 밀케의 소관이 아니었다. 이제 그는 혼자 움직여야 했으나 전혀 문제가 되지 않았다. 무장한 진한 파란색의 BMW 750이 이미 그를 기다리고 있었다. 샬크는 뒷좌석에 올라탔다. 운전기사가 튀링겐을 지나 바이에른으로 차를 몰고 들어갔을 때 동서독 국경경비대 누구도 서류를 확인하지 않았다. 모든 게 완벽히 준비되어 있었다. 몇 시간을 남쪽으로 달린 끝에 리무진은 대로에서 벗어나 기나긴 비포장 도로로 들어섰다. 저 멀리 푸른 초원과 맑은 하늘 사이, 그림처럼 완벽한 시골집 한 채가 나타났다. 샬크는 바이에른의 풍경을 내다보며, "이런 곳에서 독일민주공화국의 재정난을 풀 해법을 찾을 수 있을까?"[22]라고 생각했다.

샬크는 회의적이었다. 그는 바이에른 주지사가 프란츠 요제프 슈트라우스Franz Josef Strauß와 만남을 앞두고 있었다. 그의 표현대로면 "궁극의 냉전 전사이자 서방 제국주의의 화신"[23]인 자였다. 샬크는 그자에게 독일민주공화국 사회주의가 재정파탄을 맞지 않게 도움을 청할 생각이었다. 그야말로 어이없는 상황이었다. 슈트라우스는 서독이 사회주의 이웃 국가에 재정적으로 원조하는 것을 노골적으로 반대해 온 인물이었기 때문이다. 세간에 슈트라우스는 1960년대 말 대연정 정부 재무장관이던 시절 "독일민주공화국에 1페니히도 줘서는 안 된다"라고 주장했다고 알려졌다. 그래도 샬크는 시도해 볼 가치는 있다고 판단했다. 1982년에 독일민주공화국 경제는 국가의 존망이 불투명할 만큼 위태로웠다. 동독은 이미 수출을 극대화하는 데 주력하며 연간 500~600만 마르크에 달하는 수입을 올리고 있었으나, 대부분을 국채의 이자로 내야 했다. 더구나 서방과 비교해 더더욱 뒤처진 기술과 생산방식에도 투자가 필요했다. 독일민주공화국을 재건하고 현대화하여 다시금 경제를 세우려면 어디서라도 돈을 빌려와야 했다. 설령 그 상대가 국경 너머 계급의 적이라 해도, 시도할 가치는 충분했다.

독일민주공화국 경제의 속도를 높이려면 수백만 달러가 필요했다. 소비에트연방은 줄 수 없고 서방이 줄 리도 없는 액수였다. 독일민주공화국의 경제 책사들은 서서히 숨통을 조여 오는 종말의 기운을 느꼈다. "죽느냐 사느냐, 그것이 문제로다."[24] 샬크는 그때의 심정을 이렇게 떠올렸다. 그러던 어느 날 라이프치히 무역박람회에서 슈트라우스의 정치적 동지이자 사적 친구인 요제프 메르츠Josef März가 샬크에게 다가왔다. 바이에른 주지사가 오버바이에른 메르츠의 별장 구트 스푀크Gut Spöck에서 샬크를 만나고 싶어 한다고 했다.

샬크는 BMW에서 내려 바이에른의 온화한 태양 아래 빛나는 알프스 풍경을 둘러보았다. 적잖이 긴장되었다. 샬크는 "공산주의라면 질색하는 슈트라우스가 무슨 일로 독일사회주의통일당 사람을 만나겠다는 것인가?"[25] 하며 의아해 했다. 하필 외교적 위기가 발생한 지 얼마 되지도 않은 때였다. 한 달 전 어느 서독인이 독일민주공화국 국경을 지나다가 심장마비로 사망했다. 작센안할트주 드레비츠 병영에서 근무하는 국경경비대의 심문을 받다가 생긴 사고였다. 사실 이런 일은 꽤 흔했다. 동독의 국경경비대는 의도적으로 심리적 압박을 가중하는 방식으로 심문했기 때문에, 동서독 국경검문소에서 이를 이기지 못해 심장마비로 사망한 사람만 350명으로 추산되었다. 그런데 1980년대 초엽은 양쪽의 초강대국들이 유럽에서 광적으로 군비 경쟁을 벌이고 남반구 저개발국에서도 세력을 다투어 긴장감이 한층 고조된 때였던 만큼, 이 심장마비 사건은 서독의 보수언론을 발칵 뒤집었다. 사망한 서독인이 "사실 맞아 죽었다"[26]는 주장이 공공연히 돌았다. 총리 헬무트 콜은 에리히 호네커와 예정한 회담을 취소했다. 슈트라우스도 이 사건을 거세게 비판하며 사망한 서독인이 정치적으로 '살인'을 당했다고 주장한 사실은 샬크의 마음을 더욱 무겁게 했다. 따라서 구트 스퉈크의 문이 열리고 메르츠와 그의 아내가 샬크를 맞이할 때만 해도, 그는 앞으로 어떤 일이 펼쳐질지를 알지 못했다. 넓은 거실에 들어가니 아름답고 고요한 호수를 품은 산들이 눈에 들어왔다. 그때 별안간 평화로운 침묵을 뚫고 앞마당에 헬리콥터가 요란히 착륙했다. 그리고 환히 웃으며 손을 흔드는 슈트라우스가 등장했다.

정치적으로 차이가 있음에도, 바이에른인과 독일사회주의통일당 사람은 곧바로 가까워졌다. 샬크는 슈바인학세와 감자샐러드를 사이에 두고 친근한 슈트라우스에게 마음을 터놓았다. 샬크가 뭐라 말을 꺼낼 틈도 없이, 슈트라우스는 서독의 초대 총리 콘라트 아데나워 밑에서 국방부 장관을 지내며 경험한 정치투쟁, 독일민주공화국에 갔다가 자기 자식들을 위해 싸구려 장난감을 산 육군 장군을 호되게 질책한 일("동독인들은 사지 못해서 난리인 제품을 사다니 부끄럽지도 않았습니까?"[27]), 루마니아부터 앙골라까지 정치인으로서 전 세계를 돌아다닌 일 따위를 술술 풀어놓았다. 샬크는 편안한 안락의자에 앉아 경청했다. 다음으로 슈트라우스는 자신이 연방 정부에서 권력이 얼마나 대단한지 일장 연설을 늘어놓았고("본에서는 누구도 나를 지나칠 수 없지!"[28]), 사회적 시장경제의 태생적 어려움에 관한 강연을 이어 갔다. 그는 한참 후에야 손님을 초대한 이유를 밝혔다. 슈트라우스는 "샬크 씨, 직접 만나 보니 신뢰할 만하다는 인상을 받았습니다. …"[29]로 말을 시작해 서독의 은행을 통해 독일민주공화국에 10억 도이치마르크를 차관으로 제공하겠노라고 했다.

슈트라우스는 이 제안에 고정된 조건을 덧붙일 만큼 어리석지 않았다. 이 금융협정이 성사된다면, 독일연방공화국은 독일민주공화국의 인권 기준에 대해 타협하는 듯한 인상을 피할 수 있었고, 독일민주공화국은 서독이 동독의 국내 정치개혁을 돈으로 사는 듯한 모양새로 체면을 구기지 않을 수 있었다. 슈트라우스는 "호네커가 편리한 시점에" 서독 방문객에 대한 통행 제한을 완화하는 방안을 고려해 보라며 조심스레 제안했다. 그 순간 샬크는 드디어 해법을 발견했음을 직감했다. 슈트라우스는 독일민주공화국의 민감한 정치 상황을 이해하는 것을 넘어 존중해 주었다. 샬크는 "이전보다 더 흥미롭고 더 의미 있는 '창구'가 새로 열린 것"[30]에 뛸 듯이 기뻤다. 그는 곧장 BMW에 올라타 베를린으로 향했다. 새벽 4시에 도착한 그는 집무실에서 기다리던 비서에게 대담 내용을 전했다. 그리고 아내에게 전화를 걸어 당분간 집에 들어가지 못한다고 말한 뒤 미타크와 호네커를 기다렸다. 두 사람 또한 좋은 소식에 흥분을 감추지 못했고, 당장 거래를 추진하려는 의지를 불태웠다. 독일민주공화국의 재정파탄을 막을 수 있다는 안도감에, 샬크는 집무실 안락의자에 쓰러지듯 앉아 잠들었다.

한시가 급하게 현금 수혈이 절실했던 호네커는 서독 언론의 눈을 피해 비밀을 유지한다는 조건으로 여러 조치를 약속했다. 국경 통제를 완화하기로 했고, 14살 이하 어린이가 방문하려면 소량의 서독 마르크를 동독 마르크로 환전해야 하는 조항도 사라졌다. 또 호네커는 약 450킬로미터에 달하는 동서독 국경에 배치된 7만 1000대의 치명적인 자동 발사 무기를 해체하는 방안도 고려하기로 했다. 몇 가지 외교적 문제로 샬크는 며칠을 더 집에 가지 못하고 밤을 새워야 했으나 마침내 계약은 성사되었다. 1983년 7월 1일 두 독일은 차관계약을 체결했다. 같은 날 동독의 국가방위평의회는 자동무기 장치와 지뢰가 없는 국경 보안 체제를 구축하기로 결의했다. 1984년 10억 도이치마르크 규모의 차관이 추가로 제공되었고, 샬크의 회사 코코는 연간 30억 도이치마르크에 달하는 수입을 기록했다. 발등에 떨어진 불이었던 독일민주공화국의 재정파탄은 그렇게 없던 일이 되었다.

두 독일의 재정적 유대관계는 정치 관계를 녹이는 효과도 일으켰다. 서독의 전 총리 헬무트 슈미트가 1981년 12월 독일민주공화국을 방문한 적은 있으나, 두 나라의 관계는 핵무기 배치로 갈등이 빚어져 여전히 냉랭했다. 하지만 샬크와 슈트라우스의 '창구'가 만들어지면서 양국 정치인들끼리 교류하자 모든 상황이 바뀌었다. 슈트라우스는 계약을 매듭짓고 몇 주 지나지 않아 아내 마리아네Marianne, 아들 막스Max와 함께 독일민주공화국을 방문했다. 샬크는 국경지대에서 슈트라우스 가족을 맞이했고, 베를린 북동부 버벨린호수 근처에 있는 에리히 호네커의 사냥용 별장 하우스 후베르투스슈토크Haus Hubertusstock로 그들을 안내했다. 점심을 먹으면서는 다소 딱딱하고

489

격식을 차린 대화가 오갔으나, 어색함을 깨트린 것은 마리아네 슈트라우스였다. 호네커 맞은편에 앉은 마리아네는 동독의 전폭적인 보육체계가 얼마나 인상 깊은지, 신혼부부를 재정적으로 지원하고 출산 전후의 여성 노동자를 돕는 정책이 얼마나 부러운지 허심탄회하게 말을 꺼냈다. 그러면서 그런 복지구조의 부재가 서독의 인구 감소로 이어졌다며 안타까워했다. 깊이 감동한 호네커는 바이에른에서 건너온 가족에게 바로 마음을 열었다. 이들의 관계는 정치적 차이를 초월해 이후에도 쭉 이어졌다.

1983년과 1984년의 금융협정을 계기로 바이에른과 독일민주공화국은 문화적으로나 경제적으로 뜻밖의 연결고리를 형성했다. 자매도시가 생겨났고 연구 사업이 추진되었으며, 문화교류가 빈번해졌다. 바이에른 국립박물관이 드레스덴에서 전시를 여는가 하면, 드레스덴의 예술소장품이 뮌헨에 소개됐다. 샬크와 슈트라우스 사이에도 여러 거래가 오갔다. 1980년대 후반에도 소비에트 권역과 하는 무역이 독일민주공화국 수출입의 절반을 차지한 것은 사실이다. 그러나 두 독일 간의 무역 규모 또한 1980년에 109억 도이치마르크에서 1988년에 140억 도이치마르크로 불어났다.[31] 1988년을 기준으로 동서독이 함께 진행한 사업만도 1000건이 넘는다. 서독 기업들은 니베아 크림처럼 독일민주공화국 시민들에게 인기가 높은 몇몇 서독제품을 동독에서 생산하기도 했다. 서독 기업들은 독일민주공화국보다 물가가 더 저렴한 동쪽의 형제 국가들과 교역하는 게 낫지 않느냐는 물음에, 수준 높은 인력, 독일어라는 공용어, 그리고 신뢰할 수 있음을 이유로 들었다. 동서독 국경의 상황이 완화되고 통행 제한이 다소 풀리면서 동서독 사람들은 모든 방면에서 더욱 활발히 교류했다. '타자'에 대한 공포도 조금씩 옅어졌다. 1987년 가을 호네커는 헬무트 콜의 초청을 받아 직접 본에 방문했다. 그리고 제대로 된 국빈 대접을 받았다. 두 독일이 마침내 공존하는 방법을 찾아낸 듯 보였다.

마르틴 루터도 동독인이었다

1983년 5월 4일 튀링겐주 아이제나흐 바르트부르크성. 계절에 어울리지 않게 추운 날이었다. 성벽 위에 두꺼운 잿빛 구름이 우중충하게 드리워졌고 이따금 빗방울이 후두두 떨어졌다. 살을 에는 듯한 바람이 중세 성벽 사이사이 좁은 길을 훑고 지나갔다. 철흑색 하늘에 둘러싸인 바르트부르크성은 장엄해 보였다. 튀링겐숲 속 410미터 높이의 벼랑에 자리한 성에서는 그림 같은 아이제나흐의 장터와 읍내가 내려다보인다. 높은 곳에 있는 만큼 인상적이지만 그만큼 비바람에 노출되어 있다. 하지만 궂은 날씨에도 굴하지 않은 관광객 3000명이 오후에 바람 부는 산길을 올라 성을 방문했다. 날이 저물자 관광객들은 두툼한 비옷을 꺼내 입고 바르트부르크성 안의 뜰에 옹기종기 모였다. 누구도 역사적인 순간을 놓치기 싫어서였다. 몇몇은 성에 모인 VIP들을 보려고 목을 길게 뺐다.

앞에는 서베를린 시장(그리고 조만간 서독 대통령이 될) 리하르트 폰 바이츠제커Richard von Weizsäcker가 있었다. 귀족 가문에서 태어나 독실한 기독교인으로 자란 그는 1954년에 보수정당인 기독교민주연

491

합에 들어갔다. 모든 면에서 독일민주공화국과 대척점에 있는 인물이었다. 그러나 지금 그는 독일사회주의통일당 정치인 호르스트 진더만과 나란히 앉아 있었다. 베를린장벽을 공식적으로 일컫는 용어 '반파시스트 방벽'을 만들어 낸 자였다. 성에 모인 사람들과 집에서 중계 화면을 지켜보는 사람들에게, 이러한 동서의 조화는 눈을 떼기 힘든 광경이었다. 바르트부르크성에서 열린 행사는 동독과 서독은 물론 오스트리아와 스위스에도 생중계되었다. 이들이 기념하러 모인 사람은 동독인일 뿐 아니라 모든 독일인의 역사에서 빼놓을 수 없는 위인이었다. 그의 이름은 마르틴 루터Martin Luther였다.

마르틴 루터는 500년 전 아이슬레벤에서 태어났다. 이 지역의 공식 이름은 1946년부터 '루터슈타트 아이슬레벤'이 되었다. 국민 대다수가 개신교도인 나라에서 종교개혁을 주도한 마르틴 루터는 단연 핵심적인 위인이 되었다. 독일에서 모르는 이가 없을 정도로 국민적인 인물이다. 그가 각지 방언을 쓰는 평범한 사람들이 이해할 수 있는 독일어로 신약을 번역한 장소가 바로 바르트부르크성이었다. 루터는 기존 번역본과 달리 단순하고 감정을 자극하는 언어를 사용해, "사람들이 막히는 부분 없이 읽을 수 있도록 방해물과 어려움을 제거"했다. 효과는 나타났다. 루터교의 말솜씨와 기발한 인쇄 기술을 활용한 덕분에, 그의 번역본은 널리 읽혔다. 루터교의 표현과 도덕률이 지역 방언과 문화에 입혀지자, 독일어를 사용하는 공국들이 어느 정도의 통일성을 갖추었다. 독일 민족의식이라는 개념을 향한 중요한 발걸음이었다.

그러나 루터는 언제나 문제의 인물이었다. 그의 맹렬한 반유대주의는 쉽사리 넘길 수 있는 문제가 아니었다. 독일 가톨릭의 관점에서 보자면, 기독교 분열에 공헌한 루터를 기념하기가 힘들다. 무신론적 사회를 지향하고, 억압되는 자들의 지난한 투쟁에 대한 해답으로 자처한 독일민주공화국에서도 마르틴 루터라는 존재는 매우 복잡했다. 그의 유산 핵심에 독일 개신교가 있고, 1524~1525년 봉기 당시 그가 "살인적이고 도둑질하는 소작농 무리"에 대한 유혈 진압을 지지했었기 때문이다. 그럼에도 사회를 통일한 루터의 업적은 이런 우려를 다 불식할 만큼 장벽 양쪽에서 모두 인정되었다. 분단을 독일민족에게 내려진 영원한 저주로 인식한 사람들에게 루터라는 존재는 끊임없이 울림을 주었다. 1983년 '루터의 해'는 독일민주공화국으로서도 놓치기 아까운 기회였다. 독일민주공화국에는 제2차 세계대전의 진흙과 피보다도 더 깊숙한 역사의 뿌리가 절실히 필요했다. 더구나 어찌 되었든 마르틴 루터도 동독인이었다.

한때 '공작의 하인'이자 '소작농 도살자'로 공격받았던 마르틴 루터였으나, 1983년 5월 4일에는 세계에 이름을 떨친 진보적인 동독 위인이 되어 있었다. 루터 탄생 500주년을 기리는 이 행사는 그가 성경을 번역한 바르트부르크성에서 열렸다. 당국은 건축 자재가 부족한 형편에서도 1970년대 말부터 이 지역의 도심부를 복원했고 루터의 삶과 업적이 스친 옛 건물들을 보수했다. 루터의 고향 아이슬레벤, 루터가 95개조 반박문을 정문에 못 박았다고 알려진 모든성인의 교회(슐로스키르헤Schlosskirche)가 있는 비텐베르크, 1983년 축제 기간에 외국인 관광객들이 몰려들 것으로 예상되는 바르트부르크와 인근 아이제나흐도 복원 대상이었다. 가톨릭을 믿는 서독 자를란트 출신이지만 무신론자였던 호네커는 루터위원회를 직접 이끌었고, 대규모 복원사업에 투입된 돈과 자원이 낭비되지 않으리라 자신했다. 중세 느낌을 되살리기 위한 5년간의 복원작업 끝에 재단장을 마친 바르트부르크성이 1983년 4월 21일에 문을 열었다. 그날 호네커는 "바르트부르크성을 방문하는 독일민주공화국 시민들은 민족과 고향에 대한 자긍심을 고양할 것이다"[32]라고 선언했다.

복원사업은 젊은 국가에 역사의 뿌리를 더할 뿐 아니라, 독일민주공화국의 위신을 높이고 국가가 국제사회에서 존재감을 인정받고 있음을 시민들에게 알리는 효과를 겨냥했다. 정부는 1983년 루터의 해를 맞이해 서독을 비롯해 다른 서방 국가들, 특히 미국 관광객들을 공개적으로 유치했다. 국영여행사가 '진정한 현지 맛집'과 '루터 기념품' 등을 내세워 루터관광을 홍보했다. 서방 언론은 독일민주공화국이 카를 마르크스 서거 100주년을 기념하는 해에 루터의 유산을 기리는 것을 비판했지만, 한편으로는 이렇게라도 이념적 안전지대를 조금씩 넓히는 것을 긍정적인 신호로 받아들였다. 1983년 5월 8일 《뉴욕타임스》 1면에 〈마침내 루터를 받아들인 동독〉이라는 기사가 실렸고, 그 기사에서 호네커 정부가 "점점 더 자신감을 키우고" 있으며 "교회와 관련한 활동, 특히 새로운 교회 건설에 대한 국가 통제를 완화했다"고 보도되었다.[33] 미국 기독교인들이 동독에 있는 루터 유적지로 성지순례를 오자, 1945년 후로 줄곧 자신들의 유산이 외면되거나 심지어는 적극적으로 제거되는 것을 지켜본 지역민들은 자긍심을 되찾았다. 1983년 '루터의 날'에 바르트부르크성에서 열려 텔레비전방송으로 중계된 독일민주공화국 시민들과 동서독 교회 지도자들의 만남은 상징적인 행동을 넘어서는 의미였다. 기념우표, 마르틴 루터에 관한 영화들, 〈종교개혁의 노래〉 음반, 수십 건의 지역행사가 뒤를 이었다.

마르틴 루터의 재발견은 독일민주공화국에 역사적 뿌리를 찾아 주려는 광범위한 노력의 일부분이었다. 프로이센제국의 역사도 동독의 유산으로 재해석되었다. 프로이센의 중심지가 독일민주공화국 영토에 걸쳐 있었기 때문이다. 처음에 독일민주공화국에서 편찬된 사료는 프로이센의 군국주의와 엄격한 계급 구조를 부각했다. 브란덴부르크문 꼭대기에 있던 4두 2륜 전차인 크바드리가quadriga 조각상을 1950년대에 이례적으로 동서독이 합작해서 복원했을 때, 동베를린 당국은 조각상에서 "프로이센-독일의 군국주의를 상징"하는 것으로 보이는 것들을 제거했다. 1958년 8월 2일 밤 당국은 조각상을 베를린 미테에 있는 노이어 마르슈탈 건물로 몰래 가져가 독수리와 철십자 훈장을 떼어 버렸다. 그렇게 달라진 조각상은 1990년대에 다시 완전히 (프로이센 휘장을 포함해) 복원될 때까지 베를린장벽보다 높이, 브란덴부르크문 꼭대기에 서 있었다.

프로이센이라는 나라에 자유주의와 진보의 인상을 은근히 덧입히려는 시도는 1950년대 말부터 시작되었다. 독일민주공화국 과학학술원의 중앙역사연구소 교수이자 역사학자인 잉그리트 미텐츠바이Ingrid Mittenzwei는 프리드리히대왕을 다룬 유명 전기에서 "프로이센도 우리 역사의 일부"라고 주장함으로써 인식 전환에 일조했다. 1980년대에 들어 이념적 언어와 정치화된 역사 서사가 잦아들면서, 동독 역사학자들의 연구가 서독에서 상업적으로 성공하기 시작

495

했다. 특히 언제나 인기가 좋은 역사 위인전 분야에서 성공이 두드러졌다. 에디치온 라이프치히Edition Leipzig 출판사는 책을 수출하는 데 주력하며, 작가들에게 "수출을 방해하는 문구"³⁴를 되도록 삼갈 것을 공공연히 부탁하고는 했다. 동독에서 출판된《세계 역사 속 전투(Schlachten der Weltgeschichte)》와 같은 책들은 서독 출판사들의 견제에도 서독에서 큰 인기를 끌었다.

독일 역사에 대한 재평가는 프로이센제국의 재발견을 중심으로 1980년대에 가속화했다. 제국의 영향이 군대에 오래전부터 쌓여 있던 것이 도움이 되었다. 1962년 국가인민군은 프로이센군의 전통이던 분열행진 그로서 차펜슈트라이히Großer Zapfenstreich를 다시 도입했다. 19세기에 시작된 이 전통은 오늘날에도 이어지고 있다. 독일 민주공화국 병력은 1981~1989년에 전통을 되살리는 일환으로 분열행진을 주기적으로 실시했다. 왕궁의 옛 위병소이자, 1813년에 프로이센이 주도하여 나폴레옹에 맞선 해방전쟁의 기념관인 노이에 바헤 Neue Wache(신 위병소) 앞에 분열행진을 보려는 구경꾼이 몰렸다. 노이에 바헤는 그 자체로 독일민주공화국의 복잡한 역사를 보여 주었다. 외관은 1950년대에 옛 모습으로 복원되었으나, 내부는 '파시즘과 군국주의의 희생자들을 위한 기념관'으로 개조되었다. 1818년부터 간헐적으로 거행된 전통의 '위병 교대식'에도 마찬가지 원칙이 적용되었다. 다만 프로이센제국의 위병 대신 이제 프리드리히 엥겔스 근위대가 매주 수요일에 교대식을 수행했다. 이는 동베를린을 대표하는 볼거리이자 관광명소가 되었다.

민간 영역에서도 프로이센이 소환되었다. 1980년에 개봉한 영화 〈클라우제비츠-프로이센 장군의 일생(Clausewitz-Lebensbild eines preußischen Generals)〉이 텔레비전 황금시간대에 방영되었다. 영화에서 카를 폰 클라우제비츠Carl von Clausewitz는 혁명가로 묘사되며, 프로이센은 진보적인 역사 세력으로 그려진다. 1950년에 포츠담으로 이전된 프리드리히대왕의 기마상이 같은 해에 운터덴린덴 한복판으로 되돌아왔다. 마르크스주의 역사학자 에른스트 엥겔베르크Ernst Engelberg는 독일 제국의 초대 총리로서 프로이센의 반동적인 융커이자 사회주의의 적으로 평가되던 오토 폰 비스마르크Otto von Bismarck를 재해석했다. 엥겔베르크는 1985년에 철혈재상 비스마르크를 주제로 한 2권짜리 전기를 펴냈고, 그를 "현명하고 인간적이며 정이 많은"[35] 인물로 묘사했다.

1987년에 호네커가 언론 전문가이자 전 문화부 장관인 한스 벤트치엔Hans Bentzien을, 프로이센의 왕자이자 지금은 사라진 호엔촐레른 가문의 수장이며 황제 빌헬름 2세의 손자인 루이 페르디난트Louis Ferdinand에게 보낸 것 또한, 프로이센의 유산을 완전히 회복하려는 동독의 노력이었다. 벤트치엔의 임무는 —그는 왕자에게 '전하'라는 극존칭을 썼다— 프리드리히대왕과 그의 부친 프리드리히 빌헬름 1세의 유해를 대왕의 유언대로 포츠담 상수시Sanssouci궁 공원으로 이장하자고 왕자를 설득하는 것이었다. 이뿐 아니라 루이 페르디난트에게 튜더양식으로 지어진 체칠리엔호프궁에 거주할 권리를 복원해 주겠다고도 제안했다. 체칠리엔호프궁은 제1차 세계대전 와중에 완공되었고, 제2차 세계대전 후 포츠담회담이 개최된 장소였다. 왕자는 제안에 마음이 동하기는 했으나, 전쟁 후 대부분의 재산을 국

497

유화하고 가문의 유산을 가리켜 군국주의와 파시즘의 상징이라고 손가락질한 나라에 조상들의 유해를 돌려놓는다는 것이 다소 내키지 않았다. 결국 이 유명한 프로이센 왕들의 유해는 1991년이 되어서야 포츠담으로 돌아갔다. 그럼에도 이 일화는 독일민주공화국이 자신들의 짧은 정치적 존재를 초월해 역사와 연결되려는 의지가 얼마나 강했는지를 보여 준다. 어느 국가도 뿌리 없이 성장할 수 없음을 깨달은 것이다.

동반자로서 독일과 사회주의 형제애 사이에서

1985년 3월 13일 소비에트연방 모스크바. 해외 대표단이 붉은광장의 레닌 묘역에 모였다. 몇몇은 러시아식 털모자로 무장했다. 두껍고 짙은 색깔의 외투로는 러시아의 겨울을 다 막을 수 없었다. 사람들은 다들 엄숙하고 침통한 표정을 짓고 있었다. 모인 사람의 면면은 실로 대단했다. 영국 총리 마거릿 대처, 팔레스타인 지도자 야세르 아라파트Yasser Arafat, 프랑스 대통령 프랑수아 미테랑François Mitterrand, 서독 총리 헬무트 콜, 루마니아 대통령 니콜라에 차우셰스쿠Nicolae Ceaușescu, 그리고 동독 지도자 에리히 호네커까지, 수십 명의 외국 정상이 2년 전 미국 대통령 로널드 레이건이 '악의 제국'이라고 칭한 나라 한가운데 모여 있었다. 레이건은 "챙겨야 하는 일이 끔찍이 많다"[36]는 이유로 참석하지 않았다. 미국을 제외하면 자본주의 및 공산주의 국가의 대다수 정상이 모스크바를 찾아, 소비에트연방 공산당의 7대 서기장 콘스탄틴 체르넨코Konstantin Chernenko의 장례식에 참석했다. 체르넨코는 1982년 레오니트 브레즈네프 사망 후 단 15개월간 서기장을 지낸 전임자 유리 안드로포프Yuri Andropov를 뒤이어 서기장이 됐는데, 그도 임기를 오래 채우지 못했다. 체르넨코의 관을 운구하는 동안 세계 정상들은 엄숙함을 지켰으나, 마음속으로는 비로소 임시 지도자가 소비에트연방을 다스리는 시대가 종말하리라는 희망을 품었다. 체르넨코의 후임자 미하일 고르바초프Mikhail Gorbachev는 이제 54살이었다. 지난 10년간, 더 정확히는 브레즈네프의 건강이 나빠진 1970년대 초부터 세상이 익숙히 봐 온 노쇠한 소비에트 지도자들에 비하자면, 고르바초프는 젊은이에 가까웠다. 철의 장막 양쪽 모두 소비에트연방에 비로소 개혁과 현대화와 정치적 안정이 찾아오리라 기대했다.

독일의 두 정상 헬무트 콜과 에리히 호네커에게 체르넨코의 장례식은 특히나 상징적이었다. 둘은 체르넨코와 함께, 동서독 대화를 반대하던 소비에트도 땅에 묻히기를 바랐다. 두 사람은 장례식이 치러지던 1985년 3월 쌀쌀한 저녁에야 처음으로 공식 행사에서 대면했다. 2시간 반 동안 대담하면서 콜은 다시금 공식으로 호네커를 본에 초청했다. 이후 발표된 공동성명문에는 "유럽의 평화와 안정을 위해 독일민주공화국과 독일연방공화국이 정상적이고 우호적인 관계를"[37] 건설하는 데 할 수 있는 모든 노력을 다하겠다는 합의가 담겼다. 예전부터 호네커는 소비에트 지도부가 노골적으로 반대했음에도, 이런 방향을 고집했었다. 그런데 브레즈네프가 두 독일의 결탁을 우려하는 수준이었다면, 체르넨코는 한발 더 나아갔다. 그는 1984년 8월 2일

499

소비에트연방 공산당 기관지 《프라우다Pravda》에 〈잘못된 길〉이라는 글을 싣고 동서독의 화해를 공개 비판했다.

　　이는 서독이 주장하는 것처럼 인도주의적 목표를 향한 발전이 전혀 아니며, 정치적·이념적 힘의 새 통로를 거머쥐려는 시도일 뿐이다.

　　호네커는 최대한 버티며, 서독 하원의장 필리프 예닝거Philipp Jenninger에게 "독일민주공화국의 외교정책은 모스크바가 아닌 베를린에서 만들어집니다"라고 말했다. 그러나 체르넨코가 노골적이고 공개적으로 호네커를 비판한 것은 정치적으로 몹시 위험한 일이었다. 호네커 또한 발터 울브리히트와 브레즈네프의 사이가 벌어진 틈을 타 전임자인 울브리히트를 실각하게 했으니 말이다. 호네커는 자신의 모든 행보를 모스크바가 예의주시하고 있음을 잘 알았다. KGB 요원들은 물론 자국의 정적들도 그를 감시하고 있었다. 중앙위원회에는 서독과 정치적으로나 경제적으로 가까워지는 것을 미심쩍어 하는 사람들이 존재했다.

　　호네커는 헬무트 콜과 전화 통화를 하며 묘하게 사적인 친분을 쌓은 터였다. 두 사람은 모스크바의 요란한 '반대(Nyet)'를 무릅쓰고 수화기 너머로 회담의 상세 내용을 터놓고 논의했다. 1983년 12월부터 둘의 통화가 사적인 분위기를 띠자 정치국 내부에서 의심이 불거졌다.

　　호네커: 네, 여보세요?

콜: 예, 콜입니다. 안녕하세요.

호네커: 안녕하세요, 총리. 호네커입니다

콜: 예, 안녕하십니까, 서기장. 어떻게 지냅니까?

호네커: 좋지요, 날씨가 좀만 더 개면 좋겠습니다만.

콜: 그쪽 날씨는 어떻습니까?

호네커: 안개가 껴서 흐립니다.

콜: 여기도 구름이 많아요. 얼마 전까지 추웠는데 요즘은 날이 풀렸
습니다.

호네커: 맞아요, 그렇지요.

콜: 너무 따뜻해졌어요. 서기장, 한 해를 마무리하면서 몇 가지 용건
이 있어 전화했습니다. 먼저 드릴 말씀은 세계정치 상황과 무관히 우
리가 올해 해낸 것들에 아주 만족한다는 것입니다. 제 생각이지만 우
리가 한 일들은 정말로 합리적이었어요. … 우리 연방 정부는 성취한
것들을 지키고 정치 용어로 말하자면 '관계의 가닥'을, 좀 더 단순히
표현하면 '우리의 합리적인 관계'를 확장하고자 할 수 있다면 최선을
다하고 싶습니다. … 서기장을 초청한 제안은 물론 유효합니다. 언제
든 말씀 주십시오.[38]

미국이 서독에 중거리탄도미사일을 배치한 것을 두고 호네커가
콜에게 아쉬운 소리를 하자, 콜은 "전혀 다른 입장"[39]이기에 별달리
반응하지 않았다. 오히려 그는 "장담하건대 연방공화국이나 나토가
침략 전쟁을 일으킬 일은 없다"[40]라고 호네커에게 약속했다. 또한 그
는 호네커에게 두 독일은 유럽에서 전쟁이 일어나는 것을 막아야 하

는 역사적 책임이 있지 않냐고 일깨웠다. 그는 동독의 서기장보다 18
살이나 어렸으나 이렇게 말했다.

콜: 저도 어릴 때 전쟁을 겪어 봐서 무슨 일이 있었는지 잘 압니다.
호네커: 전쟁 막바지였지요?
콜: 그렇지요. 마지막에는 고사포대 부사수Flakhelfer['공군 보조원', 즉
소년병]였습니다. 고향 루트비히스하펜에서 공습을 겪기도 했어요.
형은 전쟁 중에 사망했고 매부는 나치가 투옥했습니다. 당시 독일의
가족이 겪은 운명을 다 경험해 보았다는 뜻이지요. …

상대가 여전히 의심을 거두지 못하자 총리는 말을 덧붙였다.

콜: 당신의 자리를 절대 해치지 않을 사람이란 말입니다.

독일이 공유하는 역사를 상기하게 하고 독일민주공화국의 반대
세력을 자극하지 않겠다고 넌지시 약속하는 콜에게, 호네커는 한결
부드러워진 태도로 서독 지도자의 의견에 조심스레 동의하며 대화를
마쳤다.

호네커: 평화를 보존하는 것, 이를테면 전쟁이 또 일어나지 않게 막
는 것은 물론 중요하지요. 순전히 우리의 책임이고 말입니다. 당신이
그 점을 확인해 주니 반갑습니다. 지금 하마터면 "신의 뜻이다"라고
말할 뻔했어요. 아무쪼록 모든 게 당신이 말한 대로 이루어지기를.

...

콜: 예. 그럼, 새해를 잘 시작하시길 빕니다.

호네커: 그래요, 당신도 새해를 잘 시작하십시오. 듣자 하니 지금 루트비히스하펜에 있다고 하던데, 참 아름다운 곳이지요.

콜: 여기저기 많이 돌아다니다가 고향에 오니 참 좋습니다.

호네커: 좋지요. 그럼, 고맙습니다. 새해 전야도 잘 보내시고, 안녕히 계십시오.

콜: 안녕히 계세요.[41]

이 특별한 대화는 호네커와 콜이 각자 진영에 확고히 전념하고 있으며, 서로 가까워지려는 노력을 모스크바와 워싱턴이 어떻게 생각할지 고려해야 하는 현실을 보여 주는 한편, 두 사람 모두 한배를 탄 독일의 운명을 예리하게 인지했음을 보여 준다. 두 사람은 자신들에게 독일과 유럽의 평화를 지킬 역사적 책임이 있음을 잘 알았다.

이와 같은 독일이라는 의식이 소비에트연방과 맺은 관계 바깥에서 자신을 바라보려는 독일민주공화국의 노력과 더불어서 싹트기 시작하자 '형제 국가들'의 관계는 단번에 경색되었다. 1984년 8월 체르넨코와 호네커는 상황을 개선하고자 회동했다. 공식 회의록에 따르면, 둘은 "우리의 관계에 존재하는 여러 중대한 문제를 분명히 하고자"[42] 모였다. 독일사회주의통일당 서기장은 두 독일의 관계가 더 가까워져야 하는 이유를 한 시간이 넘게 설명했다. 그러나 수긍하지 못한 체르넨코는 이렇게 대꾸했다. 서독은

503

우리 대륙에서 레이건의 정책을 펼치는 군사적·경제적·이념적 …
실행자다. 독일연방공화국의 일구이언과 군국주의 성향은 아데나
워 체제 시절을 능가하고도 남는다. 본과 워싱턴은 한 몸처럼 움직인
다.[43]

나아가 체르넨코는 동독의 외교정책이 베를린에서 만들어진다
고 한 호네커의 발언을 바로잡았다.

독일민주공화국과 독일연방공화국의 관계가 어떻게 발전하는지는
우리 공동의 거시적인 정책의 문제 아닌가. 이 문제는 소비에트연방
과 직결된다.[44]

이것만으로 호네커에게 콜과 독립적으로 맺은 관계를 포기하
라는 뜻을 명백히 전달하지 못했다고 판단했는지, 회의에 동석한 소
비에트 국방부 장관 드미트리 우스티노프Dmitry Ustinov는 이 문제에
관해서 논의의 여지는 없다고 못 박았다. 콜이 안심하게 하려고 말한
온갖 약속들이 실은 그저 "거짓말, 이념적 속임수"[45]임을 호네커는
왜 모르는가? 우스티노프는 여기서 멈추지 않았다. 동독인과 서독인
이 어떤 사안으로든 교류할수록 안보가 위험에 처한다는 것이었다.
"관문을 활짝 열어젖히면 그게 병사들에게 영향을 미칠 거라고는 생
각하지 않소?"[46]

사회주의에 대한 독일민주공화국 군대의 충성심을 문제 삼자,
호네커는 발끈하여 "독일민주공화국에는 독일연방공화국에 친척이

없는 시민이 거의 없다"라며 서독과 더불어 사는 것 말고는 다른 방법이 없다고 쏘아붙였다. 하지만 독일민주공화국의 서방 외교 책임자였던 헤르베르트 헤버Herbert Häber에 따르면, 회의가 끝날 무렵 "호네커는 본 방문계획을 철회하지 않으면 그의 직책에 대한 논의가 이뤄질 것임을 전해 들었다."[47]

헤버는 본과 동베를린의 '이성의 연합(Coalition of Reason)'을 구상한 동독 쪽 설계자 가운데 하나였는데, 모스크바와 충돌이 빚어져 정치국에 퍼진 불안의 희생양이 되었다. 베를린과 모스크바에서 자기의 입지를 지키고자 했던 호네커는 이듬해 헤버를 겨냥한 추악한 정치운동이 시작되자 그에 가담했다. 헤버는 압박감을 이기지 못해 1985년 8월 18일에 신경쇠약을 일으켰고 몇 달간 병원에 입원했다. 호네커는 헤버에게 "건강을 이유"로 정치국에서 사임할 것을 종용했다. 둘은 한때 가까운 사이였으나, 지금의 서기장에게는 베를린과 모스크바에 내보일 희생양이 필요했다. 그래야 자신이 콜과 나눈 대화나 슈트라우스에게서 받은 대규모 차관이, 서방의 적에게 이념적 틈을 허용한 것이 아님을 증명할 수 있었다.

체르넨코와 우스티노프는 모스크바회담에서 호네커와 충돌하기 훨씬 전부터 독일민주공화국의 차기 지도자를 공공연히 물색하고 있었다. 이는 호네커와 소비에트의 관계가 얼마나 틀어졌는지를 자명하게 보여 준다. 최연소 정치국원이었던 에곤 크렌츠는 소비에트 연방의 국방부 장관이 1984년 6월에 열린 비공개회담에 자신을 초대한 일을 떠올렸다.

505

우스티노프는 나를 찬찬히 살피더니 찻잔을 들어 차를 홀짝였다. 그리고 물었다. "당신네 서기장의 때가 다 된 것 같지 않소? 그쪽 정치국에서도 이야기해 보는 게 어떻소?" 나는 그의 직설적인 말에 놀랐다. … 호네커가 모스크바를 배신하고 본과 결탁하리라는 의심이 팽배했다.[48]

호네커와 콜의 만남이 성사된 1985년 3월, 체르넨코와 우스티노프는 모두 세상을 떠난 후였고 그 자리에는 그들과 아주 다른, 그리고 훨씬 젊은 지도자가 있었다. 미하일 고르바초프는 동독과 서독이 영원히 대치하는 것이 장기적으로 지속할 수 없는 현실임을 언뜻 이해하는 듯 보였다. 1년 전인 1984년 2월에 고르바초프는 소비에트 연방의 정치지도자가 되기에 너무 어리다는 평가를 받았고, 대신해서 체르넨코가 유리 안드로포프의 짧은 임기를 뒤이을 지도자로 선출되었다. 고르바초프는 자신에게 놓인 1년이라는 시간을 현명히 사용했다. 그는 건강이 심히 나빠진 체르넨코를 자주 대신하면서 젊은 나이임에도 믿음직하다는 인상을 주었다. 고르바초프가 회의를 주재할수록 정치국원들은 그의 방식을 마음에 들어 했다. 체르넨코가 사망했을 무렵에는 어느새 자연스러운 차기 지도자가 되어 있었다. 또한 그는 소비에트 의회에서 외교위원회 위원장직을 맡고 있었다. 정치적으로 영향력이 있다기보다 사실 이름뿐인 자리였으나, 그는 이 직책을 사용해 자주 외국을 다녔다.

그러면서 고르바초프는 서방과 연결되려는 열망이 자신만의 것이 아님을 확인했다. 영국 총리 마거릿 대처는 모스크바의 핵심 인사들에게 몇 차례나 서신을 보내 회담을 청했었다. 고르바초프는 그 요청에 응했다. 1984년 12월 첫 회담에서 고르바초프는 전임자들과 달리 서방 지도자들에게 개방적인 모습을 보였다. 대처는 다음과 같이 회고했다.

> 대형 회장에서 함께 술을 마시던 고르바초프는 체커스*로 오는 길에
> 본 농지에 대단한 흥미를 표했고, 우리는 자기 나라의 다양한 농업방
> 식에 관해 의견을 나누었다. … 처음에는 사소한 것들에 관해 이야기
> 했는데, 고르바초프나 나나 그러한 것들에는 통 관심이 없었기에 대
> 화는 금세 열띤 양방향 토론으로 넘어갔다. 토론은 그날 이후로도 계
> 속되었으며, 우리가 만날 때마다 다시 시작되었다. 정치란 무엇인가
> 에 관한 논의로 들어가기에 질리는 법이 없다.[49]

서방에 개방적인 고르바초프를 보며 호네커는 조만간 자신도 본에 방문할 수 있겠다는 희망을 품었다. 그러나 고르바초프가 생각한 서방에 대한 개방은 그보다 19살이 많은 호네커의 생각과는 딴판이었다. 고르바초프에게 개방이란, 그의 나라를 경제적 파탄으로 몰고 가는 값비싼 군비 경쟁을 완화하는 것이었다. 그리고 글라스노스트Glasnost(정보공개)와 페레스트로이카Perestroika(개혁)라는 두 가지 구호로 자유화를 추진하는 것이었다. 반면 호네커는 자국의 개혁에 관해서는 단호했다. 그에게 서방에 대한 개방이란, 양쪽 모두 현상을

---

* 영국 총리의 지방 관저

유지하고 각자의 지배 구조를 바꾸려는 시도 없이 교역하는 것을 의미했다.

이런 동상이몽은 1986년 4월 고르바초프가 독일사회주의통일당 11차 당회의에 참석하러 독일민주공화국을 방문했을 때 부스럼을 일으켰다. 콜과 정상회담할 것을 고집하는 호네커에게 소비에트 지도자는 전임자들이 반박한 논리를 똑같이 들이밀었다. 정작 고르바초프는 1년 전 모스크바를 방문한 서독 대통령 리하르트 폰 바이츠제커를 국빈으로 맞이했으면서도, 본에서 서독 총리를 만나겠다는 호네커의 계획에 불만을 표했다. "이런 상황에서 당신이 연방공화국에 방문하면 내가 국민에게 뭐라 말한단 말입니까?"[50] 그러자 호네커는 이렇게 대꾸했다. "평화를 너무나도 우려한 나머지 나 같은 사람에게 그런 여정을 기대하는 우리 국민에게는 뭐라 말한단 말입니까?"

호네커는 모스크바가 계속해서 자신을 불신하는 것에 깊은 상처를 받았다. 그는 오랜 친구인 동독 주재 소비에트대사 뱌체슬라프 코체마소프Vyacheslav Kochemasov에게 신세를 한탄했다.

이걸 어떻게 해석해야 한단 말인가? 나를 향한 의심인가, 아니면 본 방문이 우리 공동의 이익에 부합한다는 사실을 인정하지 않는 것인가? 알고 보니 다른 사람들은 가도 되지만 나만 거부당한 것이었다. 게다가 이번에는 내가 처음으로 국빈으로서 초대되어, 드디어 독일연방공화국과 대등한 조건에서 양자관계를 수립할 기회가 열린 순간이 아니던가.[51]

호네커는 국가 지도자로서 대접받고 싶었으며, 독일민주공화국이 소비에트연방의 속국이 아닌 주권국가임을 인정받고 싶었다. 그와 모스크바의 관계에 금이 가기 시작했다.

고르바초프는 나중이 되어서야 호네기에게 상자 누 독일의 회담을 허용할지 고민해 보겠노라고 넌지시 신호를 줬지만, 사실 동서독의 정치인들은 한참 전부터 모스크바와 무관히 자기들끼리의 소통 창구를 유지하고 있었다. 콜의 기독교민주연합이 1987년의 선거에서 정치적으로 타격을 입을 것 같은 구도가 되자, 독일사회주의통일당은 독일사회민주당 진영과 연락을 재개했다. 그리고 선거운동을 지원할 테니, 선거에서 이기면 그 대가로 동독의 시민권을 전적으로 인정해 줄 것을 독일사회민주당 측에 요구했다. 하지만 결과는 콜의 승리였고, 호네커는 정치적인 차이를 뒤로하고 그와 계속 힘을 합치기로 했다. 두 사람의 관계는 이미 단단했다. 콜 정부는 1987년 8월 퍼싱 1a 미사일의 첨단화 계획을 없던 일로 했다. 1986년에 소비에트연방과 미국이 유럽의 군비축소에 합의함으로써, 두 독일은 평화적으로 공존할 수 있는 발판을 마련했다.

1987년 9월 7일에 본을 방문한 호네커를 콜은 국빈의 예우를 갖춰 맞이했다. 다만 공식적으로는 '국빈 방문'이 아니라 '실무 방문'으로 기록되었다. 대통령 바이츠제커 또한 호네커를 국빈으로 맞이하며, 그를 "독일인 중의 독일인"으로 추켜세웠다. 전 세계에서 2000명이 넘는 기자가 회담장에 모였다. 독일민주공화국은 그렇게나 바라던 대로 어엿한 민족국가로서 대접받았다. 호네커와 콜은 통행 규제 완화, 공동연구, 문화사업, 긴밀한 경제협력 등을 상세히 논

509

의했고, 그러면서 양국 사이에 남아 있는 적개심에 대한 아쉬움을 넌지시 드러냈다. 콜은 만찬 연설에서 "기나긴 공동의 역사 속에서 공동의 언어, 공동의 문화유산"으로 드러나는 "민족통합 의식"에 관해 이야기했다.

호네커는 프랑스와 접경지대를 이루는 자를란트에 살던 여동생 게르트루트 호프슈테터Gertrud Hoppstädter와 상봉하고 난 후 크게 감격해, "국경이 지금 이대로여서는 안 된다"라는 말을 남겼다. 그는 언젠가 "독일민주공화국과 폴란드인민공화국의 국경처럼, 동서독 국경이 서로를 가르지 않고 통합해 주는"[52] 날이 오기를 꿈꾸었다. 각자가 그리는 미래는 첨예하게 달랐으나, 서독의 총리와 동독의 서기장은 자신들이 한민족이되 서로 다른 두 국가로 살아가야 한다는 데 생각을 같이했다.

침체 상태

1986년 봄 베를린 쇠네펠트공항. 울리히 슈트루베Ulrich Struwe는 낯선 무리에 섞여 있으면서 과연 잘하는 일인지 자문했다. 34살의 이 남성은 결혼해 자식이 둘이었다. 직장이 있었고 아파트와 클라인가르텐도 있었으니 괜찮은 삶이었다. 그런데 왜 이 모든 것을 뒤로하고 2년간 떠나기로 한 것일까? 그는 주변 사람들의 얼굴을 보다 이유를 떠올렸다. 그들은 하나같이 불안과 설렘이 묘하게 뒤섞인 표정을 짓고 있었다.

친구 사이에서 '울리'로 불리는 울리히는 막다른 길에 다다른 상태였다. 작센 지방 포크틀란트의 윌스니츠에서 태어난 그는 17살에 공장 기계공으로서 훈련했다. 군 복무를 마치고는 1976년에 타이어 공장에서 용접공으로서 재훈련했다. 이후 공장에서 에너지 배급 일을 맡았다. 그러나 그는 단조로운 일을 점점 더 견디기가 힘들었다. "날이면 날마다 언제나 고된 일의 반복이었다."[53] 울리는 훗날 이렇게 회고했다. "공장의 모든 일에 넌더리가 났다. 바닥을 친 것이다. 이런 삶에 과연 의미가 있는가?" 1986년 초 그는 더는 견딜 수가 없었다. 하지만 뭘 할 수 있단 말인가? 집에는 7살, 9살 난 딸아이가 둘이나 있었다. 일을 관둘 수는 없었다. 그러다 지금 하는 일보다 돈을 훨씬 더 많이 벌 수 있는 데다 모험을 즐길 수 있는 일자리가 하나 생각났다. 군사 기초훈련을 받던 시절, 2년 정도 소비에트연방에서 드루즈바 가스관을 건설할 사람을 모집하기 위해 자유독일청년단이 훈련장에 자주 나타나고는 했었다. 1981년에 완공된 같은 이름의 송유관과 달리 가스관은 아직도 대규모로 확장되는 중이었다. 형제 국가들은 소비에트러시아에서 에너지를 받는 대가로 건설에 동원되었다. 독일민주공화국은 1982~1993년에 3곳의 건설 현장을 맡았다. 자유독일청년단이 중앙청년사업(Zentrales Jugendobjekt, ZJO)의 일환으로 이 작업을 조직했다. 기업들은 2~3년간 전문인력을 건설 현장에 파견했다. 모든 것은 철저히 자발적으로 이뤄졌다.

자원자들은 계약기간 내내 소비에트연방에 머물렀고 1년에 두 번 휴가를 얻어 친구와 가족이 사는 고향을 방문할 수 있었다. 급여가 높은 것 외에도 혜택은 많았다. 근무일이 정해져 있어 추가로 일하면 그만큼 돈을 더 받았다. 노동자들은 가스관에서 하루 일한 것만으로 추가 수당을 25마르크씩 받았다. 급여에서 최대 절반은 '게넥스' 계좌를 통해 고급 장난감이나 가전제품, 가구 등 독일민주공화국에서 구하기 힘든 물건을 사는 데 쓸 수 있었다. 2년짜리 표준계약을 3년으로 연장하면 가스관 노동자들은 특별증서를 받았고, 그걸로 원하는 자동차를 구매할 수 있었다. 바로 장만할 수 있는 기종은 대개 트라반트나 바르트부르크였다. 라다는 6개월을 더 기다려야 받아 볼 수 있었다. 새로운 차를 받으려면 10년 넘게 기다리기도 했으니 이 정도 혜택만으로도 많은 이의 마음이 움직였다.

이런 물질적 혜택은 울리가 아내와 자녀들을 설득하기에 훌륭한 논거였다. 무엇보다 그에겐 쉼과 자극이 필요했다. 독일민주공화국에서의 삶은 평탄했고 제법 안락했으나 지루하리만치 단조로웠다. 그는 떠나고 싶었다. 다듬어지지 않은 유라시아의 초원지대에서 생활할 수 있는 기회는 거부하기 힘들었다. 쉬네펠트에서 동료 승객들을 둘러보던 그는 그들에게서도 같은 감정을 느꼈다. 드루즈바 가스관 공사에 자원한 이 사람들은 서로 모르는 사이였다. 다들 울리처럼 제 발로 자유독일청년단 사무실을 방문했거나 그들의 연락을 받고서야 연관 기술을 가진 인력이 절실히 필요하다는 소식을 접했다.

지원자들은 파견을 앞두고 사흘간 특강을 받았다. 행실에 대한 교육도 이뤄졌다. 어떤 경우에도 노동자들은 허가 없이 현장을 떠나서는 안 되었다. 러시아 노동자들과는 거의 따로 일할 테지만 더러 협력할 때도 있었다. 그러므로 문화적 차이를 이해해야 했고, 러시아가 나치에 승리한 것을 기념하는 5월 9일 승전기념일 같은 기념일을 동독 노동자들이 존중해야 했다. 동독 노동자들은 실제 범죄나 정치 또는 노동과 관련한 비행을 저지르면 소비에트 법질서대로 처벌되었다. 또 이들은 소비에트 노동자들이 생각하는 안전과 품질기준이 동독과 다르다는 사실을 숙지해야 했다. (현실은 다르다는 말로도 부족했다.) 예를 들어 빠르게 움직이는 작업 차량 발판에 서 있는 노동자들을 볼지도 몰랐다. 그건 거기서 일상적인 일이므로 뭐라 할 일이 아니었다. 마지막으로 지원자들은 타이와 양복 상의 차림으로 여권 사진을 찍으라는 지시를 받았다. 두 달 후 떠날 때가 되었다. 울리는 아내와 딸들에게 작별 인사를 건네고 모스크바행 비행기에 올랐다.

"그게 광기의 시작이었다"라고 울리는 이렇게 회고했다. 모스크바에서 그들을 태운 열차는 동쪽으로 1500킬로미터 떨어진 우랄 지역의 도시 페름으로 향했다. 27시간을 달리는 동안 창밖에는 헐벗은 땅이 펼쳐졌고 그러다 이따금 동네와 도시가 보였다. 열차는 그 유명한 볼가강도 지났다. 강물은 얼음이 녹아 불어 있었다. 날씨는 매서웠다. 사방은 진흙이었다. 실망한 울리는 2년간 자신이 살아야 하는 무참한 풍경을 멍히 둘러보았다. 페름에 도착한 노동자들은 도시에서 북동쪽으로 170킬로미터 떨어진 그레먀친스크의 가스관 건설 현장으로 옮겨졌다. 그곳이 독일 전쟁포로들이 갇혀 지내며 끔찍한 환경에서 목재·석탄·석재를 캐내는 노예노동을 했던 곳이라는 모순은 울리의 동료들에게 깊이 각인되었다. 인근에는 악명 높은 페름-36굴라크가 여전히 교도소로 운영되어 정적政敵과 "특히 위험한 국사범"들을 가둬 두고 있었다.

그레먀친스크 건설 현장에 딸린 합숙소는 울리와 독일 노동자

513

들이 살기에 그리 나쁘지 않았다. 기술 직무에 따라 광활한 지역에 숙소와 작업반이 배정되었다. 목수, 건축업자, 시멘트 전문가, 전기공 등은 저마다 역할을 맡았다. 용접공이었던 울리는 대형 터빈을 설치하는 작업반에 속했다. 일할 때는 소비에트 수석 기술자 밑에서 일했으나 평소에는 분리되어 생활했다. 독일 노동자들에게 제공되는 식사·주거·돌봄은 러시아 동료들보다 훨씬 더 나은 수준이었다. 독일 노동자들은 러시아인들이 사는 컨테이너 방갈로와 떨어진 별도 숙소에 거주했다. 집 한 채에는 보통 방이 5개였고 방마다 침대가 2~3개 놓였으며 공용 화장실이 있었다. 울리는 카펫과 안락의자, 옷장 등이 있던 숙소가 꽤 아늑했다고 기억한다. 효율이 좋은 난방용 연탄은 물론, 드레스덴 인근에서 양조된 인기 있는 라데베르거 맥주를 포함한 식료품까지, 독일민주공화국에서 특별히 들여왔다.

그곳에 있는 내내 아주 배불리 먹었다. 대미는 우리의 노동을 기념하는 특별행사인 '가스관 건설 노동자의 날'이었다. 그날 우리는 초호화 유람선이 부럽지 않을 만큼의 연회로 대접받았다.

당국은 고향·가족·친구와 오랫동안 떨어져 지내는 노동자들의 사기가 저하할 것을 우려했다. 그래서 냉소주의나 소요를 각별히 경계했다. 사회적으로 분열을 일으키거나 남들의 사기를 떨어뜨릴 수 있다고 여겨지는 사람들은 발각되는 즉시 독일민주공화국으로 송환되었다. 남은 사람들은 각종 문화 활동을 누렸다. 페름 시내를 놀러다녔고, '음악에 취하는 곳'이라고 부르던 디스코장을 드나들었다. 패션쇼 및 영화와 연극을 관람했다. 가장 놀라운 일은 독일민주공화국 음악계의 스타들이 공연하러 왔다는 것이다. 울리는 푸디스 같은 밴드와 유명 록 바이올린연주자 한스 디에 가이게Hans die Geige의 공연을 보았다.

업무량이 과중한 만큼 사기를 올리려면 유흥과 맛있는 음식이 필수였다. 교대근무는 새벽 6시부터 저녁 6시까지 하루 12시간을 주기로 반복됐다. 유일하게 쉬는 날인 토요일이 되면 노동자들은 편히 휴식하거나 유흥을 즐겼다. 청소와 빨래 같은 집안일은 따로 하지 않아도 되었지만, 가스관 작업은 그것만으로도 뼈 빠지는 노동이었고 노동 환경은 너무나도 열악했다.

여름이 되면 해가 다 뜨기도 전에 날이 무더워졌다. 겨울에는 정반대로 몹시 추웠다. 그곳에 있으면 방향 감각이 흐려진다. 시간 감각도 무뎌진다.

울리는 그렇게 회고했다. 또 러시아인들과 달리 독인 노동자들은 아직 업무가 손에 익지 않았다. 그들이 사용하던 일반 디젤유는 얼음같이 차가운 겨울철에는 "커스터드 크림처럼 뻑뻑해졌다." 알고 보니 겨울용 디젤유를 따로 사용해야 했다. 날이 영하 44도까지 추워지면 울리가 작업하던 연장전선도 꽁꽁 얼어붙어 실외에서 구부리려고 하면 부러지기 일쑤였다. 그래서 울리는 전선을 가열된 용기에 넣었다가 구부려야 했다. 용접공에게 배급되는 합성 안전모도 추위에 약해 부서지는가 하면 용접할 때 발생하는 불꽃이 잘 옮겨붙어 화재

515

에도 취약했다. 한 번은 울리도 동료가 "머리에 불이 붙었다"라고 친절히 말해 주지 않았다면 큰일을 당할 뻔했다.

러시아인들은 따뜻한 털모자를 팔아 독일인들이 구할 수 있는 고급 초콜릿이나 술을 얻어 가고는 했다. 눈은 다른 면에서 쓸모 있기도 했다. 겨울이 되어 숙소 주변에 눈이 쌓이면 울리는 창밖 눈 속에 보드카 병을 보관했다. 물론 겨울 환경이 그리 좋은 기억만을 남기지는 않았다. 노동자들은 허구한 날 동상에 걸렸고 가끔은 자기도 모르는 사이에 얼어 죽었다. 울리와 동료들은 절대 혼자 일하지 않았고 밤에 숙소 밖으로 홀로 나가지 않았다. 술에 취한 상태로는 특히 위험했다. 우랄의 가혹한 겨울 서리를 조금만 잘못 맞아도 손가락이나 발가락쯤은 쉽게 잃을 수 있었고 최악의 경우 사망에 이르렀다.

그럼에도 울리는 러시아에서 겪은 모험을 사랑했다. 2년 계약에서 연장해 총 3년을 일했고, 1989년에 베이지색 바르트부르크를 한 대 장만해 고향으로 돌아갔다. 몇몇은 10년이 넘게 머무르면서 모험과 성취감이 더해진 느긋한 생활을 만끽했다. 울리가 그랬듯 대부분 러시아에서 싸구려 금붙이와 보석류를 사서 돌아갔다. 게넥스 상품안내서를 보고 자식들에게 줄 장난감을 주문하기도 했다. 작업 현장에서 "남자들과 똑같이 일하는" 강인한 러시아 여성들을 보며 감탄했다. 낯선 땅에서 하마터면 목숨을 잃을 뻔한 일화들을 모아 고향 친구들과 가족에게 전했다. 이들에게 가스관 건설 작업은 평탄하지만 단조로운 고향 생활에서 벗어나는 완벽한 탈출구였다.

누군가의 단조로움이 다른 누군가에게는 안정감을 주었다. 에리히 호네커는 자기 체제에서 생활수준이 향상한 것에 근거 있는 자부심을 느꼈다. 공급난은 여전했으며 서방에 비하면 기술력도 여전히 뒤떨어졌으나, 겉보기에 독일민주공화국은 생활수준이 꽤 높고 안정된 나라 같았다. 완전 고용이 계획적으로 실현된 데다 주거, 식품, 문화생활, 보육에 보조금이 뒷받침된다는 것은 먹고 사느라 골머리를 잃지 않아도 된다는 뜻이었다. 서독이 실업률 8퍼센트로 애를 먹고 직업이 있는 사람들도 일자리 안정을 우려하는 동안, 동독 가구는 갑자기 수입을 잃는다거나 집세를 내지 못할까 봐 걱정하지 않아도 되었다. 1987년에 절반 이상의 동독 가구가 자가용을 소유했고, 모든 가구가 세탁기·냉장고·텔레비전을 적어도 한 대는 보유했다.[54] 일반 경로로 구하기 힘든 상품은, 서독의 친척이 게넥스 상품안내서를 보고 직접 주문해 주거나 인터숍에서 쓸 통화를 제공해 주면 얻을 수 있었다. 적재적소의 친구와 가족도 도움이 되었다. 1980년대 중반 독일민주공화국의 경제적 결점들은 이면에서 보면 위기 수준에 도달해 있었으나, 적어도 동독인들이 느끼기에는 일상을 뒤흔드는 실존적 위협이라기보다 은근한 위기감 정도였다.

먹고살 걱정을 던 데다 일과 일상의 균형이 견고한 덕에 동독인들은 돈과 시간이 넉넉해졌고 그걸 어떻게든 잘 활용하려고 애쓸 필요도 없었다. 사람들은 친목을 다지고 여가를 즐기느라 많은 시간을 썼다. 클럽회관, 클라인가르텐, 식당, 공동 바비큐장, 아파트단지의 연회장 등에서 친구·동료·이웃과 모여 시간을 보냈다. 덩달아 독일민주공화국에서 술 소비량이 급증했다. 1988년에 동독인은 1년에 평균 맥주 142리터를 마셨고 독주 16.1리터를 마셨다. 이는 서독의 소비량보다 2배나 많았고, 인민소유기업 노르트브란트를 유럽 최대의

517

슈나프스* 제조기업으로 만들기에 충분한 규모였다.[55] 미국 학자 토머스 코챈Thomas Kochan은 이렇게 술 소비량이 높은 이유를 독일민주공화국의 비참한 현실에서 탈출하려는 욕구에서 찾지 않았다. 많이들 그렇게 주장하지만 실제로는 "경쟁이 치열하지 않은 집단사회"에서 경험하는 "존재론적 태평함"이 원인이라고 그는 주장한다.[56] 동독인들은 걱정을 잊기 위해서가 아니라, 걱정할 게 너무 없어서 술을 마셨다는 것이다.

이런 상대적 안락함은 정치적으로 약간의 안일함을 조성했다. 1980년대에 폴란드에서 식량 배급제 및 식료품 가격의 급등이 어느 정도 원인으로 작용해 사회적 소요가 빈번했으나, 독일민주공화국은 전혀 달랐다. 물론 독일민주공화국에서도 반대운동이 일어나 국가가 엄격히 제압하는 일이 있었다. 그러나 1989년 가을에 시위가 일어나기 전까지 대중의 불만은 거리에 넘쳐흐르지는 않았다. 1986년에 독일사회주의통일당원의 수는 230만 명으로 최고 기록을 세웠다. 사람들은 당에 가입해야 출세할 수 있다는 생각에 익숙해진 터였다.

독일민주공화국에서의 삶이 정체되었다고 느낀 사람은 울리만이 아니었다. 1986년 1월에 양자화학 논문 심사를 받은 앙겔라 메르켈은 31살이었다. 이 과제를 끝마치기까지 여유롭게 7년이 걸렸다. 삶은 비교적 유복했고 동시에 공허했다. 메르켈은 베를린 아들러스호프에 있는 과학학술원에서 정규직으로 있으면서 한 달에 대략 1000마르크를 벌었다. 보통 화이트칼라 전문직이 버는 돈보다도 많

* 과일로 만든 브랜디

았다. 조급함이나 압박감도 없었다. 어차피 고위직은 당에 가입하지 않는 한 얻기 힘들었다. 메르켈은 동료들을 감시할 생각이 없음을 슈타지에 일찍이 알린 터였기에 앞으로 빠르게 출세할 가능성은 희박했다.

메르켈이 1980년대 동베를린에서 편안히 지낼 수 있었던 것은 나라를 벗어날 기회가 많았던 덕도 있다. 메르켈은 폴란드의 정치적 소요에 지대한 관심을 보여 1980~1981년에 폴란드를 세 차례 방문했다. 그중 두 번은 자유독일청년단 산하의 청년여행사(Jugendtourist)를 통해 공식 방문했고, 한 번은 동료들과 개인적으로 다녀왔다. 마지막 여행은 특히 대담했다. 개인적으로 여행을 가려면 초대장이 필요했다. 폴란드어를 구사할 줄 알았던 동료 한스-외르크 오스텐Hans-Jörg Osten이 초대장을 조작해 메르켈과 동료들은 여행길에 오를 수 있었다.[57] 26살의 학생이던 메르켈은 폴란드 청년들이 대화하는 중에 변화와 개혁을 공공연히 이야기하는 것에 매료되었다. 또 메르켈은 어머니의 고향인 발트해 인근 단치히(지금은 그단스크)도 방문했다. 돌아오는 길에 독일민주공화국의 국경경비대가 메르켈의 가방을 수색했고, 국경경비대는 가방에서 사진들과 폴란드 신문, 1980년에 그단스크의 레닌조선소에서 결성돼 폴란드의 변혁을 주도한 자주관리노동조합 솔리다르노시치의 휘장을 발견했다. 메르켈은 폴란드어를 할 줄 모른다고 시치미를 떼 무사히 풀려났다.[58]

1983년 여름에 메르켈은 더 큰 모험에 착수했다. 소비에트 공화국 아르메니아, 아제르바이잔, 그루지야로 3주간 여행을 간 것이다. 소비에트 권역에서 아직 메르켈이 다녀 보지 못한 곳들이었다. 인생에서 가장 위험한 여행이기도 했다. 공식 승인을 받아 모스크바, 레닌그라드, 프라하에서 짧게 유학한 적은 있었지만, 메르켈은 소비에트연방의 남단부를 자유로이 여행해 보고 싶었다. 하지만 소비에트연방의 공식 비자로는 이동이 극히 제한되었으므로 쉽지 않았다. 여행은 공식 초청을 받아 준비되고 미리 계획되어야 했다. 그런데 동독 배낭족 사이에, 폴란드와 우크라이나를 거쳐 육로와 바닷길로 불가리아를 여행하고 싶다고 하면 3일짜리 소련 경유 비자를 발급받아 입국할 수 있다는 사실은, 공공연한 비밀이었다. 일단 입국하고 나면, 돌아가는 길은 나중에 걱정하기로 하고 자유로이 체류하며 여행했다. 메르켈과 동료들도 이 방법을 따랐다.

키이우에 도착한 메르켈과 동료들은 비자의 목적대로라면 불가리아로 들어가는 배를 타기 위해 오데사행 열차를 타야 했지만 그러지 않았다. 대신 그루지야행 열차를 타고 산속으로 자취를 감췄다. 메르켈은 훗날 "호텔, 공식 야영지, 기차역은 얼씬도 하지 않았다. 그런 곳에 가면 무조건 서류 검문을 받았을 것이다"[59]라고 회고했다. 메르켈과 두 동료는 차를 얻어 타고 다니며 마땅한 곳이 보이면 텐트를 쳤고, 필요한 게 있으면 현지 주민들에게 구걸했다. 그루지야 동쪽의 스탈린 출생지이자 고대도시인 고리로 가는 길에 세 사람은 차를 얻어 탔는데, 하필 운전자가 제복을 입은 경찰관이었다. 다행히 그 경찰관도 감시의 눈길을 피해야 하는 처지였다. 자동차 트렁크 안에 아제르바이잔에서 밀수한 사슴 사체가 있었기 때문이다. 그러나 얼마 가지 못해 과속으로 교통경찰의 검문을 받았다. 교통경찰은 자기들 동료는 기꺼이 풀어 주었지만, 수상한 서류를 지닌 관광객들은 중세도시 므츠헤타의 경찰서로 보냈다.

이번에도 메르켈은 말솜씨를 발휘해 위기에서 벗어났다. 그루지야가 너무나도 아름다워 비자 만료 후에도 떠날 수 없었다는 것이다. 어떻게 이런 그루지야를 뒤로하고 불가리아로 간단 말인가? 이런 말에 마음이 녹은 경찰관들은 세 청년을 풀어 주었을 뿐 아니라 떠나기 전에 수도 트빌리시도 꼭 들러 보라고 권했다. 메르켈과 두 동료는 정말로 수도에 방문했고 기차역 노숙자쉼터에서 잠을 청했다. 그루지야에서 독일민주공화국으로 들어가는 직항기가 없었기 때문에 메르켈과 두 동료는 러시아의 흑해 도시 소치로 이동했다. 세 사람은 어떻게 해서든 독일민주공화국에 돌아가려 했고 비자 문제에 대한 처벌은 가벼우리라 예상했다. 최악의 경우라고 해 봤자 일시적으로 여행이 금지되고 소액의 벌금을 물면 될 터였다. 실제로 이들이 받은 처벌은 〈나는 왜 법을 알고 배웠음에도 위반하였는가?〉[60]라는 글을 써서 제출하는 것에 그쳤다.

메르켈은 여행하며 지적으로나 신체적으로 잠시 활기를 되찾았으나 베를린에서 목적 없는 삶에 금세 다시 잠식되었다. 그는 연구소에서 자유독일청년단 문화행사를 조직하느라 분주한 나날을 보냈다. 메르켈의 회고에 따르면, "극장을 예약하고 책 낭독회를 주최했다. 또 우리는 독일민주공화국에 대한 비판을 암시하는 모든 것에 관심을 두었다."[61] 청년조직에 들어가면 보통은 수습 교육이나 직업훈련 등을 받는데, 학자의 길을 선택하는 경우 교육 기간이 훨씬 길어져 대부분 30살이 될 때까지 학생 신분이었다. 1984년 7월 17일 메르켈이 30살이 되던 날, 엄격한 신학자였던 그의 아버지가 딸의 생일을 축하하러 방문했다. 아직 완성되지 않은 박사학위 논문과 길어지는 딸의 학생 생활을 보며, 그는 "넌 아직 멀었구나"[62]라고 말했다. 젊은 과학자가 생각하기에도 아버지의 말은 틀린 게 없었다. 메르켈은 그 시절 자기 인생을 돌아보며, "장벽이 무너졌을 때, 그래도 내가 나를 포기하지 않아 다행이었다"[63]라고 말했다.

울리 슈트루베와 앙겔라 메르켈은 독일민주공화국의 삶의 테두리에서 불안을 해소할 출구를 발견했지만 어떤 사람들은 다른 선택을 했다. 법적으로 영구히 국가를 떠나겠다고 신청하는 시민의 수는 해마다 늘었다. 1973~1983년에 연간 9000명의 동독인이 이런 식으로 국가를 떠났다. (신청자 수는 2만~3만 명 선이었다.) '영구이주'제도가 도입된 1983년 첫해에만 4만 1000명이 신청서를 냈다. 1984~1988년에 11만 3000명의 신청자가 당국에서 영구이주 허가를 받았다.[64] 신청서를 낸다는 것에는 위험이 따랐다. 관료들은 일부러 업무를 느리게 처리함으로써 슈타지가 신청자들의 행위에서 처벌할 구실을 찾아내도록 시간을 벌었다. 1983년 10월 5일 국가교육부 장관 마르고트 호네커는 자기 부서에 다음과 같은 명령을 하달했다.

비사회주의국가 또는 서베를린에 정착하려고 시도한 교육자는 교육업무에 부적합하니 아동과 청소년을 상대하는 교직과 교육업무에서 즉시 배제되어야 한다. … 근로계약 해지 사유에는 … 이주 시도에 대한 언급이 포함되어서는 안 된다.[65]

다른 분야에서도 나라를 떠나겠다고 신청한 사람들은 일자리를 잃거나, 자식 등 가까운 가족의 교육과 취업이 막혔다. 그러나 점점 더 많은 사람이 집단으로 나라를 떠나고자 시도했고, 그들을 막으려는 정권에 시위와 운동으로 맞섰다. 당국은 이런 움직임을 제압하기가 갈수록 힘들어졌다. 그 결과 영구 이주를 허가받는 신청자가 계속 늘어났고, 가족을 보기 위해서든 일이나 공부를 위해서든 서독에 다녀오기가 한결 수월해졌다. 이 시절 작성된 슈타지 문건들에도 비슷한 상황이 묘사되었다. 정체 상태에 대한 불만이 일부 사람 사이에 조용히 퍼졌고, 사람들은 여러 가지 방식으로 그것에 대처했다. 전기 기술자이자 결혼해 자녀가 둘이었던 볼프강 물린스키Wolfgang Mulin-ski는 1977년만 해도 슈타지 문건에서 모범 시민으로 평가된 자였다.

M. 남는 시간에는 취미라 할 수 있는 공예를 즐겨 한다. 성격과 관련해, 동네에서 M에 대해 알려진 바가 없다. 술을 과하게 마시지 않으며 술집에서 목격되는 일도 극히 드물 정도로, 생활방식은 흠잡을 데가 없다. 공동체에서 M은 지역 경관을 개선하는 데 열심이다. 긴급한 사안을 논의하는 주민회의 두 곳에 참여하고 있다. 국경일에는 아파트 외관을 꾸미고 돈을 기부한다.[66]

그러나 1980년대에 들어서 볼프강은 독일민주공화국의 융통성 없는 삶이 갑갑해졌다. 볼프강은 정치를 탈출구로 삼아 독일자유민주당에 가입했고 거기서 개혁과 정치 변혁을 주장했다. 자연스럽게 슈타지 문건에서 그는 비판의 대상으로 변했다. 한때는 믿음직했던 시민 볼프강은 이제 "동료이자 절친한 친구[이름은 삭제]와 함께 업무 태도에 문제가 많은 사람으로 분류되었다." 볼프강을 감시하는 비공식 협력자에게 "M의 활동을 끊임없이 통제하고 분석"할 것과 "M의 여가 활동을 조사"하라는 지시가 떨어졌다. 많은 독일민주공화국 시민이 그러했듯, 볼프강도 슈타지가 자신을 감시한다는 사실을 잘 알았다. 다만 자신의 활동을 슈타지에 보고하는 비공식 협력자의 정체는 끝까지 알아내지 못했다. 그래도 그는 대다수의 동독인처럼 고향과 국가를 떠날 생각은 일절 하지 않았다. 어쨌거나 자신이 처한 상황에 익숙해진 터였으니 내부에서 더 나아질 방법을 고민했다.

전반적으로 동독인들은 체제 안에서 그럭저럭 적응해 살아갔다. 늘 순탄하지는 않았다. 독일민주공화국은 작은 나라였고 일시적으로 떠나는 것마저 쉽지 않았다. 답답하고 고여 있다고 느끼는 사람이 많았다. 그러나 집이 주는 소소한 안락함을 누리며 조용한 삶을 살고 싶어 하는 사람에게는 걱정이나 근심거리가 거의 없는 안정된 세상이었다. 호네커 정부는 감시를 대폭 강화하면서도 사소한 위반 정도는 눈감아 주기 시작했다. 슈타지의 감찰은 기록적인 수준으로 확대되었으나, 그렇게 모은 정보로 무언가를 하는 일은 잘 없었다. 대다수 사람은 사생활 염탐을 그러려니 하며 넘겼다. 이제 독일민주공화국에서 첫 30년간의 광기는 찾아보기 힘들어졌다. 시민들을 옭아매던 통제도 덩달아 느슨해졌다. 전쟁 직후 평등과 진보를 향한 광적인 추구 및 출세와 소비주의로 추동된 야심을 모두 내려놓자, 독일민주공화국은 살기에 편안한, 그러나 목적을 찾을 수 없는 곳이 되어 있었다.

10장

모든 것은 사회주의 방식대로

> **"** 영원히 전진, 후퇴는 없다. **"**

1840~1857~1900

독일민주공화국 색깔의 사회주의

1987년 여름 동베를린. 피터 클라우슨Peter Claussen은 미국대사관의 부공보관이 되어 동독 수도에 도착했을 때만 해도 앞으로의 일을 전혀 예상하지 못했다. 이 미국인은 독일 북부 출신의 가족을 둔 덕에 악센트가 약간 두드러지기는 해도 독일어를 제법 능숙히 구사했고, 따라서 업무의 적임자로 여겨졌다. 중장기적으로 서방과 관계를 맺고 유지하는 데 뜻이 있는 동독인들의 신뢰를 얻어야 했던 그에게 능숙한 독일어는 분명 도움이 될 터였다. 피터의 임무는 한마디로 "표면에서 틈새"[1]를 발견하는 것이었다. 흥미로운 만큼 힘든 일이었다. 피터는 독일민주공화국의 역사를 간략히 배웠고, 직장이나 가족이 거주할 아파트에서 슈타지의 감시망을 벗어날 수 없으리라는 경고도 전해 들었다. 피터는 "어디에서든 감시된다고 보면 되었다. 늘 주변을 잘 살펴야 했다"[2]라고 회고했다. 동독과 먼저 일해 본 동료들은 동독 정권이 자신들을 어떻게 겁박했는지를 들려주었다. 어느 미국인

527

외교관은 잠시 외출했다가 집에 돌아와서 누군가 변기를 사용하고서 물도 내리지 않은 채 떠난 광경을 마주했다. 또 다른 외교관은 휴가를 마치고 오니 다섯 살짜리 아이가 제일 아낀 장난감이 부서져 있었다고 했다. 클라우슨 가족은 사생활이 감시되는 상황을 대비해 '마술' 장난감 칠판을 하나 샀다. 집에 머무를 때는 거기에 서로에게 할 말을 적고 바로 지울 생각이었다. 하지만 피터는 이렇게 말했다.

결국은 한 번도 그것을 쓰지 않았다. 나중에는 그냥 모든 것에 적응했다. 염탐에도 도청에도 익숙해졌다. 그런 것은 아무런 영향도 주지 않았다. 인생이 망가지지도 않았다.[3]

피터와 그의 가족이 베를린에 도착한 1987년 여름에 전임자들이 겪은 불편한 기류는 상당히 달라져 있었다. 미국 대통령 로널드 레이건은 1987년 6월 12일에 서베를린 브란덴부르크문 앞에서 연설하며, "고르바초프 서기장, 이 벽을 허뭅시다!"라고 요구했다. 그러나 그로부터 2년 후 정말로 베를린장벽이 허물어지리라 예상한 이는 없었다. 레이건의 연설은 관심을 끌기 위한 선전에 지나지 않았다. 피터를 비롯한 미국인들에 대한 대우가 달라지게 한 사건은 같은 해 9월 호네커의 본 방문이었다. 호네커는 존경할 만한 국가의 수반임을 인정받고자 서방 국가들과 빚은 긴장을 완화하려 노력했고, 그 결과 독일민주공화국 사람들의 삶도 눈에 띄게 달라졌다.

미국대사관은 문화교류 사업을 신설했다. 풀브라이트장학금 제도로 박사과정 학생과 강사 9명이 미국으로 유학을 떠났고, 연구와

강의를 목적으로 하는 같은 수의 인원이 독일민주공화국에 초대되었다. 대사관은 관내 무료 도서관과 라이프치히 도서전 부스에서 책에 관심을 보인 사람들과 대화를 나누었고, 이후 서신과 만남을 통해 관계를 이어 갔다 미국대사관은 동독의 내중이 무엇을 바라는지도 잘 알았다. 당시 동독을 포함한 독일 전역은 '카우보이와 인디언' 같은 고전적인 서부 주제에 열광했다. 이에 미국대사관은 인디언 문제를 담당하는 내무부 차관보를 독일민주공화국에 초청했다. 진짜 살아 숨 쉬는 체로키 인디언, 무려 체로키국의 최고 추장이었던 자가 독일민주공화국에 방문한다는 소식에 반응은 폭발적이었다. 차관보 로스 스위머Ross Swimmer와 그의 아내는 전국을 순회하며 빡빡한 일정을 소화했다. 부부는 드레스덴 인근 라데보일에 있는 카를마이박물관에도 들렀다. 19세기 독일 작가 카를 마이Karl May의 소설들과 작중 인물 비네투와 올드 섀터핸트는 여전히 사랑을 받았다. 그런데 그런 뜻 깊은 공간에서 살아 있는 '인디언'을 만나러 온 사람들은 적잖이 실망했다. 어린 시절 독일민주공화국에서 만든 서부 영화를 텔레비전 화면으로 보고 자란 사람들에게 스위머의 모습은 기대에 미치지 못했기 때문이다.

생김새가 그냥 은행원이었다. 머리를 기르지도 않았고 깃털을 꽂지도 않았다. 그냥 푸른 셔츠에 빨간 넥타이 차림이었다. 평범한 공화당 사람 같았다. 지극히 평범한 정치인이었다.[4]

이것이 바로 피터가 해야 하는 일로, 서방에 대한 환상을 몰아내는 것이었다.

　서방, 특히 서독과 가까워지려는 노력은 계속되었다. 1987년 8월 28일 아침에 당 기관지 《노이에스 도이칠란트》가 전국 각지에서 동났다. 이 신문은 보통 정치 성명이나 건조한 보도기사로 채워져 흥미와는 거리가 멀었다. 그러나 늦여름의 어느 아침 《노이에스 도이칠란트》에는 실로 역사적인 글이 하나 실렸다. 서독의 독일사회민주당과 동독의 독일사회주의통일당이 공동으로 작성한 성명문 〈이념경쟁과 공동안보〉였다. 이는 1984년에 시작되어 1989년까지 이어진 정기회담의 결과물이었다. 양당의 위원회는 동독과 서독에서 번갈아가며 회의를 주재했는데, 나중에는 대표단끼리 가까워져 뮈겔제에서 볼링을 치며 정치적 의견과 더불어 짓궂은 농담을 주고받고는 했다.[5]

　두 당의 지도자 빌리 브란트와 에리히 호네커는 당의 사상가들이 의견을 교환하고 동서독 국경 양쪽에서 좌파 정치의 미래를 논의하는 것에 가타부타하지 않았다. 논의 결과가 신문에 실리기 하루 전, 양당 대표단은 두 독일에서 해당 글을 함께 발표했다. 내용은 놀라웠다. 양당은 "평화를 보전하는 공동의 정책과 대화, 비무장, 타협, 이해관계의 조정, 협력의 정책"[6]을 공동으로 촉구했다. 단일 이념으로 독일을 통일해야 한다는 주장은 더는 제기되지 않았다. 대신 독일사회주의통일당과 독일사회민주당은 "양 체제의 평화로운 경쟁이 … 인류가 직면한 커다란 문제의 해법을 도출하는 데 크게 기여할 것"[7]이라고 주장했다. 나아가 이렇게 말했다.

　　앞으로 오래도록 공존하며 서로를 대해야 한다는 것을 양 진영은 받아들여야 한다. 어느 쪽도 상대가 존재할 권리를 부정해서는 안 되며 다른 국가의 현실 정책에 개입해서는 안 된다.[8]

독일사회민주당은 서독은 물론 '서방 민주주의'의 대변인을 자처하며, 이제 냉전을 종식해야 할 때라고 목소리를 냈다. 그리고 자신들은 사회주의와 공산주의가 자본주의와 더불어 존재하는 세계 질서를 지향하노라고 야심 차게 선언했다. 냉전에서 꼭 어느 한쪽이 승리하거나 패배할 필요는 없었다. 어느 체제가 최선일지 선택할 몫은 사람들에게 있었다. 호네커는 흡족했다. 자신의 이념에 대한 실질적이고 허구적인 위협에 일평생을 시달린 끝에, 드디어 독일민주공화국 미래를 지킬 방법을 찾아낸 것이다. 성명문에는 "정치토론 문화"와 "문화적·과학적·예술적·정치적 의견을 형성하는 데 제약이 없는 다원주의"에 대한 요구도 실려 있었다. 이러한 요구는 안보의 대가로 합당해 보였다.

독일사회주의통일당에서 성명문 작성을 주도한 오토 라인홀트 Otto Reinhold는 성명문 사본을 서기장에게 보내 승인을 구했다. 정치국을 통과해 호네커의 서명도 받은 순간 "이 글은 역사적인 문건이 되었다." 회의를 주재한 에곤 크렌츠에 따르면 성명문에 반대하는 사람들도 있었다. 호네커의 오랜 정적인 알프레트 노이만Alfred Neumann이 대표적이었다. 그러나 전반적인 분위기는 긍정적이었고 결국 발표해도 된다는 승인이 떨어졌다.[9] 성명문은 동서독에서 모두 논란을 촉발했고, 정치진영과 야권을 막론하고 논쟁을 불러일으켰다. 9월 1일에 독일민주공화국은 텔레비전 생방송에서 이 성명문을 다뤘다. 슈타지 또한 "성명문이 특히 독일사회주의통일당 사람들과 공화국의 진보 세력에게 열띤 관심을 받았으며, 토론을 아주 많이 유발했다"[10]라고 언급했다. 독일사회주의통일당과 독일사회민주당은 관심사와 접근방식에서 차이가 있었을지라도, 원래의 목표를 상당 부분 실현한 셈이었다. 두 독일의 미래에 대한 거창한 의견들이 정당 내부뿐만 아니라 술집, 길거리에서도 논의되면서 소규모의 토론 문화가 형성되었으니 말이다.

크렌츠는 독일민주공화국에 소비에트연방의 개혁안을 고려해보라고 권한 고르바초프라면 상황이 이렇게 전개되는 데 좋은 인상을 받았으리라고 확신했다. 그가 만난 사람은 소비에트연방 공산당의 정치국원이자 개방과 개혁 개념을 이론적으로 창시한 알렉산드르 야코블레프Aleksandr Yakovlev였다. 크렌츠는 독일사회주의통일당–사회주의민주당의 성명문이 글라스노스트 즉 개방을 그 자체로 상징한다고 믿어 의심치 않았다. 그런데 정작 야코블레프의 반응은 시큰둥했다. 독일민주공화국에서 여름휴가를 보내는 동안 성명문을 읽었다는 야코블레프는 그 글에서 두 당이 은근히 "소비에트 패권을 비판했으며, 사회주의국가를 겨냥한 미국의 대립 및 재무장 전략은 언급하지 않았다"라고 평했다. 지도부 입성을 꿈꾸며 소비에트에 충성했던 크렌츠가 그런 해석에 충격받았다고 말하자, 야코블레프는 독일사회주의통일당이 '대중 마르크스주의'가 아닌 '마르크스주의'를 토대로 독일사회민주당과 교류하기를 바랐다고 대꾸했다. 야코블레프의 책망은 "크렌츠 동지"가 "이 잘못을 바로잡지 않으면 성명문은 휴지조각이 될 것"이라는 경고로 마무리되었다.[11]

예상하지 못한 이 면박은 11월에 공식화되었다. 동베를린 주재 소비에트대사 뱌체슬라프 코체마소프가 성명문을 꼼꼼히 살핀 소비에트연방 정치국의 의중을 전달했다. 정치국의 결론은 다음과 같았다.

독일사회주의통일당이 공산주의와 사회민주주의의 근본적인 차이를 뭉갰다. 그들은 이 성명문에서 사회주의와 자본주의 이념이 마치 공존할 수 있다는 듯 의견을 개진했다.[12]

코체마소프가 전달한 소비에트 정부의 문건에는 호네커의 당이 저지른, 그러나 "우리 관점에서 피할 수 있었던 실수들"[13]이 두 장에 걸쳐 조목조목 적혀 있었다.

독일사회주의통일당 사람들은 분개했다. 서독의 좌파 정치인들은 독일사회민주당-독일사회주의통일당의 성명문을 고르바초프의 개방정책의 산물로 보며 환영했지만, 정작 모스크바는 사회민주주의자들이 "독일민주공화국에 이념적으로 침투하는 데 이용할 수 있는"[14] 성명문의 파장을 다스리려고 안간힘을 쓰고 있었다. 이 충돌은 동베를린에 존재한 반고르바초프 정서에 불을 지폈다. 독일사회주의통일당의 최고 이론가인 쿠르트 하거는 독일민주공화국을 개혁하려는 시도를 줄곧 의심의 눈초리로 바라보았을 뿐 아니라 소련이 개혁하라는 압박을 가했을지라도 회의적으로 보았다. 1987년 4월에 서독의 잡지 《슈테른Stern》과 인터뷰하면서 하거는 "페레스트로이카는 독일민주공화국의 구조 개혁도 의미하는가?"라는 질문을 받았다.

하거는 "독일 공산주의자들은 레닌의 땅을 언제나 존경하고 선망한다. … 그렇다고 소비에트연방에서 일어나는 모든 일을 따라 하겠다는 뜻은 아니다. 과거에도 마찬가지였다"라고 대답했다. 기자가 계속 추궁하자 눈에 띄게 심기가 불편해진 하거는 "아파트 이웃이 벽지를 도배하면 당신도 도배해야겠다는 생각이 드는가?"[15]라며, 독일민주공화국 내부에서도 매서운 반대를 일으킬 만한 비유를 들었다. 《노이에스 도이칠란트》에는 다음 날 인터뷰 전문이 실렸다. 하거는 소비에트식 개혁도, 동서독 공동의 개혁도 거부했다. 독일사회민주당-독일사회주의통일당의 성명문이 발표된 이후 1987년 10월에 하거는 연설에서 "우리는 제국주의의 침략 세력을 적이자 인류 평화의 장애물로 규정하고 맞서 싸우는 일을 멈추지 않을 것이다"[16]라고 주장했다. 당의 핵심 이론가부터 소비에트까지 압박을 가해 오자, 성명문을 주도한 오토 라인홀트는 결국 2주 후 공개적으로 하거의 뜻에 동의해야 했다.

호네커와 고르바초프의 관계는 다시 냉랭해졌다. 모스크바식 개혁을 추진하기는 싫은 데다 모스크바 때문에 서독과 가까워지려는 시도에 차질이 생긴 호네커는 더욱더 좌절했다. 서독 정부와 직접 독일의 비무장을 협상하려 한 그의 야심도, 고르바초프가 워싱턴과 군비 경쟁하느라 들인 어마어마한 비용을 스스로 줄여 나가면서 시들해졌다. 75살의 서기장은 계속해서 이곳저곳을 다녔다. 본을 방문한 후로는 벨기에와 파리를 찾았는데, 갈수록 타국의 젊은 지도자들에게서 거리감을 느꼈다. 모든 시선을 한 몸에 받는 고르바초프의 친근하고 지적인 태도는 딱딱하고 갈수록 노쇠해지는 동독의 지도자와 극명한 대조를 이루었다.

　호네커는 소비에트연방과 적극적으로 멀어지는 정책으로 대응했다. 1987년 10월부터 정치국은 한때 자신들이 그렇게나 선망한 나라에서 열린 연설을 검열하기로 했다. 1년 후에는 소비에트의 유명잡지 《스푸트니크》의 독일어판 배급을 중단했다. 사실 금지령이었다. 독일사회주의통일당, 자유독일청년단, 각종 언론과 기타 기관의 사무실에 잡지 절판에 대해 해명하고 복간할 것을 요구하는 항의 편지가 수없이 날아들었다. 반대 진영에서 러시아어 공부가 유행했다. 동독당국의 방해를 피해 아예 잡지 원판을 구해 읽겠다는 거였다. 청년들은 고르바초프 얼굴이나 '글라스노스트', '페레스트로이카' 같은 표어가 적힌 티셔츠를 사서 신나게 입고 다녔다. 동쪽의 '형제'를 향한 이 열띤 성원을 교사들과 대학 직원들도 섣불리 질책하지 못했다.

　한편 호네커는 독일민주공화국을 좀 더 독립적인 주체로 만들어 어엿한 국가로 인정받겠다는 야심을 포기할 생각이 없었다. 1986년 4월에 호네커가 고르바초프에게 "동지들의 페레스트로이카 정책에 행운을 빕니다. 우리는 우리의 길을 가겠습니다"[17]라고 한 말은 진심이었다. 2년 후 호네커는 독일민주공화국이 독자적인 체제를 수립하겠노라고 자랑스럽게 선언했다. 이름하여 '독일민주공화국 색깔의 사회주의'였다. 이는 여러 면으로 보아 독일민주공화국이 모스크바와 결별한 것과 다름없었다. 결과야 어떻게 되든, 이제는 홀로서기를 할 때였다.

끝이 보이지 않는

1988년 2월 27일 오후 8시 캐나다 캘거리. 긴장한 기색이 역력한 22살의 운동선수는 자신을 환히 비추는 조명과 청중 1만 7000여 명의 들뜬 얼굴을 둘러보았다. 기회는 지금뿐이었다. 목표는 최고가 되는 것이었다. 그는 올림픽 피겨스케이팅 종목에서 2회 연속 금메달을 딴 최초의 여성 선수가 되고 싶었다. 화장은 잘 되었나? 카타리나 비트Katarina Witt는 연신 화장실을 들락거리면서 몸매를 부각하는 의상과 어울리는 반짝이는 빨간 립스틱을 덧바르고 짙은 아이섀도를 덧칠했다. '카티' 비트는 "30초간 7명의 신사뿐 아니라 9명의 심사위원을 유혹하면"[18] 성공이라는 것을 잘 알았다. 그가 최절정의 인기를 누릴 무렵《타임Time》에는 그를 "사회주의의 가장 아름다운 얼굴"이라고 극찬한 기사가 실렸다. 플라멩코에서 영감을 얻었으며 목부터 허리선까지 훤히 드러나는 화려한 의상은 대담하면서 매력적인 여성 운동선수로서의 이미지를 강화했다. 1987년 가을에 비트는, 자신의 최대 경쟁자인 미국의 데비 토머스Debi Thomas도 비제의 오페라 곡 〈카르멘〉으로 올림픽에 참가한다는 사실을 알았다. 동독과 서독은 물론 전 세계 언론이 열광했다. '카르멘 결투'라니 이보다 신나는 소식은 없었다. 미국에서 텔레비전 시청자 3분의 1이 이 대결을 보았다. 독일민주공화국에서는 무려 3분의 2에 달했다. 에리히 호네커도 동베를린 시각으로 새벽 4시에 치러진 경기를 보려고 꼭두새벽에 일어났다. 그의 스타 선수가 카르멘의 마지막 춤을 격정적으로 추기 시작했다.

비트는 당시 느낀 긴장감을 "무력감과 피로를 느꼈고 그냥 관두고 싶었다"[19]라고 고백했다. 경기 도중 비트는 경기 구성에 포함된 3회전 점프를 해낼 자신이 없어 대신 2회전 점프를 완벽히 수행했다. 이후 경기는 계획대로 진행되었다. 사력을 다한 카티 비트는 크게 안도했고 마지막으로 빙판 위에 극적으로 쓰러지며 카르멘의 죽음을 상징하는 자세를 완성했다. 데비 토머스가 순서를 기다리는 동안 긴장감은 엄청났다. 비트는 자기 경쟁자가 코치와 하이파이브를 하려다 손을 삐끗하는 모습을 보았다. 어쩐지 좋은 징조 같았다. 그리고 비트의 예감은 들어맞았다. 토머스는 평소와 다르게 실수를 연발했고 결국 비트에게 금메달을 내주었다. 금메달을 따고 고국으로 돌아간 카타리나 비트는 영웅으로 대접받았다. 소비에트에서 생산된 자동차 라다를 포상으로 받았고, 독일사회주의통일당 간부들과 함께하는 만찬이 그를 기다렸다.

흔히 1988년은 독일민주공화국의 종말이 시작된 해로 거론된다. 경제·정치·사회의 문제들이 이면에 산적해 있는 것은 분명했으나, 평범한 동독인들은 한 시대가 저물어 가고 있다고 느끼지 않았다. 동독의 삶과 사회는 여러 방면에서 진화하고 있었다. 엘리트 체육도 그중 하나였다. 인구 1650만 명의 작은 나라가 운동에서 이룬 성과는 실로 대단했다. 1980년대에 치러진 동계·하계 올림픽에서 독일민주공화국은 두 번째로 메달을 많이 딴 나라였다. 1984년 사라예보 동계올림픽에서 소비에트연방과 미국을 제치고 1위에 오르기도 했다. 이런 성공에는 만연하고 조직적인 도핑처럼 어두운 면도 존재했기에 체육 분야에서 이룬 성과와 부패의 경계가 모호한 것은 사실이었다.

그러나 엘리트 체육은 여전히 인민의 희망이자 열망의 중심이었다. 덕분에 이 작은 나라는 서방에서 가해지는 비판과 순응하라는 동구권의 압박에도 자신감과 자긍심을 느꼈다.

특히 여성들은 아주 어려서부터 경쟁적인 운동 분야에 참여하면서 주도적인 역할을 개척할 수 있었다. 카티 비트는 성공한 운동선수로서 서방 국가들을 여행하고 고국에서 비싼 선물을 받는 등 특권을 누리면서, 자신이 거둔 성공을 당국이 정치적으로 이용하는 것을 묵인했다는 비판을 종종 받는다. 그러나 그는 자신이 뭘 바라는지 정확히 알았고 자신이 이룬 업적만큼의 특권을 국가에 요구할 줄 아는 자신감 넘치는 여성이었다.

다른 분야에서도 여성들은 야심을 펼쳤다. 카티 비트가 카르멘 결투에서 승리했을 무렵, 90퍼센트 이상의 동독 여성은 직장에서 저마다 결투를 벌이고 있었다. 독일민주공화국은 전 세계에서 여성 고용률이 가장 높은 나라였다. 동독 여성들은 과거 남성이 지배한 모든 영역에 진출했다. 1988년은 치타우에 있는 4년제 국가인민군 사관학교가 여군 졸업생들을 처음 배출한 해이기도 하다. 남자 졸업생들에게 전통적으로 주던 '명예 단검'을 자신들이 받지 못하자, 여자 졸업생들은 상부에 항의했다. 국방부 장관 하인츠 케슬러Heinz Kessler는 졸업식을 이틀 앞두고서야 여자 졸업생들에게도 명예로운 장교의 지위를 상징하는 기념물이 돌아가도록 지시했다. 뮐하우젠에서 단검을 제작하는 전통 칼 장인에게서 명예 단검을 받으려면 서둘러야 했다. 단검은 아슬아슬하게 도착했고, 여자 장교들은 남자 동료들처럼 재킷에 단검을 차기 위해 제복을 손봐야 했다. 이후로는 국가인민군도 여군 장교들의 요구사항에 좀 더 잘 대처했고, 덕분에 같은 해 카멘츠에서 첫 여자 공군 장교들이 졸업할 때는 상황이 비교적 순조로이 흘러갔다.

하지만 여군 장교는 여전히 소수였다. 1989년에도 훈련을 수료한 여군 장교는 190명뿐이었다. 그래도 1980년대에 국가인민군에서 여군은 2000명 정도가 되었다. 군인은 젊은 여성에게 흔치 않은 직업이지만, 막상 입대한 여성들은 군인이라는 직업을 새롭고 색다른 일을 할 수 있는 수단으로 인식했다. 19살의 케르스틴 하크Kerstin Haack는 작센주 슈톨베르크 출신의 타자원이었는데, 사무직으로 일한 지 2년이 되었을 때부터 염증을 느꼈다. 훗날 하크는 "뭔가 새로운 모험이 필요했다. 이대로 살 수는 없었다"[20]라고 회고했다. 하크는 1984년 군관구軍管區 사령부(지역 특공대 사무실)로 가 군인으로 새로운 삶을 사는 것을 "무작정 수락"했다. 몇 달 후 케르스틴은 사무실에서 더는 타자기를 두드리지 않았다. 대신 수류탄을 던지고 진흙탕을 구르고 표적을 향해 총을 쐈다. 공군 군사기술 대학에서 남학생들에게 둘러싸여 기초훈련을 받아야 했지만 그래도 괜찮았다. 케르스틴은 수년이 흘러서도 그 시절을, "물론 어이없고 멍청한 말들을 듣고는 했다. 그래도 대체로 아주 보람찬 경험이었다. 몇몇 남자와는 빨리 친해졌고 잘 어우러져 일했다"[21]라고 웃으며 기억했다. 러시아어로 명령을 지시하며 이착륙장에서 비행기들을 안내하는 일은 재미있기도 했다. 하사로 갓 임관한 케르스틴은 옌슈발데-오스트, 다음에는 마르크스발데로 배치되었다. 두 곳 모두 동쪽 끝 폴란드와 국경을 맞댄 지역이었다. 처음에 케르스틴은 내심 실망했다. 기초훈련 때 친구가 된 여군은 다른 곳으로 배치되어 헤어져야 했다. 부대에서 유일한 여군이란 사실은 이 따금 어색한 상황을 만들곤 했다. 케르스틴은 남자 군인들과 따로 떨어져 임시 숙소에 거주했기 때문에 비가 오건 눈이 오건 매일 자전거를 타고 출근해야 했다. 1986년의 혹독했던 겨울은 특히나 잊을 수 없었다. 케르스틴은 늘 속눈썹과 머리카락이 꽁꽁 얼어붙은 채로 비행장에 도착하곤 했다. 케르스틴을 위한 화장실이나 탈의실은 따로 없었다. 그래서 케르스틴이 공동 시설을 쓸 때면 상관이 '보초'를 서야 했다. 그래도 운항 관리사로서 임무는 치열했고 보람찼다. 또 케르스틴은 남자 군인들과 진정한 동지애를 쌓기도 했다.

케르스틴과 같은 여성들이 독일민주공화국의 군대에서 길을 개척하는 동안 서독은 〈헌법〉으로써 여성들이 전투병으로 진출하는 것을 아예 금지했다. 그 결과 1990년에 통일한 후 국가인민군에 복무하던 2000명의 여군은 일자리와 업무와 지위를 모조리 박탈당했다. 이후 극소수만이 민간 역할로 독일연방군에 들어갔다. 물론 동독에서도 제복을 입은 여성들이 군대에서나 사회에서 보편적으로 받아들여지지는 않았다. 그러나 기회를 얻은 것 자체로 평등에 커다란 진전이라 할 수 있었다. 독일민주공화국은 수명을 다하기 직전에도 변화하고 있었다.

위에서 개혁 의제를 추진한 정부 못지않게 아래에서도 변화하고자 하는 의지는 굳건했다. 1988년의 동독인들은 국가의 소멸을 원치 않았고 당장 서독과 통일되는 날도 꿈꾸지 않았다. 그들이 바라는 것은 독일민주공화국 정치의 현대화였다. 융통성 없는 정부 구조, 그와 함께 자취를 감춘 공적 담론, 투명성, 책임의 문제는 너무나도 빠르게 진행된 사회개혁과 오랫동안 충돌해 왔다. 독일민주공화국은 고도로 문명화·전문화·정치화된 사회로서 자신들이 이룬 성과에 자신감과 자긍심을 느꼈고, 앞으로 나아가려는 열망으로 가득 차 있었다. 개혁과 민주화의 씨앗을 뿌리기에 비옥한 토양이었다. 고르바초프가 구상하는 소비에트연방의 변화와 서방의 문화적 영향력에 점진적으로 문을 연 독일민주공화국은, 검열과 슈타지의 통제가 정해 놓은 좁은 길을 벗어나 좀 더 폭넓게 지적 논의를 할 준비가 된 지성인들과 연결되었다. 전쟁 후의 시련은 이미 오래전 지나간 일이 되어 있었고 서방 국가들이 독일민주공화국의 존재를 차츰 인정하고 교류의 의지를 보이는 상황에서, 더는 방어 태세를 영구적으로 고집할 이유는 없어 보였다. 독일민주공화국의 문을 열려는 시도는 파괴적인 일이 아니었다. 젊은 지식인들과 노동자들의 눈에는 도리어 국가와 사회주의를 강화할 수단이었다.

호네커가 이러한 변화를 주도하기에 적합한 인물이 아니라는 사실은 명백했다. 1988년 그와 고르바초프의 결별은 그 사실을 더욱 공고히 뒷받침했다. 라이프치히에 있는 중앙청년연구소의 소장 발터 프리드리히Walter Friedrich는 자국 청년세대의 분위기·관심사·동향 등을 정부에 보고해 왔는데, 그의 눈에 비친 1980년대의 상황은 심히 염려스러웠다. 호네커에게 말해 보았자 소용없다는 것을 잘 알았기에, 그는 서기장 자리를 물려받을 '황태자'로 불린 51살의 에곤 크렌츠에게 상황을 보고했다. 1988년 11월 프리드리히가 크렌츠에게 극비로 보낸 분석자료에는 우려가 가감 없이 담겼다.

국가의 결점과 약점(물량 공급과 대체품 문제, 정보정책, 겉치레, 진정한 민주주의적 참여 등)이 점점 더 뚜렷이 드러나면서 비판의 대상이 되고 있다. 사회주의의 우수함에 대한 의심 또한 짙어지고 있다. 페레스트로이카 전략의 방향으로 개방을 추진하지 않는 것 또한 문제를 키우고 있다.[22]

프리드리히는 흡사 예언 같은 경고를 덧붙였다.

우리의 목적과 가치, 당의 정책이 국민의 지지를 얻으려면 유의미하게 소통하는 방법(정보공유, 투명성, 민주주의적 참여 등)을 새로이 찾아야만 한다. 그렇지 않으면 향후 1~3년 안에 우리 국민은 위협적인 수준으로 우리와 멀어질 것이다.[23]

프리드리히의 이런 주장은 개혁을 통해 정부를 강화하고자 하는 사람들이 일관되게 비판한 지점이었다. 정치국에서도 같은 주장이 나왔다. 정치국원 후보이자 국가계획위원회 위원장 게르하르트 쉬르어Gerhard Schürer는 현 상태로는 국가의 파산이 불가피하다며 새로운 경제 노선을 취할 것을 주장했다. 그러나 어느 때보다도 완강해진 호네커는 그런 경고를 무시했고 오히려 쉬르어를 '방해 공작원'이라고 매도했다. 공산주의 사회에서는 치명적인 비난이었다. 1년 후인 1989년 가을에 에곤 크렌츠가 서기장이 되어서야 쉬르어는 〈독일민주공화국의 경제 상황에 대한 분석과 결론〉이라는 글을 발표했으나, 변화를 끌어내기에는 너무 늦은 상황이었다. 자유화에 맞서 계획경제를 수호하는 데 앞장선 귄터 미타크와 같이 유력한 인물조차 낙담한 듯 보였다. 건강이 나빠진 것이 영향을 주었는지도 모른다. 1984년에 귄터 미타크는 당뇨병으로 한쪽 다리를 절단했고, 1989년에는 나머지 다리마저 잃었다. 서야헤릴 대로 쇠약해지고 정치적·경제적 압박에 시달리던 미타크는 1988년 9월 정치국원들 앞에서 "이제 상황이 임계점에 이르렀음"[24]을 시인했다.

변화의 바람

독일민주공화국의 종말 또는 서독과 통일하는 것이 코앞에 왔음을 예상한 이는 거의 없었으나, 1989년 초엽에 이미 변화의 분위기는 감지되었다. 정권에 반대하는 사람들은 적극적인 정치참여나 투표가 상부 정치에 실제로 영향을 끼칠 수 없다는 것을 알고, 국가의 정치 구조 바깥에서 조직적으로 움직였다. 결성된 조직은 주로 평화주의나 환경주의단체였는데, 목적이나 구조가 서독의 유사 단체들과 크게 다르지 않았다. 1986년 4월 체르노빌 참사로 동서독 일부 지역에도 방사능 구름이 번지자, 양국 정부가 그와 같은 재난에 얼마나 무방비 상태인지가 여실히 드러났고, 이를 계기로 독일 땅에 핵미사일이 배치된 것에서 오는 공포는 한층 고조되었다. 장벽 양쪽의 민간 및 군 조직의 차원에서 핵기술 반대 여론은 더욱 공고해졌다.

합법적으로 독일민주공화국을 떠나 서독에 정착하려고 영구이주를 신청한 사람 가운데 일부는 1970년대 중반부터 자신들의 요구

543

사항을 관철하기 위해 뭉치기 시작했다. 이주 신청자들은 일상적으로 차별과 위협을 받았고, 일자리를 잃기도 했다. 그들은 혼자서 고통받느니 자신들이 처한 곤경을 공론화하기로 했다. 정부가 언론을 장악한 국가에서 효과적으로 공론화하는 방법은 독일민주공화국 내부의 반대 움직임에 늘 관심이 지대했던 서독 언론사에 도움을 요청하는 것이었다.

작센주 리자에 사는 46살의 물리학자 카를-하인츠 니츠케Karl-Heinz Nitschke 같은 사람들의 사연을 강력한 사례로 들 수 있다. 카를-하인츠는 오래전부터 독일민주공화국에서 탈출하기를 시도했다. 갈수록 방법은 필사적으로 변했다. 1961년 베를린장벽이 세워지자마자 카를-하인츠는 가족을 데리고 고무배로 발트해를 건너 탈출할 계획을 궁리하고 연습했다. 물론 대단히 위험한 계획이었다. 공식 명칭으로 '북쪽 국경'이라고 불리는 발트해 국경을, 헤엄쳐서건 배를 타서건 통과해서 서독으로 탈출하려고 시도한 사람은 5600명이 넘었다. 그중 겨우 913명이 성공했다. 나머지는 제6 해안경비대에 체포되거나 물에 빠져 사망했다. 자신과 가족이 실수 없이 탈출하도록 카를-하인츠는 서독 뒤셀도르프에 사는 조카에게 적당한 배 엔진을 구해 달라고 부탁해 독일민주공화국으로 몰래 들여왔다. 발각되면 파장은 컸으므로 두 사람은 고속도로에서 접선해 그 위험한 화물을 주고받았다. 니츠케 가족은 브란덴부르크의 한 호수에서 탈출을 연습했고, 탈출 지점을 물색하려고 몇 차례 바닷가에 차를 몰고 다녀오기도 했다. 결국 그들은 다르스반도의 보른에서 출발해 덴마크 방향으로 이동하다 서독 배에 옮겨 타기로 했다. 그런데 이 위험천만한 탈출을 앞두고 가족의 친구 하나가 그들을 배신하여 밀고했다. 카를-하인츠는 1964년 9월 22일 슈타지에 체포되었다. 탈출을 단 며칠 앞둔 날이었다. 그는 2년간 투옥되었다.

1975년에는 루마니아와 유고슬라비아를 통해 탈출하려 시도했으나 이 또한 실패로 돌아갔다. 카를-하인츠는 전략을 바꾸기로 했다. 머리를 잘 쓴다면 당국을 따돌릴 수 있을지도 몰랐다. 그는 동독 시민권을 포기하겠다고 13번이나 신청서를 제출했다. 그러나 번번이 이유도 없이 거절되었다. 그는 의사였기 때문에, 그의 견해와 무관히 국가에 필수적인 자산이었다. 1974~1976년에 독일민주공화국에서 404명의 의료 인력이 서독으로 탈출했다. 영구이주를 신청한 수는 그보다 3배가 많았다. 카를-하인츠는 혼자 싸워서는 이주 허가를 합법적으로 절대 받지 못하리라는 것을 직감했다. 그러므로 공론화해야 했다. 그 무렵 독일민주공화국이 막 서약한 헬싱키선언에는 모든 서명국이 "인권과 기본 자유"를 존중한다는 내용도 포함되어 있었다. 이에 카를-하인츠는 1976년 〈인권의 완전한 성취를 위한 리자 탄원서〉를 발표해, 독일민주공화국 정부를 상대로 시민들이 자유로이 거주지를 선택할 권리를 보장하라고 요구했다. 탄원서에 서명한 사람은 겨우 79명이었다. 대부분 리자 거주민이거나 리자에서 75킬로미터 남쪽에 떨어진 카를마르크스슈타트(켐니츠) 거주민이었다. 활동 반경이 넓지 않았고 대중적으로도 유명하지 않았던 카를-하인츠는 서독의 인권단체들에 탄원서를 보냈다.《베를리너 모르겐포스트Berliner Morgenpost》,《프랑크푸르터 알게마이네 차이퉁Frankfurter Allgemeine Zeitung》등 유력 신문에서 이 소식이 다루어지자, 그제야 독일민주공화국에서 반정부단체를 중심으로 사안이 논의되었다.

이 사건과 관련한 슈타지의 문건에도 나와 있듯이, 카를-하인츠는 "개인이 제출하는 신청서로는 아무것도 얻을 수 없고 오직 집단행동을 통해서만 신청서에 힘이 실릴 것"[25]을 굳게 믿었다. 그는 탄원서를 세상에 공개하고 난 뒤, 서독에 거주하는 누이에게 사본을 보내 서독의 정치인, 방송국, 신문사에 도움을 청했다. 처음에만 해도 카를-하인츠의 항의는 실패로 돌아갈 것처럼 보였다. 슈타지는 그와 탄원서 서명자들을 상대로 무시무시한 심리전(일명 와해 공작)을 펼쳤다. 카를-하인츠는 어떻게든 범죄의 증거를 찾으려는 슈타지에 일거수일투족이 감시되다가, 1976년 8월 31일 자택에서 슈타지 요원 3명에게 체포되었다. 탄원서 서명자들은 심리적 압박을 이기지 못해 대부분 지지를 철회했다. 슈타지는 "체제에 부정적인 자들이 더욱 고립되었고, 적대적이고 부정적인 활동에 전념하거나 그런 활동을 주도할 기회를 더는 얻지 못한다"[26]라며 자신들의 노력에 만족하는 눈치였다. 이런 압력에 굴복하지 않은 사람들은 끝내 체포되었다. 최초 서명자 가운데 적어도 9명은 샬크-골로드코프스키 계획을 통해 서독 정부에 '매수'되어 석방되었다. 카를-하인츠가 서독의 언론을 통해 가한 압박은 끝내 결실을 보았다. 슈타지는 여론 조작용 재판을 열어 그에게 9년 형을 선고할 계획이었다. 그러나 결국 카를-하인츠는 12개월 보호감호 끝에 서독으로 이송되었다.

카를-하인츠 니츠케 사건이 보여 주듯이 집단행동의 힘은 강력했다. 1980년대에 독일민주공화국 곳곳에서 조직적인 활동은 점점 더 활발해졌다. 일명 '화이트 서클'의 활동은 특히 두드러졌다. 이들은 1982년 초 튀링겐주 예나에서 영구이주 신청이 거절된 것에 항의하는 평화시위를 조직해 흰옷을 입고 광장이나 거리로 나섰다. 침묵시위였기에 당국도 함부로 손을 쓰지 못했다. 그냥 한날한시 공공장소에 모인 평범한 사람들일 뿐이었기 때문이다.

그 밖에 평화운동 칼을 쟁기로(Swords to Ploughshares) 등을 주도한 유력 단체들은 사회의 군사화와 동독에 핵무기 배치를 낳은 군비경쟁을 문제 삼았다. 성경 구절에서 따온 이름이 보여 주듯이 이 운동은 개신교회와 밀접히 엮여 있었다. 교회들은 시위와 그 밖에 다른 운동을 효과적으로 조직하는 데 도움을 주었고, 서독의 교회들과도 힘을 합쳤다. 1980년대 초엽 독일민주공화국은 칼을 쟁기로 운동의 상징물—용맹한 남성이 칼을 망치로 내리쳐 쟁기로 바꾸려 하는 형상—을 학교와 공공장소에서 일절 금지했다. 이 상징물을 착용하는 청년들에게 교육과 취업의 기회를 박탈하는 처벌을 내렸다. 이에 단체들은 평화로운 방식으로 저항했다. 기존의 상징물 대신 옷에다 하얀 원 조각을 꿰매 붙인 것이다. 범죄로 보기에 힘든 행동이었다. 1980년대에 교회에서 열린 칼을 쟁기로 운동의 행사, 토론회, 예배에 수천 명이 모이고는 했다.

환경단체들도 규모와 자신감을 키워갔다. 서독 녹색당의 당원들과 정치인들은 주기적으로 독일민주공화국을 찾아 평화시위, 교회 모임, 토론회 등에 참석했고, 이들의 지지에 힘을 입어 동독 활동가들도 자체적으로 운동을 조직했다. 1986년 환경단체들은 베를린 치온교회에 '환경도서관'을 설립했다. 이 교회는 나치에 항거하는 조직을 구축했다가 1945년 플로센뷔르크강제수용소에서 처형된 디트리히 본회퍼Dietrich Bonhoeffer가 목회하던 곳이기도 했다. 교회 지하실에 손수 선반을 짜 넣고 금지된 책과 잡지를 보관하던 활동가들에게, 이는 정서적으로 강력한 힘이 되었다. 반정부단체들은 이 교회에 모여 시위를 조직했고 〈환경 뉴스레터(Umweltblätter)〉 같은 전단을 인쇄했다. 1986년에는 150부를 발행했는데, 1년 후에는 1000부를 넘게 찍어 낼 수 있었다. 이에 불안해진 슈타지는 1987년 11월 25일 밤에 도서관을 급습했다. 작전명 '함정'에는 20명의 최정예 요원이 투입됐다. 요원들은 "손 들어, 기계는 압수다"[27]라고 외치며 지하실에 쳐들어갔다. 〈환경 뉴스레터〉 최신호를 인쇄하던 22살의 우타 일로Uta Ihlow, 17살의 틸 뵈트허Till Böttcher와 같은 젊은 활동가들이 현장에서 체포되었다. 또 슈타지는 자고 있던 52살의 목사 한스 지몬Hans Simon을 침대에서 끌어내려, 활동가들을 체포하기 전 슈타지가 압수한 인쇄기 따위의 물품 목록을 그에게 내밀었다.

슈타지의 이런 탄압은 곧바로 역풍을 일으켰다. 바로 다음 날 200여 명이 치온교회 앞에 모여 철야농성을 벌였다. 해산당하자, 다음에는 더 많은 사람이 촛불을 들고 모였다. 당국은 교회를 폐쇄하고 인근 광장을 차단했다. 그러나 이미 서독의 언론도 상황을 파악해 대대적으로 보도하고 있었다. 사흘 후 정권은 한발 물러서서 구금된 활동가들을 석방했다. 이 사건은 평화시위도 강력할 수 있음을 보여 주었다. 함정작전이 언론에 보도되자 전단 살포만으로 꿈도 꿀 수 없던 홍보 효과도 누렸다. 환경도서관에 날이 갈수록 사람이 몰렸고, 이주 신청자들과 평화운동가들도 이들과 접점을 이루었다. 독일민주공화국에 내재한 피해망상이 얼마나 자기 파괴적인지 이로써 또 한 번 증명되었다.

환경도서관의 인기와 성공에 고무되어 다른 집단들도 1988년 내내 시위를 조직하고 예배를 열며 기타 교란 활동을 기획했다. 동베를린에서 일어난 사건들은 곧바로 시독의 기자들에게 전해졌기 때문에, 동독 정부는 과거의 잔혹한 억압이 아닌 좀 더 은밀한 방법으로 반대 세력을 억눌러야 했다. 한편 인권단체는 갈수록 기발한 방법으로 시선을 끌며 개혁을 요구했다. 1988년 1월 7일에는 로자 룩셈부르크와 카를 리프크네히트를 기리는 연례 행진을 이용했는데, 행진하면서 공산주의 지식인들의 말을 앞세워 자신들의 요구사항을 가시화했다. 당국도 그 내용을 문제 삼기가 난처했다. 인권운동가들은 룩셈부르크의 유명한 말 "자유는 언제나 그리고 전적으로 다르게 생각하는 자들의 것이다"와 같은 문구를 적은 현수막을 들고서 행진 무리에 섞여 시위했다. 시위대 150여 명이 투옥되었다. 과거에서 교훈을 얻은 당국은 여론 조작용 재판을 열어 괜히 언론의 관심을 끌기보다, 거물 반체제 인사들에게 서독으로 이송되거나 수년간 독일민주공화국의 교도소에 투옥되는 것이라는 간단한 선택지를 제시했다. 대다수가 독일연방공화국으로의 이송을 선택했다. 그중에는 38살의 프레야 클리어Freya Klier, 32살의 가수 슈테판 크라프치크Stephan Krawczyk처럼 독일민주공화국의 시민권운동에서 상징적인 인물도 섞여 있었다. 이는 동베를린 주교 고트프리트 포르크Gottfried Forck의 지원 덕분이었다. 그는 칼을 쟁기로 운동의 상징물을 서류 가방에 붙이고 다니는가 하면, 개혁을 추구하는 젊은 지도자들이 동베를린에서 모일 수 있게 기회를 많이 열어 준 사람이었다. 그는 슈타지 감옥에 갇힌 시

위자들의 안위를 우려해 투옥된 활동가들이 슈타지가 제안한 추방을
받아들이도록 설득했다.

상당수 지도자가 사라지거나 야합하면서 1988년을 지나는 동
안 운동은 점차 힘을 잃었다. 슈타지는 안도하여 2월 5일에 "대다수
단체가 참담한 상황에 이르렀다"[28]라고 보고했다. 그러나 사람들은
연결되었고, 방법은 검증되었으며, 개혁 정신은 불타오른 터였다. 연
말이 되었을 때 독일민주공화국을 떠나겠다고 신청한 사람은 11만
3000명으로 사상 최대치를 기록했다. 좀처럼 낫지 않고 갈수록 병세
가 깊어지던 호네커는 1989년 1월에 베를린장벽은 앞으로도 "50년,
100년은 거뜬할 것"[29]이라고 분연히 주장했다. 이 시점에도 독일민
주공화국의 수명이 다했다고 진지하게 생각하는 사람은 거의 없었지
만, 시민권 활동가들을 중심으로 통행의 자유와 정치개혁의 필요성
이 점점 더 심각히 대두되었다. 그리고 이러한 요구는 독일민주공화
국 전반으로 확대되었다.

지방선거가 치러진 1989년 5월 7일, 베를린을 중심으로 심상찮
은 분위기가 감지되자 당국은 깊은 우려를 표했다. 지방선거를 11일
앞두고 작성된 슈타지 보고서 〈지방선거 준비에 대한 대중의 반응〉
에서 개혁에 대한 사회적 열망이 관찰된다. 선거에 출마한 후보자들
은 이른바 '인민 대화(Volksaussprach)'를 통해 유권자들과 미리 만났는
데, 여러 지역에서 상당히 과열된 양상으로 나타났다. 슈타지 보고서
에는 이렇게 적혔다.

선거를 준비하는 사람들의 의견에 따르자면, 대다수 시민이 매우 비

판적이고 심지어는 까다로운 의견을 내비쳤다. 의원들과 후보자들은 제기된 질문에 대하여 설득력 있는 답과 건설적인 해법을 내놓으라는 압박을 받았다.[30]

슈타지가 보고서에서 지적했듯이, 불만 사항은 주택 공급, 재화와 서비스를 받기까지 대기시간, 산업과 농업 분야에서 교체용 부품의 부족, 도로와 보도의 상태, 가로등, 소비재 부족, 물가 상승, 그리고 대부분 "이뤄지지 않은 '선거 공약'"[31]까지 셀 수 없이 많았다.

독일자유민주당에 입당했다는 이유로 1982년에 슈타지 보고서에서 "노동 윤리와 실천"에 대한 "불안정한 태도"가 지적된 볼프강 물린스키는 1989년 5월 지방선거에 출마했다. 독일자유민주당은 1945년에 창당되어 기독교민주연합, 독일국민민주당, 독일민주농민당과 함께 구색정당을 구성했다. 다당제 민주주의 국가와 달리 동독의 유권자들은 투표용지에서 정당을 선택하지 않았다. 대신 투표용지에는 구색정당의 후보들과 자유독일청년단, 적십자, 자유독일노동조합총연맹, 건축가연맹과 같은 대중조직과 협회의 후보들로 구성된 국민전선(Nationale Front) 후보자 이름이 적혔다. 이론상 목표는 정치적 신념이 아니라 노동자, 학생, 그 밖에 다른 이익 집단을 각각 대표하는 후보자들을 구성하기 위해서였다. 그러나 실제로는 집권당인 독일사회주의통일당이 명단을 통제할 수 있는 제도였다. 1980년대 말 기독교민주연합과 볼프강의 독일자유민주당은 점점 더 비판의 수위를 높이며 고르바초프식 개혁을 촉구했다. 볼프강은 여기에서 변화의 기회를 보았다. 그는 여느 동독인처럼 개혁을 바랐으나 여전히

551

독일민주공화국을 고향으로 생각했다. 고향을 저버릴 생각은 없었다. 그저 더 나은 세상으로 만들고 싶었다.

1989년 5월의 선거는 여느 때처럼 비민주적이었다. 유권자들은 유권자 등록증과 신분증을 들고 투표장에 입장했다. 그리고 각 지역 국민전선 후보자 이름이 적힌 투표용지를 받았다. 투표용지에는 원이나 십자가를 그릴 공간도, 찬반을 표시할 공간도 없이 이름만 적혀 있었다. 후보자 목록에 동의한다면 그대로 종이를 접어 투표함에 넣으면 되었다. 동의하지 않음을 표현할 방법은 종이를 들고 기표소로 들어가는 것뿐이었다. 1986년 인민의회 선거 때는 베르니게로데 지역구의 유권자 196명 가운데 단 한 명만이 기표소로 들어갔다. 명단에 반대하여 기표소로 들어간 사람은 이름 하나하나를 반듯한 가로선으로 지워야 했다. 일부 이름만 지운 용지는 찬성표로 계산되었다. 볼프강은 그런 지방선거 투표용지에 이름을 올리는 일이 그 자체로는 개혁적이지 못할지언정, 자신을 친구·이웃·동료의 목소리를 대변할 수 있는 자리로 끌어올릴 기회가 되기를 바랐다. 볼프강 또한 선거를 준비하면서 '인민 대화'를 통해 변화의 바람을 감지했다. 과거의 선거들과 달리 "사람들의 의견이 노골적이었다."³² 훗날 그는 이렇게 회고했다.

이를테면 주택 공급이 여전히 부족하다며 항의했고, 환경파괴에 대해서도 염려하는 바가 컸다. 환경문제는 특히 사람들이 심각히 체감하고 있었다. 그것이 모두의 진정한 관심사였고 나 또한 보탬이 되고 싶었다. 계속 혼자서 투덜거리느니 지역의 전업 정치인이 되는 것이

더 건설적인 방법인 듯했다.[33]

　동베를린을 중심으로 반정부 활동가들 또한 개혁의 순간이 왔음을 직감했다. 슈타지의 보고서에 따르면,[34] 슈타지는 동베를린 호엔쇤하우젠의 개신교 회관에 "투표소를 대대적으로 감시"[35]하기 위한 논의를 하려고 160명이 모였다는 정보를 입수했다. 이들의 계획은 1989년 5월 7일에 투표장마다 활동가들을 배치해 개표 과정을 빈틈없이 감시하는 것이었다. 전체 과정을 기록해 부정선거를 밝혀내고 알릴 작정이었다. 호엔쇤하우젠에서 열린 소규모 회의에 다섯 명의 서독 기자가 참석했고, 바깥에서 서독 공영방송사 ARD가 현장을 촬영했다.[36] 조직화된 반정부단체는 1980년대를 지나며 얻은 교훈이 있었다. 서독 언론의 보도는 자신들의 요구사항을 관철하기에 가장 좋은 수단일 뿐 아니라, 슈타지의 억압적 조치에 대한 가장 효과적인 보호책, 적어도 완화책 구실을 했다. 선거 이후 밀케의 요원들은 '선거 감시'가 실제로 광범위하게 실시되었다고 보고했다.

　　이른바 풀뿌리 교회단체 회원들과 영구이주 신청자들이 … 투표장에 모습을 드러냈다. 수도의 경우, 베를린 프렌츨라우어베르크의 투표소 64곳, 베를린 프리드리히스하인의 투표소 44곳, 베를린 미테의 투표소 23곳에 인력이 배치되었다. 이들은 선거 직원들이 발표하는 선거 결과를 받아 적었다.[37]

　요원들이 베를린에서 보내온 보고서에 따르면, 10~20퍼센트가 국민전선 후보자 명단에 반대하는 표였다. 즉 그만큼의 유권자들이 투표용지를 접어 투표함에 넣지 않고 기표소로 들어갔다는 뜻이었다. 그날, 에곤 크렌츠 중앙선거위원회 위원장이 텔레비전 화면에서 확인한 찬성률은 평소처럼 99.9퍼센트가 아니라 98.89퍼센트였다. 이렇게 부풀려진 공식 수치조차 상황이 예전 같지 않음을 방증한 것이다. 결국 이 정도로 압도적인 찬성률을 기록한 선거는 동독에서 다시는 나오지 못했다.

1989년 내내 변화가 필요하다는 인식은 커져만 갔다. 그러나 노골적으로 반대하는 여론은 여전히 동베를린에 집중되어 있었고, 대다수의 동독인은 국가의 붕괴를 예상하지도, 원하지도 않았다. 그럼에도 사람들은 여전히 옛 방식에 갇혀 있는 듯한 당국의 모습에 점점 더 불만을 품었다.

공화국 최후의 날

1989년 10월 7일 동베를린. 그때 나이는 4살이었다. 제멋대로 자라는 칠흑 같은 머리를 좀처럼 감당 못 하던 활달한 여자아이. 나는 베를린텔레비전탑의 회전 전망대 난간을 작은 손으로 꽉 감싸며 전경이 보이는 유리창에 달라붙었다. 높은 곳에 올라오면 나는 평소답지 않게 조용해지곤 했다. 203미터 상공에서 내려다보는 거리는 감탄스러웠고 무엇 하나 놓치기 아쉬웠다. 알렉산더광장 주변을 쌩하고 지나가는 작은 차들은 내가 아끼는 장난감들만큼이나 멋졌다. 작게 보이

는 사람들은 계속 불어나고 있었다. 위에서 보는 베를린 풍경에 잔뜩 신이 난 나는 뒤를 돌아 큰 소리로 외쳤다. "아빠, 여기 와서 봐요! 사람들이 전부 개미 같아요!" 나는 더 잘 보고 싶어서 방방 뛰며 아래를 가리켰다. "봐요! 경찰차가 깔렸어요!" 아빠는 그제야 반응했다. 아빠는 나와 임신한 엄마를 위해 전망대 가운데 있는 화려한 식당으로 가서 음료수를 사려던 참이었는데, 내가 한 마지막 말에 걸음을 멈췄다. 저 아래 점점 북적이는 광장을 살핀 아빠는 얼굴이 하얗게 질렸다. 그곳에 깔린 장갑차들이 인민경찰의 준군사조직 소속임을 알아봤기 때문이다. 내가 가리킨 사람들은 시위대였다. 정부가 위험을 감지하고 대응에 나선 것이었다. "카트야, 얼른 따라와. 가야겠다." 아빠가 말했다. 그렇지만 나는 발아래에서 펼쳐지는 작은 혼란에 정신이 팔려 꿈쩍하기 싫었다. 손마디가 하얘질 정도로 난간을 세게 붙들었다. 막 재밌어지려고 하는데, 아빠는 얼른 가자고 성화였다. 결국 아빠는 싫다고 버티는 나와 무슨 일인지를 묻는 엄마를 무작정 승강기에 태웠다.

돌아가는 길, 아빠의 머릿속은 복잡했다. 시위가 격화하면 어쩐다? 경찰이 어떻게 대응하려나? 아빠는 불안했지만, 지금 최선은 수도 바깥에 있는 집으로 가 머무는 것이었다. 상황이 폭력적으로 번지더라도 최소한 우리 가족은 안전할 테니까. 우리 가족은 신형 기종을 하염없이 기다리느니 8000마르크라는 터무니없는 값을 들여 장만한 흰색 중고 트라반트를 타고 집으로 달렸다. 가는 내내 대화는 열띠게 이어졌다. 나는 뒷좌석에 앉아 눈썹을 찌푸리며 대화에 한껏 집중했다. 이해할 수 없는 소리뿐이었으나 모든 게 흥미진진하게 돌아가는

555

듯했다.

나는 아빠를 좋아했는데, 자주 볼 수 없는 것이 한 가지 이유였다. 아빠는 공군 장교였고 자주 집을 비웠다. 대신 집에 돌아오면 나를 데리고 자주 당일 여행을 다녔다. 라이프치히동물원에 가서 코끼리에게 먹이를 주었고, 포츠담 상수시궁의 드넓고 조경이 잘된 정원을 구경했다. 가는 길에 아빠는 프로이센제국과 독일 역사에 관해 지루한 강연을 늘어놓았는데, 내 귀에는 하나도 말이 되는 게 없었다. 1989년 10월 7일은 독일민주공화국 건국 40주년이 되는 날로 공휴일이었다. 베를린에서 군대 열병식이 진행될 예정이었다. 미하일 고르바초프를 비롯해 외국의 고위 관리들도 참석한다고 했다. 다른 가족들처럼 나의 부모도 가을치고 따뜻하던 그날을 즐길 준비가 되어 있었다. 그리고 다른 가족들처럼, 그날 이후로 우리의 인생이 영영 달라지리라고는 미처 생각하지 못했다.

아빠는 복잡한 감정을 느끼며 서둘러 집으로 갔다. 대다수 동독인이 그러했듯이 아빠도 베를린 시위에 가담할 생각이 없었다. 제법 먹고살 만했기 때문이다. 우리 가족은 1960년대에 조립식으로 지어진 방 2개짜리 아파트에 살았다. 난방(과 온수) 기구인 타일로 마감된 난로는 분명 성가신 면이 있었으나, 지하창고에서 석탄을 가져오는 일은 우리 부녀의 즐거운 일상이기도 했다. 나는 양동이에 열심히 석탄을 채워 계단을 오르곤 했다. 이웃들도 내 또래 아이들을 키웠는데, 특히 나는 아래층에 사는 팔크Falk 가족의 로마노Romano와 친했다. 여름휴가가 되면 발트해의 하얀 모래사장에서 시간을 보냈다. 겨울에는 아빠가 튀링겐산맥에 있는 고향마을 첼라-멜리스로 우리를 데리고 갔다. 넓은 평원 브란덴부르크에서 나고 자란 나에게 스키와 썰매는 늘 이색적인 활동이었다.

다른 이웃들과 마찬가지로 나의 아빠 프랑크Frank도 베를린 동쪽으로 30킬로미터 떨어진 슈트라우스베르크의 국가인민군 공군 본부에서 복무했다. 프랑크는 무선통신 기술에 특화된 장교였고 집에서 몇 분만 걸으면 근무지가 나왔다. 가끔은 군 장비와 제복을 좋아하는 나를 기지에 데려가기도 했다. 프랑크는 자기 일을 좋아했지만, 업무가 점점 더 정치화된다는 느낌을 지울 수 없었다. 1981년에 국가인민군 장교훈련을 받을 기회가 생겼을 때 프랑크는 기쁘게 받아들였다. 주데텐란트와 포메른 출신의 독일 난민의 아들로 태어난 프랑크는 덕분에 고등교육과 출세의 기회를 얻었다. 하지만 그런 기회에는 정치적 압박이 뒤따른다는 사실이 금세 명백해졌다.

군에 들어간 지 두 번째 해였던 1982년, 프랑크는 공화국의 날을 맞이해 열리는 연례 행진을 준비 중이었다. 1989년 텔레비전탑에서 황급히 달아나던 날에서 정확히 7년 전의 일이었다. 기대감은 굉장했다. 장교훈련생들은 실제 행진이 열리는 카를마르크스알레에서 야간에 두 차례 최종 연습을 하기 전까지 비행장에서 훈련을 반복했다. 프랑크와 동료들은 잠도 거의 자지 않고 작은 동작 하나하나도 완벽히 수행하라는 압박을 받았다. 행진 전날 프랑크가 속한 그룹은 최종 연습을 위해 베를린으로 이동했다. 긴장을 풀려고 동료 장교들이 초조한 농담을 주고받는 와중에 프랑크는 치명적인 실수를 저질렀다. 그는 혼잣말하듯 무심코 "일이 잘못되면 각자 총을 들고 명예로운 일을 하는 거야"라고 말했다. 하지만 동료들의 얼굴이 돌처럼

557

굳은 것을 보고 자기 농담이 너무 과했음을 바로 깨달았다. 베를린에 도착한 차량의 문이 열린 순간, 민간인 복장의 두 사람이 그를 바로 체포해 갔다. 프랑크는 작센주 치타우에 있는 사관학교로 보내졌다. 사령관은 "자살을 종용"한 혐의로 그에게 10일간 독방 감금형을 선고했다. 프랑크는 좁은 침대 말고는 아무것도 없는 감방에서 점심 식사 덮개로 나오는 포일 조각을 뭉쳐 작은 공을 만들고, 그걸 30분 간격으로 세어 가며 겨우 정신을 붙들었다. 하지만 이 가혹한 처벌로도 죄를 다 용서받지 못해 민감한 전파 신호를 암호화하고 해독하는 업무에서 배제되었다.

다른 장교들처럼 프랑크도 3년간 장교훈련을 마친 뒤에 극단적인 두 선택지를 만났다. 하나는 독일사회주의통일당에 가입하는 것이었고, 아니면 졸업 자격을 박탈당하는 것이었다. 프랑크는 독방에서 풀려나자마자 당에 가입할 것을 종용받았다. 그는 자신을 가둔 체제를 세운 당에 가입하라는 말을 들었을 때 극한의 좌절감과 분노와 수치심을 느꼈다. 그는 슈타지 요원들에게도 이런 감정을 숨기지 않았다. 그러나 다들 형식적인 절차로 여기는 문제 때문에 3년간의 훈련을 내다 버리는 것은 또 다른 문제였다. 결국 프랑크는 단념하고서 당에 들어가 빨간 당원증을 받았다.

한편 프랑크가 약혼자를 고른 과정도 당국의 심기를 거슬렀다. 카트야의 엄마 안드레아Andrea는 서독에 친척이 많았고, 안드레아의 부모는 그들과 자주 왕래했다. 안드레아의 부모가 서독을 방문할 때마다 국가인민군 기지의 슈타지 요원들은 조금 뒤늦게 그 정보를 입수하고는 했다. 그렇게 6주 정도가 지났을 무렵, 프랑크는 슈타지 요원들의 사무실로 오라는 연락을 받았다. 요원들은 평소처럼 말문을 열었다. "자, 동지. 당신 미래의 장인 장모가 친척들을 보러 연방공화국을 드나드는 사실을 아시오?" 이는 뻔한 질문이었다. 프랑크는 몇 주 전 있었던 일이니 당연히 알고 있으며, 그분들이 이미 돌아온 사실도 알고 있다고 보고했다. 안드레아는 그 당시 자기 남편이 출세에 걸림돌이 되니 교제를 관두라는 협박을 받았다는 사실을 결혼한 지 한참 후에야 알았다.

프랑크는 잘 교육받았으나 정치에는 비교적 관심이 적은 사람의 전형이라 할 수 있었다. 그는 그저 일용품을 얻고, 경력을 쌓고, 돈을 벌고, 평범히 휴가와 가족생활을 즐기고픈 사람이었다. 그와 같은 사람들은 한동안 정말로 그렇게 살 수 있었다. 하지만 프랑크에게 그러했듯이, 당국의 입장은 1980년대 후반에 접어들면서 더욱 완고해졌고, 그로 인해 프랑크처럼 그리 정치적이지 않은 사람들에게서도 원한을 샀다.

장벽의 붕괴

1989년 11월 9일 저녁 7시 30분 메클렌부르크주 로스토크. 33살의 교통경찰 롤란트 슈나이더Roland Schneider는 출동 대기 중이었다. 독일민주공화국에서 몇 주째 벌어지는 소요는 점점 더 격해졌고, 롤란트는 고민이 깊었다. "공무원이었던 나는 앞으로의 미래가 조금 걱정되었다." 롤란트는 훗날 이렇게 회고했다. "솔직히 말하면 내 믿음은 굳

건했다. '사회주의는 승리한다'라는 말을 듣고 컸기 때문이다."³⁸ 그러나 결혼해 자식이 넷인 이 가장의 마음속에서도, 어째서 수많은 동독인이 변화를 바라는지 조금씩 이해가 갔다. 공장에 방문하면 노동자들도 언제부턴가 교통보다 개혁에 대해 더 많이 이야기했다. 가장 큰 불만은 도무지 해소되지 않는 공급난과 자신들의 의견이 권력자들에게 가 닿지 않는 데서 오는 무력감이었다. 1989년 10월에 고향 도시 로스토크에서 시위가 처음 열리자, 롤란트는 입장이 난처했다. 집에서 창밖 거리를 내려다보던 그에게 로스토크 시민들은 외쳤다. "내려와 함께합시다!"³⁹ 그래도 되나? 그래야 할까? 어쨌거나 지금 그는 경찰관이 아니던가. 하지만 그는 결국 마음먹고 시위대에 합류했다. 처음에는 누군가 알아볼까 봐 어두운 색 옷을 입고 나갔다.

변화는 이제 걷잡을 수 없었다. 1989년에 동독인 수천 명은 이미 서독으로 떠난 후였다. 당국이 이주 허가를 점점 더 많이 내주고 있었기에 합법적으로 떠난 사람들도 있었고, 고르바초프의 개혁으로 변화가 시작된 동유럽 국가들을 통해 서독으로 들어가기도 했다. 독일민주공화국 시민들은 바르샤바, 부다페스트, 프라하, 동베를린에 있는 서독대사관으로 들어가 망명을 신청했고, 헝가리가 9월 10일 밤 오스트리아와 맞닿은 국경을 개방하면서 그 경로를 통해 더 많은 사람이 서독으로 이동했다. 헝가리 총리 미클로시 네메트Miklós Németh는 서독 총리 헬무트 콜을 안심하게 했다.

난민들을 독일민주공화국으로 송환할 일은 없다. 우리는 국경을 개방했다. 군사적이거나 정치적인 외압이 들어오기 전까지 독일민주공

화국 시민들을 위해 국경을 닫지 않을 것이다.[40]

어차피 외부 세력이 개입할 가능성은 적었다. 약 두 달 전인 1989년 7월 6일에 미하일 고르바초프는 유럽평의회에서 연설하면서, 소비에트연방은 "누구나 자기 뜻대로 사회제도를 선택할 수 있는 주권 권리를 존중"[41]한다는 점을 명시했다. 만일 헝가리가 오랜 협력국 오스트리아에 국경을 개방하고자 한다면, 모스크바나 베를린에 허가를 구할 필요 없이 자유로이 국경을 개방할 수 있었다. 그렇게 9월과 10월 서독으로 들어간 독일민주공화국의 인구는 5만 명에 달했다.

그러나 모두가 고향을 버리고 새로운 곳에서 새출발하기를 바라지는 않았다. 국가 안에서 변화를 일으키려는 동독인도 많았다. 이는 떠나고자 하는 사람들을 무작정 떠나보낸다고 해서 문제가 해결될 리 없음을 정부에 보여 주는 증거였다. 처음에는 "나가고 싶다!"라는 표어를 내걸었던 반정부운동이, 이제는 "머물고 싶다!"라는 구호를 외치며 독일민주공화국에서 새롭고 커다란 정치 세력으로 성장했다. 이 세력은 처음으로 반정부 성향의 교회공동체 바깥에서 생겨났다. 9월 새로운 활동가단체 노이에스포룸Neues Forum이 창설되었다. 노이에스포룸 창설자들은 독일민주공화국 곳곳의 게시판에 성명을 내걸었다.

우리 나라에서 국가와 사회의 소통은 단절되었다. … 사회개혁의 과정에 지금보다 더 많은 사람이 참여해야 한다.[42]

이와 같은 선언에 20만 명가량이 동조했고 약 1만 명이 노이에 스포룸의 정식회원으로 가입했다. 1989년에 슈타지가 파악한 바에 따르면, 노이에스포룸은 160개 남짓한 반정부단체들을 결집하는 연결고리 구실을 했다.[43] 이때에도 국가 자체를 버려야 한다고 생각한 사람은 거의 없었다. 정치 활동가들은 계속해서 개혁과 민주적 변화를 요구했다. 그러나 1989년 10월 7일 독일민주공화국의 40번째 건국 기념일, 마침내 동독 도시 곳곳에서 대규모 시위가 터져 나왔다. 롤란트 슈나이더가 살던 로스토크에서 그 수는 600~700명 정도로 얼마 되지 않았으나, 라이프치히·드레스덴·할레·동베를린에서는 수천 명이 거리로 쏟아져 나와 "우리도 국민이다!", "고르비!*", "폭력 반대!" 등을 외쳤다.

기념 열병식을 보러 온 고르바초프는 에리히 호네커에게 "현실 세계에 반응하지 않는 자에게 위험이 도사린다"라고 경고했는데, 훗날 이 말은 "인생은 너무 늦게 온 자를 벌한다"라는 말로 와전되어 더욱 유명해졌다. 모스크바가 편을 들어 주지 않자 몹시 당황한 호네커는 오히려 "영원히 전진, 후퇴는 없다"[44]라며 아집을 부렸다. 당국은 특히 베를린을 중심으로 집회를 단속했고 가끔은 경찰봉을 휘두르고 경찰견을 투입하기도 했다. 화기를 동원한 대대적 진압은 없었으나 분위기는 살벌했다. 앞서 6월 중국 정부는 톈안먼광장에 모인 시위대에게 발포해 민간인 수백 명, 어쩌면 수천 명을 사살했다. 동독의 도시들에 모이는 숫자가 갈수록 늘어나는 상황에서, 독일민주

* 고르바초프를 부르는 말

공화국도 반란에 맞서 '중국식 해법'이 대두될 가능성은 충분해 보였다. 정부가 폭력으로 대응하지 않자 시위대에 합류하는 사람은 더욱더 많아졌다. 10월 16일 12만 명이 라이프치히 거리로 나와 민주적 변화와 자유선거, 표현의 자유를 요구했다. 콜란트 슈나이더는 로스토크에서 2000여 명의 사람이 노이에스포럼을 공식 단체로 인정하라고 요구하는 광경을 목격했다. 독일사회주의통일당 지도부는 화기를 사용하지 않고 사태를 진압하라는 지시를 내렸다. 어쩔 수 없이 경찰들은 재산을 보호하고 군중을 해산하는 업무에만 집중했다. 이는 대중집회와 시위가 정치 지형의 일부가 되리라는 뜻이기도 했다. 독일민주공화국의 정치구조가 강제로 민주화되기 시작했고, 이제 독일사회주의통일당이 할 수 있는 일은 그것을 관리하는 것뿐이었다.

변화를 증명하라는 압박에 직면한 독일사회주의통일당에 새로운 지도자가 필요했다. 1989년 여름 에리히 호네커는 몸이 아파 아무것도 할 수 없었다. 8월 합병증으로 쓸개 수술을 받았을 때 의료진은 서기장 몸의 오른쪽 신장에 암세포가 자라는 것은 아닌지 우려했다. 수술과 요양으로 호네커는 석 달간 자취를 감췄다. 이례적으로 모습을 드러낼 때도 있었다. 한번은 32비트 중앙처리장치 시제품을 보기 위해 인민소유기업 콤비나트의 초소형전자공학 에르푸르트에 방문했는데, 19세기 사회주의자 아우구스트 베벨의 명언 "소도 나귀도 사회주의의 길을 막을 수 없다"를 인용해 나라에서 일어나는 일들과 아예 동떨어진 듯한 모습을 보였다.

닷새 후 헝가리가 국경을 개방했을 때 호네커는 수술을 끝내고 병원에서 회복 중이었다. 9월 말 다시 나타난 호네커는 수척했고 눈

563

에 띄게 노쇠해져 있었다. 정치국이 보기에 그는 독일민주공화국의 상황을 안정화할 적임자가 아니었다. 비판과 개혁을 극구 거부해 온 그에게, 기력도 갈등에 맞설 의지도 남아 있지 않았다. 이제 지도자로서 호네커의 목숨은 시한부였다.

10월 17일 오전 10시 10분 77살의 서기장이 정치국 총회에 참석했을 때만 해도 모든 건 평소와 다르지 않았다. 호네커는 회의를 개시한 뒤 논의할 안건이 있는지 물었다. 각료평의회 의장 빌리 슈토프가 나섰다. 슈토프는 호네커를 서기장 자리에서 끌어내리고 그 자리에 에곤 크렌츠를 임명하는 것을 첫 안건으로 제시했다. "에리히, 이렇게는 안 됩니다. 그만 내려오십시오." 회의장에 침묵이 감돌았다. 호네커는 잿빛으로 변했다. 겨우 평정심을 찾은 그는 "좋습니다. 그러면 토의를 시작합시다"라고 대꾸했다. 세 시간 후 정치국은 만장일치로 호네커 퇴임에 합의했다. 서기장인 호네커 또한 찬성표를 던졌다. 사흘 후 공직에서 물러난 마르고트 호네커는 축출되던 날 남편이 "조금은 후련하군. 더는 못 할 것 같았거든"[45]이라며 속마음을 털어놓았다고 밝혔다.

새로운 서기장이 된 52살의 에곤 크렌츠는 훨씬 더 기력이 넘쳤고 독일민주공화국 개혁에도 적극적이었다. 슈타지 수장 에리히 밀케처럼 미움을 산 인물들은 정치국에서 제거되었다. 첫 텔레비전 연설에서 크렌츠는 전환점을 의미하는 벤더Wende를 약속했다. 이 용어는 독일 통일로 이어진 변화의 시기 전체를 상징하는 단어가 되었다. 하지만 에곤 크렌츠가 말한 벤더에는 독일민주공화국의 폐지는 빠져 있었다. 물론 그는 "사회의 모든 문제는 정치적 수단으로 해결할 수 있다"[46]고 믿었으며, 10월 13일에 호네커의 승인 없이 시위대 진압에 화기를 사용하지 말라고 지시하기도 했으나, 결국 개혁은 독일사회주의통일당이 권력을 지키고 당장의 분노를 잠재울 만큼만 용인할 심산이었다. 크렌츠는 체제를 통째로 뒤바꾸는 것에 관심이 없었다. 그래도 변화의 첫걸음은 뗐다. 크렌츠는 주거지 발트지들룽에서 나옴으로써 전임자들처럼 사회와 단절되어 살아가지 않으리라는 신호를 보냈다. 크렌츠의 정치국에서 10월 24일 새로운 〈통행법〉 초안이 통과했다. 이제 시민들은 예전처럼 가족 방문과 같은 형식적인 이유를 대지 않고도 서독 방문을 신청할 수 있었다.

그러나 너무 늦은 감이 있었다. 새로운 〈통행법〉 초안이 공개된 날은 11월 6일이었고, 정확히 어떤 상황에서 신청이 거부되는지도 정해진 게 없었다. 그 무렵 대규모 시위는 독일민주공화국의 거의 모든 도시로 퍼져 있었다. 각계각층의 사람들이 참여했으며 심지어 독일사회주의통일당원들도 가세했다. 11월 4일에 50만 명이 베를린 알렉산더광장에 모여 민주주의와 통행의 자유를 촉구하는 시위를 열었다. 그날 20명의 연설자 가운데에는 정치인도 포함되었다. 독일사회주의통일당 기관지 《노이에스 도이칠란트》의 편집자로서 이틀 후 정부 대변인으로 취임하는 귄터 샤보브스키Günter Schabowski도 그중 하나였다. '얼굴 없는 사나이'로 불리며 1986년까지 슈타지의 해외 공작을 이끈 마르쿠스 볼프도 무대에 올랐다. 두 사람은 박수갈채와 야유를 동시에 받았다. 변화는 시작되었고, 동독 역사학자 슈테판 볼레의 표현대로, 정치 엘리트는 "혁명 기관차에 올라타 요란히 호루라기를 불어 천천히 멈추게"[47] 할 수 없었다.

닷새 후인 1989년 11월 9일 저녁에 로스토크 경찰 롤란트 슈나이더는 남쪽으로 240킬로미터 떨어진 수도에서 무슨 일이 벌어지는지 전혀 알지 못했다. 그는 텔레비전을 켜서 저녁 7시 30분에 시작하는 뉴스 방송 〈악투엘레 카메라Aktuelle Kamera〉를 시청했다. 익숙한 45살의 진행자 앙겔리카 운터라우프Angelika Unterlauf가 화면에 등장했다. 그는 으레 사무적인 투로, 귄터 샤보브스키가 조금 전 외국인 기자단을 모아 놓고서 앞으로 동독인들이 허가증이나 여행 증서가 없어도 서베를린을 포함해 서독을 자유로이 통행할 수 있다고 발표했다는 소식을 전했다. 운터라우프는 이렇게 말했다.

인민경찰 연관 부서는 영구이주를 위한 비자를 즉시 발급하라는 지시를 받았습니다. 이제 독일민주공화국의 모든 국경검문소를 통해 독일연방공화국과 서베를린으로 영구이주할 수 있습니다.

독일사회주의통일당 중앙위원회는 이튿날 아침 10시부터 이를 시행할 계획이었으나, 제대로 전달받지 못한 샤보브스키는 현장의 기자들과 집에서 생중계로 방송을 보던 자국민에게 변경 사항이 "지금부터 즉시" 적용된다고 선포했다.

베를린 리히텐베르크에 거주하던 32살의 안드레아스 팔게Andreas Falge는 어머니가 인터숍에서 구매한 샤프사 컬러텔레비전으로 샤보브스키의 발표를 들었다. '뭐라고?' 그는 경악했다. '이렇게 무턱대고 개방해도 되는 건가?'[48] 안드레아스는 이 소식에 들떴지만, 그날은 목요일이었고 내일이면 기술자로서 일하는 바빌론영화관에 출근해야 했다. 그는 이 사안에 관해서는 주말에 알아보기로 한 뒤 어머니의 아파트에서 100도이치마르크와 서베를린 지도를 챙겨 프렌츨라우어베르크에 있는 자기 집으로 돌아갔다. 그는 서독 방송사 ZDF가 이 일에 관해 뭐라 보도하는지 보려고 텔레비전을 켰지만 실망스럽게도 축구 경기를 중계하고 있었다. 그러다 밤 10시 40분에 새로운 방송이 시작되었다. "동베를린장벽이 개방되었습니다." 뒤이어 국경검문소 곳곳에 모인 베를린 시민들이 화면에 잡혔다. 안드레아스는 더는 호기심을 억누를 수 없었다. 그는 가죽 재킷을 걸치고 주머니에는 모친 집에서 가져온 돈과 지도를 챙긴 뒤 거리 행렬에 가세해 보른홀머슈트라세를 향해 걸었다.

거리에는 사람이 가득했다. 마치 모두가 "소식 들었어요?" 하고 묻는 듯한 표정이었다. 길은 꽉 막혀 트램조차 선로대로 이동할 수 없었다. 안드레아스는 베를린장벽으로 이어지는 거침 없는 흐름에 몸을 실었다. 도착했을 때 현장은 아수라장이었다. 무슨 일이 벌어진 것인지 아무도 모르는 눈치였다. 1000여 명쯤 되는 사람들이 샤보브스키가 기자회견에서 발표한 새 규칙대로 서독으로 가겠다고 요구하고 있었다.

보른홀머슈트라세에서 여권 통제를 책임지던 육군 중령 하랄트 예거Harald Jäger는 상관에게 지시를 내려 줄 것을 청하고 또 청했다. 그가 무음 경보를 울린 후에야, 상부는 '가장 심한 골칫거리'를 위주로 통행하게 한 뒤 다시 돌아올 수 없게 여권에 도장을 찍어 보내라는 명령을 내렸다. 이는 정부의 계획보다 일찍 나라를 떠난 사람들을 효과적으로 추방하기 위해서였다. 그러나 경비대원들보다 통행하려는 사람이 압도적으로 많아져 통제하기가 어려워지자, 상황은 점점 더 혼란스러워졌다. 추가 지시는 내려오지 않았다. 안드레아스의 회고에 따르면, 긴장감이 고조되었고 심지어 '약간 공격적인' 분위기가 만들어져, 경비대원들은 어찌할 바를 몰라 했다. 하랄트 예거는 혹시 모를 사태가 발생하지는 않을지 걱정했고, 그에 대한 책임을 모면하려는 상부에 분노를 느끼며 알아서 사안을 처리하기로 했다. 오후 11시 29분 하랄트 예거는 국경을 전면 개방하고 여권 검사를 중단했다. 장벽이 걷힌 것이다. 1961년 이후 처음으로 동베를린 시민들은 자유로이 서베를린으로 걸어 들어갈 수 있었다.

같은 시각, 동베를린과 서베를린을 가르는 철도 위로 둘의 가교 역할을 하는 뵈제다리에 수백 명이 몰려 있었다. 안드레아스는 이튿날 출근하려면 일찍 돌아와야 한다는 생각에 얼른 여권에 도장을 찍으러 검문소로 걸음을 재촉했다. 도장을 찍는 순간 현행 명령에 따라 독일민주공화국으로 돌아올 수 없다는 사실을 그가 알 리 없었다. 프랑스의 베를린 점령지에 속했던 다리의 마지막 30미터 지점에 다다랐을 때, 안드레아스는 서독 경찰관 둘을 보았다. 그들은 동베를린에 들어올 수 없는 사람들이었다. "나는 그제야 정말로 서독에 왔음을 실감했다."

하지만 어디로 간단 말인가? 안드레아스는 베를린 토박이였으나 서베를린은 그저 낯선 땅이었다. 지하철을 탈까? 아니다. 어떻게 돌아가는지, 어디로 이어지는지 아는 게 없었다. 택시를 불러? 하지만 전화부스는 들뜬 동베를린 시민들이 몽땅 차지하고 있었다. 근처 술집으로 가면 택시를 잡을 수 있지 않을까? 하지만 그 순간 안드레아스는 "사악한 자본주의를 의심하는 마음이 아직 남아 있었기에 술집 직원들이 택시를 부르는 대가로 돈을 요구할지 모른다"라는 생각을 했었노라고 훗날 쓸쓸히 회고했다. 그는 인근 거리에서 대기 중이던 택시를 용케 잡아탔다 어디서 왔냐고 묻는 운선기사에게 안드레아스는 "프렌츨라우어베르크"라고 답했다. 그러자 서베를린 기사는 경악했다. "거긴 동독이잖아요! 맙소사…"[49] 서독 시민들도 동독인들만큼이나 그날 밤 일이 당황스러웠다. 안드레아스는 공동아파트에 사는 친구를 만나러 샤를로텐부르크의 고급 마을로 가달라고 청했다. 그는 택시 바깥 서베를린의 휘황찬란한 거리와 집들을 바라보면서 생각했다.

우리 베를린과 다를 것 하나 없었지만 단 하나, 가게 창문들이 좀 더 현란했다. 그날의 눈부신 네온 조명은 평생 잊지 못할 것이다.

샤를로텐부르크에 도착해서 본 밤의 풍경은 그야말로 압도적이었다. 마치 다른 세상에 온 것처럼 쉽사리 받아들이기 어려웠다. 친구 집에 도착해서야 마음을 놓은 안드레아스는 소파에 앉아 태어나 처음 벡스 병맥주를 마셨다.[50]

북쪽으로 240킬로미터 떨어진 곳의 롤란트 슈나이더도 텔레비전으로 본 장면에 어안이 벙벙했다. 그와 동료들이 치안을 담당한 로스토크 지구에는 서독의 슐레스비히홀슈타인주로 이어지는 국경지대도 포함되었다. 경찰은 뭘 해야 하지? 누구도 말해 주지 않았다. 국경에 접근하는 동독인들을 그냥 통과하게 해도 된다는 것인가? 만약 잘못 이해한 것이면?

슈나이더는 사태를 논의하기 위해 동료들을 만났다. 몇 시간 만에 슐루투프 국경초소 주변으로 인파가 넘쳤다. 다들 서독으로 보내 달라고 요구했다. 이제 어쩐다? 지역의 치안을 지휘하는 육군 소장 하더Hader가 하필 '병가'를 내는 바람에 경찰관들은 지역 부책임자에게 연락했다. 마침내 "국경을 개방하라"는 지시가 떨어졌다. 그게 무슨 의미일까? 이제 통행 서류를 확인하지 않아도 된다는 뜻인가? 그러면 무슨 서류를 봐야 하지? 사람들이 아무런 서류도 지참하지 않았으면? 그야말로 대혼란이었다. 경찰이 적법한 절차를 몰라 미적지근하게 대응하는 동안 교통은 마비되었다. 교통 체증은 날이 밝아서야 풀렸다. 롤란트의 말처럼 "근면한 동독인들에게 출근은 당연한 일상"[51]이었기 때문이다.

텔레비전과 라디오로 당황스러운 소식을 접한 동독인들은 호기심을 주체하지 못해 저마다 트라반트와 바르트부르크를 타고서 동서독 국경검문소로 몰려들었다. 1989년 11월 9일은 목요일이었으므로, 대부분의 동독인은 이튿날 출근을 염두에 두었다. 따라서 진짜 인파는 주말에 국경으로 몰렸다. 독일민주공화국 시민이 서독으로 넘어가기 위해 발급받은 비자는 주말에만 무려 400만 건이 넘었다. 국경검문소를 지나는 사람들은 자동차 창문을 내리고서 경비대원들에게 다들 "걱정하지 마세요. 돌아올 겁니다. 그냥 어떤지만 보고 올게요"라고 말했다.

정말로 동독인들은 서독이 그저 어떻게 생겼는지 궁금했고, 자유로이 살 수 있는 물건들에 흥미가 있었다. 얼마 후 롤란트 가족도

'서독'을 드나들기 시작했다. 처음에는 일해야 하는 롤란트를 빼고 아내와 아이들만 서독에 다녀왔다. 롤란트가 '그쪽' 동네에서 사 와 달라고 요청한 첫 번째 물건은 마르스 초콜릿바였다. 동베를린 시민들은 서베를린의 유명 상가인 쿠르퓌르스텐담을 상악했다. 서독 정부는 1970년에 독일민주공화국 시민이 독일연방공화국에 도착하면 30도이치마르크를 받을 수 있는 '환영 자금' 제도를 도입했고, 이후에 환영 자금을 100도이치마르크로 상향했다. 하나당 60페니히인 마르스 초콜릿바를 여러 개 살 수 있는 액수였다. 그러나 국경 개방 후 첫 주말 동안 서독 은행에 환영 자금을 요구하는 동독인이 무려 400만 명이 몰리자 혼선이 빚어졌다. 11월 20일까지 방문객은 1000만 명으로 불어났다. 독일민주공화국 시민들은 환영 자금으로 온갖 간식과 장난감, 열대과일을 샀던 추억을 지금도 간직하고 있다. 접경도시들과 서베를린의 노점상들은 발빠르게 가판대를 설치해서 새로운 동독인 손님들을 맞이했다.

통일로 가는 길

1989년 11월 중엽 바이에른주 멜리히슈타트. 이네스 슈톨페Ines Stolpe[52]는 작은 전자제품매장에서 워크맨을 하나 집었다. 그리고 이리저리 살펴보며 살지 말지를 고민했다. 70도이치마르크였으니 터무니없게 거품이 낀 가격이었다. 독일민주공화국이 서독에 국경을 개방한 지도 며칠이 흘렀다. 그동안 동독인 수백만 명이 멜리히슈타트

와 같은 국경지대로 몰려갔다. 22살의 이네스도 호기심이 동했으나 짬이 나지 않았다. 임신한 상태였고 첫째 로베르트Robert를 혼자 돌봐야 했기 때문이다. 남편 슈테판Stefan은 해군 소속의 헬리콥터 조종사로 북쪽으로 640킬로미터 떨어진 슈트랄준트에서 복무 중이었다. 튀링겐 고향 집은 말 그대로 나라의 정반대편이었다. 부부는 슈트랄준트에 방 2.5개가 있는 근사한 아파트를 장만했다. 요즘 슈테판은 그 집을 개조하고 있었다. 하지만 이 젊은 가족이 고향에서 머나먼 곳으로 이사하는 것이 과연 좋은 선택일지 이제 불투명해졌다. 정치가 격동할 조짐이 보이니 앞으로 무슨 일이 닥칠지 누가 알겠는가?

이런 상황에서 칭얼대는 로베르트를 품에 안고 슈퍼마켓과 은행에 길게 늘어선 인파에 섞인다는 것은 이네스에게 그리 끌리는 일이 되지 못했다. 하지만 이내 상황이 잠잠해지자 이네스도 궁금했다. 전에는 서독에 발을 들인 적도 없었다. 이제는 적어도 그곳이 어떤 곳인지 구경할 수 있었다. 이네스는 남쪽으로 한 시간을 이동한 끝에 국경을 넘어 바이에른으로 향했다. 멜리히슈타트에서 물건을 사려면 도이치마르크가 필요했다. 그러나 많은 동독인이 그랬듯 이네스도 서독 은행들이 주는 '환영 자금'을 받기가 민망했다. 이네스는 유치원 교사였고 로베르트를 낳기 전 2년을 일했다. 남편은 국가인민군 장교였다. 부부는 수입에 부족함이 없었고 그만큼 열심히 일했다. 돈을 타려고 서독 은행 앞에 줄을 선다는 것은 어쩐지 망신스러웠다. 두 번 청구할 수 없게 여권에 100도이치마르크를 받았다는 확인 도장이 찍히는 일은 더욱더 모욕적이었다.

이날 하루는 잘 풀리지 않았다. 은행과 가게 사이를 지나다가

로베르트의 기저귀를 갈아야 했다. 아이를 돌볼 공간이 마땅치 않아 근처에 보이는 담장 위에 아이를 올려놓고 기저귀를 갈았다. 할 일을 끝낸 이네스는 그제야 인구 6000명이 사는 국경도시의 슈퍼마켓과 상점을 둘러보았다. 바이에른의 가게 주인들은 이네스와 다른 동독 방문객들에게 무척이나 친절했고, 덕분에 이네스도 기분이 한결 나아졌다. 철의 장막과 가깝다 보니 아담한 멜리히슈타트에는 독일 연방군이 2개 대대나 주둔했다. 주민들은 국경 인근에서 늘 긴장감을 느꼈던 만큼 장벽 건너편 사람들이 자유로이 드나들 수 있자 오히려 반겼다. 그러나 이네스가 도착했을 때 사고 싶었던 바나나와 워크맨은 거의 동난 상태였다. 먼저 건너온 사람들이 진열대 물건을 대부분 싹쓸이해 갔고, 가게 주인들은 높은 수요를 보고 사업 수완을 발휘해 남은 물건들의 가격을 부풀려 판매했다. 작은 전자제품매장에서 제 가격이 아닌 워크맨을 사겠다고 자신이 벌지 않은 돈을 내미는 이네스의 마음은 영 찝찝했다.

집으로 돌아가는 길에 이네스는 앞으로 자신과 가족에게 닥칠 일들을 생각했다. 변화가 필요하다는 데에는 이네스도 동의했다.

> 국가가 작동하지 않는다는 것은 모두가 알았다. 그러나 그게 우리 가족에게 무슨 의미인지 모르니 겁이 났다. 아무도 아는 게 없었다. 우리가 의지하고 계획한 모든 것이 불확실해졌다.[53]

벤더를 경험한 독일민주공화국 시민들은 다 이런 복잡한 심경이었다. 역사적인 변화가 찾아오는 것은 좋은 일이었다. 정치개혁의 필요성과 경제 상황을 생각하면 그랬다. 하지만 40년 동안 동독 사회주의에서 삶과 정체성을 쌓아 온 사람들에게는 당황스러운 일이기도 했다. 이제 그들의 생계와 가족과 신변에 무슨 일이 일어날까? 아는 이는 없었다.

국경을 개방한 후 정치 영역에서 상황은 눈코 뜰 새 없이 흘렀다. 오랜 세월 정치 권좌에 앉아 있던 사람들도 더는 안심할 수 없었다. 11월 13일 베를린장벽이 붕괴하고 나흘이 지났을 때, 독일민주공화국 인민의회가 국가 사태를 논의하기 위해 소집되었다. 최근의 사건에 자극받고 자기 존재를 지키고 싶었던 의회는 자신감을 얻어 개방, 민주주의, 개혁에 소극적이던 자들에게 책임을 묻고자 했다. 야당 의원들은 독일사회주의통일당의 〈헌법〉에 따른 우위를 박탈할 것과 정해진 후보가 없는 자유선거를 요구했다. 각료평의회 의장 빌리 슈토프처럼 잔뼈가 굵은 정치인들은 수세에 몰렸다. 슈타지 수장 에리히 밀케는 31년간 인민의회 의원으로 있으면서 단 한 번도 앞에 선 적이 없었지만, 이제 동료 의원들의 질문에 맞서야 했다.

한때 독일민주공화국에서 가장 두려운 인물이던 에리히 밀케는 어느덧 82살이 되었고 실제 그 나이만큼 늙어 보였다. 밀케는 준비한 원고도 무시한 채 닳고 닳은 정치적 수사들을 웅얼거렸다. 오랜 세월 그를 권좌에 올려놓은 공포와 통제를 그가 더는 휘두를 수 없다는 사실이 즉각 자명해졌다. 밀케가 의회 앞에서 "친애하는 의원 동지들, 우리는 노동자들과 아주 밀접히 닿아 있습니다"[54]라고 말하자 실소가 터져 나왔다. 자신감을 잃고 방어적으로 변한 밀케의 연설은 일관성을 잃고 헤맸다. 의원들은 그에게 어떠한 존중도 보이지 않았다. 밀케가 습관적으로 입에 올리는 '동지'라는 단어를 의원 하나가 꼬투리 잡았다. 1921년 10대 나이에 공산당 청년조직에 입당한 밀케에게 동지라는 단어는 너무나도 자연스러운 말이었다. "여기 있는 모두가 동지는 아닙니다만"[55]이라고 믿케의 말을 끊은 의원에게 훨씬 큰 박수가 쏟아졌다. 눈에 띄게 당황한 밀케는 "그건 그냥 형식적인 말입니다. 나는, 나는 모두를, 모든 인간을 친애합니다"[56]라며 말을 더듬었다. 밀케의 횡설수설을 요란한 웃음이 뒤덮는 순간, 슈타지의 마력도 마침내 깨어졌다.

밀케의 국가보안부도 그에게서 등을 돌렸다. 9만 1000명의 직원은 공개 석상에 나타난 자신들의 수장을 부끄러워했고 자신들에게 어떤 판단이 내려질지 전전긍긍했다. 인민의회에서 대망신을 당하고 닷새 후, 밀케는 결국 자리에서 물러났다. 그의 작품인 국가보안부는 국가보안청으로 이름을 바꾸었다. 새 수장은 옛 이인자였던 볼프강 슈바니츠Wolfgang Schwanitz였다. 12월 3일 밀케는 독일사회주의통일당에서 축출되었고 나흘 후 체포되었다. 11월 초엽부터 밀케가 지시한 문서 및 증거 인멸은 12월 4일에 전국 곳곳의 슈타지 사무실을 사람들이 점거하면서 중단되었다. 1990년 1월 15일에 베를린 리히텐베르크 본부도 끝내 점거되었다. 산하 국외 첩보부로 과거에 마르쿠스 볼프가 이끈 해외공작총국(Hauptverwaltung Aufklärung, HVA)을 제외하고 모든 자료는 복구되었다. 해외공작총국은 거의 모든 서류를 인멸하고 자체 해산했다. 에리히 밀케와 슈타지의 시대는 이렇게 막을 내렸다.

이후 거물 정치인들이 추풍낙엽처럼 몰락했다. 각료평의회 의

장으로 에리히 호네커에게 사임을 요구한 빌리 슈토프도 인민의회에서, 자신과 각료들이 〈헌법〉에 명시된 독일민주공화국 정부의 소임을 다하지 못했으며, 독일사회주의통일당 정치국 중앙위원회에 국가 운영을 내주었음을 시인했다. 그러므로 그는 필요한 변화를 이끌기에 적합한 자가 아니었다. 에리히 밀케가 의회에서 굴욕을 당한 바로 그날, 인민의회 의원들은 슈토프를 대신할 인물로 독일사회주의통일당 내부 집단 바로 바깥에 머무르던 한스 모드로를 낙점했다. 61살의 한드 모드로는 1973년부터 독일사회주의통일당의 드레스덴 지부 제1서기였고, 정치국 위원이 된 지는 이제 며칠이 되지 않았다. 슈토프, 크렌츠, 밀케, 호네커와 달리 모드로는 베를린 북부의 비밀스러운 발트지들룽에 거주하지도 않았다. 그는 드레스덴 중심부의 방 3개짜리 아파트에 살았는데, 슈토프의 후임자로 선출되자마자 곧장 집으로 가 "아내에게 몇 주간 집을 비우노라고 작별 인사를 건넨 뒤 옷을 챙겨 베를린으로 떠났다."[57] 인민의회의 독일사회주의통일당 의원들은 모드로 같이 진정성 있고 친근한 인물을 내세워, 당과 독일민주공화국이 개혁할 능력이 있다고 대중을 설득하고자 했다.

그러나 독일사회주의통일당에 이제 희망은 없었다. 평판은 바닥까지 떨어진 상태였고, 인민의회조사위원회가 부패와 권력 남용을 더 많이 까발린 터였다. 껄끄러워진 당원들은 당에 소속되는 것이 더는 어떠한 혜택도 받지 못하고 오히려 오점으로 남으리라는 것을 깨달았다. 당은 대규모의 당원 출혈을 겪었다. 12월 초엽까지 이미 60만 명이 이탈했다. 1월에는 그 숫자가 90만 명으로 불었다. 그러자 독일사회주의통일당은 〈헌법〉에 명시된 '지도적인 역할'을 포기해야 했다.

이제 독일사회주의통일당은 여러 당 가운데 하나였으므로 당 서기장 에곤 크란츠는 사실상의 국가수반이 아니었다. 그 역할은 모드로가 이끄는 각료평의회로 넘어갔다.

그럼에도 100만 명이 훌쩍 넘는 독일사회주의통일당원들이 여전히 남아 당의 개혁을 요구했다. 1989년 12월 3일에 옛 지도부는 중앙위원회를 포함해 모두 물러나야 했다. 한때 권력을 휘두른 에리히 호네커, 에리히 밀케, 알렉산더 샬크-골로드코프스키, 빌리 슈토프 모두 당에서 축출되었다. 이미 몇몇은 보호구금 중이었다. 잔당 세력은 당명을 독일사회주의통일당-민주사회당(SED-Partei des Demokratischen Sozialismus, PDS)으로 바꾸었다. 이 당은 2007년까지 존속하다가 서독 정당과 합쳐져 좌파당(Die Linke)이 되었다. 민주사회당 대표로 선출된 자는 당시에만 해도 이름이 비교적 알려지지 않은 41살의 변호사 그레고어 기지였다. 그는 22살부터 독일사회주의통일당원으로 활동했지만, 노이에스포룸 창설자 가운데 한 명으로 정치운동을 벌이다 투옥된 베르벨 볼리Bärbel Bohley 등 반정부 지도자를 여럿 돕기도 했다. 기지는 특유의 달변과 미사여구로 언론의 주목을 받았고, 11월 4일에 알렉산더광장의 시위 무대에 올라 개혁을 지지했으며, 이후 텔레비전에 자주 출연해 목소리를 냈다. 훗날 그는 이렇게 말했다.

내가 정치의 길에 들어선 것은 우연이었으나 동시에 계획적이기도 했다. 벼랑 끝의 당은 나에게 유독 흥미를 끌었다.[58]

하지만 독일사회주의통일당-민주사회당을 구하기란 힘들었다. 〈헌법〉에 명시된 우위를 상실한 후였으니 이제는 다른 정당이나 집단과 협력하고 동시에 경쟁해야 했다. 한편 일종의 임시 지도위원회 격으로 원탁회의(Round Table)가 결성되었다. 여기에는 민주사회당은 물론 다른 정당들, 노이에스포룸과 같은 정치단체들의 대표단이 참여했다. 12월 7일에 동베를린에서 처음 소집된 회의에서 그들이 열띤 토론을 하자 서로 다른 정치 세계가 충돌했다. 재야단체 지금민주주의(Demokratie Jetzt, DJ)의 창설자로 원탁회의에 참여한 울리케 포페 Ulrike Poppe는 자신과 지금민주주의의 처지가 기성 정당과 얼마나 달랐는지를 이렇게 회상했다.

> 당 대표들은 저마다 사무실과 체계를 갖추고 참모진도 거느리고 있었지만, 우리는 여전히 각자의 주방에 앉아서 머리를 쥐어뜯고 있었다.[59]

원탁회의는 16차례 더 진행되었고, 1990년 3월 18일에 독일민주공화국에서 처음으로 자유 비밀선거가 치러지도록 계획하고 추진하는 데 결정적인 영향을 미쳤다.

선거를 앞두고 정치권은 한 가지 커다란 문제 앞에서 의견이 엇갈렸다. 독일민주공화국이 개별 국가로 남아 개혁과 민주화를 이뤄야 하는가? 아니면 서독과 통일해야 하는가? 독일사회주의통일당 정권에 반대한 사람도 모두 독일민주공화국의 경제체제에 근본적으로 반대하지는 않았다. 사회주의와 자본주의 사이 '제삼의 길'을 가야 한다는 논의도 활발했다. 1989년 11월 28일에 유명 작가 크리스타 볼프, 슈테판 하임Stefan Heym 등 유명 인사 31명이 공동으로 언론에 〈우리의 국가를 위하여(Für unser Land)〉라는 탄원서를 발표했다. 이들은 독립국가로서 독일민주공화국의 지위를 지켜야 한다고 수상했다. 그 반대의 결정은 "우리의 물질적·도덕적 가치를 팔아넘기는 짓이고, 머지않아 독일연방공화국에 독일민주공화국이 흡수 합병"[60]되는 결과로 이어질 것이기 때문이었다. 그러나 대중의 분위기는 다른 방향으로 흘렀다. 베를린장벽 붕괴 전 월요일시위에서 흔히 발견된 "우리도 국민이다!"라는 표어는 자신들을 위해 복무하겠노라고 말한 당국, 더 구체적으로는 '인민경찰'을 향한 말이었다. 그런데 장벽 붕괴 이후 겨울까지 이어진 대규모 집회에서 표어는 "우리는 하나다!"로 바뀌어 있었다. 통일에 대한 직접적인 요구였다.

달라진 독일민주공화국의 기류에서 기회를 감지한 서독 총리 헬무트 콜은 통일을 추진하려면 신속히 움직여야 했다. 그러나 모스크바, 파리, 런던, 대다수의 동유럽 국가는 통일계획에 회의적이었다. 통일된 독일이 유럽대륙을 다시 지배할지 모른다는 공포심 때문이었다. 처음부터 독일의 통일에 전적으로 찬성한 이는 미국 대통령 조지 부시George H. W. Bush뿐이었다. 그러나 콜은 독일 국민이 명백히 염원하는 통일과 자결권에 대한 요구가 외부에 꺾일 수는 없다고 확신했다. 본뿐 아니라 서독 안에서 통일에 대한 저항을 예상한 콜은, 1989년 11월 28일에 연방의회에서 향후 10년에 걸쳐 두 독일을 통일한다는 10조 계획을 발표해 모두를 깜짝 놀라게 했다. 통일을 이미 기정사실로 해 놓고 계획을 발표한 전략은 실로 기발했다. 의원들은

579

역사적인 순간에 걸림돌로 보이고 싶지 않았기에 동의하지 않을 수 없었다. 서독의 동의를 얻어 낸 콜은 12월 19일에 동독 드레스덴으로 건너갔다. 드레스덴에서 대규모 정기시위가 요란히 열리고 있었다. 총리를 맞이한 것은 검은색·빨간색·황금색 깃발의 홍수였다. "통일을 추진하라!"라고 적힌 현수막이 내걸렸고, 지난 20년간 대체로 기악으로만 연주된 동독 국가의 한 구절인 "독일, 통일된 조국" 같은 문구도 등장했다. 콜은 실업문제로 서독에서 정치적 위기를 겪으며 비틀거리고 있었다. 그러다 1990년 선거를 앞두고 황금 같은 기회를 포착해 와락 붙들었다. 통일은 10년에 걸칠 문제가 아니었다. 지금 바로 이뤄져야 했다.

동독인들은 1990년 3월 처음이자 마지막이 된 자유 총선에서 신속한 통일에 동의하고 지지를 보냈다. 정당은 저마다의 문구로 통일을 지지했는데, 통일을 완수하는 기간에 관하여서 의견이 갈렸다. 투표율 93.4퍼센트를 기록한 총선에서 기독교민주연합, 민주적 각성(Demokratischer Aufbruch, DA), 독일사회연합(Deutsche Soziale Union, DSU)이 포함된 정당 연합 독일을 위한 동맹(Allianz für Deutschland)은 절반 가까이 되는 표를 가져갔다. 이들은 "다시는 사회주의로 돌아가지 않는다"라는 표어를 내걸고 최대한으로 신속한 통일을 주장했다. 이들의 주장은 다음과 같았다.

  -공동의 틀을 새로 짜는 대신 서독의 기존 〈헌법〉에 따라 서독에 편입한다.
  -저축예금에 1 대 1 환율을 적용하고, 서독의 도이치마르크를 공동

통화로 도입한다.

－동독의 시장과 자산에 서독 투자자들이 무제한으로 접근할 수 있게 하고 시장경제체제를 도입한다.

새로 만들어진 동독사회민주당(Sozialdemokratische Partei in der DDR, 1990년 1월 이전에는 SDP라는 약어를 사용)은 사회주의 시장경제와 조금은 신중한 통일 접근법을 주장했으나 22퍼센트의 득표에 그쳤다. 옛 집권당이자 현 민주사회당의 득표율은 16.4퍼센트에 그쳤다. 이는 통일을 수행하라는 분명한 명령이었다. 정확히는 두 국가를 합쳐 새로운 독일을 만드는 것이 아니라, 동독이 서독의 기존 체제에 합류하는 통일을 의미했다.

몇 달간에 걸쳐 언쟁하고 시위하며 의사를 결정한 과정은 투명한 정치를 갈망한 자들에게 흥미진진했으나, 한편으로는 사회적·경제적·심리적 불안을 조성했다. 바이에른으로 짧게 나들이를 다녀온 이네스 슈톨페는 얼마 후 남편 슈테판이 머무는 슈트랄준트로 떠났다. 막 개조를 마친 아파트는 원래 슈테판이 그곳에서 복무하는 동안 가족이 쭉 거주할 생각으로 장만했다. 그러나 이제 미래는 불투명했다. 서독은 보육복지가 훨씬 부족했다. 정말로 통일이 이뤄진다면, 이네스는 첫째 로베르트와 아직 태어나지 않은 둘째가 학교에 들어가기 전까지 유치원 교사로 복직할 수 없는 걸까? 남편 직장인 독일민주공화국의 군대는 어떻게 되는 거지? 민영화된 고용시장에서 요구하는 기술이라고는 거의 없을 동독의 장교가 일자리를 잃기까지 얼마나 걸리려나? 고향에서 수백 킬로미터 떨어진 슈트랄준트에 계속 머무를 수 있을까? 이네스의 둘째 딸은 1990년 5월 태어났다. 이네스는 1년간 출산휴가를 쓸 수 있어 안도했다. 그러나 이후에는 어쩐다? "누구도 미래를 알지 못했다."[61] 이 젊은 부모는 유치원 교사와 군 장교로 모두 국가에 고용되어 있었다. 둘은 오랫동안 만족스럽게 경력을 쌓고 있었다. 그러나 이제는 불투명한 미래를 불안히 헤쳐 나가야 했다.

선거 이후에 일어난 정치 격동은 슈톨페 부부를 비롯한 동독인들이 따라가기에 벅찰 정도였다. 독일을 위한 동맹, 사회민주당, 독일자유민주당이 동독 기독교민주연합의 로타어 드메지에르Lothar de Maizière를 필두로 해서 대연정을 결성하면서, 상황은 과제들이 산적해 있는데도 매우 빠르게 돌아갔다. 독일민주공화국은 40년간 존속하면서 독일연방공화국과 전혀 다른 정치·경제·사회 구조를 확립한 터였다. 그러나 동독과 통일 협상을 이끈 서독의 내무장관 볼프강 쇼이블레Wolfgang Schäuble는 변해야 하는 쪽은 독일민주공화국만이라고 선을 그었다.

> 이것은 동등한 두 나라의 통일이 아니다. 우리에게는 〈헌법〉이 있고 독일연방공화국이 있다. 당신들이 40년간 그것들에서 배제되었다는 전제에서 출발하자. 이제 당신들은 참여할 권리를 얻었다.[62]

협상의 방향에 대해서는 토론의 여지가 없었다. 문제는 얼마나 빠르게 조치를 이행해야 하는지, 이행할 수 있는지였다.

1990년 7월 1일에 시작된 두 독일의 통화 단일화는 통일로 가는 중요한 이정표였다. 사람들은 1 대 1의 환율로 최대 6000 동독 마르크를 환전하려고 은행 앞에 길게 줄을 섰다. 줄여서 트로이한트 Treuhand라고 불린 신탁관리청(Treuhandanstalt)은 국가 경제 민영화를 감독하라고 의회가 막 설립한 기관으로, 국영공장과 기타 공공자산 같은 '인민 재산'을 민간에 매각하는 작업에 본격적으로 시동을 걸고 있었다. 그러나 트로이한트는 전문성이 부족했고 감독과 인력도 제대로 돌아가지 않아 혼선과 부패를 야기했다. 또 동독인들에게 이 민영화의 과정은 품위 없이 나라를 '헐값'에 팔아먹는 행동으로 여겨졌다. 그간 자부심으로 일하며 돈을 벌었던 노동자들은 서독의 기업들이 자신들의 기계와 차량을 (1도이치마르크라는 상징적인 가격으로) 값싸게 사들이는 것을 지켜보아야 했다. 어떤 노동자들은 자기 손으로 공장과 작업장을 직접 정리해 자신들의 일자리를 스스로 없애야 했다. 나라가 해체되는 과정에서 사람들이 경험한 무력감은 이후에도 오랫동안 그들을 따라다녔다.

1990년 8월 23일에 인민의회는 독일민주공화국을 독일연방공화국으로 합병하는 안을 공식 투표에 부쳤고, 그로부터 일주일 후인 8월 31일에 두 독일이 최종적인 통일조약을 체결했다. 두 나라가 하나로 합쳐지는 날은 1990년 10월 3일로 정해졌다. 이때부터 이날은 독일 통일의 날이라 하여 공휴일로 지정되었다. 협상이 진행된 8주 동안 양측은 경제·정치·사회 측면에서 두 나라의 근본적인 차이를 해소할 방법을 성급히 찾으려고 노력했다. 임신 중지 및 여성 입대와 같은 민감한 문제들은 열띤 논쟁을 촉발했다. 어떤 문제는 해법을 도출했지만 어떤 문제는 논의를 보류했다. 9월 12일에 두 독일과 제2차 세계대전 승전국들이 일명 2+4 협상을 벌인 끝에 모스크바에서 조약을 체결하며, 복잡한 협상을 성공리에 매듭지었다. 이 조약에 따라 통일된 독일은 완전한 주권국으로서 나토에 가입할 자격을 얻었고, 자국에서 외국 군대를 철수하게 할 수 있었다. 9월 말에 전후 두 독일의 통일을 위한 모든 준비는 끝이 났다. 민주사회당을 제외하고 주요 정당들은 이미 서독의 정당들과 합병을 마친 후였다. 통일로 가는 길이 마침내 목적지에 다다랐다.

통일의 날, 승리감과 기대감이 교차하는 가운데 사방에서 공식 행사와 비공식 행사가 열렸다. 인민의회가 절차대로 자체 해산했고, 동베를린과 본에 있는 독일 대사관이 문을 닫았다. 서베를린의 옛 제국의회 건물 앞에서 공식 행사가 열렸다. 사람들은 오래도록 기다려 온 통일을 환영하며 현수막과 국기를 흔들었다. 다만 몇몇은 마지막으로 국가가 사라진 것에 반대하는 시위를 벌였다.

1990년 10월 3일 자정에 독일민주공화국은 소멸했다.

에필로그 | 통일

우리는 독일이 선대부터 노력해 온 통일이라는 목표를 이루었다.[1]

    1871년 3월 21일 황제 빌헬름 1세가 처음으로 통일된 독일 의회 앞에서 이렇게 말했을 때, 독일은 흩어져 있던 왕국들과 공국들을 하나로 통일한 직후였다. 독일인들은 거의 모두가 국가 통일을 포용했으나, 그렇다고 이전 것들을 다 잊겠다는 뜻은 아니었다. 정치적 통일이 이뤄졌다고 해도 각기 다른 지역에서 진화한 경제·문화·사회의 전통이 하룻밤 사이에 지워질 리 없었다.

    1871년의 통일처럼 약 120년 후의 통일 또한, 행복한 결말이라기보다 독일 통일을 향한 하나의 과정으로 바라보아야 한다. "함께 속한 것이 이제 함께 성장할 것"이라고 말한 옛 서독 총리 빌리 브란트의 예언은 실현되기까지 시간과 공감이 필요하다. 1990년 10월 3일을 독일의 현상 복구로 생각하기는 쉽다. 그러나 이런 해석은 '서독'을 '정상'으로 단정한다. 옛 독일민주공화국 시민이 어느 낯선 사회주의 체제에서 익힌 습관을 잊고 다시금 독일인이 되는 것은 그저 시간

587

문제일 거라고 많이들 짐작했다.

　하지만 동독인들은 원래 일부였던 세상에 돌아온 것이 아니다. 제2차 세계대전 후로 자신들과 철저히 단절되어 발전한 서독 국가에 융화해야 했다. 물론 문화·언어·사회의 뿌리는 공유했으나 1949년 이후 동독과 서독은 아주 다른 방향으로 뻗어 나갔다. 그러니 동독인들이 '통일'이라는 말 대신에 벤더 또는 벤더차이트Wenderzeit 즉 전환의 시대라는 말을 사용하는 것도 이해가 간다. 1990년 10월 3일 이후에도 서독인들은 이전의 삶을 살아가면 되었지만, 동독인들은 힘과 방향과 속도 모두 통제할 수 없는 변화의 물결을 맞닥뜨렸다. 빠져 죽거나 헤엄쳐 가거나, 둘 중 하나였다.

　통일 이후 태어난 동독인 첫 세대가 자랄 때쯤이면 생활양식, 사고방식, 태도에서 좁혀지지 않았던 차이가 자연스레 사라지리라는 희망은 언제나 조용히 존재해 왔다. 그러나 옛 단층선은 아직도 없어지지 않았다. 독일 지도 위에 뭐든지 좋으니 어떤 지표를 나타내 보면 높은 확률로 옛 동서독 분단선이 그려진다. 투표율, 백신 접종률, 비만율부터 언어 사용, 러시아에 대한 태도, 포도주 소비에 이르기까지, 차이가 확연하다. 흐려지지 않는 잔상처럼, 독일민주공화국이 독일에 남긴 자국은 사라지기를 거부하고 있다.

　크게 보면 냉전 시대에 40년의 독일 분단은 그리 긴 세월이 아닐 수 있다. 그러나 1990년의 시점에서 그 세월은 독일 국가가 존재한 기간의 3분의 1에 해당했다. 그 시절 동독과 서독은 나치주의와 집단 학살의 공포를 딛고 서로 다른 재건의 방식을 발견했다. 두 체제 모두 이런 재앙에 대한 직접적인 반응이었고, '다시는' 독일 땅에 그런 사악한 세력이 발흥해서는 안 된다는 생각에서 비롯되었다. 그 걸 달성하는 최고의 방법에 대한 견해는 달랐으나 두 체제는 그 상태로 오랜 세월 공존했다. 이를 인정하고 독일민주공화국을 격동한 독일의 20세기 역사적 맥락에 두려는 시도는 베를린장벽의 삭막함이나 슈타지의 억압을 지지하는 것과 같을 수 없다. 이는 동독인과 서독인이 전쟁 직후 수십 년간 아주 다른 현실을 살았으며, 이 모든 게 국가 역사의 일부분임을 인정하자는 것이다.

동독과 서독의 경제적 불균형은 1990년 이후 독일이 통일하는데 최대의 방해물 가운데 하나였다. 독일민주공화국의 국유경제가 매각되고 민영화되었을 때, 서독인들은 이로 인한 실직과 경제적 박탈을 집중투자로 해결할 수 있다고 보았다. 통일비용을 감당하고 구동독 기반 시설을 개량한다는 명목으로 고소득자에게서 세금을 5.5퍼센트포인트 더 거두는 '연대 부가세(solidarity surcharge)'가 1991년에 도입되었다. 그러나 도로를 손보고 전화선을 까는 것이 일자리를 잃은 사람들에게 큰 위안이 되지는 않았다. 2005년에 동독인 5분의 1이 무직 상태였다. 높은 수치인 것과 별개로, 이러한 숫자는 직업적 격변의 강도를 보여 주지는 못한다. 임시 고용제도가 빠르게 시행되면서 자부심으로 일하던 숙련노동자가 청소나 공공시설 유지보수 같은 임시노동을 맡았고, 심지어 매각할 수 있게 공장을 직접 해체하는 가슴 아픈 일을 강요당했다.

1990년 이후의 세상에서 독일민주공화국의 일자리는 대부분 사라졌다. 통일 후 첫 20개월 동안 4000개 기업이 문을 닫았다. 국영기업 직원 가운데 일자리를 보전한 사람은 4분의 1뿐이었다. 동독인들을 돕기 위한 재훈련 사업이 시행되었다. 일부는 정말로 유용했다. 특히 동독이 뒤처졌던 컴퓨터 기술을 사무직 노동자들에게 소개한 것은 큰 도움이 됐다. 그러나 많은 경우에 동독인들은 수십 년간 해온 일을 다시 배워야 했다. 교사들은 오랫동안 그 일을 했는데도 다시 대학에 입학해야 했다.

동독인들에게 통일은 경제적으로 어마어마한 격변의 시기였다. 불확실함과 함께 새로운 기회들이 찾아왔다. 서독인들은 통일 과정에 경제적 고통이 잠시 따르리란 것을 처음부터 예상했다고 주장했다. 사회주의의 열등함에 기인한 자연스러운 결과라는 것이다. 1990년 이후 줄곧 경제적 불안에 시달려 왔다고 호소하는 동독인들은 지금도 '앓는 소리'를 그만하고 '앞으로 나아가라'는 힐난을 듣는다. 통일 과정에서 생겨난 경제적 성패를 두고는 논쟁할 여지가 있겠으나, 그것이 동독인의 삶과 생활양식에 미친 파문은 부인할 수 없다. 누군가는 이득을, 누군가는 손해를 보았을 것이다. 동독인은 누구나 어떤 식으로든 그것에 영향을 받았다.

독일민주공화국의 사회정책 또한 1990년 통일 후에도 지워지지 않는 깊은 흔적을 남겼다. 여성의 역할이 근본적으로 달리 발전했다는 것은 통일 이후 큰 사회적 문제가 되었다. 1989년 독일민주공화국은 전 세계에서 여성 고용률이 가장 높았다. 사실 거의 모든 여성이 일했다. 반면 독일연방공화국에서 여성은 절반만 노동에 종사했고, 그마저도 다수가 시간제로 일했다.[2] 동독에서 여성은 거의 타협하지 않고 일과 양육을 오롯이 병행하는 것이 지극히 일상적이었다. 출산 직후부터 아이를 맡길 수 있었고 사실상 무료였다. 탁아를 할 수 있는 시간은 아침 6시부터 저녁 6시까지였다. 정규근무 시간에 맞춘 것이어서 부모 모두 상근으로 일할 수 있었다. 서독의 체제도 1950년 후로 크게 발전했으나, 보육은 여전히 개인의 선택으로 여겨져서 부모가 사비를 들이고 직접 참여해야 했다. 또 근무 시간 중 일부에만 이용할 수 있었다. 베를린장벽 붕괴 후 첫 2년 동안 동독에서, 막대한 돈이 들어가는 사회주의 복지국가를 축소하기 위해 3살 미만을 돌보는 어린이집의 절반이 문을 닫았다. 이러한 절감 추세는 2007년까지 지속되었다. 2007년에는 어린이집 수가 최저점을 찍어 해당 연령집단의 40퍼센트만을 정원으로 받을 수 있었다. 동독의 어머니들은 별안간 양육과 일을 병행하기가 힘들어졌고, 왜 둘 다 원하는지를 해명해야 할 때면 당황스러웠다. 일을 하려고 하면 나쁜 양육자로 손가락질받는다고 느꼈다. 평균적으로 동독 여성은 서독 여성보다 6년이 빠른 23살에 초산했기 때문에 독일민주공화국의 정책이 인구통계에 미친 영향은 또 있었다. 1990년 이전에 태어난 동독의 마지막 세대 아이들은 서독의 또래와 비교했을 때 훨씬 더 젊은 부모 밑에서 자랐다. 이처럼 독일민주공화국의 사회정책은 국가의 수명보다도 더 길게 이어질 유산을 남겼다.

다당제 민주주의로 전환하는 것도 일부 동독인은 받아들이기 쉽지 않았다. 2021년 총선에서 동독인 4분의 1은 아예 투표하지 않았고, 약 16퍼센트는 극우 정당인 독일을 위한 대안(Alternative für Deutschland)에, 7퍼센트는 극좌 성향의 좌파당에 투표했다. 종합해 보면, 약 절반의 동독인이 주류 정당에 등을 돌렸다고 볼 수 있다. 동독인들이 이렇게 표현한 중도정치에 대한 불만은 대화보다 조롱의 대

591

상이 되는 경우가 더 흔하다. 2021년 동부의 주에 관한 문제를 담당하는 연방 위원 마르코 반더비츠Marco Wanderwitz는 일부 동독인이 "30년이 흘렀는데, 아직도 민주주의에 도달하지 못했다"[3]라고 말했다. 옛 독일민주공화국 지역의 상황을 개선하는 임무를 맡은 자의 입에서 이런 말이 나온다는 것은 놀라운 수준의 패배주의를 보여 준다. 왜 일부 동독인이 자신들을 위한 정치체제는 없다고 느끼는지에 대해 대화를 시도하는 대신, 기존 정치체제와 정당에 대한 비판 또는 개혁은 할 수 없다고 못 박고서 그저 동독인들이 이를 이해하지 못한다고만 짐작한다. 그러나 1990년 동독 최초의 자유선거는 다른 해석을 시사한다. 독일민주공화국의 거의 모든 시민이 투표소로 갔고, 대다수가 주류의 민주 정당들에 표를 던졌다. 동독인들은 독재 대신 의회민주주의를 선택했었다. 오늘날 이들의 환멸은 민주주의에 대한 외면이 아니라 지금의 체제가 자신들을 위하지 않는다고 느끼기 때문에 생겨났다.

통일 과정에서 서독인들이 염려하는 지점은 또 있다. 동독인들이 독일민주공화국을 잊지 못한다는 것이다.

엄마가 두고 떠난 나라는 엄마가 믿었던 나라, 엄마의 숨이 끊길 때까지 우리가 살려 두었던 나라, 하지만 그런 형태로는 절대 존재하지 않았던 나라였다.

2003년 영화 〈굿바이 레닌!Good Bye Lenin!〉의 마지막 장면에서 주인공 알렉스 케르너는 이렇게 사색에 잠긴다. 이 희비극 영화는 태어난 나라의 소멸을 받아들이면서 동독인들이 직면하는 어려움을 솜씨 좋게 풀어낸다. 알렉스 엄마 크리스티아네는 동독과 국가의 이념을 열렬히 믿는 사람이다. 그런데 1989년 10월 베를린장벽이 붕괴하기 직전 혼수상태에 빠지다 8개월 후 깨어났을 때, 의료진은 크리스티아네의 몸이 아직 많이 불안정하며 감정적으로 동요하면 치명적인 심장마비가 올 수도 있다고 경고한다. 알렉스는 독일민주공화국이 여전히 존재하는 척하며 침실 밖에서 펼쳐지는 변화에서 어머니를 지키기로 결심한다. 영화의 설정은 비현실적이지만, 실제로 숱한 동독인은 독일민주공화국의 사회주의 이념을 열렬히 믿었고, 따라서 1990년 10월 3일 국가의 체제가 통째로 소멸하자 현실을 받아들이기 힘들어했다. 다만 동독을 향한 향수, 일명 '오스탈기Ostalgie'가 만연하리라는 서독의 불안은 근거가 없다. 독일사회주의통일당을 물려받은 정당들이 언제나 동부의 주에서 득표율이 더 높은 것은 사실이지만, 그것은 소수의 선택이라 할 수 있다. 주요 정치 지도자 가운데 좌파당 출신은 지금까지 튀링겐 주지사인 보도 라멜로우Bodo Ramelow가 유일하다. 대다수의 동독인이 독일민주공화국 사회주의로 귀환하기를 바란다는 증거는 찾아보기 힘들다.

광의의 표현인 '오스탈기'는 1990년 이전의 삶에 대한 동독인들의 애정 섞인 기억을 말하기도 한다. 옛 독일민주공화국 시민들이 과거를 즐겨 추억한다는 것은 곳곳에서 확인된다. 복원된 트라반트는 인기가 대단해 값이 1만 유로까지도 치솟는다. 독일민주공화국의 몇몇 상표는 부활해 오리지널을 기억하는 사람들에게 다시 팔리고 있다. 1950년대 말 2차 5개년계획의 산물인 비타 콜라Vita Cola는 서방의 소비재를 모방한 것이었는데, 1994년에 다시 출시되어 현재 독일에서 가장 잘 팔리는 콜라가 되었다. 성탄절이 돌아오면 오래된 프랑크 쉬벨의 음반을 꺼내 먼지를 털어 내는 동독인도 많다. 1985년에 처음 발매된 음반 〈가족과 함께하는 크리스마스(Weihnachten in Familie)〉는 1994년에 CD로 재발매되었다. 서독인들은 동독의 제품과 추억에 대한 동독인들의 애정을 불편해한다. 그런 장밋빛 향수가 독재 정권을 미화한다고 보기 때문이다. 하지만 〈굿바이 레닌!〉의 크리스티아네와 달리, 대다수의 동독인은 독일민주공화국이 영영 사라졌다는 것을 잘 알고 있으며, 나라를 되살리고픈 마음도 없다. 그들에게 독일민주공화국의 소리·풍경·맛·냄새는 개인의 추억을 되살려 줄 뿐이다. 학교에서 열린 디스코 행사 날 강당 뒤에서 몰래 홀짝인, 연두빛 페퍼민트 술의 끔찍한 맛. 독일민주공화국의 공공시설마다 있던 소독제 보파셉트Wofasept의 코를 찌르는 듯한 냄새. 또는 발트해로 여름휴가를 갈 때 몰던 트라반트 2행정 기관 특유의 소리. 보통 오스탈기는 정다운 추억을 무해하게 곱씹는 행위에 지나지 않는다. 앙겔라 메르켈이 2021년 퇴임식에서 니나 하겐의 〈컬러필름을 잊었니〉를 연주해 달라고 독일연방군에 청한 것은 독일민주공화국을 되살리려는 욕망과 관련이 없다. 메르켈의 눈에 맺힌 눈물은 베를린장벽 전후의 자기 삶을 돌아보며 흘린 감격의 눈물이었다.

베를린장벽 붕괴 이후에 태어난 동서독의 첫 세대가 이러한 모습에 익숙해지고 동시에 새로운 유형을 형성했다는 사실에 기회가 있다. 어쩌면 이들이 과거 극복(Vergangenheitsbewältigung)에 대한 독일의 강박을 어느 정도 희석해 줄지도 모른다. 이 개념은 깔끔한 단절만을 바라느라 역사의 연속성을 받아들이지 못하게, 국가를 오랜 세월 방해해 왔다. 그리고 1990년을 국가의 서사에서 독일민주공화국을 영영 지워 버린 분수령의 해로 보게끔 했다. 그러나 1871년의 통일처럼 동서독의 통일은 역사의 끝이 아니었다. 독일 통일은 단발적 사건 하나로 '달성'할 수 있는 게 아니다. 통일을 벤더(전환점)라고 말하며 역동적인 과정의 출발이라고 본 동독인들의 접근방식이 차라리 더 건설적인 듯하다. 더는 존재하지 않는 국가, 더는 극복해야 할 적이 아닌, 국가에 대한 유동적이고 개방적이며 변화무쌍한 해석의 가능성을 열어 주기 때문이다. 이제는 독일민주공화국을 있는 그대로, 장벽 너머, 독일 역사의 한 부분으로 보아야 할 때다.

595

주

프롤로그

1 Merkel, Angela, Speech on German Unity Day, 3 October 2021.

2 Quoted in Bollmann, p.95.

3 Ibid., p.96.

4 Merkel, Speech on German Unity Day, 3 October 2021.

5 Ibid.

6 Ibid.

7 https://www.bpb.de/themen/deutsche-einheit/lange-wege-der-deutschen-einheit/501149/buerger-zweiter-klasse/

8 Merkel, Speech on German Unity Day, 3 October 2021.

1장 히틀러와 스탈린 사이에 갇히다(1918~1945)

1 예리스가 스위스 역사학자 안드레아스 페테르센Andreas Petersen와 인터뷰한 내용이다. In: *Die Moskauer*, p.40.

2 Interview with the author.

3 *Was sahen 58 Deutsche Arbeiter in Rußland?*

4 Leonhard, *Die Revolution*, p.20.

5   Mussijenko and Vatlin, S.472 – 5.

6   Operativer Befehl No.00439 des Volkskommissars für innere Angelegenheiten der Union der Sozialistischen Sowjet-Republiken.

7   Hitler, *Mein Kampf*, p.751.

8   Birt, p.611.

9   Ibid., p.613.

10   Schlögel, p.637.

11   Petersen, pp.13~15.

12   Factual information from Weber.

13   Gerbilskya's memories of her husband, quoted in Pastor, p.37.

14   Müller, *Menschenfalle Moskau*, p.13.

15   Quoted in Georgi Dimitrov diaries in Dimitroff, p.149.

16   Quoted in Petersen, p.82.

17   Kerneck.

18   Leonhard. *Die Revolution*, p.37f.

19   Ibid., p.57.

20   Ibid.

21   Kerneck.

22   Damerius, p.72.

23   Hager, p.79.

24   Vorschlag Walter Ulbrichts, Doc. 3.

25   Quoted in Knopp, p.27.

26   See Frank, p.142.

27   Ibid., p.143.

28   Quoted in Knopp, p.31.

29   See Frank, p.160.

30   Quoted in Knopp, p.32.

31   Quoted in Decker, p.31.

32   Entry 'Fritz Erpenbeck' in Müller-Enbergs, *Wer war wer in der DDR?*

33 Interview with the author, July 2021.

34 Laufer, p.151.

35 Ibid.

36 처음에는 세 사람이었지만, 플로린은 1944년 7월 자연사했다.

37 LeMO: Biografie Ackermann.

38 Quoted in Petersen, p.153.

2장 폐허에서 되살아나다(1945~1949)

1 Dorothea Günther. Zeitzeugen Eintrag.

2 Halder, p.335.

3 Anonymous, p.84.

4 Interview with the author.

5 Ibid.

6 Ibid.

7 Ibid.

8 Ibid.

9 Kardorff, p.266.

10 Namensliste der KPD Einsatzgruppe.

11 Leonhard, *Die Revolution*, p.404.

12 Morré, *Hinter den Kulissen*, p.166.

13 Frank, p.185.

14 Michelmann, p.110.

15 Frank, p.185.

16 Loth, p.62.

17 Leonhard, *Die Revolution*, p.440.

18 Otto Müllereisert's notes.

19 Jähner, p.31.

20 Erika Reinicke's recollections.

21 Interview with the author.

22 Leonhard, *Die Revolution*, p.429.

23 Ibid., p.438.

24 Ibid., p.439.

25 Herrnstadt, p.7

26 이 문장은 원래 1942년 2월 23일 스탈린의 명령 제55호에 나왔다.

27 Quoted in Knopp, p.35.

28 Bericht des Nationalkomitees Freies Deutschland in Greifswald, 3.5.1945.

29 Quoted in Knopp, p.35.

30 Morré, 'Sowjetische Speziallager', p.610.

31 Bahr and Ensikat, p.20.

32 Helmut Breuninger's notes.

33 Gröttrup, p.159.

34 Quoted in Müller-Güldemeister.

35 Ibid.

36 Anonymous, p.99f.

37 Quoted in Mählert, p.37.

38 Ibid., p.34.

39 Ibid., p.38.

40 Interview with the author.

41 두 가지 모두 1948년 12월 18일 스탈린이 울브리히트, 피크, 그로테볼과 회의한 내용을 기록한 회의록에서 인용한 것이다.

42 Suckut, p.161.

3장 산통(1949~1952)

1 Pieck, p.303.

2 Quoted in Knopp, p.39.

3 Quoted in Judt, *DDR-Geschichte in Dokumenten*, p.77.

4   Frank, p.217.

5   Quoted in Frank, p.216.

6   Quoted in Knopp, p.41.

7   Pieck, 'Die gegenwärtige Lage'.

8   Schroeder, p.51.

9   Ulbricht, Schreiben, 1 December 1950.

10 역사학자 빌프리트 로트 등이 사용한 문구로, 스탈린은 동독이 소련의 위성국가가 되기를 결코 원치 않았다는 주장이다.

11 Entry 'Leo Bauer' in Müller-Enbergs, *Wer war wer in der DDR?*

12 Mählert, p.57.

13 Fulbrook, *The Divided Nation*, p.190.

14 Leonhard, Meine Geschichte, p.132.

15 Quoted in Lorenzen, p.62.

16 Ibid., p.63.

17 Modrow, p.56.

18 Lorenzen, p.61.

19 Honecker, p.38.

20 Quoted in Mählert, p.59.

21 Ibid.

22 Müller, *Die DDR war immer dabei*, p.38.

23 Erler, 'Vom MGB zum MfS/SfS', p.42.

24 Recording of Rosenberg's interrogation by the Stasi.

25 Quoted in Rasch and Dedio, p.71.

26 Kurt Müller's letter to Otto Grotewohl.

27 Handwritten biography by Erich Mielke, 15 March 1951.

28 Quoted in Rasch and Dedio, p.64.

29 Fulbrook, *Anatomy*, p.26.

30 Reflections by Carl Klußmann's grandson Uwe Klußmann. In: Iken, p.223ff.

31 Interview with the author.

32 Ernst Wicht's recollections.

33 Ibid.

34 Judt, *DDR-Geschichte in Dokumenten*, p.116.

35 Schroeder, p.28.

36 Ibid., p.29.

37 Information for the politburo, July 1959.

38 Anneliese Fleischer's recollections in *Aktion Ungeziefer*.

39 독충작전에 관해 인터뷰한 전직 동독 경찰관은 여전히 독충작전의 '대상이 적절
    했다'고 믿는다고 언급했다.

40 Loth, pp.175~184.

41 Soviet Draft of a German Peace Treaty — First 'Stalin Note' (10 March 1952).

42 Ibid.

43 Quoted in Loth, p.180.

44 Soviet Draft of a German Peace Treaty — First 'Stalin Note' (10 March 1952).

45 Loth, p.180.

46 ZK [Central Committee] Meeting, 26/27 October 1950.

47 Schroeder, p.50.

48 Khrushchev, p.100f.

49 Mählert, p.62f.

50 Schroeder, p.50f.

4장 사회주의 건설(1952~1961)

1 Heinz Just's recollections.

2 Interview with the author.

3 Hertle, 'Der Weg in die Krise'.

4 Ulbricht's speech at the SED conference in July 1950.

5 Mählert, p.65.

6 Knopp, p.48.

7   Hubert Marusch's recollections.

8   Ibid.

9   See also Frank, p.244.

10 Ibid., p.247.

11 Ibid., p.242.

12 Gerlinde Böhnisch-Metzmacher's and Christa Schleevoigt's testimonies.

13 Werkentin, p.56.

14 Mählert, p.68.

15 Gerhard Rudat's private CV, 5 January 1983.

16 Georgy Malenkov's words on 2 June 1953, quoted in Wettig, p.168.

17 Knopp, p.52.

18 Ibid., p.53.

19 Mählert, p.63.

20 Karl-Eduard von Schnitzler's commentary on 17 June 1953.

21 Figures from Schroeder, p.64.

22 Interview with the author.

23 Fulbrook, *Anatomy*, p.186.

24 Frank, p.278.

25 Loest, p.213f.

26 Mählert, p.79.

27 Frank, p.249f.

28 Knopp, p.60.

29 Loest, p.214.

30 Interview with the author.

31 Quoted in Müller-Enbergs, *Der Fall*, p.244.

32 Frank, p.250.

33 훗날 소련 외무장관이 된 안드레이 그로미코Andrei Gromyko는 베리야가 이렇게 말한 것을 기억하며, 같은 주장을 되풀이했다.

34 Interview with the author.

35 Ostermann, p.61.

36 Koop, p.94.

37 Schroeder, p.67.

38 Interview with the author.

39 Müller Enbergs. In: Judt, *DDR-Geschichte in Dokumenten*, p.433.

40 *Neue Berliner Illustrierte*, Nr. 10/1956, S.3.

41 Frank, p.250.

42 Ibid., p.257.

43 Mählert, p.85.

44 Schroeder, p.73.

45 Interview with the author.

46 Schroeder, p.76.

47 1950년 월 311마르크부터 1960년 월 555마르크까지. 1950~1988년 동독 인구의 소득을 보여 주는 표를 참조. In Segert and Zierke, p. 191.

48 Christine Nagel's recollections.

49 Table showing female employment rates in Segert and Zierke, p.214.

50 Ickler, p.245.

51 Interview with Weber-Koch.

52 Hagen Koch's recollections.

53 *Der Spiegel*, 22 July 1953.

54 Ten Commandments for the New Socialist Person.

55 Mählert, p.91f.

56 Roesler, p.23.

57 See also Frank, p.293ff.

58 Stuhler, p.87f.

59 Ibid.

5장 벽돌을 하나하나(1961~1965)

1   Kitchen, p.340.

2   Gerda Langosch. Zeitzeugen Eintrag.

3   Honecker, p.205.

4   Quoted in Koop, p.94.

5   Ibid., p.96.

6   Extracts from 'Mission Statement' of the Secretariat of the FDJ Central Council of 13 August 1961.

7   Mählert and Stephan, p.139.

8   Kitchen, p.341.

9   Willy Brandt's speech, 16 August 1963.

10 PdVP-Rapport No.234, 23/8/1961.

11 *Neues Deutschland*, 1 September 1961, p.8.

12 See also MacGregor, p.76f.

13 Bainbridge.

14 Based on Jutta Kuhfeld's account.

15 See 'Urlauberschiff in Not'.

16 Margit Jatzlau's recollections.

17 Rolf Bayer's account.

18 Hinz-Wessels.

19 Schroeder, p.88.

20 Siegfried Umbreit's recollections.

21 MDR, 'Puppen und Teddys'.

22 Figures: ibid.

23 Quoted in Stuhler, p.99.

24 Modrow, p.90f.

25 Quoted in Frank, p.352.

26 *Suddeutsche Zeitung*, 17 July 1963.

27 'Carl Zeiss Jena blockt EDV-Entwicklung ab. 19. Januar 1962.'

28 Roesler, p.27.

29 Herrmann, p.45.

30 Ibid, p.43.

31 Interview with the author.

32 Ausstattung der Haushalte, p.291.

33 Figure 2: Household car ownership (Great Britain), p.4.

34 소련 및 기타 사회주의 국가들에서 우주비행사를 가리키는 용어.

35 예를 들어, 유리 가가린과 발렌티나 테레시코바가 1963년 10월 19일 동독을 방문했을 때의 언론 보도를 참조.

36 Interview with her son by the author.

37 Figures from Fulbrook, *The People's State*, p.128.

38 Stuhler, p.100.

39 Ibid., p.103.

40 Ibid.

41 Ibid.

42 *Neues Deutschland*, 21 September 1963, p.3.

43 Ibid., p.2.

44 Ibid., p.3.

45 Wolle, *Aufbruch*, p.198.

46 Ibid., p.199.

47 Beschluss des Politbüros des ZK der SED über 'Probleme, die sich aus der Einschätzung des Deutschlandtreffens ergeben'.

48 Wolle, *Aufbruch*, p.219.

49 Fulbrook, *The People's State*, p.151.

50 *Neues Deutschland*, 23 December 1961, p.1.

51 Ibid.

52 Quoted in Wolle, *Aufbruch*, p.220.

53 Ibid., p.221.

54 Ibid., p.222.

1 울브리히트의 통역사 베르너 에버라인은 TV에서 소련 지도자를 별명으로 자주 불러서 '흐루쇼프의 독일어 목소리'로 알려졌고, 감성적인 러시아어 노래를 전문 적으로 독일어로 옮기기도 했는데, 수년 후 이 일화를 다시 이야기했다(Eberlein's account in Lorenzen, p. 98).

2 Quoted in Stuhler, p.105.

3 Fulbrook, *The People's State*, p.131.

4 According to his waiter Lothar Herzog. See Herzog, p.28.

5 Quoted in Lorenzen, p.53.

6 Quoted in Stuhler, p.76.

7 Mählert, p.106.

8 Fulbrook, The *People's State*, p.131.

9 Quoted in Aehnlich.

10 Fulbrook, *The People's State*, p.131.

11 Quoted in Aehnlich.

12 Quoted in Schroeder, p.107.

13 See also Wilke, 'Die SED und der Prager Frühling 1968'.

14 Quoted in Rasch and Dedio, p.110.

15 Gieseke, p.76.

16 Ibid., p.77.

17 From Hermann Matern's contribution at the 2nd Conference of the District Delegation of the Ministry for State Security, December 1962.

18 Quoted in Gieselke, p.81.

19 Figures from Rasch and Dedio, p.105.

20 Quoted in ibid., p.111.

21 Ibid., p.112.

22 Quoted in ibid., p.119.

23 Interview with the author.

24 Walther, p.229.

25 Mählert, p.110.

26 Fulbrook, *The People's State*, p.216.

27 Lenhardt and Stock, p.115.

28 Soziologischer Almanach; Sozialerhebungen des Deutschen Studentenwerks.

29 Figures on consumer items from Wolle, *Aufbruch*, p.183ff.

30 See also ibid., p.187.

31 Mählert, p.11.

32 Ulbricht, *Eine unvergeßliche Reise*, pp.5~6.

33 Ibid., p.33.

34 *Neues Deutschland*, 25 February 1965, p.1.

35 See also Frank, p.375ff.

36 Ulbricht, *Eine unvergeßliche Reise*, p.6.

37 Honecker, p.226.

38 *Neues Deutschland*, 9 November 1968, p.2.

39 UNICEF Study.

40 Quoted in protocol published in Przybylski.

41 Quoted in Frank, p.386.

42 Ibid.

43 Ibid.

44 Orlow, p.546.

45 Ibid.

46 Eberlein, p.355.

47 Ibid.

7장 계획된 기적(1971~1975)

1   Bassistov, p.222.

2   Modrow, p.125.

3   Quoted in protocol published in Przybylski.

4   Interview with the author.

5   *Neues Deutschland*, 4 May 1971, p.1.

6   Modrow, p.125.

7   Ulbricht, *Mein Leben*, p.25.

8   Ibid., p.14.

9   Ibid., p.15.

10 Ibid., p.25.

11 Quoted in Frank, p.431.

12 Ibid., p.432.

13 Ibid., p.433.

14 Quoted in Schroeder, p.101.

15 Herzog, p.103ff.

16 Quoted in Kuppe, p.448.

17 Mählert, p.121.

18 Roesler, p.35.

19 Interview with the author.

20 Quoted in Wolle, *Die heile Welt*, p.44.

21 예를 들어, 과학학술원이 직원들에게 보낸 편지를 참조. In Menzel, p.161.

22 Angela Merkel quoted in Bollmann, p.49.

23 Uwe Schmieder's account.

24 Manfred Rexin's account.

25 Interview with the author.

26 Ibid.

27 Ina Merkel's account.

28 Interview with the author.

29 Frank, p.446.

30 *Freie Welt*, 25/1974, p.8.

31 Laszewski, p.122.

32 Interview with Wiebke Reed in *Superillu*, 22 August 2007.

33 Ernsting, p.130.

34 *Volksstimme*, 17 August 1972.

35 Interview with the author.

36 Hampel.

37 Ibid.

38 Francke.

39 Quoted in Gieseke, p.220.

40 Gieseke, p.221.

41 Quoted in Mitteregger, p.36.

42 Protocol of 45th session of the National Defence Council of the GDR on 3rd May 1974.

43 Schalck-Golodkowski, p.207f.

44 Ibid., p.208.

45 Judt, 'Häftlinge für Bananen', p.417.

46 Ibid., p.426.

47 Ibid., p.439.

48 Wolle, *Die heile Welt*, p.195.

49 Ibid., p.197.

50 Quoted in Knopp, p.221.

51 Ibid.

8장 친구와 적(1976~1981)

1   차이츠 근교 리피카에서 치러진 오스카어 브뤼제비츠 목사의 장례식.

2   Report about the self-immolation of Pastor Oskar Brüsewitz in Zeitz.

3   Oskar Brüsewitz's letter to the Sisters and Brothers of the Church Community of Zeitz.

4   Message to the Parish, 21 August 1976.

5   차이츠 근교 리피카에서 치러진 오스카어 브뤼제비츠 목사의 장례식.

6   *Neues Deutschland*, 21 August 1976, p.2.

7   Ibid., 31 August 1976, p.2.

8   1976년 8월 18일 차이츠에서 벌어진 오스카어 브뤼제비츠 목사의 분신자살에 대
     한 반응.

9   Ibid.

10   Bollmann, p.5.

11   Ibid., p.52.

12   Report about Wolf Biermann's Performance in St Nicholas Church in Prenzlau
     on 11 September 1976.

13   Biermann. In: *Der Spiegel*, 19 September 1976.

14   Axel Wladimiroff's recollections.

15   Quoted in Wolle, *Die heile Welt*, p.200.

16   Ibid.

17   Axel Wladimiroff's recollections.

18   Herzog, p.121.

19   Ibid.

20   Interview 1 with Siegfried Kaulfuß.

21   Interview 2 with Siegfried Kaulfuß.

22   MDR, 'Kaffee gegen Waffen'.

23   Jorge Norguera's recollections.

24   Ibid.

25   For more on workers from Mozambique in the GDR see Van der Heyden et al.

26   Interview and notes shared with the author.

27   Ulrich Steinhauer's Stasi file.

28   Quoted in Ahrends.

29   Ibid.

30   Interview and notes shared with the author.

31   Interview with the author.

32 Ibid.

33 Interview and notes shared with the author.

34 Thoralf Johansson's recollections.

35 *Neues Deutschland*, 19 February 1978.

36 Quoted in Wolle, *Die heile Welt*, p.258.

37 Ibid.

38 Ibid.

39 학교를 대상으로 한 새로운 장교 모집.

40 Figures from Bald, p.11.

41 Figures from Gebauer et al., pp.300, 301.

42 Erika Krüger's account.

43 Figures from Wolle, *Die heile Welt*, p.76.

44 Quoted in Rasch and Dedio, p.142.

45 Erich Mielke's presentation at the central conference on 3 April 1981.

9장 걱정 없는 일상(1981~1986)

1 Honecker, pp.363~364.

2 Eberlein, p.388.

3 Figures from Friedrich-Ebert-Stiftung, 'Die Energiepolitik der DDR', p.10.

4 Ibid., p.26.

5 Hertle, Der Fall der Mauer, p.60.

6 Transcript of the meeting between Comrade L. I. Brezhnev and Comrade E. Honecker at Crimea on 3 August 1981.

7 Quoted in Lorenzen, p.149.

8 Quoted in Mählert, p.136.

9 Ibid., p.137.

10 Klaus Deubel's recollections.

11 Stoph, p.11.

12 Mittag, loc. 2449.

13 Ibid.

14 Nendel, loc. 721.

15 Ibid.

16 Roloff in Nendel, loc. 721.

17 Schöne, p.181.

18 Werner Krolikowski's note about the domestic situation in the GDR of 30 March 1983.

19 Ibid.

20 Interview with the author.

21 Brückner, p.47.

22 Schalck-Golodkowski, p.289.

23 bid., p.284.

24 Ibid., p.285.

25 Ibid., p.289.

26 See *Der Spiegel's* sympathetic report 'Schlicht verschlafen' from 24 April 1983.

27 Schalck-Golodkowski, p.292.

28 Ibid., p.294.

29 Ibid.

30 Ibid., p.295.

31 Roesler, p.54.

32 Quoted in original footage in Schönfelder.

33 Markham, *New York Times*.

34 Wolle, *Die heile Welt*, p.134.

35 Engelberg, loc. 1263.

36 Quoted in Washington Post, 12 March 1985.

37 Quoted in *Neues Deutschland*, 13 March 1985.

38 Transcript of a phone conversation between Erich Honecker and Helmut Kohl, 19 December 1983.

39 Ibid.

40 Ibid.

41 Ibid.

42 Transcript of a meeting between Honecker and Chernenko in Moscow, 17 August 1984

43 Ibid., p.46f.

44 Ibid., p.47.

45 Ibid., p.69.

46 Ibid., p.72.

47 Lorenzen, p.173.

48 Krenz, *Herbst* '89, p.117.

49 Thatcher, p.461.

50 Schabowski, p.214.

51 Kotschemassow, p.137.

52 Both quoted in Wilke, 'Der Honecker-Besuch'.

53 Interview with the author.

54 Judt, *DDR-Geschichte in Dokumenten*, p.158.

55 Figures from DDR Museum Berlin.

56 Ibid.

57 See Bollmann, p.80.

58 Ibid., p.81.

59 Quoted in Bollmann, p.84.

60 See Bollmann, pp.77~84.

61 Quoted in Bollmann, p.94.

62 Ibid., p.96.

63 Ibid., p.97.

64 Figures from Würz.

65 Quoted in Stuhler, p.169.

66 File provided to the author.

주

1   Peter Claussen's recollections in Zeitzeugenportal.

2   Interview with Peter Claussen in The Local, 6 November 2009.

3   Peter Claussen's recollections in Zeitzeugenportal.

4   Ibid.

5   Walter, Spiegel Online, 26 August 2007.

6   *Neues Deutschland*, 28 August 1987, p.3.

7   Ibid.

8   Ibid.

9   Krenz, *Wir und die Russen*, p.68.

10 Stasi Report. Reaktion der Bevölkerung auf das SED-SPD-Grundsatzpapier.

11 Krenz, *Wir und die Russen*, pp.67~68.

12 Ibid.

13 Ibid.

14 Ibid.

15 *Neues Deutschland*, 10 April 1987, p.3.

16 Speech was printed in *Neues Deutschland*, 28 October 1987.

17 Quoted in Lorenzen, p.182.

18 Katarina Witt's account of Calgary 1988.

19 Ibid.

20 Interview with the author.

21 Ibid.

22 Quoted in Mählert, p.152.

23 Ibid.

24 Ibid.

25 Stasi Report. Information an die SED-Führung über eine Petition für mehr Menschenrechte.

26 Ibid.

27 Quoted in Wolle, *Die heile Welt*, p.297.

28 Ibid., p.302.

29 Bundesregierung, Archiv.

30 Stasi Report. Reaktion der Bevölkerung auf Vorbereitung der Kommunalwahl Bericht Q/216

31 Ibid.

32 Interview with the author.

33 Ibid.

34 Stasi Report. Gegen die Kommunalwahlen (7. Mai) gerichtete, feindliche Aktivitäten.

35 Ibid.

36 Ibid.

37 Quoted in Wolle, *Die heile Welt*, p.307.

38 Schneider, p.7.

39 Ibid.

40 Quoted in Schroeder, p.135.

41 Address given by Mikhail Gorbachev to the Council of Europe (6 July 1989).

42 Dokument 'Auf bruch 89 – Neues Forum'.

43 Schöne, p.219.

44 Both quoted in Schroeder, p.136.

45 Lorenzen, p.209.

46 Mählert, p.165.

47 Wolle, *Die heile Welt*, p.326.

48 Andreas Falge's account.

49 Ibid.

50 Ibid.

51 Schneider, p.7.

52 그녀와 그녀의 가족들을 위해 이름을 바꾸었다. Interview with the author.

53 Interview with the author.

주

54 Erich Mielke's speech in the *Volkskammer*, 13 November 1989.

55 Ibid.

56 Ibid.

57 Modrow, p.327.

58 Interview with the author.

59 Ulrike Poppe's recollections on 'Achievements and Problems of the Round Table'.

60 Aktion Aufruf. 'Für unser Land'.

61 Interview with the author.

62 Quoted in Mählert, p.179f.

에필로그

1 Reichstag protocol of its first session on 21 March 1871.

2 Wippermann, p.10.

3 Quoted in Steppat.

개인 문서

Address given by Mikhail Gorbachev to the Council of Europe (6 July 1989). In:
Council of Europe – Parliamentary Assembly. Official Report. Forty-first
ordinary session. 8-12 May and 3-7 July. Volume I. Sittings 1 to 9. 1990.
Strasbourg: Council of Europe. 'Speech by Mikhail Gorbachev', pp. 197-205.

Aktion Aufruf. 'Für unser Land'. BArch, TonY 16/123.

Andreas Falge's account. 'How the Fall of the Berlin Wall on 9 November 1989 felt'.
In: https://www.berlin.de/tourismus/insidertipps/5055005-2339440-wie-
sich-der-mauerfall-am-9-november-198.html (last accessed 30 July 2022)

Ausstattung der Haushalte mit langlebigen technischen Konsumgütern. In:
Statistisches Jahrbuch der Deutschen Demokratischen Republik.
Zeitschriftenband (1990), pp. 291-6.

Axel Wladimiroff's recollections on 'The Coffee Crisis'. In: Stiftung Haus der
Geschichte der Bundesrepublik Deutschland. Zeitzeugenportal. 2012. https://
www.zeitzeugen-portal.de/themen/wirtschaft-mangel-und-ueberfluss/
videos/ SEhWQ4EXpOQ (last accessed 9 February 2022)

Bassistov, Yuri. 'Die DDR – ein Blick aus Wünsdorf'. In: Biographische Skizzen/
Zeitzeugenberichte, *Jahrbuch für Historische Kommunismusforschung*, 1994,

pp. 214–24.

Bericht des Nationalkomitees Freies Deutschland in Greifswald, 3.5.1945. Museum der Hansestadt Greifswald.

Beschluss des Politbüros des ZK der SED über 'Probleme, die sich aus der Einschätzung des Deutschlandtreffens ergeben'. In: SAPMO-BArch, DY 24/6030.

Biermann, Wolf. 'Es gibt ein Leben vor dem Tod'. *Der Spiegel*, 19 September 1976.

'Carl Zeiss Jena blockt EDV-Entwicklung ab. 19. Januar 1962.' Extract in: Judt, *DDR-Geschichte in Dokumenten*.

Christine Nagel's recollections on 'Happiness in 36 Square Metres'. In: Stiftung Haus der Geschichte der Bundesrepublik Deutschland. Zeitzeugenportal. 2013. https://www.zeitzeugen-portal.de/zeitraeume/epochen/1949-1961/die-aera-ulbricht/g6BqL2qeclI (last accessed 2 August 2021)

Dokument 'Aufbruch 89 – Neues Forum'. Stiftung Haus der Geschichte, EB-Nr. 1990/6/104, Foto: Axel Thünker. In: https://www.hdg.de/lemo/bestand/objekt/dokument-auf bruch-89.html (last accessed 2 July 2022)

Dorothea Gunther. Zeitzeugen Eintrag: Das Kriegsende in Potsdam 1945, Berlin, June 2010. In: https://www.dhm.de/lemo/zeitzeugen/dorothea-g%C3%BCnther-das-kriegsende-in-potsdam-1945 (last accessed 6 June 2021)

Erich Mielke's presentation at the central conference on 3 April 1981 about problems and tasks in relation to the further qualification and perfection of the political-operative work and its leadership regarding the solution to the question 'Who is who?'. BStU, MfS, BdL/Dok. 7385, BL. 7.

Erich Mielke's speech in the *Volkskammer*, 13 November 1989. Protokoll der 11. Tagung der Volkskammer der DDR. In: Chronik der Mauer. https://www.chronik-der-mauer.de/material/180401/rede-von-stasi-minister-erich-mielkein-der-ddr-volkskammer-13-november-1989 (last accessed 11 November 2022)

Erika Krüger's account. 'Früher dachte ich: Gott sei Dank, du lebst bei Erich in der DDR'. In: *Republik der Werktätigen. Alltag in den Betrieben der DDR*, pp.

113-23. Bild und Heimat. 2020.

Erika Reinicke's recollections. In: Iken et al., p. 33.

Ernst Wicht's recollections on 'Peace Ore'. In: Hertle, *Damals in der DDR*, pp.40-45.

Figure 2: Household car ownership (Great Britain). In: Leibling, David. *Car ownership in Great Britain*. Royal Automobile Club Foundation for Motoring. 2008.

Freie Welt, 25/1974, 3 June 1974.

Funeral of Pastor Oskar Brusewitz in Rippicha (Zeitz). BStU, MfS, ZAIG 2617, Bl. 10-15.

Gerda Langosch. Zeitzeugen-Eintrag: Erinnerungen an den 13. August 1961, Berlin, 2000. In: https://www.hdg.de/lemo/zeitzeugen/gerda-langoscherinnerungen-an-den-13-august-1961.html (last accessed 15 August 2021)

Gerhard Rudat's private CV, 5 January 1983. Document held by his family.

Gerlinde Böhnisch-Metzmacher's and Christa Schleevoigt's testimonies. In: Der 17. Juni 1953 in Jena. Skizzen eines Aufstandes. Projekt „Zeitzeugenwerkstatt" of the Geschichtswerkstatt Jena (2014).

Hagen Koch's recollections on 'Motivations to Join the Guards Regiment of the Stasi'. In: Stiftung Haus der Geschichte der Bundesrepublik Deutschland. Zeitzeugenportal. 2011. https://www.zeitzeugen-portal.de/zeitraeume/epochen/1949-1961/die-aera-ulbricht/B-A2C6DH9Ck (last accessed 2 August 2021)

Handwritten biography by Erich Mielke, 15 March 1951. In: Staatsanwaltschaft II Berlin, Az. 2/24 Js 245/90, Bd. 19, Bl. 45-54.

Heinz Just's recollections on 'Backbreaking Work at the Milling Machine'. In: Stiftung Haus der Geschichte der Bundesrepublik Deutschland. Zeitzeugenportal. 2013. https://www.zeitzeugen-portal.de/themen/wirtschaft-mangel-und-ueberfluss/videos/qHbEnY0t2lY (last accessed 26 July 2021)

Helmut Breuninger's notes. Wie wir am 22.10.1946 nach der Sowjetunion kamen. Persönliche Aufzeichnung von Dr. Helmut Breuninger. In: http://www.

karlist.net/spez/Wie-wir-in-die-UdSSR-kamen-1946.pdf (last accessed 30 October 2022)

Hermann Matern's contribution at the 2nd Conference of the District Delegation of the Ministry for State Security, December 1962. In: Bundesarchiv, SAPMO, DY 30 A 2/12/128, p.17f.

Hubert Marusch's recollections on the 'Fateful Year of 1953'. In: University of Leipzig. AG Zeitzeugen. 2014. https://research.uni-leipzig.de/fernstud/ Zeitzeugen/ zz1060.htm (last accessed 26 July 2021)

Ina Merkel's account of the 10th World Youth Festival. In: https://www.bpb. de/ mediathek/380/hinterher-war-alles-beim-alten#:~:text=Die%20 Kulturwissenschaftlerin%20Ina%20Merkel%20st%C3%BCrzte,eher%20 tristen%20real%2 Dsozialistischen%20Alltag (last accessed 8 January 2022)

Information for the politburo, July 1959. In: SAPMO-BArch, DY 30/IV 2/2029 (Buro Apel)/34, o. Bl.

Interview 1 with Siegfried Kaulfuß. In: *Die DDR-Kaffee-Offensive-Buckware ade*, an MDR Production first broadcast on 20 October 2015.

Interview 2 with Siegfried Kaulfuß. In: Kaffeebohnen mit Geschichte. https:// www. daklakcoffee.de/ (last accessed 12 Feburary 2022)

Interview with Peter Claussen by Kristen Allen. The Local, 6 November 2009. In: https://www.thelocal.de/20091106/23073/ (last accessed13 June 2022)

Interview with Weber-Koch. Stasi-Unterlagen-Archiv. Kreisdienststelle Zerbst. Hagen Koch. 27 January 1960.

Jorge Norguera's recollections on 'Cubans in the GDR'. 2021. In: https://www. youtube.com/watch?v=E6Zv5USAMU8 (last accessed 20 Februrary 2022)

Jutta Kuhfeld's account. In: https://urlauberschiff-fritzheckert.de/geschichte/ reisebericht.html (last accessed 18 August 2021)

Karl-Eduard von Schnitzler's commentary on 17 June 1953. In: Schroeder, p.169f.

Katarina Witt's account of Calgary 1988. In: https://www.katarina-witt.de/de/ eiskunstlauf/olympiasiegerin-1988.html (last accessed 27 September 2022)

Klaus Deubel's recollections on 'Rationalising Away' and 'Inefficient Economic

System'. In: Stiftung Haus der Geschichte der Bundesrepublik Deutschland. Zeitzeugenportal. 2014. https://www.zeitzeugen-portal.de/personen/zeitzeuge/ klaus_deubel (last accessed 15 May 2022)

Kurt Muller's letter to Otto Grotewohl. 'Ein historisches Dokument aus dem Jahre 1956. Brief an den DDR-Ministerpraesidenten Otto Grotewohl'. In: *Aus Politik und Zeitgeschichte*. 9 March 1990.

Manfred Rexin's account of the 10th World Youth Festival. In: https://www.bpb. de/mediathek/383/das-erlebnis-einer-ddr-die-nicht-so-muffig-war (last accessed 7 January 2022)

Margit Jatzlau's recollections on 'Stuffed Trabant'. In: Stiftung Haus der Geschichte der Bundesrepublik Deutschland. Zeitzeugenportal. 2013. https://www. zeitzeugen-portal.de/videos/bKnL3NuOWVc (last accessed 18 August 2021)

Markham, James. 'East Germany finally embraces Luther'. *New York Times*. 8 May 1983.

Merkel, Angela. Speech on German Unity Day. Rede von Bundeskanzlerin Merkel anlässlich des Festakts zum Tag der Deutschen Einheit am 3. Oktober 2021 in Halle/Saale. In: https://www.bundesregierung.de/breg-de/suche/redevon-bundeskanzlerin-merkel-anlaesslich-des-festakts-zum-tag-der-deutschen-einheit-am-3-oktober-2021-in-halle-saale-1964938 (last accessed 10 July 2022)

Message to the Parish, 21 August 1976, Church Leadership of the Protestant Church of the Church Province of Saxony. In: https://www.ekmd.de/asset/_nwdGs1YRnmDq66_q_WVRA/pm-bruesewitz-wort-an-gemeinden-1976-0908-2006.pdf (last accessed 25 September 2022)

Minutes taken at Stalin's meeting with Ulbricht, Pieck and Grotewohl on 18 December 1948. In: Laufer, Jochen and Kynin, Georgij (Eds). *Die UdSSR und die deutsche Frage 1941-1949. Dokumente aus russischen Archiven, Band 4*. Duncker & Humblot. 2012. p. 209ff.

'Mission Statement' of the Secretariat of the FDJ Central Council of 13 August 1961. In: Bundesarchiv. SAPMO, DY 24/3753-I.

참고문헌

Namensliste der KPD Einsatzgruppe. BArch, NY 4036/517.

Neue Berliner Illustrierte, Nr. 10/1956.

Neues Deutschland, 10 April 1987, p. 3; reprinted in 'SED und KPD zu
Gorbatschows "Revolution"' 'SED and DKP (German Communist Party) on
Gorbachev's "Revolution"', Deutschland Archiv 20, no. 6 (1987), pp. 655-7.
Translation: Allison Brown.

Operativer Befehl No. 00439 des Volkskommissars fur innere Angelegenheiten der
Union der Sozialistischen Sowjet-Republiken. Transcribed from a photocopy
from the FSB Archives in St Petersburg by the Krasnoyarsk 'MEMORIAL'
Society. In https://memorial.krsk.ru/deu/Dokument/Dok/370725.htm (last
accessed 29 May 2021)

Oskar Brüsewitz's letter to the Sisters and Brothers of the Church Community of
Zeitz. BStU, MfS, BV Halle, AP, Nr. 2950/76, Bl. 61-3.

Otto Müllereisert's notes. In: Iken et al., p. 22.

PdVP-Rapport No. 234, 23/8/1961. In: PHS, PdVP-Rapporte, Archiv-No. 8037,
Bl. 8.

Peter Claussen's recollections. In: Stiftung Haus der Geschichte der Bundesrepub-
lik Deutschland. Zeitzeugenportal. 2015. https://www.zeitzeugen-portal.de/
themen/kultur-kunst-und-propaganda/videos/qKRWdWIqYzw and https://
www.zeitzeugen-portal.de/themen/kultur-kunst-und-propaganda/videos/
Da8nplfBBkM (last accessed 13 June 2022)

Pieck, Wilhelm. 'Die gegenwärtige Lage und die Aufgabe der Sozialistischen
EInheitspartei Deutschlands'. 24 July 1950. Extract in: Judt, p. 487.

Pieck, Wilhelm. 'An der Wende der deutschen Geschichte'. In: *Reden und Aufsätze*.
Bd. II. 1954, p. 295-303.

Press coverage of Yuri Gagarin and Valentina Tereshkova visiting the GDR on
19 October 1963. In: https://www.mdr.de/zeitreise/video-204670_zc-
9291bc85_zs-6c7954ac.html (last accessed 22 August 2021)

Protocol of 45th session of the National Defence Council of the GDR on 3 May
1974. In: BA, DVW 1/39503, Bl. 34.

Reactions to the self-immolation of Pastor Oskar Brusewitz on 18 August 1976 in Zeitz. BStU, MfS, ZAIG, Nr. 2617, Bl. 17-28.

Recording of Rosenberg's interrogation by the Stasi. BStU, MfS, ZAIG, Tb 274.

Reichstag protocol of its first session on 21 March 1871. In: http://www.reichstag sprotokolle.de/Blatt3_k1_bsb00018324_00030.html (last accessed 31 July 2022)

Report about the self-immolation of Pastor Oskar Brusewitz in Zeitz. BStU, MfS, BV Halle, AP, Nr. 2950/76, Bd. 3, Bl. 40-48.

Report about Wolf Biermann's Performance in St Nicholas Church in Prenzlau on 11 September 1976. BStU, MfS, AOP, Nr. 11806/85, Bd. 18, Bl. 121-4.

Rolf Bayer's account on 'Possibilities for GDR citizens to travel abroad'. Arbeitsgruppe Zeitzeugen der Seniorenakademie. University of Leipzig. In: https://research.uni-leipzig.de/fernstud/Zeitzeugen/zz177.htm (last accessed 18 August 2021)

Siegfried Umbreit's recollections on 'Testing Toys in the GDR'. In: Stiftung Haus der Geschichte der Bundesrepublik Deutschland. Zeitzeugenportal. 2015. https://www.zeitzeugen-portal.de/personen/zeitzeuge/siegfried_umbreit/videos/KgOf7hGEIeU (last accessed 18 August 2021)

Sourcing of new military recruits, Ministry for National Education/Main Division Extended Schools. SAPMO-BArch, ZPA, IV 2/2039/201, Bl. 1.

Soviet Draft of a German Peace Treaty – First 'Stalin Note' (March 10, 1952). In: 'Note from the Soviet Foreign Ministry to the American Embassy, Enclosing a Draft for a German Peace Treaty, March 10, 1952'; reprinted in *Documents on Germany, 1944.1959: Background Documents on Germany, 1944-1959*, and a Chronology of Political Developments affecting Berlin, 1945.1956, pp. 85-7. Washington, DC: General Printing Office. 1959.

Stalin, Joseph. Order No. 55, Moscow, February 23, 1942. In: http://www.ibiblio.org/pha/policy/1942/420223a.html (last accessed 14 July 2021)

Stasi Report. Gegen die Kommunalwahlen (7. Mai) gerichtete, feindliche Aktivitäten. BStU, MfS, ZAIG 3763, Bl. 9-13 (11. Expl.).

참고문헌

Stasi Report. Information an die SED-Führung über eine Petition für mehr Menschenrechte. BStU, MfS, ZAIG, Nr. 2557, Bl. 1-6.

Stasi Report. Reaktion der Bevölkerung auf das SED-SPD-Grundsatzpapier. BStU, MfS, ZAIG, Nr. 4230, Bl. 1-9.

Stoph, Willi, *Direktive des X. Parteitages der SED zum Fünfjahrplan für die Entwicklung der Volkswirtschaft der DDR in den Jahren 1981 bis 1985.* Dietz Verlag. 1981.

Table showing female employment rates. In Segert and Zierke, p. 214.

Table showing income of the GDR population 1950-1988. In: Segert and Zierke, p. 191.

Ten Commandments for the New Socialist Person. 30 July 1958. Issued by the Central Committee of the SED. Section Agitation and Propaganda. Bundesarchiv 183-57163-0001.

Thoralf Johansson's recollections on 'Defence Education in the GDR'. In: Stiftung Haus der Geschichte der Bundesrepublik Deutschland. Zeitzeugenportal. 2013. https://www.zeitzeugen-portal.de/personen/zeitzeuge/thoralf_johansson/videos/tr4mrfp_7TE (last accessed 8 March 2022)

Transcript of a meeting between Honecker and Chernenko in Moscow, 17 August 1984. SAPMO-BArch, DY 30/2380, Doc 104.

Transcript of a phone conversation between Erich Honecker and Helmut Kohl, 19 December 1983. SAPMO-BArch, DY 30, SED Doc 41664.

Transcript of the meeting between Comrade L.J. Brezhnev and Comrade E..Honecker at Crimea on 3 August 1981. SAPMO-BArch, ZPA, J IV 2/2/ A-2419.

Ulbricht, Walter. Schreiben vom 1 Dezember 1950 an alle Mitglieder und Kandidaten der SED. Extract in: Judt, p. 478.

Ulbricht's speech at the SED conference in July 1950. Report in TV news programme *Der Augenzeuge* 34/1950. DEFA.

Ulrich Steinhauer's Stasi file. BStU, MfS, AOP 3507/91, Bd. 3, Bl. 212-13.

Ulrike Poppe's recollections on 'Achievements and Problems of the Round Table'. In: Stiftung Haus der Geschichte der Bundesrepublik Deutschland.

Zeitzeugenportal. 2013. https://www.zeitzeugen-portal.de/personen/ zeitzeuge/ ulrike_poppe/videos/lnrFrMFecQw (last accessed 6 July 2022)

'Urlauberschiff in Not'. In: Archiv-Leipziger Volkszeitung, Ressort Magazin, Sektion L/ Leipziger Volkszeitung-Stadtausgabe/Stadtausgabe.

Uwe Schmieder's account of the 10th World Youth Festival. In: https://www. bpb. de/geschichte/deutsche-geschichte/weltfestspiele-73/65333/wie-ein-rausch- und-die-flachtrommel-mit-dabei (last accessed 7 January 2022)

Volksstimme, 17 August 1972.

Vorschlag Walter Ulbrichts zu den Anderungen der Politik der KPD-Politik nach dem Stalin-Hitler Pakt. Russian State Archives for Social and Political History. 495/10a/317,100-102. In: Gleb, Albert, Document 457.

'Was sahen 58 deutsche Arbeiter in Rußland? Bericht der deutschen Arbeiter- Delegation uber ihren Aufenthalt in Rußland vom 14. Juli bis zum 28'. Neuer Deutscher Verlag. 1925.

Werner Krolikowski's note about the domestic situation in the GDR of 30 March 1983. In: Przybylski.

Willy Brandt's speech, 16 August 1963. Bundeskanzler-Willy-Brandt-Stiftung Ber- lin. In: https://www.willy-brandt-biografie.de/wp-content/uploads/2017/08/ Rede_Brandt_Mauerbau_1961.pdf (last accessed 15 August 2021)

ZK Central Committee Meeting, 26/27 October 1950. In: Central Party Archive IV 2/1/45, Bl. 247, 44, 175.

논문, 기사, 기타 미디어 등

Aehnlich, Kathrin. 'Der Leipziger Beataufstand'. MDR. 2016. In: https://www. mdr. de/zeitreise/stoebern/damals/renft220_page-0_zc-6615e895.html (last accessed 25 August 2021)

Aktion Ungeziefer-Vertrieben in der DDR by Sven Stephan. 2020.

Ahrends, Martin et al. 'Todesopfer. Ulrich Steinhauer'. In: Chronik der Mauer.

    https://www.chronik-der-mauer.de/todesopfer/171329/steinhauer-ulrich?n#

    footnode1-2 (last accessed 21 July 2022)

Bainbridge, John. 'Die Mauer. The Early Days of the Berlin Wall'. In: *The New*

    Yorker. 27 October 1962.

Bald, Detlef. 'Sozialgeschichte der Rekrutierung des deutschen Offizierskorps von

    Reichsgründung bis zur Gegenwart'. In: Sozialwissenschaftliches Institut der

    Bundeswehr. Berichte. Heft 3. 1977.

Birt, Raymond. 'Personality and Foreign Policy: The Case of Stalin'. In: *Political*

    Psychology. Vol. 14, No. 4 (December 1993), pp. 607-25.

Der Spiegel. 'Schlicht verschlafen'. In: *Der Spiegel*. 17/1983, 24 April

    1983. https://www.spiegel.de/politik/schlicht-verschlafen-a-

    600eb300-0002-0001-0000-000014021175 (last accessed 27 September 2022)

Bundesregierung, Archiv. 'Honecker: Die Mauer besteht auch noch in 50 und auch in

    100 Jahren'. In: https://www.bundesregierung.de/breg-de/service/ archiv/alt-

    inhalte/honecker-die-mauer-besteht-auch-noch-in-50-und-auch-in100-

    jahren-905890#:~:text=18.,in%20100%20Jahren%20noch%20bestehen%

    E2%80%9C (last accessed 11 November 2022)

Erler, Peter. 'Vom MGB zum MfS/SfS. Die Übernahme sowjetischer Haftorte und

    die Entwicklung des Gefängniswesens der DDR-Staatssicherheit in der ersten

    Hälfte der 1950er Jahre in Ostberlin. Eine chronologische Übersicht'. In:

    Zeitschrift des Forschungsverbundes. 33/2013, pp. 36-56.

Erler, Peter. 'Einsatzplanung der Moskauer KPD-Kader im Frühjahr 1945. Zur

    Entstehungsgeschichte der Gruppen „Ackermann", „Sobottka" und „Ulbricht"'.

    In: *Zeitschrift des Forschungsverbundes*. 35/2014, pp. 116-27.

Francke, Victor. 'Kanzler-Spion Guillaume Der Tag, der die Bonner Republik

    erschutterte'. In: Bonner Rundschau. 23 April 2014. https://www.rundschau-

    online.de/region/bonn/kanzler-spion-guillaume-der-tag--der-die-bonner-

    republikerschuetterte-2729772?cb=1664106096562& (last accessed 25

    September 2022)

Friedrich-Ebert-Stiftung. 'Die Energiepolitik der DDR: Mängelverwaltung zwischen Kernkraft und Braunkohle'. Verlag Neue Gesellschaft GmbH Bonn, pp. 5-63.

Gebauer, Ronald, Remy, Dietmar and Salheiser, Axel. 'Die Nationale Volksarmee (NVA)-Eine Arbeiter- Und Angestellrenarmee? Emplilsche Betunde Zur Rekrutierung von Offizieren in Der DDR'. In: *Historische Sozialforschung*. 32, no. 3 (121) (2007), pp. 299-318.

Hampel, Torsten. 'Die Endlosband'. *Der Tagesspiegel*. 3 January 2009.

Herrmann, Daniel. 'Halle-Neustadt. Späte Besinnung auf die Moderne'. In: http://www.kulturblock.de/downloads/Halle-Neustadt.pdf (last accessed 7 November 2022)

Hertle, Hans-Hermann. 'Der Weg in die Krise: Zur Vorgeschichte des Volksaufstandes vom 17. Juni 1953'. In: Bundeszentrale fur politische Bildung. https://www.bpb.de/geschichte/deutsche-geschichte/der-aufstand-des-17-juni-1953/ 154325/der-weg-in-die-krise (last accessed 26 July 2021)

Hinz-Wessels, Annette. 'Tourismus'. In: Lebendiges Museum Online, Stiftung Haus der Geschichte der Bundesrepublik Deutschland. http://www.hdg.de/lemo/kapitel/geteiltes-deutschland-modernisierung/bundesrepublik-im-wandel/tourismus.html (last accessed 18 August 2021)

Ickler, Gunter. 'Erwerbsbeteiligung im Wandel. Entwicklung des Arbeitskräfteangebots seit 1950'. In: *Statistische Monatshefte Rheinland-Pfalz Erwerbstatigkeit*. 04/2007, pp. 242-7.

Judt, Matthias. 'Häftlinge für Bananen? Der Freikauf politischer Gefangener aus der DDR und das "Honecker-Konto"'. In: *Vierteljahrschrift Für Sozial- Und Wirtschaftsgeschichte*. 94(4), pp. 417-39.

Kerneck, Barbara. 'Traumschule des Sozialismus'. *Die Tageszeitung*. 6 January 1997, p. 15.

Kuppe, Johannes. 'Die Imponderabilien eines Machtwechsels in Diktaturen'. In: Timmermann, Heiner. *Die DDR zwischen Mauerbau und Mauerfall*, pp. 445-9. Lit Verlag. 2012.

627

Laufer, Jochen. 'Stalins Friedensziele und die Kontinuitat der sowjetischen Deutschlandpolitik 1941-1953. Stalin und die Deutschen. Neue Beiträge der Forschung'. In: *Schriftenreihe der Vierteljahrshefte fur Zeitgeschichte Sondernummer*, pp. 131-58.

Oldenbourg Wissenschaftsverlag. 2006.

LeMO. Stiftung Haus der Geschichte der Bundesrepublik Deutschland. Various biographies and articles as indicated in notes. https://www.dhm.de/lemo/

Michelmann, Jeannette. 'Die Aktivisten der ersten Stunde. Die Antifa 1945 in der sowjetischen Besatzungszone zwischen Besatzungsmacht und Exil-KPD'. Friedrich-Schiller-University of Jena. In: https://d-nb.info/964631822/34 (last accessed 18 June 2021)

MDR. 'Kaffee gegen Waffen' (06 August 2014). In: https://www.mdr.de/geschichte/ddr/wirtschaft/kaffee-gegen-waffen-aethiopien-100.html (last accessed 25 September 2022)

MDR. 'Puppen und Teddys aus Sonneberg' (27 February 2020). In: https://www. mdr. de/zeitreise/ddr-spielzeug-aus-sonneberg-100.html (last accessed 18 August 2021)

Morré, Jörg. 'Sowjetische Speziallager in Deutschland'. In: Kaminsky, Anna (Ed.): *Orte des Erinnerns. Gedenkzeichen, Gedenkstatten und Museen zur Diktatur in SBZ und DDR*, pp. 610-14. Third ed., Ch. Links Verlag. 2016.

Müller-Güldemeister, Katharina. 'Papa baute Raketen für Stalin: Deutsche Techniker in der Sowjetunion'. In: https://www.suedkurier.de/ueberregional/wissenschaft/ Papa-baute-Raketen-fuer-Stalin-Deutsche-Techniker-in-der-Sowjetunion;art 1350069,9650454 (30 October 2022)

Niemetz, Daniel. ' "Junkerland in Bauernhand" - Bodenreform in der Sowjetzone'. In: MDR Zeitreise (3 September 2020). https://www.mdr.de/zeitreise/schwerpunkte/1945/bodenreform-fuenfundvierzig-sbz-sachsen-anhalt-thueringen100. html (last accessed 14 July 2021)

Orlow, Dietrich. 'The GDR's Failed Search for a National Identity, 1945-1989'. In: *German Studies Review*. Vol. 29, No. 3 (2006), pp. 537-58.

Ostermann, Christian F., '"Keeping the Pot Simmering": The United States and the East German Uprising of 1953'. In: *German Studies Review*. Vol. 19, No. 1 (1996), pp. 61-89.

Reed, Wiebke. 'Wiebke Reed spricht über US-Rocker Dean Reed'. In: *Superillu* (22 August 2007). https://www.superillu.de/magazin/stars/wiebke-reed/ wiebke-reed-ueber-dean-reed-85 (last accessed 9 November 2022)

Schneider, Roland. 'Die friedliche Stimmung stand manchmal auf der Kippe'. In: Rahming, Dörte. *1989-Die Wende in Rostock-Zeitzeugen erzählen*, pp. 6-9. Wartberg Verlag. 2019.

Schönfelder, Jan. 'Nationale Neubesinnung in der DDR' (4 May 2017). In: https:// www.mdr.de/nachrichten/thueringen/kultur/zeitgeschehen/wartburg-refjahr-lutherjahr-ddr-100.html (last accessed 28 May 2022)

Segert, Astrid and Zierke, Irene. 'Gesellschaft der DDR: Klassen – Schichten – Kollektive'. In: Judt, Matthias (Ed.). *DDR-Geschichte in Dokumenten*, pp. 165-224.

Steppat, Timo. F.A.Z. 'Podcast für Deutschland. Ostbeauftragter über AfD-Wähler: "Nach 30 Jahren nicht in der Demokratie angekommen"'. In: Frankfurter Allgemeine Zeitung. 28 May 2021. https://www.faz.net/podcasts/f-a-z-podcastfuer-deutschland/ostbeauftragter-ueber-afd-waehler-nach-30-jahren-nicht-inder-demokratie-angekommen-17363632.html (last accessed 11 November 2022)

Soziologischer Almanach. Sozialerhebungen des Deutschen Studentenwerks, 1979. In: Geißler, Rainer. Bildungsexpansion und Bildungschancen. Bundeszentrale fur politische Bildung. https://www.bpb.de/shop/zeitschriften/izpb/198031/ bildungsexpansion-und-bildungschancen/(last accessed 22 November 2022)

Suckut, Siegfried. 'Die Entscheidung zur Grundung der DDR.Die Protokolle des SED-Parteivorstandes am 4. und 9. October 1949'. In: *Vierteljahreshefte für Zeitgeschichte*. 1/1991.

UNICEF Study. Hohe Wirtschaftskraft Garantiert Keine Bildungsgerechtigkeit. 30 October 2018. In: https://www.unicef.de/informieren/aktuelles/presse/2018/

ungleiche-bildungschancen-kinder-in-industrielaendern/177516 (last accessed 26 September 2021)

Walter, Franz. Spiegel Online. 26 August 2007. In: https://www.spiegel.de/ geschichte/das-sed-spd-papier-a-947080.html (last accessed 14 June 2022)

Walther, Peter. 'Bilding und Wissenschaft'. In: Judt, Matthias (Ed.). *DDR-Geschichte in Dokumenten*, pp. 225-42.

Werkentin, Falco. 'Die strafrechtliche "Bewältigung" des 17. Juni 1953 in der DDR'. In: Friedrich-Ebert-Stiftung. 'Der 17. Juni 1953, der Anfang vom Ende des Sowjetischen Imperiums'. Büro Leipzig. 1993, pp. 55-61.

Wettig, Gerhard. 'Vorgeschichte und Grundung des Warschauer Paktes'. In: *Militärgeschichtliche Zeitschrift*. 64/2005, pp. 151-76.

Wilke, Manfred. 'Der Honecker-Besuch in Bonn 1987'. In: Deutschland Archiv. Bundeszentrale fur politische Bildung. 25 July 2012. https://www.bpb.de/ themen/ deutschlandarchiv/139631/der-honecker-besuch-in-bonn-1987/ (last accessed 3 June 2022)

Wilke, Manfred. 'Die SED und der Prager Frühling 1968. Politik gegen Selbstbestimmung und Freiheit'. In: *Die Politische Meinung*, Konrad-Adenauer-Stiftung. 456. 08/2008, pp. 45-51.

Wippermann, Carsten. '25 Jahre Deutsche Einheit. Gleichstellung und Geschlechtergerechtigkeit in Ostdeutschland und Westdeutschland'. Bundesministerium fur Familie, Senioren, Frauen und Jugend. 2015.

Würz, Markus. 'Ausreise'. In: Lebendiges Museum Online, Stiftung Haus der Geschichte der Bundesrepublik Deutschland.

http://www.hdg.de/lemo/kapitel/geteiltes-deutschland-krisenmanagement/ niedergang-der-ddr/ausreise.html (last accessed 7 July 2022)

도서

Anonymous. *A Woman in Berlin*. Virago. 2002.

Bahr, Egon and Ensikat, Peter. *Gedächtnislucken zwei Deutsche erinnern sich*. Aufbau Verlag. 2012.

Bollmann, Ralph. *Angela Merkel. Die Kanzlerin und ihre Zeit*. C.,H. Beck. 2015.

Boveri, Margret. *Tage des Überlebens: Berlin 1945*. Wjs Verlag. 2004.

Bruckner, Bernd. *An Honeckers Seite. Der Leibwächter des ersten Mannes*. Das Neue Berlin. 2014.

Damarius, Helmut. *Unter falscher Anschuldigung: 18 Jahre in Taiga und Steppe*. Aufbau. 1990.

Decker, Gunnar. *1965: Der Kurze Sommer der DDR*. Carl Hanser Verlag. 2015.

Dimitroff, Georgi. *Tagebucher 1933–1943*. Aufbau Verlag. 2000.

Eberlein, Werner. *Geboren am 9. November. Erinnerungen*. Das Neue Berlin. 2002.

Engelberg, Ernst. *Bismarck: Sturm über Europa. Biographie*. Siedler Verlag. 2014.

Ernsting, Stefan. *Der Rote Elvis. Dean Reed – Cowboy – Rockstar – Sozialist*. Fuego. 2014.

Gröttrup, Irmgard. *The Rocket Wife*. Andre Deutsch. 1959.

Frank, Mario. *Walter Ulbricht: Eine Deutsche Biografie*. Verlag Wolf Jobst Siedler GmbH. 2001.

Fulbrook, Mary. *Anatomy of a Dictatorship. Inside the GDR, 1949–1989*. Oxford University Press. 1995.

Fulbrook, Mary. *The Divided Nation: A History of Germany, 1918–90*. Oxford University Press. 1993.

Fulbrook, Mary. *The People's State. East German Society from Hitler to Honecker*. Yale University Press. 2008.

Gieseke, Jens. *Die Stasi. 1945–1990*. Pantheon Verlag. 2011.

Gleb, Albert. *Deutschland, Russland, Komintern – Dokumente (1918-1943). Nach der Archivrevolution: Neuerschlossene Quellen zu der Geschichte der KPD und den deutsch-russischen Beziehungen*. De Gruyter Oldenbourg. 2015.

Hager, Kurt. *Erinnerungen*. Faber & Faber. 1996.

Halder, Fritz. *Kriegstagebuch. Tägliche Aufzeichnungen des Chefs des Generalstabes des Heeres 1939–1942, Bd. 2: Von der geplanten Landung in England bis zum Beginn des Ostfeldzuges*. Kohlhammer. 1963.

Herrnstadt, Rudolf. *Über 'die Russen' und über uns. Diskussion über ein brennendes Thema*, pp. 3-12. Gesellschaft für Deutsch-Sowjetische Freundschaft. 1949.

Hertle, Hans-Hermann. *Damals in der DDR*. Goldmann. 2006.

Hertle, Hans-Hermann. *Der Fall der Mauer. Die unbeabsichtigte Selbstauflösung des SED-Staates*. VS Verlag für Sozialwissenschaften. 2013.

Hitler, Adolf. *Mein Kampf*. Eher Verlag/Zentralverlag der NSDAP. 1943 reprint.

Hoffmann, Dierk. *Otto Grotewohl (1894-1964): Eine politische Biographie*. Oldenbourg Verlag. 2009.

Honecker, Erich. *Aus Meinem Leben*. Dietz Verlag. 1987.

Hortzschansky, Günter and Wimmer, Walter. *Ernst Thälmann. Eine Biographie*. Frankfurt am Main Verlag. 1979.

Iken, Katja, Klußmann, Uwe and Schurr, Eva-Maria (Eds). *Als Deutschland sich neu erfand. Die Nachkriegszeit 1945-1949*. Penguin Verlag. 2019.

Jähner, Harald. *Wolfszeit: Deutschland und die Deutschen 1945-1955*. Rowohlt Taschenbuch Verlag. 2020.

Jöris, Erwin. *Mein Leben als Verfolgter unter Stalin und Hitler*. Selbstverlag. 2004.

Judt, Matthias (Ed.). *DDR-Geschichte in Dokumenten*. Bundeszentrale fur politische Bildung. 1998.

Kardorff, Ursula von. *Berliner Aufzeichnungen Aus den Jahren 1942-1945*. Deutscher Taschenbuch Verlag. 1992.

Kotschemassow, Wjatscheslaw. *Meine letzte Mission, Fakten, Erinnerungen, Überlegungen*. Dietz Verlag. 1994.

Khrushchev, Nikita. *Khrushchev Remembers: The Glasnost Tapes*. Little, Brown & Co. 1990.

Kitchen, Martin. *A History of Modern Germany. 1800 to the Present*. Wiley-Blackwell. 2012.

Knopp, Guido. *Goodbye DDR*. Bertelsmann. 2005.

Koop, Volker. *Armee oder Freizeitclub? Die Kampfgruppen der Arbeiterklasse in der DDR*. Bouvier. 1997.

Krenz, Egon. *Herbst '89*. Edition Ost im Verlag Das Neue Berlin. 2014.

Krenz, Egon. *Wir und die Russen: Die Beziehungen zwischen Berlin und Moskau im Herbst '89*. Das Neue Berlin. 2019.

Laszewski, Chuck. *Rock 'n' Roll Radical: The Life & Mysterious Death of Dean Reed*. Bookhouse Fulfillment 2005.

Lenhardt, Gero and Stock, Manfred. *Bildung, Burger, Arbeitskraft. Schulentwicklung und Sozialstruktur in der BRD und der DDR*. Suhrkamp. 1997.

Leonhard, Wolfgang. *Die Revolution Entlasst Ihre Kinder*. Kiepenheuer & Witsch. 2019.

Leonhard, Wolfgang. *Meine Geschichte der DDR*. Rowohlt. 2007.

Lippmann, Heinz. *Honecker: Portrat eines Nachfolgers*. Verlag Wissenschaft und Politik. 1971.

Lorenzen, Jan. *Erich Honecker. Eine Biographie*. Rowohlt. 2001.

Loest, Erich. *Durch die Erde ein Riß. Ein Lebenslauf*. Hoffmann Und Campe. 1981.

Loth, Wilfried. *Die Sowjetunion und die deutsche Frage: Studien zur sowjetischen Deutschlandpolitik von Stalin bis Chruschtschow*. Vandenhoeck & Ruprecht. 2007.

MacGregor, Iain. *Checkpoint Charlie: The Cold War, the Berlin Wall and the Most Dangerous Place on Earth*. Constable. 2019.

Mahlert, Ulrich. *Kleine Geschichte der DDR*. C. H. Beck. 2010.

Mahlert, Ulrich and Stephan, Gerd-Rüdiger. *Blaue Hemden Rote Fahnen. Die Geschichte der Freien Deutschen Jugend*. Leske + Brudrich. 1996.

Menzel, Rebecca. *Jeans in der DDR. Vom tieferen Sinn einer Freizeithose*. Ch. Links. 2004.

Michels, Eckard. *Guillaume, der Spion: Eine deutsch-deutsche Karriere*. Ch. Links. 2013.

Mittag, Günter. *Um jeden Preis: Im Spannungsfeld zweier Systeme*. Das Neue Berlin. 2015.

Mitteregger, Dennis. *Die konstruierte Nation und ihre Manifestierung im Fußball: Die Verbindung von Nationsvorstellung und Fußball bei der*

Weltmeisterschaft 1974.
Ein Vergleich zwischen der Deutschen Demokratischen Republik und der
  Bundesrepublik Deutschland. Diplomica Verlag. 2011.

Modrow, Hans. *Ich wollte ein neues Deutschland.* Econ Tb. 1999.

Morre, Jörg. *Hinter den Kulissen des Nationalkomitees: Das Institut 99 in Moskau*
  und die Deutschlandpolitik der UdSSR 1943-1946. Oldenbourg Verlag.
  2010.

Müller, Michael Ludwig. *Die DDR war immer dabei: SED, Stasi & Co. und ihr*
  Einfluss auf die Bundesrepublik. Olzog. 2010.

Müller, Reinhard. *Menschenfalle Moskau. Exil und stalinistische Verfolgung.*
  Hamburger Edition. 2001.

Müller-Enbergs, Helmut. *Der Fall Rudolf Herrnstadt. Tauwetterpolitik vor dem 17.*
  Juni. LinksDruck Verlag. 1991.

Müller-Enbergs, Helmut (Ed.). *Wer war wer in der DDR? Ein Lexikon ostdeutscher*
  Biographien. CH Links Verlag. 2010.

Mussijenko, Natalija and Vatlin, Alexander. *Schule der Träume: Die Karl-*
  Liebknecht-Schule in Moskau (1924-1938) – Reformpädagogik im Exil.
  Klinkhardt, Julius. 2005.

Nendel, Karl. *General der Mikroelektronik: Autobiographie.* Edition Berolina. 2017.

Pastor, Werner. *Willi Budich. Eine biografische Skizze. Ein unbeugsamer Revolutionär*
  aus Cottbus. Druckerei Lausitzer Rundschau. 1988

Petersen, Andreas. *Die Moskauer: Wie das Stalintrauma die DDR praegte.* S.Fischer.
  2019.

Przybylski, Peter. *Tatort Politbüro. Die Akte Honecker.* Rowohlt. 1991.

Rasch, Birgit and Dedio, Gunnar. *Ich, Erich Mielke. Psychogramm des DDR-*
  Geheimdienstchefs. Sutton Geschichte. 2015.

Roesler, Jörg. *Aufholen ohne Einzuholen. Ostdeutschlands rastloser Wettlauf 1965-*
  2015. Edition Berolina. 2016.

Schabowski, Günter. *Der Absturz.* Rowohlt Repertoire. 2019.

Schalck-Golodkowski, Alexander. *Deutsch-deutsche Erinnerungen.* Rowohlt. 2000.

Schlögel, Karl. *Terror und Traum: Moskau 1937*. Hanser Verlag. 2008.

Schöne, Jens. *Die DDR. Eine Geschichte des 'Arbeiter- und Bauernstaates'*. Berlin Story Verlag. 2020.

Schroeder, Klaus. *Die DDR: Geschichte und Strukturen*. Reclam. 2019.

Stuhler, Ed. *Margot Honecker. Eine Biographie*. Ueberreuter. 2003.

Thatcher, Margaret. *The Downing Street Years*. HarperCollins. 1993.

Ulbricht, Lotte. *Eine unvergeßliche Reise*. Verlag für die Frau. 1965.

Ulbricht, Lotte. *Mein Leben*. Heyne. 2003.

Van der Heyden, Ulrich, Semmler, Wolfgang and Straßburg, Ralf (Eds). *Mosambikanische Vertragsarbeiter in der DDR-Wirtschaft. Hintergrunde, Verlauf, Folgen*. Lit Verlag. 2014.

Weber, Hermann (Ed.). *Deutsche Kommunisten: Biographisches Handbuch 1918 bis 1945*. Karl Dietz Verlag. 2008.

Wilke, Manfred (Ed.). *Anatomie der Parteizentrale - Die KPD/SED auf dem Weg zur Macht*. Akademie Verlag. 2014.

Wolle, Stefan. *Aufbruch nach Utopia. Alltag und Herrschaft in der DDR 1961-1971*. Bundeszentrale für politische Bildung. 2011.

Wolle, Stefan. *Die heile Welt der Diktatur. Alltag und Herrschaft in der DDR 1971-1989*. Bundeszentrale fur politische Bildung. 1998.

참고문헌

감사의 말

《장벽 너머》의 집필 과정은 치열했다. 기묘하게 사라진 나라를 조사하는 동안 내가 그 나라를 잊은 순간은 낮이든 (밤이든) 거의 없었다. 주변 사람들은 언제나 동독에 관해 생각할 뿐 아니라 그만큼 자주 동독 이야기를 꺼내는 나를 무척이나 잘 대해 주었다. 함께 관심을 기울여 주고, 정보를 주고, 질문을 던지고, 용기와 응원을 보태 준 덕에 과거를 탐험하는 동안에도 현실에 발을 붙일 수 있었다. 먼저 훌륭한 편집자 카시아나 이오니타에게 감사한다. 이 연구에 대한 열정과 헌신은 경이로웠다. 펭귄 출판사의 부편집자 에드 커크와 홍보 책임자 코리나 로몬티는 꿈의 팀을 완성해 주었다. 나를 담당한 에이전트 토비 먼디는 처음부터 내 생각을 믿어 주었고 매번 옳은 질문을 제기했다. 역사학자 크리스티안 오스터만, 세르게이 라드첸코는 시간을 쪼개어 나와 함께 연구해 주었다.

이 책의 중심에는 독일민주공화국에 살았던 사람들이 있다. 베를린 봉쇄 시절 옛 통화와 신규 통화를 꼼꼼히 기록한 경리 잉게 슈미트부터 여객선 배관공으로 일하며 아찔한 모험을 한 에리히 쿠펠트까지, 나에게 자신들의 이야기를 들려준 사람들에게 고마움을 전한다. 그들이 나를 믿고 털어놓은 인생 이야기를 들으면서 나는 울고 웃었고, 감탄했고, 깊이 생각했다. 가족과 친구들에게도 고맙다. 무한한 인내심과 너그러움, 응원이 이 모든 길 가능하게 했다. 엄마는 주말을 반납하면서까지 내가 에곤 크렌츠와 커피를 마실 수 있게 나를 차로 데려다주었다. 아빠는 나와 몰래 발트지들룽 안으로 들어가 어느 집에 어떤 정치인이 살았을지 맞혀 보며 시간을 함께 보냈다. 노라는 슈타지 본부를 다녀와 힘들어 하던 나에게 리히텐베르크에서 케밥을 사 주었다. 고양이 해리는 내가 휴식이 필요할 때면 그걸 알고 가르랑거리며 자판 위에 자리를 잡았다. 트위터 팔로워들과 더불어 나의 강연에 오고, 글을 읽고, 팟캐스트를 듣는 모두에게 감사한다. 과분하게 많은 사람이 내 연구에 관심을 주었고 그들의 문제 제기와 칭찬은 나에게 큰 보람을 느끼게 했다. 생각하고, 잠시 멈추고, 설명하고, 먹고, 자고, 반성하도록 해 준 많은 사람에게 고맙다고 말하고 싶다. 내가 누구를 말하는지, 또 내가 얼마나 그들에게 고마워하는지 알리라 생각한다. 지금도 동독의 역사에 단단히 사로잡혀 있는 나로서는 이 책이 집단 노력의 산물인 것이 내심 뿌듯하다.

감사의 말

641

643